悦·读人生

[美] 艾尔·巴比 著
Earl Babbie

邱泽奇 译

THE PRACTICE OF SOCIAL RESEARCH, 14TH EDITION
社会研究方法
（第十四版）

清华大学出版社
北 京

北京市版权局著作权合同登记号 图字：01-2019-7174 号

The Practice of Social Research, Fourteen Edition
Earl Babbie 著，邱泽奇 译

Copyright © 2016 by Cengage Learning.

Original edition published by Cengage Learning. All rights reserved. 本书原版由圣智学习出版公司出版。版权所有，盗印必究。

Tsinghua University Press is authorized by Cengage Learning to publish and distribute exclusively this simplified Chinese edition. This edition is authorized for sale in the People's Republic of China only, excluding Hong Kong, Macao SAR and Taiwan. Unauthorized export of this edition is a violation of the Copyright Act. No part of this publication may be reproduced or distributed by any means, or stored in a database or retrieval system, without the prior written permission of the publisher.
本书中文简体字翻译版由圣智学习出版公司授权清华大学出版社独家出版发行。此版本仅限在中华人民共和国境内（不包括中国香港、澳门特别行政区和台湾地区）销售。未经授权的本书出口将被视为违反版权法的行为。未经出版者预先书面许可，不得以任何方式复制或发行本书的任何部分。
9781305104945
Cengage Learning Asia Pte. Ltd.
151 Lorong Chuan, #02-08 New Tech Park, Singapore 556741

本书封面贴有 Cengage Learning 防伪标签，无标签者不得销售。
版权所有，侵权必究。举报：010-62782989，beiqinquan@tup.tsinghua.edu.cn。

图书在版编目(CIP)数据

社会研究方法：第十四版 /（美）艾尔·巴比（Earl Babbie）著；邱泽奇译. —北京：清华大学出版社，2022.1（2025.2重印）

（悦·读人生）

书名原文：The Practice of Social Research, 14th Edition
ISBN 978-7-302-59116-0

Ⅰ. ①社… Ⅱ. ①艾… ②邱… Ⅲ. ①社会学—研究方法 Ⅳ. ①C91-03

中国版本图书馆 CIP 数据核字(2021)第 191263 号

责任编辑：刘志彬
封面设计：汉风唐韵
版式设计：方加青
责任校对：宋玉莲
责任印制：刘海龙

出版发行：清华大学出版社
网　　址：https://www.tup.com.cn, https://www.wqxuetang.com
地　　址：北京清华大学学研大厦 A 座　　邮　编：100084
社 总 机：010-83470000　　邮　购：010-62786544
投稿与读者服务：010-62776969，c-service@tup.tsinghua.edu.cn
质量反馈：010-62772015，zhiliang@tup.tsinghua.edu.cn
印 装 者：三河市天利华印刷装订有限公司
经　　销：全国新华书店
开　　本：185mm×260mm　　印　张：32.75　　字　数：805 千字
版　　次：2020 年 4 月第 1 版　2022 年 1 月第 2 版　印　次：2025 年 2 月第 3 次印刷
定　　价：128.00 元

产品编号：085580-01

献 给

苏珊妮·巴比(Suzanne Babbie)

作者的话

写作是我的乐趣所在，社会学则是我的激情所寄。

我很高兴把文字组合在一起，并以这样的方式让人们学习、分享。社会学知识也是文字的组合，它以发展和完善人类社会结构、社会活动的知识体系，为人类谋福利为目标。我高兴地看到，社会学以此作为自身理念的时代终于到来了。

我成长于佛蒙特州和新罕布什尔州的小镇，当我宣称要和父亲一样当一名车身修理技工时，老师说我应该去上大学。当麦尔坎 X（Malcolm X）说自己要成为一名律师的时候，他的老师却告诉他，有色人种的孩子应该做木匠一类的工作。我们经历的差异说明，一些事情，在意识层面影响重大，种族间存在着深刻的不平等。

我从小镇走出来，先后在哈佛大学、美国海军陆战队、加州大学伯克利分校待过，还在夏威夷大学教书 12 年。1980 年辞去教职后，从事了 7 年的全职写作，直到我再也无法忽视课堂对我的召唤。对我来说，教学就像是演奏爵士乐，即使你一再表演相同的曲目，每次听起来还是不一样，而在真正听到之前，也不一定知道听起来如何。其实，教学就是用你的声音写作。

2006 年，我从教职上退休，这使我能够全力写作。在我的大半生中，有一半的时间在编写教科书，越编写，兴趣越浓厚。我甚至等不及要看接下来会出现什么。

前　言

"几年"前（我不便告诉你究竟是多少年），我第一次讲授"社会研究方法"这门课程，且主要集中在问卷调查方法上，课堂上只有6名学生。随着课程的进展，作为教师，我感到越来越得心应手。不久，有学生到办公室和我讨论。讨论中，如果学生刚好需要一些参考书，我便把自己的藏书借给他们。

不过，有个问题一直困扰着我，那就是缺少一本好的调查研究方法的教科书。现有的书，大概可以分为两类：有些书以非常抽象的字眼呈现研究方法的理论逻辑，我怀疑学生是否能够把书中的原则拿来"做"真正的研究。另外一类书籍则刚好相反，通常被称为"食谱"，非常详细地一步一步教导读者如何进行调查。遗憾的是，这样的书只会让学生做出和书中雷同的调查。不管是抽象的或是"食谱"式的方法，对学生和他们的老师，似乎都没有真正的帮助。

有一天，我随意写下了理想中社会研究方法教科书的目录。目录的安排基于三项原则：

1. 了解科学研究所依据的理论原则。
2. 探究这些原则如何反映了既有的研究技术。
3. 在无法正常地运用既有技术时，应有适度妥协的准备。

次日，我非常意外地接到了华兹伍斯（Wadsworth）出版公司编辑的电话，让我写一本关于"调查研究方法"的教科书。

《调查研究方法》（*Survey Research Methods*）于1973年出版。不久，编辑和我就得知了一些好消息和一些坏消息。好消息是，几乎所有的教师读者都喜欢这本书，几乎全国的"调查研究课程"都用我的书。而坏消息是，没有多少地方开设"调查研究方法"课程。

尽管如此，很多讲授社会研究通论课程的老师，包括调查研究和其他研究方法，都倾向于用我的书，并辅之以其他专门讲述实地研究、实验方法等方面的书，以补其不足。虽然这些老师试着使用我的调查研究教材，同时，很多老师也建议沃斯沃兹让"那个老兄"写一本更加一般性的社会研究教科书。

《社会研究方法》（*The Practice of Social Research*）1975年第1版序言就特别感谢了从加州到佛罗里达州十数位社会研究方法教师的协助。所以，整本书其实是众人合作的成果，虽然只有我的名字出现在封面上，而且文责由我负。

《社会研究方法》一出版，就非常成功。这本书最初是为社会学课程所写，后来，修订版渐渐被运用到心理学、公共管理、城市研究、教育、传媒、社会科学和政治科学——将近30个不同的学科。很多国家的教师和研究者都使用这本教材。2000年，北京的一家出版社出版发行了两卷本的中文版。

我不厌其烦地讲述本书漫长的历史，当然是有原因的。

首先，当我还是学生的时候，我对教科书和政府建筑物的感觉是一样的：原来就在那里。我从来没有真正想过教科书是由某个人写出来的。我当然没想过教科书还要随时更新、改进、更正。在做学生的时候，如果我知道教科书也可能出错，我肯定会吓坏的！

其次，我想指出这本书的演进，也为第 14 版的变动做一些预告。就像前几版一样，变更是由多种原因促成的。例如：由于社会科学研究的技术和实践不断变化，所以书也要跟着更新，以跟上潮流、派上用场。我在教学中常常发现比传授标准教材更好的方式。同事们也常常交流特定题材的教学方法，其中部分在本书中以文本框的方式出现。学生和老师也经常对各种议题的重新组织、扩展、厘清、缩减或者删节提出建议。

第 14 版的新内容

在本书的早期版本中，我曾经说过："修改这样的教科书是磨人锐气的，因为，不论教科书看起来多么完美，怎样使之变得更好的念头却没有止境。"这句话在这里仍然适用。当我询问老师们怎样改进时，他们都会再想一遍，提出自己的看法。经过仔细考虑，我接受了他们的很多建议，而对另一些建议则可"再多斟酌"。使用这本书的学生，也向我提出了许多意见及建议，许多的修改，就是来自于他们的意见。

一般的修订

- 修订了社会性别和生物性别的严格使用场景，以及在本书的不断引用。
- 删除了系列文本框《聚焦人性》，把文本框的大部分内容都融入正式文本。
- 更新了 GSS 和其他可更新的数据。
- 彩色页面。

具体修订

第 1 章
- 讨论生物性别和社会性别，说明本书将如何运用它们
- 增加了阿贝斯曼对事实半衰期的讨论
- 在决定论与能动论中增加了对概率因果的讨论

第 2 章
- 增加了经典文献的引用，如孔德、达尔文
- 修订了"科学的传统模式"的引言
- 把后现代主义讨论的文献挪到第 1 章
- 增加了对大数据的讨论
- 增加了波普尔的证伪原理
- 扩展了女性主义范式的讨论

第 3 章
- 更新 AAPOR 的伦理原则到 2010 版
- 扩展了针对人类进行生物医药保护和行为研究国家委员会的讨论
- 增加了特别关注弱势群体的评论
- 讨论了定性研究面临的特别问题，如英国的知情同意规则
- 增加了视屏隐私的讨论

第 4 章
- 提到了彼得·林针对跟踪研究的观点
- 报道了一位研究生对北非真实生活的研究
- 比较了多种研究的新图
- 讨论了社会研究如何可以针对环境问题

- 介绍了"追踪死亡率",引用了运用脸书追踪研究对象的消失
- 对图 4-1 给出更多解释
- 更新图 4-5
- 增加了同期群与追踪研究之间的关系
- 新增混合模式

第 5 章
- 修订了对测量层次和定类测量的介绍
- 增加了测量校园生活质量的讨论
- 删除了生物性别和社会性别的讨论
- 删除了帕特里夏·费希尔对变量名的论述
- 缩减了操作化的例子
- 增加了在一些研究中把康瓦尔作为伦理小组的例子

第 6 章
- 修订了美国公共卫生评级的讨论
- 增加了真实生活的研究文本框《指标化的世界》
- 更新了 GSS 的堕胎数据
- 拓展了对哥特曼量表的解释

第 7 章
- 把第 9 章的移动电话及其抽样挪过来了
- 用皮尤中心的结果,增加了移动电话及其抽样
- 更新了 2012 年 GSS 的哥特曼量表例子
- 增加了"置信区间"讨论
- 介绍了"链式参照"
- 引证了迈克尔·布里克复兴配额抽样的建议
- 修订了技巧与工具文本框《随机数表的使用方法》
- 根据附录随机数新表,修订了图 7-11
- 梳理了抽样框讨论
- 增加了互联网抽样困难的讨论
- 增加了一节,因素设计(内容实际在第 8 章。——译者注)
- 增加了对拨打电话 FCC 规则的解释

第 8 章
- 增加了犯罪学中霍恩和拉维利亚对运用实验方法的建议
- 增加了舒曼对运用实验方法进行问卷措辞预调查的建议

第 9 章
- 把移动电话及其抽样的内容挪到了第 7 章
- 增加了米克·库伯的网页调查设计效应
- 增加了定性研究二手分析同性恋子女抚养的例子
- 拓展并更新了在线调查
- 把 RDD 抽样挪到了第 7 章
- 增加了提高应答率的例子
- 增加了混合模式调查
- 拓展了在线调查优势的内容

第 10 章
- 增加了访谈美国/欧洲文化之根的讨论
- 讨论了新闻调查与社会研究的区别
- 丰富了文献回顾与扎根理论关联的讨论

- 增加了防止选择性偏差的例子

第 11 章
- 增加了气候变化与人口增长的例子
- 更新了教育/性别/收入的人口普查数据
- 讨论了分析宣言内容的语词得分
- 研究了对迪士尼网站提供的性别化玩具的分析
- 增加了更新的自杀率研究
- 增加了在线非介入研究新内容和例子
- 介绍了美国人口普查局的社区调查与普查探索
- 拓展了大数据概念

第 12 章
- 技巧与工具新文本框介绍了积极越轨概念
- 真实生活的研究新文本框讨论了中国的社会研究，重点介绍了广东公共舆论研究中心
- 拓展了对图 12-2 的解释

第 13 章
- 介绍了 Nvivo 9 和 Qualrus，重新修订了 QDA 例子
- 增加了一个例子，以帮助理解对定量数据的定性研究（2012 年大选）

第 14 章
- 澄清了测量集中趋势的讨论
- 增加了对双变量关系的讨论
- 把社会学诊断挪到了第 15 章

第 15 章
- 删除了斯托弗研究中的表格
- 从第 14 章挪过来社会学诊断的相关内容
- 关联了医保态度与支持奥巴马的态度
- 增加并更新了性别/收入分析

第 16 章
- 介绍了 Logit 和 Probit 回归模型
- 拓展了 GIS 的内容，包括图例
- 增加了通用统计软件的介绍

第 17 章
- 拓展了匿名审稿过程的讨论
- 介绍了适于网页内容的数字课题识别码

正如以往一样，我更新了全书的材料。作为一名教师，我常常寻找新的、更为有效的方式来为学生解释社会研究；这些新解释往往都采用了新的图表。在这一版本中，你会发现不少新的图表。另外，我还试图用更新的研究案例来替代旧的，除非它很经典。我还删除了一些对学生不再有帮助的章节。

在每一次新版修订中，我都很乐意听到你们有关如何改进此书的任何建议。在已往的时间里，此书的演进就受益于学生和教员的无穷智慧。

教学特色

虽然学生和教师都告诉我说，过去的版本在学习研究方法上是相当有效的工具，但我还是想利用这次修订的机会，从教学的角度审视这本书，补充完善相关内容。下面是第 14 版试图达成这一目标的方式。

章节概述 每一章，都有一段相当精练的概述，介绍该章的主要内容。

章节导言 每一章，都有一个导言，列出了该章的主要观点，更为重要的是，还将该章与其他章节的内容衔接起来。

清楚、鲜活的案例 学生们经常告诉我说，研究案例对他们掌握晦涩或抽象的概念很有帮助。在早先的版本已经被证明特别有价值的案例的基础上，这一版又增加了很多新案例。

图表 从我第一次接触社会研究方法这门课程开始，绝大多数的关键概念都是通过图表的形式接受的。尽管我在这里的任务是要将这些思维图像转化为词语，但我还是在书中收录了一些图表说明。

文本框案例与讨论 学生们告诉我，他们喜欢那些凸现独特观点和研究成果的文本框材料，文本框也增加了格式的多样性。从第10版开始，我重点关注了大众媒体如何使用和误用社会研究，并将其纳入文本框。

流动的术语表 关键术语字体在书本中加黑，每一术语的定义在每页的末尾列出。这对学生掌握这些术语的定义会有所帮助。

本章要点 每一章的最后，都会列出要点，包括简要的章节总结和有益的回顾。"本章要点"使学生清楚地了解他们在每一章应该将注意力集中在哪些方面。

关键术语 在每章要点之后，还列出了关键术语。这些列表增强了学生对必要词汇的感知。新的词汇表是根据该章的内容来界定的。这些术语在文中以黑体的形式出现，并在书的页底列出，最后还被收入书后的术语表。

附录 和以前的版本一样，新版也为学生提供了一些研究工具，如图书馆的使用、随机数表等。

清楚、易懂的写作方式 这可能是"教学帮助"最重要的特征了。我知道所有作者都努力以一种清楚的、易理解的方式来写作。我为此感到自豪，本书在第1至第13版中，正是因此而受到高度赞扬的。不管你是第一次接触本书还是已经看过以前的版本，我都诚邀你打开每一章并独自去了解其中的写作特点。

MindTap™：个人学习体验

MindTap 社会学是圣智学习出版集团为巴比的《社会研究方法》打造的个性化在线学习平台。MindTap 汇集了学生学习的常用方法，如章节阅读、问题复习、研究指导等，且指导学生贯穿于学习路径始终。通过个性化的呈现，让学生获得个性化的学习体验，与学生的学习活动实现无缝衔接。如果希望更多了解 MindTap，读者可以登录 www.cengage.com/mindtap。

MinTap 社会学非常易学，可以通过如下方式大大节省教师的时间。
- 从工具到文本，个性化课程，调整课程进度，把时事新闻与当日学习内容整合起来。
- 把课程内容切分为便携内容，促进个性化、激励互动、保证学生的学习投入。
- 在内容练习、补充阅读中整合多媒体工具，通过增加学生的学习投入，改善学习效果。
- 跟踪学生学习进度、学习活动、学习状态，以便教师尽早干预，改善学习效果。
- 在阅读、学习、作业等之后，评估每一章节的知识掌握情况。
- 自动为课后作业评分。

补充教材

第14版《社会研究方法》还为广大教师和学生准备了大量的补充教材，以创造最佳的课内外学习环境。新版中的所有补充教材都全面校订、更新过，部分内容是新版所独有的。

《社会研究方法》第14版导引

泰德·瓦格纳（Ted Wagenaar）和我，根据我的教学经验，为学生准备了学习指引和工作手册。学生们告诉我,作为复习工具,使用非常频繁。在教学中,我会将课后练习计一半的考核分数。

在这一版,泰得和我再次梳理了练习题,增加了在教学和研讨中收集的练习题,包括单选、多选以及每章的开放讨论题,加上与日常生活实践紧密相关的 4~6 道练习题,用以强化对课程知识的掌握。

社会研究读本,第 3 版

聚焦于社会研究课程中所隐含的重要方法和概念,作为《社会研究方法》的合作者,戴安妮(Diane Kholos Wysocki)还收录了心理学、社会学、社会工作、犯罪与司法,以及政治科学等跨学科的阅读材料。这些文章围绕社会研究课程的重要方法和概念,尽显列举的长处。围绕核心概念,共 11 章的内容,每一章都是以强调和解释研究概念开头的。

在线 SPSS 练习手册

与教材配合,这份指引,帮助学生了解 SPSS 的基本使用,包括如何在 SPSS 中录入自己的数据、创建、存储、修订工作文件、获得运行结果、解释运行结果等。每一章都有 SPSS 练习题。教师可以进入 https://login.cengage.com/cb/以获取资源分享给学生。

《社会研究方法》的 2014 年 GSS 数据集

经年以来,我通过出版社为学生和老师提供支持个人计算机运用的更新数据集。这一版,我们提供的是 2014 年的 GSS 数据集。教师可以进入 https://login.cengage.com/cb/以获取数据分发给学生。

教师手册附题库

这项补充资料为教师们提供了参考计划,包括章节概要、行为目标、教学建议和资源,以及在线练习题和参考答案。此外,手册还为每一章提供了 45~50 分钟的多选题、10~15 个对错判断题、5 个或更多思考题。多选题、判断题都有参考答案和参考页码,且有标注:全新、修订或旧的。这样安排,教师们就会做到心中有数。

Cognero® 提供的圣智学习测验

Cognero® 提供的圣智学习测验是一个灵活的在线系统,有助于老师随时随地编写、编辑、管理测验库内容,创建多版本的测验版本。

PowerPoint® 课件幻灯

微软 PowerPoint® 幻灯,有助于课堂教学。教师可以整合、编辑、发布、展示课件。

致　谢

实在有太多需要感谢的人，他们为本书的出版提供了很多帮助。我早年写的教科书《调查研究方法》的出版，对萨弥尔·斯托佛（Samuel Stouffer）、保罗·拉扎斯菲尔德（Paul Lazarsfeld）和查尔斯·葛洛克（Charles Glock）已经表达了谢意。这里，我要再次感谢他们。

另外，多位同事对本书早期版本提供了宝贵的建议，在此一并致谢。第14版的内容，仍然有他们的贡献。还有许多同事在我修订本书时提供了帮助，其中包括110位令人尊敬的老师，他们认真完成了电子问卷调查。特别感谢审阅前两版手稿并提出宝贵意见和建议的诸位教师，他们是：

波特兰州立大学的米兰妮·阿瑟（Melanie Arthur）
东南路易斯安那大学的迈克尔·比希利亚（Michael Bisciglia）
马凯特大学的希纳·凯瑞（Sheena Carey）
亚克朗大学的丹尼尔·卡费（Daniel Coffey）
路易斯安那大学拉法叶分校的克拉格·佛塞斯（Craig Forsyth）
克利夫兰州立大学的罗伯特·克雷曼（Robert Kleidman）
印第安纳州立大学的马尔希·利特菲尔德（Marci B. Littlefield）
瑞德福大学的珍妮·米克里奇科（Jeanne Mekolichick）
萨克拉门托州立大学的丹·奥卡达（Dan Okada）
斯佩尔曼学院的布鲁斯·韦德（Bruce H. Wade）。

另外，审阅者对第14版的洞察力和提供的帮助，让我钦佩，他们是：

亚利桑那州立大学的维克多·阿加安尼（Victor Agadjanian）
凯尼休斯学院的帕特·克里斯蒂安（Pat Christian）
内布拉斯加大学奥马哈分校的威廉姆·克鲁特（William T. Clute）
弗莱明哈姆州立学院的玛丽安·科恩（Marian A. O. Cohen）
康涅狄格州立大学的金伯利·杜甘（Kimberly Dugan）
亨德森州立大学的赫曼·吉布森（Herman Gibson）
皮博迪学院范德比尔特分校的伊莲·戈德林（Ellen Goldring）
马萨诸塞大学波士顿分校的苏珊·戈尔（Susan Gore）
阿肯色州立大学的萨拉·赫利（Sarah Hurley）
中佛罗里达大学的加纳·加辛斯基（Jana L. Jasinski）
南佛罗里达大学的迈克·克雷曼（Michael Kleiman）
加利福尼亚大学河边分校的奥古斯丁·科索沃（Augustine Kposowa, Jr.）
威廉帕特森大学的帕特里克·迈克曼姆（Patrick F. McManimon）
德克萨斯技术大学健康科学中心的加内德·舒茨（Jared Schultz）

佛罗里达大西洋大学的托马斯·威尔森（Thomas C. Wilson）

明波利亚州立大学的加里·怀特（Gary Wyatt）。

此外，我还要感谢莫豪斯学院的安尼·巴尔德（Anne Baird），锡拉丘兹大学的雷·班克斯（Rae Banks），马萨诸塞大学阿默斯特分校的罗纳德·查尔顿（Roland Chilton），北卡罗来纳大学教堂山校区的理查德·克莱默（M. Richard Cramer），多伦多大学的约瑟夫·弗雷泽（Joseph Fletcher），伊利诺伊大学芝加哥分校的苏尔·加贝（Shaul Gabbay），北卡罗来纳大学阿什维勒分校的玛西亚·吉丁纳（Marcia Ghidina），南伊利诺伊大学的罗纳德·霍克斯（Roland Hawkes），佛罗里达农工大学的杰弗里·亚克斯（Jeffrey Jacques），北达科他州立大学的丹尼尔·克雷诺（Daniel J. Klenow），拉马波学院新泽西分校的旺达·柯辛斯基（Wanda Kosinski），纽约市立大学猎人学院的曼弗雷·德库克勒（Manfred Kuechler），亚利桑那州立大学的西西莉亚·曼妮哇（Cecilia Menjívar），中佛里达大学的琼·莫里斯（Joan Morris），肯考迪娅大学的阿丽萨·伯特（Alisa Potter），亚利桑那州立大学的钱振超（Zhenchoa Qian），韦伯州立大学的罗伯特·雷昂纳多（Robert W. Reynolds），多尼大学的萝莉·舒博尔（Laurie K. Scheuble），得克萨斯大学阿林顿分校的贝斯·希尔顿（Beth Anne Shelton），威斯康星大学麦迪逊分校的马修·斯隆（Matthew Sloan），爱荷华大学罗斯特瓦特分校的伯纳德·索罗曼（Bernard Sorofman）和荣·斯图华特（Ron Stewart），托莱多大学的兰迪斯托克尔（Randy Stoecker），俄亥俄州迈阿密大学的蒂朵·瓦格纳（Theodore Wagenaar），东部康涅狄格州立大学的罗伯特·沃尔夫（Robert Wolf）以及迈阿密大学的吉米·沃尔菲（Jerome Wolfe）。

几年来，编辑在本书出版中付出的辛勤劳动，让我非常敬佩。尽管只有作者的名字出现在书脊上，但编辑们默默无闻的工作却不可磨灭，因为许多重要的工作都是编辑们完成的。自1973年以来，我已经和华兹伍斯（Wadsworth）/圣智学习出版公司（Cengage Learning）的多位社会学编辑合作过。经过磨合切磋，我们之间的合作很愉快。

圣智学习出版公司另一些人员的才智也促进了本书的出版。我要感谢艺术指导米雪儿·坤勒尔（Michelle Kunkler），媒介开发约翰·查尔（John Chell），助理内容指导淖米·德依尔（Naomi Dreyer），知识产权分析蒂娜·艾廷格（Deanna Ettinger），以及内容经理切利·帕尔默（Cheri Palmer）。得益于圣智学习出版公司精心编辑、投入大量的人力，手稿才变成了书籍。

我还要感谢格雷格·胡比特（Greg Hubit）用自己的能力把握了生产的所有关键环节，以及泰德·瓦格纳（Ted Wagenaar）对本书的良多贡献。

感谢本书编辑们的辛勤付出，是他们的共同努力，促成了本书的出版。在书本即将诞生或重生的时候，我感受到了编辑与作者之间的伙伴关系。特别是马恩·伊文思（Marne Evans）的专业技能和敬业态度令我由衷赞叹。期待未来进一步合作。

我要把本书献给我最好的朋友、妻子苏珊妮·巴比（Suzanne Babbie），她对我的大力支持和无私奉献，使我更清楚地看到了她的高尚品质，也认识到了自身价值。

目 录

第1篇 研究概论

第1章 人类研究与科学 3
导言 3
1.1 寻求真实 4
1.1.1 共识中的知识 4
1.1.2 探索中的错误，一些解决方案 6
1.2 社会科学的基础 7
1.2.1 理论，而非哲学或信仰 8
1.2.2 社会规律 8
1.2.3 累计，而非个例 10
1.2.4 概念和变量 11
1.3 社会研究的目的 16
1.4 社会研究的一些辩证关系 18
1.4.1 个案式和通则式解释 19
1.4.2 归纳与演绎理论 20
1.4.3 决定论还是能动论 22
1.4.4 定量与定性数据 23
1.5 研究计划书 25

第2章 范式、理论与社会研究 28
导言 28
2.1 几种社会科学范式 29
2.1.1 宏观与微观理论 29
2.1.2 早期实证主义 30
2.1.3 社会达尔文主义 30
2.1.4 冲突范式 31
2.1.5 符号互动主义 32
2.1.6 常人方法论 32
2.1.7 结构功能主义 33
2.1.8 女性主义范式 34
2.1.9 批判种族理论 35
2.1.10 再论理性的客观性 36

2.2　社会理论的要素 …………………………………………………………… 39
　　2.3　两种逻辑体系 ……………………………………………………………… 40
　　　　2.3.1　科学的传统模式 …………………………………………………… 40
　　　　2.3.2　演绎与归纳：举例说明 …………………………………………… 44
　　　　2.3.3　图解对照 …………………………………………………………… 45
　　2.4　演绎式理论建构 …………………………………………………………… 47
　　　　2.4.1　开始 ………………………………………………………………… 48
　　　　2.4.2　建构理论 …………………………………………………………… 48
　　　　2.4.3　演绎式理论举例：分配正义 ……………………………………… 48
　　2.5　归纳式理论建构 …………………………………………………………… 50
　　2.6　理论和研究的关联性 ……………………………………………………… 52
　　2.7　研究伦理与理论 …………………………………………………………… 52

第3章　社会研究的伦理与政治 …………………………………………………… 55
　　导言 ………………………………………………………………………………… 55
　　3.1　社会研究中的伦理 ………………………………………………………… 56
　　　　3.1.1　自愿参与 …………………………………………………………… 56
　　　　3.1.2　对参与者无害 ……………………………………………………… 57
　　　　3.1.3　匿名与保密 ………………………………………………………… 59
　　　　3.1.4　欺骗 ………………………………………………………………… 61
　　　　3.1.5　分析与报告 ………………………………………………………… 62
　　　　3.1.6　伦理审查委员会 …………………………………………………… 64
　　　　3.1.7　职业伦理规范 ……………………………………………………… 65
　　3.2　两起有关研究伦理的争议 ………………………………………………… 68
　　　　3.2.1　"茶室"风波 ……………………………………………………… 68
　　　　3.2.2　观察人类的顺从行为 ……………………………………………… 69
　　3.3　社会研究中的政治 ………………………………………………………… 70
　　　　3.3.1　客观性与意识形态 ………………………………………………… 71
　　　　3.3.2　无孔不入的政治 …………………………………………………… 74
　　　　3.3.3　正视政治问题 ……………………………………………………… 75

第2篇　研究的建构：定量与定性

第4章　研究设计 …………………………………………………………………… 81
　　导言 ………………………………………………………………………………… 81
　　4.1　研究的三个目的 …………………………………………………………… 82
　　　　4.1.1　探索 ………………………………………………………………… 82
　　　　4.1.2　描述 ………………………………………………………………… 83
　　　　4.1.3　解释 ………………………………………………………………… 83
　　4.2　个案式解释 ………………………………………………………………… 85
　　4.3　通则式解释 ………………………………………………………………… 85
　　　　4.3.1　通则式因果关系的标准 …………………………………………… 85
　　　　4.3.2　通则式因果分析和假设检验 ……………………………………… 87
　　　　4.3.3　通则式因果分析的错误标准 ……………………………………… 87
　　4.4　必要原因和充分原因 ……………………………………………………… 88
　　4.5　分析单位 …………………………………………………………………… 89

	4.5.1	个体 ……………………………………………………………… 90
	4.5.2	群体 ……………………………………………………………… 91
	4.5.3	组织 ……………………………………………………………… 91
	4.5.4	社会互动 ………………………………………………………… 91
	4.5.5	社会人为事实 …………………………………………………… 93
	4.5.6	分析单位的回顾 ………………………………………………… 93
	4.5.7	分析单位的错误推理：区位谬误和简化论 ……………………… 94
4.6	时间维度 ………………………………………………………………… 96	
	4.6.1	截面研究 ………………………………………………………… 97
	4.6.2	历时研究 ………………………………………………………… 97
	4.6.3	近似历时研究 …………………………………………………… 101
	4.6.4	研究策略举例 …………………………………………………… 102
4.7	混合模式 ………………………………………………………………… 102	
4.8	如何设计研究计划 ……………………………………………………… 103	
	4.8.1	开始着手 ………………………………………………………… 105
	4.8.2	概念化 …………………………………………………………… 105
	4.8.3	选择研究方法 …………………………………………………… 105
	4.8.4	操作化 …………………………………………………………… 106
	4.8.5	总体与抽样 ……………………………………………………… 106
	4.8.6	观察 ……………………………………………………………… 106
	4.8.7	数据处理 ………………………………………………………… 106
	4.8.8	分析 ……………………………………………………………… 107
	4.8.9	应用 ……………………………………………………………… 107
	4.8.10	回顾研究设计 …………………………………………………… 107
4.9	研究计划书 ……………………………………………………………… 108	

第5章 概念化、操作化与测量 …………………………………………… 113

导言 ………………………………………………………………………… 113

5.1	测量任何存在的事物 …………………………………………………… 113	
	5.1.1	观念、概念和现实 ……………………………………………… 114
	5.1.2	建构的概念 ……………………………………………………… 116
5.2	概念化 …………………………………………………………………… 117	
	5.2.1	指标与维度 ……………………………………………………… 117
	5.2.2	指标互换性 ……………………………………………………… 119
	5.2.3	真实定义、名义定义和操作定义 ……………………………… 120
	5.2.4	概念次序的建立 ………………………………………………… 120
	5.2.5	概念化举例：失范 ……………………………………………… 122
5.3	描述性研究和解释性研究的定义 ……………………………………… 123	
5.4	操作化选择 ……………………………………………………………… 124	
	5.4.1	变异的范围 ……………………………………………………… 124
	5.4.2	变异的两极 ……………………………………………………… 125
	5.4.3	针对维度的提示 ………………………………………………… 126
	5.4.4	界定变量和属性 ………………………………………………… 126
	5.4.5	测量层次 ………………………………………………………… 127
	5.4.6	单一或多重指标 ………………………………………………… 130
	5.4.7	操作化选择举例 ………………………………………………… 131
	5.4.8	操作化永无止境 ………………………………………………… 132

5.5 评估测量质量的标准 ·········· 133
　5.5.1 精确性和准确性 ·········· 133
　5.5.2 信度 ·········· 133
　5.5.3 效度 ·········· 136
　5.5.4 谁决定何者有效 ·········· 137
　5.5.5 信度和效度之间的张力 ·········· 138
5.6 测量的伦理 ·········· 138

第6章 指标、量表和分类 ·········· 141
导言 ·········· 141
6.1 指标还是量表 ·········· 142
6.2 指标的建构 ·········· 144
　6.2.1 内容选择 ·········· 144
　6.2.2 经验关系的检验 ·········· 145
　6.2.3 指标赋值 ·········· 149
　6.2.4 处理缺损数据 ·········· 150
　6.2.5 指标的鉴定 ·········· 151
　6.2.6 女性地位：建构指标举例 ·········· 156
6.3 量表的建构 ·········· 158
　6.3.1 鲍嘎德社会距离量表 ·········· 158
　6.3.2 瑟斯东量表 ·········· 159
　6.3.3 李克特量表 ·········· 160
　6.3.4 语意差异 ·········· 160
　6.3.5 哥特曼量表 ·········· 161
6.4 分类 ·········· 164

第7章 抽样的逻辑 ·········· 167
导言 ·········· 167
7.1 抽样的简要历史 ·········· 169
　7.1.1 阿尔夫·兰登总统 ·········· 169
　7.1.2 托马斯·杜威总统 ·········· 169
　7.1.3 两种抽样方法 ·········· 171
7.2 非概率抽样 ·········· 171
　7.2.1 就近法 ·········· 171
　7.2.2 目标式或判断式抽样 ·········· 172
　7.2.3 滚雪球抽样 ·········· 172
　7.2.4 配额抽样 ·········· 173
　7.2.5 选择知情人 ·········· 174
7.3 概率抽样的逻辑和理论 ·········· 175
　7.3.1 有意识与无意识的抽样误差 ·········· 175
　7.3.2 代表性与选择概率 ·········· 176
　7.3.3 随机选择 ·········· 177
　7.3.4 概率理论、抽样分布和抽样误差评估 ·········· 178
7.4 总体与抽样框 ·········· 185
7.5 抽样设计的类型 ·········· 189
　7.5.1 简单随机抽样 ·········· 189
　7.5.2 系统抽样 ·········· 191
　7.5.3 分层抽样 ·········· 192

7.5.4 系统抽样中隐含的分层 …… 194
7.5.5 举例：对大学生进行抽样 …… 194
7.6 多级整群抽样 …… 195
7.6.1 多级整群抽样设计与抽样误差 …… 197
7.6.2 多级整群抽样中的分层 …… 198
7.6.3 概率比例抽样（PPS） …… 199
7.6.4 非比例抽样和加权 …… 200
7.7 概率抽样回顾 …… 201
7.8 抽样中的伦理 …… 201

第3篇 观察的方式：定量与定性

第8章 实验方法 …… 207
导言 …… 207
8.1 适于实验方法的议题 …… 207
8.2 古典实验 …… 208
8.2.1 自变量与因变量 …… 208
8.2.2 前测与后测 …… 209
8.2.3 实验组与对照组 …… 209
8.2.4 双盲实验 …… 210
8.3 选择被试 …… 211
8.3.1 概率抽样 …… 212
8.3.2 随机化 …… 212
8.3.3 配对 …… 212
8.3.4 配对还是随机？ …… 213
8.4 实验设计的变体 …… 214
8.4.1 前实验研究设计 …… 214
8.4.2 实验研究中的效度问题 …… 215
8.5 实验研究举例 …… 219
8.6 实验方法的替代 …… 221
8.6.1 因素设计 …… 222
8.6.2 基于互联网的实验 …… 223
8.6.3 "自然"实验方法 …… 223
8.7 实验方法的优缺点 …… 224
8.8 实验方法的伦理 …… 224

第9章 问卷调查 …… 227
导言 …… 227
9.1 适于问卷调查的议题 …… 227
9.2 提问指南 …… 228
9.2.1 选择合适的提问形式 …… 229
9.2.2 提问要清楚 …… 230
9.2.3 避免双重提问 …… 230
9.2.4 受访者必须能回答 …… 230
9.2.5 受访者必须愿意回答 …… 231
9.2.6 提问应该相关 …… 232

	9.2.7	提问越短越好	232
	9.2.8	避免否定性提问	232
	9.2.9	避免带有倾向性的提问和词语	233
9.3	问卷的建构		234
	9.3.1	一般的问卷格式	234
	9.3.2	应答的格式	235
	9.3.3	关联访题	235
	9.3.4	矩阵访题	237
	9.3.5	问卷中的题序	238
	9.3.6	问卷说明	238
	9.3.7	预调查	239
	9.3.8	一个综合例子	240
9.4	自填式问卷		242
	9.4.1	邮寄问卷的分发和回收	242
	9.4.2	监控问卷的回收	243
	9.4.3	补寄问卷	243
	9.4.4	应答率	244
	9.4.5	给受访者补偿	245
	9.4.6	问卷调查案例	245
9.5	访谈问卷		246
	9.5.1	访员的角色	247
	9.5.2	问卷调查指南	247
	9.5.3	协调与控制	249
9.6	电话访问		251
	9.6.1	计算机辅助的电话访问（CATI）	251
	9.6.2	访谈调查的应答率	252
9.7	在线调查		253
	9.7.1	线上设备	254
	9.7.2	电子工具设计	254
	9.7.3	提高应答率	255
9.8	混合模式调查		255
9.9	不同问卷调查方法的比较		256
9.10	问卷调查的优缺点		257
9.11	二手分析		259
9.12	伦理与问卷调查		261

第 10 章 定性实地研究

导言			264
10.1	适于实地研究的议题		264
10.2	定性实地研究的特别注意事项		267
	10.2.1	观察者的不同角色	267
	10.2.2	与研究对象的关系	269
10.3	一些定性实地研究的范式		272
	10.3.1	自然主义	272
	10.3.2	常人方法学	274
	10.3.3	扎根理论	275
	10.3.4	个案研究和扩展个案方法	277

        10.3.5　制度民族志 ·················· 279
        10.3.6　参与行动研究 ·············· 280
    10.4　定性实地研究的执行 ············· 283
        10.4.1　实地研究的准备工作 ······ 283
        10.4.2　定性访谈 ···················· 285
        10.4.3　专题小组 ···················· 287
        10.4.4　观察的记录 ················· 289
    10.5　定性实地研究的优缺点 ········· 291
        10.5.1　效度 ··························· 292
        10.5.2　信度 ··························· 292
    10.6　定性实地研究的伦理 ············· 293

第 11 章　非介入性研究 ······················ 296
    导言 ·· 296
    11.1　内容分析法 ··························· 297
        11.1.1　适于内容分析法的议题 ··· 297
        11.1.2　内容分析法的抽样 ········· 298
        11.1.3　内容分析法的编码 ········· 301
        11.1.4　内容分析法举例 ············ 305
        11.1.5　内容分析法的优缺点 ····· 307
    11.2　既有统计数据分析法 ············· 307
        11.2.1　涂尔干的自杀研究 ········· 308
        11.2.2　全球化的后果 ··············· 310
        11.2.3　分析单位 ····················· 310
        11.2.4　效度问题 ····················· 311
        11.2.5　信度问题 ····················· 311
        11.2.6　既有统计数据的来源 ······ 312
    11.3　比较和历史分析法 ················· 314
        11.3.1　比较和历史分析法举例 ··· 314
        11.3.2　比较和历史分析的数据来源 ··· 317
        11.3.3　分析技术 ····················· 318
    11.4　非介入性在线研究 ················· 320
    11.5　伦理与非介入测量 ················· 321

第 12 章　评估研究 ···························· 323
    导言 ·· 323
    12.1　适于评估研究的议题 ············· 324
    12.2　问题设计：测量问题 ············· 326
        12.2.1　说明结果 ····················· 326
        12.2.2　测量实验环境 ··············· 327
        12.2.3　辨明干预因素 ··············· 327
        12.2.4　界定总体 ····················· 329
        12.2.5　新的还是已有的测量 ····· 329
        12.2.6　操作化的成功与失败 ····· 329
    12.3　评估研究设计的类型 ············· 330
        12.3.1　实验设计 ····················· 330
        12.3.2　准实验设计 ·················· 331
        12.3.3　定性评估 ····················· 335

12.4	社会环境	336
	12.4.1 后勤问题	336
	12.4.2 研究结果的应用	338
12.5	社会指标研究	342
	12.5.1 死刑与阻吓	343
	12.5.2 计算机模拟	343
12.6	伦理与评估研究	344

第4篇 数据分析：定量与定性

第 13 章	定性数据分析	349
导言		349
13.1	理论与分析的关联	349
	13.1.1 发现模式	350
	13.1.2 扎根理论方法	351
	13.1.3 符号学	352
	13.1.4 谈话分析	353
13.2	定性数据处理	354
	13.2.1 编码	354
	13.2.2 备忘录	358
	13.2.3 概念图	359
13.3	定性数据处理	360
	13.3.1 QDA 软件	360
	13.3.2 用 Qualrus 分析《利未记》	361
	13.3.3 NVivo	363
13.4	定量数据的定性分析	368
13.5	评估定性研究的质量	369
13.6	伦理与定性数据分析	371
第 14 章	定量数据分析	373
导言		373
14.1	数据的定量化	373
	14.1.1 开发编码类别	374
	14.1.2 建立编码簿	376
	14.1.3 数据录入	377
14.2	单变量分析	378
	14.2.1 分布	378
	14.2.2 集中趋势	380
	14.2.3 离散趋势	383
	14.2.4 连续变量和离散变量	384
	14.2.5 细节还是可处理性	385
14.3	子群比较	385
	14.3.1 合并应答的类别	386
	14.3.2 处理"不知道"	387
	14.3.3 定性研究的量化描述	387
14.4	双变量分析	388

14.4.1　百分比表格 389
　　　14.4.2　建立和解读双变量表格 391
　14.5　伦理与定量数据分析 392

第15章　多元分析的逻辑 394
　导言 394
　15.1　详析模式的起源 395
　15.2　详析范式 397
　　　15.2.1　复证 398
　　　15.2.2　辨明 398
　　　15.2.3　阐明 402
　　　15.2.4　标明 402
　　　15.2.5　范式的微调 403
　15.3　详析与事后假设 406
　15.4　社会学诊断 407

第16章　统计分析 412
　导言 412
　16.1　描述统计 413
　　　16.1.1　数据简化 413
　　　16.1.2　相关性测量 413
　　　16.1.3　回归分析 417
　16.2　推断统计 421
　　　16.2.1　单变量推断 421
　　　16.2.2　统计显著性检验 422
　　　16.2.3　统计显著性的逻辑 423
　　　16.2.4　卡方 426
　　　16.2.5　检验 428
　　　16.2.6　注意事项 429
　16.3　其他多变量方法 430
　　　16.3.1　路径分析 430
　　　16.3.2　时间序列分析 432
　　　16.3.3　因子分析 433
　　　16.3.4　方差分析 435
　　　16.3.5　判别分析 437
　　　16.3.6　对数线性模型 440
　　　16.3.7　概率比分析 440
　　　16.3.8　地理信息系统（GIS） 441

第17章　社会研究论文的阅读与写作 445
　导言 445
　17.1　阅读社会研究论文 445
　　　17.1.1　组织一篇文献回顾 445
　　　17.1.2　阅读期刊还是阅读书籍 446
　　　17.1.3　研究报告评估 448
　17.2　合理利用互联网络 451
　　　17.2.1　一些有用的网站 451
　　　17.2.2　搜寻万维网 452
　　　17.2.3　评估网络资源的质量 454

17.2.4 引用网络资源 …………………………………………………………… 456
17.3 撰写社会研究论文 ………………………………………………………… 457
    17.3.1 基本考量 ……………………………………………………………… 457
    17.3.2 报告内容的组织 ……………………………………………………… 458
    17.3.3 报告分析结果指南 …………………………………………………… 462
    17.3.4 公开发表 ……………………………………………………………… 463
17.4 阅读与撰写社会研究的伦理 ……………………………………………… 463

附 录

附录 A 如何使用图书馆 ………………………………………………………… 468
附录 B 随机数表 ………………………………………………………………… 476
附录 C 卡方分布 ………………………………………………………………… 478
附录 D 正态分布 ………………………………………………………………… 480
附录 E 估计抽样误差 …………………………………………………………… 481

术语表 ……………………………………………………………………………… 482

译校后记 …………………………………………………………………………… 494

第1篇 研究概论

第1章 人类研究与科学
第2章 范式、理论与社会研究
第3章 社会研究的伦理与政治

人们对科学这个名词并不陌生。但是，每个人对科学的想像却各不相同。对某些人来说，科学就是数学；对另一些人而言，科学是白大褂和实验室。常常有人把科学与科技混为一谈；有时候，还有人把科学当作高中阶段或大学阶段难学的课程。

当然，这些都不是科学。可是，要真正给科学下定义也很难。事实上，科学家们也无法就恰当的定义达成共识。但是，本书还是要给科学下一个定义：我们把科学视为一种研究方法，或者视为学习和理解周围事物的方法。与其他学习和理解周围事物的方法相比，科学有一些特殊的地方。它是一项有意识的、有准备的、缜密的任务，有时候会使用统计分析法，但通常不会使用。本书开篇的几章将讨论这些问题。

著名作家兼小儿科大夫本杰明·史巴克（Benjamin Spock）有关幼儿护理的著作中，一开始就告诉初为父母的读者说，他们实际具有的护理幼儿的知识比自己认为的要多。我也要用类似的话作为这本社会研究方法一书的开篇。你们不久就会发现，自己早已知道不少社会研究的实务。事实上，你们一生都在做社会研究。从这个观点看，这本书的目的是要帮助你们强化既有的技能，提供一些你们可能还不知道的窍门。

本书第1篇的目的，在于为其他章节的论述打下基础，讨论科学与其他了解事物的方法在本质上和议题上有什么不同。第1章将讨论对人类本性的研究，也就是我们终生都在做的事情。从中我们会看到，有些人会在研究身边的事物时走上歧途。然后，我会简要地总结能让你们少走弯路的科学研究的主要特征。

尽管本书绝大多数情况下讨论的都是社会研究的科学问题，不过第2章讨论社会科学的理论，以及理论和研究之间的关系。我们将看到一些形成研究特质的理论范式，它在很大程度上决定了科学家们探究的对象以及解释的方式。

第3章要介绍另外两个重要问题：研究的伦理和政治问题。研究者实际上是受一系列的伦理和政治约束，这些伦理又反映了一套帮助他人、而非危害他人的理念。社会研究意在研究和理解社会，却也由社会的政治制度和社会系统所建构。作为社会研究的关键要素，这两个问题将贯穿全书。

第1篇的目的是要建构一个社会研究的大框架，而不是具体研究设计和实施的细节。关于社会研究更为具体的细节，我们将在第1篇之后详细介绍。

第1章
人类研究与科学

章节概述

每个人都试图认识社会、认识世界。科学研究,特别是社会研究的目的,是为了避免落入日常探索的窠臼。

导　言

《社会研究方法》是一本关于人类如何了解事物的书——主要是如何了解事物,而不是知道什么事物。让我们从一些已知的事物开始。

我们知道地球是圆的,也知道月球阴暗面相当寒冷。我们还知道:中国人讲中文,维生素C可以预防感冒,没有安全措施的性行为可能感染艾滋病,等等。

表面上看,除非最近去过月球阴暗面或做过维生素C功效的相关研究,否则你是不可能知道这些的。实际上,稍加思考,就会想到,通过间接方式也可以达到认知事物的目的。人们也许通过《国家地理杂志》了解到中国人说中文,而这看起来合情合理,所以也不会质疑。或许物理学或天文学老师告诉我们,甚至从广播中得知,月球的阴暗面相当寒冷。

有些知道的事情,显得理所当然。如果我问你们如何知道地球是圆的,你们也许说:"每个人都知道啊!"不过,以前大家都"知道"地球是平的。

很多人知道的事情,其实是一种约定俗成或是一种信仰,很少是个人的经验和发现。在社会中成长,就是接受周围人"知道"事物的过程。如果无法知道某个社会阶层的事物,就没法成为其中的一员。如果谁认真怀疑地球是圆的,很快就会发现,自己和其他人格格不入。

尽管知道的大多数事物取决于我们是否相信他人所说,但我要强调的是,这样并没有错。知识的基础离不开约定俗成。因为人们不可能只通过个人的经验或发现而知道所有的事物,所以必须相信别人的实践经验。人们对事物的了解,一部分是通过传统经验,一部分则是通过所谓"专家"传授。当然,我并不是说,不应该质疑这些传统知识。我只是让读者了解,在知识的学习方面,自己和社会融合相处的方式。

不过,我们还有获得知识的其他方法。与约定俗成了解事物的方式相反,人们也能直接从经验了解事物——通过观察来了解事物。如果你跳进流经加拿大落基山脉的冰水中,根本无需他人告知,就知道河水是冷的。第一次光脚踩到荆棘时,不用他人说,自己就知道很疼。

当个人的经验和大家约定俗成的知识发生冲突时,个人的经验大有可能在众议之下认输。

举一个例子,假如你们到我家参加宴会,有美酒佳肴。首先品尝我送上来的开胃菜,一种油炸面粉裹的食物。你们可能会说:"嗯,真好吃。"然后又吃了一些。

终于,吃够了。你们开口问道:"这是什么?能告诉我是怎么做的吗?"我得意地坏笑:"你们刚刚吃的是油炸面粉裹虫!"你们的反应强烈,开始反胃,把客厅的地毯吐得一塌糊涂。噢!多么糟糕的待客之道呀!

这个故事的要点是,你们对这道菜的前后两种感觉都是真实的。基于个人经验,你们喜欢这道菜,当然这是真实的。只是,在知道吃的是虫子以后,你们觉得恶心。因为你们和周围的人都认为:虫子不适合当食物。小时候,当父母发现你坐在土堆上,嘴里叼着半截虫子时，父母忙着扒开你们的嘴，寻找另外半截虫子。从那时起，你就知道，吃虫是社会不能接受的行为。

在约定俗成之外，吃虫子到底有什么不对？很可能虫子含有丰富的蛋白质和低热量，大小一口刚好，而且容易包装，是商人们理想的商品。对一些和我们有不同想法的人，虫子或许是很珍贵的食物。对他们而言，虫子才是美味，裹在外面的油炸面粉反而让他们觉得倒胃口。

也许你们会开始思考一个问题："虫子'真的'好吃还是'真的'难吃？"还有一个更有趣的问题："你们如何知道什么才是'真的'？"本书要解答的是第二个疑问。

这一章的最后部分，我们将讨论"什么是真实"。从把探索当作人类的自然行动开始，我们来看看在日常生活里遇到的事儿。我们会考察日常生活知识的来源，探索其中常见的错误。接着，我们会讨论什么是科学，特别是社会科学。在了解社会研究的一些特征之后，我们还会讨论社会研究的一些基本考量。

1.1　寻　求　真　实

真实是很诡谲的。也许你们已经开始怀疑自己知道的不是"真实"。问题是，如何真正知道何者为真？这个问题已经困扰了人类几千年。

1.1.1　共识中的知识

其中的一个答案，与科学有关，即获取共识现实与经验现实的方法。如果不是本人亲身经历的，那便是因为满足科学家们制定的一些标准，人们便形成的共识。一般而言，科学主张都要在逻辑上和经验上得到支持：必须有道理，必须与实际观察不冲突。为什么科学家认为月球的阴暗面很冷呢？首先，有道理，月球表面的热量来自太阳光的照射，月球的阴暗面总是阴暗的，始终没有太阳光的照射。第二，科学测量证实了上面的逻辑判断。如此，科学家们运用了一套标准，接受了他们个人不曾经历事物的真实性。

不过，对本书更有意义的是，科学还提供了一套方法，让人们从个人经历中发现真实。换句话说，科学提供了一套探索的方法。**认识论**①（epistemology），是如何知道的科学，**方法论**②（methodology，认识论下的一个领域）则是发现科学的学说和理论。本书将要呈现和讨论的正是社会科学的方法（论），或社会科学对人类生活进行探索的方法。

我们为什么要用社会科学来探讨人类生活的真实呢？要知道这一点，就要从非科学的日常探讨开始。

1. 一般的人类研究

几乎所有人，甚至其他一些动物，都想要预知他们未来的环境。人类愿意用因果和概率（Causal and Probabilistic）推理来进行预测。

首先，我们通常认为，未来的环境，多多少少是由目前的状况所造成或限定的。我们知道，受教育程度会影响未来收入的高低；在礁岩区游泳可能会不幸遇上鲨鱼。另一方面，鲨鱼也可能学会在礁岩区徘徊，并幸运地碰上不幸的泳客（不管鲨鱼是有意还是无意）。

其次，人类和其他某些动物都知道，因果关系本来牵涉到发生概率：当某些"因"存在时，与这些"因"不存在时比较，更有可能产生某些"果"；不过，这不是绝对的。

---

① 认识论：认识知识系统的科学。
② 方法论：发现的科学，科学探索的过程。

例如，学生知道，在大多数情况下，用功会取得高分，却不是每次用功都会考得好。我们知道，在礁岩区游泳有危险，同时也知道，不是每次在礁岩区游泳都那么不幸。在本书中，我们会经常提到因果和概率这两个概念。科学使它们更为精巧，科学也提供了处理的技巧，这与人们的日常探索有所不同。我要做的是，使人们已经掌握的技巧更加有用，帮助大家在研究中变得更自觉、更确实，也更精细。

在检视一般的人类研究时，要区分预测和了解。通常，在不了解的状况下，也能做预测。当膝盖酸痛时，或许我们会预测，要下雨了。即使不知其所以然，我们也会根据预测来行动。例如有赌客发现，第三跑道的马在每天的第三轮比赛中总是获胜，即使不知道个中理由，也会始终下那匹马的注。当然，不了解就预测的缺点也是显而易见的，比如别的马胜出，那么赌客就该赔钱了。

不管人类或其他动物的原始动机是什么，只有能够预测未来环境，才能使之满足。只是，对人类而言，对未来的预测常常被放在知识与了解的范围内。如果了解为什么事物之间产生关联、为什么会产生稳定的模式，比起你们只是简单地记住那些模式，要预测得更加准确。因此，人类研究的目的在于，回答"是什么"和"为什么"，我们通过观察和推理来达到这两个目标。

如前所述，我们对于这个世界的认识和了解，只有部分是直接通过个人研究或个人经验，大部分则是来自他人告知的约定俗成的知识。这些**共识的真实**[①]（agreement reality），既可能帮助也可能阻碍我们自己亲手去发掘真实。二手知识的两个重要来源（传统和权威），就值得进一步讨论。

2. 传统

我们每个人都继承了某种文化。文化的一部分则是由根深蒂固的知识构成的，它告诉我们世界是怎样的，以及我们该有怎样的价值观。我们可能从他人那里得知：在春天播种玉米将得到天助、获得丰收，吃太多糖会造成蛀牙，一个圆的圆周率是直径的七分之二十二，手淫会使人失明。尽管可以亲身去检验这些"真实"，但我们还是直接接受了其中的大部分。因为这些都是"众所周知"的事。

传统对人类的研究是有助益的。接受众人皆知的事物，可以替我们省下不少亲自去研究的时间。知识是累积的，继承已有的信息和知识体系，正是发展更多知识的起点。我们常说，"站在巨人的肩膀上"，就是指知识的传承。

传统也可能阻碍人类的探索。如果想在人们已知的事物上寻求新的观点和不同的知识，你们很可能会被贴上"傻子"的标签。更有甚者，你们可能根本不想对已知的事物去做不同的认识。

3. 权威

即使传统的力量很大，新知识还是每天涌现。除了亲身的探索之外，我们终生都是他人新发现和新知识的受惠者。通常，对新知识的接受程度与发现者的地位有关。譬如，如果流行病理学家说流感通过接吻传染，会比某个叔叔说的更容易让你们信服（除非，他也是位流行病理学家）。

和传统一样，权威既可能帮助、也可能阻碍人们的探索。我们会信任接受过特殊训练的人、专家或信誉很好的人，在有争议的问题上更是如此。与此同时，权威在自己专长的领域犯错时，也会严重地阻碍我们的探索。例如，生物学家也会在生物学领域犯错。当然，生物学知识也是随时间而发展的。

如果专家们超出自己专长的领域发表意见，也会妨害我们的探索。例如，没有受过生物化学专门训练的政治或宗教领袖却断然宣称大麻损害我们的大脑。广告经常滥用权威。譬如，让人们喜爱的运动员来告诉观众早餐麦片的营养，让电影明星评估汽车的性

[①] 共识的真实：我们知道的事物，是我们身在其中的和分享的，以及文化蕴含的一部分。

能等等。

在人类探索世界时，传统和权威都是双刃剑：一方面可以当作我们进一步研究的起点；同时，也可能误导我们，让我们误入歧途。

1.1.2 探索中的错误，一些解决方案

除传统和权威的潜在危险外，在自己探索时，人们也常会被绊倒。我将先讨论一般研究中人们常犯的错误，然后再讨论如何用科学方法来减少错误。

1. 不确切的观察

人们常会在观察中犯错。譬如，你们的方法课老师第一次上课时，他穿的是什么衣服？如果靠猜测，就表示你们的日常观察是随意而且漫不经心的。这就是，为什么大多数的日常观察会不同于实际情形。

和一般的研究相比，科学观察是一种自觉的活动。更谨慎的观察可以减少错误的发生。譬如，你们不记得方法课老师第一次上课时穿的什么，且一定要猜，就很可能犯错。但是，如果有意识地在第一堂课就观察并且记录下老师的穿着打扮（当然，必须有这种爱好），你们就有确切的答案。

很多时候，简单或复杂的测量手段可以帮助我们避免不确切的观察，增加答案的精确度。还是上面的例子，如果你们在第一堂课给老师照了一张彩色照片，对回答问题就更有帮助了。

2. 过度概化

当我们探讨周围事物的模式时，通常会把一些类似的事件当作某种普遍模式的证据。也就是说，在有限观察的基础上，我们会做过度的概括。（回想前面说过的对赌马场跑道的观察。）

在寻求对事物的理解时，如果压力太大，便最容易犯过度概化的错误。即使没有压力，过度概化的错误照样会出现。只要出现过度概化，就会误导甚至妨碍探索。

试想在报道保护动物权利的示威活动，上级要求你们必须在两个小时后交稿，且必须找到示威的原因。于是，你们匆忙赶去现场访问示威者，询问他们示威的理由。如果受访的前三名示威者给出了相同的答案，你们很可能会推断其他3 000名示威者也出于同样的理由。遗憾的是，稿子完成并上交，你们的编辑很可能从示威者那里获得了完全不同的解释。

当然，认识到这一点的目的是让概化具有存活力。不断地询问响尾蛇是不是有毒并不是让概化存活的好方法。即使我们得到的回答全部是"有毒"，还是存在过度概化的风险。

科学家常常运用足够的样本观察来避免过度概化。另一个保障，是进行重复探索。**复证**① （replication）是重复进行同一项研究，看是否每次都得到同样的结果。然后还可以在稍有变动的情况下，再度进行这项研究。

3. 选择性观察

过度概化的危险之一是导致选择性观察。一旦你们认为存在某种特别形态，且获得了对该形态的一般性理解，很可能会只注意符合该形态的事物或现象，而忽视其他不符合的状况。绝大部分的种族偏见就是选择性观察的结果。

通常，每项研究设计都会事先设定观察事项，并以此作为推论的基础。假如想要了解女性是不是比男性更支持自由堕胎，我们可能会精心挑选1 000人作为访问对象。或者，在对某个事件进行观察时（譬如保护动物权利示威），我们也许会努力去找出"异常

---

① 复证：重复某个研究，以检验或者证实或者质疑早前的研究发现。

案例"——不符合一般模式的情形。

4. 非逻辑推理

当观察到的事物和日常生活的观察结论相抵触时，处理的方式之一是将其当作"通则中的例外"，认为这根本不合逻辑。例外，能让我们注意到通则（或假设的通则），但是，没有任何逻辑体系可以用例外证明与之相抵触的通则。只是，我们常用这些不合逻辑的方式来解释冲突点。在处理与群体的关系上，尤其如此。如果是有色人种、女性，或男同性恋者破坏了某人把握的群体规则时，就会被用来"证明"，除了这个例子以外，剩下的情形也如此。例如，如果公司的女性总裁有些女性主义，就会被用来证明其他女性总裁都是"男人婆"。

统计学家说的赌徒谬误（gambler's fallacy）是日常生活中常见的又一个不合逻辑的例子。风水轮流转，一晚上手气不好的赌徒，总认为再过几把之后幸运就会降临。很多赌徒舍不得离开赌桌的原因就在于此。一个更合理的归纳是这个人对扑克不在行。

在日常生活中，虽然每个人都难免有让自己难堪的非逻辑推理，但是，科学家会有意识地运用逻辑体系来避免类似的窘境。第2章将深入探讨科学活动的逻辑。目前，只需要注意到逻辑推理是科研人员自觉的活动，而且还有同事敦促他们要诚实就行了。

科学，试图避免日常研究的普遍缺陷。对现实的正确观察与理解并不简单，也不是微不足道。在这一章以及这本书中，我们都会看到这一点。

在继续后面的内容之前，我要提醒你们，对事物的科学理解也在不断变化之中。在科学史中，有众多的新知识替代旧知识的例子。面对百年前的科学家，我们很容易有超越感。不过，我更注意的是，知识的潮流滚滚向前。现在，我们该知道知识的发展方式了。

塞缪尔·阿贝斯曼（Samuel Arbesman）在《事实的半衰期》（2012）中讨论了当下的科学"事实"在再概念化、再检验和新发现中存活多久的问题。例如，医学对肝炎和肝硬化的理解，在45年内有一半将被取代。

科学知识不断变化的事实表明了科学活动的实力。文化信仰和迷信可能会生存几个世纪，可是科学家却只致力于更好地了解世界。这本书的目的是，让你准备加入这项事业。

1.2 社会科学的基础

有时，科学以逻辑实证（logico-empirical）为特色。这个不甚美观的词汇告诉我们一条重要信息，科学的两大支柱是逻辑和观察。科学对世界的理解必须言之成理，并符合我们的观察。对科学而言，这两者不可或缺，而且和科学研究的三大层面密切有关：理论、数据收集和数据分析。

概略地说，科学**理论**①（theory）是科学的逻辑层面；数据收集是观察层面；而数据分析则是比较逻辑预期和实际观察，寻找可能的模式。尽管本书大部分篇幅讨论的是数据收集和数据分析，即如何进行社会研究，不过，本篇将会讨论研究的理论背景；第2~3篇将侧重于数据收集，第4篇将更多讨论数据分析。

本章剩余部分介绍的基本观点，对于社会科学而言是基础性的，它们将社会科学（理论、数据收集和分析）和其他观察社会现象的方法区别开来。下面我们来了解一下这些观点。

---

① 理论：对与某特定生活方面相关观察的系统解释，如青少年不良行为、社会分层、政治革命等。

1.2.1 理论，而非哲学或信仰

社会科学理论处理的是"是什么"（what is），而不是"应该"（should be）如何。几个世纪以来，社会理论一直都有这两种取向。社会哲学家随意地混合了他们对周围事物的观察、对事件成因的臆测，以及他们认为事情应该如何的观点。虽然当代社会科学家还经常做同样的事，重要的是，要认识到社会科学必须探究事物的真相，了解个中原因。

科学理论（甚至整个科学本身）不能建立在价值判断上。除非有一套标准，否则，就不能判断资本主义与其他社会形态孰好孰坏。只有获得一套大家都认同的测量尊严和自由的标准，并且可以通过测量获得结论，才有可能科学地判断资本主义及其他社会形态，何者更能成就人类的尊严和自由。不过，由此得到的结论也只适用于限定测量标准的范围，不能做一般性推论。

同样，如果自杀率或慈善活动可以用来测量宗教品质，那么，就可以科学地判断佛教或基督教何者是更好的宗教。再强调一次，结论只在事先设下的测量标准范围内才有效。事实上，涉及价值判断时，人们很难获得一致的测量标准。故，科学也很难平息价值观的辩论。而且，类似的问题，通常被看作是观念和信念。而科学研究，则常被看作是对"已有知识"的威胁。

第12章讨论评估性研究时，我们将对这个问题再进行详细的探讨。越来越多的社会科学家投入到牵涉意识形态的研究，而他们面临的最大难题之一是，如何让大家赞同成败评价的标准。如果社会科学研究要告诉我们涉及价值观的一些有用的东西，测量标准是非常重要的。作个比喻，除非我们都同意速度是测量标准，否则跑表并不能帮助我们评断哪位短跑选手更优秀。

因此，社会科学只能帮助我们了解事物本身和事物的成因。只有在人们同意比较好坏的标准之后，社会科学才能告诉我们事物应该如何。如果借此希望获得共识，那几乎是不可能的。

即使希望知道"是什么和为什么"，也不是一项简单的任务。下面，让我们看看社会科学试图描述和理解社会现实时用到的一些基本概念。

1.2.2 社会规律

在很大程度上，社会科学理论的终极目的在于寻求社会生活的规律性。当然，乍一看，自然科学的研究对象比社会科学的研究对象更有规律。当我们松开手，有重量的物体一定会掉落地面。一位选民此时可以支持候选人甲，彼时也可以反对候选人甲。同样，达到一定的温度，冰块总会融化。看似忠厚老实的人，有时候却会盗窃。类似的例子，虽然确有其事，但社会现象也展现出可揭示的、在理论上可解释的高度规律性。

首先，大量的正式社会规范造就了高度的规律性。例如，美国的交通法促使绝大多数人靠右行驶而非靠左。对选举人的登记规定使得选民们在投票中呈现一些可预测的模式。劳动法在法定工作年龄和最低工资上创造了高度一致性。这类正式规则，规范了社会行为，使其规律化。

除正式规则以外，还有部分社会规则在无形中让社会行为产生规律性。在登记选民中，与民主党员比较，共和党员更有可能投票给共和党候选人。大学教授通常比没有专业技能的劳工赚钱更多。男性平均收入比女性高。类似的规律不胜枚举。后面，我们将会对此做深入探讨。

说到社会规律性，有三种论点值得探讨。第一，有些规律过于微不足道，譬如共和党人投共和党的票，每个人都知道。第二，反例的存在说明，"规律性"不是百分之百的规律，譬如有些劳工赚钱比大学教授多。第三，重物自己不能决定是不是下落，但针对人类的规律，只要愿意，便可以颠覆规律。

1. 微不足道

在第二次世界大战期间，世界上最伟大的社会科学家之一斯托弗（Samuel Stouffer）在美军部队组织了一个研究小组，进行了一连串战争后勤的研究（Stouffer，1949—1950），其中，很多事涉及军人士气。斯托弗及其同事发现，针对军队士气的基础，有很多"众人皆知的常识"，斯托弗小组的很大研究精力便是测试那些"不言自明"的常识。

譬如，长久以来，人们认为，晋升会显著影响军中士气。当有人获得晋升且晋升制度看起来也公平时，军中士气就会提升。获得晋升的人，通常认为晋升制度公平；与晋升擦肩而过的人，则会认为制度不太公平。由此拓展，现役军人如果晋升速度缓慢，就会认为制度不公平；晋升较快的人，则比较容易认为制度是公平的。事实果真如此吗？

斯托弗小组的研究集中在两个单位：一是宪兵，美军中晋升最缓慢的单位；另一是空军特种部队，晋升最快的单位。根据一般人的看法，宪兵应该认为晋升制度不公平，空军特种兵应该认为晋升制度公平。不过，斯托弗小组的研究却得到了相反的答案。

注意，研究者会面临类似的两难。一方面，观察得到的结果不合常理。另一方面，"显而易见"的说法却得不到事实支持。

有些人会把这样的问题留给"更进一步的研究"。不过，斯托弗小组试图寻找解答，并最终获得了解释。罗伯特·默顿（Robert Merton）、阿里斯·凯特（Alice Kitt）及其在哥伦比亚大学的同事曾经思索并撰写了参照群体理论（reference group theory）。这个理论说明，一般人评断自己生活的好坏，并不是根据客观的条件，而是和周围的人进行比较。周围的人就是参照群体。如果生活在你们周围的都是穷人，那么5万美元薪水就会让你们觉得像是百万富翁。如果你们接触的都是年薪50万美元的人，那么"区区"5万美元会让你们觉得寒酸透了。

斯托弗把这个理论运用到他研究的军人身上。如果某位宪兵很久都没有晋升，那么，他所认识的、比他差的宪兵也不可能比他晋升得更快。换句话说，在宪兵中，没有任何人获得晋升。如果是空军特种兵，即使他已经在短时间内获得多次晋升，他也很可能随便就能找到一位比他差的人反而晋升得更快。宪兵的参照群体是宪兵，空军特种兵则和他的队友相互比较。终于，斯托弗有关军人对晋升制度态度的理解：①言之成理；②和研究得到的事实相符合。

这件事告诉我们，不言自明的事物对于任何科学——不管是物理的还是社会的，都有极大的功用。达尔文创造了愚人实验（fool's experiment）作为自己许多研究的参照。在这些研究中，达尔文测试大家都知道的事。正像达尔文知道的那样，很多不言自明的事，常常最终被证明是错误的。因此，微不足道不再是阻碍科学研究的正当理由。

2. 例外

任何社会规律都有例外，却并不意味着社会规律不真实和不重要。即使某些女性比大多数男性赚钱多，大多数女性的收入还是少于男性。男性收入多于女性的模式依然存在。社会规律代表的是概率模式，不是某个简单真实。总有一些不符合社会规律的个案。

这条规则既适用于自然科学，也适用于社会科学。譬如，量子物理学是一门概率科学。在遗传学上，一位蓝眼珠的人和一位棕色眼珠的人结婚，生下的小孩很可能是棕色眼珠。但是，如果生出蓝眼珠的小孩，也不会对已有规律构成挑战，因为遗传学家只说生下棕色眼珠小孩的概率比较大，生下蓝眼珠小孩的概率只占了某个百分比。社会科学家也会有类似的概率式预测。如，总体而言，女性收入低于男性。社会科学家也据此探究为何会这样。

3. 人为干扰

一个值得讨论的观点是，已有的社会规律会被某些人有意识地颠覆。即使自然科学里似乎找不到类似的情形（一般而言，物理现象不会违背物理规律，尽管推翻量子物理学的概率特征曾经导致人们认为电子有"自由意志"），对社会科学也不会构成大的挑战。一位虔诚于宗教信仰的右翼顽固分子，如果他想扰乱政治学家对某次选举的研究，就有可能投票给持不可知论立场的左翼激进黑人。所有选民可能突然转向，投票给居于劣势的候选人，好让民意调查专家们大跌眼镜。同理，上班的人可以早点出门，或是留在家里避开交通高峰时间。不过，上述情形发生的概率并不足以威胁到对社会规律的观察。

事实上，社会规范确实存在，社会科学家可以观察社会规范的效应。当规范随着时间改变时，社会科学家也可以观察并解释其变化。

另一类不一样的干扰使得社会研究面临特别挑战。社会研究具有递归性。正因为如此，我们从社会观察到的规律可能会导致规律的终结。由此，我们发现的规律，也就不再真实。例如，你们可能偶然知道"十佳居住地"或类似的消息，社区不那么拥挤，各种商店都有，学校以及其他公共设施很棒，犯罪率低，人均大夫的比例高，等等。如果这个消息公开了，将会怎样？人们就会蜂拥而至，结果，社区过于拥挤，最终不再是过去的居住佳地。简单地说，我们很容易研究已经公布的闲适海滩或钓鱼点会是什么样子。

2001年，安然（Enron）公司快要破产的时候，高管们一面悄悄出手自己拥有的公司股份，一面安抚员工们说，公司的偿付能力没有问题，建议他们继续将自己的退休金投资于公司。这种欺骗的后果是，员工们在失业的同时，也损失了他们大部分的退休金。

安然事件引发了斯坦福大学商学院两位教师的兴趣。这两位教师拉科尔和扎克尤金娜（Larcker and Zakolyukina，2010）试图发现高管们是什么时候开始撒谎的。他们分析了公司成千上万份会议笔录，发现了高管们撒谎的例证和撒谎模式。例如，高管们撒谎时会流露夸张的情绪，他们会说前景"极好"（fantastic），而不是说"好"（good）。研究还发现了一些高管们撒谎的迹象，例如，较少提及股东，也较少提及自己。这些对撒谎特征的发现，谁会从中获益？或许，研究结果会提示高管们更好地撒谎。如果有后续的研究，十年后，人们一定会发现高管们有相当不同的讲话模式。

1.2.3 累计，而非个例

社会科学家探讨社会生活的规律，反映的是许多个体行为的聚合。社会科学家虽然常常研究个体动机，个体本身却很少是科学研究的议题。相反，社会科学家们创造的是针对群体生活的而非个体生活的理论。同样，我们的研究对象通常是累计的或集体的行为，而不是个例。这里说的累计的（aggregate），包括了群体的、组织的、集体的，等等。心理学家关注个体的事物，社会科学家关注的则是个体之间发生的事物。例如，考察从夫妻到小群体到组织的事物，甚至关注整个社会和社会之间的互动。

有时候，集体意识相当惊人。以生育观为例，每个育龄妇女生孩子的理由可能各不相同。有的是迫于父母的压力，有的是为了家庭结构的完美，有的是通过生孩子来维系婚姻，还有的则是意外怀孕。

如果你们已经有孩子，可能诉说更详细、更特别的故事。你们为什么要生孩子？何时生的？为什么不早一年或晚一年生？或许你们因生孩子而丢了工作；或许必须延迟一年生，才有能力养得起；或许你们周围有人有了孩子，你们感受到压力，也想有自己的孩子。撇开其间众多的差异，不管每个人的特殊理由是什么，整个社会每年的人口出生率（每1 000人口中存活的出生数量）其实相当稳定、变化不大。见表1-1美国近年的出生率。

表1-1 出生率，美国：1980—2008

年份	出生率	年份	出生率
1980	15.9	1984	15.6
1981	15.8	1985	15.8
1982	15.9	1986	15.6
1983	15.6	1987	15.7

续表

年份	出生率	年份	出生率
1988	16	1999	14.2
1989	16.4	2000	14.4
1990	16.7	2001	14.1
1991	16.2	2002	13.9
1992	15.8	2003	14.1
1993	15.4	2004	14
1994	15	2005	14
1995	14.6	2006	14.2
1996	14.4	2007	14.3
1997	14.2	2008	14
1998	14.3		

* 每1 000人口活产数。

数据来源：U.S. Bureau of the Census.（2012）. Statistical Abstract of the United States (Washington, DC：U.S. Government Printing Office), Table 78, p. 65.

如果美国连续五年的出生率是15.9、35.6、7.8、28.9和16.2，那么人口统计学家可能会像无头苍蝇一样慌张。不过，你们看到的是，社会生活远比想象来得有秩序。即便没有人在社会层面进行规制，社会规律照样存在。没有人去计划应该生多少孩子，或由谁来生——生孩子无需许可证。事实上，很多孩子都属于计划外生育，有些还是母亲的无奈。

社会科学理论指导的是普遍的行为的而非个例的行为，目的在于解释为什么即使个体行为随着时间改变，集体行为的模式却会如此有规律。可以认为，社会科学家不寻求对个体行为的解释。他们试图了解人类运作的体系，即针对人类行为的解释系统。社会系统的要素是变量，而不是个体。

1.2.4 概念和变量

我们不自觉地想要理解并掌握事物规律，而理解最常发生在具体的、物质的层面。

试想，有人告诉你们："女性应该回到属于她们的厨房。"很可能，你们会根据自己对说话者的认识来理解这句话。如果说话者是高龄的哈利叔叔，就记忆所及，他曾经反对过夏时制、邮政编码和电脑等，你们可能会把他对女性的评论当作是他对所有事物过时想法的另一个例子。但是，如果说话者是一位政客，他要在竞选中抨击女性对手，你们会把这句话放在完全不同的框架下来解释。

在上述两个例子中，你们的目的是要了解某一特定的、具体个体的想法。在社会科学中，我们会超越这个层次，探究某一阶级或类型的人。社会研究者试图了解某一类型的人，对女性的"合适"的角色，观察他们是否持同样的观点。这些人是否有其他共同的属性，来帮助解释他们的观点。

即使当研究者将注意力集中在单个案例（如一个社区或者青少年帮派）上，目的还是试图发现能帮助人们理解其他社区和青少年帮派的一般框架。同样，试图深入理解某个个体，也是为对人的理解或对某类人的理解提供帮助。

当这种了解和解释历程结束后，社会研究者可以将研究所得推及更多的人。例如，在了解这位"冥顽不灵"的政客为何对女性有如此看法后，就可以了解更多和他类似的人。我们研究的是反女性主义行为，而不是反女性主义者本人。这样，哈利叔叔和政治家就会凸现更多的相同点。

反女性主义是一个**变量**①（variable），它会变化。有些人就是比其他人更为反对女性主义。社会科学家的兴趣是了解变量体系：它解释某一态度为什么在某种情境下更为强烈，在另一些状况下又相对微弱。

由众多变量组成的体系，或许你们听起来颇为陌生。我再打个比喻，医生注意的对象是病人。如果有人生病了，医生诊疗的目的是帮助病人康复。相比之下，病理学家注意的对象是疾病本身。病理学家当然也可以研究医生的病人，可对病理学家来说，只有在病人是其研究疾病病原的携带者时，才和他有关。

这并不是说病理学家不关心活生生的人。他们当然关心人，他们研究疾病的目的是防止人们感染疾病。可在研究中，只有病人患上了他们正在研究的疾病时，才和研究者有直接关联。事实上，当某种疾病可以不用针对病人而获得实质性成果时，病理学家就会不用关注病人。

社会研究包含了对变量和变量间关系的研究。社会理论是以变量语言写成的，而个体之所以涉及研究，只因为他们是变量的介质。

变量包含社会研究者关注的属性或值。**属性**②（attribute）指事物（人）的特征或本性。例如：描述人的特征或本性时，会出现女性、亚裔、疏离、保守、不诚实、聪慧、农夫等等。任何用来形容自己或别人的词汇，都牵涉属性。

变量是很多属性的逻辑组合。例如：职业变量的属性有农夫、教授、卡车司机等。社会阶级的属性有上流社会、中产阶级和下层社会等。有时候把属性想成构成变量的类目也颇有助益。（图1-1是社会科学家对属性和变量的图解）

生物性别（sex）和社会性别（gender）是典型的变量。这两个变量不是同义词，两者之间的区别也非常复杂。为简洁计，这个例子将会贯穿本书。

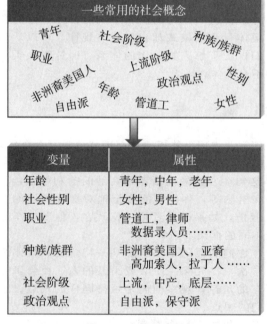

图 1-1 变量与属性

---

① 变量：属性的逻辑归类。"性别"变量由男性和女性两个属性组成。
② 属性：人或物的特征。

在社会研究和理论中，变量和属性都代表社会概念。变量有一组相关的属性（类别，值）。

最简洁的理解是，生物性别指性别在生物学—生理学意义上的差别，其属性有：雄性和雌性，男人和女人，男孩和女孩。

社会性别则是性别在社会意义上的差别，指社会对男性和女性社会特征的一般期待。注意，"一般期待"在不同的文化、不同的历史时期也会不同。还有，一些男性可能表现出女性的行为和特征，一些女性也可能表现出男性的行为和特征。社会性别的另一组属性：男人婆和娘娘腔。

不过，更复杂的是，不因其物理性差异而将男女区别对待。一个好的例子是，不同社会性别的收入差异。正如我们在本书稍后会看到的，在总体上，美国女性的收入要低于男性，即使是同工、同绩效。这一现象与男女性别的生物特征没有关系，与工种也没有关系。而是与业已树立的对待男性和女性的社会模式有关。比如，在美国传统看来，男人天生要养家糊口，女人则只扮演辅助角色。尽管这一模式早已改变，女性的收入已经是家庭收入来源的重要组成部分，不过，男性收入高于女性的现实却改变极慢。

因此，我们用生物性别来指称与生物特征有关的差别。例如平均身高，男性高于女性。身高不是社会性差异，而是生理性差异。在本书，我们讲性别差异，大多情况下说的是社会性差异，如女性的收入低于男性，女性的政治权利代表性不足等。这些场景，我们用的是社会性别。不过，男人和女人，其实有生物性别和社会性别。

属性和变量间的关系是科学描述和解释的核心。例如，我们用性别变量来描述一个大学班级，我们要报告观察到的男性和女性属性出现的频率："这个班级 60% 是男性，40% 是女性。"失业率是就业和失业两个属性对劳动力职业状况变量的表述。某个城市的家庭收入报告也是对变量（收入）诸多属性的概括，如 3 124 美元、10 980 美元、35 000 美元等等。

有时候，社会科学概念的含义非常清楚明白，有时候却并非如此。在真实生活研究的文本框《灾情最严重的是……》中，会有进一步的讨论。

从描述到解释，属性与变量的关系会变得更加复杂，也会更接近科学理论变量语言的核心。举一个双变量的简单例子，教育和偏见。为了简单，假定教育变量只有两个属性：受过教育的和未受过教育的。同样地，我们也给偏见变量两个属性：有偏见的和没有偏见的。

假设没有受过教育的人中，有 90% 有偏见，另外 10% 则没有偏见。假定受过教育的人中，30% 有偏见，其余 70% 则没有偏见。见图 1-2a。

图 1-2a 说明教育和偏见两个变量间的关系（relationship）或关联（association）。两者之间的关系可以从两个变量属性的配对组合来看。包括两种显著的组合：(1) 受过教育而没有偏见的人，以及 (2) 没有受过教育而有偏见的人。此外，还有两种考察变量关系的方法。

第一，假设玩一个游戏，赌你们猜测某人是否有偏见。每次挑出 1 个人（但不告诉你们选谁），让你们猜这个人是否有偏见。我们会把图 1-2a 的 20 人都照这样做一遍。在这里，最好的策略是每个都猜成有偏见的，因为 20 个人中，有 12 人被归类为有偏见的。这样你们会猜对 12 次，猜错 8 次，净对 4 次。

真实生活的研究

灾情最严重的是……

1982 年初，一场猛烈的暴风雨袭击了旧金山湾区，造成严重的人员伤亡和财产损失。大众传媒努力报道严重的灾情。有时候把焦点放在圣克鲁斯（Santa Cruz）好几位被滑坡活埋的死者身上，另一些时候，则大量报道马林县（Marin County）2 900 名因为风灾而无家可归者的困境。

其实每个人都想知道到底哪里才是灾情最严重的地方，可答案并不清晰。表 1-B1 是关于圣克鲁斯和马林县灾情的资料。看看你们是否可以从资料比较中判定哪个地方灾情最严重。

表 1-B1　马林县和圣塔库鲁兹灾情的资料

	马林县	圣塔库鲁兹
商家损失	1.50（百万美元）	56.5（百万美元）
死亡人数	5	22
受伤人数	379	50
被迫离家人数	370	400
房屋损毁	28	135
房屋损坏	2 900	300
商家损毁	25	10
商家损坏	800	35
私产损失	65.1（百万美元）	50.0（百万美元）
公共损失	15.0（百万美元）	56.5（百万美元）

以死亡人数来看，圣克鲁斯是灾情最严重的地区。但是，马林县的受伤人数却是圣克鲁斯的 7 倍多。当然，以受伤人数而言，马林县是灾情最惨重的地方。或者我们考虑房屋损毁的数目（圣克鲁斯比较惨重）或是房屋损坏的数目（马林县比较严重）。问题是，到底该把注意力放在灾情的哪方面？至于损失金额，也是一样：我们应该把重心放在私产损失还是公共损失上？

究竟哪个地方灾情最严重？这个问题，并没有答案。每个人对社区"惨遭蹂躏"或"轻扫而过"的想像都不相同。这些想像也都不准确，经不起严格测量。

"哪里灾情最严重？"要回答这个问题，就必须明确说明何谓"灾情最严重"。如果以死亡人数作为测量基准，那么，圣克鲁斯是灾情最严重的地区。如果以"受伤人数/迁移人数"定义灾情，那么，马林县是灾情最严重的地区。显然，如果不清楚"灾情最惨重"的定义，就没法回答问题。这是在测量社会科学变量时最基本的要求。

资料来源：*San Francisco Chronicle*, January 13, 1982, p. 16.

现在，我从图中抽出 1 个人，并告知你们这个人是否受过教育。这时候，你们最好的策略是，当抽出的是没有受过教育的人时，就猜有偏见；而当抽出的是受过教育的人时，就猜没有偏见。如果你们采用这个策略，你们就会猜对 16 次，而只有 4 次错误。当你们知道受教育程度时，猜测的正确度也随之改善。这就说明了变量间的相关性。

第二，相比之下，如果教育和偏见之间没有关系，那么，这 20 个人会怎样分布？图 1-2b 说明了这一点。注意，受过教育的人和没有受过教育的人各占一半。另外，也请注意，20 人中，有 12 人（也就是 60%）是有偏见的。如果受过教育和没受过教育的两组人中，各有 6 人有偏见，那么，可以得到这个结论：教育和偏见没有关系。这时候，知道某个人的教育程度，对于猜测这个人是否有偏见，并没有太大的帮助。

本书第 4 篇将进一步探讨变量间关系的本质。尤其是发现和解释变量间关系的方法。现在你们应该了解的是变量间的关系，以便了解社会科学理论的逻辑。

理论用来描述（可以逻辑地预期）变量间的关系。这种预期常常包含因果关系。一个人在某个变量上的属性会影响到、倾向于或促进另一个变量的某个属性。从上面的例子来看，一个人接受教育与否，会造成这个人有或者没有偏见。也就是说，一个人如果受过教育就会较少偏见。

a. 没有受过教育的人比受过教育的人更有偏见

b. 教育和偏见之间没有明显关系

图 1-2　双变量关系举例（两种可能性）

在社会研究中，像教育与偏见这样的变量及其属性（受过教育/没有受过教育，有偏见/没有偏见）是考察因果关系的基础

我们在后面还将更为详细地讨论：教育是**自变量**①（independent variable），偏见是**因变量**②（dependent variable）。自变量和因变量隐含的意义是决定关系或因果关系。在这个例子中，我们假设偏见的程度由某种事物决定或造成。也就是说，偏见要由别的事物来决定，所以叫因变量。因变量依赖的变量叫自变量。在上例中，教育是自变量。因为教育独立于偏见（也就是说，教育程度的差异，并不是偏见造成的）。

在真实生活研究的文本框《自变量、因变量与约会》中，将举例说明这一重要区别。

当然，教育程度差异也因其他事物而定——例如父母的受教育程度。父母教育程度较高的人，比起父母教育程度较低的人，通常受更高的教育。在这个例子中，子女的受教育程度是因变量，父母的受教育程度则是自变量。以因果关系来说，自变量是因，因变量是果。

再回到教育与偏见的例子。根据两个变量，图 1-2 将 20 个人进行分类。在建构社会科学理论时，我们会依据对两个变量的认识来获得对两个变量间关系的期望。譬如，我们知道教育会让人们接触到各种不同的文化和观点。简言之，教育会扩大人的视野。另一方面，偏见代表的是狭隘的观点。因此，逻辑上我们会预期教育和偏见是互不相容的。然后，我们期望增加教育可以减少偏见。

---

① 自变量：变量的值在分析中是确定，被当作给定的。自变量被看作是原因或决定因变量的因素。
② 因变量：变量被假定为依赖于或由其他变量（即自变量）引起。如果你们发现收入是正式教育的函数，那么，收入是被当作因变量看待的。

> **真实生活的研究**
>
> **自变量、因变量与约会**
>
> 让我们说说约会。如果有人夹在中间，有时候会非常好，有时候可能很糟糕。故约会的质量可以是"很好、一般、糟糕"，或许是变量的属性。
>
> 这里，是否发现了影响约会质量的因素呢？（如果你们没约会，那就回想之前的约会，或简单地想象一下。）也许可以在你们约会的对象上做点工作，如约会中的活动、行为、费用或类似的东西。你们可以给影响约会质量的因素以名字，即变量（例如，外形魅力，守时）。你们能识别变量的属性吗？
>
> 再想想约会的质量或特征，哪个是自变量？哪个是因变量？（在第12章"评估研究：类型、方法与议题"中，你们会学到，识别出来的变量是否真的重要。）

请注意，这个理论处理了两个变量：教育和偏见，而不是针对个体本身。如前所述，个体只是这两个变量的介质，两个变量之间的关系只能透过观察个体而得到答案，理论则是以变量语言来建构的。理论描述的是不同变量属性之间逻辑上可能的关联性。

图1-2显示了两种可能：①教育减少偏见；②没有影响。你们是否有兴趣知道究竟是哪一种呢？当然，有很多种偏见。在这个事例中，我们假定是对同性恋的偏见吧。在许多年里，综合社会调查（GSS）都问到了同性性关系是否"非常不对，不对，有点不对，没什么不对。"2012年，46%的受访者认为同性性关系"非常不对"。不过，正如表1-2所示，受教育程度不同的人，观点也很不一样。（参见"用GSS数据进行在线分析"）

表1-2 教育与对同性恋的偏见

受教育程度	认为同性性行为非常不对的比例（%）
高中及以下	61
高中	48
大学低年级	46
大学毕业	37
研究生毕业	27

1.3 社会研究的目的

第4章将详细讨论社会研究的目的，这里只做简要探讨。有时候，社会研究只是发现后来需要继续研究问题的一个动力：探讨新的政治或宗教团体，研究新的街头药物滥用，等等。方法多种多样，结论常常是建议性的而不是判断性的。尽管如此，这种探索性社会研究，如果认真做，也能消除某些误解，并帮助人们关注未来的研究。

> **用GSS进行在线数据分析**
>
> 如果你们能上网，可以自己检验受教育程度和偏见之间的关联。书中的数据来自GSS。第14章我们会详细讨论。这里，如果你们有兴趣，可以将其作为例子。

如果登录http://sda.berkeley.edu/sdaweb/analysis/?dataset=gss12，就会看到如图所示的界面。页面分为两部分，左列列出了变量，右边则有各种过滤器、选项以及表空。我讲过如何从问卷的变量树形列表中找到涉及同性性行为的态度。在这个例子中，我选择了HOMESEX。

在右边表格中，我说过要分析不同受教育程度的人在态度上的差别，在这个例子中，变量名为"DEGREE"。在Selection Filter表空处输入"YEAR（2012）"，我希望用2012年GSS的调查数据。

如果想自己试试，那就像我那样，填好表。接着，点击表中的"Run the Table"按钮，就会得到一张彩色表。接下来，可以试试其他你们感兴趣的变量。或者看看HOMESEX和DEGREE的关系，与1996年的是不是基本一致。

设在芝加哥大学的国家民意调查中心（NORC）定期进行美国综合社会调查（General Social Survey，GSS），以帮助社会研究机构获得这些数据。

从1972年开始，每年采用面访方式进行全国性大样本调查；1994年以后，改为隔年调查一次。调查的频率减少了。由于GSS访题丰富，完成一份问卷需要费时1个小时，可以获得美国人口与观点的大量信息。通过针对不同子样本出示不同访题，也增加了议题数量。由于每次调查，总有一些必问的访题，也让人们能够看到一些问题的变化，如政治倾向，宗教服务的参与，或针对流产的态度。

GSS是社会科学家们的有用资源，从本科生到教师，可以接触大量的而不是少数的数据集。在早年的GSS中，只能用物理载体（卡片或磁带）向研究者邮寄数据。（接下来的原文，逻辑上很难衔接，译者做了简化处理。——译者注）现在，研究者可以通过在线方式直接运行数据。本书许多例子都来自这个数据源。你们可以在密歇根大学维护的网站上获得更多GSS的信息。

资料来源：http://sda.berkeley.edu/sdaweb/analysis/?dataset=gss12。

某些社会研究的目的仅在于描述社会现象：失业率多少？某个城市人口的种族构成如何？多大比例的人会为某个政治候选人投票？细致地描述清晰的图景，令人印象深刻。

当然，社会研究也会为了进行解释，而用因果关系解释导致现象的原因。为什么一些城市比另一些城市的失业率高？为什么一些人比另一些人有更大的偏见？为什么做同样的工作，女性比男性挣钱少？在日常生活中，尽管我们对这些问题似乎有许多答案，但有些答案显然是错误的。解释性社会研究提供的是更加可信的解释。

有些研究可能专注于上述三个目标中的一个，不过，把三个目标集中在一起，也是常见的。例如，当伯格（Kathleen A. Bogle）对大学生进行深度访谈以研究"搭讪"（hooking up）时，可能有一些意外的发现。当两个人搭讪成功时，是否意味着他们有性关系？伯格发现了其中的歧义，有些学生以为性关系是其中的一部分，另一部分学生则不那么认为。

伯格的研究对不同学生搭讪的经历提供了很好的民族志式的描述。在某个国家某个地区的两所大学深访76名学生，并不能反映美国所有大学生的状态，但却提供了很好的定性描述，不仅仅是术语，也包括丰富的变异性。不是所有人都有受访者斯蒂芬的经历，他的同伴在做爱时吐在他身上，或在高潮时叫他安东尼而不是斯蒂芬。

伯格的研究指出了产生不同搭讪方式的原因。你们的同伴行为，或更重要的是，你们对同伴行为的信仰，对你的行为有重要影响。因此，也很难将其归入探索性、描述性或解释性研究。因为，所有的要素都有。

值得注意的是，某些研究的目的就是试图理解，另一些研究的目的就是有意要引起社会变迁，创造一个更有效的社会。只是，任何社会科学研究，都会改变我们对社会的观点。在某些情况下，也会对某部分人普遍接受的"真实"提出挑战。（参见真实生活研究的文本框《贫困、婚姻、与母性》）

1.4　社会研究的一些辩证关系

从事社会研究并没有什么妙方（如果有的话，本书可以简短许多了）。事实上，社会研究的大部分功能和潜在用途，都来自自身包含的各种有效途径。

然而，四个主要而又相互关联的区别，构成了研究方法的多样性基础。虽然这些区别可以被看作是竞争性的。一个好的社会研究者，应该充分掌握下述研究取向。这也是我所说社会研究的辩证关系之用意所在：在我描述的互补性概念之间，存在着相当大的张力。

真实生活的研究

贫穷、婚姻与母性

正如我们看到的，有许多研究方法可以帮助我们把握社会动态。许多研究专注大量统计数据分析。尽管对总体考察很有价值，却也有风险，即关注数据，却忽视了活生生的人。正因为如此，一些社会研究专注于基层真实生活的细节。在本书中，我们选取几项近期的研究，说明用后一种方法如何理解社会生活，在更广泛的社会科学研究中试图"关注于人"。

Kathryn Edin and Maria Kefalas, *Promises I Can Keep*:
Why Poor Women Put Motherhood before Marriage
(Berkeley: University of California Press, 2005).

统计结果显示，在美国，未婚母亲及其子女，特别是贫穷的未婚母亲及其子女，经年面临着各种问题。孩子和母亲更可能遭受痛苦与煎熬。这类子女很少能在学校和后来的生活中表现杰出，母亲则极有可能挣扎在低收入或依靠福利生存的阶层。未婚生育的情形在过去的几十年里增长迅速，特别是在贫穷人群中。为了应对这个问题，布什政府在2005年启动了"健康婚姻推动计划"（Healthy Marriage Initiative），旨在鼓励有孩子的伴侣结婚。不过，支持和反对这项计划的声音几乎同样响亮。

在《我能信守的承诺》中，艾丁和卡福拉斯（Kathryn Edin and Maria Kefalas, 2005）提出，在制定解决方案之前，也许要问一个问题，"贫穷的妇女为什么要未婚生育？"为回答这个问题，两位社会科学家花了5年时间与未婚生育的年轻女人一一访谈。一些发现与人们对未婚母亲的想象有着极大冲突。如，与很多人抱怨女性因穷人放弃婚姻不同，受访女性却高调地表达，她们希望自己能走进婚姻的殿堂。此外，也有人表示，她们只愿意与某个人真诚相拥、长期厮守。结束灾难的方式是，保持未婚而不是结婚。

也有女性强烈地认为，女性的核心价值就是养育子女。大多数人更愿意做一个未婚母亲，而不是做一个无子女的女人。在她们眼里，没有子女才是真正的悲剧。

这种婚姻观念，与你们的观念也许截然不同。正如我们看到的，想象的真实与看到的真实常会发生冲突。

1.4.1 个案式和通则式解释

我们所有人，一生都在解释事物，每天都在这么做。你们解释为什么考试考好了或考砸了，你们最喜欢的球队为什么赢或是输了。还有，为什么你们总是没有好的约会对象或一份称心如意的工作。在这些日常解释中，我们使用两种不同的因果推理方式，却从不刻意加以区别。

有时候，我们试图详尽解释某种情况。如，自己的考试成绩之所以不理想，是因为：①忘了那天有考试；②本来是自己表现最差的科目；③碰上塞车，迟到了；④考试前一晚，同屋在宿舍听音乐吵得自己不能入睡；⑤警察想知道是否破坏了同屋的音响或其他东西，将自己留置到清晨；⑥一群野狼把你们的课本吃了。有了以上种种因素，就不难理解自己为什么会考得不好。

这种类型的因果推理，被称为**个案式解释**①（idiographic）。（idio-词根表示独特的、隔离的、特殊的或明确的，就像在 idiosyncracy［特点、癖好］中一样。）当使用个案式解释时，我们会以为了解了案例发生的所有因素。与此同时，我们的视野也局限在个案上。也许对某个个案的解释可以部分地应用在其他情况，不过，我们的意图只是在于完全地解释某个案例。

现在让我们来看另一种解释模式：①每次你们参加读书小组，就会比独自用功考得好很多；②你们最喜欢的球队在主场总是比在客场表现得好；③运动员比起生物研究社的社员，更容易约到女孩子。应该注意的是，这种类型的解释更具有普遍性，包含了更多的经验或是观察。它含蓄地提到了变量之间的关系：你是否在群体中学习；你在测试中的表现。这种类型的解释方式被称为**通则式解释**②（nomothetic），即试图解释某一类情形或事物，而不只是某个个案。进而言之，这种解释很"经济"，只使用一个或少数几个解释性因素。不过，通则式只能解释现象的部分，而不是全部。

在每个例子中，你们会发现自己在因果表述中使用了"总体来说""通常""其他人也是如此"一类的字眼。参加读书小组后，通常会考得比较好，但不总是如此。同样，你们的球队也有在客场获胜、在主场失败的情形。还有，家境富裕的生物研究社社员可能也有约会的机会，而足球队的前锋在星期六晚上可能都得独自在体能训练室里练习。类似这样的例外，就是我们寻求广泛解释所付出的合理代价。在前面已经提过，即使还不完美，但模式却是真实的、重要的。

个案式和通则式都可以帮助你们理解日常生活。通则式为你们建立研究习惯提供很好的指南，个案式却比较能说服你们的"假释官"。

同样，个案式和通则式推理对社会研究都是有力的工具。例如，李彬和库恩-曼斯菲尔德（A. Libin and J. Cohen-Mansfield, 2000）比较了在老年（医学）研究所使用的个案式方法和通则式方法。有些研究聚焦于个体的全部经历，而另外一些研究探讨的则是描述一般老年人的统计模式。作者最后得出的结论，是以建议方式号召大家在老年医学研究中综合使用个案方法和通则方法。

社会科学家可以运用这两种解释类型。就像物理学家有时把光看作质点，有时把光看作波，社会科学家可以今天寻找相对表面的通则，明天则严密地探究个案。两种方式都很好，都很有益，也都很有趣。

1.4.2 归纳与演绎理论

与个案式解释和通则式解释一样，归纳和演绎这两种思考方式也都存在于日常生活中，也同样是社会研究的一项重要差异。

例如，有两种途径可以获得结论，说明为什么你们和他人一起读书时的考试成绩较好。一方面，你们会觉得困惑，回顾求学生涯，为什么有时候考得很好、有时候却不好。你们可能会列出所有考试，考察每一次的成绩，然后，努力回忆考试成绩好的共同条件、考试成绩差的共同因素。在什么情况下你们的表现会比较好？选择题或是议论题，上午的考试或下午的考试，自然科学、人文学科或社会科学，自己念书或是……嘿！突然间你们发现几乎每次和其他人一起读书时，就会考得最好。这种探讨的方式就叫作归纳。

---

① 个案式解释：一种解释方式。在这种解释方式中，我们试图穷尽某个特定情形或事件的所有原因。试着列出你选择某所大学的所有原因。给定所有这些原因，要作出你的选择还是很困难的。

② 通则式解释：一种解释方式。在这种解释方式中，我们试图寻找一般性地影响某些情形或事件的原因。想象两个或三个决定学生选择哪所学校的关键因素，如地缘接近、声誉等等。

归纳①（induction），或归纳式推理，是从个别出发达到一般，从一系列特定观察中，发现一般模式，在一定程度上代表所有给定事件的秩序。注意，你们的发现并不能解释为什么某种模式会存在，因为，它本来就在那里。

在考试话题上，有另一种非常不同的方式，也可以让你们获得相同的结论。想像你们进大学以来，首次面对一系列考试，却不知道哪一种读书方式最好，即不知道应该针对教科书复习多少内容，或不知道应该把课堂笔记背得多熟。当发现有些学生通过整理笔记、梳理内容来备考时，你们可能考虑：是自己拟订计划按部就班地读书，还是在考前一天临时抱佛脚通宵苦读？经过沉思，也许会想到，是不是和班上其他同学一起读书，或自己用功就好了，然后衡量一下这两种选择的利与弊。

和他人一起读书也许效率低，因为可能要花很多时间在自己已经了解的内容上。另一方面，当向别人解说时，却可以温故而知新。当然，其他学生可能会了解你们不熟悉的知识，大家集思广益，有助于发现自己的薄弱环节。另外，和别人一起读书，能促使自己好好用功学习，而不是去看电视消磨时间。

如此一来，通过权衡利弊，你们可能得出结论：和其他人一起读书的好处较多，就像复习以后去考试会考得比较好一样合理。有些时候，我们说，这类事情"理论上"成立，为了求证，我们要检验实际上是否成立。对于一个完整的检验而言，你们必须有一半考试科目靠自己用功，另一半科目则靠加入读书小组。这个步骤可以被用来检验你的逻辑推理。

第二种研究方式是演绎推理，或者说**演绎**②（deduction）。演绎推理是从一般到个别，从"逻辑或理论上预期的模式"到"检验预期的模式是否确实存在"。演绎是从"为什么"推演到"是否"，而归纳模式正好相反。

正如将在本书后面部分看到的，归纳和演绎这两种不同的思考方法都是科学研究的有效途径。每一种方法都能推动研究的进程，鼓舞研究者选择具体问题，建构自己希望强调的议题。此外，两者的结合则可寻求人们对事物更有力、更完整的理解，就像图1-3所勾画的那样。

图1-3 科学环

可以把理论和研究环比作接力赛跑；尽管所有参与者并不同时出发或停下，但是，他们共享着相同的目的——检验每一个层次的社会生活。

资料来源：节选自 Walter Wallace, 1971. *The Logic of Science in Sociology*. New York: Aldine de-Gruyter.

顺便提一句，归纳和演绎的区别与个案式和通则式不一定相关。在日常生活及社会研究中，它们代表着四种不同的可能性。

---

① 归纳：在这种逻辑模型中，普遍性原理是从特定观察中发展出来的。如果被告知犹太教徒和天主教徒比新教徒更倾向于投民主党的票，你可能会得出美国社会的宗教少数群体更亲近于民主党这个结论，并解释为什么。这就是一个归纳的例子。

② 演绎：在这种逻辑模型中，特定的命题来自普遍性的原理。如果普遍性原理认为所有的院长都是小气鬼，那么你就可能会想到这个家伙不会让你改变你的课程。这种期望就来自演绎的结果。

譬如个案式演绎推理，为一次特殊的约会，事前你们会尽力了解约会对象，以便做充分的准备——什么样的打扮、举止、发型，注意口腔卫生或其他种种事项，才能创造一次成功的约会。或者，运用个案式归纳法，你们可以找出到底是什么原因令你们的约会对象打电话报警求救。

当就自己的"约会定律"请教他人，当明智地解释有些人的约会之所以令人难以忘怀，是因为他们在约会中大谈摇滚歌曲的夸张歌词具有危险性时，你们用的是通则式的、演绎的方法。当你们回顾自己的生活，反思为什么自己从前没有和更多音乐人约会时，便使用了通则式归纳。

在第2章，我们还会继续对归纳法和演绎法进行讨论。现在，让我们先看看造成社会研究丰富多样的第三项差异。

1.4.3　决定论还是能动论

两条推进的路径，其实基于一个隐含的更为基础的议题。在学习社会研究方法，尤其是数据分析的因果与解释时，你们会面对社会研究与社会哲学之间的两难问题。在你们探索因果性社会解释时，问题就会出现。

假设你们有一笔研究经费，用于研究产生种族偏见的原因。你们以为建立了对偏见的测量，就可以测量偏见的大小，进而也可以探索偏见的原因。例如，你们也许会发现，总体而言，居住在国内某个地区的人比居住在其他地区的人有更大的偏见。某种政治倾向似乎鼓励偏见，同样，某种宗教倾向也鼓励偏见。经济不安全会增大偏见，并为此寻找替罪羊。或者，你们能确定研究对象的教养（其父母的偏见大小），也许会更多地造成偏见的差异。

一般而言，没有一项因素是决定性的，每一项都可能带来偏见。试想，一个在有偏见的地区被有偏见的父母扶养长大的女人，她现在持有的政治和宗教观点就是支持偏见的，且担心失去工作。当你们把所有这些原因放在一起时，这个人持有偏见的可能性是极高的。

请特别注意这里说的可能性。如前所述，社会研究者处理的是概率性原因。当产生偏见的原因齐聚时，受访对象便有极高的概率表现出偏见。虽然不像是完美的决定论，却也是决定性的。

在这类分析中，缺失的是类似于"选择""自由意志"之类的东西，或者是社会研究者喜欢说的"能动性"。在个体身上到底发生了什么？在类似的分析中，如何能感受到被分析的对象？假设你们没有偏见，你们愿意说是因为某些你们控制不了的力量和因素使你们命中注定就没有？也许不是，不过，这就是社会研究者秉持的、在因果分析背后的隐藏逻辑。

这里的哲学问题是，人类到底是被特定环境因素决定的，还是被超越个人意志和能力的力量所左右的。对这个问题，我无法给出最终的答案，因为它已经是历史上的哲学家们和其他人经年积久讨论的议题。不过，我可以分享实践的结论——我过去几十年分析和观察得到的结果。

我倾向于认为：①我们每个人都有某种自由选择的愿望或能力；②我们受环境因素和不明力量的控制，如前面描述的偏见。随着在本书和其他社会科学文献中发现更多因果分析的例子，你们就会不那么确信能动性了。

更有甚者，如果你们注意日常生活中的对话，自己的和他人的，就会发现，我们不断地在拒绝选择和能动性。例如：

"我不能与抽烟的人约会。"

"我不能告诉我妈这个。"

"我不能在生产核武器的工厂工作。"

类似的语句还有很多。不过，上面的几行字已经能够说明问题。从人类的能动性来看，上面的任何事都能做，尽管你们选择了不做。同样，你们很少在选择的意义上解释自己的行为或感受。如果室友建议你们参加聚会或看电影，你们可能会回答道，"不行啊，明天有考试呢。"实际上，你们可以缺考，去参加聚会，但你们选择了不。只是，你们从来都不会为决策负责。你们常常会迁怒于外在力量：教授为什么不把考试放在大聚会之后呢？

在涉及爱情的议题上，情境更明了。我们有谁选择去爱谁或被爱？相反，我们会说"坠入爱河"之类的话，就像是感冒或掉入沟壑一样。1913 年，麦克阿瑟（Joseph McCarthy）的一首歌词形象地表达了这一点。

你让我爱上了你。

我并不想爱你。

已经扯远了，决定论与能动论的两难，依然困扰着哲学家，在这本书里，你们会发现，对此的讨论不曾间断。因此，我不能给你们最终的答案，不过当答案出现时，我会提醒你们。

责任是这个议题的重要方面。尽管这一个议题已经超出了本书的范围，我还是希望简要地说说。社会研究是在社会政治的争议中出现的，即谁该对一个人的人生境遇与经历负责。如果你们贫穷，你们对自己低下的社会经济地位有责任吗？或其他的人、组织、机构对此有责任吗？

社会研究，一般会讨论社会结构（整个社会的互动方式）及其对社会成员个体的经历与境遇的影响。因此，你们的贫穷来自于你们生在了贫穷的家庭和极少有升迁机会。或因为企业关门，把生意移到了海外；或因为全球经济衰退。

注意，这样的讨论与前面讨论的能动论是相悖的。此外，社会科学家们认为，社会问题应该在社会层面解决，例如通过立法，而这恰恰使个体失能。如果你们认为贫穷、考试成绩差、拒绝工作申请来自于你们所能控制的力量之外，你们实际上是放弃了能动性而使自己失能。假设你们有能力比假设你们因环境而无助更有说服力。要做到这一点，你们无需拒绝环绕其身的社会力量。事实上，你们可以承担个体的责任来改变对你们的生活有影响的力量。这个复杂的观点，就是**多义性包容**①（tolerance of ambiguity），在社会研究中，是一项重要的能力。

1.4.4　定量与定性数据

社会研究定量与定性数据实质的区别在于数据化或非数据化。称赞某人很漂亮，使用的是定性判断。说某人天赋不足的断言则意味着说他"不够聪明"。当心理学家和其他人用 IQ 得分测量智力时，就在试图将定性评估定量化。例如，心理学家可能说某人的 IQ 得分是 120 分。

表面上，每一项观察都是定性的，无论是某人的美丽，还是受访者在测量中的得分，或是他在问卷上勾画的记号。这些东西都不意味着其从来就是数据或定量的。但有时候，将其转化成数字形式比较有用。（第 14 章将会专门讨论数据的定量化）

定量化常常使我们的观察更加明确，也比较容易将资料汇集、对比或得出结论，为统计分析、从简单的平均到复杂的公式以及数学模型，提供了可能性。

在测量某些性质时，用数字表示的定量数据比用词语来表示的刻画数据更有优势。另一方面，定量数据也同时附带数字的缺陷，如意义丰富性的潜在损失。例如，某社会研究者想要了解 18~22 岁的大学生是倾向于与比自己年长还是年轻的人约会。对这个问

---

① 多义性包容：在头脑中同时容纳、而不是拒绝或驱散冲突观点的能力。

题的定量回答似乎很容易获得。研究者只需问一些人约会对象的年龄，计算平均数，看看比研究对象年长或年轻，问题就解决了。

一方面，"年龄"虽然代表的是一个人已经活了多少年，但有些时候，人们会赋予年龄不同的意义。对某些人来说，年龄指的是"成熟度"。约会对象可能比你们年长，可由于在同龄人中自己显得举止不太成熟，所以，也和你们"同龄"。也许有人认为"年龄"代表的是约会对象看起来年轻还是苍老，或在生活经验、世故程度上的差异。在定量计算中，这些意义都可能错失。简而言之，定性数据比定量数据的含义更为丰富。俗话说，未老先衰。如果只问人多大年纪，恐怕就会错失了这句话背后的含义。

另一方面，定性数据也附带着纯粹口头描述的不足。例如，意义的丰富性，在某种程度上也是模糊性的函数。读到刚才那句话时，你们应该有所感触，是因为在你们的个人经验中，它代表了某种意义。也许你们认识的某个人就符合"比实际年龄苍老"的描述，或你们听别人用过这样的说法。有两点很肯定：①你们说的和我说的不是同一件事；②你们不知道我到底在说什么。

定性数据也可以被定量化。例如我们可以将生活经历列成一张表，以建立对"世故"的测量：

结婚

离婚

父母过世

曾经目睹杀人案

被逮捕

被流放

被解雇

跟着马戏团四处流浪，或是其他

我们可以将人们的世故，根据他们拥有以上经历的数目加以定量；从某种意义上说，经历越多的人，可能越世故。如果我们觉得某些经历更容易使人世故，就可以给这些经历较高的分数。一旦我们建立了评分系统，就可以直接为人们的世故计分，并进行相互比较，对于谁得高分之类的问题，也不难达成共识。

将"世故"之类的概念定量，必须清楚地定义其内涵。要将焦点放在测量的概念上，就必须排除任何其他的意义。不可避免地，我们面临着某种权衡：任何明确的定量测量，在内涵上，都比相关的定性描述要肤浅。

真是进退两难！该选哪一种方式呢？哪一种更好？哪一种比较适合研究呢？

好在你们不必选择。在社会研究中，定性和定量方法都很实用、都很合理，两种方法都应该掌握。你们会发现有一些研究情境和议题最适合使用定性方法，另一些则适合用定量方法。

尽管研究者们会两种方式都使用，但两种方式需要不同的技巧和步骤。结果是，你们可能比较擅长或适应其中的一种。然而，如果你们能精通两者，就会成为一位比较高明的研究者。当然，所有研究者，不管他们偏向于哪一种，都应该认识到两者的合理性。

你们可能注意到了，定性研究比较倾向与个案式解释结合，而定量研究比较容易达到通则式解释。尽管确有其事，但这样的关系并不绝对。这两种方法甚至造成了所谓的"灰色地带"。虽然这些方法都提醒并帮助你们用不同方式从事社会研究，但你们没有必要刻意关注这些名词的区别。完全理解一个议题通常需要结合使用这两种技术。

如今，定性和定量方法对社会研究的贡献已广为人知。譬如，威尔士大学的比德尔及其同事（Stuart J. H. Biddle et al., 2001）在试图检验体育运动中身份与心理的关系时，就很小心地使用定性和定量技术，尤其注意他们认为未被充分利用的方式。

这两种基本方法的冲突，汤普森（Paul Thompson, 2004：238-239）做了很好地归纳：

只有少数社会学家公开否定在社会研究中结合了定性研究和定量研究两者长处的逻辑……但在实践中，尽管在原则上有扩展方法使用的愿望，遗憾的是，社会研究者们还是逐渐变成了两个阵营，且相互之间知之甚少。

在回顾定性和定量方法最常见的冲突点时，昂乌格布兹和李奇（Anthony Onwuegbuzie and Nancy Leech, 2005）认为，两种方法之间的同大于异，并强调了在社会研究中运用二者的好处。在本书中，我关注的是两者之间的互补，而不是竞争。

1.5 研究计划书

这里，我用贯穿本书的一个议题来结尾：研究计划的准备。大多数有组织的研究，都是从计划做什么开始的：提什么问题，以及怎样回答问题。通常，写这类计划书的目的，是为了获得进行研究的所需资源。

学习这门课程的一个办法，就是根据你们所学到的，写一个研究计划书。即使你不会实际执行一项大型研究计划，你们也可以做一个计划试试看。也许老师会将其作为课程学习的要求，即使老师不要求，你们也可以运用每章后面的"准备社会研究"练习，测试自己对章节知识的掌握程度。

对研究计划书，不同的组织有不同的结构要求。这里，我提供了一个相对典型的例子，供你们在本书学习中使用。我把研究计划书的大纲列在下面，并指出了哪一部分内容在哪一章。

引言（第一章）
文献回顾（第 2、17 章；附录 A）
研究问题（第 5、6、12 章）
研究设计（第 4 章）
　　数据搜集方法（第 4、8、9、10、11 章）
　　主题选择（第 7 章）
　　伦理议题（第 3 章）
数据分析（第 13、14、15、16 章）
参考文献（第 17 章，附录 A）

从本章的"准备社会研究"练习开始，在进展到某章时，关于这个话题，我会增加一些讨论。第 4 章有一节讨论研究计划书，第 17 章将为你们整合研究计划书的各部分提供机会。

本章要点

导言
- 本书的主旨是我们如何发现社会真实。

寻求真实
- 研究是人类的本性活动。人类的很多日常活动都是解释现在的事件和预测将来的事件。
- 当通过直接的经验了解事物时，我们会做观察，并从观察中找到规律性的模式。
- 很多知识是通过认同而非经验获得的。尤其值得注意的是，对知识，两个重要的认同来源是传统和权威。不过，这些有用的知识来源也可能误导我们。
- 科学寻求避免我们天天重复错误。
- 我们常常做不确切的观察，研究者则试图通过将观察变成谨慎、细致的活动，来避免这些错误。
- 有时候我们只根据有限的观察就妄下结论。科学家则会通过重复研究避免过度概化。要做到这点，他们必须多次观察、重复研究。
- 在日常生活中，我们有时候会不合逻辑地进行推理。科学家则通过谨慎、细致的推理，以避免违反逻辑。还有，科学是众人之事，科学家也会让其他科学家看守把关。

社会科学的基础
- 社会理论试图讨论和解释"是什么"，而不是讨论和解释"应该是什么"。理论不应该和哲学或信仰相混淆。
- 社会科学在社会生活中寻求规律性。
- 社会科学家钟情于解释作为群体的人类，而不是解释作为个体的人类。
- 理论是以变量语言书写的。
- 变量由一套有逻辑关系的属性组成。属性是一种特征，例如：生物性别变量由雄性和雌性两种属性组成。社会性别则指称男性和女性的社会属性而不是生物属性。
- 在因果解释中，假定的原因是自变量，而受影响的变量是因变量。

社会研究的目的
- 社会研究有三个主要目的：探索，描述，解释。
- 许多研究都不只限于三个目的中的一个。

社会研究的一些辩证关系
- 个案式解释企图针对特定个案进行全面了解；通则式解释是对许多事例进行概括性的，也是表面的了解。
- 归纳理论是从个别观察中寻求一般模式，演绎理论则根据一般理论预测个别事件。
- 传统科学的潜在逻辑似乎隐含着决定性因果模型，其中，个体没有选择，尽管研究者没有明说、我们也不必全信。
- 一些研究者着重于能动论，认为研究对象是能动的、有选择性的。
- 自由意志和决定论是古老的哲学议题，人们在自己的日常生活中体现了其取向的冲突性，有时候会主张自由意志，有时候却展现出依赖性。
- 定量数据是数字形式的，定性数据则不是。面对不同的研究目，两种类型的数据有用处。

研究计划书
- 研究项目通常从准备研究计划书开始，研究计划书要说明研究的目的与方法。
- 在本书中，每一章结尾部分都有练习，让你们准备研究计划书的一部分，进而检验你们对学习内容的掌握情况。

关键术语

以下术语是根据章节内容界定的，在出现该术语的页末有定义，和本书末尾的总术语表是一致的。

共识的真实　属性　演绎　因变量　认识论　个案式　自变量　归纳　方法论　通则式　复证　理论　多义性包容变量

准备社会研究：引言

这一章讨论社会研究的一些基本问题，其中不少内容，在写研究计划书引言时是有用的。这里，你们首先要识别的是探讨的题目或研究问题。也许你们希望调查涉及种族、性别、社会阶级的题目。或许你们认为大学生活的某些方面值得研究。

有了题目，这一章便告诉你们如何组织自己的研究。这一部分只是研究计划的引言，一般只需要2—4个段落。如果你们能够找一个在本书每章都用得着的题目最好，如此，每一章正好侧重于研究问题的某一个方面。

这里是一些例子，或许对你们选择研究问题的关注点有益。

- 女性比男性挣得少吗？如果是，为什么？
- 不同族群的青少年帮派有什么不同的特征？
- 你们大学的哪个学院提供博雅教育？
- 有些人说，美国是一个基督教国家，是真的吗？
- 美国在中东的军事行动到底是增加了还是减少了恐怖主义的威胁？
- 美国家庭的主要功能是什么？随时间又发生了怎样的变迁？
- 政府禁毒到底是失败了还是成功了？
- 对美国经济而言，非法移民到底是有利的还是有害的？

在日常生活或媒体报导中，你们或许经常听到人们在讨论这些问题。在这门课中，你们有机会像研究者那样追寻这些问题，用事实和逻辑来阐明你们的观点。

复习和练习

1. 回顾本章讨论的人在观察时普遍会犯的错误。找一篇杂志或报纸文章，或者读者来信，找出其中有错误的地方。讨论科学家如何避免犯这样的错误。
2. 列出5个社会变量，并且写出构成变量的属性。
3. 利用下列机构的网站，找出定量和定性数据的例子。
   a. 联合国高级难民公署（UN High Commissioner for Refugees）
   b. 美国疾病控制与预防中心（US Centers for disease Control and Prevention）
   c. 澳洲国立图书馆（National Library of Australia）

第2章
范式、理论与社会研究

章节概述

社会科学研究是理论和研究、逻辑和观察、归纳和演绎——以及其他被称为范式的基本参考框架的相互激荡。

导 言

每到选举的时候,美国有很多餐厅总要对用餐的客人进行政治民意调查。由于过去的调查对选举结果预测的准确度很高,因此,不少人对这些在餐厅进行的调查相当认真。同时,在选举期间,有一些电影院分别用印着驴和大象图案的爆米花纸桶,也能成功地预测两党的支持率。几年前,美国中西部的粮仓,用谷类包装袋上图案的区别,让农民表达政党取向。

这些听起来挺古怪的事,其实,颇能引起我们的兴趣。历经时日,这些事情表现了同样的模式:一段时间可行,之后又行不通了。无法预测什么时候行不通,也无法预测为什么行不通。

这些奇怪的民意调查暴露了"只观察事物模式以获得研究结果"的缺点。除非我们合理地解释模式,否则,我们观察到的规律可能纯属巧合。如果连续投掷钱币的次数足够多,你们可能会连续掷出10次人头的那一面。科学家也许会称这种情形为"有模式产生"。

理论试图提供逻辑解释。在研究中,理论有三类功能。

首先,理论使我们不被巧合蒙蔽。如果我们不能解释为什么马氏餐厅的民意调查每次预测都那么准,那么,我们便是在冒险相信巧合。如果知道原因,我们便可以预期马氏餐厅的调查是否能准确地预测未来的选举结果。

其次,理论可以使观察到的模式具有意义,并提供了更多可能性。如果知道破碎家庭因为疏于管教而比完整家庭更容易造成青少年的不良行为,我们就会采取有效行动,例如,妥善安排青少年放学后的活动等。

最后,理论形塑并指引研究活动,指出实证观察可能有所发现的方向。如果在黑暗的街道寻找遗失的钥匙,你们可能用手电筒随意照来照去,希望可以碰巧照到要找的钥匙;或者,根据记忆,把搜寻范围集中在可能丢失钥匙的地方。类似的,理论可以引导研究者把手电筒照在有可能观察到社会模式的区域。

这并不是说,社会科学研究都和社会理论紧密地缠绕。有时候,社会科学家只是为了发现事件的状态而展开调查,譬如,评估一个创新性社会项目是否起作用,或为了看看哪位候选人能获胜而进行一次民意调查。同样,描述性民族志,如人类学对没有文字社会的解释,便富含有价值的信息和洞见。不过,即使人类学的研究,也会超越单纯的描述,去问"为什么"。理论,便是直接指向"为什么"的。

这一章探讨理论和研究如何在探索社会生活时相互配合。我们会先介绍几种社会科学范式。社会科学范式奠定了发现社会理论和进行研究的基础。理论寻求解释,范式则提供寻找解释的方法。范式本身并不解释任何事情,却会产生理论的逻辑架构。在本章,你们会了解到,在寻求社会生活意义的过程中,理论和范式是如何相互激荡的。

2.1 几种社会科学范式

对同一事物，通常有多种解释方式。在现实生活中，也是如此。譬如，自由派和保守派对同一种现象——如青少年校园持枪现象会有截然不同的解释，父母和青少年对此现象也会有不同的解释。在这些不同解释或理论背后的，是**范式**[①]（paradigms）。范式是我们用来组织观察和推理的基础模型或参考框架。

范式常常难以辨认。因为范式具有内隐性特征，是假定的，是被认定的。范式似乎更像是"事物存在的方式"，而不是众多观点中的一个。例如：当我们认识到自己运用了某种范式时，有两个好处：首先，我们能够更好地理解那些采取不同范式的人所作出的、看起来很奇异的观点和行为。其次，我们还能够时不时地跨出我们的范式，并从中获得意外的惊喜。突然之间，我们甚至可以一种新的方式来看待和解释事物。而当我们将范式错认为现实时，是不可能做到这一点的。

范式在科学中扮演了基础角色，就像在日常生活中一样。库恩（Thomas Kuhn，1970）将人们的注意力引向了范式在自然科学历史中的角色。库恩经典著作的书名已经足以说明其意义，《科学革命的结构》。主要的科学范式包括一些基本的观点，如哥白尼的太阳中心说（而非地心说）、达尔文的进化论、牛顿的力学，还有爱因斯坦的相对论等。这些科学理论之所以"正确"，是因为它取决于科学家坚持的范式。

有时候，尽管我们认为以重大的发现和发明为标志，科学是逐步发展的，但是，库恩指出，范式通常会变得固若金汤，抗拒任何实质性的改变。因此，理论和研究总是沿着其给定的基本方向。当范式的缺陷随着时间推移最终变得越来越明显时，新的范式就会出现并取代旧的范式。例如：宇宙中的其他星体都绕地球转的观念曾迫使天文学家去探寻更精细的方法来解释他们观察到的天体运动。然而，实际的观测显然违背了依据原有范式作出的预测，原有范式的缺陷暴露了。这种预期不符合标准模式的现象，被指为"失范"（anomalies）。像其他地方一样，在美国很长的历史时期中，一个有关性别的基本信念是，只有男性有能力接受更高的教育。在这种情况下，每一个接受教育的女性对传统观点都是"反常挑战"。库恩说，当旧范式屡被挑战时，新的范式就会出现，取代旧的范式。

社会科学家发展了一些解释社会行为的范式。然而，在社会科学中，范式更替的命运与库恩说的自然科学并不相同。自然科学家相信，一个范式取代另一个范式，代表了从错误观念到正确观念的转变。譬如，现在已经没有天文学家认为太阳是绕着地球运转的。

至于社会科学，理论范式只有是否受欢迎的变化，很少会被完全抛弃。社会科学范式提供了不同的观点，每个范式都提到了其他范式忽略的观点。同时，也都忽略了其他范式揭示的一些社会生活维度。

因此，范式没有对错之分。作为观察的方式，范式只有用处的大小之分。我们将要考察的每一种范式，都为关注人类社会生活提供了不同的方式。每一种都有独特的对社会事实的假定。我们将会看到，每一种范式都能提供不同的理解，带来不同类型的理论，并且激发不同类型的研究。

2.1.1 宏观与微观理论

让我们首先讨论与下面各种范式有关的不同关注点。有些社会理论家把关注点放在整个社会或与社会大多数人有关的事物上。研究主题包括经济阶层之间的斗争、国际关

[①] 范式：用以指导观察和理解的模型或框架。

系、社会内部主要机构间的互动，例如，政府、宗教和家庭等。**宏观理论**①（macrotheory）处理的是大规模、综合性的社会实体，甚至是整个社会。一些研究者倾向于把宏观层级限制在整体社会，而使用术语"中层理论"（*mesotheory*）作为宏观和微观层级之间的理论，例如研究组织、社区或社会范畴，如性别。

一些学者主张对社会生活采取较为切近的观点。**微观理论**②（microtheory）处理个人或小群体的社会生活议题。约会行为、陪审团决策过程、师生互动等，都是微观理论面对的议题。这类研究通常很接近心理学领域，不过，心理学家感兴趣的是挖掘人的内心世界，而社会科学家则把焦点放在人与人之间的关系上。

宏观理论和微观理论之间的基本差别，和我们将要讨论的其他范式之间具有交叉。其中的一些，像符号互动论和常人方法论，通常限于微观层面；另外一些，像冲突理论，既可以看成宏观理论，也可以看成微观理论。

2.1.2 早期实证主义

当法国哲学家孔德（Auguste Comte，1798—1857）1822 年创立社会学（sociologie）一词时，他便开启了人类智力运动另一次历险的大门。时至今日，探险之路仍在不断延展。最重要的是，孔德把社会当成一种可以用科学方法研究的现象。起初，孔德想用"社会物理学（social physics）"来称呼他从事的研究，但是这个词被另一位学者选用了。

在孔德之前，社会只是既成事实。人们只知道有不同类型的社会，或社会随着时间推移而有所变迁。宗教范式主导着对社会的解释。社会的各种状况通常被认为是上帝意志的反映。作为一种选择，人们面临在地上建造"上帝之城"来取代罪恶和邪恶的挑战。

孔德把自己的探索从宗教中分离出来。他认为，对社会的探索，可以用科学的方法取代宗教信仰。他的"实证哲学（positive philosophy）"把人类历史分为三阶段。公元1300 年之前是神学阶段（theological stage），随后 500 年是形而上学阶段（metaphysical stage）。在孔德那里，"自然"和"自然法"等哲学观念，取代了上帝。

孔德认为自己开启了历史的第三个阶段：科学将取代宗教和哲学，也就是说，知识建立在感官观察之上，而不是建立在信仰或纯粹逻辑之上。孔德认为，社会可以被逻辑而理性地研究，社会学应该成为与生物学、物理学一样的科学。

孔德的观点为后来的社会科学发展奠定了基础。他对未来充满乐观，创立了**实证主义**③（positivism）一词来描绘这种科学取向，他相信，科学的真理可以通过经验观察获得事实进行实证。最近几十年，实证主义受到了极大挑战，在稍后的讨论中，我们便会看到这一点。

2.1.3 社会达尔文主义

孔德实证哲学的主要著作发表在 1830—1842 年之间。在孔德实证主义系列第一本书出版后一年，一位年轻的英国自然科学家，搭乘皇家海军猎犬号（HMS Beagle）展开了他的科学之旅，对人类认识自我和世界的方法产生了深远的影响。

1858 年，达尔文（Charles Darwin）出版《物种起源》（*Origin of the Species*），提

---

① 宏观理论：一种试图理解制度、社会和社会之间互动等"大图景"的理论。马克思的阶级斗争分析，就是宏观理论的一个例子。

② 微观理论：一种试图通过理解个体及其相互之间互动来理解社会生活的理论。对男女之间的游戏行为有何区别的研究，就是一个微观理论的例子。

③ 实证主义：由孔德（Auguste Comte）引入，这个哲学体系基于理性证实/证伪的科学信念；假定了一个可知的、客观的真实世界。

出了"物竞天择"的进化论。简言之,在自然环境中,物种适者生存、优胜劣汰。久而久之,幸存者的特性,便主宰了其他物种。就像达尔文后来说的:通过适者生存法则,物种进化成不同的形式。

在学者分析社会时,达尔文的进化论似乎不可避免地被用来解释人类事务结构的改变。人类社会从简单的狩猎部落,到庞大的工业化文明社会,理所当然地被当成"适者生存"的进化过程。

斯宾塞(Herbert Spencer,1820—1903)认为,社会越变越好。的确,他的祖国英国,从工业化资本主义的发展中获益良多。况且,斯宾塞偏好自由竞争的制度。他认为,自由竞争将确保持续的进步和改善。也许,正是斯宾塞创造了"适者生存"术语,认为适者生存才是形塑社会的主要动力。尽管不是每个人都接受,社会达尔文主义(social Darwinism)或社会进化论(social evolution)在斯宾塞时代却是非常流行的观点。

1950年出版的一本社会科学方法教科书对这个观念的引用,正说明了"事物会越来越好"的观念长期以来都受到欢迎。

用原子能做炸药在一般领域也提供了像军事领域一样多的有趣视角。原子的爆炸可以用来改变风景,也可以用来在地表上挖掘大洞,造湖或是造运河。在沙漠中造湖也是可能的。如果是这样,便可以让世界上最糟的地方转变成为绿洲或富饶的乡村。用原子能提供的大量的持续的热源,还可以使北极地区变得舒适,成为一个度假胜地。(Gee,1950:339-340)

当代的人们,除了对核能有了普遍清醒认识以外,对全球变暖及海平面升高的关注,也使人们逐渐意识到"进步"通常是一把双刃剑。很明显,今天,我们中的绝大多数,都采取了一种不同的范式。

2.1.4 冲突范式

与斯宾塞同时期的一位哲学家,采取了和资本主义进化论完全不同的观点。马克思(Karl Marx,1818—1883)认为,最好把社会行为视为冲突的过程,即努力去控制他人,同时避免被他人控制。马克思论述的焦点在于不同的社会经济关系性质的阶级之间的斗争。他主要关注的是,资本主义如何造成资本家对工人阶级的压迫。马克思对这个议题的兴趣,并不限于分析性的研究;在意识形态上,他致力于重建生产关系,以结束他观察到的压迫。

斯宾塞和马克思在观念上的强烈对比,正好指出范式对研究的影响。这些基本观念决定了我们观察的方向、想找的事实,以及根据这些事实获得的结论。同时,范式也有助于我们判定哪些概念是相关的和重要的。例如,在马克思的研究分析中,阶级是基本要素;而斯宾塞则比较关心个人和社会间的关系,特别是个人必须牺牲多少自由,才能使社会运转。

冲突范式[①](conflict paradigms)并不限于经济分析。与马克思感兴趣的阶级斗争相比,齐美尔(George Simmel,1858—1918)对小规模冲突更有兴趣。他指出,关系密切的群体成员发生冲突时,比没有共同情感、归属感或亲密感的一群人发生冲突时,其紧张程度会更高。

对冲突范式的另一项有趣研究是克苏多沃斯基(Michel Chossudovsky,1997)对国际货币基金组织(IMF)和世界银行的分析。他认为,这两个国际组织正在不断地加剧全球性贫穷而不是消灭贫穷。他把注意力放在过程涉及的相互冲突的利益上。在理论上,两个组织的目的是服务于世界上的穷人或贫穷的第三世界。通过调查,研究者发现,很

---

① 冲突范式:一种将人类行为视为努力去控制他人,同时避免被他人所控制的范式。

多其他利益团体从中获利。例如，与 IMF 和世界银行关系密切的商业借贷机构，以及到处为其商品搜寻廉价劳动力和市场的跨国企业。克苏多沃斯基的结论是，银行和企业利益凌驾于穷人利益之上。他还发现，很多政策都在削弱第三世界的国民经济，也在破坏其民主政府。

尽管冲突范式常常关注阶级、性别和种族斗争，却也适用于具有利益冲突的群体研究。例如，也可以用于理解组织内部不同部门之间的关系、兄弟会和姐妹会的关系，或学生－教师－管理者的关系。

2.1.5 符号互动主义

齐美尔的关注点，与斯宾塞和马克思的关注点有所不同。斯宾塞和马克思关注的主要是宏观理论议题，在历史进程中，庞大机构甚或整个社会的进化；而齐美尔的兴趣则是，个人之间如何互动。也就是说，他的思考和研究呈现的是一种"微观"取向，关注的是在马克思或斯宾塞的理论中看不见的社会现实。譬如，他研究二人（dyads）、三人（triads）互动关系。另外，他也关注群体关系如"群体关系网络"（Wolff, 1950）。

齐美尔是几位最早对美国社会学有重大影响的欧洲社会学家之一。他对互动本质的研究，对米德（Herbert Mead, 1863—1931）和库利（Charles Horton Cooley, 1864—1929）等人有特别深远的影响。他们承接了齐美尔的这项事业，并将其发展成了强有力的研究范式。

以库利为例，他提出了"初级群体"（primary group）概念，即有归属感的群体，如家庭、朋友、私党等。库利也提出了"镜中我"（looking-glass self），也就是说，我们会从周围人的反应中形成自我。举例来说，如果每个人都把我们当作是漂亮的人来对待，我们就会认为自己是漂亮的。这种范式下的概念与理论关注点，与斯宾塞和马克思在社会层级上有着根本的不同。

米德强调的是人类扮演他人角色的能力，也就是，想像在特定情况下他人的感觉和行为的能力。当我们知道一般人怎样看待事物时，我们就有了米德的"概化的他人"（generalized other）意识。

米德对沟通在人类事务中的角色，也特别有兴趣。他认为个体之间的互动主要通过语言和其他符号系统来取得共识，即所谓的**符号互动主义**①（symbolic interactionism）。

在探究日常社会生活互动本质上，这个范式具有很强的洞察力。同时，还能帮助我们理解互动的异常形式，来看下面的例子。爱默森、菲利斯和加德纳（Emerson, Ferris and Gardner, 1998）试图理解"围捕"的本质。通过采访大量的被围捕者，他们认识到围捕者不同的动机、围捕情节发展的阶段、人们如何认识到他们正在被围捕，以及他们又是如何反应的。

除了"围捕"以外，下面的例子说明，也可以用符号互动主义范式考察自己的生活。下次，你们遇到一个陌生人时，注意你们两人如何开始了解对方。首先注意，根据彼此的外貌、语言和相遇的场合，你们会做出哪些有关对方的假设？（在这样的场合，他人喜欢你们做什么？）然后，注意观察双方，如何通过互动逐渐开展对彼此的了解。另外，也请留意你们如何努力给对方创造某种印象。

2.1.6 常人方法论

有些社会科学范式强调社会结构对人类行为的影响（也就是规范、价值观和控制机

---

① 符号互动主义：一种将人类行为视为通过社会互动行为创造意义，并根据这些意义调整随后互动行为的范式。

构等的影响），另一些范式却不关心这些。当代社会学家加芬克尔（Harold Garfinkel）提出，人们通过行动和互动不断地创造社会结构，事实上也创造了属于自己的现实（realities）。例如，你们和你们的导师讨论学期报告，虽然对师生预期的互动有千千万万种，实际上，和这些预期都会有所出入，师生之间实际的行为也会修改双方对未来互动的预期。而且，有关学期报告的互动，还会影响到以后你们与其他教授、学生之间的互动。

加芬克尔指出，人类赋予"真实"如此不确定的性质，使得人们不断地赋予自己的生活经历以意义。在某种意义上，加芬克尔似乎是说，每个人的行为，都像个社会科学家，所以才会用常人方法论（Ethnomethodology）一词，或称为"常人的研究方法"（methodology of the people）。

如何了解人们的期望？人们怎样理解世界？常人方法论者的技巧之一是打破常规（break the rules），违背人们的期望。譬如，你们要和我讨论学期报告的事，但我却不停地谈足球，如此，可以揭示你们对我行为的期望。我也可以知道你们如何解释我的行为（你们可能认为："或许他用足球作为比喻，帮助我们理解社会系统理论"）。

在另一个常人方法论的例子中，海诺塔基（Johen Heritage）和葛雷特贝奇（David Greatbatch）（1992）研究了鼓掌在英国政治演说中的角色：演说者如何引起掌声和掌声的功用。在常人方法论的研究中，沟通常常是关注的焦点。

尝试常人方法论范式的机会是无限的。例如，你们下次搭乘电梯的时候，不要像平常一样看着前方的楼层指示，那是常规或预期行为。你们要反过身来，静静地关注电梯后方，看看其他乘客对你们行为的反应；同样重要的是，注意你们感觉如何。类似的实验，重复几次以后，就会对常人方法论范式有所体会。[①]

在第10章，当我们讨论实地研究时，我们将会回到常人方法论。现在，让我们转到另一种不同的范式。

2.1.7 结构功能主义

结构功能主义[②]（structure functionalism），有时也被称为社会系统理论（social system theory），是由孔德和斯宾塞的一个论点衍生出来的：一个社会实体，不论是一个组织还是整个社会，都是有机体（organism）。和其他有机体一样，社会系统是由不同部分组成的，对于整个系统的运作而言，每一部分都有功用。

打个比方，人身体的每个部分如心、肺、肾、皮肤和大脑等，都各司其职。除非每个部分都发挥功用，否则一个人就无法存活。同时，每个部分脱离了人体也无法单独存在。又如一辆汽车，由轮胎、油箱、火花塞、引擎等组成。每一部分对整辆汽车都有各自的功用，把它们组合在一起，就可以在大道上奔驰了。然而，一旦把它们分开，每个部分就没有太大用处了。

因此，把社会当作一个系统，是要探讨构成系统的每一部分的"功能"。运用结构功能范式的社会科学家，可能会把警察的功能当作是执行社会控制，鼓励民众遵守社会规范，并且让违反规范的人接受司法制裁。不过，我们也可以问：罪犯的功能是什么？在结构功能范式下，我们可以把确保警察有事可做，当作是罪犯的功能。在类似的观察中，涂尔干（Emile Durhkeim，1858—1917）认为，犯罪和惩罚，提供了社会价值再认定的机会。抓小偷和处罚偷窃行为，确立了集体对私人财物的尊重。

要实际体会结构功能范式，假定你们对学院或大学的运作感兴趣，可以查找机构名录，凑成学校管理层名单（例如校长、院长、教务长、安全主管等），设想他们每个人的

[①] 感谢同事麦克葛兰（Bernard McGrane）提供这个实验。他还让他的学生不用刀叉而用手进晚餐、没有打开电视却盯着电视看，以及表演其他一些古怪行为，观察可以从中得到什么启示。（McGrane，1994）

[②] 结构功能主义：一种将社会现象分解，研究每一部分在整体运作中具有的功能的范式。

职能。再想想这些人的角色和学校的主要功能如教学、研究等，有多大程度的相关。这种看待高等教育制度的方式明显不同于冲突范式，后者可能会强调在制度中掌握权力的与没有权力的群体之间的利益冲突。

在日常谈话中，人们常常讨论"功能"。很典型的是，那些被宣称的功能，很少得到经验的检验。比如，一些人认为：试图帮助穷人谋福利，事实上，却以多种方式给穷人带来了伤害。甚至有人宣称，福利制度制造了一个反抗主流文化的、不正常的、暴力的亚文化。从这一观点来看，福利计划导致了犯罪率的上升。

汉南（Lance Hannon）和德夫隆左（James Defronzo）（1998）检验了最后一个判断。根据来自美国 406 个城镇的数据，他们检验了福利水平和犯罪率之间的关系。数据显示：更多的福利水平和较低的犯罪率相关联。也就是说，福利计划具有减少犯罪的功能，而不是增加。

在日常生活中应用功能主义范式时，人们有时候会错误地认为"功能"、稳定和整合是必需的，或认为那是功能主义范式假定的。事实上，当社会研究者寻求贫穷、种族歧视、女性压迫等发挥的功能时，他们不是在为其辩护。恰恰相反，他们试图理解这些事物在一个更大社会中的功能，并以此来理解为什么会持续以及如何被消除。

2.1.8　女性主义范式

当林顿在他的人类学经典之作《人类研究》（*The Study of Man*）的结论中写到"前所未有的知识，将帮助人类（man）过更好的生活"（Linton, 1937: 490）时，没有人抱怨他排除了女性（woman）。林顿的表述，符合当时的语言习惯，含蓄地以 man 来包括女性。但真是如此吗？

当女性主义者开始质疑使用第三人称男性代名词指称所有男女的语言传统时，有人认为，这样的关注实在是小题大做、愚蠢不堪。甚至还有人认为，这种问题根本就是女性伤害自己的感情，以及挫伤自我的做法。但老实说，当你们读到林顿的话时，你们脑子呈现的是什么？是一个无组织的、无性别的人类社会，雌雄同体的，还是一个男人？

相似地，持**女性主义范式**①（feminist paradigms）的研究者，已经将注意力放在那些其他范式不曾揭示的社会生活层面。其中一部分强调性别差异，以及性别差异和其他社会组织的关系。这些研究，主要关注许多社会对女性压迫的现象，进而注意到所有的社会压迫现象。

女性主义范式不仅可以解释女性的遭遇或受压迫的经历，还经常被用来观察和理解社会生活中其他限制女性的方面。因此，女性主义视角经常与环境意识联系在一起。加德（Greta Gard）指出：

在西方思想传统中，女性和大自然被概念化的方式，使凡是与女性、情感、动物、自然以及身体相关事物的价值被贬低；与此同时，与男性、理性、人类、文化以及思想相关的事物的价值却被提升。生态女性主义的一项任务就是揭露这些二元论，揭露让自然女性化和把女性自然化为女性、动物及当男性成为主宰的二元论。（Greta Gard, 1993: 5; Rynbrandt and Deegan, 2002: 60 曾经引用）

女性主义范式也挑战那些在社会上习以为常的共识。很多在社会中占主导地位的信仰、价值观和规范等，都是由部分社会群体拟定的。譬如，在美国，通常由中产阶级白人主导，毫不奇怪的是，他们的信仰、价值观和规范，是他们共同接受的。虽然米德提到了"概化的他人"，也就是每个人都理解他人，也能扮演他人的角色；不过，女性主义范式质疑的是，所谓"概化的他人"是否真的存在。

---

① 女性主义范式：一种通过女性经验看待和理解社会并研究女性普遍被剥夺的社会地位的范式。

米德用学习棒球的例子来说明我们怎样知道"概化的他人"。正如后面引证的,珍列·维尔(Janet Lever)的研究则告诉我们,了解男孩的经历并不能帮助了解女孩。

女孩的玩耍和游戏非常相同。她们大多数是即兴的、富有想像力的,并且不受结构或规则的约束。排队跳绳之类的游戏不需要订立明白的目标。女孩的经历中少有人际之间的竞赛。她们的竞赛风格是间接的,而不是面对面的;是个人的,而非团队的。女孩游戏中要么没有领袖,即使有也是随意产生的。(Lever, 1986:86)

社会研究者越来越多地认识到男性和女性的认知差异,心理学家贝楞基(Mary Field Belenky)及其同事(1986)甚至写出了《女性的求知方式》(Women's Ways of Knowing)一书。与45位女性的深度访谈结果告诉人们,女性求知方式在5个方面有显著的不同:

- 静默。一些女性,尤其在生活的早期,认为自己游离于知识世界之外,自己的生活大都是由外部权威决定的。
- 接受知识。女性认为自己吸收和掌握知识的能力来自于外部权威。
- 主观知识。开启个体性、主观性、直觉性获取知识的可能。
- 过程知识。一些女性认为,通过客观过程,获得了获取知识的方法。
- 建构知识。认为所有知识都是情境性的,让自我有知识创造者的体验,主观和客观策略都有价值。(Belenky et al., 1986:15)

这里,"建构的知识"极为有趣。孔德的实证主义也许不能接受主观知识或情境真实,而常人方法论也许更加喜欢这样的观点。

女性主义观点的理论,作为一个术语,用于说明女性认识到自身地位和经历,而男性不曾认识到。这种观点最初由哈特索克(Nancy Hartsock, 1983)引入,随着时间的变化,观点也在变化。例如学者们意识到,并不存在某种女性独有的经验,事实上,不同的女性(例如财富、种族、年龄的不同),对社会生活有着非常不同的体验。对女性经验多样性的敏锐认识,也是20世纪90年代开始的第三波女性主义(third-wave feminism)谈论的主要元素。

如果想试试女性主义范式,你们可以在学校观察是否有歧视女性的情形。在高层管理人员中,男性和女性的人数是否相当?秘书和文职人员的情形又如何?或男性和女性运动项目是否获得一样的支持?你们还可以翻阅学校历史文件,看看是不是一部男女平等的历史(如果你们读的是男校或女校,以上有些问题就不适用了)。

正如我们前面看到的,女性主义范式不仅关注女性面对的不平等,在认识论上,也说明男性和女性对社会的感知和理解是有差别的。仅由男性创造的社会理论(过去通常是规范)存在着未曾识别的偏见。同样,几乎只由白人创造的理论也如此。

2.1.9 批判种族理论

批判种族理论[①](critical race theory)的起源与20世纪50年代中期的民权运动及60年代与种族相关的立法联系在一起。70年代中期,由于担心迈向种族平等的进步陷入停滞,民权活动家和社会科学家们基于种族意识和种族平等的承诺,开始了范式创建。

这并不是社会学家们首次关注美国非白人的地位。在这个领域,历史上最著名的非洲裔美国社会学家或许是杜波依斯(W. E. B. DuBois),他于1903年出版了《黑人的灵魂》(The Souls of Black Folks)一书。杜波依斯指出,非洲裔美国人过着"双重意识"生活:作为美国人和作为黑人。与之对照,美国白人很少意识到自己的白人身份。如果你们是美国人,那么白人仅是被假定的。如果你们不是白人,就被视为例外。所以设想一下,一个非洲裔美国社会学家和一个白人美国社会学家分别提出"社会认同"理论的

---

① 批判种族理论:一种基于种族意识和试图实现种族平等的范式。

差别。在一些基本方面,他们的认同理论可能就有差别,即使他们的研究不局限于本种族的分析。

大多数当代批判种族理论学者关注政治和政府中种族的角色,很多研究是由法学家和社会学家推动的。比如,贝尔(Derrick Bell,1980)批判美国最高法院"布朗诉教育委员会"案,该案最终废除了"隔离但平等"的学校种族隔离体系。贝尔指出,高等法院的作为,受大多数白人的经济、政治利益所推动,而不是受让非洲裔美国人教育平等的目标驱使。他在分析中,引入了**利益收敛**①(interest convergence)概念,指出,如果法律的变更能最终促进白人的利益,那么,这些使非洲裔美国人受益的法律才会改变。德尔加多(Richard Delgado,2002)对贝尔的论证如何被随后的批判种族理论学者继承,做了一个优秀的总结。

作为一般规则,无论你们何时碰到以范式或理论的名义出现的"批判的"一词,最有可能是指一种非传统的观点,这种观点可能与一个学科中正流行的范式不一致,也可能与社会的主流结构不一致。

2.1.10 再论理性的客观性

开始我们就谈到,孔德认为,可以对社会进行理性而客观的研究。从孔德时代开始,科技兴起,迷信衰退,使理性越来越成为社会生活的中心。虽然理性对我们相当重要,但是,一些当代社会学家却对理性提出了质疑。

譬如,实证主义社会科学家假设人永远都理性行事。这个假设,有时候显然是错的。我相信,从你们自己的经历中,就可以举出不少反例。许多经济模型的基本假设,也认为人类在经济事务上是理性的:人们会选择待遇最高的工作、付出最少的代价等等。但是,这种假设忽略了传统、忠诚、形象等其他足以与理性相抗衡的决定性力量。

更成熟的实证主义提出,我们可以理性地理解人类不理性的行为。下面就是一个例子,在著名的"阿希实验"(Asch Experiment)中(Asch,1958),一组被试要从荧幕上的几条线条中,找出两条长度相同的线条。

试想你们自己是实验中的一位被试。你们坐在教室的前排,还有5名被试与你们在一起。一组线条(见图2-1)投影在你们前面的墙壁上。实验者要求你们,一次一个,指出在右边的线条(A、B或C)中,哪个与X的长度相等,对你们而言,正确的答案(B),相当明显。让你们吃惊的是,其他被试却提供了不同的答案!

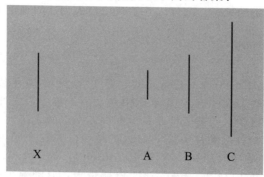

图 2-1 阿希实验

在阿希实验中,被试面临一个看起来很简单的任务,那就是:线条A、B、C,哪条与X等长。可是,答对的人并不像预想的那么多。

---

① 利益收敛:认为群体多数成员只有在行动有利于自己的利益时才会选择支持少数群体利益的论点。

实验者宣布，除了一个人之外，其余的被试都答对了。原因是，只有你们选择了 B，这意味着你们答错了。然后，又有一组新的线条展现出来，情形依旧，明显的正确答案，却被其他人说成是错误的。

最终你们了解到，在整个实验中，只有你们是真正的被试。其他人，只是在配合研究者。实验的目的，是看你们会不会因众人的压力，盲从选择错误的答案。在最初的实验中（所有被试都是年轻男性），阿希发现有超过 1/3 的被试会修改答案，表现从众。

在一个简单的实验中，选择一个明显错误的答案，就是非理性行为的例证。但就像阿希继续展示的那样，实验者可以检验那些促使更多的或相对少些的被试符合不正确答案的环境。比如，在后续研究中，阿希改变群体的规模和选择"错误"（也就是正确的）答案"反对者"的数量。这样，就可以用科学的、理性的方法来研究非理性的行为。

更激进一点，我们甚至会质疑，社会生活到底有没有遵守理性原则。在自然科学中，混沌理论（chaos theory）、模糊逻辑（fussy logic），以及复杂性（complexity）的发展，暗示了我们应该彻底重新思考地球上的自然事物是否真有秩序。当然，社会世界不如自然世界那么有秩序，这是肯定的。

对实证主义的当代挑战，早已经超越了人是否在政治、经济或其他领域理性行事的问题。某些对实证主义的批判是，科学家是否真如科学理想假设的那么客观。大多数科学家同意，个人情感会影响科学家对研究课题的选择，即要观察的事物以及由这些观察得出的结论。

对客观性理想的批评更为激烈。一些当代研究者认为，在某些情况下，主观性实际上可能优于客观性，就如我们在女性主义和常人方法论中见到的一样。我们花点时间讨论一下客观和主观的辩证法。

首先，不可避免的是，我们所有的经验都是主观性的，没有例外。人们只能凭借自己的眼睛观看事物。对你们的眼睛而言，任何特殊的事物，都会形成你们看见的样子。同样，你们听见的声音，只是通过你们独特的耳朵和大脑传送、解析声波。在某种程度上，你们和我听到的和看到的是不同的现实。我们感受到的不同的物理"现实"，可能比蝙蝠之间感受到的差异还大。在我们看来完全是一片黑暗，蝙蝠却能够通过发出一种我们人类听不见的声波来"看见"事物，如飞虫。回声定位或蝙蝠的声音反射形成了"声图"，这足以精确到让蝙蝠找到回家的路，也足以让它们捕食飞行的昆虫。同样的道理，在世外桃源（Xanadu）星球上的科学家，能够在人类无法想像的感应设置上，建立起关于物理世界的理论。也许他们有 X 光视觉，或能听到色彩。

人们的经验尽管具有不可避免的主观性，但人类似乎仍然在寻找共识，同意何谓真正的真实（really real）或客观的真实（objectively real）。客观性是一种概念性尝试，试图超越个人的眼界。就本质而言，客观性是一个沟通问题，正如你们和我尝试在我们的主观经验中找到共同点一样。只要成功地找到共同点，我们便可以宣称我们在处理客观的事实。这就是第 1 章中讨论的共识的事实。

在这方面，社会科学历史上最重要的研究，是由美籍土耳其社会心理学家谢里夫（Muzafer Sherif，1935）于 20 世纪 30 年代进行的。他"狡诈地"声称要研究自动运动效应（auto-kinetic effects）。为了进行研究，他让几个小组进入黑暗的房间，在被试前面的墙壁中间只有一个光点。谢里夫解释说，这个光点不久就会移动，被试需要确定它移动的距离——没有其他可视物作为长度或距离的标尺，这是一项困难的任务。

出人意料地，小组中的每个人都给出了他们认为的移动距离。不同小组给出了截然不同的结论。光点实际上始终是静止的。如果你们凝视一个固定光点的时间足够长，光点似乎就会移动（谢里夫的"自动运动效应"）。需要注意的是，小组的每个人都出现了错觉，这样的真实，不是由什么创造的，而只是一种社会建构的真实。

主观性观点虽然是个体的，但个体对客观性的探索却是社会的。在生活的所有方面，都是真实的，不仅仅只在科学中。虽然我们喜欢不同的食物，但至少有共识：什么东西适合吃，什么东西不适合，否则，就不会有餐厅或杂货店了。对其他的消费品而言，同样的争论也会发生。如果没有共识的真实，就不会有电影或电视，也不会有体育运动。

其次，社会科学家从社会认同的客观事实中获得启发。当人们在生活经验中寻求秩序时，他们发现，作为集体行动，追求这样的目标是有益的。偏见是如何造成的？如何克服？通过一起工作，社会研究者找到了一些答案，比如，对主体间性（intersubjective）的考察。例如，无论你们对事物的主观经验如何，都会发现，对于你们而言，更多地接受教育，就会减少偏见。由于我们每个人都可以独自发现这种情形，所以我们说，它是一种客观的真实。

从17世纪到20世纪中叶，人们对可以看见和测量客观真实的信仰，在科学中占据了支配地位。在大部分情形中，客观真实不只是被视为一种有用的范式，而是被视为真理。实证主义渐渐地代表了一种信念，即人们可以通过科学，更好地了解秩序和客观真实。今天，这个观点受到了后现代主义者及其他的挑战。后现代主义者认为，只有我们的感知经验，才是真实。

有些人指出，客观性理想所隐藏的，如同所揭露的一样多。如果看看早期，便会发现，过去许多在科学客观性基础上获得的共识，实际上主要是白种中产阶级欧洲男人的共识。女性、少数民族、非西方文化或穷人的普遍主观经验，并不一定纳入这些事实中。

人们对早期人类学家的批评，通常是指责他们以现代的、西方化的标准，来评断世界上无文字的部落，有时候甚至把他们看作是迷信的野蛮人。人们常常把非文明人对久远的信仰称为"创世神话"（creation myth），而把自己的信仰称为"历史"。今天，越来越多的人要求探寻各类人群生活意义的自在逻辑（native logic）。

最后，我们将永远无法完全区分客观真实和主观经验。我们也不会知道我们归纳总结的概念是否与客观真实相符，或许只是对我们预测和控制环境有用。所以，我们急需知道什么是真正的真实。然而，实证主义者与后现代主义者都认为只有他们的观点是真实的、正确的。其实，这当中包含了一种双重讽刺。一方面，实证主义者对客观世界真实的信仰，最后要诉诸于信念，而信念又是"客观的"科学无法证实的。因为客观的科学本身就存在争议。后现代主义者认为，没有任何事物是客观的，至少感觉不到客观的真实体，就是事物本身的真实。

后现代主义[①]（postmodernism）常常被描述为对社会科学可能性的否定，这不是我的本意。本书也不会对客观真实存在与否做假定。同时，人类拥有广泛的、充足的能力来就什么是"真实"达成共识。人们已经就岩石和树木、鬼魂和神灵等达成了共识，甚至对一些更难以描述的观念如忠诚和反叛也有共识。诸如"偏见"之类的东西是否真实存在，我们可以进行研究，因为很多人都认可偏见确实存在，研究者可以使用"共识"技术去研究。

另一种社会研究范式即**批判现实主义**[②]（critical realism）认为，我们可以将"真实"定义为其影响可以被观察的事物。显然，在我们的生活中，偏见具有显著的影响。

本书并不要求你们在实证主义、后现代主义或其他本章讨论的范式中做出选择。事实上，我希望你们考察每一种范式对理解你们自身或周边世界所具有的价值。

同样，作为社会研究者的我们，并没有被强迫只接受其中的一种取向。相反，我们可以把它们看作是手中两支不同的箭，各有其用，相互补充。

比如，著名英国物理学家霍金（Stephen Hawking）就曾高度评价过实证主义模式的简洁，但对科学实践的方式，却没做任何评价。

思考方式告诉我们，一种科学理论就是一种精确模型，可以用来描述、整理我们的观察。一种好的理论可以基于一些简单的基本假定来描述大量的现象，并生成可被验证

[①] 后现代主义：一种质疑实证主义的假设和描述"客观"现实理论的范式。

[②] 批判现实主义：一种认为只要事物产生影响，就是真实的范式。

的明确预测。如果预测与观察相符，那么，这个理论就经得起验证，尽管永远不能被证实。另一方面，如果观察与预测不符，那么，就必须抛弃或修订该理论。（至少要这样处理。在实践中，人们经常质疑观察的精确性和可靠性以及做观察的人的道德特征。）(Stephen Hawking，2001：31)

总之，多种理论范式的存在，会对社会生活的研究产生影响。基于每种基本参考框架，人们可以建构很多有用的理论。现在，我们转向与理论建构有关的议题。这样的议题才是有趣的，对所有的社会研究者也会有用，从实证主义者到后现代主义者，以及介于两者之间者。

2.2　社会理论的要素

我们已经认识到，范式指的是一般框架或视角，其字面含义是"看事情的出发点"。范式提供了观察生活的方式和探讨真实本质特性的一些假设。

相比之下，理论用于解释我们观察到的现象，是社会生活特定方面的关联性陈述。因此，理论赋予范式真实感和明确意义。范式提供视角，理论则在于解释看到的东西。回想第1章，社会科学家致力于个案式的和通则式的解释。个案式解释试图尽可能全面地解释有限的现象，例如解释某个妇女为什么如此投票；通则式解释则试图至少部分地解释一系列现象，例如，用几个明确的因素解释群体的投票行为。

接下来，让我们有意识地来看看构成理论的一些要素：第1章提到过，观察（observation）是科学的基础。在社会研究中，五官感受被界定为所见、所听、（比较少见的）所触。另一个相关的概念是事实（fact）。对哲学家来说，虽然"事实"和"真实"一样复杂，但对社会科学家而言，事实通常指观察到的现象。譬如，奥巴马（Barack Obama）在2012年总统大选中击败罗姆尼（Mitt Romney），就是一个事实。

科学家很乐于在一定的"规则"之下来组织很多事实，这些规则就是定律（laws）。根据卡普兰（Abraham Kaplan，1964：91）的定义，"定律"是对各类事实的一般性概括。万有引力是定律的一个典型例子。物体间的相互引力和其体积成正比，和彼此之间的距离成反比。

定律必须具有普适性，而不是在特定情形下偶然发现的模式。卡普兰（1964：92）指出，1920—1960年间，每届美国总统大选，在主要候选人中，名字最长的都会当选。这不是定律，因为，之后的选举就不是如此。以前发现的模式只是巧合而已。

定律有时候也被称作原理（principles），是对"为什么是这样"的重要陈述。我们说定律或原理是被发现的，范式则影响我们寻找什么、发现什么。定律并不解释任何事。定律只是把事情加以简要说明。解释是理论的功能，不久，我们将会看到这一点。

社会科学定律不像自然科学定律那样具有普适性。事实上，正如我暗示过的，社会学家对社会科学是否有定律仍然争论不休。或许，在本质上，社会生活就没有一成不变的定律。但是，这并不是说社会生活无序到无法预测或解释。正如第1章所述，社会行为有模式可循，而且，模式是有道理的。只是，你们要透过表象，发现其本质。

刚才提到，我们不能将定律和理论混为一谈，定律是观察到的规则，而理论（theory）则是对特定生活领域相关观察的系统解释。譬如，解释青少年不良行为、偏见、政治革命的理论等。

理论借助概念来解释观察到的现象。特纳（Jonathon Turner，1989：5）把概念称为建构理论的基本单位。概念（concepts）是代表研究领域中各类现象的抽象元素。例如，和青少年不良行为理论有关的概念，最起码有"青少年"和"不良行为"两个概念。同辈群体（peer group，是你们经常在一起并且认同的一群人）也是相关概念。另外，社会阶级和种族，也是青少年不良行为理论的相关概念，也可能与在校表现有关系。

变量是某种特别的概念。刚刚提到的一些概念适用于某种事物，一些适用于一系列事物。正如第 1 章说过的，每个变量由多个属性构成。举例来说，犯罪就有"犯罪"和"没有犯罪"两个属性。一个解释青少年不良行为的理论，要解释为什么部分青少年犯罪，而另一些青少年不犯罪。

公理或基本假定（axioms or postulates）是理论依据的基本主张，被认为"真"，构成了理论的基础。譬如，在青少年不良行为理论中，我们可以从"每个人都要物质享受"和"有钱人比穷人容易合法获得物质享受"这两个基本假定开始。以此为起点，我们可以发展出一些命题（propositions），它是源于公理和概念关系的特定推论。例如，从对青少年不良行为的基本假定，我们可以推论，贫穷的青少年比富裕的青少年更容易用违法手段取得物质享受。

这个命题和默顿对社会越轨行为的解释不谋而合。默顿（1957：139-157）提到了社会普遍认同的手段（means）和目的（ends）。在默顿的模式中，正常人遵守众人认同的目的（如一辆新车）和合法达到目的的手段（如购买）。而越轨的人，有些人（默顿称为创新者）虽然认同社会普遍接受的目的，但无法用社会认同的手段达到目的。这类人就会寻找其他手段以达成目的，犯罪是其中的一种。

从命题出发，我们能够得出**假设**①（hypotheses）。假设是对经验真实的特别期待，是从命题发展出来的，并能够被检验的。还是用青少年不良行为理论的例子，研究者会明确表达的假设如：贫穷青少年比富裕青少年的犯罪率要高。这样的假设可以通过研究来检验。换句话说，研究将间接支持（或不支持）理论——通过检验特定假设，这些假设是从理论和命题发展出来的。

现在，让我们更清楚地看看，理论和实践是如何结合的。

2.3 两种逻辑体系

2.3.1 科学的传统模式

我们中的绝大多数人，都会对"科学方法"有一些理想化的想象。这些想象来自于科学教育，可能从小学就开始有了。在物理学中，表现得尤为明显。虽然传统科学模式只是事物的一部分，但对了解传统模式的基本逻辑，却非常重要。

传统科学模式有三大要素：理论、操作化和观察。现在我们已经对理论观点有了足够的了解。

1. 理论

根据传统科学模式，从对真实世界某些方面产生兴趣开始，科学家发展出可检验的假设。例如，作为社会研究者的我们，对造成青少年不良行为的原因有一套解释的理论。假定社会阶级和犯罪之间呈负相关，那么，社会阶级层次越高，犯罪率就越低。

2. 操作化

为了检验假设是否成立，我们必须说明假设中所有变量可观察的含义。在目前的例子中，包括"社会阶层"和"犯罪"两个变量。举例来说，我们可以把"犯罪"定义为"因某项罪名而被逮捕""被宣判有罪"或其他可行的说法；在具体研究中，社会阶级则可以用家庭收入衡量。

---

① 假设：对经验事实的、可检验的特定期望，遵从更为一般的命题。换句话说，假设是来自理论的、涉及事物本质的期望，是涉及在现实世界中应该可观察到什么的期望，前提是，假定理论是正确的。

一旦定义了变量，我们就必须说明如何测量变量。（回想一下第1章说的，科学依赖于可测量的观察。）**操作化**① (operationalization)，字面意义是测量变量的动作。检验假设可以有不同方式，且每一种方式对变量测量可能也不一样。

为简化起见，假定对高中生进行一项调查。我们可以用下述问题操作犯罪变量："你是否曾偷过东西？"回答"是"的，就将其归类为不良青少年；回答"不是"的，则归类为正常青少年。同理，我们也可以用下列问题操作家庭收入："你们家去年总收入多少？"附带提供几个选项：10 000美元以下、10 000~24 999美元、25 000~49 999美元、50 000~99 999美元，100 000美元以上。

当然，有些人可能会反对将偷过一次或几次就看作犯罪，或认为社会阶级不必然等同于家庭收入。有些家长可能认为体环（body piercing）是不良行为的标志，即使他们不曾有偷窃行为。对某些人来说，"社会阶级"可能包括威望、社区地位，而不仅仅是财富。不过，对于研究者来说，在检验假设时，变量的意义只能由操作定义来说明。

就此而言，科学家很像刘易斯·卡罗尔（Lewis Carroll）《爱丽丝镜中奇遇记》（*Through the Looking Glass*）中的矮胖子（Humpty Dumpty）。矮胖子对爱丽丝（Alice）说："当我用这个词时，我所表达的意思就是我要它表达的意思，不多也不少，仅此而已。"

爱丽丝回答说："问题在于，你是否能够赋予这些词语那么多不同的意义？"矮胖子的回答则是："问题的关键是，谁说了算！"

为了保证观察、测量和沟通的精确性，科学家一定要做**操作定义**② (operational definition)的"主人"。否则的话，我们就永远也无法知道别人的研究结论与我们的研究结论相冲突，是否只是因为他们用了一套不一样的程序来测量某变量，进而改变了检验假设的含义。当然，这意味着，如果要评估一项研究的结论，如青少年不良行为和社会阶级，或其他变量，就需要了解这些变量是如何被操作化的。

不过，在这个假想的研究中，我们对变量的操作化，可能还有其他问题：有些受访者对"是否曾经偷窃"这个问题会撒谎，如果撒谎说没有，就把他们错归到正常青少年一类；有些受访者并不知道家庭收入，给出的答案是错误的；有些人觉得困窘而没有如实回答。第2篇将会深入讨论这些问题。

现在，操作化的假设是，家庭收入最低（10 000美元以下）的受访者中不良青少年的数量最多，其次是10 000~24 999美元的，再次是25 000~49 999美元的，还有在50 000~99 999美元的，而100 000美元以上的家庭，出现不良青少年的比例最低。下面我们就进入了传统科学模型的最后一个阶段——观察。在清晰的理论和具体的期望以及观察策略的基础上，剩下的就是如何去观察了。

3. 观察

传统科学模式的最后一步是实际观察，观察现实世界，并测量看到的现象。

假设我们的调查得到以下的资料：（见表2-B1）

表 2-B1　不良青少年百分比　　　　　　　　　　　单位：%

10 000美元以下	20
10 000~24 999美元	15
25 000~49 999美元	10
50 000~99 999美元	5
100 000美元以上	2

---

① 操作化：概念化之后的一步。操作化是发展操作定义的过程，或对变量进行测量的操作说明。

② 操作定义：通过对观察进行分类而作出的具体的、特定的定义。"在课程中得A"的操作定义，可以是"至少正确回答了90%的期末测试问题"。

这样的观察结果证实了关于家庭收入和犯罪的假设。如果我们得到的观察结果是（见表 2-B2）：

表 2-B2　不良青少年百分比　　　　　　　　　　　　　　　　　　　单位：%

10 000 美元以下	15
10 000~24 999 美元	15
25 000~49 999 美元	15
50 000~99 999 美元	15
100 000 美元以上	15

这样的观察结果，证伪了家庭收入和犯罪关系的假设。可证伪性（观察与预期不符的可能性）是任何假设必备的重要特征。也就是说，无法证伪的假设是没有意义的。除非研究假设在检验中可被证伪，否则就无法说明其是否正确。

比如，"不良青少年"比"非不良青少年"更可能犯罪的假设，就不可能被证伪，因为犯罪行为是内在于不良行为。尽管我们承认一些犯了罪的年轻人没有被抓到，没有带上不良青年标签，他们还是没有威胁到我们的假设，因为我们的观察使我们得出这样的结论：他们是遵守法律的非不良青年。

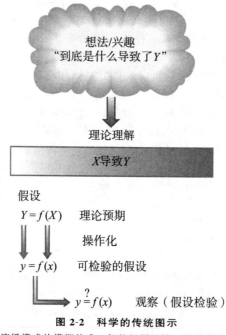

图 2-2　科学的传统图示

科学探索的演绎模式从模糊的或一般的问题开始，然后进入具体的程序，进而产生可以用经验观察进行检验的假设。

图 2-2 是传统科学模式的图解。从图示中我们可以看到，研究者从对某种现象产生兴趣（如青少年犯罪）开始；然后进行理论的建构，一个简单的概念（如社会阶级）也许会解释其他概念。理论建构会产生预期，即如果理论正确的话，将会观察到什么。$Y=f(X)$是一种传统方式，表明 Y（例子中的不良青少年率）是 X（例子中的社会阶级）的函数。当然 X 和 Y 可以指代任何不同的观察和测量结果。在操作化中，一般概念会被转化为明确的指标和程序，用于测量变量。譬如，小写的 y 就是大写 Y 具体的指标。操作化结果，是可供检验的假设：例如，坦白自己有偷窃行为是家庭收入的一个函数。观察的目的，是为说明陈述是否准确地描述了现实，也是假设检验（hypothesis testing）过程

的一部分（更进一步的资料，参考技巧与工具文本框《假设建构的技巧》）。

技巧与工具

假设建构的技巧

莱里·邓莱普（Riley E. Dunlap）
俄克拉荷马州立大学社会学系

　　假设，是研究中用于被检验的基本陈述。在典型情况下，假设表述的是两个变量之间的关系（虽然有可能使用两个以上的变量，不过，现在你们应该只注意双变量的情形）。假设对两个变量之间关系的预测，必须是可被检验的。这样，在考察研究结果时，就可以判断预测是对的、还是错的。另外，假设必须陈述清楚，以便于检验。以下便是一些建构可检验假设的建议。

　　假定你们有兴趣预测一些现象，诸如"对待妇女解放的态度"，可以用续谱方式来测量这种态度，从"反对妇女解放"到"中立的"到"支持妇女解放"。假定你们缺乏理论，就必须依赖"灵感"来提出与对待妇女解放态度有关的一些变量。

　　某种情形下，可以把假设建构看作是填空："与对待妇女解放的态度有关"。你们的工作是思考一些似乎与这种态度有关的变量，然后写下来，陈述两个变量间的关系，"空格"是一个变量，"对妇女解放的态度"是另一个变量。你们必须仔细思考两者之间的关系，才能够在考察结果时（在这种情况中，多半指的是数据调查结果）清楚地判断这个假设是否被证实。

　　关键在于仔细地写下假设，使得其中的关系一目了然。如果使用年龄，注意，这句话"年龄与对待妇女解放的态度有关"并没有准确地表达如何思考两者之间的关系，事实上，这个假设失败的地方就在于，无法在年龄和对待妇女解放的态度之间，发现任何统计相关显著性。在这个例子中，有一些必要的步骤，你们有两种选择：

　　1. "年龄与对待妇女解放的态度有关，年轻的成年人比年长者更支持妇女解放"（或者，假如你们相信年长者更支持的话，可以用相反的方式陈述）。

　　2. "年龄和支持妇女解放有着负面的相关。"请注意，在此我界定了"支持妇女解放（Support for women's liberation，SWL）"，然后预测一个负面关系，也就是，随着年龄的增长，SWL会随之降低。

　　注意，在这个假设中，两个变量（年龄为自变量或"原因"，SWL为因变量或"后果"）的范围是由低到高。两个变量的特点让你们可以使用"负向的"（或"正向的"）来描述两者之间的关系。

　　如果你们假设社会性别与SWL之间有关系，那么，就要注意到底发生了什么状况。由于社会性别是一个定类变量（第6章将详细说明），其范围无法从低到高——人们不是男的就是女的（社会性别变量的两种属性）。因此，你们必须小心地陈述这个假设：

　　1. 生物性别与SWL是正相关（或负相关）并不是一个恰当的假设，因为它没有明确指出你们如何期待生物性别与SWL之间的关系——换句话说，你们是否认为男性或女性更支持妇女解放。

　　2. "妇女与SWL之间呈正相关"之类的陈述具有某种诱导性，也不起作用。因为女性只是一个属性，并不是一个完整的变量（生物性别才是变量）。

　　3. 我的建议是，"生物性别与SWL相关，女性比男性更积极"。或者，你们可以说，"男性比女性更不支持"，也提出了相同的预测（当然，如果你们希望男性比女性更支持的话，也可以做相反的预测）。

　　4. 同样有效的是，"女性比男性更可能支持妇女解放"（在假设中必须区分支持对象，稍不留神，就可能表达为女性对妇女解放的支持超过了对男性解放的支持。注意，这是两个不同的假设）。

上面的例子假设了"特性"（年龄或性别）与"倾向"（对妇女解放的态度）之间的一组关系。由于因果次序相当清楚（很明显，年龄与性别发生在态度之前，而且较少改变），所以，我们可以陈述上面的假设，而且每个人都明白我们陈述的是因果关系。

最后，还可以根据参考文献提出**零假设**[①]（null hypothesis），特别是在统计方面。尽管零假设假定两个变量之间没有关系（技术性地，没有统计性显著相关），实际上却是隐含了假设检验。如果假设一种正相关（或负相关），你们将希望得到的结果会拒绝零假设。拒绝零假设，也就是证实你们的假设。

2.3.2 演绎与归纳：举例说明

在第1章，我介绍了演绎与归纳，并承诺我们稍后将会回来。现在让我们回到演绎与归纳。

可能你们已经发现，前面讨论的传统科学模式运用的是演绎逻辑：研究者从带有普遍性的理论理解出发，引出（演绎出）一个期望，最后，是一个可检验的假设。这一图式相当简洁、干净。但在现实中，科学也还会用到归纳推理。我们将研究一个真实的案例，来比较理论和研究的演绎和归纳。几年前葛洛克（Charles Glock）、林格（Benjamin Ringer）和我三个人一起研究为什么美国圣公会教徒参与教会活动的程度不同（Glock et al.，1967）。不少理论和准理论都暗示了一些可能的答案。这里我只讨论其中的一个：我们称之为"慰藉假设"（comfort hypothesis）。

我们部分采取了基督教的教义：要照顾"跛脚人、残废者和盲人"以及"困乏和有重担之人"。同时我们也采用了马克思说的，"宗教是人民的鸦片"。在这两种说法下，我们预期"教区居民中，无法在世俗社会中得到满足和成就的人，会转向教会寻求慰藉和替代物"（Glock et al.，1967：107-108）。

在建构通则式假设之后，下一步，是假设检验。在世俗社会无法得到满足的人，真的比那些获得满足的人在宗教上更虔诚吗？要回答这个问题，我们必须分辨出谁没有得到满足。在为检验慰藉假设设计的问卷中，包括了可以分辨在世俗社会中是否得不到满足的指标性访题。

首先，我们推论，在男性占主导地位的社会中，男性的社会地位比女性高。尽管这不是什么了不起的发现，却提供了检验慰藉假设的基础。如果假设是正确的，女性应该比男性在宗教上更虔诚。在搜集并分析数据后，性别和宗教关系的预期，得到了清楚的证实。在涉及宗教活动的三项测量上——仪式（如上教堂）、组织（如归属于某个宗教组织）和知识（如阅读教会刊物）——女性都比男性卷入的程度要高。总体上，女性比男性高出50%。

在另一项慰藉假设检验中，在以年轻人为导向的社会中，老年人比青年人在世俗社会中更感到不满足。假设再次获得了数据的证实。老年人比中年人的宗教信仰虔诚，而中年人比年轻人虔诚。

社会阶级（以教育和收入来测量）提供了另一种检验慰藉理论的角度。假设又得到了支持：社会阶级较低者比上流社会的人，更经常地卷入宗教活动。

还有一项慰藉理论的检验结果，刚好和一般人的常识相反。虽然教会的海报上常有年轻夫妇带着子女一起祈祷的画面，海报上也写着"一起祈祷的家庭，会紧密凝聚在一

[①] 零假设：与假设检验和统计显著性检验相关的假设。零假设认为，正被研究的变量之间不存在相关关系。在统计上否定零假设，就意味着你们可以得出结论，认为变量之间是相关的。

起"，似乎这样的家庭在宗教上最虔诚。不过，慰藉假设暗示，已婚且有子女的家庭（这也正是美国人心目中的理想家庭状况）在世俗社会容易觉得满足，因此，应该比单身或已婚但没有子女的家庭，在宗教上更少投入。所以，我们假设：单身且没有子女的人，在宗教上最为虔诚；已婚且没有子女的人，虔诚度差一些；已婚且有子女的是最不虔诚的。检验结果正是如此！

最后，慰藉假设暗示，在社会中的剥夺感是累积性的：具有造成不满足特性越多的人，卷入宗教的程度应该越高；而完全不具有这些特性的人，卷入宗教的程度最低。当把前述四项测量（性别、年龄、社会阶层、家庭状况）合并起来时，理论上预期的结果得到证实。我们发现，单身、无子女、年老、社会阶级低的教区女性居民的宗教卷入程度，比年轻、已婚、上层社会、为人父母者的宗教卷入程度高出三倍之多。我们的慰藉假设得到证实。

我喜欢这个例子，因为它清楚地阐释了演绎模式。从一般性理论预期开始（即世俗的满足和卷入教会活动的关系），你们看到了如何运用具体的可测量变量建立假设，如年纪和上教堂。实际的经验数据又是可分析的，数据分析的结果就可以确定演绎推论是否能得到实证。

我认为这个例子展示了一种可能性，但是，唉，我撒了一个小小的谎。老实说，尽管我们首先对造成圣公会教徒卷入教会活动程度不同的原因产生了兴趣，但是，我们却不是从慰藉假设或其他假设开始的。这项研究实际上是一个归纳模型的例子（更坦白点，是葛洛克和林格发起的研究，我是在数据搜集完成后几年，才加入的）。我们设计了一份问卷，希望获得部分教区居民参与教会程度比较高的数据，不过，问卷并不是根据任何精确的、演绎的理论来拟定的。

在数据搜集完毕后，解释宗教卷入程度差异的工作，就要从分析对人们生活有重大影响的几个变量开始，包括性别、年龄、社会阶层和家庭状况。如前所述，这四个变量与宗教、宗教活动卷入程度有很大的关系，四个变量对宗教信仰也有累积性效应。不过，这并不是好消息，反而产生了一个两难的困境。

葛洛克还记得在哥伦比亚大学教授俱乐部的午餐会上和同事们探讨研究发现时的情景。当葛洛克展示各个变量对宗教卷入影响的图表时，一位同事问道："这到底意味着什么？"葛洛克不知如何回答。为什么这些变量都和宗教卷入程度有强烈的关联？

这个问题引发了进一步的推理过程。除了对宗教信仰的影响之外，这几个变量还有哪些相同之处。最后，我们发现，这四个变量同时也反映了世俗社会的不同地位，因此，想到其中可能牵涉到寻求慰藉。这说明，归纳法是从具体的观察出发，得到一个一般化的理论解释。

看起来，展示演绎研究比展示归纳研究要容易得多。演绎研究从理论出发，从中推导出假设，并运用观察数据，检验假设。归纳研究从观察出发，在观察到的数据中，搜寻现象的一般模式。在定量研究中，我们能寻找变量间的关联或联系（将在第 16 章深入讨论）。因此，一旦发现了性别和虔诚的联系，我们的关注点就会转向为什么会有如此逻辑的推理。

许多定性研究面向归纳而不是演绎方式。然而，根据定义，在需要解释时，定性研究不允许我们用统计工具去发现指向模式的关联（见第 14 章）。尽管有用于记录、分析定性数据的程序，不过，定性归纳分析者需要有更强大的洞察力和想象力，如此，才可能从众多观察数据中梳理出模式来。

2.3.3 图解对照

前面的案例已经显示，理论和研究可以通过归纳和演绎两种方式来进行。图 2-3 比较了学习习惯与考试成绩之间的归纳和演绎推理方式。在两种方式下，我们想知道的是，备考时间长短和考试成绩之间的关系。在运用演绎法时，我们会从逻辑推论开始。考试成绩好的学生，说明他记忆和运用信息的能力好。而且，这两种能力应该随着考试前大量接受信息而提高。据此推理，可以获得一个假设，即考前准备的时间和考试成绩呈正相关。我们说"正相关"，是期望准备时间增加，考试成绩也会提高。如果准备时间增加，成绩反而下降，那就是"负相关"，请见图2-3中1（a）的部分。在（a）部分我们看见两个变量之间简洁、正相关线性关系的预期；（b）部分代表当我们研究两个变量时，观察到的结果；（c）部分是判断观察结果是否足够接近我们的预期，使得它可以证实我们的假设。

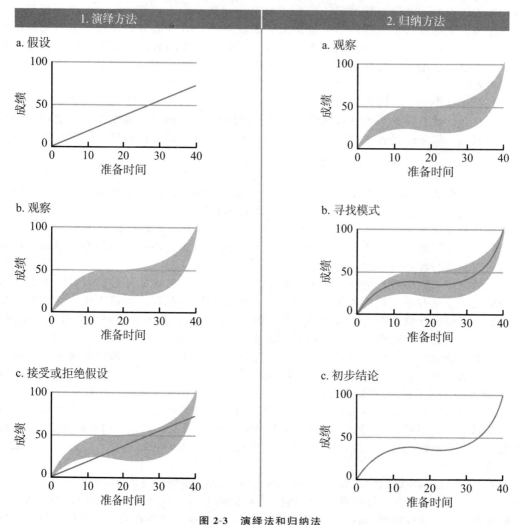

图 2-3　演绎法和归纳法

对理解而言，演绎和归纳都是正当的和有价值的方法。演绎从一个预期模式开始，并用观察进行检验；而归纳则从观察开始，并从观察数据中搜寻出模式。

下一个步骤，是进行和假设检验有关的观察。图中1（b）的阴影部分，代表的是，对不同学生进行的数百项观察。请注意，准备时间和考试成绩之间的关系。最后，在图中1（c），我们比较假设和实际观察结果。由于实际观察结果很少和我们的预期完全符合，所以，要确定两者之间的吻合程度是否足够说明假设已经得到证实。换句话说，假设是否刻画了实际存在的模式，同时又允许了真实生活中的变异？回答这个问题，我们需要运用统计分析。在本书第4篇，我们将讨论这些方法。

现在，让我们用归纳法来研究同样的问题。首先从图2-3的2（a）实际观察开始。由于对准备时间和考试成绩间的关系感到好奇，我们便着手搜集相关数据。然后，从收集到的数据中找出一个最能代表或刻画数据特征的模式。2（b）中，穿过观察结果中间部分的那条曲线，是具有代表性的模式。

这个模式显示，如果准备时间为 1～15 小时，准备时间越长，成绩越高。但是为 15～25 小时之间时，准备时间越长，成绩反而稍微降低。而准备时间为 25 小时以上时，又恢复原来的模式：准备时间越长，成绩越好。运用归纳法考察两个变量之间的关系，最终我们得到了一个趋势性的结果。结果之所以是趋势性的，是因为我们的观察不能作为模式检验。因为这些观察是我们找到模式的来源。

在第 1 章我们讨论过，在实际研究中，理论和研究通过永无止境的演绎与归纳的交替而进行互动。涂尔干（1951）对自杀的研究就是一个经典的案例。他查阅各个地区的官方统计资料，结果他震惊地发现信仰新教国家的平均自杀率比信仰天主教国家的高。为什么会这样呢？初步的观察让他建构了一个宗教、社会整合、失范与自杀的归纳性理论。他的理论解释，反过来演绎性地引导他做进一步的假设和观察。

如果把涂尔干的数据分析与大数据分析比较，就显得苍白。**大数据**①（big data），指自动检测而不断产生的大规模数据集。如果你从亚马逊或类似的在线经销商买过图书、CD、止痒水，就一定知道，每一项在线购买活动的数据都记录在案，形成了规模巨大的数据。你们也许会看到"购买了本书的顾客也购买了……"之类的信息，或在浏览网页时会跳出与你们之前在线购买相关的产品或服务广告。如果曾经对政治竞选有过贡献或在线参与过竞选，你们也极有可能收到相关信息和要求进一步参与。

类似的，你们或许读到过国家安全局（National Security Administration，NSA）进行海量数据搜集的争议。国安局声称，监视电话和互联网通信是为了识别潜在的恐怖主义联系。政府、商业机构和其他势力收集和处理大数据的活动引发了现在社会保护隐私的大量争议。

总而言之，逻辑推理的科学准则是理论和研究之间的双向桥梁。实际的科学探索通常牵涉到演绎和归纳两种逻辑的交替使用。两种方式都是逻辑与观察的相互作用。在实际研究中，两者也都是建构理论的必经之路。

尽管演绎和归纳法在科学研究上同样有用，不过，每个人对其中一种会更加偏好。我们来看柯南·道尔（Sir Arthur Conan Doyle）的《波希米亚丑闻》（*A Scandal in Bohemia*）中，福尔摩斯（Sherlock Holmes）与华生医生（Dr. Watson）的对话（Doyle，1892：13）：

"你想那意味着什么？"

"我目前还没有资料。最大的错误是在获得资料前就建构理论。人们常常在不知不觉中，扭曲事实以符合理论，而不是让理论符合事实。"

部分科学家或多或少会认同这种归纳式的思考（参见第 10 章对扎根理论的讨论），而另一些人则会采用演绎式的推理方法。不过，两方面的科学家都承认两种思考模式的正当性。

在了解演绎、归纳与理论、研究之间的联系后，让我们进一步了解如何运用两种不同的方法来建构理论。

2.4　演绎式理论建构

演绎式理论建构和假设检验会牵涉到哪些事？想象一下，要建构一个演绎式理论，你们将如何着手？

---

①　大数据：通过自动监测而不断产生的大规模数据集，如亚马逊监测购买行为，国家安全局（NSA）监测电话和互联网通信等。

2.4.1 开始

建构演绎式理论的第一步,是选择一个你们感兴趣的题目。题材可以很广泛,例如"什么是社会结构",或稍小一些,如"为什么人们支持或反对女性有权堕胎"。无论题目是什么,一定是你们有兴趣并想加以解释的事情。

在选好题目之后,你们应该整理既有的知识或想法。一方面写下自己的观察和想法,另一方面,还要知道其他学者说过些什么。你们可以和别人讨论,也要看看其他人写过些什么。本书附录A提供了使用图书馆的指南,你们有可能会花很多时间在图书馆里。

你们的初次研究,很可能会发现其他学者早已经发现的模式。例如,宗教及政治变量是与堕胎态度有关的主要因素。类似这样的发现,对你们建构自己的理论很有帮助。随着本书内容的陆续展开,我们会更详细地回到文献综述的方法。

在这个过程中,不要忽视反思的价值。如果考察个体内心过程——包括反应、害怕和偏见,或许你们会在研究一般人类行为时获得重要启示。我不是说每个人的想法都与你们的想法不谋而合,而是说,反思是洞察力的来源,有助于调查。

2.4.2 建构理论

现在,你们已经回顾了以往的相关工作,要开始建构自己的理论了。理论建构并不是用密集而连锁的步骤完成的,它大致包含了以下要素。

1. 具体说明主题。
2. 具体说明理论关涉的现象范围。理论将运用于整个人类社会生活,还是仅仅运用于美国,甚或只是运用于年轻人,或其他什么?
3. 具体说明主要概念和变量。
4. 找出变量之间关系的既存知识(定理或命题)。
5. 从命题逻辑地推论至你们正在考察的特定主题上。

前面我们已经讨论过1~3项,现在让我们讨论后面两项。当你们获得相关的概念和相应的知识积累后,就可以发展用于解释研究主题的命题了。

现在,让我们看一个演绎式理论建构和经验研究的例子:看看这些"砖块"是如何恰当地组合在一起的。

2.4.3 演绎式理论举例:分配正义

学者们的一个共同关注点是分配正义(distributive justice),即在人们的知觉中,他们是否受到公平对待,是不是得到了属于他们的东西。娅索(Guillermaina Jasso)对分配正义理论有更规范的描述:

当个体(在反映自己的优势,例如美貌、聪明才智或财富等)在和别人比较时,经历了基本而瞬间的正义评估(J),让他们感觉到,在自然和社会物品方面,自己是否受到公平的对待,这个理论对于整个过程提供了数学般的描述。(Jasso,1988:11)

请注意,娅索已经赋予主要变量一个符号:J将代表分配正义。她这样做是为了用数学公式论述理论。事实上,理论经常用数学公式表述,这里,我们暂时不深入研究这种方式。

娅索指出,她的理论中,有三种不言自明的假定。"第一种,明确了不言自明的基本公理,是理论的起始点。"她解释说:

理论从被接受的比较的公理(Axiom of Comparison)开始。这个公理,把长久以来涉及诸多现象的观点形式化,包括快乐、自尊和分配正义等现象。这些,都可以被视为

比较过程的产品。(Jasso, 1988: 11)

因此, 你们有关自己在生活中是否受到公平对待的感觉, 是和别人比较后的结果。如果你们觉得这是不言自明的事, 这并不是公理的缺点。请记住, 公理是理论理所当然的起始点。

娅索继续阐述她的理论基础。首先, 她指出, 对于"分配正义"的感受是物品"实际拥有"(A)和"比较性拥有"(C)的函数。譬如金钱, 我对于公平与否的感觉, 是比较我有多少钱和别人有多少钱的结果。为了明确比较这两个因素, 娅索在理论中将其视为变量。

接着, 娅索提供了"测量规则", 进一步说明如何将 A 和 C 两个变量概念化。这个步骤是必要的。因为有些物品的测量具有共识性(如金钱), 另一些物品是非实物性的, 难以估算(如尊敬)。娅索说, 前者可以用约定俗成的方式测量, 后者则要以"在给定比较组合中个人的相对位置"来测量, 她提供了测量的公式。(Jasso, 1988: 13)

后来, 娅索又引进了更多因素, 加进了数学公式, 用来预测在不同社会情境中分配正义原理的适用性。以下是娅索理论建构的几个例证。(Jasso, 1988: 14-15)
- 在其他条件不变的情况下, 人们宁可对同辈团体成员行窃, 而不愿对外人行窃。
- 宁可对同辈团体成员行窃的现象, 在贫穷团体比富有团体中更明显。
- 在偷窃行为中, 只有跨团体的偷窃才会有告密者, 而告密者来自偷窃者团体。
- 夏令营或大学新生中, 晚报到一个星期的人, 比较容易和玩运气游戏的人成为朋友, 而不太容易和玩技巧游戏的人成为朋友。
- 当社会财富增加时, 社会对赤字开支会更加脆弱。
- 在喜欢人口增加的社会, 其珍视的物品中至少有一项和数量有关, 例如财富。

娅索的理论引出了很多其他命题。这个例子, 应该可以让你们感受演绎式理论的威力了。为了更好地理解娅索的推理方式, 让我们简要地看看其中两个偷窃(群体内和群体外)相关命题的逻辑:
- 在其他条件不变的情况下, 人们宁可对同辈团体成员行窃, 而不愿对外人行窃。

首先, 假定窃贼希望最大化自己的相对财富, 他会想一下对同辈团体(也就是拿来和自己作比较的一群人)或外人下手, 哪个更容易达到目的。不论对谁下手, 偷窃会增加"实际所有物", 但"比较性所有物"又如何呢?

如果深思一下, 就会发现, 对同辈团体下手可以减少其他成员的所有物, 而相对地, 增加自己的所有物。简单地说, 假如团体中只有两个人, 就是你和我两人。假设我们各有 100 美元, 如果你从外人身上偷了 50 美元, 你的相对财富增加了 50%, 你我财富的比例为 150:100。如果你从我这里偷走 50 美元, 那你的相对财富就会增加 200%: 你有 150 美元, 而我只有 50 美元。因此, 对进行比较的团体行窃, 最能达成自己增加财富的目标。
- 在偷窃行为中, 只有跨团体的偷窃才会有告密者, 而告密者来自偷窃者团体。

你们知道为什么在偷窃行为中, 只有跨团体的偷窃才会有告密者, 告密者来自偷窃者所在的团体? 要理解这个现象, 我们必须思考一个基本假设, 即每个人都想提升自己的相对地位。假设你们和我属于同一个团体, 不过这个团体中还有其他人。如果你们偷了团体中某人的钱财, 我的相对地位并不会有所改变。虽然你们的财富增加, 但是团体的平均财富还是一样(因为被偷的人财富减少的数量和你们财富增加的数量一样), 所以, 我的相对地位没受影响。我没有告发你的动力。

如果你们对外人下手, 那么, 你们的不义之财将会增加我们团体的总财富, 结果是, 我的财富相对于这个总财富减少了。我的相对财富既然减少了, 我就有动机终止你们的偷窃行为。因此, 告密者会在跨团体偷窃中出现。

最后的演绎推论, 也解释了为什么告密者比较容易从窃贼所属团体中出现。刚才, 我们已经注意到, 我的相对地位因为你们的偷窃行为而下降。那么, 被偷窃团体的其他成员呢？他们都会因为你们的偷窃行为而受惠，因为，你们减少了他们作为比较基准的团体总财富（因为有人的钱被偷了）。因此，他们没有理由要告发你们。分配正义理论预测，告密者会在偷窃者所属团体中出现。

前文对娅索推论有选择的简短讨论，应该可以让你们感受演绎式理论。不过，既有的推论并不是获得理论的所有保证。研究的角色，是用经验去检验每一个推论，看哪一个在现实中（观察）言之成理（逻辑）。

见技巧与工具文本框《从理论生成假设》，看如何以演绎方式建立假设。

从理论生成假设

正如我们所见，演绎研究方式的关注点在于检验假设。让我们花点时间看看如何形成一个可以被检验的假设。

假设是用于说明了两个（或更多）变量间的预期关系。假设你们对学生政治倾向感兴趣，查阅文献后，你们推测，学生学习的专业会影响学生的政治观点。这里，我们已经有了两个变量：学习的专业与政治倾向。其中，政治倾向是因变量，你们相信它被自变量影响，例如学习的专业。

现在，我们需要厘清每个变量的属性。为简约起见，假设政治倾向只有自由派和保守派。同时，为简化学生学习的专业，假设你们的研究集中于，商科学生与其他社会科学学生之间存在不同。

即使如此简化，你们还需要澄清如何具体区分自由派与保守派。这个过程会在第5章详细讨论。现在，假设你们会问学生，他们认为自己属于哪一派别，并让每个学生说出，他们认为这些术语是什么意思。（我们随后会看到，这个简单的二分法在实践中很可能不奏效，因为，一些学生会认为他们是无党派者或其他。）

了解学生学习的专业，并不如你们想象的那样直截了当。例如，在你们的研究中，哪些学科构成社会科学的专业？还有，指学生声称的专业，还是计划学习某一相关领域？

一旦这些问题解决，你们就将准备建构假设。例如可能会像这样：

"社会科学专业的学生比商科学生更可能将他们自己定位为自由派。"

在这个基本预期之上，你们可能还想明确"更可能"到底指多大程度上。第16章将会就这一点提供一些选项。

演绎理论建构与假设检验为理解卡尔·波普尔（Karl Popper）刻画的科学证伪原理（1934）提供了一个清晰的例子。除非与观察的事实相冲突或被证伪，否则，没有结论可以被认为是"科学的"。这是科学结论区别于宗教、政治、哲学信仰的特征。你们坚守的信仰也许是真的，不过，要证明是真的，除非在给定的情境中能被证伪。

2.5 归纳式理论建构

我们了解到，社会科学家经常运用归纳法建构理论，即从观察生活开始，然后，寻找可以建立普遍性原则的模式。葛拉瑟和斯特劳斯（Barney Glaser and Anselm Strauss, 1967）创造了"扎根理论"（grounded theory），用来称呼运用归纳推理进行理论建构的方法。

在从观察开始进而发展理论的策略中，经常使用实地研究法（field research, 直接观察事物进展）。人类学有悠久而丰富的实地研究传统。

在当代社会科学家中，没有人比戈夫曼（Erving Goffman）更熟悉通过观察了解人类行为模式的方法了。戈夫曼的一项研究从20世纪50年代开始一直延伸到70年代。

一种游戏（例如下棋），创造了一种让参与者普遍遵守的规则，即在一个平面上，有一组角色，并有着数不完的情境，每个棋子通过这个规则显示其特性和目的。直到把许许多多的状况化约为一组互相独立、实用的规则。如果日常活动的意义也只是依赖于一组封闭的、有限的规则，那么，对规则的解说就会为社会生活的分析提供一种有力的方法。（戈夫曼，1974：5）

在努力研究中，戈夫曼揭露了各种行为背后的规则。例如，精神病医院的生活（1961）、处在瓦解中的"被破坏的认同"（1963）。在每一个例子中，戈夫曼都深入地观察了一些现象，并检验了一些指导行为的规则。戈夫曼的研究提供了定性实地研究的杰出例子，并成为扎根理论的一个根源。

正如讨论慰藉假设和宗教卷入程度时指出的，定性实地研究并不是发展归纳式理论唯一的观察方法。这里，另一个例子进一步说明了如何运用定量方法发展归纳式理论。

归纳式理论举例：人们为何吸食大麻？

在20世纪六七十年代，大学校园里使用大麻的情形是当时大众传媒经常讨论的议题。有些人无法接受大麻普及的程度，另一些人则鼓掌欢迎大麻。我们的兴趣是：为什么有的学生吸食大麻，有的学生不吸。一项在夏威夷大学做的调查（Takeuchi, 1974）为解答这个问题提供了数据。尽管关涉议题的理由和时间已经变化，可需要解释的焦点却依然具有启发性。

在研究展开的当时，对吸毒的解释有无数种。譬如，反对吸毒的人常常指出，有些学生因为课业成绩不佳而转向吸食大麻，借此逃避大学生活的考验。支持吸毒的人则经常说，他们在寻找新的价值观。他们说：吸食大麻的人已经看透了中产阶级价值观的虚伪。

竹内郁郎（Takeuchi, 1974）对夏威夷大学数据的分析表明，上述解释并不成立。吸大麻者和不吸大麻者的学业成绩不相上下，两组人对发扬学校精神的传统活动的参加程度相差无几，两组人融入校园生活的程度也相同。

但两者之间也有差异：

1. 女性吸大麻的可能性比男性低。
2. 亚裔学生（占夏威夷大学学生总数的很大比例）比非亚裔学生吸大麻的可能性低。
3. 住家学生比租屋学生吸大麻的可能性低。

和前面有关宗教信仰的例子一样，三个变量分别对是否吸大麻都有影响。在住家亚裔女生中，只有10%吸大麻；对比之下，在外租屋的非亚裔男生中，吸大麻的比例高达80%。和有关宗教信仰的例子一样，在研究者找到解释之前，首先是发现了一个明显的吸毒模式。

在这个案例中，解释的方向非常特别。研究者不是解释为什么有些学生吸大麻，而是解释为什么有些人不吸大麻。假设所有学生都有动机尝试大麻，研究者提出，差别就在于阻止学生吸食大麻的社会约束各有不同。

总体而言，美国社会比较能容忍男性的越轨行为。譬如，如果一群男子喝得醉醺醺的、喧闹不休，我们常常说，只是兄弟情谊或只是寻欢作乐而已；如果一群女子也如此，我们就难以接受。美国有句俗语"男孩终究是男孩"，但对女孩就没有类似的俗语。因此，研究者推论女性吸大麻比男性损失得更多。换句话说，女性身份是阻止其吸大麻的一种社会限制。

和家人同住的学生，显然比在外租屋的学生受到更多的限制。主要原因不是机会问题，而是住在家里的学生更依赖父母，因此，更有可能因为不守规矩而受到更多惩罚。

最后，在夏威夷，亚裔文化迫使亚裔比其他族群更重视规矩。因此，亚裔学生如果被捉到吸大麻，将会蒙受更大的损失。

社会约束理论，为吸大麻的差异性提供了解释。学生受到的约束越多，吸大麻的可能性越低。再重复一遍，研究者在进行研究之前，并没有想到这个理论，他们是通过考察数据才产生了这个理论。

2.6 理论和研究的关联性

在这一章，我们看到了社会研究理论和研究关联的各种方式。在演绎模式中，研究被用来检验理论。而在归纳模式中，理论是从研究数据分析中逐步发展出来的。在最后部分，我们将进一步探讨社会科学研究中理论和研究的关联。

前面，我们讨论了联接理论和研究的两种理想逻辑模式。但在社会科学研究实践中，有许多基于这两种模式的变化。有时候，理论议题只是实证研究的背景。有时候，则是引用特定实证数据来支持的理论陈述。在这两种情况下，理论和研究并没有真正的互动以产生新的解释。还有些研究，根本就没有用到理论，例如，有的研究仅仅是针对特定社会情境的民族志描述。例如，食物与服装在某种特定社会的人类学解释。

不过，在阅读社会研究报告时，你们还是会发现，作者会有意识地将他们的研究导向理论，反之亦然。

2.7 研究伦理与理论

在第1章，我提到了研究伦理，并说之后我们会回到这个话题。现在，请你们想想：当理论形成时会产生什么伦理问题？

在本章，我们见到了范式和理论如何不可避免地影响观察，以及现象是如何被解释的。选择某种特定的范式或理论，并不保证某种特定的研究结果，但它会影响你们寻找什么、忽视什么。选择功能主义或冲突范式来研究警察与社区的关系会有相当大的不同。

在实践中，这是很难解决的问题。为得出某种特定结论而选择理论取向，在一般情况下与伦理无关。但是，当研究带有改造社会的意图时，研究者可能选择符合这种意图的理论取向。比方说，你们关心警察如何对待社区的无家可归者，就会选用互动主义或冲突范式进行研究，揭露任何可能发生的虐待行为。

有两个因素可以对抗理论取向偏见带来的潜在问题。第一，在后面的内容中，我们会看到，社会科学的研究技术（不同的观察与分析方法）是我们观察社会现象的保障，它阻碍我们只看到自己希望看到的现象。即使我们希望看到警察虐待无家可归者，并在理论和方法上揭示了虐待，甚至你们使用的理论和方法都很恰当，也不能保证不会观察到你们不想观察到的现象。

第二，社会研究的集体性特征还有更多的保障。正如我们将在第17章讨论的，匿名评审，即研究者之间的相互评价，会指出研究的偏见。此外，如果是若干研究者研究同一个现象，甚至运用不同的范式、理论以及方法，研究结论出现偏见的风险就进一步降低了。

本章要点

导言
- 在社会研究中，理论有三方面的功能：①可以预防我们的侥幸心理；②可以合理解释观察到的模式；③形塑和指导研究实践。

几种社会科学范式
- 社会科学家运用不同范式来组织对社会生活的理解和研究。

- 理论类型的范式可分为宏观理论（有关社会宏大特征的理论）和微观理论（针对社会较小单元或特征的理论）。
- 实证主义范式假定，我们可以科学地发现社会生活的规则。
- 社会达尔文主义指出，社会生活是演化进步的。
- 冲突范式关注的是，个人或团体如何支配他人，并避免被他人所支配。
- 符号互动主义范式关注的是，社会互动如何发展出共享的意义与社会模式。
- 如果每个人都是研究者的话，常人方法论关注的是人们在生活中制造意义的方法。
- 结构功能主义（或社会系统）范式，试图发现社会各种因素对社会整体的功能。
- 女性主义范式，除了关注大部分社会对女性的压迫外，还注意到社会现实的固有印象如何来自并强化男性的经验。
- 跟女性主义范式一样，批判种族理论不仅关注一个社会群体（非裔美国人）的弱势地位，同时也提供不同的视点，以此来观察和理解社会。
- 人们遵从理性规则，长久以来，对现实的客观性有着坚定的信仰；不过，这种信仰已经受到一些当代理论家及研究者的挑战。他们指出，也有可能认同一种后现代主义主张的主体间性的真实。

社会理论的要素
- 社会理论的要素包括观察、事实、定律（与所观察的事实相关的）和概念、变量、公理或是定理、命题、假设（理论的逻辑基石）。

两种逻辑体系
- 在传统科学图景中，科学家是从理论开始，然后是操作化和观察。但这一图景却并不一定适合于实际的科学研究。
- 社会科学理论和研究的联结，是通过两种逻辑方法实现的。
- 演绎是从理论引出预期的结果或假设。
- 归纳是从具体的观察发展出概化的通则。
- 在实践中，科学是演绎和归纳交替的过程。

演绎式理论建构
- 娅索有关分配正义的研究，显示了形式推理导致一系列能够被观察检验理论期望的可能性。

归纳式理论建构
- 竹内对夏威夷大学学生吸食大麻影响因素的研究，说明了观察如何能够导向概括和理论解释。

理论与研究的关联性
- 在实践中，在理论和研究之间存在很多可能的联结，也存在多种进行社会研究的方式。

研究伦理与理论
- 研究者不应把范式和理论选择作为一种得到想要的研究结果的方式。
- 社会研究的集体性提供了一种保障措施，以对抗有偏见的研究结果。

关键术语

以下术语是根据章节内容来界定的，在出现术语的页末也有相应的介绍，和本书末尾的总术语表是一样的。

冲突范式　批判种族理论　批判现实主义　女性主义范式　假设　利益收敛　宏观理论　微观理论　零假设　操作定义　操作化范式　实证主义　后现代主义　结构功能主义　符号互动主义

准备社会研究：理论

正如本章指出的，社会研究可以运用若干理论范式，每一种范式都有自己的、不同于其他的研究问题。因此，在研究准备部分，你们要识别用于研究设计的范式。

我们还知道，范式为建构因果假设提供了框架。或许你们的研究会探讨或检验既有的理论。甚至，你们有更大的雄心，要提出理论，并检验假设。在研究准备部分，你们要说明这些问题。

并不是所有研究都那么正式地要提出或检验理论或假设。但研究中至少要有理论概念，这也是研究准备阶段要描述的。正如我们将在第 17 章看到的，在研究准备部分，还要说明从文献中了解到的之前的理论与研究，以及这些理论与研究如何影响了你们的研究思考与计划。

复习和练习

1. 试想教育和偏见之间可能的关联性（在第 1 章曾讨论过）。请以（a）演绎法和（b）归纳法来探讨两者间的关系。

2. 复习本章中讨论的理论和研究间的关系。从学术刊物上选择一篇研究报告，找出文章中理论和研究的关系属于哪一种。

3. 运用网络搜索工具（例如 Google，Bing，Yahoo，Chrome，或者其他选择），在互联网上找出下列至少三种范式的信息：功能主义，符号互动主义，冲突理论，常人方法论，女性主义，批判种族范式，理性选择范式。给出网页地址，并就有关信息对已讨论过的理论家作一个报告。

4. 寻找霍华德（Judith A. Howard，2000）的 "Social Psychology of Identities"，*Annual Review of Sociology* 26：367-93. doi：10.1146.。对社会认同研究而言，霍华德认为什么范式最有用？请解释她为什么这么认为。你们是否也这样想？为什么是或为什么不？

第3章
社会研究的伦理与政治

章节概述

社会研究总是在一定的社会情境中进行的。因此，在设计和进行研究时，除了科学的考虑之外，研究者还须考虑到很多伦理和政治问题。不过，面对棘手的伦理和政治问题，往往很难有清晰明确的应对之道。

导　　言

我写此书的目的，是为今后开展社会研究提供实际的、有用的引导。为了使这个引导更切实际，我必须指出研究项目受到的四种主要限制：科学的、管理的、伦理的与政治的。

本书绝大部分内容都在探讨科学和管理的限制。我们了解科学的内在逻辑所要求的特定研究步骤，知道有些符合科学的研究设计，在管理上是不可行的。因为这些几近完美的研究设计，不是费用高昂，就是过于耗时。本书讨论的，都是可行的折中方案。

在讨论科学和管理上的限制之前，我们先来探讨在现实世界中进行研究时需要考虑的另外两大因素：伦理与政治。某些研究是因为缺乏可操作性而未实施，另一些研究可能因为伦理禁忌或政治上的困难而难以进行。下面我会举例说明。

几年前，我应邀列席一个研究方案讨论会，内容涉及加州法律教育。这个研究项目原本打算由一家大学的研究中心和加州律师协会联合实施，旨在了解，法学院校中，那些与学生律师执照考试相关的事项，以便改进法学教育。本质上讲，研究方案就是准备一份调查问卷，收集个体在法学院校学习的详细经历。如果有人要参加律师执照考试，就必须回答这份问卷。通过分析不同学习经历的人在执照考试中的表现，找出哪些因素起作用，哪些因素没有起作用。研究结果则可以提供给法学院校参考，进而改善法学教学。

在与律师协会的合作中，令人激动之处在于，通常情况下会出现的所有恼人争议都会得到妥善处理。譬如说，可以毫无阻碍地获得许可，可以在考试时进行问卷调查，从而彻底消除拒访现象。

我离开时，对这项研究的前景充满期待。事后，当我向一名同事说拒访问题已经圆满解决时，她当时的反应就推翻了一切。"这么做是不道德的，没有法律明文规定应试者非得填写问卷，参与研究的人必须是自愿的。"事实是，这项研究计划最后没有实施。

当我复述这个故事时，我已经清楚地了解到，强制他人参与研究是不恰当的。或许在我说出同事的评论之前，你们早就看到了这一点。直到现在，我仍对此感到有些尴尬。不过，我将自己的经验与大家分享，其实还有其他用意。

每个人或认为自己较其他人并非完美，但在道德方面，一定与大多数人不相上下，甚至比他人更有道德。然而，社会研究存在（在生活中也可能存在）的问题是，我们并非时时刻刻都在关注道德问题。因此，我们会在卷入某些活动时，忽视伦理道德，直到被他人点破。当我向策划小组的其他成员指出这点时，大家一致同意，强制他人回答问卷是不合理的，对于当初的疏忽，也都感到尴尬。

同样，每个人都会看出，需要折腾小孩的研究是不道德的。我知道，如果我建议询问他人的性生活，并在当地的报纸上刊登访谈内容，你们一定会严加斥责。即使高尚如你们，在某些情境中，也会完全忽略伦理问题——并不是你们品性不佳，而是我们都在所难免。

在这章的前半部，我将探讨社会研究中的伦理问题。其中，我会列举一些被公认为可说明道德或不道德的范例。更重要的是，我希望能借此提高你们对伦理的敏感度，让你们做研究时，留心这方面的内容。甚至，让你们知道，当情境的伦理层面存在争议时，你们该如何讨论。值得注意的是，许多行业都会受到伦理因素的制约，各行各业受到制约的因素又都不尽相同。牧师、医生、律师、记者和电视制片人，在其工作中都会受到伦理因素的制约。在本章，我们仅对那些支配社会研究领域的伦理规范进行探讨。

社会研究中的政治因素，也是微妙、模糊而有争议的。法学院校的例子同时包含了政治和伦理的问题。虽然社会学家的道德规范认为，研究的参与者必须出于自愿，但这项规定显然是从维护人身自由的美式政治规范中衍生出来的。在其他国家，上例提及的研究方案也许完全不会被认为是违反道德的。

在本章的后半部分，我们将讨论一些因为政治原因而破产或几近破产的社会研究计划。和伦理问题一样，对政治争议，也没有正确的答案。那些有良好愿望的人，也许不这么看。不过，我的目的是，帮助你们对社会研究中牵涉的政治因素更加敏感，而不会像政客那样，向你们说明在政治上什么是可接受的、什么是不可以接受的。

3.1　社会研究中的伦理

在大多数字典和日常用法中，伦理（ethics）通常和道德（morality）相提并论，两者都涉及对与错。但什么是对？什么是错？根据什么标准来区分？每个人都有自己的一套标准。这些标准也许是宗教或政治意识形态，或是对什么可行、什么不可行的实际观察。

《韦氏新世界辞典》（Webster's New World Dictionary）对伦理的定义就很典型，它把伦理定义为"与特定职业或群体相一致的行为标准"。虽然这个说法会让追求绝对道德的人感到不满，但是在日常生活中，道德与伦理是群体成员的共识。不同群体有不同的道德标准，这一点毫不意外。如果你们要在某个社会里好好生活，了解那个社会的道德标准是十分有用的。对从事社会研究的学术共同体来说，亦是如此。

如果你们要从事社会研究，那么，了解一些共识就相当重要。这些共识是判断研究者在社会调查中的行为是否得体的标准。这一节将概括一些社会研究中最重要的通行准则。

3.1.1　自愿参与

社会研究经常（虽然并非总是）要介入他人的生活。访问员登门拜访或问卷寄到家中，都标志着在受访者没有提出要求的情况下，一项会让他耗时费力的活动就要开始了。参与社会实验，还会干扰研究对象的日常活动。

更有甚者，社会研究经常要求他人透露其私人信息——有些甚至是其亲友都不知道的信息。社会调查还经常要求受访者把这些信息告诉陌生人。当然，其他专业人士，例如医生和律师，也需要类似的信息。然而，医生和律师提出这样的要求，则被视为是合理的，他们需要这些信息来维护当事人的切身利益。但是，社会研究者则无法作出如此保证。他们只能像医学家一样，申明这些研究最终将帮助人类。

医学研究伦理的主要信条是，参与实验者一定是自愿的。同样的规范也适用于社会研究。任何人都不应被迫参与。然而，这个规范在理论上说说容易，实际接受起来却很困难。

医学研究还提供了一个相似而有用的情境。许多实验中的药物都在囚犯身上进行测试。在最符合道德标准的事例中，囚犯会事先被告知实验的性质和可能的危险，他们同时也被告知参与实验完全出于自愿,并且,他们也收到指示:不要指望会因此获得任何的报酬,比如假释等。但是,即使在这样的条件下,志愿者合作的动机还是相信自己会从中得到好处。

当社会学的授课老师为分析数据和发表文章而邀请学生填写问卷时,应该让学生知道,参与调查是完全自愿的。就算如此,大多数学生还是会担心,如果不参与调查,或多或少会影响到他们的分数。因此,授课老师应该特别留意这种带有惩罚意味的暗示,并且想办法避免让学生有这样的疑虑。例如,在学生填写问卷时,老师可以暂时离开教室以确保问卷填写的匿名性。或者,可以请学生以邮寄方式回复问卷,或是在下次上课前将问卷放入一个教室门口专用的箱子里。

另一方面,自愿参与原则直接违背了很多科学方面的考虑。一般说来,如果实验对象或调查研究的受访者都是自愿的,科学上要求的一般性就受到了威胁。究其原因,是因为这样的研究会反映那些愿意参与的人的特性,而不能概括所有的人。最明显的例子是描述性调查,除非受访者是经科学抽样的并包括了愿意的和不愿意的,否则,研究者就不能把抽样调查结果推论到总体。

正如你们将在第10章所看到的,实地研究也面临伦理上的两难困境。研究者常常不能透露正在进行的研究,因为担心一旦透露,就会影响正在研究的社会过程。很明显,在这种情形下的研究对象,没有选择自愿或拒绝的余地。

自愿参与是重要的原则,却难以真正地完全遵循。当人们认为有充分正当的理由违反这项规范时,那么,遵守科学研究的其他道德规范就显得更重要了,例如不能伤害研究对象等。

3.1.2 对参与者无害

之所以需要强调"对参与者无害"原则,在一定程度上是因为一些医学研究者骇人听闻的举动。其中最臭名昭著的案例便是第二次世界大战中纳粹的研究人员在战俘身上进行的医学实验。战后的纽伦堡审判在学术界与政治伦理的字典中加入了"反人类罪"这一新名词。

还有一个相对而言并不出名的案例,即1932年至1972年间,由美国公共卫生署(U. S. Public Health Service)进行的塔斯基吉梅毒实验(Tuskegee syphilis experiment)。这项研究跟踪了将近400名梅毒感染者,这些人都是贫困的非洲裔美国农民。参与计划的研究人员试图观察梅毒病情的完全发展,因此,即使青霉素已经成为治疗梅毒的有效手段,被试者仍然无法得到治疗。研究人员甚至在对这些人刻意隐瞒青霉素等治疗措施,有时还会在一些化验过程(如脊髓穿刺)中造假,将之作为痊愈的症候,告知被试者。

当塔斯基吉梅毒实验的真相被公之于众时,美国政府采取了一系列措施,包括总统克林顿的正式道歉及面向被试家庭的一项赔偿计划。

对塔斯基吉丑闻最有力的回应,或许是1974年颁布的《美国国家研究法案》(*National Research Act*),并相应成立的美国国家生物医学和行为科学研究人类被试保护委员会(National Commission for the Protection of Human Subjects of Biomedical and Behavioral Research)。该委员会被授权负责规定,当涉及人类研究对象时,研究者应该遵循的基本伦理准则。随后该委员会发布了《贝尔蒙特报告》(*The Belmont Report*),详细规定了三大核心原则:

(1) 对人的尊重——参与研究必须出于自愿并且基于对所参与研究内容的完全知情;进而要求研究人员,特别注重对弱势群体及缺乏完全自主能力的被试者的保护。

(2) 受益原则——研究活动不得伤害被试者,理想化的做法是,能够让他们从研究中获益。

(3) 公正原则——研究所带来的负担与利益必须在社会成员中公平地分担与分享。

详细了解《贝尔蒙特报告》可登入链接：http://www.hhs.gov/ohrp/humansubjects/guidance/belmont.html。

《美国国家研究法案》还要求成立伦理审查委员会（IRBs，Institutional Review Boards），并要求各高校通过这一机构监测涉及人类被试的研究是否恪守伦理标准。之后我们还会再探讨伦理审查委员会扮演的角色。

在研究中，研究对象有可能受到心理伤害。因此，研究者应该找出并预防这类最细微的危险。例如，在研究中，研究对象常被要求透露他们的反常行为、不为一般人认同的态度，贬低身份的个人特质，如受教育程度低、长时段失业等。透露这些资料至少会让研究对象感到不舒服。

社会研究还可能迫使研究对象面对平常情形下鲜有考虑的问题。即使这类信息并不直接透露给研究者，类似的问题也会发生。回首过去，某些可能不正义、不道德的往事会浮现在眼前。如此一来，研究本身可能成为研究对象无休止痛苦的根源。例如，如果研究项目事关伦理规范，那么，研究对象也许会质疑自己的道德。在研究结束后，也许质疑还会延续下去。又如，不断深入地提问会伤害研究对象脆弱的自尊。

1971年，心理学家菲利普·津巴多（Philips Zimbardo）为了研究狱卒与囚犯之间的互动关系，建立了一个模拟监狱生活的环境。这就是广为人知的"斯坦福监狱实验"（Stanford prison experiment）。津巴多聘用了一些斯坦福大学的学生，随机地安排他们扮演狱卒或囚犯的角色。正如你们有所预感的那样，对所有参与者，包括扮演典狱长角色的津巴多本人，都逐渐认识到，这个模拟环境迅速地趋向于真实。许多"囚犯"由于这段模拟的监狱生活而受到精神伤害；一些"狱卒"则很快展示出不同程度的虐待狂倾向。这些虐待行为，冲击他们的自我认知。

当津巴多觉察到这些进展时，他结束了这项实验。随后，他安排了一项"任务报告"计划，向所有参与者阐述实验的本质，以避免他们因为此次经历而受到长期折磨。

现在你们了解到，任何研究或多或少都会有伤害到他人的危险，研究者无法确保不会对研究对象造成任何伤害。有些设计造成的伤害可能会更大一些。如果一项研究会让研究对象产生不愉快，比如要求研究对象说出他的越轨行为，研究者就必须有坚实确切的科学理由来实施这项研究。如果在研究设计者看来是必要的，但会让研究对象感到不自在，你们就会觉得自己已置身于伦理的炼狱中，并且经历自我内心的挣扎与痛苦。也许痛苦本身没什么价值，但能传递一个健康的信号：说明你们对这一问题越来越敏感了。

"自愿参与"和"对参与者无害"的伦理规范，已经越来越正式化，形成了**知情同意**①（informed consent）的共同理念。知情同意理念要求，基于自愿参与的原则而进入研究的对象，必须完全了解他们可能受到的危害。例如，参与医学实验的被试，会在事前的讨论中被告知实验的内容，以及所有可能遭遇的风险。实验执行者会要求他们签署一份声明，表明他们已了解实验的危险，但仍选择参加。当被试被注射会引起生理反应的针剂时，这个过程的价值，就更加明显。打个比方，当参与观察者赶往某个城市暴动现场以研究越轨行为时，还要来一套知情同意手续，就不现实了。在后一案例中，虽然研究者必须不对被观察者造成伤害，但实现这一承诺的方式并非通过知情同意。

还有一个经常不被识别的事实是，研究对象还会为研究数据的分析和报道所伤害。研究报告出版后，研究对象常常会读到他们曾参与过的研究。有经验的研究对象，不难在各种索引和图表上找到自己的数据。他们也许会发现，自己虽然没有被指名道姓，但却被描述为顽固、不爱国、信仰不虔诚等等。这些描述会困扰他们、威胁到他们的自我认知——尽管研究的目的，也许只是为了解释为何有些人有偏见，有些人没有偏见。

在一项研究女教友的调查中（Babbie，1967），研究者要求几所教堂的牧师将问卷分

---

① 知情同意：一种规范，基于自愿参与原则而进入研究的对象，必须完全了解他们可能受到的危害。

发给被抽到的教友，然后回收问卷，并将问卷送回研究室。在送回问卷之前，其中一位牧师先阅读了已经作答的问卷，随后在圣会上进行了一番咄咄逼人的布道，说那些人是无神论者，并将下地狱。即使他不能辨别填写问卷者的字迹和他们的答案，但可以肯定，这个举动伤害了许多应答者。

技巧与工具

知情同意原则的基本要素

美国国家公共卫生服务署签发了一系列联邦法规，规定了对涉及人类研究对象的研究项目的申请应该包含的内容。法规在2005年6月23日正式生效。部分摘录如下：

1. 研究申请应包括：申明该学术研究将涉及的调查活动；对研究目的的解释；研究对象参与研究的预计时长；对研究步骤的描述；并标明哪些研究步骤是实验性步骤。
2. 说明对研究对象可能造成的风险与不便。
3. 说明研究对象及其他人士从该研究中可能得到的收益。
4. 公布可供选择的、合适的处理步骤与处理方式，前提是其中有部分对研究对象有利。
5. 陈述研究中对涉及研究对象身份信息的保密情况。
6. 凡是涉及风险的研究项目，必须说明是否对当事人有赔偿、是否对可能造成的伤害进行医疗救助及救助内容，以及相关详细信息的获取途径。
7. 说明谁负责解释研究内容与研究对象的权益，以及谁会就研究造成的伤害事故与研究对象沟通。
8. 申明参与研究的自愿性，申明拒绝参与研究的当事人将免受处罚或个人利益损失；以及研究的参与者有权中途退出，且免受处罚或个人利益损失。

上网检索相关信息，会找到更多有关知情同意原则的案例。可以将这些案例作为自己开展研究的模板。应当注意的是，访谈调查与其他一些调查方法是知情同意原则的例外。可以登录 http://www.hhs.gov/ohrp 了解更多相关信息。

资料来源：http://grants2.nih.gov/grants/policy/hs/.

就像自愿参与原则一样，在理论上，对参与者无害原则很容易为人们所接受，却很难在实践中遵循。然而，对这个问题保持敏感度、多一些实践经验，可以让研究者在处理微妙问题时更加老练。

近几年，遵守这项规范的社会研究者受到越来越多的支持。联邦政府和其他提供经费的组织，都特别要求对人类研究对象的境遇进行独立评估。现在，许多大学成立了人类研究对象伦理委员会，其基本任务就是评估研究可能遇到的伦理风险。尽管这种事情有时会很麻烦或被运用不当，但这项要求不仅可以避免不合伦理的研究，还可以显现某些伦理问题，哪怕是最严谨的研究者，也会有所疏忽。参见技巧与工具文本框《知情同意原则的基本要素》，了解美国健康与人类服务署的指导原则。

3.1.3 匿名与保密

保护研究对象的权益与身心健康，最首要的是保护他们的身份，特别是在进行调查研究时。如果披露研究对象被调查时的反应，必定会伤害他们。因此，坚守这项规范，就显得至关重要。匿名和保密这两种技巧（两者经常被混淆），则能在这方面帮助研究者。

1. 匿名①

在一项研究中，如果研究者与阅读者都无法将应答和应答者对应起来，那么，研究的匿名性就得到了保证。换句话说，在一项典型的访谈式研究中，受访者不可能是匿名的，访员是从可识别的研究对象那里收集数据的。一个匿名的例子，是以邮寄方式进行的问卷调查，如果在问卷回收前，问卷上没有任何可识别的标记，那么就保证了匿名性。

正如我们将在第9章（问卷调查）中提到的，匿名性的确保会给追踪、回收问卷工作增添困难。此外，在特定的情形下，付出必要的代价是恰当的做法。在研究大学生使用毒品时，我决定，绝对不要知道研究对象的身份。我认为，切实确保匿名的做法会增加应答的可能性和准确度。同时，我要避免给自己挖坑，以免被有关当局询问吸毒者姓名。虽然有几位研究对象自愿透露自己的姓名，不过，这些数据被立即清除了。

2. 保密

当研究者能够识别特定研究对象的应答，且承诺不会将其公开时，该研究就达到了**保密**②（confidentiality）的要求。例如，在一项访谈调查中，尽管研究者能够公开某位受访者的收入数据，但研究人员会向对受访者保证，绝对不会发生这类事件。

如果某个调查项目是保密的、而非匿名的，研究者就有责任向研究对象说明事实。研究者绝不能将两者的术语与含义混为一谈。

除了个别例外（例如在有关公众人物的调查中，调查对象同意公开其意见），研究者对应答者提供的数据必须予以保密。这并不是一项容易遵守的规范，比如法院不承认社会研究数据像神父和律师一样享有"沟通特权"（即法律保证的保密特权）。

举例来说，疏于保密对研究者和研究对象几乎酿成灾难。1989年，埃克森石油公司瓦尔迪斯号（Exxon Valdez）超级油轮在阿拉斯加的瓦尔迪斯（Valdez）港口附近搁浅，造成1 000万加仑的石油流入海湾。对这起海上漏油事件造成的经济损失和环境破坏，媒体进行了广泛报道。

但媒体却很少关注该地区居民遭受的心理和社会伤害。只有一些零星的报道涉及了因漏油事件造成的困扰，诸如不断增加的酗酒、家庭暴力等问题。后来，威廉王子海湾（Prince William Sound）和阿拉斯加海湾（Gulf of Alaska）的22个社区，控告埃克森石油公司在经济、社会和心理等方面对当地居民造成的伤害。

为了确认破坏的程度，这些社区委托圣迭戈（San Diego）的一家研究机构负责家庭调查。在调查中，居民被问到家庭遭受的困扰等私人问题，样本居民被要求披露一些令他们痛苦和尴尬的资料，当然，他们得到了"绝对保密"的保证。调查结果显示，在漏油事件发生后，个人和家庭问题确实有所增加。

当埃克森石油公司得知调查资料会用来证明居民的遭遇时，他们采取了不寻常的步骤：要求法庭调阅这些问卷。法庭答应辩方的要求，下令研究者交出问卷，其中，包括可以识别受访者身份的数据。埃克森石油公司的用意是要让受访者出庭，接受询问，说明他们在得到身份保密承诺下给调查者应答。许多受访者，都是土生土长的原住民，在他们的文化中，公开披露自己的生活是十分痛苦的事。

幸运的是，在法庭决定是否强迫受访者出庭作证之前，埃克森瓦尔迪斯案件就告结束。然而，不尽如人意的是，潜在的危害依然存在。涉及这次生态危机的更详细情况，请参见皮考、吉尔和库恩的研究（Picou, Gill and Cohen, 1999）。

这个议题的严肃性，不只限于针对实体研究机构。史卡斯（Rick Scarce）在对主张动物权利的激进人士进行参与观察时，还是华盛顿州立大学的一名研究生。1990年，他基于自己的研究写成了一本书：《生态战士：理解激进的环保运动》（*Ecowarriors: Understanding*

---

① 匿名：当研究者和读者都不可能将回答和回答者对应起来时，这个研究就可以说达到了匿名的要求。

② 保密：当研究者能够识别特定研究对象的应答且承诺不会将其公开时，该研究就达到了保密的要求。

the Radical Environmental Movement）。1993 年，史卡斯受召到一个大陪审团前作证，还被要求指认他研究的激进人士。史卡斯为了遵守保密规范，拒绝回答大陪审团的问题，并在斯波坎（Spokane County）坐了 159 天牢。他自辩说：

> 我尽管回答了检举人的许多问题，但对其中 32 个重要问题，仍然拒绝回答。因为"你们需要的信息都是在社会研究活动中我凭借遵守保密原则才获得的；我只要回答了你们的问题，就意味着我违背了访谈保密的规范。因此，出于美国社会学学会（American Sociological Association）成员的伦理职责，并依据记者、研究学者与作家在《宪法第一修正案》中所享有的特权，我拒绝回答你们的问题。"（Scarce，1999：982）

在出庭与监禁期间，史卡斯意识到美国社会学学会（ASA）的职业伦理守则能为他的伦理立场提供有力支持，并且 ASA 还以"法院之友"身份（即针对案件中的疑难法律问题陈述意见并善意提醒法院注意某些问题的临时法律顾问。——译者注）提交了一份声援史卡斯的意见书。1997 年，在维护保密原则的前提下，美国社会学协会修订了规范，告诫研究者应提醒自己：当他们向受访者承诺研究保密时，要注意到法律法规也许会限制他们做出这项承诺的能力。

你们可以利用几种技巧来避免这些危害，从而更好地保证研究的保密性。首先，访谈者和其他能够接触到应答者可识别特征的人，都要经过伦理责任教育。此外，最基本的方法是删除研究中不必要的受访人身份信息。例如，所有的姓名和地址都应该从问卷中删除，并代之以编号。这就需要建立一个能够将编号和姓名对应起来的身份档案，以便之后在信息缺失和发生矛盾时予以纠正。但要保证：除非有合法正当的理由，该身份档案不可公开。

同样，在访谈调查中，你们需要保留可识别调查对象的数据，以便与他们再度联络，以核实已经完成的访问，或取得原先访问中遗漏的资料。然而，当确认访问已经结束且肯定不再需要有关对象的更详尽资料时，就可以放心地把所有可识别受访者身份的数据从访谈手册上删除。有很多问卷的设计，都把可识别受访者身份的所有数据放在第 1 页，当不再需要知道研究对象的身份时，就可以把首页撕掉。

2002 年，美国健康与人类服务署（U. S. Department of Health and Human Services）宣布将颁发"保密执照"（Certificate of Confidentiality），旨在保护被试数据的保密性，使其免于警方或其他官方机构的强制性公开。尽管并非所有研究项目都具有申请该保护的资格，但是"保密执照"的颁布，将为科学研究的伦理规范提供重要支持。

根据《美国公共卫生服务法案》（*the Public Health Service Act* 42U. S. C. 241（d））第 301 条（d），健康与人类服务署署长可以授权从事生物医学、行为科学、临床医学或其他科学研究的研究者，使他们得以采取措施保障研究对象的个人隐私。该权力已经授权美国国家卫生研究院（National Institutes of Health，NIH）执行。

被国家卫生研究院授权保护被试隐私的研究者将不会因联邦政府、州政府或来自当地民间、刑事、商业、立法等任何方面的压力，而被迫公布受访者的姓名或其它可识别特征。（*U. S. Department of Health and Human Services*，2002）

在社会研究中，不断发展的视觉技术对保护被试制造了新的问题。威尔士（Rose Wiles）及其同事对此进行了专门讨论（2012），列出了这个问题范围：

> 关注的场景如为消费而产生的影像，在公共场景影像的留存时长，以及影像的未来应用和二次分析。（2012：41）

在本章的讨论中，我们应该注意到，专业研究人员不能墨守成规，不能仅满足于生搬硬套既有的伦理守则，而应不断追问：如何才能恰如其分地保护研究对象的权益。

3.1.4 欺骗

我们已经了解到，对研究对象身份的处理事关重要的伦理议题。研究者如何处理自己的身份,也相当棘手。有时候,向研究对象表明自己的研究者身份,有用甚至必要。有时候却要像一个高明的演员,让人们在加入实验研究或填写冗长问卷时,不觉得你们是在搞研究。

就算你们必须隐瞒自己的研究者身份,仍须考虑下面的问题。骗人是不道德的。所以,在社会研究中,欺骗行为应该被纳入科学的或管理的考量。即使如此,这些考量还是会引起争议。

有时候,研究者虽坦承自己在搞研究,却捏造研究目的或受益人。假设你们受托为某公共福利机构进行一项接受补助者的生活水准研究,尽管这个机构要寻找改善受助者生活的办法,研究对象仍可能会害怕被扣上"骗子"的帽子。因此,研究对象可能会把自己的生活状况,说得比实际情况更糟。然而,除非研究对象提供真实的情况,否则这项研究便无法得到准确数据以用于有效地改善他们的生活处境。这时,你们该怎么办呢?

解决方案之一是告诉研究对象,你们进行的研究是大学研究计划的一部分,绝口不提你们和公共福利机构的关系。如此一来,虽然提高了研究的科学性,却产生了严重的伦理问题。

在实验研究中,谎称研究目的是常有的事。虽然隐瞒你们在做研究并不容易,不过,隐瞒你们的研究目的却很简单,有时候甚至是恰当的。譬如,很多社会心理实验要测试研究对象到底要到何种程度才会放弃自己观察所得的证据,转而接受他人的观点。图 2-1 中给出的阿希实验(Asch experiment)是心理学课程中经常重复的实验,研究对象在实验中可以看到"A、B、C"三条不同长度的线条,要求研究对象把这三条线和 X(第四条线)比较,并回答:"A、B、C 中,哪一条线和 X 等长?"

你们或许觉得这是一件非常简单的事,因为,很明显,B 就是正确答案。但是,当许多"研究对象"都认为 A 和 X 等长时,问题就变得复杂了。事实上,实验中说 A 与 X 等长的人,都是研究者的同伙。正如在第 2 章已经说明的,这项研究的目的,是在测试研究对象是否会放弃自己的判断,转而从众。你们会发现,这是一个值得研究和了解的现象。不过,如果不欺骗研究对象,研究就无从做起。在本章稍后讨论米尔格拉姆(Stanley Milgram)的实验时,还会讨论类似的情形。现在的问题是,我们如何能证明"欺骗行为是一项实验顺利进行的必要组成部分"这一伦理命题。

在这类实验中,研究者已经找到一个适当的解决方法,就是在实验结束后向研究对象进行**任务报告**①(debriefing)。任务报告是通过事后访谈的手段发现研究实验造成的问题,并及时修正这些问题。研究对象虽然不能在实验开始前就知道研究的真正目的,但并不表示他们事后也不能知道。在事后告诉他们真相,也许能挽回事前不得不撒谎带来的影响。然而,这项工作的进行必须谨慎,以确保研究对象心里不会产生厌恶之情或因为自己在实验中的表现而对自己产生怀疑。这个问题之所以看上去十分复杂,完全是因为我们以人为研究对象时必须付出的代价。

身为社会研究者,你们对研究对象负有许多伦理义务。技巧与工具文本框《人类性行为研究的伦理议题》列举了一些具体研究领域的伦理议题。

3.1.5 分析与报告

除了针对研究对象的伦理义务,在学术共同体中,你们对同行也担有伦理责任。这些责任跟数据分析和报告研究结果的方式有关。

在任何严谨的研究中,研究者应该比任何人都熟悉研究技术的局限和错误。研究者有责任使读者了解这些缺点,哪怕这些缺点十分愚蠢。

---

① 任务报告:和对象交流,以让他们了解其在研究中的经历。当可能伤害参与者时,这种报告是尤为重要的。

举例来说，如果与研究分析有关，负面的（negative）实验结果也应该报告出来。在科学报告中有一个不合宜的神话，那就是只有正面的（positive）实验发现才值得报告（有时候期刊编辑也会犯相同的错误）。然而，在科学上，知道两个变量相关或不相关具有同等重要性。

同样，还有一种情况应该坚决防止，就是研究者为了顾全面子而把自己的发现说成是周密计划的结果，但事实上却并非如此。其实有许多研究发现都在意料之外——虽然这些发现在事后回顾时，似乎都是显而易见的。当你们意外发现一个有趣的关联时，该怎样处理呢？用虚拟假设等手段粉饰这种情况，不仅不诚实，而且会误导缺乏经验的研究者，让他们误以为所有的科学探索事先都需要经过严谨的计划和组织。

技巧与工具

人类性行为研究的伦理议题

凯瑟琳·麦金尼（Kathleen McKinney）
伊利诺伊州立大学社会学系

当我们研究人类任何行为时，伦理问题的重要性是至高无上的。这句话在进行人类性行为研究时显得再真切不过了，因为这个议题具有高度的私密性、突出性、甚至威胁性。对人类性行为的研究，社会大众和立法者都曾表示关切。有三个常常被讨论到的伦理标准，特别适用于对人类性行为的研究领域。

知情同意 知情同意标准强调两点：一方面要确切地将研究性质告知研究对象，另一方面要取得研究对象口头或书面同意。不得以威胁手段强迫对象参与，研究对象也可以随时退出。违背这个标准的情况有很多种。因为害怕被拒绝或得到假情报，研究者可能以虚伪陈述或欺瞒用语来描述令人尴尬或涉及隐私的研究议题。在某些观察研究中，如果研究对象根本不知道自己正在被研究，那么，研究者同样也违反了知情同意标准。在特定群体中，知情同意标准可能有问题。例如，研究儿童性行为可能受到某些限制，因为儿童不论在认知上或情感上，都可能无法表达知情同意。虽然可能遇到上述问题，但大多数研究都必须是自愿参与的，且需要取得受访对象的知情同意。

隐私权 由于性行为的高度私密性，社会对性行为的控制又极度关切，因此，在该研究领域，隐私权是非常重要的伦理议题。接受研究的个人，当他们性生活的某些细节公开后，可能会面临丢掉工作、家庭不和，或遭到同辈人排挤等问题。尤其是，如果某些人的性行为被归类为不正常（如性倒错），更会面临如此风险。侵犯隐私权的情形包括：研究者指认研究对象身份，公开或泄露研究对象的个人信息或答案，或是秘密观察性行为等。在大部分情况下，研究者都会维护研究对象的隐私权。在调查研究中，当面分发问卷可以做到匿名，而访谈也可以做到保密。在个案和观察研究中，报告中提到的接受研究的个人或群体，都可以使用假名。在大多数研究方法里，分析与报告的资料，都应该限制在群体或整体的层面。

避免伤害 伤害包括情感或心理上的痛苦，以及生理上的伤害。因研究方法不同，造成伤害也不相同。如有研究人员操控或介入的实验研究比观察研究或调查研究，对研究对象更容易造成伤害。不过，性行为研究都会造成情感上的痛苦。回答性行为相关的访题，会引起焦虑、勾起不愉快的回忆，或对自己作出负面评价。研究人员可以通过匿名自主答卷、聘用熟练访员或精心组织敏感访题措辞等方法，在调查过程中，降低产生情感伤痛的潜在风险。

以上三个标准其实都相当主观。当然，有人会以社会利益重于研究对象个人的风险为由来为违反标准的行为辩解。问题是，谁做了最关键的决定。通常，这个决定由研究者做，也由一个审查委员会来处理。大多数富有创造力的研究者在完全遵循这三个标准的基础上，仍然能够完成有影响力的研究。

不幸的是，一些"研究者"会在不诚实的路上走得更远。第17章将会讨论剽窃（把别人的工作当作自己的）问题。不管是过去还是现在，把别人的劳动成果说成是自己经过科学研究获得的结果，是彻头彻尾的欺骗和捏造。最近的一个例子是，一位荷兰心理学家和院长发表了一系列有影响力的文章，譬如，肉食与自私的关系，公共垃圾与种族歧视。问题是，他从来没有做过文章刻画的内容（Bhattacharjee, 2013）。这类行为尽管只是少数，但也足以让对此类行为的在线研究具有意义。撤稿观察（Retraction Watch）致力于跟踪因剽窃、数据作弊或其他理由导致的撤稿动态（http://retractionwatch.wordpress.com）。

一般来说，科学因开诚布公而进步，因自我保护和欺骗而受阻。只要你们把进行某项研究时经历过的所有困难和问题和盘托出，你们就可以对自己的同行——甚至对整个科学探索有所贡献。这样，你们可以帮助他们避免犯同样的错误。

最后，还有一点需要补充。有一种观点认为研究者的马虎大意也同样可以被视作伦理问题。如果一个研究项目耗竭了有限的研究资源，并且（或是）错误地将研究强加于那些无益的研究对象，那么，许多学者就会将其视作违背伦理原则的行为。这并不是说所有的研究都必须产生积极的结果，而是说研究应该以一种趋向于积极结果的方式进行。

3.1.6 伦理审查委员会

正如上面提到的，涉及人类研究的学术伦理也受到联邦法律的约束。任何机关团体（例如大学或医院），如果想获得联邦的支持，必须成立伦理审查委员会（Institutional Review Boards, IRB），由教职人员（或其他人士）组成，审议组织内所有以人类为对象的研究计划，以确保研究对象的人权与个人利益受到保护。尽管这个法规限定的是用联邦经费支持的研究，但很多大学对所有研究都使用了与之相同的标准和程序，包括那些非联邦机构提供经费支持的项目，甚至包括不需要经费的研究，如学生项目。

IRB的主要责任是确保把研究参与者面临的风险降到最低。有时候，IRB会让研究者重新设计甚至不批准某项研究计划。当一些最低限度的风险无法避免时，研究者必须准备一份"知情同意书"，明确说明参与研究的风险。在参与研究之前，研究对象必须预先看完这些声明，签名表示，他们了解风险并自愿参与研究。

推动设立IRB的力量，主要来自人体医学实验领域。很多社会科学的研究设计，一般被认为无需通过委员会的审议。如，一项邮寄问卷的大样本匿名调查。各委员会在审议中遵循的指导原则，已经在"联邦豁免项目"（Federal Exemption Categories, 45 CFR 46.101 [b]）中列举，包括以下情形。

1. 在已有或被普遍认可的教育场景实施研究，包括正式教育实践：①常规或特殊的教育战略研究；②有关教学技巧、课程设置或课堂管理的有效性研究或比较研究。

2. 涉及使用教育测试（包括认知、诊断、天资、成就）、调查程序、访谈程序或对公众行为观察的研究，但不包括下列情况：①获取信息的记录方式导致研究对象身份可被识别，无论是直接识别还是通过标志符识别；②涉及被试回答内容的任何泄漏，都会导致研究对象被追究刑事或民事责任，或危及其财产地位、就业或声誉。

3. 涉及使用教育测试（包括认知、诊断、天资、成就）、调查程序、访谈程序或对公众行为观察的研究，而又没有包括第2种情形中的豁免情况，符合的条件包括：①研究对象是被选举的或被委任为政府官员或政府官员候选人；②在研究过程中与研究结束后，研究对象的身份识别信息毫无例外地符合联邦法令的保密要求。

4. 涉及对现存数据、文档、记录、病理样本或是诊断样本的收集和使用的研究，且这些数据来源是公开的，或经调查者处理后，他人无法识别研究对象的身份——无论是直接识别还是通过标志符识别。

5. 由官方部门或机构负责人领导或主持、经其批准的研究项目与实证方案，用以学习、评估或测试之目的，符合的情形包括：①有关公共福利或公共服务项目；②在这些项目中获得福利或服务程序；③这些项目或程序可能发生的变化或替代；④在这些项目中，福利和服务对应的税收支付，在方法或标准上的可能变化。

6. 针对口味和食品质量的评估，或针对消费者对产品接受度的调查，其条件包括：①该食品不含添加剂且符合相关卫生标准；②该食品所含食物成分不超标，或农作物农药含量或环境污染物不超标，且其安全性经美国食品与药物管理局（the Food and Drug Administration）鉴定，或经美国环境保护署（the Environmental Protection Agency）或美国农业部食物安全检验局（the Food Safety and Inspection Service of the U. S. Department of Agriculture）许可。

第 2 段中有关豁免的摘录，涵盖了本书所描述的大部分社会研究。不过，有的大学有时候会不恰当地运用这些法律条文。比如，作为一个大学 IRB 的主席，我曾经被要求审核一封将被送往医药保险公司的知情同意书。这封信请求当事公司同意参与一项研究，该研究旨在了解在公司旗下的项目包含了哪些药物治疗手段。很明显，写信的人并不了解法律的相关规定。在这样的例子中，为了获得"知情同意"，比较合适的做法是邮寄问卷。如果公司回信了，就表示他们已经知情同意了。如果不回信，此事就此告吹。

其他 IRB 还认为，研究者在观察公众集会和公共事件的参与者之前，或在研究多数一般事件之前，也要征得研究对象的同意。谢伊（Christopher Shea，2000）在他的书中编入了错误使用法律的相应案例。他既支持法律背后所蕴含的伦理逻辑，也指出了一些对相关法律的误用。

不要认为这些来自 IRB 的批评会削弱保护研究对象的重要性。实际上，许多大学采取了一些合理而负责任的做法，将联邦政府针对研究项目的审核要求扩展到非联邦政府资助的项目。并且对脆弱人群如青年人和囚犯，社会研究者特别谨慎。

研究伦理是一个不断发展的课题，因为新的研究手段经常需要回溯旧的利害关系。比如，随着利用公共数据进行二手研究的增加，促使一些 IRB 面对一些研究者申请利用 GSS 数据时，开始担心他们是否需要重新审核这些项目。很多人认为这种担忧不必要的。可参见斯科德斯沃德（Skedsvold，2002）有关于公共数据问题的讨论。

同样，研究因特网和通过互联网进行的研究也引发了伦理关注。例如，美国科学促进协会（American Association for the Advancement of Science）早在 1999 年 11 月就举办了一次相关主题的研讨会。研讨会的总体结论如今仍然有效，归纳了本章已经探讨的一些主要关切事项。

当下，保护人类对象的伦理和法律框架均基于自主、有益和正义原则。第一项，原则是自主，要求将研究对象作为能动性的主体受到尊重，并申明，自主性下降的人有权得到特别保护。在实践中，知情同意反映的正是这一原则。知情同意旨在向研究对象披露研究的风险和益处。第二个原则，有益，涉及最大限度地提高研究对象的受益。同时，尽量减少可能的伤害和风险。由于知识成果可能让研究参与者付出代价，最后一项原则，即正义，寻求公平分配与研究有关的成本和收益，在一些个体或群体获益的同时，使另一些个人或群体不承担不成比例的风险。（Frankel and Siang，1999：2-3）

对研究伦理和机构审查委员会的评论不只是适用于美国研究。马丁·哈默斯利（Martyn Hammersley）和安娜·特拉亚努（Anna Traianou）（2011）描述了英国社会研究者和研究伦理委员会（Research Ethics Committees，REC）面对的许多相同问题。此外，他们还报告定性研究人员面临的特殊问题，即在研究过程中可能更改设计。在某些情况下，REC 会坚持监测整个研究进程涉及的伦理。

3.1.7 职业伦理规范

由于社会研究的伦理既重要又模棱两可，大多数专业学术机构都制定并公布了一套正式的行为规范，明确解释了哪些专业行为是可以接受的，哪些是不被认可的。在此我列举了美国民意研究协会（the American Association of Public Opinion Research，AAPOR）的行为规范。AAPOR是社会科学研究的一个综合性研究机构（见图3-1）。绝大多数的职业协会都有这样的伦理规范。比如，美国社会学学会、美国心理学学会（the American Psychological Association）、美国政治科学学会（the American Political Science Association）等等。你们可以参阅这些学会的网站。此外，互联网研究者协会（the Association of Internet Researchers，AoIR）的伦理规范可以在线获取。摘录的内容展示了一些伪科学研究的案例，也是AAPOR和其他专业研究组织所不齿的。

美国民意研究协会职业伦理与实践规范

我们作为美国民意研究协会（American Association for Public Opinion Research）成员，将遵循本规范的以下原则。我们的目标是支持调查和民意研究的倡导和伦理实践，以及在公共和私人领域将这些研究运用于政策和决策行动，以改善公众对调查和民意研究方法的理解，合理运用研究结论的实践。

我们承诺，在执行、分析和报告工作时，保持高标准的科学能力、诚信和透明度，与研究对象和客户建立并维持关系，并与将研究用于决策目的的人和公众进行沟通。我们还承诺，拒绝从事不符合本规范的活动和任务。

规范指出，所有专业研究人员都有义务维护调查和民意研究的可信度，无论其是否加入本协会或任何其他协会。

规范的目的不是就具体研究方法的优点作出判断。AAPOR执行理事会可随时就调查设计、执行和报告以及民意研究的最佳实践发布准则和建议。

一、面对人类对象的专业实务原则

（一）应答者和潜在应答者

1. 我们将避免使用可能的伤害、危害、羞辱或严重误导调查对象或潜在应答者的做法或方法。

2. 我们尊重被调查者在表达时的愿望，应答者可以不回答某些调查问题或向研究人员提供其他信息。我们将向应答者提供联系信息。

3. 除了十年一次的人口普查和法律规定的其他政府调查外，参加调查和其他民意调查需以自愿为原则。我们会向目标调查对象提供足以使他们就是否参与调查作出知情和自由决定的说明。我们不会就研究委托或目的作出虚假或误导性宣称，并且，我们会对与研究相关的问题提供真实说明。如果披露相关信息可能导致严重应答偏差或危及访员，则足以表明，在研究结束之前，某些信息无法披露或不会披露。

4. 不得以开展调查和民意调查为幌子，歪曲我们的研究或开展其他活动（如销售、筹款或政治活动）。

5. 除非应答者明确放弃特定用途的保密性，否则，我们将为所有可单独使用或与其他合理可用信息结合使用以识别应答者及其应答的信息保密。我们亦不会披露或使用应答者的姓名或任何其他个人识别资料以用于非研究目的，除非应答者准予我们这样做。

6. 我们理解，在法律程序中使用我们的研究成果并不免除我们道德义务，即对所有应答者的可识别信息保密（除非应答者明确放弃），或降低答辩人保密的重要性。

（二）客户或委托方

1. 在为私人客户工作时，我们将对获得的客户以及客户所做研究的行为和结果的所有专有信息保密，除非客户明确授权传播信息，或根据本规则第I-C或III-E节的条款需要披露。在后一种情况下，披露应限于与研究的行为和结果直接相关的信息。

2. 我们应注意自己的技术和能力的局限性，只接受我们有能力且可以在合理期望内完成的研究任务。

（三）公众

1. AAPOR披露标准要求发布研究执行的关键信息，我们将向相关对象知会我们公开发布研究结果。我们将尽一切合理努力鼓励客户在发布时遵循我们的此类披露标准。

2. 我们将纠正任何可能影响对结果解释错误的错误行为，并向相关内容的所有原始接收者传播此类更正。

3. 在可行的情况下，我们将努力纠正对事实的歪曲和数据或分析的失实，包括发生在我们的研究伙伴、共同调查员、委托方或客户等身上的事实歪曲和数据或分析的失实。我们认识到，分析中的观点分歧不一定是事实歪曲或分析失实。我们将向所有提出事实歪曲或分析失实的各方发布纠正声明，如果这些事实虚假陈述或歪曲被公开，我们将在可能的相应公共论坛上予以纠正。

（四）专业人士

1. 我们认识到我们对调查和民意研究科学的责任，尽可能自由地传播我们研究产生的观点和发现。

2. 我们可以自豪地指出，协会成员和其他人士对本规范的遵守，证明在与应答者、客户或委托方、公众和行业的关系中，我们致力于高标准的道德。但是，我们不会引用我们的会员资格或遵守规范作为专业能力的证据。因为，协会不对任何个人或组织进行能力认证。

二、在工作中的职业实务原则

（一）在开发研究设计和工具中，在收集、处理和分析数据中，我们将采取一切合理步骤，确保结果的信度和效度。

1. 我们只推荐和采用那些以我们的专业判断认为适合当前研究问题的工具和方法。

2. 我们不会故意选择产生误导性结论的研究工具和分析方法。

3. 我们不会故意对与现有数据不符的研究结果作出解释，也不默许此类解释。我们将确保我们报告的任何研究结果，无论是私下还是公开发布，都是对研究结果中肯的和准确的描述。

4. 我们不会故意暗示超出数据可以证明的解释。当我们用样本推及总体时，我们只会采用的抽样框和抽样方法保证的精度。例如，基于选择性加入或自愿加入的样本，报告边际抽样误差便具有误导性。

5. 我们不会故意捏造或伪造数据或结果。

6. 我们将从方法、内容和可比性方面准确刻画我们在工作中引用的其他来源调查和民意研究。

（二）我们将在所有研究报告中准确、适当地刻画我们的方法和结论，并遵守下文（第三节）规定的披露标准。

三、披露标准

良好的职业实践规定所有调查和民意研究人员都有义务披露研究执行的某些关键信息。在公开发布研究时，最好在公布结果时全面、完整地披露。但是，某些信息可能并非立即提供。如为私人客户工作，在向客户提供结果时，应向客户提供相同的关键信息。

（一）我们将在任何研究成果报告中列入以下项目，或在报告发布后立即提供。

1. 谁委托了这项研究，谁进行了这项研究，谁资助了这项研究，包括延伸的资助，原始资金来源。

2. 报告结果的问题和应答的确切措辞和陈述。

3. 研究总体的定义、地理位置以及用于识别抽样框架的说明。如果是第三方提供抽样框，应提供供应商的名字。如果未使用抽样框或使用列表，应注明。

4. 对抽样设计的描述，应明确说明选择（或自行挑选）应答者的方法，应在调查指南或事后处理中说明是否有样本量限制，增加样本的选择标准。抽样框和样本设计的描述应包括详细说明抽取应答者是采用概率方法还是非概率方法。

5. 对样本大小和调查结果精确性讨论应包括概率抽样的误差估计值和涉及加权或估计的变量说明。对结果精度的讨论应说明是否由于聚类和加权（如果有）而运用了边际抽样误差或统计分析调整。

6. 哪些结果来自部分样本，而不是全样本，以及这些部分的大小。

7. 数据收集的方法和日期。

（二）如遇资料需求，我们将在获得需求后的 30 天内提供。

1. 可能影响应答进而影响结果的任何先于访员或应答者的介绍，任何先于访题或介绍的说明。

2. 任何相关的刺激，如视觉或感官展品或展示卡。

3. 抽样框对目标人群覆盖性的说明。

4. 从之前已有追踪样本或样本池抽取应答者的方法。

5. 抽样设计的详细信息，包括参与资格、筛选程序、过度抽样的性质，以及提供补偿或激励的方法（如果有）。

6. 研究的专属样本记录处置摘要，以便计算概率样本的应答率和非概率样本的参与率。

7. 权重参数的来源和权重应用方法。

8. 数据核查程序。在适用情况下，还应披露访员培训、督导和督导方法。

（三）如果报告应答率，则应根据 AAPOR 标准定义计算应答率。

（四）如果报告的结果基于多个样本或多种模式，应披露每个项目。

（五）如果我们的任何正式调查工作涉嫌违反本规范，且经 AAPOR 执行委员会批准，我们将提供额外信息，以便对该项研究进行专业评估。

资料来源：http://www.aapor.org/AAPOR_Code/2401.htm。

3.2 两起有关研究伦理的争议

正如你们想到的，公布、实施职业行为准则并不能完全解决研究伦理问题。针对某些一般准则，社会科学家们仍然存在分歧；即使原则上达成一致，在具体方面也有歧见。

本节简单叙述这几年来曾经引发伦理争议和广泛讨论的两个研究项目。第一个项目是研究公共厕所里的同性恋行为，第二个则是在实验室研究顺从行为。

3.2.1 "茶室"风波

汉弗莱斯（Laud Humphreys）是一位研究生，他对同性恋研究感兴趣，尤其喜欢研究一些男性非同性恋者不经意地突然表现出的同性恋行为。因此，他把研究地点设定在公园的公共厕所，即同性恋者口中的"茶室"，在那里观察陌生人相遇时表现出的同性恋行为。研究成果发表在 1970 年出版的经典文献《茶室交易》（*Tearoom Trade*）中。

汉弗莱斯特别感兴趣的是，这些研究对象在其他地方过着"正常"生活，在家庭和社区都没有遭遇另眼相待。没有任何蛛丝马迹显示他们是同性恋者。因此，在"茶室"，隐匿自己非同性恋者身份十分重要。那么，研究又该如何进行呢？

汉弗莱斯决定利用具体情境的社会结构。一般来说，典型的茶室有三个人：两个进行同性恋性行为的人，一位旁观者，即"守卫皇后"（watchqueen）。汉弗莱斯在公共厕所出入，并适时扮演"守卫皇后"角色。既然做守卫皇后可以观察要研究的行为，采用实地观察法也就类同于实地参加政治抗议或在十字路口观察行人穿越红绿灯。

为全面理解同性恋者在"茶室"的行为，汉弗莱斯必须更深入了解研究对象。为了避免惊动研究对象，汉弗莱斯想出了一个与众不同的方法。他偷偷地记下研究对象的车牌号码，然后，通过警方追踪到他们的姓名和地址。乔装打扮以确保自己不被认出后，汉弗莱斯又登门造访，向研究对象说自己正在进行一项调查研究。运用这些方法，让他成功地搜集到在公共厕所搜集不到的个人数据。

你们可以想象，汉弗莱斯的研究在社会学界内外都引发了极大的争议。有些批评家认为，汉弗莱斯假科学之名，粗暴侵犯他人隐私。任何人在公厕的举动都是他们自己的事情，和别人无关。也有人认为，其中涉及欺骗：汉弗莱斯欺骗受访者，让他们以为他不过是一个有窥视癖的参与者。此外，即使有学者认为公共厕所是公共场合，认可对"茶室"行为的观察，也仍反对其后继的调查。他们认为，汉弗莱斯跟踪当事人至其居所，并利用虚假身份进行访谈的做法，违反了研究伦理。

当然，也有学者为汉弗莱斯的研究辩护。他们认为，这个议题值得研究，也确实没有其他更好的方法可以使用。他们还认为，这种欺骗行为并没有伤害受访者。他们还注意到，汉弗莱斯相当谨慎，避免因曝光研究对象的"茶室"行为而对他们造成伤害。汉弗莱斯研究的影响之一是，在公共场所与陌生人邂逅并发生性行为的现象，使某些既有成见受到冲击。研究发现，参与性活动的当事人，在生活的其他方面，大体上是非常保守的。

有关"茶室交易"研究的争议，始终没有得到定论，其中，总是掺杂着情感因素且牵涉伦理问题。针对这些伦理问题，人们往往会各执一词、互不认同。你们的看法是什么？汉弗莱斯的做法合乎研究伦理吗？这个研究哪些方面有可取之处？哪些方面值得商榷呢？

3.2.2 观察人类的顺从行为

第二个例子和第一个大相径庭。汉弗莱斯的"茶室交易"研究采用的是参与观察法，这项研究则是在实验室进行的。第一项是社会学研究，这一项是心理学研究。第一项研究考察人类行为的异质性，这一项研究则要考察人类性格中的顺从性与同质性。

二战中，最令人不安的陈词滥调之一是德军常常将暴行合理化的借口："我只是服从命令罢了"。从这种观点出发，产生了这样一种看法，即：任何行为，无论如何的千夫所指，只要能由别人承担责任，当事人就可以被洗白。譬如，如果一个德国高级将领命令一个士兵杀死一个婴儿，该"命令"就可以使这名士兵免于承担杀婴的个人责任。

审判战争罪的军事法庭虽然不接受这样的托辞，社会学家和其他许多学者都相信，这种观点充斥于社会生活。如果人们能够声称自己听命于某些有较高权威的人，就会愿意去做自己也知道会被认定有错的事情。美军当年在越南美莱（My Lai）村制造的屠杀惨案，便是这种"正当性"的例证。当时，美军杀害了300多名手无寸铁的村民，其中不少是儿童，仅仅是因为美军以为美莱村是越共的基地之一。发生在寻常百姓生活中的这种"正当性"，就没这么引人注目了。极少人会否认迷信权威现象的存在，米尔格拉姆（Stanley Milgram，1963，1965）对顺从的研究，引发相当大的争议。

米尔格拉姆从不同行业中找来了40名成年男性进行实验室研究，观察人们遵从指令而去伤害他人意愿的程度。为了这项研究，研究人员对实验室设施进行了重新布置。如果你们是实验对象，就会有如下经历。

你们会被告知，还有另外一名研究对象加入实验。经过抽签，你们被指派为"教师"角色，而另一个实验对象则充当"学生"。"学生"被带进另一个房间，且被捆在椅子上，手腕上绑着一个电极。作为"老师"，你坐在一个令人印象深刻的电量控制板前，控制板上有许多的刻度盘、仪表、开关。每一个开关都标明不同的电压值，从 15 伏特到 315 伏特不等。还有其他的开关也带有标志，上面写着"高压电""危险！极强电压"和"×××"等令人头皮发麻的词语。

实验进行的方式大概为："老师"先对"学生"读一组词语配对题，然后测试学生是否能将这组词语正确地进行配对。"老师"看不到"学生"，因此他的答案正确与否，是通过仪表板上的灯来显示的。如果"学生"的答案错误，实验者要求"老师"拨动开关，对"学生"实施电击（从最低电压开始）。透过连通两间屋子的一扇门（且门是开着的），"老师"能听到"学生"对电击的反应。然后，"老师"必须继续读另一组词语配对题，再次对"学生"进行测试。

随着实验的进行，给予"学生"的电击量不断增加，直到"学生"高声尖叫，苦苦哀求停止实验。即使如此，实验者仍要求"老师"继续进行实验。这时，学生会猛踢两个房间之间的墙壁，高声尖叫。此时，研究者仍然无情地要求继续对"学生"实施电击。直到最后，"老师"对"学生"宣读试题并询问答案，却得不到任何回应，"学生"的房间一片死寂。实验者还告知你"没有回应"应被视作错误答案，要求继续实施更高电压的电击。直到"×××"级的电压，实验才告一段落。

如果你们在扮演"老师"，当你们第一次听到"学生"尖叫时，你们会怎么办？当他脚踢墙壁时呢？当他完全无法发出声音，甚至已经没有生命迹象时呢？你们会拒绝继续实施电击，不是吗？大多数人当然都会给出拒绝继续电击的答案。然而，在米尔格拉姆的实验中，前 40 名被试在"学生"开始脚踢墙壁之前，没有一位"老师"拒绝实施电击。有 5 位"老师"在"学生"开始脚踢墙壁时拒绝继续电击，却有 26 位"老师"，即 2/3 的被试继续对"学生"实施电击，直到最高电压为止。

或许你们早就猜到了，电击是假的。担任"学生"的是实验者的"托儿"。只有"老师"才是实验的真正对象。"老师"受人引导，以为自己在电击"学生"，事实上，根本没有伤害"学生"。这项实验旨在测试人们遵守命令的意愿度，而这些指令在某些场合很有可能会杀害某个人。

米尔格拉姆的实验无论在方法层面还是伦理层面都引发了激烈批评。在伦理方面，批评特别集中于对被试的影响。许多被试认为，自己遭受了与被电击者相同程度的痛苦。他们哀求实验者允许他们停止电击。在实验过程中，被试变得极度沮丧和紧张，其中有人出现癫痫症状。

对于这个实验，你们有什么看法？你们认为实验议题的重要性足以为实验方法辩解吗？任务报告足以减轻所有可能的伤害吗？就探究人类的顺从性而言，你们还能想到其他的实验方法吗？

有两个组织的网站也许能帮助你们理解研究伦理。出于对社会研究伦理的重要性的认识，美国社会学学会开设了一个名为"在社会学课程贯彻伦理教育"的网站，网站包含了一系列的研究案例及其应对方法。美国国家卫生研究院设立了一项在线课程，涵盖了人类被试研究的历史、问题与方法。课程虽然是为申请联邦经费的研究者特别开设的，却向任何对该议题有兴趣的人开放。

3.3 社会研究中的政治

如同早前所言，伦理和政治会因个人意识形态的不同而出现不同的观点。一个人可以接受的观点，对另一个人而言，可能恰恰是不能接受的。在研究中，尽管政治和伦理往往密不可分，但是我仍然想从两方面将两者区分开。

首先，社会学研究的伦理争议大多与采用的研究方法有关。政治争议，则常常出现在研究的目的和运用中。举例来说，一些批评家从研究伦理角度反对米尔格拉姆的电击实验，认为其方法伤害了研究对象。从政治视角出发，批评家则会认为人类的顺从行为并非合适的研究议题：我们不应该干预人们的意愿，无论是让他们顺从于权威还是听从与之相反的政治观点。这种不当干预导致的研究结果，恰恰可能使人们更加盲目地迷信权威。

其次，社会学研究的政治与伦理分野还在于，现实社会不存在正式的政治行为规范。尽管一些伦理规范也含有政治意义，如对研究对象无害的明确研究导向来源于西方社会保护人权的政治观念。不过，到目前为止，还没有一种能让社会学家一致接受的政治规范。

尽管缺乏整体规范，但也有例外，如普遍接受的观点：研究者个人的政治取向不应该妨碍或不适当地影响其科学研究。如果研究者出于推广和深化其政治观点的目的，采取曲解内容或作伪欺诈等手段炮制研究，这种行为就是不正当的。不过，学术研究还是常常因违反规范而饱受攻击。

3.3.1 客观性与意识形态

本书第 1 章提出，由于研究者与生俱来的主观性，社会学研究永远不可能达到真正客观的境界。科学作为集体的事业，是通过主体间性而趋近于客观性的。就是说，不同的科学家，尽管各有不同的主观观点，但通过运用广泛接受的方法，可以得到相同的结果。只要研究者抛开个人的观点和价值观，就能使研究结果在一定程度上形成共识。

在社会学研究中，对客观性和中立性的经典论述是韦伯的《作为职业的学术》(*Science as a Vocation*，1946) 演讲。在这次演讲中，韦伯提出了"价值中立的社会学"这一术语，并且大声疾呼应遵循社会学的这种研究要求。他认为，社会学应该像其他科学一样，不受个人价值观的妨碍，从而对社会有所贡献。无论是自由主义者还是保守主义者，都应该以学科"事实"为准绳，而不论这些事实是否和自己的政治观念相符。

大部分社会研究者都认同这一抽象理想，并非全部。例如，马克思主义和新马克思主义学者主张，社会科学和社会行为不能也不应该分开讨论。他们认为，对社会现状的所有解释都在为既得利益者辩护。比方说，从社会功能出发对社会歧视的解释，是在为其继续存在提供合法性。由此观之，忽视对社会及其弊病的研究，缺乏让社会更人性化的使命感，是一种不负责任的行为。

在第 10 章，我们将审视"参与式行动研究"。确切地说，就是研究目的由研究对象设计规划，并为他们重视。在这些目的的基础上，研究人员开展社会调查。例如，研究人员向某工厂的工人承诺改善他们的工作环境，那么，他们需要工人们详细说明他们的期望，并参与相关社会研究，通过研究来达到他们预期的结果。此时，研究者的角色是要确保工人们能够利用这些专业的研究方式。

除了抽象地争论社会科学到底能否或是否应该做到价值中立之外，社会学界还就某一具体社会学研究到底有没有可遵守的价值中立的标准，或者研究者是否应该以自身的政治观点介入研究等问题产生了争论。大部分学者都否认自己的主观介入，不过，这种否认也遭到了质疑。以下是一些引发强烈争议并将继续争论下去的案例。

1. 社会研究与种族问题

种族关系是社会研究和政治之间最复杂难解、最具争议性的议题。社会研究者对种族的研究由来已久。研究结果通常会被纳入政治实践的轨道。以下将举几个简单的例子作为引证。

1896 年，美国最高法院（the U. S. Supreme Court）确立了"隔离但平等"（separate but equal）原则，即在对非洲裔美国人实行种族隔离政策的同时，不违背美国宪法第十四修正案要求的对非洲裔美国人之平等权保障。这个决议并没有参考或引证任何社会研究。尽管如此，人们还是相信最高法院受到了一位当时的社会科学界权威萨姆纳（William

Graham Sumner)的影响。当时，萨姆纳提出，社会的道德和民俗，并不会因社会立法和社会规则的变化而发生显著变化。他的想法常常被转述为"国家政策与民俗民风之间互不干涉"。因此，法院不能接受"立法可以改变社会偏见"的假设，并且否定"法律和社区整体情感相抗衡"的说法（Blaunstein and Zangrando, 1970: 308）。就像很多政治家说的那样，"你不能为道德立法"。

1954 年，基于社会研究成果，新一届最高法院说明种族隔离环境会对非洲裔美国儿童的心理产生负面影响，决定推翻"隔离但平等"信条（*Brown v. Board of Education*）。最高法院还使用了许多社会学和心理学的研究报告，来引证他们的判决（Blaunstein and Zangrando, 1970）。

大体而言，当代美国社会研究者都支持非洲裔美国人在国内受到平等待遇。他们的信念也常常成为研究的动力。而且，他们还希望自己的研究能带来社会变革。比如，米达尔（Gunnar Myrdal, 1944）的美国种族关系两卷本，无疑对其研究主题具有深远的影响。米达尔搜集了大量数据。数据显示，非洲裔美国人的现实遭遇直接与美国社会平等与政治平等的价值观相冲突。而且，米达尔毫不掩饰自己的观点。（上网搜索关键词"Gunnar Myrdal"或者"An American Dilemma"，可以进一步了解米达尔及其里程碑式的研究。）

许多社会研究者还积极参与人权运动，不少还是相当激进的人士。由于平等理念在学界深入人心，研究者直言不讳地道出支持平等理念的研究结论，也不会招致批评。为了佐证美国社会科学界在平等理念上的团结一致，我们只需举几个例子。在这些例子中，其研究结论都与当时的主流意识形态相左。

大部分社会研究者都公开反对学校的种族隔离政策。1966 年，科尔曼（James Coleman）的种族和教育研究结果引发了当时学术界的激烈争论。科尔曼是一位备受尊重的社会学家。和当时的主流思想不同的是，他的研究发现，非洲裔美国儿童的学业表现并不因学校是否采取种族隔离而不同。科尔曼的研究认为，图书馆、实验器材以及教育资源的人均分配等显性标准的影响极其有限，家庭与环境因素对孩子学业表现的影响却相当重要。

科尔曼的研究发现无法为积极参与人权运动的社会研究者接受。有的学者批评科尔曼的研究有方法上的缺陷。最激烈的批评还在于，有的学者认为，这个结果可能加剧种族隔离，从而导致更严重的政治后果。围绕科尔曼的研究引发的争议，非常类似于莫伊尼汉（Daniel Moynihan）在 1965 年针对非洲裔美国人家庭带有批判色彩的分析引发的批评。一些人认为，莫伊尼汉是在对受害者求全责备，还有一些人反对莫伊尼汉将这些问题上溯至奴隶制的遗毒。

另一个引发政治争议的例子是涉及种族智力的研究。1969 年，哈佛大学心理学家詹森（Arthur Jensen）受邀在《哈佛教育评论》（*Harvard Educational Review*）上发表文章，讨论不同种族学生在智商上的差异。詹森最后得出结论，由于黑人和白人的基因不同，导致黑人的智商分数一般较白人偏低。詹森对于自己的结果相当有信心，并在全美各大学巡回演讲，阐述这个观点。

詹森的研究在方法上受到了广泛攻击。争议的焦点在于，佐证其结论的资料不是不够充分就是太过草率。虽然有许多不同类型的智力测验工具，其质量却良莠不齐。另外，还有人批评詹森在做结论时没有充分考虑社会环境因素。还有一些社会研究者举出了该研究在方法上的许多疏漏。

除了来自学界的批评以外，许多人还抨击詹森是种族主义者。在詹森公开演讲时，不少持不同观点的听众大声喝倒彩，淹没他的讲话声。具有讽刺意味的是，詹森的处境不禁让人回想起奴隶制盛行的百年前的废奴主义者受到的攻击。

对于像莫伊尼汉、科尔曼以及詹森等人的研究，许多社会研究者大多从科学和方法角度批评。然而，这些研究引起的政治风波反映出，意识形态也常会出现在社会研究中。尽管在形而上层面，抽象的研究模型应该独立于意识形态，但研究实践却始终无法与意识形态分离。

若要了解当前围绕种族及其相应成就的争论，请上网查阅有关《钟形曲线》（*The Bell Curve*）的不同观点。《钟形曲线》是赫斯坦（Richard J Herrnstein）和穆雷（Charles Murray）的著作（1994）。

若要了解研究与种族议题绵延至今的争论，我们还可以在第2章的批判种族理论中看到。

2. 性研究中的政治

如前所述，汉弗莱斯的"茶室交易"研究引起了研究者对伦理的争议，且争议一直在延续。由于针对汉弗莱斯研究的许多争议其实是由研究议题引发的，对此，我曾经写道：

汉弗莱斯不仅研究性行为，还对同性恋进行了观察与探讨。这种同性恋行为，甚至不是两个同性之间稳定专一的性关系，而是两个陌生人在公共厕所廉价的性邂逅。在20世纪70年代，对当时大部分美国人来说，或许只有那种献祭基督婴儿的邪教仪式才会比这种事情更令人激愤。（Babbie，2004：12）

然而，对许多人来说，汉弗莱斯的研究是一种强烈的刺激，原本已经趋于平淡的性研究，再次在公众中引起了恐慌。20世纪四五十年代，生物学家金赛（Alfred Kinsey）和他的同事，分别针对美国男性和女性的性生活，于1948年和1953年发表了具有里程碑意义的研究报告。金赛通过广泛进行的调查访谈，在报告中涵盖性行为频率、婚前及婚外性行为，同性恋性行为等内容。在当时，他的研究引起了公愤，人们甚至试图关闭金赛设在印地安纳州的研究所。

如今，尽管大部分人都不会再对金赛报告大做文章，但普通美国人对性研究仍有抵触情绪。1987年，美国国家卫生研究院（NIH）负责寻找抗击艾滋病蔓延的方法，需要大量有关性行为的数据以帮助他们设计对抗艾滋病的计划。这一研究目标促使罗曼（Edwad O. Laumann）及其同事开始了一项复杂的研究设计。研究方案聚焦于不同类型的性行为，这些类型分别代表了不同的人生阶段。罗曼等人的研究方案受到了国家卫生研究院及其顾问的赞赏。

后来，参议员赫尔姆斯（Jesse Helms，代表北加州）和众议员丹纳梅耶尔（William Dannemeyer，代表加州）介入。1989年，当听说罗曼的研究后，两位议员就开始阻止这项研究，并向一项青少年禁欲计划投入等量资金。生物学家福斯特-斯特林（Anne Fausto-Sterling）试图揣度赫尔姆斯之流的想法：

赫尔姆斯声称，研究的真正目的不是要"遏止艾滋病的蔓延，而是要捏造想象中的科学事实去支持左翼势力的自由论调：同性恋是正常的、可接受的生活方式……只要我在美国参议院还有一席之地，"他补充道，"我对那种事情永远不会屈服，因为，它根本不是另一种生活方式，而不过是鸡奸犯的勾当而已。"（Fausto-Sterling，1992）

在美国参议院的投票中，赫尔姆斯议案以66∶34获得支持。尽管众议院反对这一议案，国会委员会也终止了该议案的实施，然而，政府还是冻结了罗曼的研究经费。罗曼及其同事转而向私人部门寻求研究经费，在缩减原先的研究规模后，获得了研究基金。1994年，他们发表了研究成果，即《性的社会组织》（*The Social Organization of Sexuality*）。

3. 政治与人口普查

研究人类的社会行为，几乎都有政治的参与。以美国宪法要求的十年一次的人口普查为例。人口普查最初的目的只是为确认各州的人口规模，以便决定每个州在众议院代表的合理数量。平均每个州有2个参议员，人口多的州相对会比人口少的州多几名众议员。这是最简易的办法，因为，只要数清楚每个州的人口数量就够了。

起初，作为一个人口分散的国度，美国人口普查不是一件容易的事。况且，对"人"的定义也不是直截了当的。例如，在人口普查中，每个奴隶只能算3/4个人。这就减少了美国南部各州代表的占比。然而，如果把奴隶算成"完整的人"，就会产生"赋予黑奴选举权"这一危险而激进的做法。

进一步，在普查人口时，还有一些问题仍令人气馁。例如，社会研究者可能面临严重的保障困难。由于需要清点的人可能住在郊区村屋、都市公寓、大学宿舍、军营、农场、森林小屋，或是非法住宅区，或是根本就无家可归，更不用说未登记入册的移民了。对调查人员来说，这类问题具有足够的挑战性。然而，解决这些难题和解决难题所需的方法，还脱离不了政治的制约。

普威特（Kenneth Prewitt）在1998年至2001年期间负责人口普查局的指导工作。他描述了人口普查的一些政治问题：

在1910年至1920年期间，发生过一次大规模战时人口迁徙。人们从南方各州农村迁居位于北方的工业城市。1920年，在美国历史上，城市人口数量第一次超过了乡村人口数量。美国市内既有点新鲜气氛，又有点躁动不安，尤其是对那些杰斐逊主义者（Jeffersonian）来说更是如此。因为他们坚信，只有独立自主的农场主，才能最有效地保护民主政治。持这种论调的人，大多是生活在南方或西部农村的保守派国会议员。这次众议员名额的重新分配，将会导致政治权力的优势转移到以工业为基础的北方集团与居住在东北部城市、政治上比较激进的移民集团手中。因此，在国会上，南方保守派极力阻止议员名额的再分配，并托词抱怨称：1月1日正值人口普查日，把那些农业人口算成城市人口的做法，是不正确的，因为他们还要在春忙的时候按时返回到农场（后来，人口普查日改到了4月1日，当时还是1月1日）。这种争论一直持续了10年，直到下一届人口普查，国会才重新分配了众议员名额。（Prewitt，2003）

近些年来，对城市贫困人口数量的不完全统计也成为一个政治议题。一般来说，大城市最容易因不完全统计的数据而造成利益损失。大城市的人口也更倾向于支持民主党而非共和党。相应地，人们也容易判断哪个党派会积极地改善人口统计，哪个党派会略显消极。出于同样的原因，当社会研究者试图用现代抽样调查方法来统计总人口时（详见第7章抽样调查），就会从民主党而不是共和党那里得到更多支持。原因就在于，用更先进的抽样方法进行人口调查，会使民主党人受益、使共和党人受损。举这一例子的目的，不是为了表明民主党比共和党更支持科学发展，而为了说明，我们在进行社会研究时经常受政治环境的影响。在由社会学家格罗夫斯（Robert Groves）组织的2010年美国人口普查事前辩论会上，上述问题就曾出现过。

3.3.2　无孔不入的政治

社会研究常常受到政治意识形态的困扰，而"政治"对社会研究的影响，比这还要强烈。社会研究只要与存在争议的社会议题相关，就不可能保持百分之百的绝对客观——尤其是当不同的意识形态在社会科学数据中相互对抗之时。

当研究被卷入具有利益冲突的争论时，也会重现上述情况。例如，曾在法庭担任"专家证人"的社会研究者或许会同意，追求真理的科学理想，在一场审判或诉讼中，看上去却如此天真，甚至无可救药。尽管专家证人理论上并不代表法庭中的任何一方，但他们是其中一方雇来的，而且他们的证词往往支持付给他们报酬的那一方。这并不一定意味着这些证人会为他们的雇主做伪证，但诉讼的竞争者们，更愿意找对他有利的专家作为证人，这也是人之常情。

因此，作为一名专家证人，你们之所以能出庭，不过是因为你们自认为科学诚实的判断恰巧符合了你雇主的利益。一旦你们走进法院，宣誓自己所言句句属实，就已踏入了一个漠视"客观思考"的理想世界。刹那间，所有原则只关乎胜负。作为一名专家证人，你们会失去的似乎仅仅是他人的尊敬而已（或许还有将来再当专家证人挣钱的机会）。然而，这样的赌注对大多数社会研究者来说，已然高得过分。

我自己就有亲身体验。我曾经代表一群公务员到联邦法院作证，他们的生活津贴（cost-of-living allowance，COLA）因某个我认为非常粗劣的社会研究而被削减。我受雇进行"更科学的"研究，以证明公务员们遭受了不公正待遇。(Babbie, 1982: 232-243)

我站在证人席上，觉得自己还挺像个受人尊敬的教授兼教科书作者。但是，我很快发觉自己简直像是从学术领域被拖到了冰球场。突然间，统计显著性检测和抽样错误等学术问题，还不如一记冰球强打与案子的关系更大。有一次，对方来自华盛顿的律师诱导我大方地承认自己熟悉某份专业期刊，而不幸的是，那份期刊根本不存在。我感到大受侮辱，态度瞬间转趋强硬。几乎是下意识地，我从好好先生变成了忍者教授（ninja-professor），直到成功报复了那位律师才觉得出了口恶气。

虽然那些公务员成功地拿回了他们的生活津贴，但我还是得承认，我也很担忧自己当时在法庭众人面前是什么形象。讲这段轶事是为了阐明，我们通常认为科学客观的研究，同样存在着人类互动中的人际"政治"。我们要认识到社会研究者都是普通人，他们的行为也都是普通人的行为，我们在评价他们的研究成果时必须考虑到这一点。这一认识并不意味着他们的研究没有价值，也不能成为我们拒绝自己不喜欢的研究结果的借口，但它必须被考虑在内。

在社会科学之外，类似的问题也常被提及。例如，你们可能读到过这样的报道：医学科学家通过研究论证了一种新药的安全性，而研究委托方正是研发新药的制药公司，他们正寻求获得美国食品与药物管理局（FDA）的售药许可。尽管这项研究的质量或许确实非常高，但我们仍应质问，它是否已被利益纠葛所玷污。类似的例子再比如，当煤矿或石油企业赞助的一项研究得出结论说，全球气候变化并非由人类引发，你们不应武断地认为这项研究就有猫腻，却应准备好接受存在猫腻的可能性。至少，这类研究的赞助情况应当是公开透明的。

将这样的思考应用于调查研究时，美国民意研究协会（AAPOR）于2009年开始了一项"透明运动"（Transparency Initiative），要求所有协会成员公开汇报他们研究方法的全部细节，敦促所有其他的调查研究者也这样做。但AAPOR的主席米勒（Peter V. Miller）也承认，这一运动可能阻力重重：

> 近期的一些事件教会我们，公开披露做法本身也可以被操纵。我们可以声称用某种方式开展了民意测验，但事实上，测验可能根本就没有做，或使用了另外一种方式。撒谎如此之易，以至于令人十分担忧。虽然我们必须依靠参与者的正直，但我们不能仅仅在信任的基础上行事。我们必须创造一些方法来核实我们得到的信息。AAPOR对研究项目的认可是否有实际价值，正依赖于此。(2010: 606)

3.3.3　正视政治问题

虽然研究的伦理和政治在原则上截然不同，它们确实又有所交叠。每当政治人物或公众认为社会研究正在违反伦理或道德规范时，他们很快地会用自己的方法予以纠正。不过，他们保护的，也许并不是学术标准。对于这些纠正，即使研究者赞成其出发点，却也可能破坏研究本身。

立法人员尤其关注关涉儿童的研究。本章讨论的社会研究规范也要求保护儿童不受到身体和情绪的伤害。若干限制性法案时不时地被提出来，其中一些近似于某个西部都市（它的名字不宜披露）的行为。一位公立学校老师在课堂上播放新时代（New Age）音乐并鼓励学生冥想，引发社会的担忧。作为回应，市议会通过了一项议案，要求老师不能做出任何"影响学生心灵"的举动。

如今，"科学的政治化"成为一个相当热门的议题，左右两派都指责对方有此行径。一方面，进化论教学遭到新一轮反对，同时，又出现了要求在教学内容中加入智慧设计说（Intelligent Design，上帝创世说的变体）的呼声。在许多类似情形下，科学都被视作对宗教的威胁，而科学家有时更会被指控为反宗教的异端。另一方面，忧思科学家联盟（the Union of Concerned Scientists）于2005年发表了一份由数千科学家联合签署的声明，表达了这样的担忧：政治权力集中于一个政党，可能威胁科学研究的独立性。原文摘录如下：

美利坚合众国有着资助科学研究、尊重学者独立的光荣历史。得益于此，我们才一直长期享受着经济发展和公共健康带来的种种福祉，以及在全球科学界无可比拟的领导地位。然而，政界高层近期的一些行为，很可能破坏这一遗产，使得一些最好的科学研究无法对重大政策决策产生影响，从而给我们的健康、安全和环境造成了严重后果。

从儿童铅中毒到汞排放，从气候变化到生殖健康，再到核武器，在这一系列问题中，政治领导层审查并有意曲解那些与既有政策矛盾的科学发现。有时，他们操纵基础科学研究，使其结果与业已确定的政治决策一致。

从这些讨论中，我希望你们记住四点。

首先，科学之于政治，并非是铁板一块。政治及相关意识形态并不仅仅干预着社会研究，自然科学也经历过、并且依然在经历类似的干预。然而，社会科学与社会生活的联系尤其紧密。社会研究者研究的内容，与每个人息息相关，在人们心中激起深刻而私密的情感，影响着他们的生活。更何况，社会研究者也是凡人，他们的情感也常常表露于他们的职业生活中。如果以为一切研究都是超然客观的，那就太天真了。

其次，即使面对政治争议和敌对，科学研究仍会摸索前行。哪怕当研究者们彼此动怒，甚至恶言相向，或者当研究界遭到外部抨击，科学探索依然持续如初。研究的进行，结果的发表，新知识的学习，都将继续。总而言之，意识形态的争端，无法阻止科学的前进，却使它更加富有挑战性，也更加激动人心。

第三，有意识地考虑意识形态，能使社会研究方法的理论和实践更加丰富。科学有许多长期形成的特征，例如主体间性，能够帮助消除或控制我们作为人类的弱点，尤其是那些我们没有意识到的弱点。否则，我们可能用一种封闭的眼光看世界，永远自闭于个人的偏见和专断之中。

最后，虽然研究者不能让人们固有的价值观念影响其研究的质量和可信度，但并不等于说研究者不能或不应该参加公开辩论去表达自己的科学见解和个人价值观。针对种族偏见，你们可以做出科学而出色的社会研究，同时也公开反对这种偏见。有些人认为社会科学家因其具备对社会运作的科学见解有义务公开表达自己的见解，而不应把这个角色推给政治家、记者和脱口秀主持人。

最近这些年，"公共社会学"（public sociology）大受追捧。支持它的学者们可能对社会学应该如何影响社会、影响社会的哪些方面有着不同的见解，但是大家都赞同社会学应发挥导向性影响。你们可能还记得第1章对"应用"和"纯粹"研究的讨论，它是当代社会学运动的背景之一。如果你们希望进一步探究这个问题，可以查阅2008年11月《当代社会》(*Contemporary Society*)杂志的专题论文集，由詹尼斯、史密斯与斯特班-诺里斯（Valerie Jenness, David A. Smith and Judith Stepan-Norris）编辑。

本章要点

导言

- 除了需要面对技术和科学层面的问题，社会研究还需要兼顾管理、伦理和政治层面的问题。

社会研究中的伦理

- 在研究中，伦理的"对"与"错"，归根结底是一群人一致认同的对与错。
- 研究者认为，研究对象参与研究活动，通常应是自愿的。然而，这一规范可能与科学要求的普遍性相违背。
- 研究者认为，研究工作不应伤害研究对象，除非他们在知情条件下同意，从而自愿自知地（willingly and knowingly）接受被伤害的风险。
- "匿名"指的是连研究者都无法将研究对象的特征信息与研究对象相对应。"保密"指的是研究者知道可识别信息并承诺为之保密。确保"保密"的直接办法是在不再需要身份信息时毁掉它。
- 很多研究设计或多或少都有对研究对象的欺骗。欺骗违背了伦理行为准则，因此，研究中的欺骗，需要强有力的正当性。即便如此，其正当性也可能面临质疑。
- 社会研究不仅对研究对象负有伦理责任，而且对学界同仁也负有伦理责任。这些责任包括全面、精确地提供研究结果，以及公布研究结果尚存在的错误、不足和其他缺点。
- 多个学科的职业协会都公布有相应的伦理规范，借以为研究者提供指导。这些规范是必须的、有益的。但是，规范不能解决所有伦理问题。

伦理问题的两种争议
- 汉弗莱斯的"茶室"性邂逅研究和米尔格拉姆的顺从研究，引发的伦理争议至今不休。

社会研究中的政治
- 社会研究不可避免地具有政治和意识形态影响。尽管科学具有政治中立性，但科学家没有。很多社会研究不可避免地涉及学术之外的人的政治信念。
- 大多数研究者虽然都同意政治取向不应不适当地影响研究，但在实践中，很难将政治和意识形态与开展研究割裂开来。有些研究者认为，研究能够也应该是社会行动和变革的工具。更为复杂的是，意识形态还影响到其他研究者看待某项研究的方式。
- 虽然科学规范无法迫使科学家放弃个人价值观，但是，科学的主体间性可以防止科学成为全然个人偏见的产物。

关键术语

以下术语是根据章节内容来界定的，在出现术语的页末也有相应的介绍，和本书末尾的总术语表是一样的。

匿名　保密　任务报告　知情同意

准备社会研究：伦理问题

如果你们在真正地策划一个研究项目，可能需要向你们学校的伦理审查委员会（IRB）提交策划。如果是这样的话，你们需要了解当地法规要求的相关表格和流程。此处的关键在于对研究对象的保护——避免伤害，保护研究对象的隐私，以及本章节讨论的其他类似问题。

在策划中，你们需要探讨研究涉及的伦理风险，以及要采取哪些措施来避免风险。或许你们需要准备表格来确保研究对象知道参与过程伴随的风险，并给予知情同意。匿名和保密等术语很可能会出现在你们的讨论中。

复习和练习

1. 考虑以下真实的和假设的研究情形。每个例子的伦理成分是什么？你们又有何感想？你们认为，这些流程最终是否可被接受？或许和你们的同学一起讨论这些情形会更有帮助。

（1）一名心理学教师在一节心理学导论课上，要求学生完成一份问卷调查，教师会对调查结果进行分析，并用来撰写期刊论文以供发表。

（2）在一次暴乱中，研究者对挑衅行为进行实地调查，后来执法官员要求研究者指认他观察到的抢劫者。为避免被当成同谋而被逮捕，研究者遵从了。

（3）在完成一本研究报告终稿后，研究者发现 2 000 个调查访谈中的 25 个是由访谈者伪造的。为了保证研究规模，研究者发表了研究结果且没有提及伪造信息。

（4）研究者获得了一份他们希望研究的右翼激进分子名单。他们与激进分子联系，并说是从总人口中"随机"选出来做民意调查的。

（5）一名大学教师想检验不公正斥责的效果。他给上同一门课的两组学生组织了一场时长 1 小时的考试。两组学生的整体成绩基本相同。但其中一组的成绩被人为地降低了，教师"因他们考得太差"斥责了这一组。然后，教师又对这两组进行了同样的期末考试，发现，受到过不公正斥责那组的成绩相对更差。假设得到了证实，研究报告也发表了。

（6）在一项关于性行为的研究中，研究者希望让研究对象说出他们认为羞耻的行为。为了突破他们不情愿的心理，研究者使用了这样的问题："每个人都不时地手淫，你的频率如何？"

（7）一名研究者调查学校寝室生活，发现 60% 的学生经常违反不准喝酒的规定。这一发现的发表，可能会激怒学生群体。由于暂无计划进行广泛的酒精摄入行为分析，研究者决定不发表这一发现。

（8）人们会对自己完全不知道的事情发表看法以维护自己的脸面。为了检验人们会维护脸面到何种程度，研究者要求研究对象就一项虚构事件表达态度。

（9）研究者将一份问卷装进注册材料袋里在学生中传播。虽然没有要求学生必须填写问卷，但是，研究者希望学生认为他们必须完成，这样可以得到更高的应答率。

（10）研究者为研究一个激进政治群体而假装加入，并成功地被吸纳为核心决策圈的一员。如果该群体正在策划如下活动，研究者该怎么办？

①平和但非法的游行

②在确定一幢公共建筑没人时炸掉它

③谋杀官员

2. 复习米尔格拉姆针对人类顺从行为的研究及其相关讨论。如果要你们设计一项研究来实现相同目的，并避免重蹈米尔格拉姆研究伦理的覆辙，你们会如何做？你们的研究是否会同样有效？是否会产生同样的效果？

3. 假设研究者偏好小家庭制度，认为这能解决人口过剩问题。他想进行一项调查来研究为何一些人想要多子多孙，而另一些人则不希望如此。讨论这位研究者个人观点可能导致的问题，以及避免这些问题的方法。在设计调查时，研究者需要考虑哪些伦理问题？

4. 在网上搜索"知情同意"，并用"研究"来限制你们的搜索。浏览结果，分析哪些人群运用知情同意原则有困难，提出克服困难的方法。

第 2 篇

研究的建构：定量与定性

第 4 章　研究设计
第 5 章　概念化、操作化与测量
第 6 章　指标、量表与分类
第 7 章　抽样的逻辑

准确地表达问题往往比回答问题更困难,而一个表达准确的问题,基本上就回答了问题本身。在我们向他人清楚地陈述一个问题的时候,其答案也已经呼之欲出了。

第2篇着重于那些应该观察的事物,换句话说,本篇着重于如何准确地表达科学问题,即研究的建构。第3篇则描述一些社会科学观察的具体方法。

第4章强调进入研究的一些问题,考察社会科学研究的目的、分析单位、关注点,以及科学家从事研究的原因。

第5章谈论你们要测量事物的具体含义,即概念化和操作化。我们将以一些日常生活中的常用词汇为例,如偏见、自由主义、快乐等等,说明我们进行研究时,明确术语的含义是何等重要。这个澄清的过程,也被称为概念化。

只要我们澄清了某些术语的含义,我们就能对术语进行测量。构造工具的过程或测量操作,我们称之为操作化。第5章对操作化进行一般性讨论,重点关注访谈和问卷访题的建构。

为详尽阐述测量,第6章要进一步讨论如何从事研究,探讨在定量研究中运用指标法(indexes)、量表法(scales)和分类法(typologies)测量变量的技术。譬如,我们可以询问受访者5个不同的有关性别平等态度的访题。之后,运用受访者对5道访题的应答,形成有关性别平等主义的复合测量。这类复合测量是在数据分析中建立的(参见第4篇),尽管复合测量的原始数据必须在研究设计和数据搜集时准备妥当。

最后,我们将探讨社会研究者选择用于观察的人或事。第7章讨论抽样,强调一般化过程中的基本科学问题。你们将了解如何通过选择观察少量的人或事,然后,把观察结果推论到较多的人或事。譬如,通过抽查2 000位美国公民在总统选举中的投票取向,正确地预测其他成千上万美国公民的投票行为。在这章中,我们将考察一些有助于将观察一般化的技术。

总之,在第2篇中你们将学习从事社会科学观察的一些技术。第3篇则告诉你们之后的研究步骤。

第 4 章
研究设计

章节概述

你们将从本章学到许多社会科学研究者针对研究对象、时间、方式和目的使用的各种研究设计。

导　言

科学是致力于发现的事业。无论你们要发现什么，都有许多方法。人生亦如此。假设你们要找某种新车型，例如"涡轮虎"（Turbo Tiger）是否适合你，就可以去买一辆试试看。你们也可以和许多该车的使用者交流使用的经验，或阅读分类广告，看看是否很多人都在贱卖该车，你们还可以查阅杂志上对该车型的评估。当然还有许多其他方法可以用。这样的事情也发生在科学研究中。

最终，科学研究要进行观察并对你们观察到的事物进行解释，这也是第 3 篇、第 4 篇的主题。不过，在你们观察和分析之前，需要有一个研究计划。你们要确认需要观察什么，分析什么，为什么，以及如何进行。这是研究设计的全部内容。

虽然设计的细节会因研究对象不同而有所不同，但我们仍然可以讨论研究设计的两个主要方面。第一，必须尽量明确要发现的东西；第二，必须采用最好的方法进行研究。有趣的是，如果能把握第一个问题，也就能用同样的办法很好地把握第二个问题。正如数学家所言，一个设计完好的问题本身，就已经包含了它的答案。

譬如，你们对恐怖主义的研究感兴趣。当罗斯（Jeffery Ross，2004）进行他的研究时，他发现已有的研究使用了多种多样的定性与定量方法。例如，定性研究学者从如下几个方面寻找一手材料：

自传

事故报告与记录

被恐怖分子扣押为人质的经历

政策实施记录

罗斯还讨论了定性研究者使用的二手材料：

"恐怖分子的传记，对于恐怖组织、恐怖主义分类、恐怖事件的案例研究和关于恐怖主义的区域与国别研究"（Ross，2004：27）。然而，定量研究者则从不一样的角度来看待恐怖主义，包括媒体覆盖范围的分析，恐怖袭击模型的建构，以及与主题相关的大量数据的使用。正如在这一章中将要看到的，任何一个研究主题，都可以从多个角度研究。对于每一个主题，我们都将采用定性和定量的方式进行分析，尽管它们中的一部分可能更适用于其中的某一种方法。

本章将简要介绍研究设计，第 2 篇的其他章节，将深入探讨其他各个方面。事实上，研究设计的各个方面都是相互联系的。把它们分开讨论，只是为了展示研究设计的细节。通过本章，研究设计各部分之间的关联性将变得越来越清楚。

我们将从社会研究目的入手，探讨分析单位——研究的对象（人或事物），随后，探讨如何处理社会研究的时间问题，或如何研究一个处于变动中的研究目标。

有了这些概念，就可以转向如何设计研究计划。本章对研究设计的简述有两个目的：除了描述如何进行研究设计以外，还要为本书的其余部分提供图景。

接下来，我们还要探讨研究计划书的要素。通常，在从事一项研究之前，必须说明研究目的——也许可以申请到经费，或获得授课老师的允许。借此，也可以显示你们在从事研究之前已经仔细考虑了研究议题的相关方面。这一章的内容可以帮助你们完成章末与研究设计相关的练习。本章的最后一节着眼于社会研究的伦理维度。

4.1 研究的三个目的

社会研究要满足许多目的。三个基本的、有用的目的为：探索、描述和解释。虽然某项研究可能有不止一个目的（多数研究只有一个目的），但是，分别讨论这三个目的仍是有益的。因为其中的每一个都可应用于研究设计的其他方面。

4.1.1 探索

多数社会研究都要探讨某个议题，并提供对议题的初步认识。当研究者讨论某个他/她陌生的议题，或议题本身比较新时，尤其如此。

例如，假设很多纳税人由于不满政府而爆发反抗运动。开始时，人们拒绝纳税，并为此组织起来。对这个运动，也许你们想知道的问题很多：范围有多广？社区支持程度如何？运动是如何组织起来的？什么样的人最活跃？为了大致回答这些问题，你们要进行探索性的研究。你们要查阅税务机关的资料、搜集和研究与运动有关的文献、参与他们的集会，并访问活动的领导人。

探索性研究也适用于历时现象。假如你们对大学的毕业要求很不满意，并想有所改变，你们就得了解这种要求的历史发展，并访问学校的行政人员，了解他们如此要求的缘由。你们可以和几个学生谈谈，了解他们对问题的粗略想法。尽管这种做法未必能准确地反映学生意见，但可以为进一步的研究提供基础。

有时候，我们使用专题小组访谈法（引导式小组讨论）来进行探索性研究。这也是市场研究经常使用的方法。我们将在第 10 章进行更深入的讨论。

探索性研究通常用于满足三类目的：①满足研究者的好奇心和对某事物更加了解的欲望；②探讨对某议题进行细致研究的可行性；③发展后续研究需要使用的方法。

例如，不久前，我开始注意到流行起来的"通灵"（channeling），被称为"灵媒"（channel or medium）的人进入催眠状态，并用另一个人的声音说话。有些声音昭示他们来自灵魂世界，有些则说他们来自其他星球，有些还说他们难以用人类语言形容他们的真实空间。

人们有时候用广播或电视来比喻灵媒声音（通常被称为"存在"）。在一次访谈中，灵媒告诉我："当你们看新闻时，你们不相信新闻主播真的在电视机里面，如同我的情形一样，我用身体作为媒介，正如主播用电视机作媒介一样。"

"通灵"引起了我几方面的兴趣，特别是在方法上，如何科学地研究一些违反常理（如空间、时间、因果关系、个人等等）的现象。

在缺乏理论或确切预期的前提下，我只想多了解一些。运用第 10 章的各种实地研究方法，我开始搜集数据，对观察到的现象进行分类，并获得理解。我阅读与灵媒有关的书籍和文章，询问参与过通灵的人。之后，我自己也参与了通灵，并观察其他参与活动的人、灵媒，以及"存在"。接着，我还分别访问了一些灵媒和"存在"。

在多数访谈中，我询问灵媒怎样开始通灵，具体情形如何，为什么继续从事这类活动，以及其他一些标准的自传式问题。然后，受访的媒介进入催眠状态，接着，"存在"和我谈话。我问"你是谁？""你从哪里来？""你为什么要在这里？""我如何分辨你的真伪？"在访谈之前我尽管准备了一些问题，但无论议题是什么，似乎都有恰当的、现成的答案。

这个探索性研究的例子说明了社会研究通常是如何开始的。从演绎理论开始的研究者通常事先知道基本的变量，我要做的第一件事是确定那些可能相关的变量。譬如，我注意到灵媒的性别、年龄、教育程度、宗教背景、起源地区，以及先前的玄学经历等都是变量。

我还注意到通灵活动的差别。有些灵媒说他们必须进入深眠状态，有些浅眠则可，还有一些根本不必进入催眠状态。大多数人在通灵时是坐着的，也有人站着并走来走去。有些灵媒在一般环境中活动，另一些人则要求一些形而上的道具，如昏暗的灯光、香气、吟唱等等。最初观察时，许多诸如此类的差异吸引了我。

至于"存在"，我的兴趣在于对他们的来源进行分类。在访谈中，我询问了一组具体"现实"问题，并试图对他们的回答进行分类。同样，我也询问了未来事件。

在研究进程中，对具体问题的考察逐步集中到当初确定的变量上，看起来，还值得进一步深入下去。请注意，开始时，我并没有明确的议题。

在社会科学研究中，探索性研究是很有价值的。当研究者要开发新的研究领域时，尤其如此。研究者常常借助探索性研究来获得新观点（探索性研究是第2章讨论过的扎根理论来源）。

探索性研究主要的缺点是很少圆满地回答研究问题，尽管它可以为获得答案和寻求确切答案的研究方法提供线索。探索性研究之所以不能提供确切答案，是因为它的代表性，即探索性研究的对象可能并不典型。第7章将会详细讨论代表性。一旦了解了代表性，就会知道探索性研究是否给出了问题的答案，或仅指点了获得答案的方向。

4.1.2 描述

许多社会科学研究的主要目的是描述情况及事件。研究者观察，然后把观察到的事物或现象描述出来。由于科学观察仔细而谨慎，因此，科学描述比一般描述要精准。

描述性社会研究的一个最好例子是美国的人口普查。人口普查的目的是准确地描述全美和各州县人口的各种特征。其他描述性研究的例子，如人口统计学家描述的年龄、性别，以及各城市的犯罪率等。还有，对产品进行市场调查的目的是描述使用或将会使用某些产品的人群。研究者不断地仔细追踪罢工事件，至少是为了描述性研究。研究者记录和报告每一位国会议员投票支持或反对组织工会的次数，也符合描述性研究的目的。

许多定性研究的基本目的是描述。譬如，人类学的民族志是详细描述一些前文明社会的特殊文化。不过，研究活动并不限于描述，研究者通常还会探讨事物存在的理由及其所隐含的意义。

4.1.3 解释

社会科学研究的第三个目的是解释事物。当桑德斯（William Sanders，1994）开始描述帮派暴力时，他也想重建帮派暴力进入不同群体的过程。

报告选民的投票意向，是描述性活动。说明为什么有些人准备投票给候选人A，而另一些人准备投票给候选人B，就是解释性活动了。说明为什么某些城市犯罪率较高是解释性研究，报告各城市的犯罪率则是描述性研究。如果研究者希望了解一项反堕胎示威活动演变为暴力冲突的原因，那么，他进行的是解释性研究，而不仅仅是描述事件本身。

让我们看一个具体例子。近些年，美国人对大麻的态度发生了很大的改变。最初，许多州支持大麻的医用。突然，华盛顿州和科罗拉多州分别于2012年和2013年确认使用大麻合法。目前，大麻合法化的州也许更多了。

哪些因素形塑了人们对大麻使用合法化的支持？要回答这个问题，你们首先想到的可能是男性和女性的态度是否有差异。对2012年GSS数据的解释性分析表明，53%的男性和42%的女性支持大麻使用合法化。

政治取向也影响到人们对大麻合法化的态度。GSS的数据表明，59%的自由派人士认为大麻应该被合法化，持中立态度的人和保守派分别占51%和37%的比例。当我们考虑党派时，则发现52%的民主党人、35%的独立派人士，以及38%的共和党人支持大麻合法化。

有了这些数据，就可以对人们涉及大麻合法化的态度作出解释。有关性别和政治取向的研究，还可以深化对这些态度的解释。

在第1章中，我们提出了社会研究（日常生活）两种不同的解释模式。现在，让我们来回顾一下。

在本章的余下部分，我们将考察你们可以用到的、用于研究设计的要素和一般方法。你们在进行研究设计时，始终记住，事前的研究设计在实地执行中不一定那么合适。真实生活的研究文本框《让社会研究管用》说了一位研究生的实地研究经历。

真实生活的研究

让社会研究管用

雅各布·佩里（Jacob Perry）是阿肯色州小石城克林顿公共服务学院的研究生，他选择在国外、北非从事实地研究。他很快发现，他掌握的研究技巧不一定适合研究情况。以下是他的描述：

我们美国人对什么是研究有相当固定的想法：紧张的准备，彻底的文献回顾，充分的讨论，细节的罗列，活动的时间表，职责的规划和活动执行，等等。为了让研究活动获得信誉，这些是必须的。在研究开始之前，必须达成一致。这是美国的方式（当然，在某种程度上它也是国际公认的方式），它在许多方面反映了我们有条理、迅速、负责、担责和守时的文化。然而，我在摩洛哥执行一项研究。摩洛哥文化对时间、责任和规划有非常不同的看法。这里的时间既不是僵化的，也不是固定的。它不是线性的，而是周期性的，这意味着，时间不会丢失，只是以后回来了。生活是现在，是存在，是非计划的。

雅各布想方设法与同伴研究员们发展融洽的关系，以便好好运用自己接受的研究训练。

我花了前两周建立信任、熟悉、舒适的关系！这对项目的进展至关重要，因为我们的团队能够公开、诚实，有时甚至积极讨论以达成一致。我还讲当地语言，让摩洛哥伙伴们舒适地运用他们的语言，让他们觉得自己在控制着项目讨论，并且不觉得是被一个外国人在进行新殖民，以"拯救"他们的国家。

最终，雅各布觉得这个项目很成功。很明显，对于年轻的社会研究者来说，这是一次强有力的学习经历。

我对摩洛哥项目非常满意，因为它是我与摩洛哥人之间的伙伴关系，他们已经建立了发展当地社会的目标、需求和方法。这个项目完全取决于地方性知识和创新性。我来这里，是因为我和当地人表达了共同的兴趣，他们想改善他们的城市。不断地讨论，让团队所有成员都表达了自己的观点，项目也取得了进展。简言之，学习、思考和尊重当地文化是国际发展工作取得成功的必需。我看到，在摩洛哥的实地工作，就是一个很好的例子。

资料来源：与作者之间的私下交流。2013年6月24日。

4.2　个案式解释

正如第1章提到的，个案式解释试图完整解释某个或有限数量的案例。如果你们想解释为什么校园会爆发学生抗议活动，就会搜集影响这一事件产生的多方面因素，如学校的历史、组织结构、学生的特点、相关参与者（管理者、教职工、学生等）的行为、国家范围内学生运动的发展历程、导火索事件（例如关闭学生社团、逮捕学生等）等。当你们搜集到的所有信息证明了某些因素共同促使了事件的发生时，分析便完成了。

这一研究不需要用统计数据证明分析的成功与否。结论依然停留在社会研究的"艺术"层面，即通过阅读他人的分析和整理自己的经验，获取初步结论。下面是一些技术性问题：

- 着眼于研究对象群体成员的解释。当然，你们不能完全相信自己听到的事情，也不要认为你们能比亲历者更了解现状（社会学家有时因忽略这一点而受到指责）。如果一个因素在较大范围得到认同，特别是当认同来自于持不同立场的参与者时，很可能是导致事件发生的重要因素。在学生抗议活动中，管理者和学生对事件会有不同看法，如果他们都认为逮捕学生活动者是事件的导火索，那就应当是一个重要原因。
- 对比相似的情形，可能带来新的启示。例如，相同时间、不同地点；或同一地点、不同时间。也许，发生抗议活动的学校在先前有过相似的抗议活动。对这些案例的了解，可以为当下抗议事件的分析提供对照。相似地，对其他学校发生或未发生抗议活动，也可以提供较好的对照。

4.3　通则式解释

前面对什么因素可能影响大麻合法化态度的解释，是一种通则式解释。在这个模型中，我们试图找到一些因素（自变量）来解释给定现象的变异。与女性比较，男性更多地认为大麻应当合法化；自由主义者较之保守主义者更支持这一政策。这种解释模型跟个案式模型刚好相反。在个案式模型中，我们可以看到对个案完整的、深度的解释。

在我们列举的事例中，个案式方法试图找出个人反对大麻合法化的所有原因——包括其父母、老师、牧师的教诲，其他糟糕的经历等等。当我们以个案式方式理解时，我们感觉到真正理解了。当我们了解了某人为什么反对大麻合法化的所有原因时，我们已经无法想像这个人还可能有其他的态度。

与此相反，通则式解释可能会认为政治取向就解释了大麻合法化态度的大部分差异。因为是一个概率模型，它比个案式模型更能容忍误解和曲解。下面让我们来看看，当社会研究者说一个变量（通则式）导致另一个变量时，究竟是什么意思，然后，我们还要看看它不意味着什么。

4.3.1　通则式因果关系的标准

社会研究的通则式因果关系有三个主要标准：①变量之间必须相关；②原因必须先于结果发生；③不是假相关。

1. 相关

除非变量之间存在实际关系——两个变量之间存在统计**相关**[①]（correlation），否则，我们不能说存在因果关系。我们对 GSS 数据的分析发现，政治取向是大麻合法化态度差异的一个原因。如果相同比例的自由党人和保守党人都支持合法化，那么，就不可以说政治取向导致了态度差异。这个标准是显而易见的，它强调社会研究必须基于实际的观察，而非假设。

2. 时间序列

除非原因先于结果发生，否则我们不可以说存在因果关系。与其说孩子的宗教信仰影响父母的宗教信仰，不如说父母的宗教信仰影响孩子的宗教信仰——尽管存在这样的可能：你们改变了自己的宗教信仰，然后，你们的父母也随着改变了。记住一点：通则式解释要处理的是"大多数案例"，不是全部。

在大麻案例中，在某种程度上，可以说性别导致了态度差异，而不能说态度差异决定了一个人的性别。请注意：政治取向和态度之间的时间顺序没那么清楚。不过，我们通常都说一般的取向决定了特定的观点。有时会同时研究两个或多个自变量，例如性别和种族对于投票行为的影响。下一章我们还会看到，这个问题的确比较复杂。

3. 非虚假关系

因果关系的第三个标准是关系不能被第三个变量解释。例如，冰激凌销售量和溺水死亡之间存在正相关：冰激凌销售得越多，溺水死亡人数越多；反之亦然。在现实中，冰激凌销量和溺水之间没有直接关系。这里的第三个变量是季节或温度。大多数溺水死亡都发生在夏天——冰激凌销售的高峰期。

还有几个**虚假关系**[②]（spurious relationship）（或不真实）的例子。城市里，骡子的数量和博士的数量之间，存在负相关：骡子越多，博士越少；反之亦然。或许你们能够想出第三个解释这种似是而非的关系的变量。答案是乡村与城市两种背景不同。在乡村，骡子较多（博士较少），而在城市则刚好相反。

鞋子尺寸和孩子的数学技能之间存在正相关。能够解释这个谜团的第三个变量是年龄。年纪大点的孩子脚也相对大点，总体上来说，其数学技能也相对强些。图 4-1 中是虚假关系的说明。注意，观察到的相关是双方向的。也就是说，一个变量发生了或是改变了，另一个也随着发生或者改变。

在图上部，我们观察到了鞋子尺寸和数学技能之间的相关性。双头箭头表示我们不知道哪个变量可能会导致另一个变量。在图的左下角，我们认为，数学技能导致鞋子尺寸或鞋子尺寸导致数学技能的关系是虚假的，不是真正的因果关系。图的右下角指示的是实际的关系。第三个变量年龄，导致：①鞋子大小，因为相对来说，年龄越大的孩子，脚越大；②年龄较大的孩子懂得更多的数学知识。

例如有很多鹳的乡村，人口的出生率比较高；几乎没有鹳的城市，人口出生率较低。这里的第三个变量是乡村/城市。

出现消防车越多的建筑物，受到的危害越大。在这一案例中，第三个变量是火灾的规模。

因此，当社会研究者说存在因果关系时，譬如教育和种族宽容度之间，他们指的是：①两变量之间存在统计相关；②一个人的教育程度发生在其当前的容忍度或是偏见度之前；③不存在能够解释这种相关的第三个变量。

[①] 相关：两个变量之间的经验关系，如：(1) 一个变量的改变影响到另一个变量的改变；(2) 一变量的特定属性跟另一变量的特定属性相关。相关不意味着两变量之间有因果关系，却是因果关系成立的一个标准。

[②] 虚假关系：两变量之间巧合的统计相关，其实，是由第三个变量引起的。

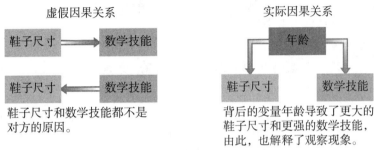

图 4-1 虚假因果关系的一个例子

两个变量之间在经验上的相关,并不必然意味着它们之间有因果关系。有时候,观察到的相关是其他因果关系的附加关系,背后有其他变量。

4.3.2 通则式因果分析和假设检验

通则式解释模式的因果分析,有助于假设检验(参见第 1 章),尽管假设检验在通则式因果分析中不是必须的。要检验一个假设,必须仔细界定相关变量和测量变量的方式(在接下来的"概念化"与"操作化"章节,将会详细讨论这些步骤)。

在假设两个变量之间有相关关系时,还要在研究设计中界定关系的强度。通常这种界定要有统计意义,因为关系可能因抽样导致(这一问题将在第 7 章 "抽样的逻辑"进行讨论)。

最后,还需要防止虚假相关。例如,你们假设受教育程度的增加有助于减少偏见,为了说明这一点,还要更进一步的界定,即,假设政治立场不会对这一关系产生影响。

4.3.3 通则式因果分析的错误标准

原因和结果的概念,已经在日常语言和逻辑中有较多阐述。因此,详细说明社会研究者说的因果关系不包含的内容,相当重要。当有人说一个变量导致另一个变量时,指的可以不是完全的原因。这并不意味着不存在例外,人们也无须强调因果关系适用于多数案例。

1. 完全原因

个案式解释的原因,是相对完整的;而通则式解释,则是概率性的、通常也是不完整的。社会研究者可能会说,政治取向导致对大麻合法化的态度差异,尽管不是所有自由党人都支持,也不是所有保守党人都反对。这样,我们可以说政治取向是影响态度的一个原因,但不是唯一的原因。

2. 例外案例

在通则式解释中,例外并不否定因果关系。例如,长期研究表明,在美国,女性的宗教取向比男性强。性别可能是宗教虔诚的一个原因,尽管你们的叔叔可能是宗教狂热者,或者你们还知道一位女士承认自己是无神论者。这些例外,都不能否定总体性因果模式。

3. 多数案例

即使因果关系不适用于多数案例,因果关系也可以是真实的。譬如,那些放学之后没有得到管教的孩子,更可能成为不良少年。缺乏管教是不良行为的原因。这个因果关系是真实的,尽管只有小部分未被管教的孩子成为不良少年。只要他们比那些被管教的更可能成为不良少年,就存在因果关系。

社会科学说的因果关系,跟你们平时接触到的可能并不一样。人们通常用原因来表示某件事情完全导致了另一件事情。社会研究者使用的标准,多少有点不同,在必要原因和充分原因论述中,这一点会表现得更清楚。

4.4 必要原因和充分原因

必要原因表示只有存在某个条件,结果才会出现。例如,你们要想获得学位就得上大学。没有上学,永远也得不到学位。但是,简单的上课,可不是获得学位的充分原因。你们必须学完规定的课程并通过考试。同样,成为女性是怀孕的必要条件,但不是充分条件。否则,所有女人都一定怀孕。图 4-2 用一个矩阵阐述了性别和怀孕两个变量之间的关系。

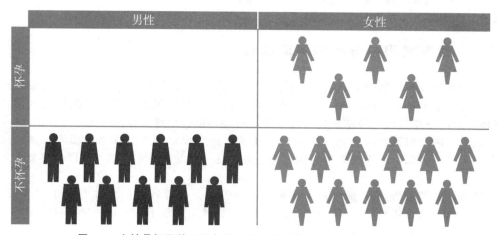

图 4-2 女性是怀孕的必要条件;即,除非是女性,否则不可能怀孕

充分原因则表示,只要条件出现,结果肯定会出现。充分原因不等于某结果的唯一原因。例如,没有参加考试,肯定不会通过考试。不过,学生们还可能因为其他原因而考试不通过。一个原因可能是充分的,却不一定是必要的。图 4-3 说明了参加考试与通过考试与否之间的关系。

当然,在研究中要是发现充分必要原因,那再好不过。例如,你们正在研究青少年不良行为,要是能找到以下条件:①不良行为必须的条件;②总是导致不良行为的条件。这样,就准确地知道,什么因素导致了青少年不良行为。

不幸的是,在分析变量之间的通则式关系时,我们从来没有发现某个既是绝对必要的又是绝对充分的原因。不过,我们也很难找到 100% 的必要原因(要想怀孕必须是女性),或者 100% 的充分原因(不参加考试肯定不可能通过考试)。

在对单个案例进行的个案式分析中,你们可以获得深层解释:只要发现某一特定结果的充分原因,就可以说事情应该这样发生(具有和你们一样的遗传、教养和经历的人,最后都会和你们一样进入大学)。同时,也还存在达到同样结果的其他路径。这样,个案式原因是充分的,但不是必要的。

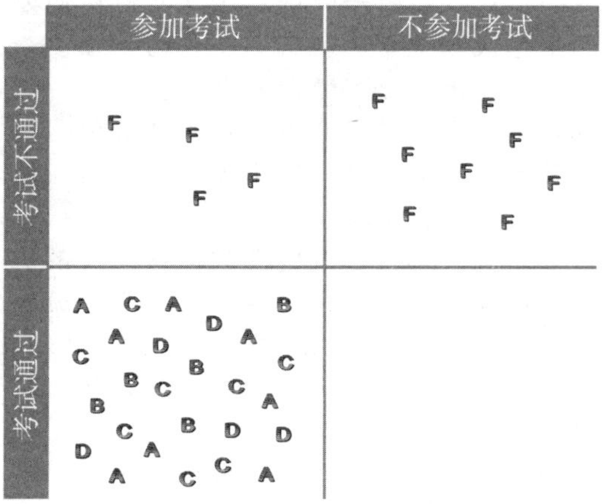

图 4-3　充分原因

不参加考试是考试没通过的充分原因，尽管还有其他因素会影响考试通过（例如随机答题）。

4.5　分析单位

在社会科学研究中，对于研究什么或研究谁，即**分析单位**①（units of analysis），并没有限制。这个议题却和所有社会研究有关，尽管其含义在量化研究中最清楚。

乍一看，分析单位似乎难以捉摸，因为研究（尤其是通则式研究）常常研究人或事的集合，或总体。在分析单位和总体之间作出区分很重要。譬如，研究者可能研究一群人，如研究民主党人、大学生、30岁以下的黑人女性，或者其他群体。但是，如果研究者试图探索、描述或解释不同群体的个体行为如何发生，那么分析单位是个体，而不是群体。即使当研究者用个体信息来概化个体的集合时也是如此，譬如说民主党人比共和党人更为支持大麻合法化。试想，如果对大麻的态度只是个人属性，而不是群体属性；也就是说，不存在一个会思考的群体，那么，它也不会有态度。所以，即使当我们概化民主党人时，我们概化的其实是其中个体的属性。

与此相反，我们有时候也想研究群体。我们将其看作是与个体一样，具有一些属性。譬如，我们可能想比较不同类型街头帮派的特性。这时，我们的分析单位是帮派（不是帮派成员），我们也可以对不同类型的帮派进行概化。例如，我们认为，男性帮派比女性帮派更具暴力性，因此，对每个帮派（分析单位）将会用两个变量表示：①帮派成员的性别；②帮派行为的暴力程度。我们可能会研究52个帮派，其中有40个男性帮派和12个女性帮派。在这里，帮派作为分析单位，尽管部分帮派特征是从成员特征中概括出来的。

社会科学家常常将个体作为分析单位。你们可以注意一些个体特征，如性别、年龄、出生地、态度等等；然后，把这些描述个体的特征结合起来，组成一个群体的整体形象，无论是街角帮派还是整个社会。

例如，你们知道选修政治学课程的110个学生的年龄及性别，作为一个群体，其中男性占53%，女性占47%，平均年龄为18.6岁。这就是描述性的分析。最终，尽管要将全班当成整体来描述，其基础却是班里每个人的特征。基于个体的特征，还可以描述更大的群体。

---

①　分析单位：研究什么和研究谁。在社会科学研究中，最典型的分析单位是个体。

解释性研究也有同样的情形。在政治学课程中，假设你们要了解学习习惯较好的学生是否比学习习惯不好的学生成绩更好，就必须将学习习惯变量操作化并进行测量。例如，测量每周学习时间。然后，将学习习惯较好的学生分为一组，学习习惯不好的学生也分为一组，看哪一组的政治学课程成绩更好。这类研究的目的，是解释在某一课程中为什么一些学生比另一些学生的成绩更好（即将他们的学习习惯当作一种可能的解释）。这里，每个学生仍然是研究的分析单位。

研究的分析单位通常也是观察单位。要研究政治课学习的成功，我们就要观察每位个体的学生。不过，有时候，我们并不直接"观察"我们的分析单位。举例来说，假如我们想看对死刑的不同态度是否会导致离婚，就可以分别问丈夫和妻子对死刑的看法，进而区分他们的观点是否一致。这时，我们的观察单位是每一位丈夫和妻子，我们的分析单位（试图研究的对象）则是家庭。

分析单位是用来考察和总结同类事物特征、解释其中差异的单位。在绝大多数研究中，分析单位都很清楚。不过，当分析单位并不清楚时，很有必要弄清楚，否则，就不知道应该观察什么，也不知道观察谁。

有些研究试图描述或解释不止一个分析单位。在这种情况下，研究者必须清楚结论及其对应的分析单位。例如，我们试图发现哪类大学生（个体）的职业生涯最成功；我们可能还是试图发现哪类大学（组织）创造了最成功的毕业生。

下面是一个说明分析单位复杂性的案例。谋杀明显是个体性事件：一个个体杀死了另一个个体。但是，当库布因和威兹（Charis Kubrin and Ronald Weitzer，2003：157）提出"为什么这些社区有较高的谋杀率"时，分析单位便是社区。你们可以假设某些社区（贫穷的、农村地区的）比其他社区（富裕的、城市地区的）有更高的谋杀率。在这一语境下，分析单位被按照经济水平、地理位置和谋杀率进行分类。

在他们的分析中，库布因和威兹对谋杀种类的不同，也产生了兴趣，特别是对侵犯和侮辱的报复性行为。在下面的摘录中，你们能找出分析的单位吗？

1. 在这些谋杀案例中……
2. 在这项法律中，有超过 80 个条目与谋杀有关。
3. 在 1985—1995 年之间发生的 2 161 次谋杀案中……
4. 在有动机的谋杀中，19.5%（总量为 337）是报复性行为。

（Kubrin and Weitzer，2003：163）

在这些摘录中，分析单位都是谋杀。在第一条，你们可以通过对行为的描述找到分析单位，第二条也是如此。很多时候，数据为我们指明了方向。通过一些练习，你们将可以在绝大多数社会研究中找到分析单位，即使在分析中不止一个分析单位，也可以。

为了使讨论更为具体，我们将进一步讨论社会研究中的各种分析单位。

4.5.1 个体

正如前面提到的，"个体"也许是社会科学研究最常见的分析单位。我们通常通过个体来描述和解释社会群体及其互动。

在社会科学研究中，任何个体都可以成为分析单位。这一点非常重要。在社会科学中，由于概括性的规律可以应用于所有人群，因此，获得概括性规律是最有价值的科学发现。但在实践中，社会科学家很少研究所有人群。至少，他们研究的对象局限于居住在某个国家的人群，尽管有些比较研究跨越国界。一般而言，社会科学研究的范围限于国内。

可能被选择为研究对象的群体包括学生群体、同性恋、汽车工人、选民、单亲家长，以及教职员。注意，这里的每一个群体都是由个体组成的。你们只需了解，在描述性研究中，将个体作为分析单位的目的是描述由个体组成的群体；而解释性研究的目的是发现群体运作的社会动力。

作为分析单位，个体被赋予社会群体成员的特性。因此，一个人可以被描述为出身豪门或出身贫穷，也可以被描述为有（或没有）大学学历的母亲。在一项研究计划中，我们可以考察：母亲有大学学历的人是否比母亲没有大学学历的人更有可能上大学；或者，富裕家庭出身的高中毕业生是否比贫困家庭出身的高中毕业生更有可能上大学。在这两个例子中，分析单位都是"个体"而不是家庭。我们汇总了这些个体并对个体所属的总体进行概化。

4.5.2 群体

在社会科学研究中，社会群体本身也会成为分析单位。在分析中我们将社会群体看作一个整体，并着眼其特点。譬如，如果通过帮派群体成员去研究犯罪，分析单位是犯罪的个体；但如果通过研究整个城市各帮派以了解帮派之间的差异（如大小帮派之间的差异、市区与非市区帮派之间的差异），那么，分析单位是帮派，即社会群体。

另一个例子是，可以根据家庭年收入或是否拥有计算机来描述各种家庭，譬如用家庭平均年收入或拥有电脑家庭的比例来进行描述。这样，就可以判断平均年收入高的家庭是否比平均年收入低的家庭更可能拥有电脑。在这个例子中，分析单位就是一个一个的家庭。

和其他分析单位一样，我们可以根据群体的个体属性，来划分群体的属性。譬如，我们可以根据年龄、种族或家长的受教育程度来描述一个家庭。在描述性研究中，我们可以了解有多少比例的家庭拥有一个大学毕业的家长。在解释性研究中，我们能够确定的是，平均而言，这些家庭比那些没有大学毕业家长的家庭，拥有更多的还是更少的孩子。在这些例子中，分析单位是家庭。与此相反，如果我们问具有大学受教育程度的人是否比教育程度低些的人拥有更多的或更少的孩子时，分析单位就是个体。

群体层次的其他分析单位，还包括如同僚、夫妻、普查区、城市以及地理区域等等，其中，每一种类型都有自己的群体。街头帮派可以指某城市所有的街头团伙。你们可以通过概化对一个个帮派的认识，来描述总体。譬如，你们可以描述街头帮派在城市的区域位置。在对街头帮派的解释性研究中，你们能够发现大帮派是否比小帮派更容易参与帮派之间的斗殴。这样，可以以一个个帮派为分析单位，但结论却落脚在帮派总体上。

4.5.3 组织

正式社会组织也是社会科学研究的分析单位。例如，一个研究者研究企业，而一个企业的特征，也许包括雇员数量、年纯利润、总资产、合同总额，以及雇员中少数族群成员所占的百分比等。我们可以说明，大型企业雇员的少数族群比例是否比小型企业的更多。适宜作为分析单位的其他正式社会组织还有教区、大专院校、军队师团部、大学院系以及超级市场等等。

图 4-4 提供了一些分析单位的例子，还有相关的介绍。

4.5.4 社会互动

有时，社会互动也可以是分析单位。在研究作为个体的人的同时，也可以研究他们之间发生的行为，如：打电话、亲吻、跳舞、争执、打架、发邮件、讨论等等。正如你们在第 2 章中读到的，社会互动是社会科学研究的一个基本理论范式，在社会互动中，包含的分析单位数量趋近于无穷多。

即使个体通常是社会互动的行为者，在比较使用不同网络运营商的人群（分析单位为个体）和比较使用同一运营商提供的聊天室互动的长度（分析单位为社会互动）中，仍然有着很大的差别。

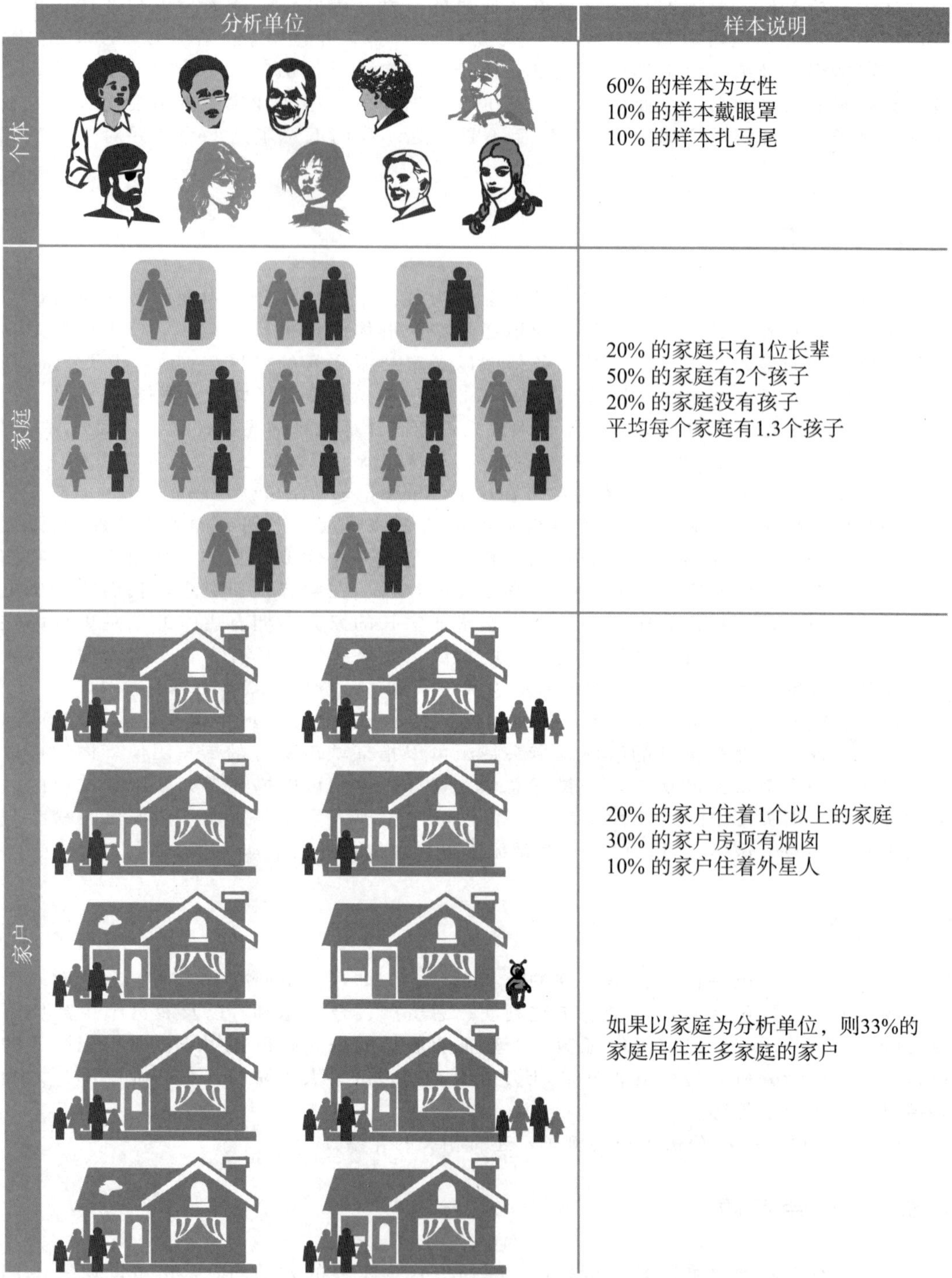

分析单位	样本说明
个体	60% 的样本为女性 10% 的样本戴眼罩 10% 的样本扎马尾
家庭	20% 的家庭只有1位长辈 50% 的家庭有2个孩子 20% 的家庭没有孩子 平均每个家庭有1.3个孩子
家户	20% 的家户住着1个以上的家庭 30% 的家户房顶有烟囱 10% 的家户住着外星人 如果以家庭为分析单位，则33%的家庭居住在多家庭的家户

图 4-4 分析单位举例

社会研究的分析单位可以是个体、群体，甚至包括非人类实体。

4.5.5　社会人为事实

另一个分析单位是**社会人为事实**①（social artifacts），即人类或人类行为的产物。其中一类包括具体的对象，如书本、诗集、绘画作品、汽车、建筑物、歌曲、陶器、笑话、学生缺考理由，以及一些科学发明等等。

譬如，维茨曼（Lenore Weitzman et al.，1972）及其伙伴们对性别角色是如何习得的比较感兴趣。他们选择小孩的连环画作为分析对象，得出的结论是：

> 我们发现，在样本中，女性出现在标题、核心角色、图画和故事中的比例明显偏低。绝大多数孩子的书本，都是关于男孩、男人、雄性动物的，还有大量的男性历险。大部分图画都展示单个的男人或一群男人。当出现女人时，她们往往扮演不重要的角色——不引人注意，也没有名字。
>
> （Weitzman et al.，1972：118）

在最近的研究中，克拉克、林诺和莫里斯（Roger Clark，Rachel Lennon，and Leana Morris，1993）得出结论说，男女性别之间的刻板印象，已经不像以前那么明显了。现在已经有了很大的进步，男性和女性之间的角色划分，也不再像以前那样传统了。不过，他们还是没有发现性别之间的完全平等。

正如在例子中看到的个体或群体是总体的投射一样，每一种社会对象包括的是其同类，即所有书本、所有小说、所有自传、所有社会学导论教科书、所有食谱、所有新闻发布会等等。每一本书都可以根据其大小、重量、长度、价钱、内容、图片数量、售出数量、作者等来进行区分。所有的书或某种类型的书，都可用于描述或解释哪种类型的书最畅销，为什么？

同样，社会研究者用画作为分析单位，描述作者的国籍，如俄国、中国以及美国，并分析哪一类更多地表现了对工人阶级的关注。你们也许会考察一份地方报纸社论对当地一家大学的评论，由此描述或解释，在一段时间内，报纸立场是如何改变的。此时报纸社论变成分析单位了。技巧与工具文本框《如何确定分析单位》将给你们更多的信息。

4.5.6　分析单位的回顾

这一节的目的，在于扩大你们对社会科学研究分析单位的视野。尽管典型的分析单位是个体，但不是所有研究都如此。事实上，很多研究问题需要通过个体以外的分析单位来给予恰当的回答。应该再一次指出，社会科学家绝对可以研究任何事物。

技巧与工具

如何确定分析单位？

分析单位是研究设计和数据分析的重要元素。学生们有时会在确定分析单位时遇到困难。最简单的方式是从研究涉及的变量入手。

考虑一下"家庭平均收入是4万美元"。这里，收入是一个变量，并从属于家庭。为了计算平均收入，我们需要加总所有家庭的收入，再除以家庭数量。家庭是我们的分析单位，对这一单位的分析，通过收入变量进行测量。

再考虑一下"印度电影中的裸露镜头比美国电影多"。这里，变量是电影中的裸露镜头，分析单位则是电影。

---

① 社会人为事实：人或其行为的产物，也可以是一种分析单位。

> 另一种确定分析单位的方式是对分析过程进行上溯。
>
> 看看"24%的家庭至少有两位成年人的年收入在3万美元以上"这一结论。成年人可以赚取工资,不过,这句话的重点在于,家庭里是否有这样的成年人。为了推导这一结论,我们需要研究一些家庭。对于每个家庭,我们需要询问他们家是否至少有两位成年人的年收入在3万美元以上,每一个家庭成员都会回答"是"或"否"。最后,我们将计算回答"是"的家庭占所有家庭的比例,并得出结论。因此,家庭是这一研究的分析单位。

需要指出的是,我在这里讨论的一些分析单位,并没有穷尽所有可能性。例如,罗森伯格(Rosenberg,1968:234-248)就曾指出,个体、群体、组织、制度、空间、文化以及社会单位都是分析单位。洛夫兰夫妇(John and Lyn Lofland,1995:103-113)指出,实践、趣事、邂逅、角色、关系、群体、组织、聚落、社会世界、生活形态以及亚文化等,也是合适的研究单位。对你们而言,更重要的是能了解分析单位的逻辑,而不只是列出一长串的分析单位名称。

对分析单位进行分类,似乎让这个概念更复杂了。如何称呼既定的分析单位(群体、正式组织或者人为事实)并不重要。问题的核心在于,要清楚你们的分析单位是什么。当你们着手研究计划时,必须弄清楚:是在研究婚姻还是婚姻中的个体,是犯罪还是罪犯,是公司还是公司执行官。否则,就有得出无效结论的风险,因为你们关于某个分析单位的断言,是建立在另一个分析单位基础上的。下一节,在考察区位谬误时,我们还会看到这样的例子。

4.5.7 分析单位的错误推理:区位谬误和简化论

这里将介绍你们必须时刻意识到的两种错误推理:区位谬误和简化论。每一种都代表了涉及分析单位的潜在问题,在研究过程和得出结论时,都有可能发生。

1. 区位谬误

"区位"是指比个体大的群体、集合或体系。**区位谬误**[①](ecological fallacy)是以区位为单位得到的结果也可以在区位的个体中获得证实。让我们看看一个区位谬误的例子。

假设我们要研究在最近的市内选举中选民对某位女性候选人的支持程度。再假设我们有各选区的选民名册,这样,可以通过候选人在各区的得票数来判断哪些选区对候选人的支持程度最高,哪些选区比较低。再假设通过人口普查数据,我们还了解各选区选民的特征。对这些数据的分析表明,选民平均年龄比较小的选区,比选民平均年龄比较大的选区,更支持该女性候选人。由此,我们倾向于得出这样的结论:年轻选民比年长选民,更支持该女性候选人,也就是说年龄影响了选民对女性候选人的支持程度。这个结论就出现了区位谬误。因为,也许不少年长的选民在选民平均年龄比较小的选区中也投票支持该女性候选人。问题是,我们把选区作为分析单位,却要对选民做出结论。

如果说非洲裔人口较多的城市比非洲裔人口较少的城市犯罪率高,新教国家的自杀率比天主教国家的自杀率高,也同样会产生区位谬误。因为我们不知道是否所有罪行都是黑人犯的,也不知道是否自杀的新教徒比自杀的天主教徒多。

因此,社会科学家常常要对具体研究议题进行区位分析,就像上面提到的例子。也许最恰当的数据并不存在。譬如前面的例子中,有各选区的选民名册,选区特性的数据都很容易获得,但是,在选举后对各选区的选民进行调查就很困难。这时,即使知道可能会犯区位谬误的错误,我们还是会暂时做出猜测性结论。

---

① 区位谬误:在只对群体进行观察的基础上,错误地得出个体层次的结论。

同样需要注意的是，不要为了防止区位谬误而导致个体谬误。第一次接触社会研究的学生往往在处理一般态度与个体行为的例外时遇到麻烦。例如，你们认识一位富有的民主党人，这并不能否定大多数富有的人会投票给共和党候选人（即一般模式）。同样，你们认识一位没有接受过正规教育却十分富有的人士；也不能否认现在的一般模式，即高学历才意味着高收入。

区位谬误也与其他事物相关——仅根据对群体的观察来对个人做出结论。尽管通过对各个变量的观察得到的模式是真实的。问题在于，也有可能对造成模式的原因做出不正确的假设——用个体的假设来说明群体。真实生活的研究文本框《红色家庭和蓝色家庭》讨论了不同的分析单位带来的复杂情况。

2. 简化论

我要介绍的第二个概念是**简化论**①（reductionism），即用具体的、低层级的归纳，来看待和解释所有事物。简化论者的解释并非是错误的，只是外延过于狭窄。例如，你们可能会通过观察每支球队球员们的个人能力，来预测美国职业篮球联赛（NBA）的冠军。这一方法当然不愚蠢或错误，但一支队伍的成功和失败不仅与队伍的个体有关，还包括了教练、团队合作、战略、资金、设备、球迷忠诚度等多种因素。为了研究为什么一些球队比另一些球队更为成功，分析单位应该是球队，而球员的水平则是在对球队进行描述和分类中的一个变量。

真实生活的研究

红色家庭与蓝色家庭

在美国现行的政治竞选中，对于"家庭价值观"的关注，经常成为热门议题。作为代表，保守主义者和共和主义者对传统价值观衰败、离婚率上升、青少年怀孕和同性婚姻等问题提出了警示。这显然比在汽车保险杠上贴上贴纸更为复杂。

在对持保守主义立场"红色家庭"和持自由主义立场的"蓝色家庭"的分析中，卡恩和卡博尼（Naomi Cahn and June Carbone）提出：

"红色家庭保卫战"正确地指出了数量日渐增长的单亲家庭对下一代幸福的影响。他们观察到，更多的男性"责任"和女性"道德"有助于强化家庭关系。即使在红色家庭占主导的区域中，也有更高的青少年怀孕率、强迫婚姻和较低的初婚初育年龄。（2010：2）

在对卡恩和卡博尼研究的评论中，劳赫（Jonathan Rauch）提出了"家庭价值观是否削弱家庭关系"的疑问，并对研究进行了概述。

2007年，在离婚率最低的7个州中，有6个州在选举中选择了蓝党。在2006年的调查中，青少年生育率最低的7个州都支持民主党。相反，离婚率最高的7个州中的6个和青少年生育率最高的7个州中的5个支持共和党。家庭政治倾向在暗中破坏家庭结构。（Rauch，2010）

假设年轻人有性行为，卡恩和卡博尼认为，反对性教育、避孕和堕胎的"传统家庭价值观"会导致计划外的生育，由此强迫年轻父母结婚。这可能影响他们接受更好的教育，限制他们的职业选择，导致贫困，并引发难以持续的不合适婚姻。这一解释是适用的。但你们是否发现研究方法的问题？考虑一下区位谬误。

---

① 简化论：局限于只将某些类型的概念应用于被研究的现象。

> 研究中的分析单位，是联邦的 50 个州。相关的变量是每个州的投票情况和每个州的家庭问题比率。支持共和党较多的州比支持民主党较多的州有更多的家庭问题，却并不代表共和党人的家庭及这些家庭的年轻人比民主党人有更多问题。数据说明了这种可能性，也可能在支持共和党的州中，民主党人有更多的家庭问题；而在支持民主党的州中，共和党人的家庭问题更少。虽然这一情形的可能性很小，但并非不存在。
>
> 如果想对结论更加自信，我们需要以家庭或个人作为分析单位，做更进一步的研究。
>
> 资料来源：Jonathan Rauch, 2010. "Do 'Family Values' Weaken Families?" *National Journal* May 6; Naomi Cahn and June Carbone, 2010. *Red Families v. Blue Families: Legal Polarization and the Creation of Culture*. (New York: Oxford University Press).

譬如，不同学科的科学家，倾向于某些类型的回答，而忽视另外一些解释。社会学家只考虑社会学变量（价值、规范、角色）；经济学家只考虑经济学变量（供给、需求、边际价格）；心理学家只考虑心理学变量（人格类型、精神创伤）。用经济因素解释所有或大部分人类行为的叫经济学简化论；用心理学因素解释所有或大部分人类行为的叫心理学简化论，等等。需要注意的是简化论与第 2 章讨论的理论范式之间的关系。

对于很多社会科学家来说，**社会生物学**①（sociobiology）是一个使用简化论的较好案例。这一学科认为，所有社会现象都可以通过生物因素来解释。威尔逊（Edward O. Wilson, 1975），有时也被称为社会生物学之父，试图通过基因解释人类的利他行为。人有时需要为了整个群体的利益而牺牲自身的利益。有些人认为，牺牲基于理想主义或人群间的情感。但在威尔逊的新达尔文主义视角中，基因是一个必要的元素。他的格言是"只有通过 DNA 的方式，才能产生更多的 DNA"。

任何类型的简化论都倾向于认定，某种分析单位或变量比其他的更重要或更相关。来看这样一个问题：什么促成了美国革命？是个人自由的共同价值观？作为殖民地，在处理与英国关系时遇到的经济困境？还是开国元勋们的狂妄自大？在只探究其中的一个原因时，我们就冒着简化论的风险。如果我们认为引起美国革命的原因是共有价值观，此时，我们感兴趣的分析单位就是各个殖民者。而经济学家则把 13 个殖民区作为分析单位，考察经济组织和各个殖民地的状态。心理学家可能选择领导者作为分析单位，探讨其人格特征。当然，对研究美国革命的原因而言，这些选择分析单位的方式都没有错误。但是，我们应当看到，其中的任何一种，都难以得到一个完整的答案。

就像区位谬误一样，简化论也因为使用不恰当的分析单位造成不良后果。问题是，研究问题的适用分析单位并不总是清楚的。为此，分析单位成了社会科学家特别是跨学科的学者们经常争论的议题。

4.6 时 间 维 度

截至目前，我们讨论了作为过程的研究设计，要确定观察的角度、研究的对象，以及研究的目的。现在，我们要从时间相关的角度，对前面讨论过的问题进行重新考察。就观察而言，我们可以选择某一个时点或一段时间。

除了研究工作需要时间以外，在研究设计和实施中，时间因素也扮演着许多角色。

---

① 社会生物学：一个认为社会行为可以被基因特性解释的研究范式。

在前面讨论因果关系时,我们就发现,事物的时间顺序在因果关系(第 4 篇还将讨论这个议题)的确定中至关重要。时间因素还影响到对研究发现的概化。譬如,某种描述和解释是否真的能代表十年前或十年后的情形?还是仅代表现状?针对研究设计的时间问题,研究者有两种主要选择:截面研究和历时研究。

4.6.1 截面研究

截面研究[①](cross-sectional study)是对代表某时点的总体或现象的样本或截面观察。探索性和描述性研究通常都是截面研究。例如,美国每次的人口普查,就是描述某个时点的人口总数。

很多解释性研究也属于截面研究。譬如,某研究者主持一项全国性种族与信仰偏见的大调查,从各方面来看,调查都是针对偏见形成的某个时点而言的。

长期以来,解释性的截面研究总存在一些问题。尽管研究的目的大多是为了解时间顺序的因果过程。可是,研究结论依据的却是某个时点的观察。这个问题类似于以静止照片为依据来判断某种高速运动物体的速度。

例如,边燕杰(Yanjie Bian)为研究当代中国都市的社会阶层,对天津的工人进行了一项调查。尽管他调查的时间是 1988 年,但他关注的却是一系列重大事件产生的重要影响,涉及的时间从 1949 年一直到现在。

这些事件不仅改变了社会气氛,也影响了人们的工作与休息。由于这些事件的影响,如你们在书中看到的,要从截面社会调查下结论是很困难的,譬如,描述中国人工作场所的一般模式及其对工人的影响。因此,这样的结论只适用于某段时间,并且需要其他时点数据的进一步检验。(1994:19)

在本书中,我们将不断强调前面提到的困难,即基于某个时点来研究一般社会生活的难处。解决的办法之一,是边燕杰说的——搜集其他时点的数据。社会研究常常需要重新考察已往研究结果的现象。

4.6.2 历时研究

与截面研究相反,**历时研究**[②](longitudinal study),是一种跨时段观察同一现象的研究方法,如对 UFO 祭仪的观察(从开始到消亡)。还有历时研究利用记录或人造物来研究变化。再如,无论研究者的观察和分析是根据某个时点还是根据事件过程,分析某报纸社论、最高法院在不同时点的判决等,都是历时研究。

大多数实地研究项目,包括直接观察和深度访谈,都属于历时研究。例如,当阿谢尔和法因(Ramona Asher and Gary Fine, 1991)研究醉汉妻子的生活经验时,研究者考察的是他们长期经历的婚姻问题,有时包含研究对象对研究的反应。

在经典著作《当预言失灵时》(*When Prophecy Fails*, 1956)中,费斯廷格、赖克和沙赫特(Leon Festinger, Henry Reicker and Stanley Schachter)特别研究了当和外星人相遇的预言没有实现时,人们对飞碟崇拜的变化。人们会解散组织呢,还是更加坚定自己的信念?一项历时研究提供了答案(他们反而更致力于吸收新会员)。

用定量方法(如大规模问卷调查)进行历时研究比较困难。尽管如此,这仍然是历时研究的最好办法。在此,我们介绍三种不同的历时研究方法:趋势研究、同期群研究和专题访问研究。

---

① 截面研究:以代表了某个时间点的观察为基础的研究。
② 历时研究:研究设计需要搜集不同时间点的数据。

1. 趋势研究

对一般总体内部历时变化的研究，是**趋势研究**①（trend study）。譬如，比较美国历次人口普查可以发现人口增长的趋势；在选举期间的一系列盖洛普调查，显示了某些候选人的相对排名。卡品尼和基特（Michael Carpini & Scott Keeter, 1991）要比较现在的美国人是否比他们的前辈更多地了解政治。为了获得结果，他们拿20世纪40年代和50年代多次盖洛普调查的结果与1989年的调查结果进行比较，并分析人们对有关政治知识的答案。

分析表明，总体上，现在的美国人对政治有较多了解。例如1989年，74%的样本中涉及当时副总统的名字，而1952年的样本只有67%涉及。同样，和1947年比较，1989年，人们对总统否决权、国会重复否决权等方面有更多的了解。另一方面，1947年时，更多的人（38%）能认出本区的国会代表，但1989年时，这个比例只有29%。

进一步的分析显示，1989年的样本更多涉及政治，是因为其受教育程度比1947年的高。当考虑受教育程度后，研究者指出，1989年的样本对政治了解的程度实际上下降了（在某些特定教育程度群体内）。

2. 同期群研究

对某个具体子总体即同一期群历时变化的研究，就是**同期群研究**②（cohort study）。同期群通常指同龄人群体，如20世纪50年代出生的人，就自成一个同期群；也可以用其他方式来划分同期群，如在越南战争期间出生的人，在1994年结婚的人，等等。一个同期群研究的例子是，每20年一次对"二战"期间出生的、历经美国卷入全球事务的人的态度进行的调查。1960年时，样本的年龄也许在15~20岁之间；1980年时，样本的年龄可能在35~40岁之间，2000年时，样本的年龄则在55~60岁。尽管每一次的样本不一定是同一批人，但每一个样本都代表了1940—1945年出生的人。

图4-5是另一个同期群研究的例子。在这一例子中，对比了三项研究。一项于1990年进行，一项于2000年，另一项于2010年。在1990年20岁的人与在2000年30岁的人和在2010年40岁的人进行了对比。尽管每一次研究的样本不尽相同，但他们都代表着一个同期群：出生于1970年的一批人。

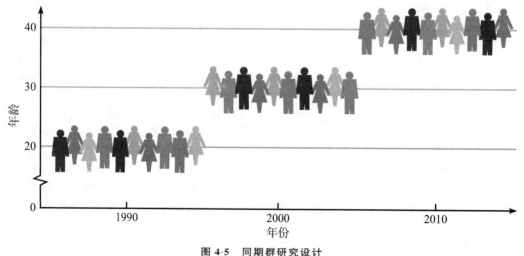

图4-5　同期群研究设计

三组中的每一组，都是出生于20世纪70年代的人。

---

① 趋势研究：是历时研究的一种，其中，总体的某些特征一直被研究。一个例子是，盖洛普的系列民意调查，显示了在大选期间，选民对政治候选人的偏好，即使每一时点采访不同的样本。

② 同期群研究：研究者历时性地研究特定子总体。尽管在每次观察中，可能是从群体中的不同成员搜集数据。1970年开始职业生涯的历时研究就是一个例子，其问卷每隔5年就发出一次。

戴维斯（James Davis，1992）曾尝试用同期群分析法研究20世纪七八十年代美国人政治倾向的改变。他发现，总体上，人们对种族、性别、信仰、政治、犯罪以及言论自由等，都倾向于自由主义的想法。那么，它代表的是所有人都有自由主义倾向，还是仅仅代表了年轻自由的一代已经取代了年老保守的一代？

为了回答问题，戴维斯分析了4个时期（每5年一次）的调查数据。他将每次调查数据的受访者依年龄分组，即每5年一组。这样，可以在任何时点对不同年龄组进行比较，同时，也能跟踪每个年龄组随时间而改变的政治倾向。

戴维斯的问题之一是，询问是否能让一个自称是激进左派的人，在受访者社区内做公开演讲。在各个时段，年轻的总是比年长的受访者愿意让激进左派人士发表演讲。在20~40岁受访者中，72%的人愿意让激进左派人士发表演讲；而在80岁以上的受访者中，只有27%的人愿意。表4-1详细列出了年轻的同期群在不同年代的态度。表中的数据说明，保守倾向在20世纪70年代有所上升，在80年代又有反弹。在戴维斯的分析中，各同期群的表现模式基本类似（J. Davis，1992：269）。由此可以说明，同期群没有因时间的变化而改变自己的政治自由主义观点。当然，我们不知道某个个体变得更自由或保守了，只能看到整体的变化。后面将讨论的追踪研究更加适用。

表4-1　年龄与政治自由主义倾向

调查日期	1972—1974	1977—1980	1982—1984	1987—1989
时代年龄	20~24	25~29	30~34	35~39
赞成让激进左派人士演讲的比例	72%	68%	73%	73%

在另一项研究中，普鲁特和博克曼（Eric Plutzer and Michael Berkman，2005）运用同期群设计完全推翻了之前有关老龄与教育支持的结论。逻辑上，在人们过了抚养子女的年龄后，对子女教育的责任会减小。截面研究的结论也支持这一点。多个数据集的研究者，都得出了相似的结论，即65岁以上的人，比65岁以下的人，声称更少支持子女的教育。

不过，这个简单的分析，丢掉了一个重要的变量：在美国社会，人们对教育的支持是在不断增加的。如果考虑"代际更替"（generational replacement），那么，老年人对教育的更少支持，实际是被年轻一些的更多支持代替了。

同期群分析让研究者看到了某个特定时期群体的态度变化。例如，20世纪40年代出生的群体认为教育支出太低了，表4-B1是不同时期对这个群体访问得到的数据（Plutzer and Berkman，2005：76）：

表4-B1　不同时期对20世纪40年代群体访问得到的数据

访问时间	认为教育投入太低的比例（%）
20世纪70年代	58
20世纪80年代	66
20世纪90年代	74
21世纪第一个十年	79

正如数据显示的，出生于20世纪40年代的群体，对教育投入的支持是在不断增加的，尽管他们已经年长，也过了抚养子女的年龄。

3. 追踪研究

追踪研究①（panel study）与趋势研究和同期群研究相似，不同的是，每次访问的都是同一批受访者。例如，在选举期间，我们每个月都访谈同一群选民样本，询问他们投票给谁。这样的调查，不但能整体地掌握选民对每一位候选人的好恶，同时还能更精确地显示选民投票倾向的持续性及倾向的改变。譬如，根据趋势研究，9月1日与10月1日的两次调查都表明各有一半的选民分别支持候选人A与候选人B，这种情况说明要么没有选民改变投票意愿，要么所有选民都改变了投票意愿，要么介于二者之间。而跟踪访问却能清楚地指出，哪些从候选人A的阵营改变到候选人B的阵营，哪些选民从候选人B的阵营转到候选人A的阵营，或其他的可能性。

维若夫、哈切特和杜凡（Joseph Veroff, Shirley Hatchett & Elizabeth Douvan, 1992）要了解白人与黑人结婚的新婚夫妇的适应之道。为了获得研究对象，他们从1986年4—6月在密歇根州韦恩县（Wayne County）申请结婚证书的夫妇中选择了一些样本。

考虑到这项研究可能给这些新婚夫妇的适应带来影响，研究者将样本随机分为两组：实验组和对照组（这些概念我们将在第8章进行讨论）。在4年中，研究人员经常与实验组的夫妇进行面谈；与对照组的夫妇每年只面谈一次，且时间短暂。

随着时间的推移，研究者对每一对夫妇的问题，以及他们的应对，都加以追踪。作为研究项目的副产品，那些常被面谈的夫妇，似乎能有较好的婚姻调适。研究者发现，每一次访谈都会让那些夫妇警觉到讨论问题的重要性。

追踪样本流失②（panel mortality），即样本在研究的进程中退出了研究，是追踪研究的根本问题。经过多年的努力，研究者开发出了多种技术，以追踪流失样本。罗兹（Bryan Rhodes）和马克斯（Ellen Marks）（2011）利用脸书追踪通过电话或邮件无法联系到的历时研究对象，且成功地找到三分之一的对象。

4. 三种方法的比较

乍看起来，趋势研究、同期群研究和追踪研究三者之间很难区分，这里我们用同一个变量（宗教亲和力）的对比分析来进行说明。趋势研究着眼于宗教亲和力随时间的变化，这也是盖洛普调查的基本方法；同期群研究则会侧重于一代（如"9·11"的一代）人对不同宗教支持度的变化。例如：2001年10~20岁的人，2011年20~30岁的人，2021年30~40岁的人，依此类推。追踪研究则先对整体或具体群体进行抽样，并对样本进行长期追踪研究。要注意的是，只有追踪研究才能描述这种变化的全景：不同类型的亲和力，包括"没有"。而同期群研究和趋势研究只能发现一些总体变动。

就提供随时间变化的信息而言，历时研究比截面研究有明显的优势。只是，伴随这种优势的是大量时间和金钱的花费，特别是大型调查。因为对发生事件的每个时点都必须进行观察，要完成观察，就必须投入大量的人力。

追踪研究能提供随时间变化的综合性资料，但也有一个问题：即样本流失问题，有些接受初期调查的受访者，没有出现在后来的受访中（可以比较第8章讨论的实验样本流失）。问题在于，退出调查的样本不一定具有典型性，这样，他们的退出，就会扭曲整个研究结果。因此，当安尼绅索等（Carol S. Aneshensel et al., 1989）进行一项少女追踪研究（比较拉丁裔与非拉丁裔少女）时发现，在美国出生的拉丁裔少女和在墨西哥出生的拉丁裔少女，在放弃参与调查的行为上有所差异。因此，在做结论时，应该把这样的差异考虑在内，以免产生误导。

托昂格鲁和叶聪（Roger Tourangeau and Cong Ye, 2009）研究了如何减少样本量流失。特别是，他们考虑了对于样本继续参与研究的正面与负面的诱因。他们将样本随机

---

① 追踪研究：也是一种历时研究，其中的数据是从不同时间点的同一批对象搜集起来的。［曾译为"小样本多次访问"研究，为简洁计，改译为"追踪"研究——译者注］。

② 追踪样本流失：追踪研究的一些样本不再参加调查。

分为两组，并向两组说明继续参与研究的不同的理由。在一组样本中，他们强调了继续参与时，样本能获得的收益；而在另一组，强调的则是如果样本退出研究，将对研究项目产生影响。后者，即负面的信息，增加了10%的持续参与程度。图4-6提供了不同类型研究的比较。

	截面研究	历时研究		
		趋势	同期群	追踪
时点快照	X			
历时测量		X	X	X
追随年龄			X	
只针对同一群体				X

图4-6 不同类型的比较

4.6.3 近似历时研究

历时研究很多时候并不可行，也缺乏实际操作的手段。幸运的是，即使只有截面数据，也可以对历时过程做出大致结论，即近似历时研究（approximating longitudinal study）。下面就介绍一些这样的方法。

有时候，截面资料隐含着逻辑性的历时过程。例如在夏威夷大学进行的学生用药习惯研究中（第3章提到过），学生被问及是否使用过任何违禁药品。就大麻和LSD（迷幻药）而言，研究发现，有些学生两种都用过，有些学生只用过其中一种，有的学生一种也没有用过。由于这些数据是在一个时点搜集的，没有考虑有些学生会在接受调查之后尝试一些药物的情形，因此，这类研究，不能发现学生们先尝试大麻或先尝试LSD的情形。

更进一步的数据显示，尽管有些学生只用过大麻，没有用过LSD；可是没有学生只用过LSD。根据这项发现，我们可以推论，与一般常识一致，学生先用大麻，再用LSD。如果用药过程完全相反，那么，就应该有学生只用LSD而没有用过大麻，或没有学生只用过大麻。

只要变量的时间顺序清楚，研究者就可以进行逻辑推论。如果一项截面研究发现，在大学中，来自私立高中的学生比来自公立高中的学生成绩更好，我们就可以说就读高中的类型会影响大学的学业成绩。因此，即使某个时点的观察，也能合理地推论历时的过程。

通常，在截面研究中，年龄差距会构成推论历时过程的基础。假设你们对一般生命周期中健康恶化的模式有兴趣，就可以根据大医院病人的年度体检资料进行研究。你们可以根据体检者的年龄将资料分组，并用视力、听力、血压等分级，通过不同年龄组和每个人的具体状况，可以对个人健康史有所了解。譬如，你们可以由此得出结论：视力毛病比听力毛病发生得更早。尽管如此，对于这种结论还是要多加小心，因为这样的差异可能被用来反映整个社会的趋势。也许，听力好的原因是研究工作所在的学校改进了听力设施，学生因此受惠。

让人们回忆往事是另一种历时观察方法。当我们询问别人的出生地、高中毕业的时间、1988年投票给谁的时候，使用的就是这种方法。通常，定性研究采用对"生命历程"的深度访谈。例如，卡尔（C. Lynn Carr, 1998）在一项关于"女汉子症"的研究中使用了这一方法。他要求受访者（年龄在 25～40 岁之间）回忆她们从童年开始的生活历程，包括对自己是"女汉子"的认知。

这种方法的缺陷也很明显。有时候，人们会有不正确的记忆，甚至有欺骗性记忆。譬如，当投票后再调查人们的投票行为时，自称投给当选者的票数会比其实际的得票数多。尽管深度访谈可以获得历时数据，但使用这些数据时，必须要旁证，否则，仅仅根据这些数据去寻求答案，就一定要加倍小心。

在依据截面数据对过程进行推论时，也可以使用同期群数据。例如，当塞克森纳（Prem Saxena，2004）和他的同事们希望研究战争对初婚年龄影响时，他们使用了对黎巴嫩妇女进行调查的截面数据。在 1975—1990 年发生的黎巴嫩内战中，大量年轻的男子移民到其他国家。通过观察数据，研究者发现，随着战争的进行，黎巴嫩妇女的平均初婚年龄增加了。

以上是时间在社会研究中扮演的角色，以及社会科学家处理时间的一些方法。在设计任何研究项目时，对时间隐性与显性的假设，都必须慎重考虑：到底是对历时过程的描述有兴趣，还是只想描述当前发生的事情？如果要描述历时过程，必须考虑是否能在过程的不同时点进行观察，或可以通过现实观察进行逻辑推论。如果你们选择历时研究，哪种研究方法最有助于实现你们达成研究的目的呢？

4.6.4 研究策略举例

正如先前的讨论暗示的那样，可以有很多的途径来进行社会研究。下面的短小摘录，进一步说明了这个观点。在你们阅读这些摘录时，请留意每个研究的内容及使用的方法。这些研究是探索性的、还是描述性的或者解释性的（还是这几种的混合）？每项研究的数据来源是什么？其中的分析单位是什么？相应的时间维度是什么？应该如何应对？

- 南加利福尼亚强奸危机中心，利用档案、观察和访谈数据进行的社会动员个案研究，揭示了一个女性主义组织是如何在 1974—1994 年期间影响警察局、学校、检察院和其他一些组织的。（Schmitt and Martin，1999：364）
- 通过与前爱沙尼亚苏维埃社会主义共和国的活动家进行访谈，我们指出，有乐于助人和反抗的亚文化环境能够成功地进行社会运动。（Johnston and Snow，1998：473）
- 利用在 1992—1994 年实地研究的访谈，结合历史记录和档案，我认为，巴勒斯坦女性主义受到了巴勒斯坦女性活动及其与之互动的社会政治背景的影响。（Abdulhadi，1998：649）
- 我从几个大众媒体，包括期刊、书籍、小册子、广播、电视谈话节目和报纸上搜集到的数据。（Berbrier，1998：435）
- 下面将对在职和退休人员的种族、性别不平等进行分析。其样本是全国范围内在 1980—1981 年之间开始领取老年社会保障的人。（Hogan and Perrucci，1998：528）

4.7 混合模式

在这一章中，我们提到了进行社会研究的多种方法：实验、调查研究（电话、面访、在线）、实地研究等等。在我的观察中，随着时间的推移，研究人员经常谈到使用多种方法对理解社会现象的价值。当研究人员发现他们熟悉和擅长的技术时，对多种技术的支持，常常是说得多、做得少。不过，这种情况正在改变。例如，部分为了应对日趋严格的调查、审查以及通过文献回顾便可以产生更多的研究，主要运用了混合研究模式。

例如，美国能源信息管理局的住宅能源消耗调查（RECS）寻求获得有关美国能源使用的详细信息。家庭访谈提供了许多需要的信息，但研究人员也发现，家庭受访者通常不能提供其能源消耗的具体细节。因此，调查人员从能源供应商那里搜集计费数据，并匹配受访家庭。(Worthy and Mayclin，2013)

在地球的另一边，在一项为期三年的研究中，博伊登（Peggy Koopman Boyden）和理查森（Margaret Richardson）(2013) 利用日记和专题小组，对新西兰老年人的活动进行了研究。研究旨在"分析老年人和机构代表在日常交往中的经历和看法"(2013：392)。研究要求，与会的老年人保持互动记录，并定期邀请他们参加讨论，说说他们的经历。除了为研究人员提供更深、更广、更丰富的数据外，他们还报告说，参与者经常表示，他们受益于各种方法的组合，如在专题小组讨论中，记录研究日记的经验。

从新西兰向北到印度，萨希娜（Prem Saxena）和库玛（Dhirendra Kumar）(1997) 考察了老年人退休后的死亡风险，研究的关注点为工作对确定社会地位的重要性。在一些有关退休的社会心理学研究中，研究人员在总会计师办公室发现了一个数据源，以补充以前的研究，使他们有机会考察老年人退休后的总体死亡率。最后，他们的结论是，"在发展中国家，很少有人期待退休。大多数人则害怕退休。然而，养老金领取者对退休的反应方式则主要取决于他们的社会责任和退休时未得到满足的需求"(1997：122)。

虽然社会研究者长期以来一直使用混合研究模式，近年来，这种方法却开始吸引更多关注，更重要的是，更实际地使用这种方法。

我认为，在未来，你们可以期待看到更多的混合模式，并可能加以利用。

4.8 如何设计研究计划

到这里为止，你们已经知道了社会研究计划设计的各种选择。不过，这些选择比较零散，还不是那么清楚。这里，我们要把零散的东西整合起来。假设你们要进行一项研究，将如何着手？接下来又如何？

尽管研究设计在计划开始时就已经有了，但在实施过程中，每一步都包含着对研究设计的进一步推敲。接下来要讨论的是，提供一些着手研究计划的指导，以及后面章节的概况。

图 4-7 是社会科学研究过程的一种图式。尽管我不愿意采用这样的图示，因为容易产生误导，让你们认为研究工作一定要按部就班，进而脱离实际情形；但是，在进入具体细节之前，还是应该对整个研究过程有一个概念。在这个意义上，图示应该有所帮助。本质上来说，它也比第 2 章说的科学过程更为详尽。

这个图的最上方是研究的兴趣、想法、理论，即研究工作可能的起始点。这些字母（A，B，X，Y 等）代表变量或概念如"偏见"或是"疏离"。你们也许有兴趣了解为什么一些人比另一些人更有偏见，或想知道疏离将带来什么后果。换句话说，开始的时候，你们可能有一些具体的想法。举例来说，也许你们认为在装配线上工作会造成疏离感。我在图形上画下问号，目的是要强调，某些事情不一定像你想的那样，这便是我们进行研究的原因。最后，我把理论解释为多个变量之间的一组复杂关系。

考虑这个问题：领导力在青年群体中是怎么建立起来的？你们可能会考虑年龄、身体素质、家庭与朋友关系、智慧等变量对领导力的影响。在因果分析中，我们通常不能在一开始便提出一个清晰的因果关系。

在"兴趣""想法"和"理论"之间的双箭头，表示研究过程的这些起点，经常会出现前后移动的情形。兴趣可能形成想法，想法又可能是较大理论的一部分，而理论也可能引申新的想法、新的兴趣。

上述三者，都显示了实证研究的必要性。实证研究的目的就是为了探讨兴趣和检验具体想法，或验证复杂的理论。姑且不论目的是什么，就如图示中提示的，后面还有许多事情需要决定。

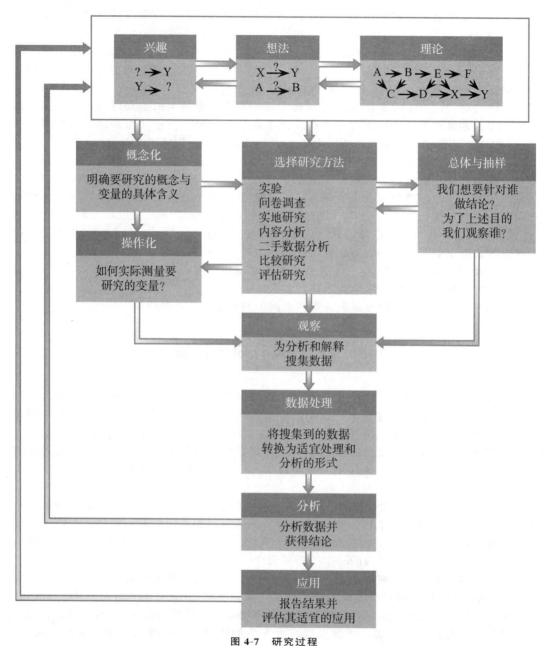

图 4-7 研究过程

这里列出了本书将要讨论的一些关键要素：构成研究整体的部分。

为了有实感，让我们用一个研究事例来具体说明。假设你们对"堕胎"议题很有兴趣，想了解为什么在许多人反对的情况下，一些大学生却支持堕胎合法化。进一步说，假设你们认为人文社会学科的学生比自然科学的学生更加支持堕胎合法化（这一情况常常会引导人们设计并进行一些社会研究），那么，我们要从哪里开始研究呢？假设你们希望研究的问题是对堕胎的态度与学习专业之间的关系。从本章我们讲过的各种方法来看，也许你们对描述和解释都有兴趣，但最终选择了探索性研究。你们希望知道不同专业的学生对堕胎有怎样的态度（探索性研究），想了解多大比例的学生支持妇女有堕胎的权利（描述性研究）以及什么导致了学生们不同的态度（解释性研究）。这里，分析单位是个体——大学生。正如你们看到的，在我们"开始研究"之前，我们已经开始研究了。图 4-7 反映的交互进程，在进行项目策划时便已经开始。让我们来系统地分析研究中的各步骤。

4.8.1 开始着手

在研究设计之初，你们的兴趣可能是解释。为此，可以选择几个可行的活动来探讨学生对堕胎权利的看法。刚开始，你们应该尽可能地多阅读相关文献。如果你们想到学生学习的专业和对待堕胎的态度有关，就一定要看相关论著。附录 A 介绍了一些使用图书馆的方法。此外，还可能要访谈一些人，支持或反对堕胎的人。也许，还要参加一些有关的集会。所有这些活动，都是在为即将进行的研究设计做准备。

在设计研究计划之前，重要的是要弄清楚研究目的。你们进行的研究种类是解释性的、描述性的还是探索性的？是希望写一篇课程论文，还是想写一篇学位论文？是要搜集一些足以与人辩论的数据，还是只想给校园新闻投稿，或给学术杂志投稿？在阅读与堕胎权利相关的文献时，你们应当关注其他研究者的研究设计，并思考这些设计能否实现你们的目的。

通常可以用报告的形式表达你们的研究目的。在设计研究时就列出报告的大纲，是一个很好的开始（参见第 17 章）。尽管最后的研究报告不一定是当初设计的，但初始提纲将有助于测试不同研究设计的适用程度。在这一过程中，你们必须很清楚，在研究计划完成之时怎样陈述研究结果。这里有几个例子："在讨论关切自身的社会议题时，学生们常常会提到堕胎权利。""州大学有百分之 X 的学生，支持妇女的堕胎选择权。""比起社会学系的学生，工程科系的学生更反对/接受堕胎权利。"

4.8.2 概念化

一旦有了界定清楚的目的，并对要获得的结果有了清楚的描述，你们就可以进入研究设计的下一个阶段——概念化。我们常会在无意间谈论一些社会科学概念，如偏见、疏离感、信仰以及自由主义等。但为了使结论明确，我们必须厘清概念的含义。第 5 章将对概念化过程做深入的探讨。现在，让我们看看哪些概念和堕胎有关。

如果要研究大学生对堕胎议题的态度及其原因，那么，要做的第一件事就应该说明什么是你们说的"堕胎权利"。具体地说，你们必须注意人们接受或反对堕胎的不同情形。例如，女性的生命受到威胁、遭受强暴、乱伦、必须堕胎等等。你们发现，对堕胎合法化的支持，会因为不同的状况而有所不同。

当然，你们必须厘清研究中的所有概念。如果你们要研究大学生主修科目对堕胎态度的影响，就必须说明采用校方公布的标准还是采用学生的标准，以及如何安排无主修科目的学生。

假如你们正在进行一项调查或实验，也必须事先定义概念。如果研究结构并不严谨，如开放式的访谈，那么，重要的是要在研究中包括：不同维度、不同方面、概念间的差异。这样，就能揭示一些社会生活的方面，并有别于通过随意发问、轻率地使用语言所能获得的信息。

4.8.3 选择研究方法

在第 3 篇我们将会看到，社会科学研究的方法有很多种。每一种方法都有优缺点，某些方法较其他方法更适合研究某些概念。对待堕胎态度的研究而言，抽样调查法可能是最合适的方法：要么逐一对学生进行面访，要么请学生填写问卷。抽样调查是研究大众观点的最佳方法。这并不是说第 3 篇的其他方法就不能获得很好的结果。譬如，运用内容分析法对每一封读者来信进行分析，进而了解来信者对堕胎的看法。运用实地研究法可以揭示人们在堕胎观念上如何相互影响，以至于改变态度。第3篇将会让你们了解如何使用不同方法研究同一个问题。通常，最好的研究设计往往不是采用某一种研究方法，而是集多种方法之优势于一身。请回顾前一节末尾的真实案例，你们就看到了研究者在一项研究中使用多项研究方法的例子。

4.8.4　操作化

厘清了概念、确定了研究方法之后，下一步是确定测量方法或操作化（参见第5章、第6章）。在研究中，变量的意义，部分是由测量决定的。这一节要决定如何搜集我们所要的数据：直接观察、阅览官方文件、使用问卷，或是其他技术。

如果你们决定采用调查法来研究人们对堕胎权利的态度，就要对主要的变量进行操作化。如询问调查对象在各种情况（已经概念化）下对待堕胎的态度；譬如遭到强暴、乱伦，或孕妇有生命危险，让受访者回答在每个情况下赞成或反对堕胎。相似地，也可以精确地列举受访者填写的他们自己的主修科目，以及没有主修科目受访者的情况。

4.8.5　总体与抽样

除了细化概念和测量方法外，我们还要确定研究对象和研究重点。研究总体（population for study）是我们必须从中获得结论的群体（通常是由人所组成）。不过，我们不可能对自己感兴趣总体的所有成员进行研究，也不可能对所有成员进行各种观察。但是，我们可以从总体中抽取样本，从样本中搜集数据。当然，在日常生活中，总有对信息的抽样，并因此产生有偏差的观察（回想第1章的"选择性观察"）。因此，社会研究者对于要观察的样本，往往会更为仔细。

第7章将讨论怎样从我们感兴趣的总体抽选出确实能反应总体的样本。图4-7也提到，对总体以及样本的确定，也因研究方法的不同而有所差别。尽管概率抽样技巧和大规模问卷调查或内容分析关系密切，但实地研究者也应该注意选择能提供中立意见的对象；甚至，实验研究者也应该采用实验组和对照组的方式，通过比较获得信息。

对堕胎态度而言，其总体是大学的所有学生。正如在第7章将看到的，要抽出有代表性的样本，就要对总体进行更清楚的界定。譬如，是否包括所有在职生和全日制学生？仅仅包括读学位的学生，还是包括所有学生？是包括各国的学生还是只包括美国学生？是包括本科生、研究生，还是两者都包括？这类问题比比皆是，必须根据研究目的来回答。如果你们要了解在堕胎合法化地区性公民投票中学生可能采取的态度，抽样总体就必须是那些有投票资格的，而且投票意愿很高的学生。

4.8.6　观察

确定了研究内容、对象和方法以后，我们就可以进行观察了。即，搜集实证数据。第3篇在描述各种研究方法的同时，也提供了适合各种研究的观察方法。

例如堕胎调查，你们应该印制问卷，并邮寄给每一位从总体中抽样出来的学生，当然，也可以组建访员团队进行电话访问。这几种方法的优缺点都会在第9章加以讨论。

4.8.7　数据处理

无论选用哪种方法，都可能搜集到数量庞大且不能直接使用的观察数据。如果花费了一个月时间实地观察街头帮派，那么，你们就有了足够写一本书的数据。如果研究学校种族多样性的历史,搜集的数据可能包括了许多官方文件、对政府官员和其他人员的访问记录等等。第13章和第14章将介绍一些处理和转化数据以用于定性和定量分析的方法。

在问卷调查中,典型的原始观察数据是回收到的问卷,无论是圈选的答案、还是书写的想法等等。典型的问卷调查数据处理则包括将书写的答案分类(编码),将所有获得的信息转换成电脑编码。

4.8.8 分析

我们要依据获得的数据提出结论,以验证调查之初的兴趣、想法和理论。第13章、第14章还将提供一些分析数据的方法。需要注意的是,分析结果要对初始兴趣、想法和理论进行反馈(见图4-7)。实际上,这样的反馈很有可能引发另一项研究。

在涉及学生对堕胎权利看法的研究中,分析层面包括了描述和解释两个方面。首先,计算在不同情况下学生支持或反对堕胎的百分比。然后,把这些百分比整合起来,提供一幅学生对这个议题一般态度的完整图景。

除简单描述之外,也可以描述不同学生群体对堕胎合法化的意见,如不同专业学生之间的意见差异。还可以搜集其他信息,如:男性与女性;大一、大二、大三、大四、研究生;其他的分类方式。对于每个小群体的描述,将会引导你们进入解释性分析。

4.8.9 应用

研究的最后阶段是如何使用从研究中获得的结论。首先是和其他人交流你们的研究结果,让别人知道你们获得了什么。因此,最好要准备一份书面报告或可发表的研究报告。也许,你们应该做一个学术报告,让其他有兴趣的人了解你们的研究成果。

也许,要进一步讨论研究结论的意义。譬如,对"堕胎合法化"的支持者来说,他们说了要采取什么行动支持相关公共政策?"堕胎合法化"对反对者而言,他们或许有同样的兴趣。

阿克罗夫(Karen Akerlof)和肯尼迪(Chris Kennedy)(2013)提供了社会研究可用于设计和评估防治环境退化方案的综合分析。它们确定了五个主要领域:

1. 提倡积极的态度
2. 增加个人代理
3. 促进情感动机
4. 传播支持性社会规范
5. 改变环境的情境;设计选择(2013:24-46)

最后,你们必须思考研究结论对同类议题的未来研究有什么意义。譬如,在研究过程中有哪些错误是以后的研究者可以修正的?有哪些研究方法在你们的研究中仅仅开了个头,需要在以后的研究中深入发展?

4.8.10 回顾研究设计

总体上看,研究设计包括了一系列的决定:研究题目、研究总体、研究方法、研究目的。本章前半部分的讨论(研究目的、分析单位和关注点)尽管都是为了扩大你们这些方面的视野;然而,研究设计却要你们收缩视野,专注于具体的研究项目。

如果你们只是要做一篇课程论文,很多研究设计相关的问题早就确定,例如方法(如进行实验)和主题(基于课程或研究题目,例如偏见)。所以,接下来的讨论将假定没有任何限制条件。

在设计研究计划之前，首先要评估三件事：自我兴趣、自我能力、可用资源。其中的每一种都会影响到研究的可行性。

让我们来模拟一个研究计划的开端：首先问自己到底想了解什么，因为你们可能对许多社会行为和态度感兴趣。譬如，为什么有些人在政治上表现为自由派，另一些人表现为保守派？为什么有些人的宗教信仰比其他人更虔诚？人们为什么要加入民兵组织？高校是否仍像从前一样歧视少数族裔教员？为什么女性总是处于受虐待地位？因此，不妨坐下来思考哪些让你们感兴趣且的确关心的议题。

一旦有了一些自己想了解的问题，就要考虑如何获得信息来回答这些问题。什么样的分析单位能够提供最相关的信息：大学学生、公司、选民、城市或资深市民？因为这类问题与研究议题有密不可分的关系。随后，则要思考分析单位的哪方面信息可以回答研究的问题。

在了解到与研究问题有关的信息来源之后，还要知道怎样从信息来源获得信息。相关的信息是现成的（譬如在某个政府机关的出版物中能找到），还是必须自己去搜集？如果需要自己搜集资料，那么，如何搜集？要进行大量的问卷调查，还是只需与少数人进行深度访谈？或者开几个座谈会就够了？甚至从图书馆就能找到所需的资料？

在回答这些问题时，便进入了研究设计过程。但是，别忘了你们自己的研究能力和可用的资源。不要设计一个完美、但却完成不了的研究计划。你们也可以尝试一些自己不曾用过的研究方法，以便获得更多的经验，只是不要把自己放到特别不利的地位。

一旦你们有了研究的问题，就要仔细地查阅有关的期刊或书籍文献，了解其他研究者的成果。文献探讨可以帮助你们修订研究设计：也许你们会采用别人的研究方法，甚至验证已有的研究。独立验证已有的研究，是自然科学研究的一个标准步骤，对社会科学来说也一样重要。只是我们忽视了验证的重要性而已。当然，除了验证已有的研究以外，还可以对已有研究中忽视了的问题，做进一步的探讨。

另外，就某个议题而言，假设已有的研究使用了实地研究法，你们可以用实验设计方法来检验已有的研究结论吗？或者，现存的统计资料是否可以用来检验已有的研究结论？使用不同的研究方法来检验同一个研究结论，被称为三角测量（triangulation），是一个很好的研究策略。原因是，每一种研究方法都有优点和缺点，而不同的研究方法获得或部分地获得不同的研究结果，所以，最好在研究设计中使用一种以上的研究方法。

4.9 研究计划书

通常，在设计研究计划时，必须写出计划的细节，以便向他人证明计划的可行性。如果是课程论文，在你们开始执行计划之前，老师通常要看你们的"计划"。在你们以后的事业中，假如要进行一项重要计划，需要基金会或政府机构提供经费，一份详尽的研究计划书可以帮助资助机构了解其资金的使用。公有企业和私有企业都希望对自身的发展进行评估与研究，因此可能会希望一份征求建议书。

本章的最后一部分将告诉你们如何准备这样的研究计划书。这将使你们对整个研究过程有一个总体概念。

研究计划书的基本要素

虽然一些提供研究经费的机构（或你的指导老师）对研究计划书有一些特殊的要求，但基本的要素不外乎下面讨论的内容。我提出了一些问题，可以帮助你们建立研究计划书的主要内容。

1. **议题或目的**

你们要研究的议题是什么？为什么值得研究？提出的研究计划是否有实际意义？例

如，是否对建构社会理论有帮助？

2. 文献回顾

如何看待议题？哪些理论与议题相关？有哪些已经完成的研究？对这一议题，是否存在一致的答案？是否存在缺点或可以改进的地方？

第 17 章对这一主题有更深入的讨论。你们会发现阅读社会科学的研究报告需要特殊技巧。如果现在你们的课程需要进行文献回顾，请直接阅读第 17 章，更熟悉不同种类的文献，了解如何找到你们需要的文献，并学习如何阅读。第 17 章还包括了如何使用网络资源和如何避免网络信息误导的讨论。

文献回顾方式受研究数据搜集方式的影响。使用相同方法的已有研究回顾，可以让你们在计划自己的研究时，更好地入手。同时，需要注重搜集与你们研究主题相近的研究，无论在方法上是否相近。例如，如果你们打算研究种族间的婚姻，需要搜集的是这一主题下的研究成果以及与主题相关的实地调查。

文献回顾在研究计划书中的位置相对靠前，需要按逻辑梳理研究领域的已有成就，并说明现有研究存在的问题，以此向读者介绍你们研究的主题。另一种方式是，在文献回顾中提出现有研究的不一致之处。在这种情况下，你们的研究将致力于解决现存的矛盾。我不知道你们怎样想，但我已经为研究感到激动了。

3. 研究对象

搜集数据的对象和事物是什么？除了大致的研究议题、理论术语以外，具体术语是什么？可用资源是什么？如何使用资源？抽样方法是否适宜？如果是，如何抽样？如果研究活动会影响研究对象，如何确定研究活动将不伤害它们？

在这些基本的问题之外，你们还可能使用特定的研究方法。例如，在研究中可能进行实验、调查或实地研究。本书第 7 章将从定性和定量两方面介绍研究方法的范例。

4. 测量

研究中有哪些主要变量？如何定义和测量变量？定义和测量方法是否重复了已有的研究？与已有的研究有何不同？如果已经做好了测量设计（例如问卷），或使用他人用过的测量手段，就应该将问卷放入研究计划的附录中。

5. 数据搜集的方法

说明搜集研究数据的方法。采用实验法还是问卷法？进行实地研究还是对已有统计资料进行再分析？是不是要采纳一种以上的方法？

6. 分析

说明采用的分析方法，包括分析的目的和分析逻辑。是否对详细的描述有兴趣？是否要解释事物之所以如此的原因？是否准备解释某些事物在特征上的差异性，如为什么一些学生比另一些学生自由开明？将采用哪些解释性变量？如何确定对变量解释的正确性？

7. 时间表

一般说来，应该提供一个研究时间表，说明研究的不同阶段如何进行。即使研究计划没有包括时间表，研究者自己也该有所安排。除非你们预定研究各阶段完成的时限，否则一定会陷入困境。

8. 经费

如果要申请研究经费，必须提供经费计划，注明经费的用途。大型研究计划包括的经费项目通常有：人事、器材、用品以及通信费用。即使一个自费的小型计划，也最好花些时间预估一下可能的花费，例如，办公用具、复印、计算机费用、电话费、交通费等等。

如此看来，如果要从事一项社会科学研究，即使你们的指导老师或资助机构没有要求，也最好有一个研究计划。如果要把自己的时间和精力投入到一项研究中，就必须尽量确定投资是值得的。

现在你们已经对社会研究有了粗略的了解。让我们继续看后面的章节，了解如何去设计和执行每一个研究步骤。如果你们已经有了自己感兴趣的议题，就要始终牢记如何研究这个议题。当然，在研究设计中，伦理也应作为一个重要的维度。

本章要点

导言
- 所有研究设计都需要研究者对要研究的问题有清晰的界定，然后寻找最好的实施方案。

研究的三个目的
- 社会研究的主要目的包括"探索、描述和解释"。一项研究往往包含不止一个目的。
- 探索性研究是试图对现象有初步的、粗略的了解。
- 描述性研究是精确地测量并报告研究总体或现象的特征。
- 解释性研究是探讨并报告研究现象各层面之间的关系。如果说描述性研究要回答"是什么"，解释性研究则试图回答"为什么"。

个案式解释
- 个案式解释试图完整地解释某个或有限数量的案例。
- 着眼于对研究对象经历的社会过程做出解释。
- 对比相似的情形可能带来新的启示，例如相同时间、不同地点或是同一地点、不同时间。

通则式解释
- 解释性的个案式模式和通则式模式都依赖于因果观。个案式模式追求的是对具体现象的完整理解，它往往包含了所有相关的原因。通则式模式追求的则是对某类现象的一般性理解（不必是完全的），它往往只用到部分相关的因素。
- 在通则式分析中，建立因果关系的三个基本标准是：①变量必须是经验上有关系的，或者相关的；②原因变量必须发生在结果变量之前；③效应不能被第三个变量解释。

必要原因和充分原因
- 必要原因是产生效果必须存在的条件：女性是怀孕的必要原因。
- 充分原因是带来结果总会存在的条件：不参加课程所有考试是课程考试不通过的充分原因。

分析单位
- 分析单位是社会研究者试图观察、描述和解释的人或事物。一般说来，社会研究的分析单位是个体，也可以是小群体或社会人为事实，或其他现象，如生活方式、社会互动类型等。
- 区位谬误是将基于群体的结论（例如，组织）应用在个体（例如，组织中的员工）之上。
- 简化论是试图用相对狭小的概念来解释复杂的现象，如只用经济（或是政治理想、心理学）因素来解释美国革命。

时间因素
- 涉及时间因素的研究，可以通过截面研究或历时研究来进行。
- 截面研究是基于某个时点观察的研究。截面研究尽管有时点限制，但仍可进行过程推论。
- 历时研究是基于不同时点观察的研究。这些观察可以通过在一般总体中（趋势研究）抽样、从亚总体中（同期群研究）抽样，或每次采用同一群（跟踪研究）样本的方法来进行。

混合模式
- 大多数研究通常运用一种方法搜集数据（如抽样调查、实验、实地研究），但是，在一项研究中运用多种方法可以获得更加综合的结果。

如何设计研究
- 研究设计适于最初的兴趣、想法和理论期待，接下来的是一系列相互关联的步骤，以逐渐收敛研究的关注点，概念、方法和程序也随之界定清楚。一个好的研究设计必须事先考虑这些步骤。
- 在开始时，应详细界定要研究的概念或变量的意义（操作化），选择研究方法（譬如，实验和调查），界定要研究的总体。如果可行，还要制定抽样方法。
- 概念的操作化是精确地说明变量的测量方法。进行某一项研究，应不断地进行观察、数据处理、分析、应用，并报告结果，评估其意义。

研究计划书
- 研究计划书提供了一个预览，说明研究的原因和执行的程序。研究计划书经常要得到许可或获得必需的资源。除此之外，研究计划书是一种很有用的工具，有利于计划的执行。

关键术语

以下术语是根据章节的内容来界定的，在出现该术语的页末也有相应的介绍，和本书末尾的总术语表是一样的。

同期群研究　相关　截面研究　区位谬误　历时研究　追踪样本流失　追踪研究　简化论　社会人为事实　社会生物学　虚假相关　趋势研究　分析单位

准备社会研究：设计

这一章提出了许多进行社会研究的方法。在设计你们的研究项目时，需要明确会用到哪些方法。要明确你们研究的目的，是为了探索、详细地描述，还是为了解释观察到的社会差异与社会进程？如果你们计划进行因果分析，就应该思考如何规划，从而达成目标。

进一步说，你们的研究是在一个时间节点上搜集数据还是对比不同时段的数据？要使用怎样的数据搜集方式？在深入实施研究的过程中，你们将要再次考虑这些问题。

复习和练习

1. 本章的一个例子认为，政治取向带来了大麻合法化态度的差异。其中的时间序列能否刚好相反？说出你们的理由。

2. 下面是一些真实的研究主题。能否说出每项研究的分析单位？（答案在本章的末尾）

a. 女人看电视的时间比男人的长，因为女人在户外的工作时间比男人短……黑人比白人每天看电视的时间多 45 分钟。(Hughes, 1980: 290)

b. 1960 年，在人口高于 10 万的 130 个城市中，有 126 个城市至少有两家短期非私有的、得到美国医院协会认可的综合性医院。(Turk, 1980: 317)

c. 早期的 TM（通灵）组织规模小，而且是非正式的。开始于 1959 年 6 月，那时，洛杉矶小组在一个成员的家里聚会，那里，恰好是马哈利西（Maharishi）曾经生活的地方。(Johnston, 1980: 337)

d. 护理人员对于改变护理制度……有着强大的影响力……相反，决策权却掌握在管理层以及医生阶层手中……(Comstock, 1980: 77)

e. 美国 200 万农夫中有 66.7 万是女性，但在美国历史上，女性从来不被当作农夫，而是被当作农夫的妻子。(Votaw, 1979: 8)

f. 对社区中反对建立精神残疾者之家的分析……指出，尽管环境逐渐恶化的社区最有可能组织起来表示反对，但中上阶层却最能私下接触地方官员。（Graham and Hogan，1990：513）

g. 20世纪60年代，一些分析家预测：随着经济抱负以及政治激进态度的膨胀，黑人会对"出世的"主流黑人教堂产生不满情绪。（Ellison and Sherkat，1990：551）

h. 本分析探讨了当代理论的经验发现和命题是否能直接应用于私人产品生产组织（PPOs）和公共服务组织（PSOs）。（Schiflett and Zey，1990：569）

i. 本文考察了不同工作角色的头衔结构的变化。通过分析加利福尼亚文职体系在1985年的3173个工作头衔，探讨了某些工作为什么会在不同的工作类型中有着不同的等级、功能，或特殊组织地位。（Strang and Baron，1990：479）

3. 回顾虚假相关的逻辑。你们能想出这样一种关系的例子吗？即表面上观察到的相关逻辑能够被第三个变量解释。

4. 运用图书馆的在线期刊或印刷期刊，举一个追踪研究的例子。描述研究设计的本质及其主要发现。

分析单位练习题的答案
a. 男人和女人，黑人和白人（个体）
b. 一定规模的美国城市（群体）
c. 通灵组织（群体）
d. 护理群体（群体）
e. 农夫（个体）
f. 邻居（群体）
g. 黑人（个体）
h. 服务及制造组织（正式组织）
i. 工作头衔（人为事实）

第 5 章
概念化、操作化与测量

章节概述

概念化、操作化和测量之间的相互关联，使得研究能够围绕研究主题，发展出一套在实践中用得上的、有效的测量。这一过程的实质，是将用普通语言表述相对含糊的术语，转化为精确的研究对象，既被很好地界定，又可测量其意义。

导　　言

这一章和下一章讨论的是，研究者如何将自己想研究的现实生活的一般观念转化为有效的、很好定义的可测量概念。本章主要讨论与概念化、操作化和测量相关联的议题。在此基础上，第 6 章将讨论更为复杂的测量类型。

让我们设想如下概念："对大学的满意度"。显然，有些人会很满意，有些人会很不满意，而更多人在两极之间。不仅如此，你们也许会将自己放在满意度的某一点上。尽管这听上去是常识，但你们是如何测量不同学生的满意度，以将他们置入相应位置呢？

这里有一些来自学生对话中的评论（如"这地方太糟了"）。或者，你们通过更积极的努力，想出了一些询问学生的问题，以了解他们的满意度（如"你对……有多满意？"）。此外，也可能有某些行为（如出勤率、校园设施使用情况、火烧教务处）体现出不同的满意度。当琢磨测量大学生满意度的方法时，你们就在实践本章讨论的主题了。

本章要介绍的是人们时常想到的问题——是否可以测量生活中的一些事物，如：爱、恨、偏见、激进、疏离等。答案是肯定的。只是，我要多花几页的篇幅来进行说明。等你们明白了任何存在的事物都是可测量的之后，我们再来学习测量的步骤。

5.1　测量任何存在的事物

前面说过，"观察"是科学的两个支柱之一。观察这个词本有轻松、被动的含义。科学家们用"测量"来代表对现实世界小心、细心、慎重的观察，并凭借变量的属性来描述事物。

我想，对用社会科学方法来测量人文社会的重要方面，你们或多或少有些保留意见。也许你们读过一些有关自由主义、宗教信仰、偏见等方面的研究报告，且不一定同意那些学者在研究中使用的测量方法，认为它们过于肤浅，完全失去了研讨的精髓。也许有些学者把一般人去教堂做礼拜的次数，当作测量信仰虔诚与否的指标；把某次选举时的投票倾向，当作测量自由主义的依据。特别是当你们发现自己的意见被测量系统错误地归类时，你们的不满程度将会更高。

你们的不满意，反映了社会研究的一个重要事实：我们试图研究的绝大多数变量，并不像石头那样存在于现实世界。事实上，它们是虚构的。而且，几乎没有单一的、清楚的意义。

如果讨论的变量是政党支持倾向，我们就要调查那些登记造册的选民们，看他们是民主党人还是共和党人。这样，就可以测量人们的政党支持倾向。但是，我们只能够询问受访者的政党认同意识，并由此来测量政党支持倾向。注意，这两种不同的测量，可能性反映了对"政党支持倾向"多少有所不同的界定。甚至可能导致不同的结果：有些人可能在多年前登记为民主党，现在却越来越倾向于共和党的理念。或者，某人在登记时不属于任何一个党派，但接受访问时，可能回答说他支持跟他关系比较近的党派。

同样的看法，也适用于宗教支持倾向。有时候，这个变量指的是某一具体教堂、寺院、清真寺等的正式成员；有时候又仅指一个人认同的教派。对你们而言，还可能意味着其他，比如参加某次活动。

事实上，如果我们说的"真实"意味着与实现的客观方面存在关联的话，"政党支持"或"宗教支持"并没有任何真实意义。这些变量，其实并不存在。它们是我们构建的名词，并出于某些目的而赋予了具体意义，比如进行社会研究。

你们可能反对这种看法，也许会认为"政党支持"和"宗教支持"，还有很多社会研究者感兴趣的其他事物，比如偏见和同情心，都具有一些真实性。不管怎样，社会研究者会对观察做出陈述，比如："在快乐之城，55％的成年人支持共和党，其中45％是圣公会教徒。总体来说，快乐之城的人们偏见较低，同情心较高。"不仅社会研究者，即使一般人，也会给出这样的陈述。如果这些事情在现实中并不存在，那么我们测量的、谈论的又是什么呢？

事实究竟如何？我们还是来看看很多社会研究者（还有其他人）都感兴趣的变量和偏见吧。

5.1.1 观念、概念和现实

当我们漫步人生道路时，我们观察到不少事物，而且知道那是真实的。我们也听到不少人说过他们观察到的事物。例如：

- 我们私下听人说到少数族群不好的事情。
- 我们听到人们说，女人比不上男人。
- 我们听到报道说，黑人被施以私刑。
- 我们听到有人说，在同样的工作中，女人和少数族群所得的报酬少。
- 我们听过"种族清洗"和战争的事儿，即一个民族试图消灭另一个民族。

除了这种经验之外，我们还注意到很多其他的现象。许多辱骂黑人的人，也倾向于要女人"乖乖地待在家里"。他们更倾向于认为少数族群较低级，且女人比男人更低级。这些倾向，常常在同一个人身上显现，并具有一些共同之处。我们发现，世界上真的存在这种人。当讨论我们遇到的人时，我们会根据上述倾向，给那些人分类。我们会称那些人为"参加私刑聚会的人、辱骂黑人的人，或不雇用女性担任主管的人"。时间长了，用这样的方法来称呼那些人就变得十分笨拙。因而产生了一个想法："何不用'偏见'来代替这冗长的说法？我们也可以用这个词来代表一些有相同倾向、却不一定有同样行为的人。总之，不一定要有相同行为，只要有类似的行为，都能这么归类"。

由于事实基本如此，为了效率，我们同意和社会保持一致。这就是"偏见"观念的起源。我们从来也没有看过偏见。我们同意使用这样的术语，那是因为我们在生活中都观察到了相关的现象。简而言之，我们创造了这个术语。

还有一条线索可以证实偏见并非一种脱离于我们共识的存在。我们总是从观察的真实现象中找出普遍的、具有共同性的现象，进而发展自己的心理印象，而这些心理印象具有一些共性。当我提到"偏见"时，你们头脑里会产生一种印象，像在我头脑里产生的印象一样。我们的头脑就像一个存有成千上万数据的抽屉，每份数据都有一个标签。我们每个人的头脑里都有"偏见"的数据。你们的头脑里有偏见的数据，我的头脑中也有。你们的数据记载的是你们被告知的偏见的意义和你们观察到的偏见的例子。我的数据记载的是我被教导的偏见的意义和我观察到的偏见的例子。而且，我的"偏见"的意义和你们的不同。

表达印象的术语和存在于头脑中的数据标签都是观念（conception）。也就是说，我对"偏见"有我自己的观念，同样，你们也有自己的观念。如果没有这些观念，我们不可能进行交流，因为头脑里的印象是不可以直接用来交流的，我无法直接向你们展示我头脑里的印象。在实践中，我们用每份数据标签来交流彼此观察到的事物和代表事物的观念。与观念有关的标签，使我们可以相互交流，也使我们可以就标签的含义达成共识。达成共识的过程被称为**概念化**①（conceptualization），达成共识的结果是概念（concept）。真实生活的研究文本框《城市街区的性别与种族》揭示了很多概念化的内容。

也许你们曾听人引用爱斯基摩人对"雪"的称呼，那是环境塑造语言的示例。在这里，我希望你们在课余休息时做一个有趣的练习。在网上搜索"爱斯基摩语对'雪'的表达"，你们会惊讶于反馈的结果。你们会发现有1—400种对因纽特语的不同表达。不仅如此，很多资源认为，如果因纽特人对"雪"有多种表达，那么，英语也有。例如，亚当斯（Cecil Adams）在他的网站"直接情报"（Straight Dope, 2001）中列出了"雪、雨夹雪、雹、粉雪、暴风雪、小雪、碎雪、尘雪、雪崩、飘雪、霜冻、冰山"等。这表明，我们在日常对话中使用的观念和词语有模糊性，在社会调查的场合也如此。

我们再来看看另一个例子。假设我要见一个人，名字叫帕特（Pat），这个人你们很熟悉。我问你们对帕特的印象。假设你们看见过帕特帮助迷路的小孩寻找父母，也看见过帕特把失落的小鸟放回巢穴。帕特曾请你们帮忙把感恩节的火鸡分送给穷困的家庭，在圣诞节时去儿童医院探望病人。你们还看见过帕特因为电影中的母亲在困境中保护和拯救自己的孩子而落泪。当你们在头脑中搜索有关帕特的数据时，发现所有的资料上都有一个标签："同情心"。当仔细浏览其他数据记载时，你们发现那些记载提供了对帕特最恰当的描绘。所以，你们告诉我，"帕特是一个具有同情心的人"。

真实生活的研究

城市街区的性别与种族

在20世纪70年代早期，安德森（Elijah Anderson）耗费3年时间，观察了位于南芝加哥的一个黑人工人阶层社区，并将重心放在一个综合酒吧和售酒铺"洁丽"（Jelly）上。尽管至今仍有一些人相信城市内圈的穷困社区是混乱的、无组织的，但安德森的研究和其他类似研究都清晰地表明，那里有明显的社会结构，引导着成员的行为举止。安德森将大部分注意力放在社会地位体系上，并研究55个洁丽常客如何相互建立了这一体系。

在城市生活传统研究第二版（2003），安德森回到洁丽和其周围的社区。在那里，他发现了一些变化，这在很大程度上源于制造业向海外的外包，它给很多家庭户造成了经济和心理压力，改变了社会组织的性质。

对学习研究方法的学生来说，这本书提供了很多视野，能让学生了解在自然环境中如何观察人们建立联系的过程。安德森还提供了绝妙的例子，展示定性研究的概念是如何建立的。

当我查看自己头脑里的印象时，我也找到一份标签为"同情心"的数据。在阅读完数据之后，我说："喔，太好了。"于是，我觉得自己知道了帕特是怎样一个人。我是根据我自己头脑里的同情心数据产生对帕特的期望，而不是根据你们提供的数据。当我见到帕特的时候，如果我的观察与我头脑里的同情心数据相符，我就会说："你们说得对。"

如果我的观察与自己头脑里的"同情心"数据相悖，我就会告诉你们，帕特并没有同情心。于是，我们开始核对数据。

---

① 概念化：据以将模糊的、不精确的术语（概念）具体化、精确化的思考过程。如，你们想研究偏见。"偏见"是什么意思？有不同类型的偏见吗？如果有，到底是什么？

你们说:"我曾见过帕特因为电影中的一位母亲在困境中保护和拯救自己的孩子而落泪。"而在我头脑里的同情心数据,没有类似的东西。再翻看其他数据,我发现类似的现象被标记为"多愁善感"。此时,我说:"那不是同情心,而是多愁善感!"

为了证明我的说法,我告诉你们,在某个组织举办的旨在拯救濒临灭绝物种鲸鱼的捐款会上,我看见帕特拒绝捐钱。"这就是缺乏同情心的表现",我争辩道。你们搜寻自己头脑里的数据,找到了两份拯救鲸鱼的数据,环保行动(environmental activism)和保护物种(cross-species dating),并有同样的发现。于是,我们开始核对有关"同情心"的数据。最终我们发现,我们各自对"同情心"的印象有很大不同。

总体上看,只有在我们之间对事物有比较一致的印象时,语言和交流才能发挥作用。对事物认知的相似性,代表了社会的共识。在我们的成长中,当我们遇到相同事物时,习得的是相似的术语,尽管我们的国籍、性别、种族、族群、宗教、语言或其他文化要素会逐渐改变我们对观念的理解。

字典是形式化的、社会共识的术语集合。我们每个人都根据社会共识来修正自己的印象,使之与社会一致。由于我们每个人都有不同的经历和观察事物的方式,所以,没有人的印象数据与他人的完全相同。如果我们要想测量"偏见"或"同情心",我们必须准确地规定偏见或同情心的内涵。

让我们回到本章的开始,我们说,任何真实的事物都是可测量的。例如,我们可以测量帕特是否把小鸟放回鸟巢、是否在圣诞节探访生病的儿童、是否看电影时被感动哭泣、是否不愿意捐款保护鲸鱼。所有这些事都存在,都可以一一进行测量。但是,帕特是否有同情心?我们却不能客观地回答,因为同情心并不像上面说到的事情一样真的存在。作为一个"术语","同情心"并不存在。只有用"同情心"术语交流一些真实存在的事物时,"同情心"才存在。

5.1.2 建构的概念

回想第1章对后现代主义的讨论,有些人根本反对所谓的"真实"。帕特"真的"是在圣诞节探访过生病的儿童吗?那家医院真实存在吗?探访时间一定是圣诞节吗?虽然我们不会采用后现代主义极端立场,但是,能够辨别是非真假的睿智非常重要(当知识分子具备这种敏锐时,就可以成为社会科学家)。

卡普兰(Abraham Kaplan, 1964)提出了科学家测量的三类事物。第一类是可直接观察的事物,那些可以简单、直接观察的事物,如苹果的颜色、问卷的答案标记等。第二类是不能直接观察的事物,它需要"更细致、更复杂以及非直接的观察"(1964:55)。当看到问卷上某人在"女性"一栏画了标记时,我们就能间接地确定,这位受访者是女性。另外,历史书籍或公司会议记录也提供了过去的社会行为。另外,建构的事物(construct)是理论的产物,来源于观察,却不能被直接或间接地观察。智商(IQ)测试是一个很好的例子。智商测试是一套算术结构,依据受访者对智商评估题的回答来判断其智商。没有人能直接或是间接地观察到智商,智商也不比偏见或同情心更为"真实"。

表5-1 社会科学家测量什么

	例子
直接观察	观察或访谈一个人的物理特征(性别、身高、肤色)
间接观察	通过对给定自填问卷的应答来了解一个人的特征
构建	通过量表(综合多种直接和间接观察)测量的疏离感

卡普兰(1964:49)把概念定义为"一组观念"。根据卡普兰的说法,概念就是建构,是我们的创造之物。诸如"同情心"和"偏见"等概念,是你们的、我的还有所有

使用这个术语的人的观念的集合。我们不能直接或间接观察"同情心"和"偏见",因为它们并不存在,它们是我们创造出来的术语。

总而言之,概念的建构,来自于思维想象(观念)上的共识。我们的观念是看起来相关观察和经验的集合。尽管观察和经验都是真实的,起码是客观的,但从中得到的观念和概念,却只是思维的产物。跟概念相关的术语,只是为了归档和沟通的目的而被创造出来的工具。比如"偏见"术语,客观上只是文字的组合。除此之外,没有任何内在现实性,只有我们都同意赋予的意义。

不过,我们通常都会掉进这样的陷阱:认为术语具有内在意义,认为术语是现实世界的实体。我们越是试图精确地使用术语,这种风险就越大。在专家面前,风险更大。他们似乎比我们知道更多,了解这些术语的真切意思;在这种情况面前,我们很容易向权威屈服。

一旦我们假定像"偏见"和"同情心"术语具有现实意义,我们就会不知疲倦地去寻找其真实意义,寻找测量工具。把建构的作为现实的,是具体化(reification)。在日常生活中,经常出现对概念的具体化。在科学中,则需要很清楚地知道我们正在测量的究竟是什么。不过,弄清楚这一点,甚至是更大的诱惑。在具体研究领域选择测量变量的最佳途径或许暗示我们已经发现了相关概念的"真实"意义;事实上,概念没有现实的、正确的和客观的含义,只有我们为达成目标而达成的共识。

这种讨论是否意味着同情心、偏见和其他相似的建构无法测量?有趣的是,答案是"不"(这也是一件好事,否则很多社会研究者就要失业了。)。我说过,我们能够测量任何真实存在的事物。建构并不像树木那样真实存在,却也具有另一个重要特质:有用。也就是说,能够帮助我们组织、交流、理解现实存在的事物,帮助我们对真实的事物作出预测。有些预测真实有效。建构之所以有用,是因为其本身尽管不是真实或不能直接观察,但与真实存在、与可观察的事实,有明确的关系。从观察通向建构概念的桥梁是概念化过程。

5.2 概　念　化

人们日常交流使用的词汇,其含义常常是模糊的和意会的。虽说你们和我不能在同情心术语上完全达成共识,但如果我认为帕特不会把苍蝇的翅膀活生生地折下来,应该不会有太大问题。我们已经为使用不精确的语言付出了沉重的代价,不论是人际之间,还是国际之间的误解、矛盾、冲突,无论如何,我们也走到了现在。科学的目的不是马马虎虎,没有精确,也就没有科学。

我们在研究中使用具体术语,据以具体化我们意在表达事物的过程,被称为概念化。例如,我们想知道女性是否比男性更具有同情心。我们怀疑这种说法,不过,如果果真如此,那岂不是很有意思!如果我们不能就"同情心"术语形成共识、而只是听任结果,就不能有意义地研究问题。就工作问题形成的共识被称为工作共识,它使我们可以研究问题。因此,我们没有必要为哪个具体含义最好达成共识,或假装达成共识。

概念化为研究概念指定了明确的、共识性意义。这个明确化的过程,包括描述指标(在测量时需要用到的)和概念的不同方面,也就是维度。

5.2.1 指标与维度

通过指定一个或多个指标,概念化赋予概念明确的意义。**指标**[①](indicators)是我们研究概念是否存在的标记。下面是一个简单的例子。

---

① 指标:我们所选择的观察,反映我们所要研究的变量。比如,进教堂就可以是宗教虔诚度的一个指标。

也许我们认为在圣诞节和光明节期间访问医院是同情心的指标；将落巢的小鸟放回鸟巢则是同情心的另一个指标；依此类推。如果分析单位是个体，我们可以观察各项指标在每个研究对象身上的表现。此外，我们还可以将观察的每个指标累加起来。例如，我们认为同情心有10项指标，在帕特身上出现过6项，在约翰身上出现过3项，在玛丽身上出现过9项，依此类推。

经过计算，同情心指标在女性身上平均出现6.5项，在男性身上平均出现3.2项。因此，以群体差异的定量分析为基础，我们可以认为：从群体上看，女性的确比男性更有同情心。

不过，一般而言，研究结论不会这么简单。假设你们要了解一个小型基督教原教旨主义教派，特别是他们对诸如同性恋、无神论以及女性主义等群体的极端观点。事实上，他们认为凡是拒绝加入教派的人，都将"在地狱里被焚烧"。他们似乎缺乏同情心。但教派的文宣又时常谈及对他人的同情心。你们正是想探究他们这些自相矛盾的观点。

为了探究这个问题，你们也许会与教派成员互动、了解他们和他们的观点。你们可以说自己是社会研究者，对研究他们的群体很有兴趣，或者，只是说对他们的群体有兴趣，而不必告诉他们任何理由。

在与成员的谈话中，或在参与宗教仪式中，你们必须把自己置身在能够了解教派对同情心定义的情境中。譬如，你们也许了解到，由于群体成员关怀的重心在于犯罪者会在地狱里被焚烧，所以，他们愿意采取攻击性的、甚至暴力的方式来改变人们的罪孽。在这种范式下，教派成员才会将殴打同性恋者、娼妓、帮助堕胎的医生等暴力行为视为同情心的表现。

社会研究者关注的，常常是研究对象语言和行动的意义。这样做尽管能说明被观察的行为，例如至少你们理解了他们如何将过激行为当作同情心；但也使研究者们感兴趣的概念更为复杂。（在本章末尾讨论测量效度时，还会涉及这个问题。）

无论怎样谨慎地讨论概念或明确地定义概念，我们都会碰到例外和不协调的情形。不只是你们和我的想法不能一致，在前后过程中，自己的想法也可能不一致。如果再看自己对同情心的定义，就会发现几种不同的同情心印象。你们头脑里同情心的数据甚至可以被分为不同的类和亚类，譬如，对朋友的同情心，对相同宗教信仰同伴的同情心，对人类及鸟类的同情心等，而且有不同的组合方式。譬如，可以根据感觉或行动来分类。

分类的技术术语是**维度**①（dimension）。我们可以说"情感层面"的同情心或"行动层面"的同情心。如果采用另一种分类方式，也可以区分"对人类的同情心"和"对动物的同情心"。或者，可以把同情心看作是帮助他人获得我们对他们的期望，以及满足他们自己的期望，共两类。此外，我们也可以区分"宽恕他人的同情心"和"怜悯他人的同情心"。

因此，同情心可以分为不同维度。完整的概念化要具体区分概念的不同维度和确定概念的每一个指标。

当杰克逊（Jonathan Jackson，2005：301）测量"对犯罪的恐惧"时，他考虑了如下七个不同的维度：

- 担心成为邻里间发生的三个侵害犯罪和两个财产犯罪受害者的频率
- 估计成为每类犯罪受害者的可能性
- 对成为每类犯罪受害者可能性认知的控制
- 对每种犯罪后果严重程度的认知
- 对每种犯罪发生率的信念
- 对邻里社会物理性不当行为程度的认知

---

① 维度：概念的具体方面。例如"宗教性"可以是具体的信仰、仪式、虔诚、知识等等。

- 对社区凝聚力包括非正式社会控制和信赖/社会资本的认知

有时，旨在确认同一个变量不同维度的概念化过程需要另一个不同的可区分要素。确切地说，我们经常使用相同的措辞来形容一些意味深长并有区别的概念。在下面的例子中，研究者认为：①"暴力"作为一个术语不足以用来表述"种族灭绝"概念；②"种族灭绝"概念自身包含几种与"暴力"截然不同的现象。下面，让我们一起看看研究者得出结论的过程。

当奇洛特和爱德华兹（Daniel Chirot and Jennifer Edwards）想要给"种族灭绝"下定义时，他们发现，既有定义不够精确，满足不了他们的研究目的。

起初，联合国把"种族灭绝"定义为："试图完全或部分地摧毁一个国家的、种族的、人种的或宗教的团体。"如果"种族灭绝"和其他的暴力行为截然不同，那么"种族灭绝"就要有其独特的解释。（2003：14）

请注意引文的最后一句评论，它能帮助我们了解研究者在研究中非常仔细地定义一些概念的起因。如果种族灭绝，好比大屠杀、攻击或杀人一样，仅仅是另外一种暴力形式，那么我们一般意义上的暴力行为就可以解释种族灭绝；如果它和其他暴力形式有区别，那就要给它一个不同的说明了。研究者提议，根据他们的研究目的，"种族灭绝"与"暴力"是完全不同的概念。

于是，当奇洛特和爱德华兹在研究种族灭绝历史事例时，他们推断，发动种族灭绝罪行的动机截然不同。他们描述了被称为"种族灭绝"的四种完全不同的现象（2003：15-18）。

1. 便利：有时候，屠杀者屠杀一群人的目的，只是畏惧他们不利于自己的统治。例如，凯撒（Julius Caesar）屠杀在战争中被击败的部落。又如在19世纪初期，当人们在美国东南部发现黄金时，切罗基族人（Cherokee，北美易洛魁人的一支）被迫迁徙到俄克拉荷马州；在被迫离开的人中，有半数的人被屠杀，这就是历史上的"血泪之路"。

2. 复仇：在第二次世界大战初期，当南京人民勇敢抵抗日寇侵略时，侵略者感到他们被自己认为的低等人欺侮了。在南京大屠杀中，30多万中国人被侵华日军杀戮。

3. 畏惧：近来，发生在前南斯拉夫的"种族净化"至少部分原因是经济竞争的出现和对科索沃地区日益增多的阿尔巴尼亚人取得政治力量的畏惧。与此例类似，由于惧怕图西难民返回后会控制整个国家，胡图族试图根除卢旺达国内所有的图西人。像这种种族团体间的互相畏惧，都由长期的历史暴行所致，而且这些暴行还在种族间双向发生的。

4. 净化：纳粹党人的大屠杀，或许是"种族屠杀"案例中最广为人知的，目的在于净化"雅利安种族"。屠杀的对象，主要是犹太人、吉普赛人、同性恋者，还包括一些其他的人群。其他的屠杀案例：1965—1966年，印度尼西亚对共产党员的杀戮；柬埔寨试图根除所有波尔布特执政期间不讲高棉语的高棉人。

没有任何单一的"种族屠杀"理论能够解释不同类型的杀戮。事实上，概念化的行为使人想到了四种截然不同的历史现象，每种现象都需要不同的解释。

区分概念的不同维度，会加深我们对研究对象的了解。譬如，我们也许会发现，女性在情感层面更有同情心，男性在行动层面更有同情心，恰好相反的情形也会发生。无论哪种情形，我们都不能泛泛地说男性或女性更有同情心。事实上，既有研究说明，对这样的问题，根本没有单一的答案。这种情形，代表了我们对现实理解的发展。

5.2.2 指标互换性

还可以有另一种方式来帮助我们理解指标。我们何以能用"不真实"的概念建构来理解现实。假设，此刻我们汇集了100项"同情心"指标及不同维度，但在哪些指标最能表达同情心问题上，分歧极大。如果能在一些指标上达成共识，我们就可以集中关注那些指标，并对由此产生的答案形成共识。不过，即使无法在任何指标上达成共识，在到底男性或女性更有同情心的问题上，仍然有可能形成共识。我们何以能够做到这点，这就涉及指标的互换性（inter-changeablility of indicators）了。

逻辑是这样的。如果在指标含义方面，我们之间有完全不同的观点，一个解决方法是，研究所有指标。如果 100 项指标的测量都说明女性比男性更有同情心，不论是你们列举的指标，还是我列举的指标，那么，即使我们对什么是同情心没有共识，我们仍然可以说女性比男性更有同情心。

指标互换性意味着，如果多个不同的指标或多或少代表了同一个概念，且这个概念既真实又可被观察，代表指标的行为就会与代表概念的行为一致。也就是说，如果在一般意义上女性比男性更有同情心，那么，不论从哪个角度来看，或用哪个指标测量，这个结论都不会被推翻。另一方面，如果女性在某些指标上比男性更有同情心，但在另外的指标上则刚好相反，那么，我们就要考虑这两套指标是否代表了同情心的不同维度。

现在，你们已经知道了概念化和测量的基本逻辑。接下来的章节要对刚才讲过的内容进一步细化和扩展。在进入测量的技术细节之前，我们还要通过考察社会研究者为术语意义提供的标准、一致性和公共性，来描绘概念化的图景。

5.2.3 真实定义、名义定义和操作定义

社会研究的设计和执行，不容许混淆概念和真实。为了达到这个目的，逻辑学家和科学家构想出了一些有效的方法，以分辨以下三种定义：真实的（real）、名义的（nominal）和操作性的（operational）。

第一个反映术语的具体化，汉普尔（Carl G. Hempel）曾提出警示：

> 由传统逻辑来看，真实的（real）定义，并不是刻板地判断某些事物的意义，而是概括事物的"基本特性"或实体的"基本属性"。然而，对严格的科学研究而言，"基本特型"实在是过于模糊，以致根本无法使用。（1952：6）

也就是说，试图指定概念的"真实"意义的努力，只会导致困境：将概念构建错当成了真实的实体。

相反，在科学研究中，概念的**具体化**① （specification）依赖于名义定义和操作定义。名义定义指某个术语被赋予的意义无须指示真实。名义定义是任意的，如果我愿意，我可以将"同情心"定义为"拔无助鸟儿的毛"，且多少有用。在很多情况下，尤其是交流时，对同情心的定义都是无用的。绝大多数的名义定义都代表了如何使用某一具体术语的共识或惯例。

操作定义（operational definition）是明确、精确地规定了如何测量一个概念，也就是，如何操作。操作定义更接近于名义而非真实定义，但在具体研究中，可以使概念尽可能清晰。尽管某个术语的真正含义常常是模糊的、甚至是有争议的，出于研究目的，我们还是可以指定一个工作定义。譬如，为研究社会经济地位（SES）状况，我们可以简单地把"社会经济地位"定义为"收入"和"受教育程度"。在这个基础上，我们还找到了"社会经济地位"的其他方面：如职业、银行存款、不动产、家族血统、生活方式等等。我们将得到很有趣的结论，这要得益于社会经济地位（SES）概念对我们研究目的的帮助。

5.2.4 概念次序的建立

在社会研究中，概念的厘清是一个持续不断的过程。在某些定性研究中，概念的厘清甚至是资料搜集的关键因素。马歇尔和罗斯曼（Catherine Marshall and Gretch Rossman，1995：

---

① 具体化：使得概念更为明确的过程。

18）曾提起过"概念漏斗"，通过这个"概念漏斗"，研究者的兴趣会逐渐聚焦。因此，可以把社会活动的普遍兴趣，聚焦到"热衷于赋权和社会变迁"，且进一步聚焦到发现"什么经历塑造了社会积极分子"。这种不断聚焦的过程，必然和我们使用的语言关联在一起。

在某些类型的定性研究中，概念的澄清，对于数据搜集来说相当关键。假定你们正在对美国反抗压迫的激进政治群体进行访谈和观察。想象一下当你们越来越了解那些成员的经历和世界观后，压迫的意义会发生什么样的变化。譬如，刚开始，你们可能会认为压迫主要是物理上的或经济上的。随着对群体了解的深入，你们可能会越来越倾向于认为压迫是心理上的。

同样的逻辑也适用于那些看起来似乎意义更固定的场景。例如，在文本数据分析中，社会研究者有时会谈到"诠释学循环"（hermeneutic circle），也就是说，不断深入的了解，是一种循环的过程。

对于文本的了解始于这样一个过程，其中，局部性意义由全局性意义决定。越是接近于确定部分的意义，就越有可能最终改变原来由全局确立的意义，反之，则会影响到部分的意义，如此循环不已。（Kvale，1996：47）

假定你们要写出"偏见"的定义。刚开始想到的可能是激进的种族偏见。在某种程度上，你们也许会意识到还应该考虑性别偏见、宗教偏见、反对同性恋偏见等等。考察每一种具体情况，将会影响到你们对全局性概念的理解。当全局性理解发生变化后，可能会发现，每种形式的偏见，多少有所不同。

社会研究的所有方法都会不断地推敲概念。你们也会发现，即使写完了期末报告，你们还是会不断地推敲报告的意义。

既然概念化是一个持续过程，且在研究设计之初便需特别注意，对整个研究而言就显得非常重要，尤其是那些结构严谨的研究，如问卷调查和实验。例如，在问卷调查中，操作化的结果，是在问卷上产生一组访题和选项，便代表研究使用的概念。如果不是这样，研究工作就无法继续。

即使结构不太严谨的研究，也应该赋予概念初始意义，以便在数据收集和解释过程中进行推敲和斟酌。不经过概念化阶段便实施观察的结果，将无法让人信服。因此，科学观察者，必须要谨慎地对待研究工作的起点。

我们来看在结构化研究中初步概念化的一些方法。具体的名义定义尽管关注的是观察策略，却不能让我们观察事物。因此，下一步要具体说明观察的内容和方法，以及如何对不同的观察结果进行解释。所有这些，都构成了概念的"操作化定义"，即明确地说明如何测量概念。严格地说，操作化定义是描述概念测量的"操作"。

回到社会经济地位例子，如果依照收入和教育程度来测量SES，那么我们可以询问受访者两个问题：

1. 在过去的12个月里，您家庭的总收入有多少？
2. 您的最高学历是什么？

这里，我们也许要建立一个应答分类体系，以便将得到的应答进行归类。对收入而言，可以分类的选项有"少于10 000美元""10 000~25 000美元"等。对受教育程度的分类亦如此：高中以下，高中，大学，研究生等不同级别。最后，我们还要确定，如何将人们的应答结合起来，构成SES。

这样，我们将创造一个可用的和可行的"社会经济地位"定义。尽管有人会不同意我们的概念化和操作化定义，但这样的定义却有一种基本的科学特性：指涉绝对具体，且不会模棱两可。即使有人不同意，也可以用来十分明确地解释我们的研究结果。因为，对SES的定义已经在我们的分析和结论中表现无遗，一点也不模糊。

接下来的表5-2说明，在科学研究中，我们怎样将一个含义模糊不清的术语转换为结构化科学研究的具体测量步骤。

表 5-2　测量的演进

测量步骤	例子：社会阶级
概念化	"社会阶级"概念的不同含义与维度是什么？
名义定义	在研究中，我们用"社会阶级"代表经济上的差异，具体指收入差异。
操作定义	用受访者对"您去年税前的年收入是多少？"的应答，测量经济地位差异
真实世界的测量	访员询问"您去年税前的年收入是多少？"

5.2.5　概念化举例：失范

现在，我想用社会科学概念的简单历史来总结前面的讨论。城市暴力的研究者，对于"无权感"有较大的兴趣。社会学家有时用"失范"（anomie）来表达这种情境。法国社会学家涂尔干在他 1897 年出版的《自杀论》（*Suicide*）中，第一次在社会科学中引入了这个名词。

涂尔干运用一些国家和地区政府出版的自杀率数据，完成了一项出色的研究。为了确认宗教对自杀的影响，他比较了清教徒或天主教徒为主的国家之间的自杀率，还比较了天主教国家内的清教徒地区和清教徒国家内的天主教地区之间的自杀率。为了判断气候对自杀率的影响，他还把北方和南方的国家或行政地区进行了比较；此外，他还根据一年各月份和各季节，考察了自杀率的变化。尽管没有针对个体行为进行调查，涂尔干还是针对纯粹个体行为做出了十分精确的推论。

在更一般层面上，涂尔干认为，自杀率反映了社会稳定和谐的状况。社会动荡和剧烈变迁，带给人们的是不确定感。涂尔干认为，这种不确定感导致迷惘、焦虑，甚至自我毁灭。为了描述社会规范的失序，涂尔干选择了失范来进行刻画。值得注意的是，这个词并不是涂尔干凭空捏造的。Anomie 在德文和法文里的意思是"没有规则的"，早在涂尔干之前 300 年，英国人也用 anomy 来形容"亵渎神圣法律"。然而，自涂尔干之后，anomie 便成为社会科学领域的一个概念。

《自杀论》问世以来，"失范"在社会科学家眼里成为十分有用的概念，许多学者扩展了涂尔干用法。默顿（Robert Merton，1938）在他的经典著作《社会结构和失范》中说：失范产生于社会认同的目标与手段之间的脱节。例如，挣更多的钱是社会有广泛共识的目标，却并非每个人都有能力用社会接受的方法来实现这个目标。默顿认为，对目标的强调，造成了社会混乱。因为，那些不愿意采用正当方法的人，就会采用非法手段来达到目的。默顿的讨论是对失范概念的扩展。

尽管涂尔干当初提出这个概念是为了描述社会的特征（默顿也是如此），然而，也有社会科学家用它来描述个人。为了表现这种分别，有些社会学家采用了 anomie 的原意，即描述社会；另外采用新字形 anomia 来描述个人。在某个社会，有些人有失范（anomia）的经历，另一些则没有。在默顿之后 20 年，鲍维尔（Elwin Powell）对失范（那时采用的还是 anomie）给出了如下概念化定义：

当发觉自己行为的结果相互矛盾、无法运用、无足轻重时，失范便产生了。因为失去方向，空虚与冷漠伴随而来。因此，失范可以被简单理解为"*空虚*"。（1958：132）

鲍维尔更进一步认为，社会上存在两种失范。此外，他还具体考察了不同职业经历如何造成失范甚至演变为自杀。但鲍维尔并没有测量失范，他只是研究了职业和自杀之间的关系，并因此获得了两种失范的推论。因此，鲍维尔的研究并没有提供失范的操作化定义，而只是将失范做了进一步的概念化。

不少学者尽管提出了失范的操作化定义，但只有一位学者的定义最引人注目。在鲍维尔发表上述论文前两年，史汝尔（Leo Srole，1956）设计了一份据称能测量个人失范的问卷,其中有 5 个叙述性问题让受访者回答"同意"或"不同意"。

1. 不论人们怎么说,男人一般都会越变越坏。
2. 把新生儿带到这个不断寻找明天的世界,真是一件不公平的事。
3. 现在,人们不得不今朝有酒今朝醉,根本管不了明天。
4. 现在,人们真的不知道还可以信赖谁。
5. 给政府官员投诉没什么用,因为他们根本不关心普通老百姓。(1956:713)

在这份问卷发表后的半个世纪,史汝尔的量表变成了当代社会科学家遵循的基准。在各种学术期刊中,许多研究都在使用史汝尔的"失范"操作化定义。

失范(anomie and anomia)作为社会科学概念至少说明了以下几点:

首先,它展示了将一般概念转换为操作化测量的过程,我们尽管不能说"失范"的操作化已经一劳永逸地解决了,但在未来的岁月里,学者们一定还会继续致力于重新概念化和重新操作化,进而寻找更有效用的测量方式。

史汝尔测量失范显现的另一个重点是,开放概念化和操作化定义,并不一定造成混乱和无所适从,而是会自然形成规则。这个规则包含了以下成分:尽管我们可以按自己的喜好定义失范,就像定做自己的鞋子一样,但该定义不可以过于脱离他人对失范的印象。如果真采用怪异的定义,人们就会忽视你付出的努力。

其次,许多研究者如果发现某个概念具体的概念化和操作化定义十分有用,他们就会采用,并因此形成该概念的标准化定义。除了史汝尔的测量以外,智力测验(IQ Tests)和人口普查局制定的人口和社会经济测量,都是很好的例子。采用既有的测量有两个好处:测量经过细致的检验和修订;使用相同测量的结果可以互相比较。如果你们和我对两个完全不同的群体进行研究,并都采用史汝尔测量法,我们就能够对两个群体的个体失范进行比较。

社会科学家能够测量一切真实存在的事物;事实上,借助概念化和操作化,也可以测量不存在的事物。譬如说社会经济地位、偏见、同情心、失范,都不是真实存在的事物。对此,社会科学家们也能创造测量方法。只是,测量方法多半基于其实用性,而不是其真实性。

5.3 描述性研究和解释性研究的定义

我们回想一下,第 4 章提到的所有研究都有两个共同目标:描述和解释。两者之间的差别对定义和测量的过程,都十分重要。如果认为描述比解释简单,那么,你们会惊讶地发现,描述性研究,在定义上要花的功夫远比解释性研究的多!对此,在第 4 篇将有更深入的探讨。在此之前,你们也应该有初步了解。在第 4 篇,我们还将更为详细地讨论。

清楚、明确的定义,对描述性研究的重要性已经很清楚了。如果研究的目的是描述并报告某个城市的失业率,那么,对失业的定义就十分重要。只是,对失业的定义,还依靠对劳动力的定义。如果把一个 3 岁男孩当作失业者,就非常荒谬,因为他并不属于劳动力。为避免类似情形发生,我们通常会采用全国人口普查局提出的劳动力定义和惯例:将 14 岁以下的人排除在劳动力群体之外。

但仅用惯例并不足以让我们满意,因为它会把高中学生、退休人员、残疾人员以及家庭主妇(不愿意出门工作)都列为失业者。由此,我们可以对全国人口普查局的惯例进行修正,把劳动力定义为:"14 岁或 14 岁以上,有职业的、或正在找工作的、或等待被暂时解雇的公司召回上班的人。"这样,失业者便是指没有工作的劳动力。如果学生、家庭主妇或退休人员目前没有寻找工作,也不能把他们放在劳动力之列。

可是,"寻找工作"又指什么呢?是在政府部门登记要求工作的人吗?还是挨家挨户寻找就业机会的人?抑或是每一个主动寻找工作的人?等待工作机会的人算不算?根据一般惯例，"寻找工作"可以被操作化为：当访员问"你在过去的 7 天里有没有找过工作？"时，回答为"是"（通常 7 天是我们最常见的问法，对某些研究者而言，也可能加几天或减几天）的人。

由此可以说明，对失业率的描述性研究，直接依赖对每一个相关概念的定义。如果增加找工作的时间，就会增加失业人口的数量，进而失业率也会提高。如果研究的议题是普通劳动力（civilian labor force）和普通失业率，那么，军人就不在其列。如此，失业率也会提高（因为根据我们的定义，军人是有职业的人）。如果说某城市的失业率是 3% 或 9%，或任何其他比例，那就要看操作化定义是什么。

上面的例子比较清楚，我们运用了可以接受的"劳动力"和"失业"定义。请考虑一下，如果要就下面的陈述达成共识，将有多么困难："45% 的学生在政治上是保守的"。这个百分比，就像失业率一样，会因为研究者对其测量之事物的不同操作化定义而有所区别。换句话说，如果采用不同的操作化定义，我们得到的结论可能是"只有 5% 的学生团体在政治上是保守的"。

瑞典的格朗维克（Lars Gronvik）曾经问过：你们认为多大百分比的人群是"残疾的"？他分析了多个数据库，这些数据库覆盖 4 种瑞典社会认可的残疾。有一种研究，询问人们是否有听力、视力、行走或其他功能性障碍。另两种方法，建立在人们是否接受一两种政府残疾补贴的基础上。还有一种研究，问人们是否相信他们自己有残疾。

上述 4 种方法统计出的"残疾"人口数不同，并且每种方法都产生了不同的人口统计图，其中的变量包括性别、年龄、受教育程度、生存环境、劳动参与度。正如你们所见，如果没有对术语的具体定义，就不可能对问题的答案进行正确描述。

具有讽刺意味的是，在解释性研究中，定义问题不会如此复杂。假设我们要解释政治保守主义，即为什么有些人政治上保守，而另一些人不保守。再具体一点说，我们想了解，一般而言，年纪大的人是否比年轻人更保守。针对保守，假如你们和我有 25 种不同的操作化定义，且根本不可能对哪个是最好的定义达成共识，在研究中，也不是难以克服的障碍。如果我们使用 25 种操作化定义得到的结论都是年纪大的比年轻的更为保守（请回想先前男女同情心的差异），如果使用每一种"保守"的合理定义得到的结论还是年纪大的比年轻的更为保守，那么，"什么是保守"本身根本就没有关系。因为我们可以得出这样的结论：一般来说，年纪大的人比年轻人更为保守，即使我们就"保守"的定义根本无法达成共识。

在实践中，解释性研究很少出现明晰的结论。尽管如此，没有明晰的概念定义却可以获得共识结论的情形，在实际研究中很常见。在人类社会生活中，存在一些恒久的关系类型，社会研究可以反映这些关系类型。不过，这样的关系类型不会出现在描述性研究中。因为改变定义，就意味着得到不同的描述性结论。

5.4 操作化选择

在讨论概念化的时候，我经常提到操作化，因为，两者紧密相关。概念化是对抽象概念的界定和详细说明；操作化则涉及研究（操作）程序的发展，并指向经验观察。

跟数据搜集方法一样，在测量概念时，社会研究者也拥有许多选择。虽然这些选择之间有紧密的联系，但为了便于讨论，我还是将其做出区分。需要提醒读者的是，操作化的过程，并没有系统的流程可以遵循。

5.4.1 变异的范围

在对任何概念进行操作化时，你们一定要清楚地知道变量的变异范围。问题是，将属性合并为类别时,你们愿意粗略到什么程度?

在研究中,假设你们想测量人们的收入(通过使用档案数据或访问获取信息)。人们的最高年收入可能高达数百万美元,但是,有这么高收入的人,毕竟是少数。除非专门研究富翁,否则,特意划出如此高收入的范围也许没有必要。根据研究对象的情况,你们应该划定一个比最高收入低一些的上限,譬如,25万美元或多一些。这样的限定,虽然会将年收入数亿美元的巨富和年收入25万美元的人放在一起,但他们不会太介意,你们的研究多半也不会受多大影响。当你们为收入的另一个极端画线时,也会面临同样的情形。如果把一般美国大众作为研究对象,用1万美元或更少作为分隔点,大概不会有问题。

在研究态度和取向时,变量的测量,还有另一个层面的问题。如果不小心,就可能在毫不知情的状况下,只测量态度一个方面。请看以下事例。

假如你们要研究人们对推广核能发电的看法,就要考虑到一部分人会认为核能是车轮发明以来人类最重大的事件,另一部分人则对核能没有丝毫兴趣。有了这样的考虑,你们就有了向人们提问的感觉,答案的选项范围就可以从"非常赞成推广核能"到"根本不感兴趣"。

然而,这样的操作化,却把人们对核能的态度扔了一半。因为,许多人对核能的态度不只是没兴趣,根本是彻底反对。在这种情况下,负面看法的差别也很大。有人有点反对,有人相当反对,有人则极力反对。因此,要充分反映变异范围,在归纳选项时,应该从非常赞成,到没有意见,再到非常反对。

在社会科学研究中,这样的考虑,适用于许多变量研究。事实上,任何公共议题都包含不同程度的正、反两方面意见,如政治取向,可以从非常自由到非常保守。根据研究对象,你们可以将一端或两端都推到极端。在宗教信仰方面,人们不只有虔诚程度的分别,有些人从根本就反宗教。

我并不是说在任何情形下都要测量变量的全部变异,而是说要考虑自己的研究是否有这样的需要。倘若"不虔诚的"与"反宗教的"之间的差别对你的研究没什么重要性,就不需要理会它。有人将实用主义定义为"倘若任何差异并没有真正地造成差别,就不算是差异"。因此,我们应该采取实用主义策略。

最后,变异范围的选定要视研究议题的不同属性分布而定。这就是前面提到的,范围的取舍主要根据研究对象而定。在研究大学教授对高等教育价值的态度时,你们多半可以止于"没有价值",而不必考虑高等教育是否有碍学生健康(当然,如果研究对象是学生的话,则另当别论……)。

5.4.2 变异的两极

在变量操作化过程中,第二个需要考虑的是精确程度。对变量属性的区分需要达到什么精度?一个人是17岁或18岁真的有关系吗?10~19岁的范围呢?不必急于回答这个问题。假如你们要研究投票者登记和参与的比率,就一定要知道研究对象是否到了法定年龄。一般而言,要测量年龄,就必须认清研究的目的和程序,确定细致的与粗略的年龄区分方式,以及哪一个对你们更重要。在问卷调查中,为了设计合适的问卷,就需要做出相应的决定。在深度访谈中,这些决定依赖于你想要了解多详细的细节。

这种情况也适用于其他变量。假设你们在测量"政治倾向",一位民主党人是自由主义的还是保守主义的是否有关系?或只是知道政党属性就够了?在测量宗教派别时,只需知道一个人是新教教徒,还是要深入了解他隶属的支派?只需要知道一个人结婚与否,还是要知道他是未婚、分居、寡居还是离婚呢?

当然,这类问题,并没有通用的答案。答案来自于研究目的,或来自于进行具体测量的原因。不过,我可以提供一个有用的指南,每当你们不确定某个测量的精度要求时,宁可做得精确,也不要做得粗略。譬如在深度访谈中,受访者说自己 37 岁,那你就记下"37",而不是"30 多"。在分析数据时,比较容易将精确的数据合并为粗略的类别,但却无法把粗略的数据划分得精确一些。

5.4.3 针对维度的提示

我们讨论过维度是概念的一个特征。当操作化变量时,研究者常常会发现(更糟的是,从未察觉到)自己并不完全清楚变量涉及哪些维度。请看下面的例子。

假设我们在研究人们对政府的态度,包括人们对政府腐败的感受,需要考虑的维度可能包括以下几个方面。

- 人们是否认为存在政府腐败?
- 人们认为腐败的情况有多严重?
- 人们自己对政府腐败的评断有多大把握?
- 把政府腐败视为社会问题,人们有何感受?
- 人们认为腐败是什么原因造成的?
- 人们是否认为腐败是无法避免的?
- 人们认为该如何处理这个问题?
- 人们自己愿意为消除政府腐败做些什么?
- 对于人们声称自己愿意做的事情,到底有多大把握?

像这样的问题,可以列出无数。人们对政府腐败的看法有多个维度,重要的是,你们要清楚哪些维度对研究更重要。否则,可能在想知道人们对腐败严重程度的看法时,却测量他们对腐败的感受,反之亦然。

一旦确定了搜集数据的方法(例如问卷访谈、实地调查),并确定了变异的范围、变异两极划分的精度,以及变量的确切维度之后,接着面临的就是一种数学——逻辑化的选择,即确定测量的层次。为了探讨这个问题,我们需要再看一看变量的属性及属性之间的关系。

5.4.4 界定变量和属性

概念化和操作化,可以被视为详细说明变量及其属性的过程。在前面的例子中,"职业状况"变量可以有"在职"和"失业"两个属性,甚至可以增加其属性以涵盖其他可能性,例如"主妇"。

每个变量都应该包含两个要素。首先,变量的属性要有完备性(exhaustive)。一个变量要对研究产生效用,变量的属性就应该涵盖所有可能观察到的情况。如果将"政治党派"变量概念化时只区分为"共和党"和"民主党"属性,就会遇到很多麻烦。缘由是,在你们研究的人群中,有的是绿党(Green Party),有的是自由党(Libertarian Party),或者是其他组织,有些人(通常,比例不小)则说他们不属于任何政治党派。你们可以增添"其他"或"不属于任何政治党派"的选项来加强其完备性。无论怎么做,都必须将所有的观察结果纳入其中。

同时,变量的属性应具有"互斥性"(mutually exclusive)。要能将观察结果纳入某个惟一的属性。举例来说,你们应为"在职"(employed)和"失业"(unemployed)给出明确的定义。这样,才不会出现有人被同时归类到两种类别的情况。这意味着能对一个已经在职、却同时在找别的工作的人加以归类。你们也许会碰到这种情况:一位在职军人,在寻找成为社会研究者的荣光与刺激。在这种情况下,就要将"在职"属性排在"失业"位置之前,使得一个人不论是否在寻找其他更好的工作,只要现在有工作,就属于"在职"的范围。

变量的概念化过程与情境有关。在一种情境下有效的，不一定在其他地方也有效。马尔科姆·威廉姆斯（Malcom Williams）和克里恩·胡斯克（Kerryn Husk）（2013）详细研究了测量种族涉及的许多问题。实际上，没有对各族裔群体的绝对定义。族裔是一个社会习俗。不同的人有不同的理解，并随着时间的推移而变化。虽然他们的研究关注的是英国的康沃尔（Cornwall）县，分析却适用于更广泛的族群测量，也适用于一般的概念化。

由此，可以得出两个一般性结论。首先，变量的概念化显然取决于正在研究的对象。在英国康沃尔县进行的调查可能包括"康沃尔"（Cornish）族裔，而在阿肯色州的调查中不会有这一类别。其次，概念化应适应研究的目的。就族裔而言，在一项研究中，4~5个组的族裔类别可能就足够了；在另一个研究中，对族裔划分也许需要更精细。

5.4.5 测量层次

变量都由属性构成。但正如我们即将看到的，给定变量的属性可以彼此之间具有多种不同的关系。在这一节里，我们将讨论四种不同的测量层次：定性、定序、定距和定比。

1. 定类测量

当变量的属性只有完备性和排他性时，就是**定类测量**[①]（nominal measures）。如，性别、宗教教派、政治党派、出生地、大学主修科系和头发颜色等。虽然组成这些变量的属性（"男性"和"女性"组成"性别"变量）各自不同（并一起涵盖了所有人的性别），但这类测量并不具备后面提到的其他特征。"定类测量"只表达特征的名称或特征标签。

试想根据属性对一群人进行分组。如，根据出生地分组：出生在佛蒙特州的一组，出生在加州的，分为另外一组，依此类推（在此，变量为"出生地"；属性则为"加州""佛蒙特州"等等）。在同一组的人，至少有一点相似；与其他组的成员也因这点而互相区别。至于这些小组在何处形成、彼此之间距离多远，或他们在屋子里如何排列等，都无关紧要。重要的是，任何一组的所有成员，都出生于同一州。在定类测量中，我们唯一能判断的是，两人是一样的，还是不一样的。

2. 定序测量

根据变量的属性进行逻辑排列，就是定序测量。不同的属性，代表了变量的相对多寡程度。这类变量如社会阶级、保守态度、疏离感、歧视以及知识的成熟度等等。根据定序测量，我们除了可以说出两个人是否一样之外，还可以说一个比另一个更怎么样——比如，更保守、更虔诚、更老，等等。

在物理学中，定序测量最常用的例子是"硬度"。当某一物质（譬如钻石）能划破另一物质（假设是玻璃），反之却不成立的话（即钻石可划破玻璃，但玻璃不能划破钻石），我们就可以说钻石比玻璃硬。只要试着用一些物质去刮另一些物质，我们就可以从最软到最硬、按顺序排列这些物质。要想用绝对的方式来说明特定物质的硬度，从来就没有可能，我们只能用相对的方式来说——即该物质比什么硬，比什么软。

我们继续讨论前面提到的将人分组的例子。如果在这群人中，大学毕业的分在一组，有高中学历（但没有大学毕业）的人分在另一组，没有高中毕业的人分在第三组，这样的分组方式，完全符合前文讨论到的完备性和排他性。此外，我们还可以进一步按照接受正式教育的相对程度（他们的共同属性），运用逻辑方法将三组成员加以排列。我们可以按接受正式教育多少的顺序来排列，这样的排列可以具体表述**定序测量**[②]（ordinal

---

[①] 定类测量：刻画变量属性，且变量的属性只有完备性和排他性特征。
[②] 定序测量：刻画变量属性沿着某个维度的排序。如社会经济地位由高、中、低三种属性组成。

measure）的结果。分在某组的人所接受的正规教育，一定比另一组人接受的正规教育多或少。

需注意的是，教育组别之间的空间距离是无关紧要的。他们之间的距离大约是 1.5 米或者 150 米；大学毕业组可能距离高中毕业组有 1.5 米，高中未毕业组可能在 150 米之外，这些实际的距离没有任何意义。不过，高中毕业组一定要排在高中未毕业组和大学毕业组之间，否则，定序排列就不正确。

3. 定距测量

就组成变量的属性而言，当属性间的实际距离测量有意义的时候，这类变量就是**定距测量**①（interval measures）的变量。对这些变量来说，属性间的逻辑差距，可由有意义的标准间距来表达。

自然科学里的一个例子，例如华氏温度计或摄氏温度计。摄氏 80 度和摄氏 90 度的差距，与摄氏 40 度和摄氏 50 度的差距是一样的。然而，华氏 80 度的热度并非是华氏 40 度的两倍，因为华氏和摄氏的零度标准是随意定下的，零度并不意味着没有温度，零下 30 摄氏度，也不代表比没有热度低 30 度。克氏温度计（Kelvin scale）则是以"绝对零度"为基准，并且这一分界点意味着完全没有热度。

社会科学研究仅有的且常用的定距测量，是或多或少已被接受的、标准化的智力测验。多年以来，数以千计的人接受智力测验结果的分布显示，IQ 分数 100 和 110 之间的差距，与 110 和 120 之间的差距，应被看成差别不大。但不可以说分数 150 比成绩 100 的人聪明 50%。（一个 IQ 测验得 0 分的人，不能被视为没有智力。虽然我们可能会觉得他们不适合做大学教授，甚至不适合当大学生，不过，或许可以当院长什么的……？）

当我们根据定距变量比较两个人时，我们可以说，这两个人是不同的（名义的），一个人比另外一个人多（定量的）。此外，我们还可以说出"多"的程度。

4. 定比测量

符合定距测量基本要求的大部分社会科学变量，也会符合定比测量的基本要求。在**定比测量**②（ratio measures）中，变量的属性除了前面提到的所有特征之外，还有另一个特征，定比变量是建立在真实基础上的。我已经将克氏温度标准与华氏和摄氏标准进行了比较。社会科学研究的例子还有年龄、在某地居住时间、加入组织的人数、在一定期间内上教堂的次数、结婚次数以及拥有阿拉伯裔朋友的数量等等。

让我们回到分组的例子。除了上面的分组办法之外，还可以根据他们的年龄进行分组。所有 1 岁的站（或坐或躺）在一起，2 岁的在一起，3 岁的在一起，依此类推。每一组的成员，有相同的年龄；不同的组别，有不同的年龄，如此便符合定类测量的基本要求。将各组从最年轻到最年长进行排列，就进一步符合定序测量的要求，也可以让我们知道一个人比另一个人年长、年轻或同龄。假如我们将各组以相同距离隔开，也符合定距测量的基本要求，在这样的情况下，我们能说出一个人比另一个人究竟年长"多少"。最后，由于年龄属性包含一个真正的基础（怀孕待产女人腹中的婴儿），这些组也符合定比测量的要求，即可以说一个人的年龄是另一个人的两倍。定比测量的另一个例子是收入，它包括了绝对的零点到近似无限大——如果你恰好碰到微软的创建人。

用一个定比变量来比较两个人，就允许我们得出：①他们是否相同；②其中一个是否比另一个更……；③他们的差异有多大；④其中一个是另一个的多少倍。图 5-1 总结了这个讨论，其中展示了 4 种不同的测量层次。

5. 测量层次的意涵

由于研究者不可能按照上述方法对人们进行实际分组（你们只要试上一次，就别想

---

① 定距测量：刻画变量属性不仅可以排序，而且相邻属性之间的距离是相等的。华氏温度量表是一个例子，80 度和 90 度之间的距离等于 40 度和 50 度之间的距离。

② 定比测量：不仅刻画定性、定序和定距测量的属性，而且以"真实零值"为基础。年龄是定比测量的一个例子。

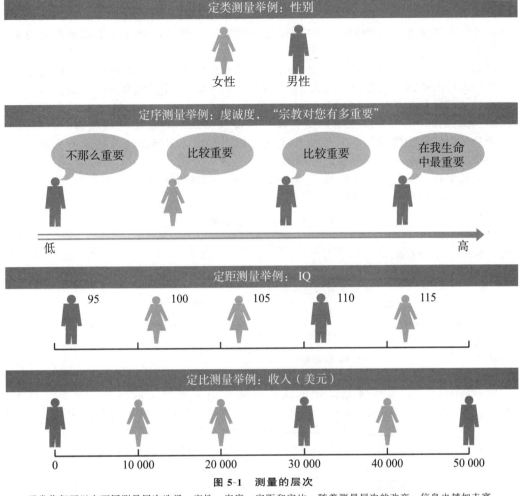

图 5-1 测量的层次

通常你们可以在不同测量层次选择，定性、定序、定距和定比，随着测量层次的改变，信息也越加丰富。

受邀参加许多聚会了），所以，应该把注意力放在既有差别的实际含义上。尽管这些含义只是在数据分析时才会体现出来（第 4 篇将进一步探讨），但是，在设计研究计划时，却要预先想好。

特定的定量分析手段，需要变量满足其最低测量层次要求。通常，某个研究变量，会有具体测量层次（例如定序）。因此，应该有针对性地为分析技术安排测量层次。更确切地说，你们应该预先考虑与变量测量层次相应的研究结论。举例来说，如果你们要确定并报告研究对象的平均年龄（将所有人的年龄加起来后，除以总人数），那么，就不可以报告宗教派别的平均数，因为宗教派别是定类变量，而平均数，则需要定比层次的数据。你们可以给出宗教派别的众数——最常见的方式。

同时需要认识到的是，有些变量代表着不同的测量层次。定比测量是最高的等级，依序而下是定距、定序，定类则是最低的测量层次。一个代表特定测量层次的变量（譬如说定比）可以被视为其低等级测量层次的变量（譬如说定序）。举例而言，年龄是定比变量，倘若只要观察年龄与某些定序变量之间的关系，如自报的宗教虔诚度：高、中、低，根据研究目的，你们也可以将年龄作为定序变量，将研究对象划分为老、中、青三个年龄段，并明确每个年龄段的范围。最后，年龄也可以是用于某个研究目的的定类变量。人们可以用在伊拉克战争时期出生，作为分组的依据。此外，以出生日期（而不只是年龄）为基准，根据星座来分组，也是一种定类测量。

需要测量的层次,是由对变量分析的需求决定的。要注意的是:有些变量会局限于特定的测量层次。如果一个变量有不同用处,就需要不同的测量层次,设计研究时,就应该取最高的测量等级。例如,获得研究对象的实际年龄后,可以用来将他们进行定序或定类分组。

然而,最高等级的测量并不是必要的。如果不需要使用定序等级以上年龄测量,就可以只问人们的所属的年龄段;例如 20~29 岁、30~39 岁等。如果要研究企业资产,与其收集精确的数据,不如运用邓和布拉斯特(Dun & Bradstreet)数据库对企业进行排序。但当研究目的不是很清晰时,就应该尽可能获得最高测量层次的数据。这是因为,定比测量可以转化为定序测量,反之却不能。总而言之,不能将较低层次的测量转换至较高层次使用,这是一条不能忘记的准则。

测量的层次,在应用于四则运算和统计计算时,差异非常明显。表 5-B1 总结了一些差异,包括陈述两种收入比较的方式。

表 5-B1　四类变量的运算特征

测量层次	运算操作	如何表达简(Jan)每年挣 8 万美元和安迪(Andy)每年挣 4 万美元的事实
定类	= ≠	简和安迪的收入不同
定序	> <	简比安迪挣得多
定距	+ −	简挣的比安迪多 4 万美元
定比	÷ ×	简挣的是安迪的 2 倍

比较典型的是,某些研究设计可能要对变量做不同层次的测量。比如贝里夫妇(William Bielby and Denise Bielby, 1999)利用通则式、历时研究(想想其中的含义)的方法来考察电影和电视世界。在他们指称的"文化工业"中,作者发现,名誉(一个定序变量)是一个剧作家未来产量的最好预测性指标。更有意思的是,他们发现,那些被认为是"核心"或精英的剧作家,不仅更容易找到工作(定类变量),而且工作的报酬也更高(定比变量)。也就是说,贝里夫妇发现剧作家的名誉(定序)是预测其职业成功的关键自变量。研究者还发现,年纪大点的(定比)、女性(定类)、少数民族(定类)和经历更长的(定比),在剧作生涯中具有劣势。另一方面,前一年的收入(定序)越高,以后就会越成功。用贝里夫妇的话说:"成功是能够自我繁殖的。"(Bielby and Bielby, 1999: 80)

5.4.6　单一或多重指标

在拥有这么多社会科学变量操作化选项的情况下,你们可能担心自己能否做出正确的选择。为降低这种不确定感,我劝大家少安勿躁。

许多社会科学变量都有相当明确、直截了当的测量方式。无论怎样区分,"性别"通常只会被分为男性或女性;一种单一观察方法(通过肉眼观察或是访问)就能测量的定类变量。还有,对于想收养子女的人而言,考察一个家庭子女的多少也是很容易的事。对于大多数研究而言,一个国家的人口总数,就是其居民人口数(即使数字会有一些微小的变化),这个数字在网上就可以查到。显而易见,相当多的变量,都有单一的指标,只要获得那份数据,就得到了所需的一切。

然而,有些你们想测量的变量,却没有单一的测量指标。如前所述,许多概念有不同的解释方式,每一种解释有多种可用指标。在这种情况下,要对变量做多重观察。然后,将得到的多份数据结合在一起,建立一个"复合"(composite)测量。第 6 章将讨论这种方法。在此，我只给出简单的介绍。

假设要对"大学表现"进行分析。大家知道，在学校里，有的人表现好，有的人表现不好。在研究时，我们或许会问，与表现良好相关的特征和经验是什么，许多研究者也这样问。我们该如何测量整体表现呢？每门功课的成绩是衡量表现的潜在指标，但如果使用单科成绩作为评判标准的话，很可能无法衡量学生的总体表现。解决的方法很简单：使用"平均成绩"（GPA），即将各科成绩加起来，再除以课程总数，就得到一个复合测量（如果各科分数不一，可依其差别加以调整）。对社会研究而言，通常也要建立这样的复合测量。

5.4.7 操作化选择举例

为了向社会研究者展示操作化的选择以及各种选择的潜力，我想花一点时间来说明某些研究难题的解决办法。目的是，帮助你们提高想像力，并显示社会研究对你们原创力的挑战。为了简单起见，我不打算描述各种选择的情形。然而，你们应该知道，在具体情况下，各项选择是有优劣之分的。

下面我们来看一些具体研究问题，以及处理这些问题的一些方法。我们从前面详细讨论过的例子开始，好处是，其中有些变量曾被充分地讨论过。

1. 女人是否比男人更有同情心？

（1）选择一组研究对象，列举出他人受困的境况，然后问他们，针对这个境况将作出何种反应。举例来说，面对一个迷路而哭着要找父母的小孩，他们会怎么做？答案是，帮助或安慰小孩，被视为具有同情心；然后再确定男人或女人哪个更有同情心。

（2）做一个实验。在实验中，给小孩一些钱，让他假装迷路。把这个小孩放在熙熙攘攘的走道上，观察究竟是男人还是女人更容易伸出援手。记住，要计算路过的男人和女人总数。因为，某个性别的人经过的数量可能多一些。据此，进一步计算男人和女人伸出援手的比率。

（3）在人群中，选取一些样本做调查，询问他们所属的组织。看男人或女人哪个更容易参与具有同情心的组织。要考虑男人是否比女人更习惯于加入组织（或反之），然后，进行调整。根据询问的结果，计算参与具有同情心组织的"比率"，看哪个比率更高。

2. 是社会学的学生还是会计学的学生，更通晓世界大事？

（1）准备一份国际时事的简短测验，在社会学课堂和会计学课堂同时进行。如果要比较的是"主修"社会学和会计学的学生，就要询问他们的主修学科。

（2）向讲授国际时事的老师索取一份社会学系学生和会计系学生国际时事课程的平均成绩。

（3）在社会学和会计学系，发动"将联合国总部移到纽约市"的请愿，看各班签名参与请愿的有多少人；又有多少人告诉你，联合国总部原本就在纽约市。

3. 在你们大学里，哪些教师最受欢迎：是社会科学的、自然科学的还是人文科学的教师？

（1）如果你们学校要学生对教师进行评估，就可以回顾最近的一些结果，并获得有关三组教师的评估结果。

（2）逐一探访每个学科的入门课程教学，计算学生的出席数，并根据选课名单计算平均缺席率。

（3）在岁末12月，每类学科选择一组教师，请他们记录那段时间学生寄来的卡片和其他礼物数量，看谁收到的更多。

列出这些例子，并不是说这些研究设计就是典范，我的目的是向你们展示变量的操作化有许多方式。真实生活的研究文本框《测量大学满意度》简要地刻画了本章提到的概念。

5.4.8 操作化永无止境

虽然我在讨论中提到，概念化与操作化是属于数据搜集与分析之前的程序（在你们观察之前，先设计操作化的测量），不过你们应该了解，这两个过程贯穿整个研究计划，即使采用比较结构化的方法收集大量数据，也是如此。同时，也正如你们知道的，在不那么结构化的研究中，实地调查、相关概念的确认与区别等，与整个观察过程也是密不可分的。

例如，假设你们在做一个新宗教狂热信徒的定性观察研究。你们想定义更虔诚和更不虔诚的信徒，需要关注多种仪式行为，才能最终发现其中的更多宗教经验或更坚定信念的成员。

相比定量研究，定性研究中概念化与操作化的永无止境更为明显，在定性研究数据搜集与分析的任何阶段，都可能发生概念化和操作化的变化。在定量研究中，实验或抽样调查，常会被限于具体的测量结构。例如，问卷一旦印制和发放，要做出改变，是不切实际的，即使在逼近式的探索中要求做出改变也是如此。如果是调查问卷，那么在分析阶段，你们或许就具有一些测量变量的灵活性。

真实生活的研究

测量大学满意度

在本章前面的部分，我们将"大学满意度"作为人们常常随意说到的概念的一个示例。为了分析这个概念，我们要进行概念化和操作化。下面简略地勾画这一过程，然后，你们自己着手扩展。

大学满意度的维度有哪些？下面的建议可以帮助你们自由展开：

学术质量：教员、课程、专业

锻炼设备：教室、宿舍、咖啡厅、操场

体育课锻炼和课余活动

消费和获得经济资助的途径

学生、教职工的社交能力

安全、校园犯罪

你们将如何测量上述维度？一种方法是问学生："你对以下方面的满意程度如何？"即，给他们一个与上述列表类似的名目，提供选项（如非常满意、满意、不满意、非常不满意）让他们选择。

如果你们没有时间和金钱去实施问卷调查，却有兴趣比较多个学校的总体满意度。学校（分析单位）的什么数据会给你想要的答案？保留率（retention rate）可能是一个通用的指标。你们能想出其他的吗？

要注意，你们可以同时从正面和负面两个方向测量大学的质量。有无线网络的现代化教室，可以算正面的指标，校园犯罪数量则是负面的指标。但是，后者可以用作对大学质量的测量：低犯罪率是高质量的体现。

定性研究者有更大的灵活性。例如，在深度采访中发现的事物，可能让你们生发原设计以外的问题，使你们获得非预期收益。随后，在你们复审和组织笔记以作分析时，也可能再次考虑非预期的方面，重新引导你们的分析。

无论使用定性或定量方法，都要善于重新审视你们的概念和定义。社会研究的最终目的，是要弄清社会生活的本质。在这个意义上，成果的有效性和实用性，并不取决于最初是如何界定的，也不取决于通过什么方式（如来自课本、梦境或是你亲戚）得到这些观点。

5.5 评估测量质量的标准

这一章已经进行很久了。开始时，我们大胆地声称"社会科学家能测量任何存在的事物"。后来发现，大部分我们想要的研究和测量的事物，几乎都不存在。但是，我们知道还是有可能测量那些不存在的事物。在本章最后部分，我想说，即使某些事物不存在，我们仍然有一些标准可以用来判断对事物的测量是否成功。

5.5.1 精确性和准确性

测量有不同的精度（precision），代表对变量属性测量的精确程度。譬如说，一位女士"43 岁"了，比说她"40 几岁"了，要精确得多。另外，说"某个街角帮派形成于1996 年夏季"，比只说"形成于 90 年代"，要精确多了。

总体而言，精确的测量结果，比不精确的测量结果要优异。使用不精确测量，绝不会比使用精确的测量能得到更优异的结论。尽管如此，高精确度也不是绝对必要。如果你们想研究女性在"40 岁左右"的行为表现，就没有必要花功夫追查受访者的确切年龄。操作概念时，必须考虑精度要求。如果研究者不知道到底需要多大精度，比较精确的测量会优于不太精确的测量。

请不要混淆精确性和准确性（accuracy）。譬如，描述某人出生于佛蒙特州的斯托弗市（Stowe）远比只是说"他出生在新英格兰地区（佛蒙特州是新英格兰 13 个州中的一个）"更精确。但是，如果此人事实上出生在波士顿（也在新英格兰地区），不精确说法却比精确说法更准确地反映了现实。

在测量中，精确性和准确性都十分重要，而且是必备的。其实，对这两个概念不需要做更多解释。因为，当社会科学研究者建构和评估测量时，他们更加关注两项技术性指标：信度和效度。

5.5.2 信度

抽象地说，**信度**①（reliability）是：用相同技术重复测量同一个事物，观察，是否能获得相同的结果。如果你们想知道我的体重（不过，我不知道为什么），一个方法是叫两个人估计我的体重。如果一个人估计为 68 千克，另一个人估计为 136 千克，就可以认为，叫别人估计我的体重不是可信的方法。

也可以用另一种方法来测量我的体重——使用磅秤。我站在磅秤上两次，并记录每一次的结果。如果两次磅秤上都显示相同的重量，便意味着，使用磅秤比让人估计的测量方法更为可信。

然而，信度并不比精确性更能保证准确性。为了让自己感觉好一些，如果将磅秤的刻度调低 5 磅，虽然每次称出来的重量相同，那也只是一再地重复错误而已。这种状况，就叫作偏误（bias），第 8 章会讨论。至于现在，只要知道信度并不一定代表准确性就行了。

假设要研究两家性质不同的工厂员工士气。其中一家工厂的员工从事十分专业的工作，分工十分清楚；在装配线上，每一位员工负责自己的一小部分工作。另一家工厂，

---

① 信度：指测量方法的质量。对同一现象进行重复观察得到相同数据的程度。如果是问卷调查，我们会期待访题"上周，您是否参加了宗教服务？"比"您这一辈子参加了多少次宗教服务"更有信度。这就不会与效度混淆了。

每一个员工有各种不同的工作,并由团队工作完成整个生产。

在这种情况下,应该如何测量员工士气?一种策略是花较多时间观察两个工厂的员工,看工人彼此之间会不会开玩笑,是不是笑口常开,等等。也可以询问工人,看他们是否满意目前的工作;或干脆问他们,愿不愿意与另一家工厂的工人交换工作。由此,把在两家工厂得到的观察数据进行比较,我们可以得知,哪一家工厂装配生产线上的工人有更高的士气。

现在,让我们来看看这种研究方法的信度问题。我们观察时的感觉,可能会影响观察的结果,也许会错误地阐释我们的观察。也许我们将工人之间的玩笑当作争吵,或我们观察的时间,正好是工人休假的日子。如果连续几天都对同一群工人进行观察,也许每天得到的结果都不一样。如果有几个观察者对同一群工人进行观察,也可能得到不同的结论。

再来看评估士气的另一种策略。可以查阅公司档案,考察在一段时间内向工会提出申诉的案件数量。如果把申诉作为评估士气的指标:申诉案数量越多,士气就越低落,这种测量策略就显得可靠多了。因为,我们可以重复考察公司内部申诉案件的数量,而且,每次得到的结果也应该一样,即,"信度"很高。

如果对第二种测量方法有所保留,那么,你们关心的已不是信度,而是效度。这里先结束对信度的讨论,然后再处理效度问题。现在,主要想说明后一种测量方法非常类似于测量我体重的磅秤:二者的结论一致。

在社会研究中,我们会遇到各种意想不到的信度难题。当数据来自同一个观察者时,信度难题尤其突出,因为没有一种有效方法可以阻止观察者个人的主观性介入。因此,我们无法在研究结果中确切地分辨哪些源自实际观察、哪些来源于观察者的影响。

如果是单一观察者,主观性还不是唯一难题。长久以来,从事调查的研究者都知道,由于访问者态度和行为的影响,不同的访问者会从同一个受访者那里得到不同的答案。如果要研究一些媒体在某些公共议题上的立场,我们需要组织一批编码员(coder)阅读成百上千的社论,并且根据这些社论的立场,进行分类、检索。此时,不同的编码员,也许将相同的社论归入不同的类别。为此,必须有相对标准化的编码方案。譬如要进行职业分类就可以依照劳工部的分类标准或人口普查局的分类标准。这样,你们和我,就不会出现在相同的职业类别中。

上面的例子,都是可能遇到的信度难题。当我们让受访者提供自己的信息时,类似的难题也会发生。有时候,我们问的是对方不能确切回答的问题,如"你总共去过几次教堂?"。有时候,我们问的是与他们毫无关系的问题,如:"你对现今中国和阿尔巴尼亚之间的关系感到满意吗?"这时,人们每次问答,都会有不同的答案。因为,他们不断地在组织答案。有时,我们提出的问题过于复杂,受访者尽管有自己的观点,却也无法清楚地表达。这样,对同一道访题询问两遍,就会得到两个不同的应答。

怎样建立有信度的测量呢?这里有几种技巧。首先,如果要询问受访者的个人数据(如果有这个必要),你们的问题应该明确地让受访者知道如何应答。其次,问一些与受访者相关的问题,遣词造句应该明确。只是在这种情况下,潜在的问题是,人们无论如何都会给你们一个答案(不论答案是否可靠)。幸运的是,社会研究者已经创造了许多技术来处理信度难题。

1. 前测—后测方法

有时候需要重复同样的测量来处理信度难题。如果你们预期,获得的信息不应该有变化,那么,重复测量就应该得到相同的结果。如果两次测量的结果有出入且差异较大,那么,测量方法就一定有问题。我们来看一个例子:

在萨克斯、克鲁希特和纽曼(Jeffery Sacks, W Mark Krushat and Jeffery Newman, 1980)的经典研究中,他们从事一项有关危害健康的评估调查(health hazardappraisal, HHA)。调查是预防性医疗研究的一部分,目的是研究患者的背景和生活方式等因素与健康的关联性，研究结果将提供给医生，以备诊断时参考。通过了解患者的生活情形，医生可以为患者了解自己潜在的体能和改善健康状况提供建议。当然，研究目标的实现，在很大程度上依赖于每个受访者提供数据的准确性。

为了测试数据的信度，萨克斯和同事一起对207位受访者进行了基线调查，问卷的内容涉及受访者的特征及其行为。三个月后，他们又对同样的受访者发出了完全相同的问卷。最后，把两次问卷的结果进行比较。总体来说，只有15%的受访者在两次问卷中提供了一致的资料。

萨克斯及其同事在报告中（Sacks et al.，1980：730）指出：

将近10%的受访者在第二次问卷中填答的身高不同于第一次。1/3的人填答的双亲年龄不同于第一次。甚至有一个受访者的父母在三个月内年龄多了20岁！在抽烟和喝酒的人中，有1/5已不能明确地回想起过去的抽烟和喝酒方式。（1980：730）

有些受访者在第二次填答问卷时，甚至将前一次据实填写的个人病史，如心脏杂音（heart murmur）、糖尿病、肺气肿、被逮捕记录和自杀想法等都隐藏了起来。有一位受访者，第一次填写问卷时说母亲已经去世，第二次填写问卷时却说母亲健在。还有一位受访者在第一次填写问卷时说自己失去了卵巢，第二次时又说自己有卵巢。另一位受访者在第一次填写问卷时说自己的卵巢十分完好，第二次却说卵巢没有了，甚至自称10年前就没有了！还有一位受访者，第一次时说自己55岁，三个月后却变成了50岁。想想看，这样的数据如何能为医生诊断提供咨询？显然，对这群患者而言，这种数据收集方法并不可靠。

2. 对分法

一般说来，对任何复杂的社会概念，多做几次测量总是好的，如偏见、疏离、社会阶级等。这样的过程，提供了另一种检验信度的方法。如果你们设计了一份问卷，其中有10道访题涉及女性歧视现象。当你们采用对分法时，可以将10道访题随机分成2组，每组有5道访题。每组访题，都应该对女性歧视变量提供很好的测量，两组访题获得的结果也应该反映测量的预期。如果两组访题得到的结果不同，那么，测量信度就一定有问题。

3. 利用已有的测量方法

另一种处理信度的方法是采用他人使用过的、经过检验的、十分可信的测量方法。譬如，如果想测量个体失范，就可以采用史汝尔测量。

问题是，使用被人们广泛采用的测量方法并不意味着没有信度问题。例如，多年以来，大学入学能力测验（SAT）和明尼苏达多维人格测量（Minnesota Multiphasic Personality Inventory，MMPI）几乎被社会认定为标准。然而，近些年来，这两种测量方法需要修订，包括削减过时的题目和用语中的性别障碍，以适应社会的变迁。

4. 工作人员的信度

另外，测量缺乏信度，也可能是工作人员如访员、编码员等导致的。也有多种方式来检查这种信度。在社会调查中，确认访员造成信度问题的方法是由督导（supervisor）打电话给部分受访者检验数据的准确性。

复证（replication）方法，也可以用来检验信度。如果对媒体立场的分类或职业分类的信度有疑问，可以请多位编码员对同一份数据进行编码，并据此谨慎地解决编码员之间出现的争议。

最后要提到的是，澄清（clarity）、具体（specificity）、培训（training）和练习（practice），都是避免出现信度问题的有效方法。如果我们花一些时间，就如何评估媒体立场达成共识（讨论立场类型并一起阅读媒体社论）之后，再分头去做分类工作，可以做得更好。

在社会科学研究中，测量信度是一个十分重要的基础议题。在以后的章节中，我们还会提到。现在，让我们回想刚才提到的另一个议题，那就是，即使完全达到了信度的要求，也不能确定我们真正测量到了应该测量的东西，即接下来要讨论的效度问题。

5.5.3 效度

在一般的用法里，**效度**①（validity）是指实证测量在多大程度上反映了概念的真实含义。对社会阶层的测量，需要测量社会阶层而非政治倾向。对政治倾向的测量，不应测量性别认同度。有效度，意味着在测量我们所言之物。

喔！我不是说过概念没有真实含义吗？怎能又说，测量在多大程度上反映了概念的真实含义呢？当然，我们不可能反映概念的真正含义。与此同时，正如我们知道的，所有社会生活，包括社会研究，都是建立在对术语和概念共识基础上的。因此，用一些标准，可以测量这些共识。

首先是**表面效度**②（face validity），即实证测量的结果与我们的共识或我们头脑里印象的吻合程度。为了测量员工士气，我们也许会因为计算员工向工会申诉的次数而发生分歧。但是，无论如何，我们都认为"员工向工会申诉"的次数与员工士气有关。如果我用员工在下班时间到图书馆借书的数量来测量员工士气，你们就会提出严肃的质疑。因为，这样的测量没有任何表面效度。

第二，我曾经提到，有些概念已经在学术界达成了共识。譬如，人口普查局已经提供了许多概念的操作定义，如家庭、家户、雇佣状况等等。许多研究显示，这些概念具有实用效度。

此外，还有三种用来检验测量有效性的效度。第一，**标准关联效度**③（criterion-related validity），有时也被称为预测效度（predictive validity），是由一些标准确定的效度。例如，大学董事会的效度，在于其预测学生在校学业成就的能力。汽车驾照笔试的效度，在于笔试成绩与考生实际驾车技术之间的关系。这里，学业成就和驾车能力就是标准。

为了检验你们对效度的理解，试试看，是否能想到一些可以有效测量下列态度的行为：

非常虔诚

支持男女平等

支持右翼民兵团体

关心环境

分别对应的可能指标是进教堂、投票给女性候选人、参加全美步枪协会（National Rifle Association，NRA）和加入塞拉俱乐部（Sierra Club）。

有时候，很难找到一些行为标准来有效地直接测量上面的态度。在这种情况下，我们通常会考虑把研究变量与其他变量在理论上的关系作为大致的标准。**建构效度**④（construct validity）的基础是变量之间的逻辑关系。

举例来说，假设要研究"婚姻满意度"的原因及后果。作为研究工作的一部分，你们建构了婚姻满意度的测量，并要评估它的效度。

---

① 效度：指测量准确地反映了需要测量的概念。譬如 IQ 就比在图书馆呆了多少小时能更有效地衡量人的智力水平。尽管最有效的测量可能永远找不到；但在表面效度、标准关联效度、内容效度和建构效度都得到满足的情况下，我们认同其相对效度。请不要与信度相混淆。

② 表面效度：衡量测量质量的一个指标，即看起来是否对某变量进行了合理测量。譬如进教堂的频数，是一个人虔诚度的指标，无需过多解释就能让人觉得是合理的，即具有表面效度。

③ 标准关联效度：某测量与外在标准相关的程度。譬如大学委员会的效度在于其预测学生在校学业成就的能力。也被称为预测效度。

④ 建构效度：在某理论体系内，某测量与其他变量相关的程度。

除了建立测量以外，还应该有一定的理论预期，即"婚姻满意度"和其他变量之间的关系。譬如，你们推断：与对婚姻不满意的夫妻相比，对婚姻满意的夫妻不太可能欺骗对方。如果"婚姻满意度"的测量如所预期的那样，那么，就证明你们的测量具有建构效度。但如果研究显示，对婚姻满意的夫妻和对婚姻不满意的夫妻都有欺骗对方的情形，则测量的建构效度就有待商榷了。

对建构效度的检验，可以提供有分量的证据，以说明测量是否达到要求，且不需要任何额外的终极证据。尽管检验建构效度和标准关联效度相比不那么具有强制性，但你们应该认识到，在不同情况下，可以用不同的方式来测量效度。因此，最需要了解的，不是各种效度之间的差别，而是效度的逻辑：如果有效地测量了某个变量，我们的测量与其他测量之间，就应该有一些逻辑关系。

最后，**内容效度**①（content validity）是指测量在多大程度上包含了概念的含义。例如，数学能力测试不能只限于加法，还应该包括减法、乘法、除法等等。或者，如果我们要测量的是一般的"偏见"，那么，是否也能反应种族偏见、宗教偏见、对女性和老人的偏见，以及许多其他的偏见？

技巧与工具的文本框《效度与社会期待》考察了让受访者报告偏离态度或行为面临的挑战。

图 5-2 以图解的方式，呈现了效度与信度之间的差别。如果想象测量如同靶心，你们就会发现，信度是一种密集的点状形态，不管它是否射在靶心上，因为信度是一致性的函数；另一方面，效度则是射在靶心周围的点的函数。图中失败的信度，可被视为一种随机误差（random error）；而失败的效度，则是一种系统误差（systematic error）。请注意，测量如果缺乏信度或效度，是没用的。

 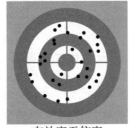 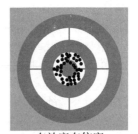

有信度无效度　　　　　有效度无信度　　　　　有效度有信度

图 5-2　信度和效度的比喻

好的测量技术，应当既是有效的（测量意在测量之物），又是可靠的（可靠地体现一种给定测量）。

5.5.4　谁决定何者有效

在效度讨论中，我主要想提醒你们，真实是一种共识。刚刚看到的一些方法，是社会研究者通过测量效度求得共识的途径。这里还有另一种寻求效度的方法。

社会研究者有时会自我批评和相互批评。因为，研究者常常有一种隐含的想法，认为自己或多或少优于被研究对象。的确，我们常常试图揭露一些动机，一些连社会行动者自己都不自知的动机。或许，某人认为自己买某款新车（Turbo Tiger）的理由是它不仅性能好而且外观漂亮。但我们却认为，其买车的真正动机，是想抬高自己的社会地位。

虽然这种隐含的优越感很符合实证主义取向（生物学家认为自己优于实验台上的青蛙），但却与人性和典型的定性研究取向发生冲突。我们将在第 10 章更深入地探讨这个问

---

① 内容效度：测量涵盖了某概念所包含的意义范畴的程度。

题。为了理解普通人理解自己世界的方式，常人方法论者敦促所有社会科学家更加尊重概念化和共识意义的自然社会过程。至少，用科学家范式看似不合理的行为，在行动者逻辑看来可能具有逻辑意义。

吉尔茨（Clifford Geertz, 1973）把"深描"（thick description）用于理解，即尽可能深地用当地人观点来表达文化要素的意义。他意识到，外来观察者永远不能完全掌握这些含义。他警告道："文化分析在本质上是不完整的。"他还指出：

有一些方法可以防止这种不完整，那就是，将文化看作是民俗来搜集，将文化看作是特征来计数，将文化看作是惯例来分类，将文化看作是结构来把玩欣赏。但上述方法只是规避方法。事实上，要将自身置于文化符号概念中并用解释性方法来研究，就要将自身置于地方性视角上，正如盖里（W. B. Gallie）所言，是"实质的、可争论的"。人类学或至少人类学的解释是一种科学，其进步很少是完美的共识，更多的是在争论中改进。我们能使结果更好的方法，是在争论中理解得更精确。（1973：29）

总而言之，社会研究者应该把自己的同事和研究对象，看作是最有用的概念含义和测量共识的来源。有时，一些来源更有用；有时，另一些来源更有助益。无论如何，绝对不可以忽视任何一个来源。

5.5.5 信度和效度之间的张力

很明显，我们都希望测量既有信度又有效度。不过，信度和效度之间经常存在某种紧张关系，研究者常常为了获得效度而舍弃信度，或为信度而牺牲效度。

回想前面测量工厂员工士气的例子，你们就会发现，如果让自己进入生产线、观察员工日复一日的例行工作、与他们交谈，就会比计算申诉案件数量的方法更有效度，因为你可以更清楚地感受到员工士气的高低。

但是，用计算方法却更有信度。这种情形正是一般研究测量的困境。在研究中，许多概念的真正趣味在于他们的神韵，要具体、精确地指明概念的意义，却又十分困难。因此，有时候，研究者不得不说某类概念具有丰富的内涵（richness of meaning）。譬如，无数专著和文章尽管都在讨论"失范"，至今也没有穷尽其丰富的内涵。

通常，使可信的操作化定义和测量具体化会削弱概念的丰富内涵。就像员工士气不仅表现为员工申诉案件的多少一样，"失范"也不是史汝尔的5道访题能完整涵盖的。然而，如果允许概念有较多的变化或丰富的内涵，在具体的情境下，就概念运用达成共识的机会就会大大减少，这样，反而降低了信度。

在某种程度上，这种两难困境也解释了社会研究两种不同取向的延续：定量的、通则式的和结构化的技术（如调查与实验）；定性的和表意式的方法（如实地研究和历史研究）。简单地说，前者更可信，后者更有效。

对社会研究者而言，这是一个始终存在且无法避免的两难。因此，你们应该对如何应付两难有所准备。如果无法就某个概念的测量达成共识，就用多种方法进行测量。如果某个概念有多个维度，就去测量所有的维度。重要的是要知道，概念的含义完全来源于人为的赋予。而赋予某个概念以含义的唯一标准，是其实际用途。用各种方式测量概念，可以帮助我们了解周围的世界。

5.6 测量的伦理

有时，测量决策会受伦理标准的评判。我们已经看到，对社会研究者而言，概念最有趣的是其对多种意义的开放性。假设你们的兴趣是对美国公众在堕胎问题上的意见进行抽样调查，要注意在概念化过程中，你们自己的观点，即是否赞成堕胎对调查结果是有影响的。如果你们个人的立场使你们想最小化人们对堕胎的支持，就可能倾向于将概念和测量定义放在"堕胎"框架内。由此，排除那些事先并不特别赞成堕胎、但认为女性应有自我选择权的人。然而，这种方法可能违反公认的研究伦理。

针对美国2003年入侵伊拉克的态度，设想你们可以选择的概念化定义。假设你们的立场支持对主权国家进行无端的侵略，或支持对2001年9月11日世贸大厦遭攻击事件的报复（很多美国人仍然相信萨达姆谋划了这次攻击），或支持对预知威胁的防卫，或支持对恐怖主义的全球战争，或支持其他该事件可能被展现的情形，都会"发现"不同的支持等级。在这一议题上，没有一种正确的概念化方法。但是，通过对问题的偏颇定义来获得有偏结果也是不道德的。

本章要点

导言
- 概念化、操作化和测量之间的相互关联使研究能围绕研究主题发展出一套在现实世界中有效的、定义明确的测量。

测量任何存在的事物
- 观念是头脑里的"印象"。我们把"印象"当作工具，概括观察的和经历的具有共性的事物。
- 概念是一种结构；代表我们赋予术语的共识性意义。概念并不存在于真实世界，不能被直接测量。可以测量的是概念概括的事物。

概念化
- 概念化是使模糊印象明晰化、对各种观察和测量进行梳理，以利于研究的过程。
- 概念化指明确概念的指标并描述其维度。操作定义指明确规定如何测量与概念相关的变量。

描述性研究和解释性研究的定义
- 精确的定义在描述性研究中比在解释性研究中更重要。定义的精确程度因研究目的和类型而不同。

操作化选择
- 操作化是概念化的延伸，明确说明测量变量属性的程序。
- 操作化包含一系列相互关联的选择：根据研究目的，明确变异的适宜范围，决定如何精确地测量变量，说明变量的相关维度，清楚地界定变量的属性及其相互关系，决定合适的测量层次。
- 研究者必须从4个信息量依次增加的测量层次进行选择：定类测量、定序测量、定距测量和定比测量。何种层次最适合，取决于测量的目的。
- 一个变量，可以在不同层次上进行测量。在不能确定时，研究者最好选择最高的层次测量，以便获得最多的信息。
- 操作化始于研究设计阶段，贯穿于包括数据分析在内的研究的所有阶段。

衡量测量质量的标准
- 衡量测量质量的标准，包括精确度、准确度、信度、效度。
- 信度指重复测量得到相同结果的程度；效度指测量准确地反映概念内涵的程度。
- 研究检验、提高测量信度的方法有：前测—后测法、对分法、已有方法的使用，以及对研究工作人员工作的检验。
- 评估测量效度的准绳包括：表面效度、标准关联效度、建构效度和内容效度。建立具体和可信的测量，通常会削弱概念本身的丰富含义，这是无法避免的问题。最好的解决方法是，使用不同的测量方式测量概念不同的方面。

测量的伦理
- 概念化和测量，绝不能由对具体研究结果的偏见和偏好所引导。

关键术语

以下术语是根据章节中的内容来界定的,在出现该术语的页末也有相应的介绍,和本书末尾的总术语表是一样的。

概念化　建构效度　内容效度　标准关联效度　维度　表面效度　指标　定距测量　定类测量　定序测量　定比测量　信度　具体化　效度

准备社会研究：测量

本章让我们深入了解了测量。在此前的练习中,你们已经定义了在研究项目表达的概念和变量。现在在你们需要在概念化和操作化上做得更为具体。在这一部分,你们要说明:能多精确地区分变量?例如,如果准确地识别自由派和保守派,如何定义议题中的政治倾向?

这一练习的难易度,将随着计划的数据搜集类型而变化。可能在定量研究中更为容易,例如在调查问卷中,可以列举你们想用于测量的访题。在定性研究中,你们将有更多机会选择测量变量的方法,这要用到你们深刻的洞察力。即使如此,仍需要就如何开始测量有一些清晰的想法。

相应的标准,如精确度、准确性、效度和信度,在社会调查项目中非常重要。

复习和练习

1. 挑选一个社会科学的概念,例如"自由主义"或"疏离"。具体说明概念的含义,为研究计划做准备。注意一定要指明包括(和排除)在概念化定义之内(外)的维度。

2. 用哪一种测量层次(定类、定序、定距或定比)来测量下列各个变量:
　(1) 种族(白种、黑人、亚洲人等等)
　(2) 在一场比赛中的排名顺序(第一、第二、第三等等)
　(3) 家庭中的子女数量
　(4) 国家的人口总数
　(5) 对核能的态度(非常支持、支持、反对、非常反对)
　(6) 出生地区(东北部、中西部等等)
　(7) 政治倾向(非常自由、有些自由、有些保守、非常保守)

3. 用你喜欢的浏览器搜索"偏见"并进行概念化。在看过一些搜索结果之后,列出偏见的多种形式,用于研究公交车上的偏见。

4. 找一本比较好的词典,查找"真理"和"真实",摘录定义。记录这些定义(如真实)用到的关键名词,然后,在字典里再查找这些词语,同样,也摘录定义。如此类推,直到没有新的名词出现。最后,说明你们从中学到了什么。你们发现"真理"了吗?

第 6 章
指标、量表和分类

章节概述

研究者经常需要用多重指标来充分、有效地测量变量。指标、量表和分类是由多个变量的指标组成的复合方法。

导　言

正如在第 5 章看到的，社会科学的许多概念具有复杂的、各式各样的含义。找到测量概念的方法，的确是一种挑战。请回想一下有关内容效度的讨论，内容效度要求我们测量概念的所有维度。

为求覆盖概念的多种维度，我们通常要针对具体概念进行多重观察。例如，对进行深度访谈的访问者，伯格（Bruce Berg，1989：21）建议，事先要准备好基本问题，也就是"引发明确的、符合需要信息"的问题。此外，研究者还应该准备好备用访题，"这些访题类似某些主要访题，但遣词造句稍有不同"。

多重指标（multiple indicators）需要使用定量数据。假设你们正在设计一份问卷调查，有时候，尽管可以通过一道访题来获得变量的相关属性，如"性别：□男、□女"就是一个简单的例子。但是，不是所有变量都可以这么直截了当，或许要用多道访题才能进行充分测量。

定量数据分析已经发展出能将多个指标合并成一个的具体技术。这一章要讨论的是，建立对某些变量进行复合测量的两个类型：指标和量表。指标和量表可用于任何形式的社会研究，但在问卷调查和其他量化方法中，更为常用。本章末尾，将有一小段篇幅简短地讨论与定性和定量研究都有关系的分类方法。

因为如下原因，定量研究常常使用复合测量。

首先，社会科学家常希望研究没有明确单一指标的变量。单一指标有时的确足够测量一些变量，例如年龄。我们可以用"请问您有多少岁？"来确定受访者的年龄；我们也可以根据报纸报道的数据来确定报纸的发行。然而，研究者在做实际调查之前，却很少能对复杂概念制定单一测量指标。在测量态度和取向变量时，更是如此。譬如，研究者很难用单个问卷访题的一组选项来充分测量受访者对偏见、宗教虔诚、政治倾向、疏离感以及类似变量的反馈。常见的解决方法是，在问卷中设计多道访题，让每一道访题在一定程度上测量变量的某个方面。如果只看单道访题，对许多受访者而言，访题可能无效或不可信。不过，如果是复合测量，却能克服单道访题带来的弊端。

其次，也许研究者要使用相对精确的定序测量，即用多种方法进行测量排序，如对疏离感从低到高进行排序。只用单一访题数据往往不足以反应变量的变异范围，进而不可能用来排序。此时，只有多道访题的指标或量表，才能达到排序的目的。

最后，对数据分析而言，指标以及量表，都是十分有效的工具。如果只考虑单道访题数据，只能获得某个变量的粗略指标；而一次考虑多道访题的数据，就能获得更容易理解的和更精确的指标。譬如，一篇社论只能部分反映报纸的政治倾向；多篇社论就能更全面地反映报纸的政治倾向。当然，同时控制多项数据会很复杂。指标和量表（特别是量表）可以十分有效地缩减数据量，即通过将多项指标概括为一个分数，并使其仍能代表每个指标的细节。

6.1 指标还是量表

在社会研究文献里，**指标**①（index）和**量表**②（scal）的使用，常常有误或被混用。这两种测量的确有一些共同特性。但在本书，我们要对两者进行区别。在这里，我们虽然将其进行了区分，但我还是要提醒读者，在文献中，常常用量表来指称指标和量表两者的趋势也在增长。

首先，让我们看看两者的相同之处。指标和量表都是对变量的定序测量，即依变量（如信仰虔诚度、疏离性、社会经济地位、偏见、智商等）的分析单位进行排序。譬如，通过指标或量表，测量某个人的信仰虔诚程度，并用一个分值使其区别于其他人。

另外，指标和量表都是变量的复合测量（composite measure of variables），即基于一项以上数据的测量。譬如，受访者的宗教虔诚程度（指标或量表）得分来源于受访者对问卷多道访题的应答，其中每一道访题都是受访者宗教虔诚程度的一项指标。同样，受访者的智商得分，也是基于其对问卷里大量测试题的应答；某报纸的政治倾向，也可以由反映其在某些政治热点上的编辑政策（指标或量表）得分来确定。

除了这些共同特性，了解指标和量表的区别也很有用。在本书中，我们将通过分值分配方式，对指标和量表进行区别。指标往往通过单个属性的分值累积来建立对变量的测量，如通过加总受访者赞成的偏见陈述的数量来测量偏见。量表则是通过对访题的不同反应模式赋予相应的分值，且不同选项反映的相对强弱程度不同。例如"男性与女性不同"比"女性不应有投票权利"这句话代表的歧视程度要弱很多。因此，量表利用了任何存在于相同变量的各种属性之间的强度结构来识别反应模式的差异。

让我们更深入地来探讨性别歧视问题。想象一下你们询问人们对以上两种陈述是否同意。一些人可能两者都同意，一些人可能两者都不同意。假设我告诉你们有的人同意其一，不同意其二；你们能猜测出他们同意哪个、不同意哪个么？我猜是，受访者同意男女不同，不同意女性被禁止投票。从另一角度，我质疑那些想要禁止女性投票、却认为男女之间没有差别的观点。因为这没有意义。

我们从每个人那里得到对这两道访题的应答，严格来说，可以归于4个反应模式：同意、同意，同意、不同意，不同意、同意，不同意、不同意。然而，我们刚刚明白，4个模式中，只有3个有意义或可能发生。指标的测量根据人们的反应计分，而量表根据人们的反应模式打分：我们确定应答的逻辑模式，并且根据最接近于他们反应的模式来打分。

图6-1对指标和量表之间的差异，提供了一个图示说明。假设我们要建立政治参与狂热程度的测量工具，以区别积极参与政治活动的、完全不参与政治活动的，以及介于两者之间的人。

图6-1的第一部分说明了指标的逻辑，提出了6种不同的政治行动，尽管我们对其中某些具体问题的意见不一定一致，但是图中所列的6种政治行动所表现的政治狂热程度应该大致相等。

运用这6种行动选项，我们就可以通过给每个行动赋予分值来建立政治狂热程度的指标。如果你们曾经写信给政府官员，并且曾经在请愿书上签名，你们就总共得到2分。如果我曾经捐钱给某位候选人，并曾劝说某人改变他的投票对象，同样，我也总共得到2分。运用这种方法，即使我们采取的政治行动并不相同，却仍然可以得到这样的结论，即我们的政治狂热程度相同。

---

① 指标：一种复合测量，包含多个具体观察，并代表一些更一般的维度。
② 量表：一种复合测量，由多个具有逻辑结构或经验结构的访题组成。量表的例子，如鲍嘎德社会距离量表、瑟斯东量表、李克特量表、哥特曼量表。

指标建构逻辑

这是人类可能采取的几种政治行动类型。一般而言，不同行动，可以代表相似的政治狂热程度，为了建立一个全面反映政治狂热程度的指标，人们给每个行动赋予一定的分值。

量表建构逻辑

这是一些政治行动，代表了十分不同的狂热程度：如参与竞选公职比简单地参与投票，代表了更高的政治狂热程度。对政治活动更狂热的人，也会参加一般政治活动。为建立测量政治狂热程度的量表，我们可以根据下图的理想模式，近似地描述每个人的政治狂热程度，并赋予分值。

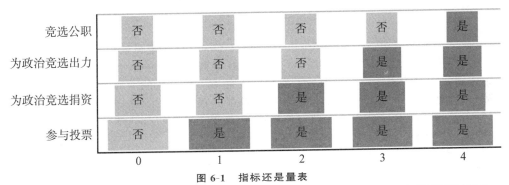

图 6-1 指标还是量表

指标和量表都试图测量政治狂热程度。指标对变量的测量指标进行计数，量表则对指标对不同程度进行计数。

图 6-1 的第二部分描述了建构量表的逻辑。在这个例子中，不同的行动，代表了完全不同的政治参与程度——从简单的投票活动到参选公职。此外，在这个例子中，比较合理的方式是，假设人们有某种行为模式。譬如，那些为政治捐款的人，必定会去投票。那些为政治运动出力的人，一定会为政治活动捐资，并且参与投票。因此，图 6-1 表明，大多数人的行动都属于图中列出的 1～5 种理想行为模式之一，即图 6-1 的底端。在本章后面的部分，我们还会讨论如何用量表近似地表述人们的行为类型。

正如你们猜测的一样，量表优于指标，因为量表考虑到不同项目在测量变量时反应的强弱程度。图 6-1 显示，量表分值所表达的信息远比指标多。只是，使用量表时应该注意一些研究者常犯的错误，即误用术语"量表"，把某个测量工具称为量表，即使它只是指标。

此外，你们还要注意有关量表的两类错误观念。第一，整合了多项数据的量表，几乎都源于对具体研究样本的观察。由具体样本形成的、量表中的某些访题，不一定适合其他样本；所以，你们不应该因某组访题在之前的研究中使用过就简单地认为那是一个量表。

第二，运用具体量表技术，如即将讨论的哥特曼量表，并不等于创建新的量表。不过，这些技术可以帮助我们判断某套访题是否属于量表。

对实际社会科学调查报告的检测发现，在社会研究中使用指标的频率远大于使用量表的频率。可笑的是，社会研究方法对指标建构方法的讨论却十分稀少，对量表建立方法的讨论却十分丰富。两个主要原因是：第一，指标运用的频率之所以高，是因为根据既有数据建立量表，往往非常困难，甚至根本不可能。第二，建构指标的方法，如此直截明了，根本不需要对其有很多讨论。

事实上，建构指标并不容易；如果建构指标时出现技术失误，往往在社会研究中会形成许多错误指标。正因为如此，本章一半以上的篇幅将集中讨论建立指标的方法。一旦你们完全理解了建构指标的逻辑，就会更加具备建立指标和量表的能力。

6.2　指标的建构

让我们来看看建构指标的五个主要步骤：选择可能的内容（访题）；考察其与经验的关系；计算指标得分；处理缺失数据，并使之有效化；考察不同国家女性地位的指标建构，并以此来结束本节的讨论。

6.2.1　内容选择

如果为了测量变量而要建立复合指标，那么，建立指标的第一步是为复合测量选择内容（访题）。

1. 表面效度

选择指标内容（访题）的首要标准是表面效度（或称为逻辑效度）。如果要测量政治保守主义，那么，选择的每一项内容，都应该在字面上与保守有关（或是其反义：自由主义），例如与政治团体的关系即为一项内容。另外一项可能的内容是要求受访者回答是否赞同某位著名保守人物的观点。要建立宗教虔诚程度指标，就应该考虑一些内容，譬如说，去教堂的频度，对某种宗教信仰的接受程度，祷告的次数等等。似乎每一方面内容都能反映一定的宗教虔诚程度。

2. 单一维度

概念化和测量方法的文献常常强调建立量表和指标时对单一维度的需求，即认为复合测量应该仅反应概念的一个维度。因此，反映宗教虔诚程度的内容绝对不能包括在测量政治保守程度的内容中，即使这两个变量有经验上的相关性。

3. 笼统或具体

测量虽然应该沿着同一个维度进行，但也应注意需要测量的一般维度的微小差异。就宗教虔诚程度而言，前面提到的各项指标代表了不同类型的宗教虔诚程度——例如参与仪式、信仰等。如果要探讨宗教仪式参与，就应该选择与参与有关的内容；参加教会聚会、圣餐、忏悔等项目。如果笼统地测量宗教虔诚程度，就必须选取一套均衡的内容，以代表不同类型的虔诚表现方式。因此，选取内容的最终原则，取决于对变量进行具体的还是笼统的测量。

4. 变异

在选择某个指标内容时，应注意内容之间的变异。譬如，就政治保守程度的内容而言，应该注意内容被归为政治保守的受访者占整体的比例。如果无人被归类为政治保守者，或每一个受访者皆为政治保守者，如果没有人赞同某位右翼激进政治人物的观点，则上述内容对指标的建立就没什么用处。

为了保证内容之间有变异，可以考虑两种方式。第一，选择一些访题，使受访者对访题的应答可以让受访者数量在变量上进行均分，譬如说，一半人是保守派，一半人是自由派。虽然不能根据对一道访题的应答就把受访者归入十分保守的一类，但如果受访者对每个访题的应答都偏向保守，则毫无疑问可以将其归入保守的一类。

第二，选择彼此间有变异的内容。一项内容可能将一半的受访者归为保守派，另一项内容可能只将少数人归入保守派。值得注意的是，第二种方式对制定量表而言是不可或缺的，对建立指标来说也如此。

6.2.2 经验关系的检验

指标建立的第二步是考察指标内容的经验关系（第 14 章会更深入地讨论这个问题）。当受访者对某一访题的应答（如在问卷中），提供了他（她）回答其他访题的线索时，这种经验关系就建立起来了。如果两种内容之间是经验相关的，可以合理地认为两者都反映了同一变量，就可以将其放在同一指标里。在内容之间，存在两种类型的可能关系：二元关系和多元关系。

1. 二元关系

简单地说，二元关系（bivariate relationships）是双变量之间的关系。假设要测量受访者对美国参与联合国活动的支持程度。反映不同支持程度的指标可能是："你认为美国对联合国经费的支持是：□过高、□正好、□太低。"

另一个涉及支持联合国的指标也许是："美国是否应派遣军队支持联合国的维持和平行动？□非常同意、□大部分同意、□大部分不同意、□非常不同意。"

表面上，这两个问题都能反映对联合国支持的不同程度。但是，有些人也许同意用经费协助联合国，而不同意为联合国出兵。另一些人也许一方面赞成出兵协助联合国，又主张裁减对联合国的经费支持。

如果两个问题都能反映相同事物的不同特征，则可以期待针对两道访题的答案之间存在关联。确切地说，赞成军事支持的人对经费支持的支持度会比不赞成军事支持的人对经费支持的支持度，要高得多。反之，赞成经费支持的人，对于军事支持的支持度会比不赞成经费支持的人对于军事支持的支持度，要高得多。如果这样的关系成立，则两个项目之间存在二元关系。

技巧与工具

"原因"和"结果"指标

肯尼思·博伦（Kenneth Bollen）
北卡罗莱纳州立大学教堂山校区社会学系

人们常常期望同一个变量的指标之间存在某种正相关性。不过，正如这里讨论的，事实并不总是如此。

如果一些指标本质上是同一个变量的"结果"，则这些指标之间应该存在关系。譬如，为了测量自我尊重变量，就需要询问受访者是否同意下列说法：① "我是一个好人"；② "我对自己的一切感觉很好"。如果一个人有强烈的自尊心，就应该对以上两种陈述都表示同意；自尊心不那么强的人，则可能对两种陈述都不同意。因为上述每一个指标都依赖或"反映"自我尊重的意念，我们期望两者之间存在正相关。笼统地说，对相同变量的指标，如果都是有效的测量工具，则这些指标之间应该存在关系。

如果每个指标代表的都是变量的"原因"，而不是变量"结果"，那么，上述情形就不能成立。在这种情况下，这些指标之间可能有正相关，也可能有负相关，或一点关系也没有。譬如，如果把性别和种族当作测量"遭受歧视"的指标，那么非白人和女性遭受歧视的可能性就很大，两者都是"遭受歧视"变量的良好指标。但不能认为属于某个性别和种族的个体之间存在较强的关系。

我们可以用下列三种指标来测量社会互动：与朋友相处的时间，与家人相处的时间，以及与同事相处的时间。虽然每一个指标都有效，但指标之间却不一定正相关。譬如与家人相处的时间和与朋友相处的时间之间，可能负相关。在这里，三种指标"形成"了社会互动的水平（即三种指标是"原因"）。

再举一个例子，承受压力的程度可以用如下指标测量，如最近是否遭遇过离婚、配偶的去世，以及失业等。尽管每一个事件都是压力的指标，但事件之间不一定存在关系。

简言之，我们希望"取决于"或"反映出"变量的所有指标——即指标是变量的"结果"——之间都存在关系。但如果变量"取决于"指标（即指标是变量的原因），则这些指标之间就会存在正面的或负面的关系，或完全没有关系。所以，在使用指标之间的关系来评估效度之前，要了解指标与变量之间的关系——是因还是果。

接下来，再看另一个例子。假设要研究受访者对妇女堕胎权的支持度，可以问下列问题：①"请问你是否同意，妇女若遭受强奸怀孕时，应该拥有堕胎权利？"②"请问你是否同意，当继续怀孕会严重威胁其生命时，妇女应该拥有堕胎权利？"

可以假定，一些人会同意第一项陈述，无法同意第二项叙述；而另一些人则恰恰相反。如果通过这两项内容能够了解人们对待堕胎的一般意见，那么针对这两项内容的应答之间，就应该存在关系。支持妇女因遭受强奸保有堕胎权利的人，相对于不支持因遭到强奸而拥有堕胎权利的人，会更支持妇女因生命遭到威胁而拥有堕胎权利。这是内容之间存在二元关系的另一个例子。

你们应该考察指标所有内容之间的二元关系，以了解内容之间的两两相对强度。百分比例表和相关系数（请参阅第 16 章）都能达到这个目的。内容之间强弱关系的评估到底要有多精细？可以看看技巧与工具的文本框《"原因"和"结果"指标》。

如果内容之间在经验上毫不相关，则这些内容不太可能测量的是同一变量。因此，如果某种内容与其他内容都不相关，就应该去掉不相关的内容。

如果两个项目之间有很强的相关性，便是一个问题。如果两项内容之间有很强的关系或完全相关，在建立指标时，只需要保留其中的一项内容，因为被保留的内容能完全覆盖另一内容表达的意义（下一节将深入探讨这个问题）。

让我们用一个例子来说明在指标建构中对二元关系的检验。我曾经对医学院的教员进行过一次调查，以探讨"科学视角"对医生照顾病人质量的影响。研究的主要目的在于考察：是否医生的科学取向越强，对待病患的态度越不近人情。

在调查采用的问卷中，有不少指标被用来检验受访者的科学取向。其中有三项内容能够明确地说明医生的科学取向。

1. 作为医学院教员，如何才能最大限度地为教学做贡献：作为执业医生还是医学研究者？
2. 如果让你在医学上继续深造，你最终的医学志向主要在以下哪个方向：病人管理还是获得更多的基础医学知识？（这项调查的目的在于，分辨出哪些医生的兴趣在于病人的照顾管理，哪些医生对生物过程更有兴趣。）
3. 在医疗研究领域中，你对报道不同治疗方法的效果更有兴趣，还是对探讨治疗机理的文章更有兴趣？（这项调查的目的在于，分辨出哪些医生关注病人的照顾管理，哪些医生对生物进程更有兴趣。）(Babbie, 1970: 27-31)

就上述三个问题而言，我们可以下结论说：选择第二个答案的人一定比选择第一个答案的人更具有科学研究的倾向。尽管这个比较结论是合理的，但我们不能断言，选择了第二个答案的人，在任何情况下都具有科学取向。他们只是比选择第一个答案的人，更具科学取向罢了。

为了更明白地说明其间的差别，我们不妨考察每个维度的受访者分布。从对第一个问题（最大教学贡献）的回答来看，大约 1/3 的人显示出科学取向（约 1/3 的人认为医学研究者能最大限度地为教学做贡献）。从对第二个问题（最终医学兴趣）的回答来看，大约 2/3 的人选择了科学取向的答案，他们认为自己对基础医学比管理照顾病人有更大的兴趣。从对第三个问题（阅读偏好）的回答来看，大约 80% 的人选择的答案是科学取向。

问卷的上述三道访题并不能告诉我们样本里到底有多少"科学家"。因为上述任何一道访题都不构成与科学家标准之间的绝对关联。因此,采用这三道访题,只能提供三种不同的方式,用于估计样本中有多少"科学家"。

问题是,这三道访题的确是三个独立指标,让我们了解受访者的相对科学取向的。每道访题都能将受访者区分为两类:具有较强科学取向的和具有较弱科学取向的。但是,在每种分组方式下,被归于科学取向的受访者,在其他分组方式下都有一定程度上的不同。根据某道访题被归类更有科学取向的受访者,在另一道访题分组中,不一定也被归入更有科学取向的一组。然而,由于每道访问题在一定程度上测量的都是同一维度,我们应该能够在不同分组中找到一些相关性。例如,在某道访题上表现为更有科学取向的受访者,在其他访题上相较于之前没表现出科学性的受访者会表现出更强的科学取向。因此,我们应该可以找出两个应答之间的关系或联系。

图 6-2 展示了上述三道访题彼此之间的联系,也呈现了三个二元关系表,即每对访题的应答分布。在表中呈现的对三组二元关系的检验,证明了这三个维度都是对同一个变量的测量,即科学取向。为了解释这样的结果,让我们先看表中第一组二元关系。从表中可以看出,那些认为最大教学贡献是"研究者"的更容易将其终极医学兴趣设定为"基础医学"(87%);在"医生"中,其终极医学兴趣在基础医学的只有51%。事实上,"医生"中有一半将其终极医学兴趣放在基础医学,和我们的目的不相关。只有在与"研究者"最终医学兴趣的比较中,才体现出他们不够科学导向,才是相关的。所以,可以用"相差36个百分点"来概括两者的关系强度。

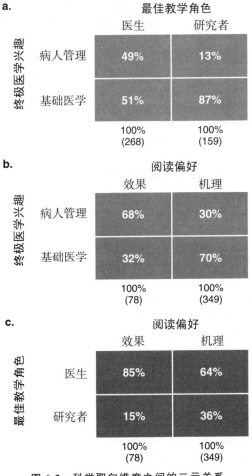

图 6-2 科学取向维度之间的二元关系

如果用多个指标测量同一个变量,那么在经验上,正如你们看到的,指标之间应该相关。在一个维度上表现为科学取向的人,在另一个维度上也可能是科学取向的。

对其他的二元关系，也可以用同样的方式进行概括。对阅读偏好和终极医学兴趣之间的关系，可以用"相差 38 个百分点的强度"来表示；对阅读偏好和最大教学贡献之间的关系，则可以概括为"相差 21 个百分点"。总的来说，每个维度都有其不同的"科学的"和"不科学的"应答者。不过，每一维度的应答，或多或少，都是和对其他维度的应答相关联的。

最初选择这三个维度是基于其表面效度，即每个维度都是代表教员科学取向的指标。通过考察维度之间的二元关系，我们也可以发现，这些维度的确在测量相同的事物，但还是不足以形成一个复合指标。在把它们合并成一个指标之前，我们需要考察几个变量之间的多元关系。

2. 维度之间的多元关系

图 6-3 根据①最大教学贡献，以及②阅读偏好，将样本受访者分为四组。括号内的数字是每组的受访者人数（譬如，有 66 位教员认为最大教学贡献是医生，同时他们最有兴趣阅读有关治疗效果的文章）。对于每一组，图中显示最终兴趣在基础医学的百分比（例如，前面提到的 66 位教员中，有 27% 的人对于基础医学比较有兴趣）。

对基础医学感兴趣的百分比

最佳教学角色

		医生	研究者
阅读偏好	效果	27% (66)	58% (12)
	机理	58% (219)	89% (130)

图 6-3 科学取向维度之间的三元关系

正如二元分析一样，同一个变量的多个指标之间，在多元关系中，也应该相关。在最大教学贡献中选择了科学的应答者在阅读取向中也最有可能选择科学。

这四组的排列方式，基本上是根据科学取向的结论。以表格左上角方格为例，根据最大教学贡献和阅读偏好，这是科学取向最弱的一组。而右下角方格，则是科学取向最强的一组。

前面我们说过，对基础医学的兴趣也是科学取向的指标。正如我们预期的，表格右下角方格中的受访者，最有可能给出科学取向的应答（89%）；左上角方格中的受访者，最不可能给出科学取向的回答（27%）。在教学角色和阅读偏好中，给出混合应答的受访者，其对基础医学问题的应答也处于中间层次（两个项目都是 58%）。

图 6-3 给我们提供了很多信息。首先，每一对维度之间的原始关系，并没有因为第三个维度的存在而受到影响。譬如，前面我们说，最大教学贡献和终极医学兴趣之间的差别，可以用相差 36 个百分点来表示；再看图 6-3 可以发现，受访者中，阅读兴趣在治疗效果的受访者，最大教学贡献和终极医学兴趣之间也有 31 个百分点的差别（58 减去 27；第一行数据）；阅读兴趣在治疗机理的人，最大教学贡献和终极医学兴趣之间也有 31 个百分点的差别（89 减去 58；第二行数据）。也就是说，在阅读偏好上，无论有无科学取向，最大教学贡献和终极医学兴趣之间的关系与图 6-2 是一样的。

从图 6-3 也可以得到同样的结论。前面说过，阅读偏好和终极医学兴趣之间的差别可以用相差 38 个百分点来表达。现在看图 6-3 的第一列"医生"，治疗机理和治疗效果之间的差别是 31 个百分点。同样，第二列"研究者"的资料也表现为同样的差别。

如果我们考虑随后可能发生的情况，上述观察的重要性就更加明确。图 6-4 假设的数据提供了与图 6-3 的真实数据很不相同的解释。正如你们看到的，图 6-4 表明，即使引入了阅读偏好，最大教学贡献和终极医学兴趣之间的初始关系仍然存在。先看每一行，"研究者"对治疗机理的兴趣明显高于"医生"。再看每一列,我们发现,阅读偏好和终极医学兴趣之间没有关系。如果我们知道受访者的最佳教学是医生还是研究者,那么,即使我们了解受访者的阅读偏好,也无助于了解其科学取向。如果实际数据产生类似于图6-4的结果,我们就可以认为:由于阅读偏好不能对复合指标有所助益,因此,不应该像教学角色那样被列入指标。

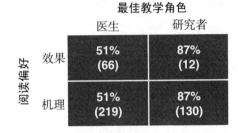

图6-4 科学取向维度之间的假设性三元关系

这个假设性关系说明,不是所有三个指标对混合指标的贡献都是有效的。

这个例子仅仅运用了3个访题维度。如果列入更多的维度,研究者应该考虑更复杂的多元表格,譬如4个变量之间、5个变量之间、甚至更多变量之间的复合多元表格。这个例子只是用来说明,在指标建构中,如何发现维度之间的交互关系,并借以确定哪些维度应该列入指标。这种类型的数据分析,能够在SPSS、MicroCase等软件中很容易完成。他们通常被称为列联表。

6.2.3 指标赋值

在选定指标的最适当维度后,就可以对不同的应答选项赋予分值。由此,可以用多个维度建立单一的复合指标。在这个步骤中,包括两项基本决策。

首先,必须确定指标分值的范围。指标相对于维度的主要优势是可以测量变量的变异程度。正如上例提到的,政治的保守性,可以从"十分保守"一直到"毫不保守"(或是"十分自由")。那么,如何确定指标测量的两极距离呢?

这里需要再度考虑变异的范围。一般而言,尽管指标达到了其变异的两极,但出现在两极的样本一定不多。譬如,希望测量政治极端保守主义的研究者,在两极的分类里,几乎找不到相应样本。也可以说,再增加等级也不会有多大的意义。

第一个决策包括有冲突的需要:①指标应该有一个范围;②在指标范围内,每一点应该有足够样本量。因此,人们必须在冲突中寻求妥协。

第二个决策是给每一个应答选项赋值。首先要确定的是,给每一个应答选项相同的、还是不同的权重。尽管没有固定规则,但我建议(而且现实的情形也支持),给每个选项相同的权重,除非有不可抗拒的理由给予不同权重。也就是说,使用不同权重时,必须有确切的理由,一般的做法是使用相同的权重。

当然,这个决策与前面提到的选项均衡有关。如果指标代表某个变量不同选项的复合情形,那么,每个选项就应该有相同的权重。在某些例子中,假设有两个选项代表着相同维度,第三个选项反映不同维度,如果希望变量的两个维度获得同等表达,那么,可以赋予第三个选项不同的权重,让其等于前两个选项权重的和。在这种情况下,可以赋予第三个选项的最大值为2,赋予前两个选项各自的最大值为1。

虽然在给选项赋值时应该考虑上面的议题,但研究人员还会尝试不同赋值方法。既要考虑不同方面的相对权重,又要考虑样本的范围和分布状态。最后,赋值方法的选择,一定是协调各种要求的结果。当然,正如大多数研究一样,这样的决策还可以在以后的研究中进行修订。譬如，在我们将要简要讨论的指标鉴定中，有可能让你们重新建立一个完全不同的指标。

就医学院教员的调查而言，我决定赋予每个选项相同的权重，因为每个选项都代表了变量（科学取向）的不同方面。对每个选项而言，受访者如果选择了"科学取向"的应答，则可以得到 1 分，如果选定了"非科学倾向"的回答，则只能得到 0 分。依据每位受访者答案中包含"科学取向"选项的多寡，受访者有可能得到 0～3 分。这种计分方式，提供了一种十分有用的变异范围（4 个指标类型），同时每一类型也提供了足够的可供分析的样本数量。

这里有另一指标赋值的例子，即最近的一项工作满意度调查。在这次调查中，有一个关键变量是"与工作有关的沮丧感"，变量的测量采用了由下面 4 个维度建立的指标，询问工人的访题是，他们对自己和工作的感觉如何：

- 我觉得无精打采，而且十分忧郁。
- 无缘无故我就会感到十分疲劳。
- 我觉得自己不能安定下来。
- 我比平时更容易动怒。

这项研究的负责人，华顿和拜伦（Amy Wharton & James Baron, 1997：578）写道："每个选项的编码如下：4 = 经常，3 = 有时，2 = 不常，1 = 从不。"此外，他们还进一步解释了这项研究里其他变量的测量方法，与工作有关的自我尊重感：

与工作有关的自我尊重感（self-esteem）基于受访者的应答。受访者依其在工作中的感受对 4 道访题应答：快乐的/悲哀的；成功的/不成功的；重要的/不重要的；尽其所能的/未尽其力的。每个选项的赋值范围为 1～7 分，其中 1 分代表自我认知到自己并不快乐、不成功、不重要，或未尽所能。（1987：578）

看社会研究文献时会发现有许多类似的例子，即用指标积分来测量变量。

尽管检验指标或量表测量维度的相关关系是合理的步骤，但是，这些指标有时候是互相独立的。例如，卡斯特尔（Stacy De Coster）测量家庭压力的指标是互相独立的，尽管他们测量的是同一个变量。

家庭抑郁是发生在家庭中的一系列令人抑郁的事件。抑郁事件的发生，如父母失业、父母离异、父母生病等，是互相独立的。事实上，前人用抑郁量表对这些事件的研究已经说明，事件是互相独立，且量表的信度低。（2005：176）

如果一个变量的指标，在逻辑上和另一个关联，那么，用两者的关系作为筛选指标的标准，就很重要。

6.2.4 处理缺损数据

不论采用什么方法搜集数据，都会经常遇到缺损数据。譬如，在对微博政治倾向的内容分析中发现，某个微博从来没有发表过任何与研究主题相关的社论。在一项对被试数次长时间重复测试实验中，某些被试无法参与每次实验活动。事实上，任何调查都会遇到受访者没有应答问卷某些访题（或只选了"我不知道"）的情形。数据缺损虽然在每一个分析阶段都会造成问题，但最麻烦的还是在建构指标时缺损。不过别担心，一些处理缺损数据的方法还是有的。

首先，如果缺损数据的样本量很少，在建立指标和分析数据时，可以剔除这些样本（在前面医学院教员例子中，我就采用了这样的方法）。我们需要考虑的首要问题是，剩下的数据是否足够用于分析，或在剔除缺损数据后会不会导致样本偏误、进而影响分析结果。后一种问题可以通过比较来校验，即比较包含或排除在指标外的相关变量。

其次，可以根据既有应答来处理缺损数据。譬如，如果一份问卷要求受访者用"是"或"否"来表明是否参与某些活动，许多受访者常常只用"是"回答一部分问题，并将其余的问题空着。在这种情况下，对于没有回答的问题（缺损数据），可以将其视为应答"否"；当受访者已经填"否"时，则为缺失数据赋值。

第三，如果仔细分析缺损数据，也能了解其含义。譬如，在测量政治保守性的例子中你们能发现，有些受访者之所以没有回答某些特定问题，是因为他们很保守，正如对其他访题的应答倾向于保守一样。另一个例子是，最近的一项宗教信仰调查指出，一些受访者对某些信仰访题回答"我不知道"的含义，与"无信仰者"面对其他信仰访题时的回答是一样的（注意：绝不能把这个例子的结论当作以后研究的经验指南。这个例子只是分析缺损数据的一种方法而已）。只要对缺损数据的分析能得到这样的结论，就可以给这些样本以相应的赋值。

还有一些解决此类问题的方法。如果某一维度可能有多种分值，那么，缺损数据的分值应该是分值范围的中值。譬如，如果得到的分值有 0、1、2、3 和 4，那么，就可以给缺损数据赋值为 2。对于类似于年龄的连续变量（continuous variable），则可以赋予缺损数据以样本年龄的平均值。另一种处理方式是，用随机方式给缺损数据赋值。所有这些，都是解决缺损值的保守方法，因为他们都削弱了指标的"纯度"，并降低了与之关联变量的相关性。

如果用多个维度建构指标，则可以用观察值的比例值来取代缺损数据。例如，假设指标由 6 个维度构成，从某些受访者那里获得了 4 个维度的观察值。如果受访者从 4 个维度中获得了 4 分，就可以给该指标 6 分；如果受访者得到 2 分（即 4 个维度总分值的一半），就可以给该指标 3 分（6 个维度总分值的一半）。

到底选用什么样的方法，要视具体研究情境而定。我不可能说哪个方法是最好的方法，也不可能给这些方法排队。剔除所有有缺损值样本，会造成研究结果代表性的偏误；同时，给样本缺损值赋值，也会影响研究结果的性质。最好、最安全的方法，就是用不止一种方法建构指标，并看每一个指标是否有同样的发现。不管怎么说，理解数据才是最终的目的。

真实生活的研究文本框《你们州的健康状态如何？》描述了一种有意思的建构指标方法。除了排名法，还一定要注意检验指标中健康的测量方法。

6.2.5 指标的鉴定

到现在为止，我们已详细讨论了用指标测量某些变量，选择维度、给维度赋值的步骤。如果能够仔细完成这些步骤，由此得到的指标就可以具体地测量变量。为了说明测量的成功与否，还必须对指标进行鉴定（validation）。鉴定的基本逻辑是指标可用于测量某些变量，即，可以根据从不同样本得到的指标分值进行等级排序。以政治保守性指标为例，根据从受访者得到的分值进行保守程度排序。如果指标是成功的，那么，在这项指标上表现保守的受访者在回答任何其他政治倾向的问卷时，也应该表现为保守。以下是鉴定指标的一些方法。

真实生活的研究

你们州的健康状态如何？

20 世纪 90 年代以后，美国健康基金（United Health Foundation）、美国公共健康协会（American Public Health Association），以及疾病预防联盟（Partnership of Prevention）联合，对美国 50 个州的健康状况进行评估。下表是 2010 年的结果。其中的分值是每个州与全国均值的标准误，说明了其在全国的相对位置。现在，你们尽管还没有学习过这类统计技术，但依然可以看到自己的州在全国平均值之上还是之下，其中状态最好的是佛蒙特州，最差的是密西西比州。

自己看看你们的州排在哪儿吧。

2010 年总体排名

按字母顺序排			按名次排		
排名	州名	分值*	排名	州名	分值*
45	阿拉巴马	−0.519	1	佛蒙特	1.131
28	阿拉斯加	0.033	2	马萨诸塞	0.906
31	亚利桑那	0.009	3	新罕布什尔	0.892
48	阿肯色	−0.605	4	康涅狄格	0.873
26	加利福尼亚	0.23	5	夏威夷	0.852
13	科罗拉多	0.545	6	明尼苏达	0.844
4	康涅狄格	0.873	7	犹他	0.825
32	特拉华	−0.032	8	缅因	0.627
37	佛罗里达	−0.21	9	爱达荷	0.569
36	佐治亚	−0.207	10	罗德岛	0.553
5	夏威夷	0.852	11	内布拉斯加	0.55
9	爱达荷	0.569	11	华盛顿	0.55
29	伊利诺伊	0.031	13	科罗拉多	0.545
38	印第安纳	−0.322	14	爱荷华	0.524
14	爱荷华	0.524	15	俄勒冈	0.516
23	堪萨斯	0.258	16	北达科他	0.511
44	肯塔基	−0.456	17	新泽西	0.487
49	路易斯安那	−0.664	18	威斯康星	0.468
8	缅因州	0.627	19	怀俄明	0.419
21	马里兰	0.274	20	南达科他	0.324
2	马萨诸塞	0.906	21	马里兰	0.274
30	密歇根	0.024	22	弗吉尼亚	0.266
6	明尼苏达	0.844	23	堪萨斯	0.258
50	密西西比	−0.768	24	纽约	0.25
39	密苏里	−0.325	25	蒙大拿	0.243
25	蒙大拿	0.243	26	加利福尼亚	0.23
11	内布拉斯加	0.55	27	宾夕法尼亚	0.046
47	内华达	−0.533	28	阿拉斯加	0.033
3	新罕布什尔	0.892	29	伊利诺伊	0.031
17	新泽西	0.487	30	密歇根	0.024
33	新墨西哥	−0.056	31	亚利桑那	0.009
24	纽约	0.25	32	特拉华	−0.032

续表

按字母顺序排			按名次排		
排名	州名	分值*	排名	州名	分值*
35	北卡罗来纳	−0.181	33	新墨西哥	−0.056
16	北达科他	0.511	34	俄亥俄	−0.07
34	俄亥俄	−0.07	35	北卡罗来纳	−0.181
46	俄克拉荷马	−0.521	36	佐治亚	−0.207
15	俄勒冈	0.516	37	佛罗里达	−0.21
27	宾夕法尼亚	0.046	38	印第安纳	−0.322
10	罗德岛	0.553	39	密苏里	−0.325
41	南卡罗来纳	−0.397	40	得克萨斯	−0.364
20	南达科他	0.324	41	南卡罗来纳	−0.397
42	田纳西	−0.423	42	田纳西	−0.423
40	得克萨斯	−0.364	43	西弗吉尼亚	−0.449
7	犹他	0.825	44	肯塔基	−0.456
1	佛蒙特	1.131	45	阿拉巴马	−0.519
22	弗吉尼亚	0.266	46	俄克拉荷马	−0.521
11	华盛顿	0.55	47	内华达	−0.533
43	西弗吉尼亚	−0.449	48	阿肯色	−0.605
18	威斯康星	0.468	49	路易斯安那	−0.664
19	怀俄明	0.419	50	密西西比	−0.768

表里的分值是高于或低于国家标准的标准偏差权重。

鉴于你们作为社会研究成果的消费者且带着批判的眼光，我听到你们中有人说，"等等，你们是怎么测量健康的？"好问题。表中"个体测量的权重"一栏是一个归纳，包含了对健康好坏评价的综合内容。你们会看到它包含不同类型的指标。有些指标的测量结果是正向的（例如高中毕业生的比例），有些是负向的（例如抽烟与喝酒）。此外，表中还说明了给予每个指标的权重。

单个测量的权重

	测量名称	所占比重%	分值的效果
	行为		
自变量	抽烟普遍性	7.5	负向
	酗酒普遍性	5.0	负向
	肥胖普遍性	7.5	负向
	高中毕业率	5.0	正向

续表

	测量名称	所占比重%	分值的效果
	社区与环境		
	暴力犯罪	5.0	负向
	职业死亡率	2.5	负向
	传染性疾病	5.0	负向
	儿童贫困率	5.0	负向
	空气污染	5.0	负向
自变量	公共与健康政策		
	缺乏健康保险	5.0	负向
	公共健康基金	2.5	正向
	免疫覆盖面	5.0	正向
	诊疗		
	早期产前检查	5.0	正向
	全科医生	5.0	正向
	预防性住院治疗	5.0	负向
	精神不健康天数	2.5	负向
	身体不健康天数	2.5	负向
	地区不平等状态	5.0	负向
因变量	婴儿死亡率	5.0	负向
	心血管死亡率	2.5	负向
	癌症死亡率	2.5	负向
	过早死亡率	5.0	负向
总健康排名		100.0	

你们最好自己看看这些指标，看是不是能反应一个州的健康状况。也许你们能够想出其他有用的指标来。

报告的完整版本提供了丰富的讨论，说明了选择每一个指标的理由。我鼓励你们用下面的链接去看看。

资料来源：United Health Foundation, Public Health Association, and Partnership for Prevention, "America's Health Rankings: A Call to Action for Individuals and Their Communities." ©2010 United Health Foundation. 表在 36—41 页。

1. 维度分析

指标鉴定的第一步即内在鉴定，被称为**维度分析**① (item ananlysis)。在维度分析中，要考察单一维度与复合指标的彼此相关程度。下面是对这一步骤的具体说明。

---

① 维度分析：评估复合测量的每一维度应具有独立贡献还是只复制了其他维度的贡献。

譬如，在医学院教员科学取向一例中，指标的分值从 0 分（特别注重关照病人）一直到 3 分（特别注意科学研究）。现在考虑一下这个指标的某个维度：受访者想要进一步增加关照病人的知识，还是基础医学的知识。显然，后者比前者更有科学取向。下面的表格将说明我们如何考察指标与个别维度的关系。

科学取向指标

	0	1	2	3
受访者宣称对基础医学更有兴趣的百分比	??	??	??	??

如果花点时间来思考这个表，就会发现表中有两项数字我们已经知道了。为了获得满分（3 分），对这道访题，受访者必须回答"基础医学"，并在其他两个维度给出同样具有"科学取向"的回答。在这项指标上得 3 分的受访者，一定 100% 地回答"基础医学"。依此类推，在这个指标上得 0 分的受访者，一定回答的是"关照病人"，也就是说，0% 的受访者回答的是"基础医学"。以下是填入数据的表格。

科学取向指标

	0	1	2	3
受访者宣称对基础医学更有兴趣的百分比	??	??	??	100

如果上述的单个维度已经很好地反映了整体指标的话，则得 1 分或 2 分的受访者占比应该在 0~100% 之间，且得 2 分的受访者比得 1 分的受访者会有更多的人选择"基础医学"。但也不一定保证上述情况会发生，因为那只是我们在维度分析中要回答的经验问题。接下来看到的，是上述内容分析的结果。

科学取向指标

	0	1	2	3
受访者宣称对基础医学更有兴趣的百分比	0	16	91	100

正如你们看到的，根据我们的假设，得 2 分的受访者比得 1 分的受访者有更强的科学取向。实际的结果是，得 2 分的受访者（91%）与得 1 分的受访者（16%）相比，回答"基础医学"的百分比更高。

如下表所示，对指标中其他两个维度的分析也有类似的结果。

科学取向指标

	0	1	2	3
受访者称更愿意像研究者那样教学的百分比	0	4	14	100
受访者称更愿意阅读原理类文献的百分比	0	80	97	100

根据以上分析，三个维度似乎都可以作为指标的组成部分。每一个维度都能反映指标（作为完整测量工具）的相同特征。

对于具有多个维度的复合指标而言，上面的方法提供了一个检测每个维度对整个指标独立贡献的简单途径。如果发现某个维度与指标的相关性很差，就意味着这个维度的贡献被其他维度取代了，应该被剔除。如果某个维度对整个指标毫无助益，也应该将这个维度剔除。

尽管维度分析是指标鉴定关键的第一步，但并不是指标鉴定的全部。如果指标能充分地测量变量，那么，也应该同样能够成功地预测变量的其他指标。为了检验这个说法，我们必须研究没有被包括在指标内的维度。

2. 外在鉴定

在科学取向指标例子中，问卷的许多访题都提供了指标的**外在鉴定**①（external validation）。表 6-1 提供了一部分问卷维度，用以说明指标鉴定的一些问题。首先，我们注意到指标预测了四个鉴定维度的应答排序，而且与指标的排序结果一致。同时，每一个维度又对科学取向进行了不同的描述。譬如，最后一个鉴定维度指出，大多数教员在过去一年都曾从事过研究工作。如果这是科学取向的惟一指标，可以认为"大多数教员具有科学取向"。但根据指标得分，具有更加科学取向的受访者比不那么科学取向的受访者会更加致力于研究工作。第三个鉴定维度则提供了另一种解释：只有少部分教员声称他们的职责是从事研究。即使如此，这些维度的百分比排序，也正确地反映了指标中科学取向积分的排序。

表 6-1 科学取向指标的鉴定

	科学取向指标			
	低			高
	0	1	2	3
喜欢参与医学院学术报告的百分比	34	42	46	65
认为教员应该有医学研究经验的百分比	43	60	65	89
认为教员的职责是从事研究的百分比	0	8	32	66
过去一年中曾致力于研究的百分比	61	76	94	99

3. 不好的指标与不好的检验内容

几乎每一个建构指标的人都会遇到指标无法通过外在鉴定的情况。如果内在维度分析显示，指标与其维度不一致，那么，指标就可能有问题。但如果指标无法正确预测外在鉴定维度，那么，就很难明确下结论了。这时，你们面对的问题有两种：①指标无法充分地测量变量；②检验维度无法充分地测量变量，进而无法检验指标。

长期致力于指标建构且敏感于指标建构的学者会发现，第二种可能实在是一种无奈。一般而言，人们都会自认为已经将所有最好的变量维度纳入了指标；没被纳入指标的，只是一些次要维度而已。但无论如何你们应该认识到，指标是测量变量的有力工具，应该与任何（哪怕是与变量的关系很小）维度都有关联才是。

当外在鉴定失败时，应该首先重新考察指标，然后再看是否因为外在检验维度有问题。方法之一是，考察外在检验维度与指标个别维度之间的关系。如果发现检验维度与某些维度有关系，与另一些维度没有关系，就意味着，与初建指标比较，你们已经增强了对指标的理解。

对于这类两难问题，并没有现成的解决方案，它是考验研究者能力与经验的痛苦过程。最终是否采用某个指标，完全取决于在后来的分析中指标能够发挥多大的作用。也许开始时你们认为某个指标十分不错，只是检验维度不好；后来才发现，要研究的变量（指标要测量的变量）与其他变量之间没有预期的关联。这时候，你们不得不重新建立指标。

6.2.6 女性地位：建构指标举例

我们把大量的篇幅都用来讨论调查研究的指标建构了。不过，其他类型的研究，也有复合测量的方法。例如，1995 年联合国考察世界妇女地位时，就建构了两个指标来反

---

① 外在鉴定：通过检验某测量（如指标或者量表）和测量同一变量的其他指标之间的关系，来判断测量的效度。

映两个不同的维度。

性别发展指标（Gender-related Development Index，GDI）用3个维度比较男性和女性，即平均预期寿命、教育程度和收入水平。这个维度经常被用于考察全球女性的地位。北欧四国挪威、瑞典、芬兰和丹麦获得的分数最高。

第二指标是性别赋权测量（Gender Empowerment Measure，GEM），主要针对权力议题，由3个不同维度构成：

- 女性在国会议席中的比例
- 女性在行政、管理、专业和技术性工作中的比例
- 获得工作和工资的途径

北欧四国在这项指标上的得分仍然很高，此外还有加拿大、新西兰、荷兰、美国和奥地利。采用两种性别平等指标而不是一个指标，可以使研究者做出更综合的分别。例如，在有些国家，如希腊、法国和日本，GDI的得分很高，但GEM的得分却相当低；也就是说，这些国家女性的平均寿命、教育程度和收入均表现不俗，就是无法获取权力。同时，这两个指标还显示，富裕国家的GDI得分高于发展中国家，发展中国家的GEM得分却高于富裕国家，即GEM得分并不是由国家的富裕决定的。

联合国研究人员通过考察各种变量的不同维度，还发现了女性收入不为人注意的一个角度。国际人口交流协会（Population Communications International，1996：1）简要地说明了这个发现。

联合国开发计划署的报告显示，如果以市场价格计算，通过无偿和低酬工作，女性每年对全球经济的贡献高达11万亿美元。据1995年的人类发展报告，对女性工作价值的低估，不仅影响了她们的购买力，也降低了她们原本不高的社会地位，影响了她们拥有财产和信用的能力。这项报告的主要执笔人哈克（Mahbubul Haq）说："如果女性的工作能够准确地反映在国家统计数字上，将会粉碎男人养家的神话。"联合国开发计划署的报告还说，几乎每个国家妇女的工作时间都比男人的长，无论是有报酬的还是没酬的工作。在发展中国家，妇女大约担负了53%的工作，其中2/3的工作没得到报酬。

真实生活的研究文本框《为世界建立指标》展示了更多世界上建立地位指标的其他例子。

真实生活的研究

为世界建立指标？

如果你们用浏览器搜索指标，就会有丰富的收获。这里是人们运用了社会指标逻辑来监测世界的一些方式的例子。

一个国家的福利，常常用经济指标来测量，如人均国内生产总值（GDP）、平均收入，或者股票平均值。1972年，山地国家不丹因提出了"国民幸福指数"（Gross National Happiness）而受到关注。他们质疑用经济因素测量身体和精神健康、自由、环境、婚姻稳定性，以及一些非经济性的福利指标。幸福世界数据库（World Data Base of Happiness）将这个想法扩展到了24个国家。

哥伦比亚大学的环境可持续指数（Environmental Sustainablility Index）是众多监测地球上各国对环境影响的指数。

美国青年人福利关注的是儿童与青年人福利的指数，由杜克大学主导。可以参见www.soc.duke.edu/~cwi/。

《财富》（Money）杂志有一个美国宜居100地区指数，涉及的因素包括：经济、住房、就学、健康、犯罪、财富，以及公共设施。

遗产基金会（The Heritage Foundation）为世界上的计划经济体设置了一个经济自有指数。

> 基督教里相信世界末日的信徒，有一个狂欢指数（Rapture Index），有 45 个指标，如通胀、饥饿、洪水、自由主义、恶魔崇拜等，用于预测距离世界末日的远近。
> 你们能在网上找到其他类似的指数？

正如你们看到的那样，指标的建构可以用来自不同类型的、服务于不同目的的数据。现在，我们将注意力从指标建构转向对量表技术的考察。

6.3 量表的建构

好的指标可以将变量数据进行顺序排列。但无论好坏，所有指标又都基于这样的假设：一个投票支持 7 个保守性法案的参议员，比投票支持 4 个保守性法案的参议员更保守。然而，指标不曾考虑的是：不是每个变量维度都有同样的重要性或有同等的强度。对于前面的例子而言，第一位参议员支持的可能是 7 个比较保守的法案，而第二位参议员支持的则可能是 4 个非常保守的法案（第二位参议员也许会认为那 7 项法案的自由派色彩太重，所以投反对票）。

量表能通过指标之间的强弱结构，提供更有保证的排序。在测量变量时，被列入复合测量的多个内容可能有不同的强度。可以使用的量表方法有多种。下面，我们将讨论四种量表，还有语义差异分析，以展示其中的不同技术。尽管这些例子都来自问卷调查，但量表逻辑同样可以运用到其他研究方法，这和指标的应用是一样的。

6.3.1 鲍嘎德社会距离量表

假设我们要探讨美国人与性侵犯者交往、谈话的意愿，你们可能会询问美国人如下问题：

1. 你愿意让性侵犯者住在你们国家吗？
2. 你愿意让性侵犯者住进你们社区吗？
3. 你愿意让性侵犯者住在你们家附近吗？
4. 你愿意让性侵犯者住在你们隔壁吗？
5. 你愿意让自己的孩子与性侵犯者结婚吗？

请注意，上述问题逐步加强了受访者对性侵犯者的亲近程度。开始时，我们要测量美国人与性侵犯者交往的意愿，然后逐步发展，设计了一些交往程度不同的递进。如此建立起来的项目，就称为**鲍嘎德社会距离量表**①（Bogardus social distance scale，Emory Bogardus，博格达斯建构的）。社会距离量表是用于判断人们进入其他类型社会关系（处于不同的亲密程度）意愿的一种测量技术。

鲍氏社会距离量表的内容在强度上有明显差别。假设某人愿意接受某种强度的内容，那么他（她）就应该愿意接受该内容之前的所有内容，因为这些内容的强度更弱。譬如，一个能让性侵犯者住在自家附近的人，一定也愿意让性侵犯者住在自己的社区和国家；但却不一定会让性侵犯者住在隔壁，或让自己的儿女与性侵犯者结婚。这就是各项内容之间强度的逻辑结构。

从经验上看，人们可以期望大多数人都接受与其同为公民，但却只有少数人接受与之通婚。在这种情况下，我们可以称某些内容为"容易内容"（譬如，住在美国），或是

---

① 鲍嘎德社会距离量表：用于判断人们进入其他类型社会关系（处于不同亲密程度）意愿的一种测量技术。其优势在于，能在不丢失原始信息的同时，汇总多个不连续的应答。

"困难内容"（譬如，让子女与之结婚）。很多人都会接受容易内容，却无法接受困难内容。除了一些不可避免的特例之外，博氏社会距离量表的逻辑是，受访者一旦反对某项内容，则对比该内容更难的内容，也会持反对态度。

博氏社会距离量表说明了量表作为数据压缩工具的经济性。就上面的例子而言，通过了解受访者能接受多少与性侵犯者交往的内容，我们就能了解哪些关系可以被接受。因此，这个单一数据，能够准确地概括5～6项内容且不丢失任何相关信息。

李、撒普和雷（Motoko Lee, Stephen Sapp and Melvin Ray, 1996）注意到了博格达斯社会距离量表的一个隐含要素，即从社会主流的观点看待社会距离。他们决定推倒重来，建立一个"反向社会距离量表"，即从少数人的立场出发来看待社会距离。下面是他们建构的访题（1996：19）：

想一想你们了解的典型的高加索裔美国人，不是某个具体人，既不是最好的，也不是最坏的。对下面的每一道访题，圈选"是"或"否"来表达你们的观点。

    是   否   5. 他们在意你是这个国家的公民吗？
    是   否   4. 他们在意你是他们的邻居吗？
    是   否   3. 他们在意你与他们紧邻而居吗？
    是   否   2. 他们在意你是他们的亲密朋友吗？
    是   否   1. 他们在意你与其家族通婚吗？

运用这个量表，研究者们发现，绝大多数情况下，如果知道受访者同意几个访题的表述，就可以知道到底同意了哪几个访题。

6.3.2 瑟斯东量表

博氏社会距离量表的结构，有时并不适用于某些变量的测量。事实上，指标维度间的逻辑，有时并不明显。**瑟斯东量表**①（Thurstone scale, Louis Thurstone，瑟斯东构建）试图在变量的指标维度之间建立经验性结构。变量的大约100项可能内容，可以产生一组裁判。每一位裁判对每一个维度测量变量的强度进行评判（通过赋值1～13来表示）。以偏见为例，可以要求裁判对偏见的最弱指标维度赋值1分，对最强指标维度赋值13分，关系强度中等的赋予中间值。

一旦裁判完成赋值工作，接着考察裁判给予每一个维度的分数，得到裁判共识最多的维度。没有得到共识的维度，将被剔除。在得到共识的维度中，选择代表1～13分的一个或多个维度。

通过这种方式选出来的维度，就可以放进测量"偏见"的问卷中。如果受访者在5分强度的维度上表现出偏见的话，也会在比5分少的维度上，表现出偏见态度；在6分维度上没有表现出偏见态度的受访者，也会在比6分高的维度上表现为没有偏见态度。

如果瑟氏量表的维度和赋值能得到充分发展的话，就会具备博氏社会距离量表在数据缩减上的经济性及效率。每一位受访者也会得到一个分值（受访者能够接受的最难内容的分值），这个分值也能充分代表受访者对问卷其他维度的应答。和鲍氏社会距离量表一样，得到6分的受访者，就比得到5分或更少分数的受访者更有偏见。

在如今的社会研究中，瑟氏量表的使用频率并不高，主要原因在于必须有10～15个裁判对测量维度打分，需要花费大量的时间和精力。又由于裁判的裁决取决于他们对变量的认识和经验，因此只有专家才能做到。再者，组成变量的维度，也会随着时间的演进而有所改变。所以，某个维度可在此时得到某个权重，彼时可能得到另一个权重。为增进瑟氏量表的效果，每隔一段时间必须进行更新。

---

① 瑟斯东量表：一种复合测量，根据对变量许多不同指标的"裁判"权重来建构。

6.3.3 李克特量表

你们一定听说过，一些问卷要求受访者根据以下选择来回答："非常同意""同意""不同意"和"非常不同意"。李克特（Rensis Likert）创造了这种常见的应答选项格式。李克特也创造了将不同维度组合成量表的技术。李克特量表技术虽然不常用，但其应答选项格式却在调查研究中经常被使用。

李克特量表的优点，在于其清楚的顺序回答形式，如果受访者的回答可以有类似于"有点同意""十分同意"和"真正同意"等不同答案，那么，研究者很难了解受访者的相对同意程度。李克特量表解决了此类难题。

基于不同维度相对强度的李克特量表技术虽然很少用，但却很容易理解。举一个简单的例子，如果要测量"对女性的偏见"，我们设计20条不同陈述，每一条陈述都反映对女性的偏见。其中一个可能是"女性开车无法像男性那样好"，另一个可能是"女性不应有投票权"。李克特量表技术在于呈现其间的差别，并建立与其他18个陈述之间的强度关系。

假设我们询问受访者（样本）是否同意这20项陈述。如果给每个陈述赋予1分，则得分范围将在0—20。真正的**李克特量表**[①]能做得比这更多，它能计算对每一个陈述表示同意的平均分值。假设我们发现，同意女性开车技术比男性差指标平均分值为1.5分（满分为20分），赞成女性不应有投票权的平均分值为19.5分。这就是说，后者反映了更大程度的偏见。

作为分析结果，可以对应答重新赋值，譬如，给同意女性驾驶技术比男性差赋值1.5分，给同意女性不应有投票权赋值19.5分，依此类推，给予其他应答相应的指标平均分值。如果应答对"我会投票给女性总统候选人"表示反对的平均分值为15分，则李克特量表会让那些不同意陈述的人得15分。

正如前面指出的，如今我们已经很少用到李克特量表。由李克特设计的应答选项格式，却变成了问卷设计最常用的方式。尤其是，这种格式还常常被用于建立一些简单的指标。比如，5分类的应答（包括"没有意见"或类似的）得分可以从0分到4分，或1分到5分。考虑到内容的正负方向（如给"非常同意"正面的和"非常不同意"负面的人，都给5分）。这样，每一位受访者最后都会依其对每个内容的应答而得到一个总分值。

6.3.4 语意差异

和李克特量表一样，**语意差异**[②]（semantic differential）通过使用限定词语来表述两个相反意义词汇之间的距离，要求受访者在两个极端之间进行选择。下面将说明其使用方法。

假设你们要评估新开音乐欣赏课的效果。作为研究工作的一部分，你们必须演奏一些音乐片段，让受访者回答自己的感觉。获知受访者感觉的最佳途径是运用语意差异。

开始时，必须确定每一个片段的维度，供受访者判断。接下来是界定两个语意相反的术语代表每一维度的两极。让我们假设一个维度是受访者是否欣赏某一段音乐，则两

---

① 李克特量表：李克特构建出来的复合测量，试图通过在问卷调查中使用标准化应答分类来提高社会研究的测量水平，并以此来决定不同维度的相对强度。李克特的应答选项是利用诸如非常同意、同意、不同意、非常不同意之类的分类。这些选项可以用在李克特量表的建构中，也可以用在其他类型的复合测量中。

② 语意差异：让受访者表述其对人或事在两个相反意义形容词（如，用"枯燥"或者"有趣"来评价教科书）之间感受的一种问卷格式。其中会用到一些限定词来连接这两个形容词，比如"十分""有些""都不""有些"和"十分"，用来表述两者之间的距离。

个语意相反的术语是"令人愉悦的（enjoyable）"和"令人不悦的（unenjoyable）"。同样道理，也可以要求受访者回答对该段音乐的感觉是"复杂的"或"简单的"，以及"和谐的"或"不和谐的"等等。

一旦确定了相关维度，同时也找到了刻画维度对每一对极端术语，接下来要做的，就是准备好一份计分表，让每一位受访者对每一段音乐表达他们的感受。图6-5是一个计分表的例子。

计分表的每一行都可以让受访者记载他们对每一段音乐的感觉。譬如，在让人感到愉悦的或不悦的一行，就包括了"有些""十分"等不同程度。为了防止应答偏差，最好将彼此有关系的维度位置加以变化。譬如，"不和谐的"和"传统的"就在计分表的左侧，而"和谐的"和"现代的"就在计分表的右侧。通常，受访者如果认为某段音乐是"不和谐的"，同样也会认为它是"现代的"、而不是"传统的"。

李克特量表和语意差异这两种量表格式，都比其他问卷格式有更严格的结构。正如前面指出的，由这些格式产生的数据也适合作为指标和量表。

	十分	有些	两者皆非	有些	十分	
愉悦的	☐	☐	☐	☐	☐	不悦的
简单的	☐	☐	☐	☐	☐	复杂的
不和谐的	☐	☐	☐	☐	☐	和谐的
传统的	☐	☐	☐	☐	☐	现代的

图6-5 语意差异

对于音乐的感受。语意差异量表让受访者表述其对人或事在两极之间的某个感受。

6.3.5 哥特曼量表

今天，研究者经常使用由哥特曼（Louis Guttman）建立的哥特曼量表。和前面讨论的鲍氏、瑟氏和李克特量表一样，哥特曼量表的事实基础也是某些变量维度比其他维度在程度上更为极端。举一个恰当的例子就可以说明这一点。

在测量医学院教员科学取向的例子中，我们曾建立了一个简单的指标。指标包含的3个维度事实上构成了**哥特曼量表**①（Guttman scale）。

开始建立哥特曼量表的步骤与建立指标的前几个步骤相同。首先要考察可分析维度的表面效度，接下来要考察维度之间的二元甚至多元关系。只是，在量表建构中还要寻找被检验变量相对"难""易"的指标。

我们讨论对待妇女堕胎权利的态度时，曾经提过多种影响人们意见的条件，如是否已婚、是否生命受到威胁等等。这些不同条件是哥特曼量表的良好范例。

下面的数据取材于2012年美国综合社会调查（GSS）样本，提供了在3种情况下支持女性堕胎的百分比：

女性的健康受到严重威胁　　　　87%
因遭强奸而怀孕　　　　　　　　76%
未婚女性　　　　　　　　　　　41%

在上述3种情况下的支持率差别，让我们感到各个维度反映了人们对堕胎支持水平的差异。譬如，如果有人在女性生命受严重威胁时，才支持堕胎，意味着不是很强的支持。因为在这种情况下，几乎每个人都会支持堕胎。在总体上，支持未婚女性堕胎才是比较

---

① 哥特曼量表：用于总结多个不连续的观察的一种复合测量，它代表了一些更加概括的变量。

强的支持，只有未及半数的样本支持。

哥特曼量表的逻辑基础是，受访者只要支持某个较强的变量指标，就一定会支持较弱的指标。在上例中，支持未婚女性堕胎的人，也一定支持在女性健康受威胁和遭受强奸而怀孕两种情况下的女性堕胎权利。表 6-2 提供了选择各种可能应答模式的受访者人数，进而检验了这个假设。

表 6-2 的前 4 种应答构成了量表类型（scale types）：构成等级结构的应答模式。表中第一行显示的是在 3 种情况下都支持堕胎的受访者数量，第二行显示的是只在两项情况下支持堕胎的受访者数量，他们选择的是容易确定的两项；第三行显示的则是在一种情形下支持堕胎的受访者数量，他们选择的是最容易确定的情形（妇女生命受到严重威胁时）。最后，第四行显示的是无论在什么情况下都不支持堕胎的受访者数量。

表 6-2 的第二部分提供的是违反内容等级结构的应答模式。与等级结构根本背离的是最后两种应答模式：即只接受最难做决定的内容和只拒绝最易做决定的内容。

表的最后一列显示的是，每一种应答类型的受访者人数。量表的各个类型已经覆盖了绝大部分受访者（1 788 人或 97%）。然而，混合类型的存在，说明它还不是一个完美的哥特曼量表，其实，用这样的数据形成完美的哥特曼量表是极其少见的。

表 6-2　支持堕胎的量表分析

	危及生命	遭强奸后	未婚女性	样本数
量表类型	＋	＋	＋	763
	＋	＋	－	633
	＋	－	－	201
	－	－	－	191
				总计＝1 788
混合类型	－	＋	－	43
	＋	－	＋	7
	－	－	＋	4
	－	＋	＋	4
				总计＝58

我们还记得，量表的主要功能在于有效率地精简数据，即在概括数据的同时，尽量少损失数据的原始信息。量表提供了一种技术，即尽可能保留原始信息，又用归纳形式展示数据。在前面讨论把多个科学取向项目合成为指标时，我们的做法是，受访者每在一个维度表现出科学取向，就能得到 1 分。如果把这 3 个维度用哥特曼量表表达，就必需调整一些受访者的积分，以准确地反映他们对 3 个维度的原始应答。

在针对堕胎的态度例子中，符合量表的应答应该得到和指标建构时相同的积分。对 3 个维度都支持的受访者得分，也仍然是 3 分；而对仅选两个最容易确定内容并反对较难确定内容的受访者而言，其得分应该是 2 分；依此类推。根据受访者的得分，针对 4 种量表类型，我们可以正确地预测受访者的实际应答。

混合类型的应答会遇到问题。第一类的混合类型（－＋－），在指标积分中仅能得到 1 分，因为受访者只支持一种情况下的堕胎。但如果把这 1 分当作量表的得分，我们就会预测 43 位受访者选择了最容易确定的项目（即认为女性生命受到威胁时才能堕胎），并对 43 位受访者做出两个错误的分析，认为他们的应答模式为（＋＋－）而不是（－＋－）。因此，量表赋值时，应最大限度减少重新建构受访者原始答案产生的错误。

表 6-3 列出了指标和量表给每一种应答模式的赋值。请注意，在混合类型中，对每位

受访者都犯有一个错误,这已经是可以期待的混合类型的最小错误了。譬如,在第一组混合类型里,我们极可能错误地预测 43 位受访者都选择了最容易确定的内容,并因此产生共 44 个错误。

一组经验性的应答是否可以构成哥特曼量表,主要取决于量表赋值是否可以准确地重构受访者的原始回答。在这个例子中,我们要预测 1846 位受访者对 3 道不同访题的应答,总共 5 538 种预测。表 6-3 说明,如果我们用量表分值进行预测,将会产生 58 个错误。而正确预测的百分比例,在这里被称为可重现系数 (coefficient of reproducibility),即得知用以总结原始回答的量表分值,能准确重现原始回答的百分比。就这个例子而言,可重现系数为 99%。

除了完美重现 (100%) 以外,没有任何绝对方法能够确认某一组维度是否能构成哥特曼量表。事实上,任何一组维度都相当于一个量表。然而,作为一般原则,可重现系数 90% 或 95% 被用作标准。如果可重现系数超过了设定的标准,就可以把这组维度当作量表使用。

表 6-3 指标和量表得分

	应答模式	样本量	指标分值	量表分值	总分值误差
量表类型	＋＋＋	763	3	3	0
	＋＋－	633	2	2	0
	＋－－	201	1	1	0
	－－－	191	0	0	0
混合类型	－＋－	43	1	2	43
	＋－＋	7	2	3	7
	－－＋	4	1	0	4
	－＋＋	4	2	3	4

总量表误差＝58
可重复系数＝1－(误差数/预测数)
　　　　　＝1－(58/(1 846 * 3))＝1－58/5 538
　　　　　＝0.9 895＝99%

注：表 6-3 呈现了赋值混合模式的单列方法,你们也可以找到其他方法。

当然,可重现系数标准是研究者自己确定的。较高的可重现系数尽管能说明所有维度测量的都是同一个概念,却不能保证建构的量表能测量要研究的概念。同时,还要认识到,如果量表的维度不多,其可重现系数也会很高。

现在我要对歌特曼量表做一个小结:哥特曼量表的基础是从真实数据中归纳出的结构。这一点很重要,但常常被误解,因为不是所有问卷内容(即使已有的、并得到运用的项目)都可以构造成哥特曼量表。能够构成哥特曼量表的,只是那些被用于分析的一组数据。在这里,可度量性 (scalability) 是一个有赖于样本的经验性问题。也许,来自于某些样本一组维度可以形成一个量表,但这也不能保证这些维度在其他样本能够形成同样的量表。因此,一组问卷内容无论如何也不可能形成一个量表,但一组内容的经验观察数据却有可能形成量表。

这就结束了我们对指标和量表的讨论。跟指标一样,量表是对变量的复合测量,由此也拓宽了单一指标的变量意义。指标和量表,都试图在定序测量层次上测量变量。不过,与指标相比,量表利用了可能出现在单个指标的强度。从这个意义来说,只要建立了这种强度结构,且从个人或其他分析单位搜集起来的数据符合强度结构的逻辑,就可以说我们建立起了一个定序测量。

6.4 分　　类

指标和量表都是为了对变量进行定序测量。我们通过给样本指标或量表赋值来说明受访者的偏见程度、宗教虔诚程度和保守倾向等等。就这类案例而言，我们面对的，只是一个维度的数据而已。

问题是，研究者们常常希望概括两个或多个变量之间的交叉关系，并因此创建一组类别或类型，一个定类变量，叫作**分类**① (typology)。譬如，要分别研究报纸处理国内事件与外交政策的政治倾向，表 6-4 描述的是这样的分类。

表 6-4　报纸的政治倾向分类

		外教政策	
		保守的	自由的
国内政策	保守的	A	B
	自有的	C	D

表中方格 A 的报纸，在国内问题和国际政治上都持保守态度；同样，方格 D 中的报纸，在国内和国际政治问题上都持自由态度。位于方格 B 和 C 的报纸在国内外政治问题上各持两极态度。

另一个例子，科茨（Rodney Coates，2006）从下述两个维度构建了一个"种族霸权"的分类法。

1. 政治意识形态
 (1) 民主的
 (2) 非民主的
2. 军事和工业的精密程度
 (1) 低
 (2) 高

科茨用分类法检验了殖民法规，特别是与种族有关的现代案例。他检验案例的特殊性使得他可以描述和精炼分类。他指出，这样的工具代表了韦伯的"理想型"："像韦伯规定的，理想型代表了现实抽象出的一种类型。这些抽象是由从特定例子衍生出元素的逻辑提炼构建的，提供了一个理论模型，运用这个模型或从这个模型中，我们可以检验现实。"（2006：87）

通常，在建构指标和量表中，或多或少都会遇到分类。有时候觉得只能代表一个变量的内容，实际上却代表了两个变量。我们曾尝试建立代表报纸政治倾向的单一指标，后来却发现（经验上）国际政治和国内政治还是应该分开讨论。

在任何情况下，分类分析，有其固有的难题。如果把分类当作自变量来分析，通常不会有问题。在前面例子中，可以计算每一个方格支持民主党候选人的百分比，并据此轻松地对国内外政策的支持程度进行分析。

如果把分类当作因变量来分析，问题就非常大。如果要知道某份报纸为什么会归入某个类别，就非常麻烦。这样的麻烦，在我们考虑如何建构和阅读分类表格时，就十分明显。假设要考察社区规模对政治性政策的影响，如果采用单一维度测量方法，通过运

---

① 分类：根据两个或多个变量属性，对观察进行分类（典型地体现在定性研究中）。譬如将新闻分为自由主义—城市、自由主义—农村、保守主义—城市、保守主义—农村。

用指标和量表，很容易确定保守的或自由的城乡报纸的百分比。

如果用分类进行测量，首先要了解城市报纸在 A、B、C、D 四种类型中的分布；然后了解乡村报纸在 A、B、C、D 四种类型中的分布；最后把两种分布进行比较。假设 80％的乡村报纸被归入类别 A（即在两个维度中都表现保守），30％的城市报纸被归入类别 A；5％的乡村报纸被归入类别 B（只在国内问题上表现保守），40％的城市报纸被归入类别 B；在这种情况下，如果只根据类别 B 的数据，便认为城市报纸比乡村报纸在国内政治上表现得更为保守，那就大错特错了；因为乡村报纸在国内政治上，表现得极端保守性（85％），相比之下，城市报纸只有 70％。乡村报纸在方格 B 中的百分比之所以小，是因为它们在方格 A 中过于集中。由此看来，对分类法数据解释的难度，远远大于简单地描述。

在现实中，也许应该将两个维度分开考察，特别是因变量比例中的应答类型更多时。

不过，在社会研究中，也不要回避分类，其实，分类常常是理解数据最适当的工具。例如，为进一步讨论反堕胎倾向，可以采用包括堕胎和罚金的分类。探讨自由主义，则可以采用包括经济条件和社会条件的分类。然而，已经提到的是，你们应该对在分类中利用变量进行分类的特殊困难有所警惕。

本章要点

导言
- 单一指标往往不能覆盖一个概念的所有维度，不能拥有足够明确的效度来保证使用，也不能提供足够的区分范围用以进行序数排列。复合测量，比如量表和复合指标，通过在变量测量中纳入多个指标来解决这个问题。
- 量表和指标尽管都是变量的定序测量工具，但量表解决问题的能力比指标要强。

指标与量表
- 指标与量表的目的尽管都是变量的序数测量，但一般情况下，量表更能满足这一目的。
- 指标测量的基础是变量各指标的简单累加。量表则利用了存在于变量指标之间的逻辑的和经验的强度结构。

指标构建
- 建构指标的原则，包括选择可行的维度、检验其经验关系、赋值和鉴定。
- 选择维度的标准，包括表面效度、单一维度、测量维度的具体化程度和内容的变异范围。
- 如果不同的维度实际是同一变量的指标，则这些维度在经验上应该彼此相关。在建构指标时，研究者要检验内容之间的二元关系和多元关系。
- 指标赋值，包括确定值的范围，确定每个维度是否有相同的权重。
- 即使在数据缺损的情况下，也有多种使用维度的技巧。
- 维度分析，一种内在鉴定方法。内在鉴定指的是检验复合测量中单个维度与变量之间的关系。外在鉴定则指的是检验复合测量与变量其他指标（没有包含在复合测量中的指标）之间的关系。

量表构建
- 四种量表技术包括：鲍氏社会距离量表，测量一个人与某一群人之间的关系强度；瑟氏量表，一种让变量指标之间具有明确强度结构的技术；李克特量表的测量技巧，是运用标准的应答模式；哥特曼量表，用以发现和运用变量指标之间的经验强度结构，也是社会研究中如今最受欢迎的测量技术。
- 语意差异，是要求受访者在两个极端之间进行计分的访题格式，譬如"极端正面"和"极端负面"两种情形。

分类
- 分类是社会研究中经常使用的定性复合测量工具。把分类当自变量时，非常有效；

把分类当因变量时，会遇到解释难题。

关键术语

以下术语是根据章节内容界定的，在出现该术语的页末也有相应的介绍，和本书末尾的总术语表是一致的。

鲍嘎德社会距离量表　外在鉴定　哥特曼量表　指标　维度分析　李克特量表　量表　语意差异　瑟斯东量表　分类

准备社会研究：复合测量方法

本章扩展了测量方法话题，加入了用多个指标测量变量的方法。在这里学习的东西，可能会扩展你们自己研究计划对测量方法的讨论。在操作化过程中，你们会发现，对量化研究而言，简单的方法是公式化；对所有研究方法而言，则可以运用多个指标之间的逻辑。

如果你们的研究涉及复合测量，就需要在复合测量的建构与检验中，说明所用到的类型与指标。如果你们在一系列练习中，计划不应用复合测量，就要找到需要运行复合测量的例子，检验你们对本章的学习，即使暂时改变数据搜集方法，或（和）想过的变量。

复习和练习

1. 用自己的话，描述量表和指标之间的差异。
2. 假如你们想创建一个指标，用以对大专院校的质量排名，请写出指标中可能包含的三个维度。
3. 设计 3 道问卷访题，以测量人们对核能的态度，并且使之达到哥特曼量表的要求。
4. 基于本章讨论的话题，建构一个关于"对堕胎的态度"的分类。

第 7 章
抽样的逻辑

章节概述

在本章中,读者将了解到社会科学家如何通过选择一小部分人进行研究,并将结论推及千百万未被研究的人。

导　言

抽样调查最明显的用途之一是用于政治选举,其预测马上会被随后的大选结果检验。有人怀疑抽样调查的准确性,也有人抱怨,由于预测,使得民意测验让大选失去了悬念。

让我们来看 2008 年的总统大选,各个民意调查机构一致认为,谁会赢得选举,而不像 2000 年和 2004 年那样,双方势均力敌,以致难以预料输赢。表 7-1 显示了在 2008 年大选前夕的民意调查结果,尽管存在差异,各个机构预测的却惊人地相似,预测结果与实际投票结果也非常一致。

表 7-1　2008 年总统大选前夕所预测的民意调查结果

主办机构	日期	奥巴马	麦凯恩
Fox	11月2日	54	46
NBC/WSJ	11月2日	54	46
Marist College	11月2日	55	45
Harris Interactive	11月3日	54	46
Reuters/C-SPAN/Zogby	11月3日	56	44
ARG	11月3日	54	46
Rasmussen	11月3日	53	47
IBD/TIPP	11月3日	54	46
DailyKos.com/Research 2000	11月3日	53	47
GWU	11月3日	53	47
Marist College	11月3日	55	45
Actual vote	11月4日	54	46

资料来源:投票数据来自 Pollster 网站 (http://www.pollster.com/polls/us/08-us-pres-ge-mvo.php) 2009 年 1 月 29 日公布的数据,官方选举结果来自联邦选举委员会 (http://www.fec.gov/pubrec/fe2008/2008presgeresults.pdf) 同一天发布的数据。由于官方数据里没有包括未决定的选民,且第三党派获得的投票支持率都低于 1%,为简单起见,这里已根据报告支持奥巴马和麦凯恩的比例将尚未决定的和其他的选票进行了分摊。

现在,你们猜想一下,这些民意调查专家访问了多少受访者,使其对 1.31 亿多选民投票行为预测的误差不超过两个百分点?不超过 2 000!在这一章,我们将探讨社会研究者是如何完成诸如此类"魔术"的。

在 2012 年的总统大选中,选前民调再次有效地预测了奥巴马 (Barack Obama) 和罗姆尼（Mitt Romney）的实际民意支持率，正确地预测了奥巴马将赢得连任。当然，总统不是由整体民众投票选出的，而是由选举团决定的，由各州的选票数量决定的。前体育统计学家西尔维（Nate Silver）对许多民调公司进行了元分析，正确预测了 2012 年所有州的选举结果，从而预测了选举团的投票结果（Terdiman，2012）。

另一个有力的例子是，2001 年 9.11 恐怖袭击事件前后，布什的支持率变化（见图 7-1）也很好地显示了抽样的威力。多个不同民意调查机构报告的结果，都获得了同样的模式。

政治民意测验，跟社会研究的其他形式一样，都以观察为基础。但是，不管是民意调查机构还是社会研究者，都无法观察所有与他们兴趣相关的现象。所以，社会研究的一个首要问题是，决定观察什么和不观察什么。举例来说，如果你们想研究选民的行为，那么应该研究哪些选民呢？

抽样（sampling），是选择观察对象的过程。尽管抽样可以意味着选择观察对象的任何方法，譬如在繁忙的街道上，每隔 10 人就访问一个，但如果想从样本推论到更大的总体，就需要概率抽样（probability sampling）。这就涉及随机选择概念。

本章的大部分内容都会涉及概率抽样的逻辑和技巧。这一主题也比本书的其他主题更为严谨和精确。整体来说，社会研究既是一门艺术也是一门科学，而抽样则偏向于科学。尽管这一主题多少有点技术化，但其基本的逻辑却也不难理解。实际上，抽样在逻辑上的规整，使它比诸如概念化这种主题更容易理解。

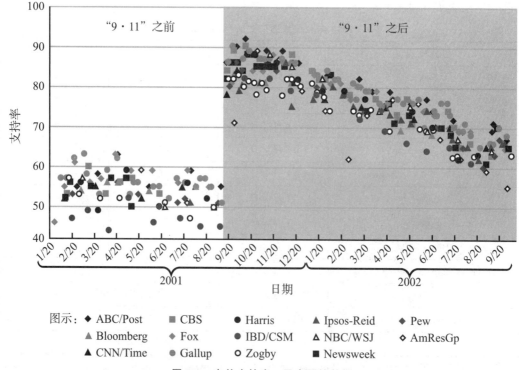

图 7-1 布什支持率：民意原始数据

这个图表明，独立的民意表达如何反映了现实。同时也表明国家危机对总统支持率的影响。这里展现的是"9·11"恐怖袭击与布什总统支持率的关系。

资料来源：Copyright 2001, 2002 by drlimerick.com. 保留所有权利。可以在 http://www.pollkatz.homestead.com/files/MyHTML2.gif 上获得。

概率抽样虽然是今天社会研究的主要方法，本文还是会花时间考察几种非概率抽样方法。这些抽样方法，自有其逻辑，也可以为社会研究提供有用的样本。

在讨论抽样的两大类型之前，我将简要地向你们介绍抽样的历史。其实，民意调查机构之所以能那么准确地预测 2008 年的总统大选，部分原因在于研究者已经学会了避免以前的调查机构未能避免的缺陷。

7.1 抽样的简要历史

在社会研究中，抽样的发展与大选民意调查的发展齐头并进。毫无疑问，针对大选的民意调查，是社会研究者验证其预测结果准确性的难得机会，在选举日当天，他们就能知道预测的准确程度。

7.1.1 阿尔夫·兰登总统

兰登（Alf Landon）总统？他是谁？难道你们在历史课上整整睡过了一个总统？不！如果《文学文摘》（*Literary Digest*）的预测正确的话，兰登就是我们的总统了！《文学文摘》是 1890—1938 年间在美国发行的、颇为流行的新闻杂志。1916 年，《文学文摘》的编辑们向 6 个州的选民邮寄了明信片，询问他们在即将来临的总统大选中，会投票给威尔逊（Woodrow Wilson）还是休斯（Charles Evans Hughes）。被选为民意调查对象的人名，是从电话簿和车牌登记名单中选出的。根据反馈回的明信片，《文学文摘》正确地预测了威尔逊将在选举中获胜。在之后 1920 年、1924 年、1928 年与 1932 年的大选中，《文学文摘》扩大了其调查范围，并做出了准确的预测。

1936 年，《文学文摘》进行了一次雄心勃勃的民意调查：他们从电话簿与车牌登记名单中挑选了 1 000 万人进行调查，收到了 200 万人以上的回应；结果显示有 57% 的人支持共和党候选人兰登（Alf Landon），而时任总统罗斯福（Franklin Roosevelt）的支持率为 43%。当时《文学文摘》的编辑们以谨慎的态度发表了一篇谈话：

不能说我们的预测绝对正确。我们不使用"绝对无误"这个目前被如此随意地用在民意调查中的词。我们十分清楚每一次模拟选举的局限性，不管搜集的样本量多大，不管方法多么科学。在选举日那天，假如全国 48 个州，每一个州投票结果都如民意测验的预测，那倒是个奇迹。（Literary Digest，1936a：6）

两个星期之后，《文学文摘》的编辑们对民意调查的局限性比以往更清楚了：投票结果显示，罗斯福以历史上最大的优势，61% 的得票率，获得第二个任期。相对于罗斯福的 523 张选举人票，兰登仅得到 8 张。

《文学文摘》的编辑们对这次失败深感困惑。部分原因显然是因为民意调查的回收率只有 22%。编辑们问道：

为什么整个芝加哥地区，仅有 1/5 的选民愿意将我们寄出的问卷寄回？为什么大部分回函都来自共和党员？在公共服务活动中，共和党人往往比民主党人更积极地与我们合作，难道共和党人离邮筒更近？还是民主党人普遍不赞同对大选进行预测？（Literary Digest，1936b：7）

实际上，问题的症结在于《文学文摘》采用的抽样框：电话用户和汽车拥有者。在 1936 年的背景下，这种设计只选择了不成比例的富人样本，尤其当时美国还处在大萧条的后期。这个样本排除了穷人，而几乎所有穷人都支持罗斯福的新经济政策。《文学文摘》的民意调查可能准确地发掘了电话用户和汽车用户的投票意愿，不幸的是，绝对没有反映全民的投票意愿。

7.1.2 托马斯·杜威总统

1936 年的总统大选，同时也造就了另一位几乎与民意这个词同义的年轻调查者。与

《文学文摘》正相反，盖洛普（George Gallup）准确地预测了罗斯福将会击败兰登。1936年，盖洛普的成功，归因于他采用了配额抽样方法。在本章接下来的部分，我会对这一方法做更详细的论述。现在，读者只需了解配额抽样是以对总体特征的把握为基础：比如说男性占了多少比例，女性占了多少比例；以及不同收入、年龄等等的人，又各占多少比例。配额抽样根据总体特征来选择各类人：比如说，选多少穷人、多少白人、多少都市男性；选多少富人、多少黑人、多少都市女性，诸如此类。配额是按照与研究最为相关的变量而定的。通过充分了解美国各收入阶层民众的总数，盖洛普选择的样本，能保证从各个收入阶层中选择出的人数具有正确的分布比例。

盖洛普和美国民意调查中心（American Institute of Public Opinion）利用配额抽样方法在1936年、1940年与1944年，成功地预测了当年的总统当选人。但在1948年，盖洛普与其他许多大选民意调查者一样，经历了某种尴尬，他们错误地预测纽约市长杜威（Thomas Dewey）会击败当时在位的杜鲁门（Harry Truman）而当选总统。大选民意调查机构令人尴尬的失误，一直持续到大选之夜。一张有名的照片显示了喜形于色的杜鲁门（他的支持者高喊着"给他们一顿臭骂，哈利！"），他高举着一张报纸，报纸上面用头号大字标题写着"杜威击败杜鲁门"。

根据民意调查结果，杜威领先于杜鲁门，以此为基础，《芝加哥论坛报》用那个不幸的大字标题报道了竞选活动。

1948年的预测失败，包含了多种因素。首先，许多预测者在10月初就停止了民意调查，而这时，杜鲁门获得的支持率仍呈稳定上升趋势。加上不少选民在竞选阶段始终处于尚未决定状态，他们中的大部分，是在迈入投票亭时，才决定投票给杜鲁门的。

更重要的是，盖洛普的失败在于他的样本不具代表性。配额抽样，这种在早几年很有效的方法，是盖洛普在1948年使用的方法。这项抽样技术要求研究者必须对总体情况（在这个例子里，指所有投票者）有所了解。对全国性大选民意调查而言，这类信息主要来自人口普查资料。然而，到1948年，二战促成了大量农村人口涌入城市，在很大程度上改变了1940年人口普查数据显示的人口特征，而盖洛普的抽样依据，正是1940年的人口普查资料。此外，由于城市居民更支持民主党，因此，在对乡村投票者人数估计过多的情况下，便相对低估了投票支持民主党的人数。

7.1.3 两种抽样方法

到 1948 年，许多学术研究者试图采用概率抽样（probability sampling）技术，这项技术的核心是从一份名单中选出"随机样本"，而这份名单包含了研究总体每个人的姓名。大体而言，1948 年使用概率抽样的预测结果，要比配额抽样精确得多。

目前，概率抽样仍然是社会科学研究选择大型和具代表性样本的主要方式，前述的大选民意调查，就是一例。同时，很多研究情境经常使得概率抽样变为不可能和不适合。这里我们将先讨论社会研究中的非概率抽样技术，然后再阐述概率抽样的逻辑和技术。

7.2 非概率抽样

社会研究经常遇到无法选择（在大规模社会调查中使用的）概率样本的情形。如果要研究无家可归者，既没有一份所有无家可归者的现成名单，也不可能造一份这样的名册。此外，你们会发现，即使有可能进行概率抽样，有时也并不适当。在这种情形下，就该采用**非概率抽样**①（nonprobability sampling）了。

我们将考察四种非概率抽样方法：就近抽样、目标式或判断式抽样、滚雪球抽样以及配额抽样。然后，我们会简要讨论通过知情人获取社会群体信息的技巧。

7.2.1 就近法

就近抽样，比如在街道拐角，或在其他场所，拦下路人做访问工作。这种方法有时也被称为"偶遇抽样"或"方便抽样"。就近抽样是记者们在街头采访经常使用的一种方法，也是一种极冒险的抽样方法。很明显，这种方法无法对样本的代表性进行任何控制。只有在研究目的是了解某特定时间内通过抽样地点的路人的一些特征，或采取更少风险抽样方法不可能时，这种抽样方法才具合理性。尽管这种方法的使用，在可行性上具有合理性，但根据这类数据做推论时，必须非常小心，而且应该提醒读者注意这种方法的风险。

高等教育研究者，常对人数众多的大班课程学生进行社会调查。这种方式很受欢迎，因为简易，而且便宜。但用这种方法得到的数据，通常很少有实质性的价值。这样的抽样方法，可以作问卷的测试，但不宜用来代表全体学生。

接下来让我们看一份抽样设计，其目的是探讨医学院学生和家庭医生对营养和癌症的知识和观点。

这次研究的学生总体是明尼阿波利斯的明尼苏达医学院四年级学生。医生总体，则是参加由明尼苏达大学医学进修部赞助的"家庭医学实践回顾及现况"（Family Practice Review and Update）课程的所有医生。（Cooper-Stephenson and Theologies，1981：472）

做过这一切后，这项研究能提供给我们什么结论呢？这项研究根本就没有提供任何有关全美甚至明尼苏达医学院学生与家庭医师的有意义比较。参加那项课程的医生是什么样的人？我们只能猜测，也许是一些更关注知识更新的人，即使是这一点，我们也不敢肯定。虽然这样的研究可以提供有益的见解，但我们得小心，不要对它们进行过度的推论。

---

① 非概率抽样：抽取样本的方式并非依据概率理论。譬如就近抽样、目标式（判断式）抽样、配额抽样和滚雪球抽样。

7.2.2 目标式或判断式抽样

有时，可以根据对总体如对总体要素以及研究目标的认识，来选择适当的样本。这种抽样就是**目标式或判断式抽样**①（purposive or judgmental sampling）。譬如，在问卷的初步设计阶段，你们需要选择尽量多样化的调查对象对问卷的应用范围进行测试。虽说调查结果并不代表任何有意义的总体，但这种测试能有效地暴露问卷的缺陷。这就是测试，而不是最终的研究。

在某些时候，你们也许要对较大总体的某个子集进行研究；子集的组成要素很容易辨认，然而如果要把子集都列举出来，又几乎不大可能。例如，你们要对学生抗议活动中的学生领袖进行研究。许多学生领袖很容易找到，但却不大可能找到所有学生领袖或从中抽样。为了对所有或大多数学生领袖样本进行研究，就必须根据研究目标来搜集数据。

譬如说，你们想对左派和右派学生进行比较分析。尽管不可能对所有学生进行列举和抽样，但却可以对绿党（Green Party）这样的左派团体和茶党（Tea Party）这样的右派团体的成员进行抽样。这种抽样设计尽管不能对左派或右派学生进行完整描述，却可以进行一般的比较。

通常，实地研究者对研究异常案例（不完全符合常规的态度或行为）特别感兴趣。他们通过对异常案例的考察来加深对态度和行为规律的理解。例如，要深入理解某学校精神的本质，你们可以访问在鼓舞士气集会上没有陷入大众情绪或没有参加集会的学生。选择学习方面的异常案例，是目标式抽样的另一个案例。

在一些定性研究中，随着研究情境结构变得越来越清晰，以及某些问题的重要性日益突出，抽样对象可能会不断变化。例如，你们正在对学校的激进政治团体成员做访谈研究。最初可能会把注意力集中于朋友网络，因为那是组织成员关系扩展以及组织参与的媒介。在早期的访谈分析过程中，可能发现某个社会科学院系学生的互动存在某些规则。于是，就将抽样扩展到那个院系的全体学生以及与他们交往的其他院系学生。这就是"理论抽样"，因为对这一问题的理论性理解，将抽样指向了确定的方向。

7.2.3 滚雪球抽样

另一种非概率抽样技术就是**滚雪球抽样**②（snowball sampling），有人认为是偶遇抽样（accidental sample）形式的一种。在特定总体的成员难以找到时，滚雪球抽样是最适合采取的一种抽样方法，譬如对获取无家可归者、流动劳工及非法移民等的样本就十分适用。这种抽样方法，是先搜集目标群体少数成员的数据，然后再向这些成员询问有关信息，找出他们认识的其他成员。所谓滚雪球，就是根据既有研究对象的建议，找出其他研究对象的积累过程。由于用这种方法产生的样本在代表性上可疑，因此，通常用于探索性研究。有时候，连锁推荐（chain referral）被用于指称与滚雪球抽样相似的方法，即从现有样本出发进行拓展。

比如说，如果你们想了解一个社区组织招募人手的方式，就可以先访问新近招募来的人员，询问他们是由谁介绍进这个组织的。然后再访问被提到的那些人，询问他们是由谁介绍加入的。当研究一个组织松散的政治团体时，也可以向一位组织成员询问，他

---

① 目标式或判断式抽样：一种非概率抽样。其选择观察对象的方式，以个人的判断（对象是否最有效或者最有代表性）为基础。

② 滚雪球抽样：一种经常用于实地研究的非概率抽样方法；每个被访问的人都可能被要求介绍其他的人来参与访谈。

认为谁是这一组织中最有影响力的人。然后，再对这些人进行访问，询问他们认为谁最有影响力。在这些例子中，样本会随着受访者不断提供其他人的名字，而像"雪球"一样越滚越大。

滚雪球抽样的例子，在社会科学研究中非常多。法夸尔森（Karen Farquharson, 2005）详细地讨论了她是如何使用滚雪球抽样发现了澳大利亚烟草政策制定者关系网络的：这些政策制定者既有位于政策网络中心的，也有位于政策网络边缘的。布朗（Kath Browne, 2005）使用滚雪球抽样，通过社会网络，在一个英国小镇找出了一个非异性恋女性群体样本。布朗认为，她自己的非异性恋身份，非常有助于开展滚雪球抽样，那些潜在的研究对象更倾向于信任布朗，而不是那些本身是异性恋的研究者。

用更一般的理论术语来说，诺伊（Chaim Noy）认为，选择滚雪球抽样的过程本身，显露了被抽样总体的重要信息，揭示了"自然的、有机的社会网络的活力"（2008：329）。你们访谈的这些人，知道像她一样的其他人吗？她们愿意把其他人告诉给访谈者吗？因此，滚雪球抽样远不止是一项发现研究对象的简单技术。滚雪球抽样的过程本身，就显示了研究内容的一部分。

7.2.4 配额抽样

1936年，盖洛普使用**配额抽样**[①]（quota sampling）方法成功地预测了总统当选人，而同样的方法却造成了他在1948年的错误预测。就像概率抽样一样，配额抽样强调的也是样本的代表性，虽说二者达到目的的方法不太一样。

配额抽样往往从建立描述目标总体特征的矩阵或表格开始。举例来说，研究者必须事先知道，目标总体中男性占多大比例，女性占多大比例；在不同年龄层，还有受教育程度、种族团体等不同维度中，男女比例又如何？要建立一个全国性的配额样本，研究者必需知道全国人口中有多少比例的城市人口、居住在东部地区、男性、年龄小于25岁、白种人、蓝领阶级人口等等，以及其他一些维度的矩阵。

一旦建立起这样的矩阵，矩阵中的每一个格（cell）就有了相应的比例，此时，研究者就根据研究的目的，从不同的格中选择样本，并收集数据，代表每一个格出现的人，则按照这些格相对于总体的比例，给予加权。如果所有样本要素都有相应的权重，这样的数据，就可以合理地代表整个总体。

配额抽样方法有一些先天的缺陷。首先，配额的框架（不同的格子所代表的不同比例）必须十分精确。要做到这一点，就必须掌握最新的数据。掌握最新的数据是十分困难的。1948年盖洛普之所以没能正确地预测杜鲁门会当选总统，部分原因，正在于此。其次，从某些特定的格选择样本时，即使十分清楚某格相对于总体的比例，也可能会有偏误。如果要求一个访员与5位具有复杂特征的人面谈，他会本能地避免访问要爬七层楼才能找到的受访者、破败家庭的成员和家养恶犬的人。

近几年，不少研究者尝试着将概率抽样方法与配额抽样方法结合，不过，效果有待观察。就现在而言，如果目的是进行统计描述的话，建议你们运用配额抽样方法时，要多加小心。

同时，配额抽样的逻辑有时还可以有效地用于实地研究。譬如在有关正式团体的研究中，就应该对团体领袖和普通成员都进行访谈。如果研究一个学生组织，就应该既访问组织中的激进派，也访问温和派。大体来说，当研究着重于代表性时，就应该用配额抽样方法，对男人、女人、年轻人、老年人以及类似的情形，都进行访问。

[①] 配额抽样：一种非概率抽样方法。一种根据预先了解的总体特征来选择样本的方法，这样就能够保证样本的特征分布和所要研究的总体一样。

布里克（J. Michael Brick，2011）在思考调查抽样的未来时，提出了配额抽样重生的可能性。随着应答率不断下降和在线调查的兴起，也许这是解决代表性问题的可行办法。

7.2.5 选择知情人

当实地研究的研究者想要了解某种社会环境（譬如青少年帮派或地方社区），多半有赖于团体成员的合作。社会研究者说的受访者，是指提供自身情况的人，他们可以使研究者通过这些数据形成对团体的综合认识，至于**知情人**①（informants），则是直接告知团体一切的某个成员。

知情人对人类学家至关重要，对其他领域的社会研究者也相当重要。例如，如果你们想了解本地公共住宅计划中的非正式社会网络，最好能找到一些了解你们的需求、并能提供协助的人。

当约翰逊（Jeffrey Johnson）1990年在北卡罗来纳州进行一项鲑鱼钓捕研究时，他以几个标准来判定可能的知情人人选，例如，他们的身份是否便于他们和捕鱼团队中的其他成员定期接触，或他们是否根本是孤立的？（他发现木匠要比船长具有更广的接触面。）他们对整个团队的了解，是限于其被分派的工作，还是同时也了解团队的多个方面？这些方面都会影响不同潜在知情人的作用。

通常，知情人应该是研究对象群体中具有代表性的人物。否则，他们的观察和意见或许产生误导。举例来说，如果只对医生进行访谈，就不会对社区诊所的运转有全面了解。同样，一个人类学家如果只访问男人，他的看法一定会有偏误。与此相似，英语流利的知情人尽管与来自美国讲英文的研究者沟通方便，但他们也许既不是某些社会的典型成员，也不是英语国家某些子群体的成员。

正因为知情人愿意和外来的调查者合作，他们在其团体中多少是比较边缘或属于异类的。有些时候这种情况显而易见，然而，有些时候却只能在研究过程中认识其边缘性。

在约翰逊对北卡罗莱纳州渔钓社区的研究中，县里的管理机构推荐了一位看上去明显处于其社区主流的渔夫，而且，他对约翰逊的研究非常合作，并提供了帮助。但是约翰逊和他合作得越多，就越发现他是这个渔钓社区中的边缘人物。

首先，他是南方小镇的一个北方佬。第二，他还从海军领取退休金（因此，社区中的其他人不把他看成一位道地的渔夫）。第三，在一个多数为民主党人的小村落里，他却是积极的共和党人。还有，他把自己的渔船停在一个孤立的码头，远远离开其他人所使用的社区港口。（1990：56）

知情人的边缘性不仅会对你们的观点造成偏误，也会限制他（从而导致你们）进入你们要研究社区的其他方面。

这些讨论应该使你们对非概率抽样有了一些了解，特别是对定性研究而言。我想用下面的引文来总结这一节的讨论：

首要目标是搜集尽可能丰富的数据。丰富的数据，是指通过一个相对长的时期，以持续而有条不紊的方式搜集的广泛而多样的信息。理想地看，这些数据可以让你们抓住那些与研究相关的行为的意义，并使你们理解那些行为所处的背景。（Lofland et al.，2006：15）

也就是说，非概率抽样有其作用，尤其是在定性研究中。但是，研究者必须意识到非概率抽样的局限性，尤其是要注意其代表总体的准确性和精确度。关于这一点，在我们讨论概率抽样的逻辑和技术的时候将会更加清楚。

---

① 知情人：对你们渴望研究的社会现象相当熟悉的人，而且还愿意告诉你们他知道的。注意，不要把知情人和受访者混为一谈。

7.3 概率抽样的逻辑和理论

非概率抽样尽管适合某些研究目的，却不能保证其样本能代表总体。当研究者试图精确地、统计性地描述大规模总体时，就要用到**概率抽样**[①]（probability sampling），譬如总体中失业者的比例，打算投票支持某个候选人的选民比例，或认为被强奸的受害人有权堕胎的支持者比例。所有的大规模调查，都利用概率抽样的方法。

概率抽样尽管涉及复杂的统计应用，但其基本逻辑却并不难理解。如果所有总体成员在所有方面（人口特征、态度、经历、行为等）都相同，那么，就无需进行仔细地抽样了。在这个同质性极高的特例里，任何一个个案都足以成为整个总体的样本。

事实上，构成人类总体的个体之间，天然地在各方面都有区别。图7-2是对异质性总体的简单说明。在这个100人的小总体中，有性别和种族的不同。在这一章，我们将用这个假设的小总体，来说明概率抽样的各个方面。

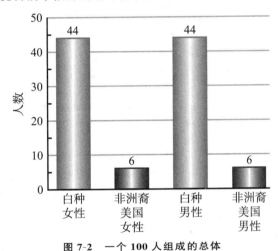

图7-2 一个100人组成的总体

一般说来，抽样的目的在于反映大规模总体的特征和动态变化。为了方便简单说明，我们假设这个总体中只有100人。

概率抽样背后的基本观念是：要对总体进行有用的描述，从总体中抽样出的样本，必须包含总体的各种差异性特征。然而，要做到这一点，却并不容易。我们先看研究者容易出错的地方，然后就会了解，为什么概率抽样是一种让研究者选取充分反映总体内部差异样本的有效方法。

7.3.1 有意识与无意识的抽样误差

乍看之下，你们或许认为抽样是一件简单明了的事。例如，如果你们要选出100位大学生的样本，可能会到校园里绕一圈，访问遇到的100名学生。未经训练的研究者，经常使用这种抽样方法。但这种方法，存在将误差引入抽样的风险。与抽样相关的误差，意味着被挑选出来的样本并不典型，或对总体没有代表性。这种误差不一定是有意的。事实上，如果随意抽样，就肯定存在误差。

---

① 概率抽样：根据概率理论来选择样本的方法总称。一些随机选择机制。概率抽样的具体类型包括 EPSEM 抽样、PPS 抽样、简单随机抽样和系统抽样。

图 7-3 说明，如果只是简单地选取便于研究的人群，就会产生问题。虽然女性占总体的 50%，但在离研究者最近的 10 人中（图的右下角）碰巧有 70% 的女性；总体中有 12% 的黑人，但样本中却一个黑人也没有。

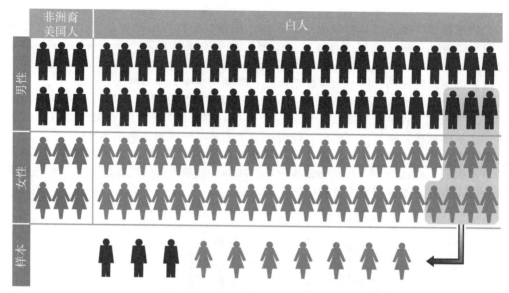

图 7-3　一个方便的样本：易得、但没有代表性，只是简单地选取和观察便于研究的人群，或许是一种最简单的研究方式，样本却无法真实地反映总体。

除此以外，抽样还会存在一些其他问题。首先，调查者的成见可能会使样本无法真实地反映总体。假设你们对一些看起来很酷的学生心存畏惧，认为他们会嘲弄你们的研究，就可能有意无意地避免访问这些人。或者你们可能会觉得，那些看似高冷的学生与研究目的没有关系，于是，也避开这些人。

即使你们试图访问一个"均衡的"学生群体，也有可能因无法知道不同类型学生的比率而达不成这种均衡。何况，你们不可能通过路人来判定不同的类型。

即使你们有意识地每隔 10 个访问 1 个走进大学图书馆的学生，也无法保证这是具有代表性的样本，因为不同类型的学生进出图书馆的频率不同，你们的样本中，可能过多地代表了频繁出入图书馆的学生。

随意抽样造成误差的可能性，是难以避免的，并且不常被人意识到。庆幸的是，有一些技术可以使我们避免这类误差。

7.3.2　代表性与选择概率

虽然**代表性**[①]（representativeness）—词没有科学的、精确的定义，但在这里，其共识的含义还是有用的。对于我们来说，当样本的各种集合特征大体接近于总体的集合特征时，样本就具有代表性。举例来说，如果一个总体包有 50% 的女性，一个有代表性的样本，也应有"接近于"50%的女性。稍后，我们将详细讨论"接近程度"问题。

样本不需要在每一方面都具有代表性，代表性只需局限于与研究的实质需要相关的特征，虽然你们起初并不知道什么才是"相关"的特征。

---

① 代表性：样本具有与总体相同的特征。通过对样本分析得出的描述和解释，也同样适用于总体。代表性给概化和推论统计提供了可能性。

概率抽样的一个基本原则是，如果总体中的每一个体被抽取为样本的概率相等，那么从这个总体抽取的样本，就具有对总体的代表性（等会儿我们会发现样本的大小也会影响代表性）。具有这一性质的样本，通常被称为**等概率抽样**①（equal probability of selection method，EPSEM）样本。稍后，我们将继续讨论构成概率抽样基本原则的变量。

在这一基本原则之外，我们一定要认识到，即使是经过精心选取的EPSEM样本，也无法绝对完美地代表总体。但是，概率抽样具备两项独特的优点：

第一，概率抽样虽然无法完美地代表总体，但较其他抽样方法更具代表性，因为它能避免我们讨论过的各种偏见。在实践中，概率样本比非概率样本对总体更具代表性。

第二，更重要的是，概率理论使我们能够估计样本的精确度及代表性。也许，对总体并不了解的研究者，通过完全随意的方式可以选出能够完全代表总体的样本。但这种可能性很小，而且我们无法估计样本的代表性。相反，采用概率抽样方法，能对样本的成功或失败提供精确的估计。我们将简要地看看这个估计是如何获得的。

我说过，概率抽样保证了样本是研究总体的代表。等会儿我们还会看到，概率抽样依赖于对随机选择程序的使用。不过，为了发展这个观念，我们需要赋予两个重要术语更为精确的意义：要素和总体*。

要素②（element）是搜集信息的单位和进行分析的基础。在调查研究中，要素通常是指人或一定类型的群体。其他单位也可作为社会科学研究的要素：家庭、俱乐部或公司，都可以作为研究的要素。在一个既定研究中，要素和分析单位往往是相同的，前者用于抽样，而后者用于数据分析。

总体是指我们感兴趣的、试图概括的群体或集合体。更正式地说，**总体**③（population）是理论研究要素的特定集合体。虽然模糊的"美国人"这个词可能作为研究的目标群体。但是，对总体的描绘应包括对"美国人"这一要素的界定（例如，公民权、居住地），以及研究的时间段（什么时候的美国人？）。要将抽象的"成年纽约人"转化为可操作的总体，就需要界定"成年"的年龄和"纽约"的界限。当我们定义"大学生"时，要考虑到全日制学生和非全日制学生、学位候选人和非学位候选人、本科生和研究生，等等。

研究总体④（study population）是从中选抽样本的要素总和。在实际操作中，研究人员往往很难保证定义要求的每一要素都有被抽到的同等机会。即使有了以抽样为目的的要素名单，这些名单通常或多或少是不完整的。例如，总是有一些学生的名字没有出现在名册上。因为，有些电话用户要求他们的名字和电话号码不被刊登在电话簿上。

研究人员对研究总体的限制通常比前面列举的例子更严格。因实际操作的原因，美国的全国性民意调查机构通常将他们的全国性样本限定在48个相连的本土州，而不将夏威夷及阿拉斯加包括在内。假设一位学者想对心理学教授进行抽样，他多半会将其研究总体限定在心理学系而忽略其他系的教授。不管什么时候，如果你们改变了总体，就必须对读者做出清楚的说明。

7.3.3 随机选择

有了上述界定，我们就能界定抽样的最终目的：通过抽样，从总体选择一些要素，

---

① 等概率抽样：总体的每个成员都有相等的被选进样本的机会。
* 这里我愿意表达对凯什（Leslie Kish）极其出色教科书《调查抽样的》的敬意。尽管我对凯什的排列做了些调整，但仍是这些讨论最重要的参考来源。
② 要素：构成总体的单位，也是样本包含的内容。注意与数据分析中的分析单位做区别。
③ 总体：理论研究要素的特定集合体。
④ 研究总体：从中选抽出样本的要素总和。

并通过对抽中要素的描述（统计值），以精确估计样本代表的总体各特征。概率抽样，使这一目标更易于实现，并能提供方法，以估计成功的程度。

随机抽样[①]（random selection）是这一过程的核心。在随机抽样中，任何要素都有同等的、独立于任何其他事件的、被抽中的概率。投掷硬币是最常引用的例子：假定硬币是"完美"的（"完美"是指硬币出现正面和反面的概率是无偏的），对硬币正面或反面的选择是与先前对正面或反面选择无关的一个独立事件。不论出现过多少次正面，下一次出现正面的概率还是 50%。掷骰子也是一例。

然而，对随机抽样的想象很少能直接应用于社会调查的抽样方法。社会研究者通常使用随机数表或计算机程序，从中随机选出抽样单位。**抽样单位**[②]（sampling unit）是在一些抽样阶段要考虑的要素或某组要素。稍后我们会看到如何用电脑随机选出要访谈的电话号码，我们称之为随机数字拨号（Random digit dialing）。

采用随机抽样方法进行抽样具有双重原因。第一，可以避免研究者自觉或不自觉的偏见。按直觉、偏见来选择样本的研究者，会很容易选择支持自己研究预期或研究假设的样本。随机抽样避免了这种风险。第二，随机抽样为我们进入概率理论提供了契机，这一理论提供了估计总体参数和抽样误差的基础。我们现在来详细讨论概率理论。

7.3.4 概率理论、抽样分布和抽样误差评估

概率理论是数学的一个分支，为研究者提供了设置抽样技术和分析样本结果的工具。一般地说，概率理论为估测总体参数提供了基础。**参数**[③]（parameter）是对总体某变量的概括性描述。一个城市所有家庭的平均收入是一个参数；一个城市所有人口的年龄分布也是一个参数。当研究者用样本进行推论时，他们试图用样本观察值来估计总体参数。概率理论使他们不仅能够进行推论，还能够判断在什么程度上代表了总体的实际参数。比如，概率理论使得调查机构能够从大约 2 000 投票人的样本来推测总体 1 亿人的投票行为，而且还能够明确指出估计可能的边际误差。

概率理论是如何完成这个看似不可思议的奇迹的呢？诀窍就在于抽样分布。从总体选出的样本能够给出对总体参数的估计值。其他样本也会给出相同或稍微不同的估计值。概率理论能够告诉我们大量样本估计值的分布。为了看清其中的原理，我们来看两个抽样分布的例子，首先来看只有 10 个要素小总体的简单案例，然后转向一个可以清楚显示可能存在边际误差的估计比率案例。

1. 10 个人的抽样分布

假设一个群体中有 10 个人，每个人的口袋里都有一定数量的钱。简而言之，让我们假设其中一人身无分文，一人有 1 美元，另一人有 2 美元，依此类推到有 9 美元的那个人。图 7-4 显示了这 10 人组成的总体*。

我们的任务是求出每人拥有的平均金额；更具体地说，每个人拥有钱的平均数。可以将图 7-4 中每一个人的金额相加，可知和为 45 美元，平均值为 4.5 美元。但我们的目标在于，不必实际考察所有 10 个人，就能估算出他们的平均值。我们可以通过从总体中选出随机样本，利用样本平均值推论出总体平均值的方法，来做到这一点。

首先，假设我们要从总体随机地选取 1 个样本，这个样本只有 1 个人。根据我们选择的人不同，我们对总体平均值的估计可能是 0～9 美元之间的任何一个。图 7-4 显示了这 10 个可能的样本。

[①] 随机抽样：一种抽样方法。用这种抽样方法，任何要素都具有同等的、独立于任何其他事件的被抽中概率。

[②] 抽样单位：在一些抽样阶段要考虑到的要素或某组要素。

[③] 参数：对总体某变量的概括性描述。

* 感谢赛尔文（Hanan Selvin）建议我用这种方法介绍概率抽样。

图 7-4 拥有 0～9 美元的 10 人总体。简单起见，我们假设一个只有 10 个人组成的总体，这些人拥有的零花钱从 0 美元到 10 美元不等。

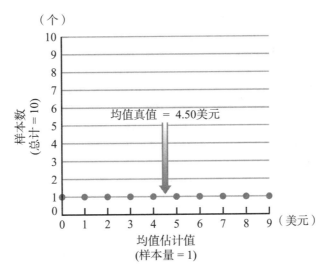

图 7-5 样本量为 1 时的抽样分布。在这个简单抽样中，所有人的平均零花钱数是 4.5 美元（10 个人的总钱数是 45 美元）。如果我们每次抽选 1 个不同的样本，共抽 10 次，那么，我们每次得到的平均数的"估计值"也都不相同。

图 7-5 中的 10 个点，代表了 10 个可以估计总体的"样本"平均值。图中这些点的分布，被称之为"抽样分布"。显然，选择只有 1 个人的样本很不理想，因为我们错失 4.5 美元这个真正平均值的可能性太大了。

那么，如果我们使用包含 2 个人的样本，情况会怎么样呢？由图 7-6 可见，扩大样本容量，则可望有效提升估计值的正确性。现在我们有 45 个可能的抽样：［0，1 美元］，［0，2 美元］，……［7 美元，8 美元］，［8 美元，9 美元］。其中有些样本组的平均值是相等的，比如样本组［0，6 美元］，［1 美元，5 美元］和［2 美元，4 美元］的平均值都是 3 美元。在图 7-6 中，3 美元上所显示的 3 个点，就代表这几个样本。

从图中我们还可以看到，这 45 个抽样的平均值并不是均匀分布的，且在某种程度上

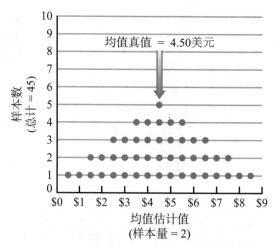

图7-6 样本量为2时的抽样分布。我们注意到，仅将样本量扩大到2时，对平均钱数的估量就更准确些。我们既估计不到0美元的，也估计不到9美元；而且估算的结果也开始向准确的平均值4.5美元周围集中。

趋向于真正的平均值4.5美元。其中只有两组样本的平均值离4.5美元较远（[0，1美元]和[8美元，9美元]），偏差达到了4美元。同时，有5组样本的平均值正好就是真正的均值4.5美元，而其余8组样本的平均值，与真正的平均值只差0.5美元（多或少）。

假设现在我们选取更大的样本，将会发生何种情况？我们可以从图7-7看出包含3、4、5和6个人时的各种抽样分布。

我们可以很清楚地看到抽样分布的变化。每增加一次样本量，估计平均值的抽样分布都有一些改进。当然，在这个例子中能达到的极限就是包含10个人的样本，这种抽样只有一种可能的样本，就是每人都被选到，其结果是，我们得到了真正的平均值4.5美元。我们即将看到这个原则在总体进行抽样的实践。选择的样本量越大，根据样本值来估测总体参数就越准确。

2. 抽样分布和抽样误差的评估

现在我们转向一个更现实的抽样，看看抽样分布概念的应用。假设我们要研究州立大学（State University）学生对校方拟实行一套学生管理条例的态度。研究总体为登记在学生名册（也就是抽样框）里的20 000名该校学生。总体要素则为州立大学的每个学生，我们将随机抽取其中100名学生为样本，以估计总体的情况。此研究所考察的变量为对校规的态度，这是一个二分变量，即同意与不同意。（概率抽样的逻辑，同样适用于研究其他类型的变量，如平均收入，但计算过程较为复杂。所以这里我们集中介绍二分变量。）

图7-8的横轴表示这一总体参数的各种可能值，从完全赞成（100%）到完全反对（0%）。此轴的中点（50%）则代表学生有一半赞成，一半反对。

在选择样本时，我们对学生名册上的每一名学生予以编号，并使用随机数表选出100位。之后，再分别访谈这100位被选中的学生，询问其对于校规是否赞成。假设此次操作得到的结果是，有48位学生赞同、52位不赞同。对样本某变量的这种概括描述，就是**统计量**[①]（statistic）。我们在X轴上以一个位于48%的点来表示这个统计结果。

现在，假使我们以相同的抽样方法选出另外一个100位学生样本，并且测量他们对校规的态度，结果有51位学生在第二组样本中持赞成态度。我们则在X轴的51%的地方放

---

① 统计量：对样本变量的概括描述，并被用来估测总体参数。

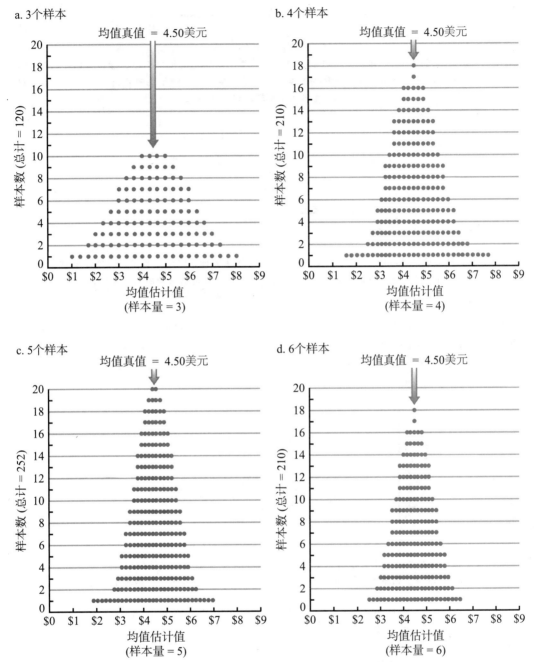

图 7-7 包含 3、4、5、6 个人时的抽样分布。随着样本容量的不断增大，样本估计值就会更趋近真实的平均值。两端分布极不准确的估计概率也会相应地降低，接近真实平均值的抽样百分比也在增大。

一个点来表示这个结果。继续重复这个步骤，获得第三组样本，我们发现在第三组样本中有 52 位学生持赞成的态度。

图 7-9 显示了三个不同的随机抽样统计中，赞成校规的学生的比率。随机抽样的基本规则在于，从总体中抽取的样本，应该可以估计总体的参数值。每一次随机抽样都可以得到一个估计学生总体赞同校规百分比的估计值。我们选择了三个样本，得到了三个不同的估计值。

我们可以抽取更多组，每一组都有 100 位学生样本，询问每一位学生样本是否赞同校

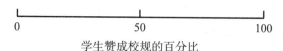

图 7-8　抽样结果可能的分布范围。现在我们转向一个更有现实性的抽样例子，假设我们要针对学生进行抽样，探讨他们对校方拟实行一套学生管理条例的态度。又假设学生中有一半赞成，一半反对（研究者预先并不知道这一情况）。

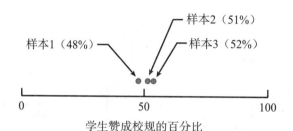

图 7-9　三种假设的抽样所产生的结果。假定有一大学生团体，我们对其进行三次不同的抽样，每次抽样样本的容量都足够大。我们没有必要期望抽样能反映所有学生的态度，但抽样的结果应能适度真实地反映学生的态度。

规，然后将新的抽样统计结果画在我们的总结图上。当我们抽取很多个样本时，可以发现某些样本会产生相同的估计值，就像 10 人总体的案例所显示的那样。图 7-10 为包含数百个样本的抽样分布情况。这种分布，通常会是正态曲线（normal curve）。

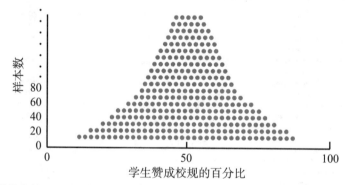

图 7-10　抽样分布结果。扩大抽样的数量，我们就会发现大部分抽样结果都集中出现在图中的真值（50%）附近。如果有足够多的样本，也会有少量的样本分布在距离真值比较远的位置。

当我们进行更多次抽样与访谈时，抽样结果出现的分布范围也就越广。如此一来，从某种意义上说，增加了我们估计总体参数的困难。然而，概率理论可以提供一些准则，帮助我们分析图 7-10 的抽样分布问题。

首先，如果我们在总体内随机抽取许多独立的样本，这些随机抽样得到的统计结果，将以一种可知的方式，分布在总体参数附近。图 7-10 中的抽样结果，虽然分布在一个相当大的范围内，大部分抽样结果还是出现在图中 50% 的附近。由概率理论可以得知，真值就在 50% 附近。

其次，概率论也给我们提供了计算公式，以估计这些样本估计值与真实值的差距。也就是说，根据概率论，我们能够估算**抽样误差**①（sampling error），即某抽样设计的期

---

①　抽样误差：概率抽样中，期望的误差程度。影响抽样误差的，在公式中包含三个因素，即参数、样本规模和标准误。

望误差程度。这个公式包括下面三个因素：总体参数，抽样大小，以及标准误（抽样误差的一种测量方法）：

$$s = \sqrt{\frac{P \times Q}{n}}$$

在这个公式中，符号 P 与 Q 代表二分变量的总体参数值：如果有 60% 的学生赞成校规而 40% 的学生反对，则 P 与 Q 分别代表 60% 与 40%，或者 0.6 与 0.4。请注意 $Q = 1 - P$ 且 $P = 1 - Q$。符号 n 代表每个样本包含的样本量（样本大小），符号 s 则代表标准误。

假设研究的总体参数值是 50% 的学生赞成、50% 的学生反对。每次抽样的样本大小为 100 个学生。当我们把这些数字代入公式中时，可得到标准误等于 0.05，或者 5%。

在概率论中，标准误是一个相当重要的信息，指样本估计值集中在总体参数附近多大的范围内。如果你们对统计学的标准差（standard deviation）相当熟悉的话，可能会注意到本例中的标准误即等于抽样分布的标准差。概率论明确指出，一定比例的样本估计值会落在总体参数值的某个范围内，一个标准误为一个增加单位。大约 34%（0.341 3）的样本估计值会落在大于总体参数值一个标准误的范围内，另外 34%（0.341 3）的样本估计值，会落在小于总体参数值一个标准误的范围内。在我们的例子中，标准误是 5%，因此可以知道，应该有 34% 的样本估计值会落在 50%（参数值）到 55%（大于参数值一个标准误）的范围内；另外有 34% 的样本估计值会落在 50%（参数值）到 45%（小于参数值一个标准误）的范围内。总起来说，我们知道大概有 2/3（68%）的样本估计值会集中在与参数值相差正负 5% 的范围内。

接着，概率论告诉我们，大约 95% 的样本估计值会落在与真值相距正负两个标准误的范围内。有 99.9% 的样本估计值会落在与真实值相距正负三个标准误的范围内。在上述例子中，我们可以看到，在 1 000 个样本中，只有 1 个样本的估计值会落到低于 35% 的支持率或高于 65% 的支持率范围内。

如前所述，任何随机抽样，只要样本容量足够大，落在与参数值相距 1 个、2 个以及 3 个标准误范围内的样本估计值的比例，是固定的。每个例子中的标准误，是总体参数与样本大小的函数。回到计算标准误的公式，可以知道，当 P 与 Q 的乘积变大时，作为其函数，标准误的值也会相应变大。进一步说，当总体中的比例均分时，P 与 Q 的乘积达到最大值。也就是，当 $P = 0.5$ 时，$PQ = 0.25$；当 $P = 0.6$ 时，$PQ = 0.24$；当 $P = 0.8$ 时，$PQ = 0.16$；当 $P = 0.99$ 时，$PQ = 0.009\ 9$；当 P 等于 0.0 或 1.0 时（代表没有一个学生或所有学生赞成校规），标准误将等于零。如果总体每个人的意见都一致（没有偏差），那么每组样本的估计值应该相同。

标准误也是样本容量的函数，与样木容量成反比。样本容量增加，标准误将会减小。样本容量增加，多次抽样获得的样本统计值应该会集中在接近真值的地方。从公式中可以很清楚地看到这一点：标准误的计算公式是一个开平方根的公式，当样本量增加为 4 倍时，标准误就会减少一半。在我们的例子中，样本量等于 100 时的标准误是 5%，如果我们想把标准误降成 2.5%，样本量必须增加到 400 才行。

以上所述，都是大量随机抽样的概率论（如果你们学过统计课，就会知道这是"中心极限定理"）。如果总体参数值已知，且进行了大量随机抽样，我们将可以预测有多大比例的样本统计值会落在参数值周围具体的分布范围内。

请注意，这里只是阐释了概率抽样的逻辑，并没有描述实际的抽样过程。一般来说，我们并不知道总体参数值是多少，进行抽样调查是为了估计它。再者，在实践中，也不会进行多次抽样，通常只会选择一组样本。尽管如此，概率论的讨论仍然可以给我们提供典型社会研究推论的基础。如果了解选择数千个样本的状况，我们便可知道一旦只进行一次抽样时，会有什么状况。

3. 置信水平和置信区间

概率论指出，当我们进行多次抽样后，会有 68% 的样本估计值落在与参数值相距一个标准误的范围内。我们可以将这个逻辑转化，进而推论，任何一次抽样的样本估计值有68%的机会落在距离总体参数值正负一个标准误的范围内。这种观察还将带给我们抽样误差估测的两个关键成分：**置信水平**[①]（confident level）和**置信区间**[②]（confident interval）。譬如，我们有95%的信心保证样本统计值（如50%的学生支持新校规）会落在与参数值相距正负5%的范围内。很显然，对于某个固定统计值而言，当置信区间扩大时，置信水平将会相应增加。例如，我们有99%的信心保证我们的样本估计值会落在与真实值相距3个标准误的范围内。

从某种程度上说，我们虽然可以确信样本会落在与参数值接近的某个范围内，然而，我们并不知道参数值是多少。为了解决这一问题，我们必须用样本统计值取代公式中的参数值。也就是说，没有真值时，我们只好以最佳的估计值来代替。

这些推论与估计，使我们可以在只对总体进行一次抽样的情形下，估计总体参数值并了解样本的误差程度。从"有多少比例的学生赞成校规"问题开始，你们可以先对学生总体随机抽取一个100人的样本，对之进行访谈。得到的结果可能有50%的学生赞成校规，同时有95%的信心保证赞成的学生的百分比，将介于40%～60%之间（上下两个标准误）。40%～60%之间的这个范围为置信区间（在68%置信水平上，置信区间则为45%～55%）。

置信水平与置信区间的逻辑也提供了决定研究样本大小的基础。当你们决定可以允许的抽样误差范围时，便可以依此范围来计算出所需的样本规模。举例来说，如果你们希望有95%的信心让研究结果与总体参数值的差异在正负5%的范围内，那么，样本容量至少要有400人（附录E提供了有关指导）。

以上是概率抽样的基本逻辑。随机抽样方法，使研究人员能将抽样得到的结果与概率论结合起来，由此来估计抽样的准确程度。抽样准确度的叙述，都必须用置信水平和置信区间这两个数值来表示。研究人员必须报告说，他或她有x%的信心，保证总体参数值落在某两个具体数值之间。在此例中，我用比率分析变量，演示抽样误差的计算逻辑。计算均值的抽样标准误差，则需要不同的统计步骤，逻辑却是相同的。

请注意，我们在讨论样本容量和估计准确性时，都没有考虑研究总体的大小，这是因为通常情况下，总体的大小与我们的这些讨论无关。用一个包含2 000名受访者的样本来代表佛蒙特州的选民情况，并不会比用同样大小的样本来代表整个美国选民的情况更准确，尽管这个样本相对于佛蒙特这个小州的选民，其比例要远远大于用同样大小的样本代表美国选民的比例。出现这种有悖直觉事实的原因在于：计算样本误差时，我们会假设被抽样的总体无限大，所以，每个抽样占总体的比例都是微乎其微，近似于0%。

当然，这种说法并不完全符合实际。这个包含2 000名受访者的样本，占佛蒙特州在2008年参加总统选举人数的0.61%，而一个有2 000名受访者的样本，仅占整个美国选民的0.001 5%。和无限大的总体相比，这两个比例都可以说是非常小的。

只有样本量占总体的5%或更大的比例，这个比例才和总体的大小相关。在样本规模占总体比例很大的少数抽样中，我们可以计算出一个"有限总体修正系数"来调节置信区间。下面的公式，是用来与计算误差相乘的比例。

$$f = \sqrt{\frac{N-n}{N-1}}$$

在这个公式中，N表示总体规模，n表示样本量。在极端情况下，当你们将整个总体作为样本（因此$N=n$），这个公式将得到0作为"有限总体修正系数"。用标准误差乘以0，最终的抽样误差也为0，这就意味着不存在抽样误差。当然，这只是举例而已。

[①] 置信水平：总体参数落在既定置信区间的估计概率。例如，我们可以有95%的信心说35%～45%的投票者会支持候选人。

[②] 置信区间：估计总体参数值的范围。

一旦理解了我们刚才验证的道理，就可以有效避免你们对统计学讨论的厌烦：在看似随机和混乱的现象中，实际上存在着非常明显秩序。我们应该将这一发现归功于它的研究者之一，高尔顿（Francis Galton，1822—1911）。

混沌表象下的秩序，我几乎不知道有什么恰当的词汇可以表述被称之为"误差频次的规律"（Law of Frequency of Error）这一宇宙秩序的多样表现形式。如果古希腊人发现了这个规律，他们可能已经为它命名了。它宁静而谦逊地主导着漫无边际的混沌。混沌的规模越庞大，无序的状态越强烈，它的规律性也越显著。这就是混沌金律（supreme law of Unreason）。(1889：66)

在我们对概率抽样基本逻辑的讨论做出结论之前，需要注意两点。第一，把概率论运用到调查的技术并不是十分成熟，因为抽样分布理论要求的假定条件在实践中很少得到满足。譬如说，一定规模样本与标准误增量的关系，就必须假设总体为无限大，样本量也为无限大，并使用回置抽样方法（即每个被选择到的样本都要放回抽样框，并允许被再次选中）。第二，从样本分布到某个样本的讨论是跳跃性的，也过于简单。

谈论这些值得注意的事项，是为了使你们看到事物的另一面。研究人员往往高估了他们进行社会研究时运用概率论得出推论的精确度。就如我在本章其他部分及全书一再强调的，抽样方法的变异以及非抽样因素会更进一步降低结果的准确性。例如，那些被选入样本的要素，没有或拒绝参与，会进一步降低样本的代表性。

然而，本节讨论的计算方法，在帮助你们了解并评估数据时，将有很大的助益。虽然计算结果不能达到某些研究人员希望的精确程度，但在实际运用中，这些计算还是非常有效的。毫无疑问，相对于某些基于不甚严密抽样方法得出的结果，这种计算结果，要有效得多。最重要的是，你们应该熟悉这些计算方式背后蕴含的基本逻辑。有了这些方面的知识，你们就能对自己或他人的数据做出敏锐的反应。

7.4 总体与抽样框

前一节讨论了社会研究抽样的理论模型。虽然读者、学生和研究人员需要理解这些理论，不过，了解这个领域某些不甚完美的状况也非常重要。这一节将讨论，实践中，在假设和理论之间必须折中的情形。以下我们将讨论总体与抽样框的一致性或不一致性。

简单来说，**抽样框**[①]（sampling frame）是总体要素的列表或准列表。如果一个学生样本是从学生名册中抽选的，那么，这个名册就是一个抽样框。如果针对一个复杂总体进行抽样的初级抽样单位是人口普查的街区，则所有街区的名册就是一个抽样框，可能是印刷好的册子、磁带档案或其他的允许电脑操作的数据记录。以下为期刊中对抽样框的一些报告。

亚里士多德（Aristotle）维护着一个数据库，那里有美国1.75亿注册选民信息。我们从那里购买了一份50 000名马里兰州注册选民的居民名单。我们将这些居民视为"注册选民"，尽管他们中的一些人有时并没有参与投票。亚里士多德的数据包括了州的记录，县选举委员会、州委员会登记员汇编的记录。（Tourangeau et al.，2010：416）

受访者是俄亥俄州立大学2001年春季心理学导论课登记在册的在校大学生。（Chang and Krosnick，2010：155）

本文使用的数据……通过对美国本土48个州18岁（包括18岁）以上的成人居民进行随机抽样获得。本研究是由密西根大学的调查研究中心在1975年秋天对1 914名受访

[①] 抽样框：是总体要素的列表或准列表。要想保证样本对总体的代表性，抽样框就要包含所有的（或者接近所有的）总体成员。

者进行面访完成的。(Jackman and Senter, 1980: 345)

通过正确抽样获得的样本信息, 只适合于描述构成抽样框的要素总体, 不能再扩展。我之所以要强调这一点, 是因为存在一种普遍现象, 研究者往往从某个抽样框抽选样本, 而后, 对一个近似、但并不等同于抽样框的总体做结论。

例如, 下面这份报告讨论的是美国医生最常开的处方药物:

有关处方药物零售的相关信息不易取得。不过, 纽约州联合大学奥本尼(Albany)药学院的德纳索(Rinaldo V. DeNuzzo)教授用调查邻近药房的方式, 追踪了处方药物零售情况达25年之久。他将研究结果公布在工业贸易杂志(MM&M)上。

德纳索教授最近的调查数据(包含了整个20世纪80年代)来自纽约以及新泽西州48个社区的66个药房。如果没有特别的情形, 这份调查结果可以代表整个美国其他药房的情况。(Moskowitz, 1981: 33)

上一段叙述最引人注意的地方, 在于其对纽约和新泽西州是否有别于其他地区的随意评述。答案当然是"有的"。这两个州的生活方式并不能代表其他48个州。我们不能假设这两个位于东海岸的都市化大州居民的用药习惯, 必定与密西西比州、内华达州或佛蒙特州居民相同。

那么, 调查结果是否适用于纽约州和新泽西州呢? 在回答这个问题前, 我们必须先了解研究选择48个社区和66个药房的方法。我们必须小心注意文中的"调查邻近药房的方式"这句话。我们将会看到, 有许多抽样方法可以使样本具有代表性, 除非德纳索教授真的使用了其中的任一种方法, 否则我们就不应该根据这个研究结果进行概化。

抽样框必须和要研究的总体一致。在最简单的抽样设计中, 其抽样框就是构成研究总体的要素列表。不过, 在研究实践中, 通常是既有的抽样框界定了研究总体, 而不是相反或者其他。也就是说, 我们经常先在思维中设想研究总体; 然后再寻找可能的抽样框。在对可获得的抽样框进行检验、评估之后, 我们会从中挑出最适合我们需要的、代表研究总体的那个抽样框。

从抽样看, 对组织的研究, 通常是最简单的, 因为每个组织都有成员名单。在例子中, 成员名单是一个相当好的抽样框。也就是说, 如果我们对一个包含所有成员的名单进行随机抽样, 选出来的样本应该足以代表所有成员。

具有相当完整组织成员名单的总体通常包括: 小学、中学、大学中的学生和教职员; 教会成员; 工厂工人; 兄弟会以及姐妹会的会员; 社交性、服务性以及政治性社团的会员; 职业公会的会员等等。

上述分析, 主要适用于地区性的组织。跨州性的或全国性的组织, 通常不太可能提供现成的成员名单。举例来说, 你们无法获得全国圣公会会员名单。但是, 却可以用一个较为复杂的抽样设计来处理这个问题: 首先, 你们可以对全国的教会进行抽样; 其次, 针对抽出的教会成员名单进行抽样的工作(稍后再做进一步的说明)。

其他一些人员的名单, 也可能与某些研究的具体需要十分相关。举例来说, 政府有选民登记名单。如果进行选前民意调查或研究投票行为, 这一名单就可以派上用场。唯一要注意的是, 你们必须确定这份名单是最新的。

同样, 车主名单、社会救济金领受人名单、纳税人名单、商业许可人名单、领有专业从业执照的人员名单以及其他类似的名单也有同样的功能。虽然有时候要取得这些名单相当困难, 然而, 对于某些特定研究而言, 这些名单是相当好的抽样框。

当然, 抽样要素不一定是个人。社会研究者也可以列出其他要素的名单, 如: 大学、不同形式的企业、城市、学术期刊、报纸、工会、政治社团、职业公会等等。

电话号码簿, 常常被用在"快速粗糙"的民意调查中。不可否认, 这些数据不但廉价, 而且容易取得。如果要针对电话用户做调查, 电话簿可以提供一个相当好的抽样框(当然, 电话簿并不包含新近申请且尚未列入的用户, 也不包含不愿意列名的用户, 或手机用户。如果电话簿包含了非住宅用户的号码, 那么抽样工作将会更加复杂)。

在专业研究人员中，最早的电话调查，名声相当差。根据定义，电话调查仅限于有电话的人。几年前，这种方法通过将穷人排除在调查之外，产生了巨大的社会阶层偏见。1936年，《文学文摘》预测美国总统选举结果时发生重大失误，切实地证明了这一点。回想一下，尽管通过邮件联系了选民，但样本部分还是来自电话用户，而电话用户在一个与大萧条做斗争的国家中，几乎不典型。然而，到2009年，95.7%的家庭都有电话，因此，早期的阶级偏见，实际上已经消失（U. S. Bureau of the Census，2012：712，表1132）。

与抽样相关的还有未列入的号码。从本地电话簿抽选的样本，将完全忽略未列入的号码，通常是要求不公布号码的富人。随机数字拨号（RDD）在技术上可以消除这种潜在的偏差。

想象一下，随机选择一组七位电话号码。即使数字未列出的人，选择的机会也会与目录中的人相同。然而，如果只拨打随机选择的号码，很大一部分会变成"不在服务中"。另外，这些号码涉及政府办公室、商业企业等等。幸运的是，RDD可以获取大部分活跃住宅号码，进而获得住户代表性样本。因此，随机数字拨号一直是电话调查的标准程序。

手机普及程度的上升，为调查研究者创造了一个新的关注点。1991年，《电话消费者保护法》对电话招揽作了限制。由于拨打手机可能会产生通话费用（取决于其服务计划），法案规定，自动拨号系统（如，提醒您关注降价的机器人电话）拨打移动电话是非法的（Federal Communications Commission，2014）。但是，调查研究人员不卖任何东西怎么办？虽然正在努力把研究项目从法案约定中摘出来，但AAPOR（2010）还是提出如下建议：

为确保遵守联邦法律，在未获得抽样手机受访者明确事先同意的情况下，电话研究呼叫中心应让访员手动拨打手机号码（即，真人手动拨打电话号码）。

此外，使用手机的更多是年轻人。2004年，年轻选民比年长选民更可能投票给克里（John Kerry）。2008年，年轻选民比一般人更可能支持奥巴马（Barack Obama）。基特（Scott Keeter）和他的同事（2008）在一项研究中发现，年龄和与其密切相关的变量（如婚姻状况）存在明显的偏见，由此区分了只有手机的人和只有座机的人。

仅使用手机电话的和仅使用固定电话的受访者之间，最显著的区别之一是他们的年龄。近一半的仅手机电话受访者（46%）低于30岁，而固定电话样本中只有12%。与年龄较小有关，手机受访者中只有26%的已婚，而在座机样本中，57%的人已婚。同样，大约一半的手机受访者从未结过婚（51%），而在座机样本中只有16%。（Keeter et al.，2008）

在2008年美国民意研究协会（AAPOR）的会议上，几篇研究论文分析了手机普及的影响。总的来说，大多数研究人员发现，在大多数情况下，忽视只使用手机的人，不会让调查结果产生严重偏差。这是因为，这部分人在电话用户中的占比不大。然而，几乎所有研究人员最后都说，这种情况可能会随着时间发生改变。手机的作用有一个发展过程，社会研究者将继续观察和处理。

随着手机使用的激增，研究者试图通过邮政地址抽样（ABS）来增加随机数字拨号（RDD）抽样的代表性。但是，如果使用两个抽框架，则重要的是：①在取样前排除重复的地址；②识别同时拥有手机和座机的受访者，以便保证其应答权重是一次机会者的一半。如何处理，其实，仍在研究和争论中（Boyle，Lewis and Tefft，2010）。

在皮尤中心（Christian et al.，2010）的最新报告中，特别注意区分只使用固定电话、只使用手机以及双框样本（包括手机和座机）对意见和行为的估计差异。

选项包括美国民意研究协会和皮尤中心定期跟踪的几乎所有关键指标（例如，总统批准、党派关系、互联网使用、宽带采用、手机发送和接收短信），以及及时或间歇性询问的其他重要措施的抽样（例如，与茶党达成协议、批准医疗保健立法），使用手机播放

移动电话让调查抽样变得更复杂。

音乐)。(2010:2)

总体上,皮尤研究者发现,样本设计带来的偏差极小。

尽管使用手机的家庭在增长,但对于大多数测试来说,可能的非覆盖偏差规模仍然较小。在测试的 72 道访题中,43 道显示座机和双框加权样本之间的差异为 0、1 或 2 个百分点。(2012:2)

随着手机逐步成为主要的通信工具,近些年,调查研究者会紧密跟踪手机给调查研究带来的影响。

如果手机给抽样框和抽样带来影响,那么,与新兴的在线调查相比,挑战也许微不足道。我们将在第 9 章看到,通过网络进行调查具有很大的优势,但要获得代表性(如成年人口、选民)样本,却是非常棘手的事情。最基本的问题是,不是每个人都上网。与电话投票的早期问题相似,当时,不是每个人都有电话。除了基本问题,那些活跃在网上的人,参与程度不同,访问的网站也不相同。

目前,虽然正在测试各种方法,但对代表性问题,并没有明确的解决方案。如本章前面所述,我们可能会看到配额抽样技术的重生,配额抽样或许会是让在线样本代表较大人群的一种方式。如前所述,在线调查的另一个问题是抽样误差。

抽样误差的计算,或称为边际误差(MOE),具有坚实的统计基础,只要它满足两个标准:①从总体的完整列表中选择概率样本;②所选的每个人都参与研究。不过,很少能完全满足这些标准。在讨论抽样框时,我们已经知道,往往很难获得被研究人口的完整清单或准清单。就电话调查而言,便难以适应手机的激增。针对第二个标准,也因应答率下降而逐渐下降。因此,调查研究者很难权衡他们的结果,以得出代表总体的估计。

在网上的"选择—加入"投票中,这个问题甚至更大。邀请潜在受访者访问网站并参加投票。有些这样做,有些没有。因此,没有办法计算传统概率统计意义上的抽样误差,因为,没有选择概率样本。为了回应这种困境,你们可能会发现"置信区间"报告,类似于边际抽样误差(例如,在误差位 3% 的条件下,有 95% 置信度)。这种估计是基于研究者选择的模型,即可以区分"选择—加入"的受访者与总体。这是一种相对较新的技术,在研究者中有些争议。美国民意研究协会建议谨慎使用或接受置信区间。

总体与抽样框的回顾

在一般社会研究文献中，总体与抽样框议题并未引起很多的关注。正因为如此，我对这些议题进行了较多关注并归纳了一些要点。

（1）根据样本所得的研究成果，只能代表组成抽样框各个要素的集合。

（2）通常，抽样框并未真正包含所有要研究的要素。省略几乎是不可避免的做法。研究人员的首要任务是先评估被省略的内容，继而在可能的情况下进行更正。当然，研究者可能会认为，不必在意那些不容易被更正的小部分内容。

（3）即使总体与抽样框是一致的，为了说明组成抽样框的总体，所有要素也必须具有同等的代表性：基本上，所有要素应该只在名单中出现一次。在名单中出现多次的要素，会有较大的机会被抽到，因此，这样的调查结果会有偏差。

有关总体与抽样框的其他更多实践问题，在本书的其他章节还会谈到。举例来说，抽样框的形式（例如出版的名册，3×5卡片档案，光盘，或其他数字存储方法）会影响使用数据的难易程度。因此，便利性，经常先于科学研究的精确性，一份"便利"的名单，可能会比"牢靠"的名单更易获得青睐，虽然后者对目标群体来说更为适宜。我们对这点不做武断的定论，但每一位研究人员，都应该慎重评估各种方法的相对优缺点。

7.5　抽样设计的类型

直到现在，我们才将重点放到简单随机抽样法（Simple Random Sample，SRS）上来。的确，社会研究者在统计中使用的主要是这种方法。不过，除了简单随机抽样方法以外，还有其他的抽样方法可以选择。事实上，简单随机抽样方法很少被使用。原因有二：首先，对其他抽样框来说，简单随机抽样方法并不可行；其次，简单随机抽样方法可能并不是最精确的。下文将讨论简单随机抽样方法和其他抽样方法。

7.5.1　简单随机抽样

正如前面提到的，**简单随机抽样**[①]（simple random sampling，SRS）是社会研究进行统计估计时经常使用的基本抽样方法。由于随机抽样牵涉到的统计知识较为复杂，因此我们直接描述此方法的实际运用。

当建立了合适的抽样框后，如果要进行简单随机抽样，研究者必须为名册中的每一个要素编一个号码，不可以漏掉任何一个要素。然后可以利用随机数表（参见附录B）来选择要素。技巧与工具文本框《随机数表的使用方法》对此进行了说明。

如果使用的抽样框是机读格式（例如电脑磁盘或优盘），简单随机抽样工作可由电脑自行完成（电脑可以非常有效地将抽样框的所有要素自动编码，产生一系列随机数号码，然后再将所有被选中的要素打印出来）。

图7-11展示了简单随机抽样的操作方法。在本例中，总体的所有要素都按1～100顺序编码。然后参照附录B，决定从第1列的第3个数开始，选取随机数的最后两位数来代表被抽取的要素。依此方法，编码为12的人第1个被选入样本，接着被选入的是编码97，其余的，依此类推（00代表100）。

---

① 简单随机抽样：在概率抽样中，代表着总体的单元用一个数字来代替。这样就有了一个随机数字表。在挑选样本时直接选取这些数字即可。

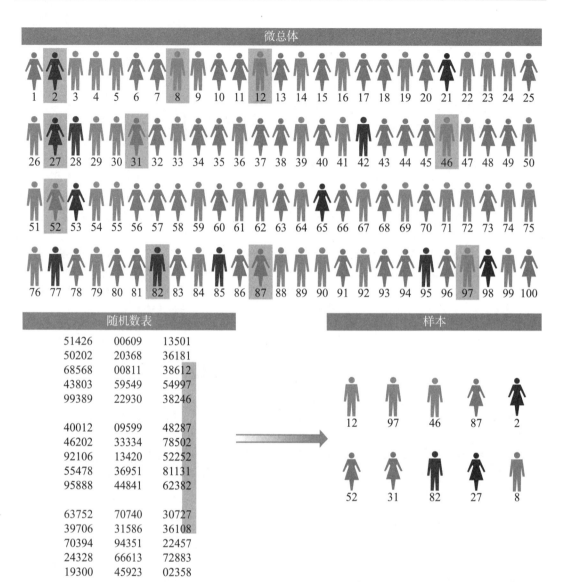

图 7-11　简单随机抽样。在给总体每一个要素编码后，可以运用随机数表从总体选择有代表性的要素。从列表中抽选的要素，就是样本。

技巧与工具

随机数表的使用方法

在社会研究中，常常需要用附录 B 一类的随机数表来选择一组随机数，以下便是具体的做法。

假设要从 9 300 个人（或其他分析单位）的总体中用简单随机抽样方法选取 400 个人作为样本。

1. 首先，将总体中所有的人编码：在本例中，编码为 1 到 9300。然后，从随机数表中随机选取 400 个数字。一旦完成这项工作，编码和选出的随机数字相符的那些人，将组成样本（注意：只要确定了总数有多少，倒不一定非要将所有的人进行实际编码。假如已经有了所有人的名单，选定随机数字后，就可以用计数的方式，将被选到的人圈选出来）。

2. 接下来是确定所选择的随机数需要几位数字。在本例中，总人数有9 300个，所以需要有4位数字，才能保证所有人都有被选中的机会（如果总人数是11825的话，则需要选择5位数的随机数）。因此，我们要从001到9300的数字中抽出400个随机数。

3. 现在翻到附录B的第1页。附录B有两页，每页都按行和列排着很多5位数的数码。这张表包含了由00001到99999范围内一系列的随机数字。要在本例中使用这个表的话，就必须先回答下列问题：

(1) 如何从5位数字号码中产生4位数字号码？

(2) 按什么顺序在表中选择号码？

(3) 从哪里开始选择？

每个问题都有几个合理的解答。关键是要建立一个执行原则来进行。下面是一个例子。

4. 要从5位数中产生4位数，我们可以从表格中选取一个5位数字，但每次只看它最左边的4位数。如果我们选择第1页第1个数（51426），最左边的4位数将为5142（也可以用取最右边的4位数字1426）。关键在于，要先建立一个原则，然后从头到尾都依原则去做。为了方便起见，本例中我们选择最左边的4位数字。

5. 也可以随意确定在表格中选取数字的顺序：依纵列的方向往下选取，依纵列的方向往上选取，由右到左或由左到右，或者依对角线的方式选取。同理，使用什么样的方法并不重要，重要的是选定一种方法之后，必须从头到尾都使用这种方法。为了方便起见，我们选择依纵列的方向往下选取。当到达一列的最末端时，我们可以从下一列的最顶端继续选取；一页选完之后，从下一页的第一个纵列继续选取。

6. 现在，我们从哪儿开始？你们可以闭上眼睛，然后用铅笔随意在表格上戳一下，以决定开始的第1个数字（我知道这个方法听起来并不科学，但却很有用）。或者，你们可能会害怕把书本给戳坏了或没有戳到数字，那么不妨闭上眼睛，然后随意选取一个行号和一个列号（例如选择第5行第2列）。然后从这个位置的数字开始。

7. 假设我们决定从第2列的第6个数字开始，翻到附录B第1页，会看到这个数是09599。我们选择0959为第1个随机号码，现在我们必须再选出其他399个。由第二列继续往下，我们选择3333，1342，3695，4484，7074，3158，9435等，出问题了，由于总体只有9 300人，没有9435编号，怎么办？简单的方法是略过这个数字。如果再次遇到同样的问题，还是略过。略过9435后，我们获得了6661，4592等。当移动到第2列底部时，便要转到第3列头。

8. 依此进行，选足400个随机数。回到你们的名单，用随机数表生成的样本编号是959，3333，1342等。

7.5.2 系统抽样

在研究实践中，简单随机抽样方法并不常用。你们会发现，这个方法通常不是最有效率的方法。如果以人工方式来做的话，这个方法相当繁琐。简单随机抽样需要一份要素的名单。如果手头有要素名单，研究者通常采用系统抽样而不是简单随机抽样。

系统抽样[①]（systematic sampling）是系统地选择完整名单中的每第K个要素组成样本。如果名册包含10 000个要素，需要1 000个样本时，你们可以选择每第10个要素作

[①] 系统抽样：选择完整名单中的每第K个要素组成样本的概率抽样方法。譬如，抽取大学学生名单里每25人的第1个学生。用总体数量除以K就是样本规模。K是抽样间距。在某些情况下，系统抽样方法与简单随机抽样方法几乎是一致的，比较简单易行。第1个要素通常采用随机发放抽选。

为样本。为了避免使用系统抽样造成的人为偏差，必须以随机方式选择第 1 个要素。在上述例子中，你们必须先随机选择一个 1～10 之间的号码。将这个号码代表的要素，作为选取的第 1 个样本，然后每隔 10 个要素，选取 1 个作为样本。在专业上，这种方法被称为"以随机方式开始的系统抽样法"（systematic sample with a random start）。系统抽样法中有两个常用术语。**抽样间隔**①（sampling interval）是指两个被选要素之间的标准距离，在上述例子中，抽样间距为 10。**抽样比率**②（sample ratio）是被选要素与总体要素数量的比率：在上述例子中，抽样比率为 1/10。

抽样间距＝总体大小/样本大小

抽样比率＝样本大小/总体大小

在实践应用中，系统抽样方法与简单随机抽样方法本质上几乎是一致的。在抽样前，如果要素确实是随机分布的，我们可以将系统抽样看成随机抽样。到目前为止，有关系统抽样与简单随机抽样方法孰优孰劣的争论，在很大程度上已有定论，系统抽样方法因其简单而较受青睐。在经验上，两种方法得到的结果本质上是一样的。正如下一节会提到的，系统抽样方法在某些情况下，甚至比简单随机抽样方法还要稍精确一些。

然而，系统抽样方法潜藏了一个风险。名单中要素的排列方式，可能使系统抽样产生问题。由要素排列方式产生的问题，通常被称为周期性问题。如果要素名单，是以与抽样间隔一致的方式循环排列的，系统抽样方法则可能产生一个有重大偏误的样本。下文以两个例子解释这种现象。

在一个有关二战士兵的经典研究中，研究人员从名册中每隔 10 个士兵抽出一个来进行研究。然而，士兵的名册是依下列组织方式来编排的：首先是中士，接着是下士，其后才是二等兵；一个班一个班地编排，每个班 10 个人。因此，此名册中每隔 10 个便是一位中士。如此系统抽样可能会取得一个完全是中士的样本。同样，此方式也可能会取得一个完全不含中士的样本。

在另一个例子中，假设我们想在一栋公寓建筑物内选择公寓样本。如果从每个公寓的编码（如 101，102，103，104，201，202 等等）中抽样，使用的抽样间隔可能刚好等于每层楼的户数或每层楼户数的倍数。如此，选到的样本有可能都是西北角的公寓，或都是接近电梯的公寓。假设这些形态的公寓有一些共同的特性（如月租费较高），样本就会产生偏误。对街区中编号相同的房屋进行系统抽样，也会发生同样的情形。

如果要对一份名册进行系统抽样，就必须小心考察名册的基本特征。如果其中的要素有特定的排列顺序，就必须确定这样的顺序是否会使样本产生偏误。如果有的话，就必须加以解决（例如，在每段间隔中使用简单随机抽样方法）。

总体来说，如果不考虑其他的因素，就便利性而言，系统抽样通常会比简单随机抽样方法好。抽样框中，要素特殊排列产生的问题，通常也很容易解决。

7.5.3　分层抽样

前面两节，我们讨论了两种抽样方法：随机抽样和系统抽样。**分层抽样**③（stratified sampling）并不是随机抽样或系统抽样的替代方法，而是代表了两种方法的一种可能修正。

简单随机抽样和系统抽样，都能保证一定程度的代表性并可以估计误差。分层抽样则可以提高代表性，同时减少可能的抽样误差。要理解这一方法，我们必须先简单回顾

---

① 抽样间隔：从总体中选取样本的标准距离。
② 抽样比率：抽选要素数量与总体要素数量的比率。
③ 分层抽样：在抽样前将总体分为同质性的不同群（或层）。分层能提高样本的代表性（起码对分层变量如此），还可以和简单随机抽样、系统抽样或整群抽样结合起来使用。

抽样分布的基本理论。

我们还记得抽样设计中有两个因素可以减少抽样误差。首先，大样本比小样本产生的抽样误差小。其次，从同质（homogeneous）总体中抽取样本比从异质（heterogeneous）总体中抽取样本产生的抽样误差要小。如果总体中99%的人同意某个陈述，那么任何概率抽样的样本，其结果严重偏离此同意程度的可能性是非常小的。相对地，如果总体中只有50%的人同意某陈述，抽样误差就大多了。

分层抽样便是基于上述抽样理论中第二个影响因素的抽样方法。这种抽样方法确保总体内同质的次级集合会被抽出适当数量的要素，而不是直接随意地从总体中抽出样本。举例来说，如果要对某大学的学生进行分层抽样，就必须先将所有学生按年级加以分类，然后再分别从一年级、二年级、三年级和四年级的学生中，各抽出适当数量的要素组成样本。对一个非分层抽样的样本来说，与学生所属年级相关的抽样误差将与其他变量的抽样误差一样大。但在分层抽样中，与学生所属年级相关的抽样误差，将减少至零。

我们也可以进行更复杂的分层抽样。除了按学生的年级进行分类之外，还可以再按学生的性别、学业平均成绩以及其他标准，将学生进行分类。如此可以确定，抽取的样本，包括了适当数量学业平均绩点3.5以上的二年级男生，以及适当数量学业平均绩点4.0以上的二年级女生等情形。

分层的最终目的在于将总体分成几个同质的次级集合（次级集合间有异质性），然后再从每个次级集合中抽出适当数量的样本。这些次级集合，除了在分层变量上具有同质性之外，在其他变量上也可能具有同质性。由于年龄与就读年级有关联，因此，按年级分类的样本，会使年龄更具代表性。鉴于就业意愿似乎与性别有关，因此，按性别分类的样本，也会在就业意愿上显现出更好的代表性。

分层变量的选择方法，通常依赖于现有的变量。我们可以从一系列的名字中分辨出男性与女性。大学的学生名单，通常按班级进行分类；教职员名册，则可能会按所属的系科进行分类；政府机构的档案，按地域性进行排列；投票人员的名册，按选区分类。

在选择分层变量时，还必须先考虑与想要精确描述的变量相关的变量。由于性别与许多变量都有关联，同时也容易获知，因此，它是一个常用的分层变量。教育与许多变量相关，不过它较不易被获知并用作为分层变量。城市、州以及国家的地理位置与许多事物相关。在一个城市中，以地理位置进行分层，会增加社会阶层、种族以及其他项目的代表性。对国家而言，以地理位置进行分层，则会增加个人态度、社会阶层以及种族的代表性。

如果要对包含总体所有要素的总体简单名册进行分层抽样，有两种主要方法。

第一，按照分层变量将所有总体要素分成不同的小群体，然后再按相对比例从各个小群体抽出（用随机方法或系统抽样方法均可）适当数量的样本。举例来说，如果二年级学生中平均绩点4.0以上的学生占所有学生的1%，假设总共要取得1 000个学生样本，便可以在平均绩点为4.0以上的大二学生中抽出10个作为样本的一部分。

第二，先将学生进行分类，随后将所有不同类别的学生放到一个连续性的列表中（例如，这一名册可以从平均绩点4.0的大一男生开始，以平均绩点不超过1.0的大四女学生作为结束）。然后，再对整个列表进行随机起始的系统抽样。由于整个列表的顺序已做过排序，因此，系统抽样将会从每个次级集合中抽出适当数量（误差的数量大概在1~2个之间）的样本（注意：对此名册进行简单随机抽样，将会使分层的效应被抵消）。

图7-12是分层系统抽样的示例。正如你们看到的，我们将总体按性别与种族进行分类。随机起始用的数字是"3"，每10个人，抽出1个样本。因此，抽取的样本包括3、13、23、…、93等号码。

分层抽样方法可以确保分层变量的代表性，也使其他相关变量更具有代表性。总体来说，分层抽样法在针对某些变量时，会得到比简单随机抽样方法更具代表性的样本。因此，虽然简单随机抽样颇为可取，但应该知道，还有更有效的方法。

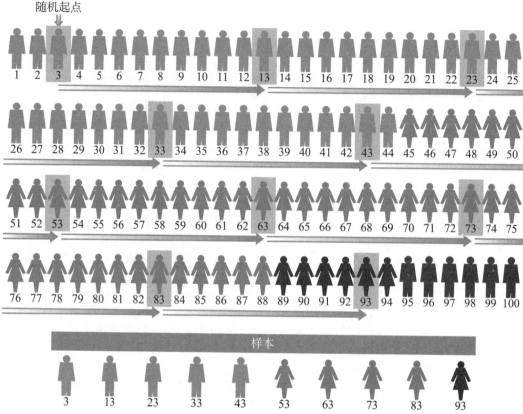

图 7-12 随机起始的分层系统抽样。分层系统抽样包括两个阶段：在抽样之前，将总体分为同质性的不同群（或层）；在简单抽样中，性别和种族是分层变量，我们还可以使用更多的分层变量。然后，每隔 K 个人（在例子中每隔 10 个人）抽出 1 个样本。

7.5.4 系统抽样中隐含的分层

我们曾经提过，系统抽样方法有时会比简单随机抽样方法准确。这样的情况发生在名册顺序具有隐含分层的时候。如前所述，如果大学内的学生名册是按年级进行排列的，用系统抽样方法来抽样，将会得到按年级分类的样本，简单随机抽样方法则无法达到这一效果。

在一个针对夏威夷大学学生进行的研究中，在按年级分层后，又把所有的学生按学号进行排列。他们的学号也是他们的社会安全号码（social security number）。由于社会安全号码的前 3 位代表发出此码的州名，因此，在同一个年级中，所有在同一州取得社会安全号码的学生，将会被排在一起，这也提供了粗略的地区性分层。

有时，一个排过序的名册，可能比一个杂乱无章的名册提供更多、更有用的信息。我们强调这一点，是因为常有人认为在系统抽样前，必须先将整个名册的顺序打乱。事实应该是：只有遇到前一节提及的周期性排列的情况，整个名册才需要被重组。

7.5.5 举例：对大学生进行抽样

为了达到理论联系实际的目的，我们来看一个实际的抽样设计，如在大学生中进行抽样。此研究的目的在于，通过邮寄问卷，对进入夏威夷大学校本部就读的学生进行截面研究。下面是选择样本采用的步骤。

1. 研究总体和抽样框

本研究可以使用的抽样框是大学教务处保留的学生电子档案数据。数据中包含学生的姓名、目前及永久住址、社会安全号码以及其他许多信息（例如研究领域、年级、年龄以及性别等）。

电脑数据库包含所有学生（这一定义过于宽泛）的数据，很显然，有些学生并不适用于这一研究目的。因此，我们必须界定一个较严格的研究总体。最后确定的总体为秋季于曼诺阿（Manoa）校区注册的 15 225 个全日制学生，也就是所有院系的研究生及本科生、本国学生和留学生都包括在内。因此，用以抽样的电脑程序会将符合此定义的所有学生挑选出来。

2. 分层

电脑抽样程序可以在抽样前先对学生进行分层。虽然按年级分层的学生可再按性别、学院、专业以及其他变量进行细分，研究者认为对本研究而言，按班级分层就足够了。

3. 样本选择

一旦学生按班级排列，我们便可以对重排后的学生名册进行系统抽样。研究最初设定样本容量为 1 100 人。为获取样本，抽样比率被定为 1/14。首先用程序产生一个介于 1～14 之间的随机数，然后，将符合此号码的学生，以及从他开始的每第 14 个学生，选入样本中。

当样本完全选出后，电脑便会将每个入选学生的姓名以及通信地址打印在不干胶邮寄标签上。然后，研究人员便可将这些标签贴到信封上，寄出问卷。

4. 样本修订

邮寄问卷之前，研究者发现，由于问卷制作费超支，现有经费不足以邮寄 1 100 份问卷。为此，我们不得不修订样本。研究人员以系统抽样方法（随机起始），从选定邮寄标签眼本中剔除 1/3。这样，最后的研究样本，减为 733 个。

我们在这里提到对样本的修订，是为了说明在研究过程中，经常要进行部分改变。由于从原始系统抽样样本中剔出的学生也是以系统抽样方法选取的，因此，剩下的 773 个学生仍然能很好地代表研究总体。当然，样本容量的减少，也将使抽样误差增大。

7.6 多级整群抽样

前面几节我们讨论了直接从要素名单中用一些相当简单的步骤进行抽样的方法。这是一种理想状态。然而，许多有趣的社会研究，都需要从一个不易获得抽样名单的总体中抽样。例如：一个城市、一个州或一个国家的人口，美国大学生等等。在这些例子中，抽样设计必定更加复杂，通常必须先进行整群要素抽样，称为群（cluster），然后再从这些群中抽取要素。

当我们不可能或不方便编制一个完整的名单形成目标总体时，就可以使用**整群抽样**[①]（cluster sampling）方法。美国所有教会成员便是这样一个总体。事实上，这些总体要素，通常被分为较小的次级群体，次级群体的要素名册，是已经存在的或可以列出的。在上面的例子中，美国教会成员分属不同的教会，我们可以找到或做出一个美国教会名册。按照整群抽样方法，可以先用某种方法对这个教会成员名册进行抽样（如分层系统抽样方法），接下来，对抽选出来的教会成员名册，再进行抽样，最后，便可以提供要研

---

① 整群抽样：只要某群（丛）被选中，则群里的所有要素都将进入随后的子样本集。譬如，可以先从目录中选择美国的大专院校，然后从被选中院校的学生名单中，抽选学生样本。

究的教会成员样本了。

另一种典型的情况是，当我们对一个总体区域，例如对某城市人口进行抽样时，虽然没有整个城市的人口名册，但基于人们居住在这个城市的不同街区，我们可以先选出一些街区样本，制作这些街区的居住人口名册。再根据这些街区的名册，对居住人口进行抽样。

还有一种更复杂的设计方法，研究者先对城市的不同街区进行抽样，然后列出抽选出来的每个街区的家庭户名单，再对这些街区的家户进行抽样。之后，列出抽选出来的家庭户人口名册，最后，再对名册上的人口进行抽样。使用多级整群抽样的方法，我们能够对城市人口进行抽样，而不需要整个城市的人口名册。

由此我们看到，多级整群抽样法，一直重复两个基本步骤：列表名册和抽样。先编制初级抽样单位（如教会、街区）的名册或将之分层，然后，对这个名册进行抽样。根据选出的初级抽样单位，再编制其要素名册或对其分层。得到次级抽样单位名册，并进行抽样，如此一直重复下去。

当然，取得选中街区的家庭户名册是一种劳动密集并耗资巨大的活动，其中对家庭成员面访的费用就很高。伊恩阿克琼等（Vincent Iannacchione, Jennifer Stabb and Davide Redden, 2003）报告了起初通过邮寄名单形式取得成功的例子。尽管名单不是很完整，但足以免去一大笔开支。

多级整群抽样方法使得原本不可能做的研究成为可能。特殊的研究环境需要特殊的研究设计，真实生活的研究文本框《对伊朗进行抽样》即为一例。

真实生活的研究

对伊朗进行抽样

尽管本书讲的例子都取材于美国，但这些基础的抽样方法，同样适用于其他国家。不过，研究者应根据当地实际情况，做出适当修订。例如，在伊朗的抽样中，来自德黑兰大学的阿卜杜拉亚恩和阿扎达马基（Abdollahyan and Azadarmaki, 2000：21）根据文化差异把伊朗分成如下 9 个文化区域：

1. 德黑兰。
2. 中心区域：包括伊斯法罕、阿拉克、库姆、亚兰德和克尔曼。
3. 南部诸省：包括霍尔姆斯干、胡齐斯坦、布希尔和法尔斯。
4. 西部边缘区域：包括卢里斯坦、扎姆德尔、巴格迪阿里、科基卢亚和伊拉姆。
5. 西部省市：包括东西阿扎尔拜疆、赞疆、加仕温和阿尔迪比尔。
6. 东部省市：包括科拉山和塞曼。
7. 北部省市：包括戈兰、马赞德兰和戈勒斯坦。
8. 希斯坦。
9. 库尔德斯坦。

在每个文化区域内，研究者对人口普查街区进行抽样。在每个被选中的街区，对家庭户进行抽样。他们的研究设计为：在家庭户内取得合理数量的有代表性的男女受访者，并用他们来代替那些无人在家的家庭户。

尽管美国和伊朗在政治和文化上非常不同，用于选择总体的代表性样本的抽样方法却是相同的。在本章的后面几节，当你们回顾对加利福尼亚州奥克兰市家庭户总体抽样方法的详细描述后，就会发现它与阿卜杜拉亚恩和阿扎达马基在伊朗使用的抽样方法非常相似。

资料来源：Hamid Abdollahyan and Taghi Azadarmaki. 2000. "*Sampling Design in a Survey Research: The Sampling Practice in Iran.*" Paper presented to the meetings of the American Sociological Association, August 12-16. Washington, DC.

7.6.1 多级整群抽样设计与抽样误差

尽管整群抽样方法效率很高，代价却是样本精确度的降低。对总体名册进行简单随机抽样，会产生一次抽样误差，两阶段的整群抽样则会有两次抽样误差：首先，对整群进行的初次抽样只在一定的抽样误差范围内代表整群组成的总体。其次，对其中任何一个被选中群体的要素进行抽样，同样是在给定抽样误差范围内代表群内的所有要素。譬如，研究人员抽到的富裕街区超过了其实际的占比，同时，进行次级抽样时，抽到的富裕家庭又超过了其实际的占比。这个问题的解决方式，在于最初选择的群数量，以及从每个群中选择要素的数量。

研究实践一般都受制于样本规模。譬如，只能在一个城市中做 2 000 次访谈。在这个宽泛的限制之下，在设计整群抽样时，会有许多不同的选择。最极端的情况是，只选择一个群，在群里选择 2 000 个要素；或选择 2 000 个群，在每个群里选 1 个要素。当然，以上这两种情况都是不明智的。但是，在两种情况之间还有很多选择。幸运的是，抽样分布逻辑，向我们提供了可以遵循的一般准则。

回想一下，抽样误差可以通过下列两种方法来减少：增加样本容量，提高样本要素的同质性。这些方法，对多级整群抽样设计的每一部分都有影响。如果抽取的群数量较多，且总体所有群都非常类似的话，这个群样本的代表性就会增大。同理，如果每个群中被抽取的要素数量很大，且群要素都非常类似的话，要素样本的代表性也会增大。

然而，如果总样本量一定，抽取的群数量增加，每个群中被抽取的要素数量势必要减少。群代表性的增加，必然会牺牲要素代表性，反之亦然。幸运的是，同质性因素可以用来缓和这种两难。

一般来说，总体中，自然群的要素之间，其同质性要比总体所有要素之间的同质性高。举例来说，某教会中教友的同质性，比加上其他所有教会教友的同质性高。一个城市某街区居民的同质性，比城市所有居民的同质性高。所以，充分代表一个自然群，所需的要素相对较少；但如果要充分代表所有群之间的差异性，就可能需要大量的群。这种情况的一个极端的例子是，每个群的组成要素都相同，而群与群之间的差异性却非常大。在这种情况下，只要群样本量足够大，就能充分代表所有要素。尽管这种极端情形在现实生活中不会存在，相反的情形，却非常接近于现实：群与群之间有差异，组成群的要素之间也有些差异。

因此，整群抽样设计的一般性准则是，尽可能多选群，并减少每个群要素的数量。需要注意的是，上述科学性准则，必须配合实践的限制。我们知道，整群抽样之所以有效率，是因为它能尽量减少总体要素的列表名册。在选取群之后，只需要列出样本群的要素名单，而不是总体所有要素的名册。然而，增加群样本数量，则直接违背整群抽样的效率原则。选取的群愈少，我们就愈能又快又便宜地将所有要素列出来（要记住，即使在每个群中要抽取的要素个数很少，也必须将每个群中的所有要素都列出来）。

实际上，最终的抽样设计，总会反映上述的两种限制。人们会在能力所及的范围之内尽量选取较多的群。为了避免泛泛而谈，可以遵循一个通用原则：人口调查者通常在每个普查街区选择 5 个家庭户来做访谈。如果抽样总数是 2 000 户家庭，那么总共要选择 400 个街区，每个街区访问 5 户。图 7-13 以图表的方式描述了这个过程。

在讨论整群抽样其他更详细过程之前，必须再次申明，这种方法免不了会损失精确性，并且方式有些复杂。首先，正如前面提到过的，在多阶段抽样设计中，每个阶段都会有抽样误差。因为每一阶段抽取的样本容量必定比总体容量小，所以，各阶段的抽样误差就会大于一次性随机抽取要素的误差。其次，抽样误差是以观察的样本要素之间的变异为基础来估算的。当那些要素取自于同质性较高的群时，对抽样误差的估算就会太过乐观。因此，必须根据整群抽样设计的缺陷加以修正。

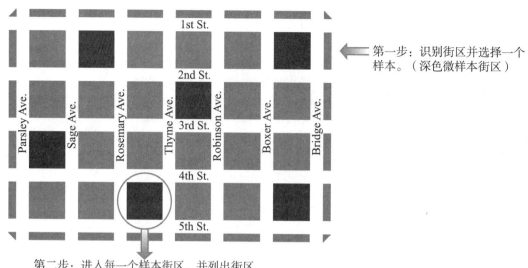

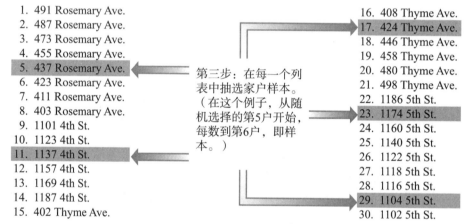

图 7-13 多级整群抽样。在多级整群抽样中,我们首先选择整群抽样(在本例中,对城市街区进行整群抽样);然后,制成要素的列表名册(本例的要素指家庭户)并在样本群中对要素进行抽样。

7.6.2 多级整群抽样中的分层

至此,在我们看到的整群抽样设计中,每一阶段都依简单随机抽样方法挑选样本。事实上,分层技术能够改进我们抽选的样本。

分层的基本选择方式与从名单中作单一阶段抽样完全相同。举例来说,如果选择教堂的美国样本,就可以先将列表名单上的教堂按照教派、地理位置、大小、乡村或市区,甚至按照社会阶级测量方法进行分层。

一旦按照相关的、可行的分层变量对初级抽样单位(教堂,街区)进行分类,接着就用简单随机抽样或是系统抽样方法来选取样本。可以从每一个群体或每一层中选取一定数量的抽样单位,也可以将分层后的群排列成连续的列表名单,在其中作系统抽样。

如果群的同质性高,抽样的误差就可减少。正如前面提过,分层的首要目标在于获得样本群体内部的同质性。

每一个阶段的抽样,都可以使用分层法。一个被选取的群要素,也可以在进一步抽样之前，对其进行分层。但人们通常并没有这么做（请回忆群内具有相对同质性的假设）。

7.6.3 概率比例抽样（PPS）

本节介绍一种许多大规模调查抽样使用的一种更为成熟的整群抽样形式。前面已经讨论了使用随机或系统方法对总体的群进行抽样，然后，再用随机或系统方法对样本群的要素进行抽样。这种抽样方法对总体的每个要素而言，被选中的概率是相等的。

譬如，要抽选的城市家庭户。假设某城市有 1 000 个街区，先挑选 100 个街区作样本，则每个街区有 100‰，即 0.1 的机会被选中。然后，再从每个街区中，每 10 户抽 1 户，即街区的每个家庭户被选中的机会也是 0.1。要计算该城市每家庭户被选中的概率，只要简单地将这两步的概率相乘即可。也就是说，每个家庭户所属的街区被选中的概率是 1/10，如果这个街区真被选中，其家庭户被选中的概率又有 1/10。所以每个家庭户被选中的概率是 1/10×1/10＝1/100。正因为每个家庭户被选中的概率相同，所以，挑选出来的样本对城市的所有家庭户具有代表性。

不过，这个过程可能有风险。特别是当街区大小不同（以家庭户数来计算）时就会出现问题。假设城市的半数人口集中在 10 个充满高层公寓的街区。而其他人口则为单家独院，散居在其他 900 个街区。当第一次以 1/10 的概率选择街区时，很可能完全没选到高家户密度的那 10 个街区。那么，不论第二阶段抽样的结果如何，最后选择出来的样本家庭户就会非常没有代表性，因为他们都是由单家独户的家庭户组成的。

当被抽样的群规模很大时，应当采用一种修正的抽样设计，即**概率比例抽样**[①]（probability proportionate to size，PPS）。这种方式可以预防上述问题，仍可以在总体每个要素被选机会相同的情形下选出最终的样本。

正如其名显示的，每个群被选取的概率与其规模大小成比例。如此一来，有 200 家庭户的街区被选中的机会，是有 100 家庭户街区的 2 倍。然而，在每个群之内，被选取的家庭户数量是固定的，比如说一个街区选 5 户。注意看这一程序如何使每一家庭户被选中的概率相同。

我们来看两个不同街区的家庭户，街区 A 有 100 个家庭户，街区 B 有 10 个家庭户。在概率比例抽样中，我们会给街区 A 被选中的机会 10 倍于街区 B。因此，在抽样设计中，如果街区 A 被选中的概率是 1/20，则意味着街街区 B 被选中的机会只有 1/200。这意味着在街区 A 被选中的情况下，其家庭户被选中的机会是 1/20；而在街区 B 被选中的情况下，其家庭户被选中的机会为 1/200。

由于我们规定从每个被选街区挑选 5 户，如果街区 A 被选中，那么，街区 A 的家户被选为样本户的概率是 5/100。在这个例子中，我们可以将概率相乘，由此得到街区 A 的家户在总体中获选为样本户的总的概率是 1/20×5/100 = 5/2 000，也就是 1/400。

如果街区 B 凑巧也被选中，则其家庭户从街区中被选为样本户的机会就大多了，有 5/10。当这个数字和街区 B 较低的获选概率相乘，得出街区 B 的家庭户在总体获选的总概率居然和街区 A 的家户也一样：1/200×5/10＝5/200＝1/400。

如果进一步修正，这种设计，就是选取大型群样本的有效方法。就目前来说，能掌握其中的基本逻辑也就够了。

[①] 概率比率抽样：一种多级整群抽样，其中群的被选概率并不相等（见 EPSEM），而是与其规模大小（根据包含的子样本数量来衡量）成比例。

7.6.4 非比例抽样和加权

如果总体每个要素被选为样本的机会相同，概率抽样的结果对整个总体而言，就具有代表性。在前面的讨论中，我们注意到，各种抽样方法都可以让要素的备选机会相同，即使最终的概率是几个局部概率的结果。

一般说来，如果每个总体要素都有一个"已知非零"（Known nonzero）的备选概率——即使不同要素有不同的概率，得到的样本仍可称为概率样本。如果采用控制概率抽样手段（controlled probability sampling procedures），只要指定样本要素的权重为其备选概率的倒数，则此样本仍可代表总体。因此，一个特例是：当所有样本要素的备选机会都相同时，每个要素被赋予的权重也相同，即为1。这叫作"自加权"（self-weighting）样本。

有时候需要给予某些要素更高的权重，这个过程就是**加权**①（weighting）。非比例抽样和加权有两种基本方式。第一，可以对次级总体进行非比例抽样，以确保从每一次级总体中取得足够的可分析的样本量。举例来说，一个城市郊区可能拥有城市 1/4 的人口，如果你对郊区的家庭户特别感兴趣，并想做更仔细的分析，就会觉得只占总数 1/4 的样本量太小，可能会决定在郊区和城区抽取同样数量的家庭户。这样一来，郊区家庭户的被选机会就比城区的家庭户更大。

只要你分析两个区域的样本或进行比较，就无须担心有抽样差别。但如果要将两组样本合并以描述整个城市，就必需考虑非比例抽样。假设 n 是从每一区域抽选的家庭户数量，那么，郊区家庭户的备选概率等于 n 除以城市总人口数的 1/4。因为，对郊区和非郊区而言，城市总人口数和各自样本容量都相同，郊区的家庭户应该给予 (1/4) n 的权重，而非郊区的家庭户应该给予 (3/4) n 的权重。简化的结果，郊区以外的家庭户应当给予的权重是 3。

下面要说明，在非比例抽样中未作加权处理时可能产生的问题，譬如说，当《哈佛商业评论》（*Harvard Business Review*）要调查订户对工作场所性骚扰议题的意见时，对女性订户作过度抽样（oversampling）似乎是适宜的，因为女性订户的数量远远不如男性订户多。柯林斯和布洛吉（G. C. Collins and Timothy Blodgett）解释道：

> 我们还以另一种方式扭曲了样本。为了确保从女性处获得有代表性的意见，我们几乎对每一位女性读者发出问卷，所以，寄给男性和女性问卷的比例为 68∶32。这一偏误，导致回收问卷中有 52% 是男性，44% 是女性（有 4% 未注明性别）。事实上，在《哈佛商业评论》的美国订户中，性别比为男性占 93%，女性占 7%。（1981：78）

在这个问题中，你们可能注意到了几件事。第一，"几乎对每一位女性读者"意指什么，如果知道得多一些就好了；很明显，他们并没有对每位女性订户寄出问卷，也不知道遗漏了哪些人，以及为何遗漏了她们。第二，他们并没有照正常的社会科学定义来使用"具有代表性"名词。当然，他们的原意是要从女性读者那里获得充分的或"足够多"的意见。为实现这一目标，对女性订户做过度抽样是完全可以接受的方法。

相对于直接概率抽样，通过抽取数量更多的女性，他们找了足够的女性（812 人）与男性（960 人）进行比较。如此一来，譬如说，当发表的报告指出 32% 的女性和 66% 的男性同意"在工作场所发生性骚扰的情形被过度夸大了"时，我们知道回答问题的女性人数充足。这样做虽然不错，不过，还是有问题。

首先，订户调查就值得质疑。在这个例子中，研究者希望的，最多不过是探讨"《哈佛商业评论》的读者怎么想"。用不太严谨的方式，让这样的总体代表企业的组织管理，

---

① 加权：赋予不同概率入选样本要素以不同的权重。每个样本要素的权重为其备选概率的倒数。当所有要素入选样本的概率相同时，也就无须加权。

大致上也算合理。然而，不幸的是，总的回收率只有 25%。尽管这对订户问卷调查来说已经很好了，但要从样本推论总体，回收率还是太低。

除此之外，非比例抽样的问题更大。当研究报告宣称 73% 的受访者赞成由公司采取对抗性骚扰的政策（Collins and Blodgett, 1981: 78）时，这一数字无疑太高了。因为在样本中，女性占了特别高的比例，而女性比较倾向支持这种政策。当研究报告指出高层主管比中层主管更倾向于认为性骚扰事例被过度夸大时（1981: 81），这一结论也令人怀疑。正如研究报告指出的，女性大多数为低层主管。光是这一点就足以说明不同层级的主管为什么有不同的回答。简而言之，由于没有对女性订户的过度抽样问题予以考虑，调查结果没有按性别区分，导致调查的总体结果混淆不清。如这部分前面所述，解决这一问题的方法是给受访者的性别加权。

在最近的大选民意调查中，采用加权方法成为一个有争议的问题，因为有些民意调查机构在调查中给党籍和其他变量加权了，而另一些民意机构没有这么做。这一例子中的加权，涉及对共和党和民主党在民意调查及大选当天不同程度地参与活动的假定。在这一假定中，还包含了对有多少民主党人和多少共和党人的断定。在未来的几年里，这一调查方法，在民意调查专家和政治家中，将有可能依然成为有争议的话题。

7.7　概率抽样回顾

前面各种讨论针对的，都是用于受控调查研究的主要抽样方法，即概率抽样。每一种方法都沿用了一个"已知非零"的概率，从总体中随机抽取要素作为样本。

根据不同的状况，概率抽样要么很简单，要么极为困难，并要耗费大量时间和金钱。但无论如何，这都是抽选研究样本最有效的方法。原因有以下两点。

首先，概率抽样能使研究者在抽选要素样本时避免有意识或无意识的偏误。如果总体的所有要素都有相等的（或是不相等并因此加权的）备选机会，那么，选择出的样本必能充分代表整个总体的所有要素。

其次，概率抽样可以估计抽样误差。虽说任何概率样本都不具有完全的代表性，但利用受控制的抽样方法，能使研究者估计抽样的误差大小。

在本章中，我们讨论了社会研究的一个基本议题：有选择的观察，可以获得比一般观察更具一般性的认识。这个议题，是调查实践者要面对的。事实上，研究者要面对的行动和行动者，远超过了他们能够记录的数量。正如政治性民意调查中研究人员要预测选举、却不能访问所有选民一样。随着对本书学习的不断深入，我们将会更详细地看到，社会科学研究者是怎样处理这些问题的。

7.8　抽样中的伦理

本章讨论了抽样技术的核心目标在于允许研究者以少量的、对样本的观察来估计大规模总体现象的精确图景。在定量研究中，利用概率论得到的结果，是基于抽样的统计描述，是对总体要素图景的一种近似映射。除了规范地使用抽样技术，研究者还应仔细指出误差的可能性。导致研究结果产生误差的因素包括抽样误差、抽样框瑕疵、无应答误差以及其他任何可能将抽样结果引入歧途的因素。

有时候，往往是在定量研究中，抽样可能是为了利用总体要素变异的范围，而不是关注总体"平均的"或"有代表性"的参数。对抽样技术的这种利用，尽管是规范的和有价值的，却存在着风险——使读者误解总体的分布特征。在上述情况下，研究者应当保证让读者不被误导。

本章要点

导言
- 社会研究者一定要进行选择观察，只有这样，才能对不曾观察到的人与事进行总结。如此就涉及如何对观察对象进行选择，找到样本。
- 在社会调查研究中，了解抽样的逻辑是有必要的。

抽样的简要历史
- 有时你们能够或应该以精确的统计技术选出概率样本。有时，非概率抽样技术更为适用。

非概率抽样
- 非概率抽样技术包括就近抽样、目标式抽样、滚雪球抽样和配额抽样。另外，研究者在研究社会群体时，可能还需要知情人。每一种技术都有用处，但都不能保证样本代表总体。

概率抽样的逻辑和理论
- 概率抽样对于从大规模的已知总体中抽取有代表性的样本极为有用。通过保证总体每个要素都有一个已知（非零）的备选概率，概率抽样能够计算有意识和无意识的抽样误差。
- 概率抽样的核心是随机抽样。
- 即使最仔细的抽样，也不可能提供对总体的完全代表性，一定程度的抽样误差，总是存在的。
- 通过估计相关参数的抽样分布，概率抽样，能让研究者估计样本的抽样误差。
- 我们用置信水平和置信区间来衡量抽样误差。

总体与抽样框
- 抽样框是总体所有要素的名册或准名单，也是样本的来源。一个样本的代表性直接依赖于抽样框代表总体要素的程度。

抽样设计的类型
- 有多种抽样设计可供研究者选择。
- 从逻辑上讲，简单随机抽样是最基本的概率抽样，但在实践中，几乎不会用到这种抽样技术。
- 系统抽样的原则是，抽选抽样框中的每第 K 个要素。除了少数例外，这种方法与简单随机抽样的功能是相同的，只是更为实用。
- 分层是在抽样之前先将总体要素分成相对同质性群体的过程。这个过程能降低抽样误差，并增进样本的代表性。

多级整群抽样
- 多级整群抽样是一种比较复杂的抽样技巧，多半在无法获得总体要素名册的情形下使用。一般来说，研究者必须考虑群的数量和群的规模。分层可以用来降低多级整群抽样中的抽样误差。
- 概率比例抽样（PPS）是一种特别而有效的多级整群抽样方法。
- 如果总体要素有不同的备选概率，研究者就必须给予不同的权重，以提供对于总体具有代表性的样本。基本上，一个样本的权重，应该是其被选为样本概率的倒数。

概率抽样的回顾
- 概率抽样仍然是选择研究样本最有效的方法，这体现在两方面：避免了研究者在样本选择中的偏误，并且可以估算抽样误差。

抽样中的伦理
- 由于概率抽样总有误差风险，研究人员必须将所有可能误导研究结果的误差告知读者。

- 有时，非概率抽样对于获取总体变异的宽度非常有用，在使用这种方法时，研究人员必须保证让读者不会因此而对总体的一般特征产生误解。

关键术语

以下术语是根据章节的内容来界定的，在出现该术语的页末也有相应的介绍，和本书末尾的总术语表是一致的。

整群抽样　置信区间　置信水平　要素　等概率抽样　知情人　非概率抽样　参数　总体　概率比例抽样　概率抽样目标式抽样　配额抽样　随机选择　代表性　抽样误差　抽样框　抽样间隔　抽样比率　抽样单位　简单随机抽样　滚雪球抽样　统计量　分层　研究总体　系统抽样　加权

准备社会研究：抽样

作为研究准备的一部分，你需要描述你是如何从所有可能观察到的现象中做出选择的。根据你计划使用的数据搜集方法，概率抽样或非概率抽样可能更适合你的研究。此外，你的研究准备还需要包括抽样的对象或知情人，或者抽样的公司、城市、书籍等等。

因此，你的研究计划必须指定抽样单位、选择样本的数据（如抽样框）以及将使用的实际抽样方法。

复习和练习

1. 请复习有关 1948 年盖洛普预测杜威会在总统大选中击败杜鲁门的讨论。讨论盖洛普应如何修正配额抽样设计以避免抽样误差。

2. 利用本书的附录 B，选出 10 个 1~9 876 之间的数字组成一个简单随机样本，并描述抽样的步骤。

3. 描述从美国大专院校在读英文的大一学生中抽取一个多级整群样本的步骤。

4. 在第 9 章，我们将讨论网络调查。你们能想到哪些与抽样框、代表性有关的问题？有什么解决办法？

第 3 篇

观察的方式：定量与定性

第 8 章　实验方法
第 9 章　问卷调查
第 10 章　定性实地研究
第 11 章　非介入性研究
第 12 章　评估研究

在深入探讨研究的构建之后，现在，我们要进入社会科学家们可用的观察技术了。实验，常被与物理学连在一起。第8章，我们要看看社会科学家如何应用实验。这是我们讨论的方法中在严格意义上具有可控性的方法。对实验的理解显然有助于对社会科学研究一般逻辑的理解。

第9章将讨论问卷调查，社会科学中使用最普遍的一种方法。问卷调查通过向人们提问题来搜集数据，要么使用自填问卷，要么使用访谈问卷；访谈问卷可以有面访、电话访问，或者是在线调查。

第10章，讨论定性实地研究，也许是社会科学研究者使用的最自然搜集数据的形式，如在自然状态下对社会现象进行直接观察。正如你们将要看到的，有的研究者走得更远，为了真切地观察与更充分的理解，他们甚至直接参与到被研究场景中。

第11章讨论三种非介入性数据搜集方法，特别有助于我们搜集身边的数据。首先，内容分析就是通过细致、具体地搜寻社会人为事实（如书籍、歌曲、演讲、图画）来搜集数据的方法，其中，没有与人的任何接触。人们可以运用这种方法考察社会现象的广泛差异性。其次，对既有统计数据的分析，是另一种不用与人交谈就可以研究的方法。政府和众多的私立机构都在有规律地累积大量数据，人们常常只需稍作甚至不做调整就能用于回答研究问题。最后，历史档案也是可以用于社会科学分析的宝贵资源。

第12章讨论评估研究，看看在社会科学中快速成长起来的一个子领域中，社会科学家如何运用实验模式、准实验模式来检验在真实生活中社会干预的效果。譬如，你或许会运用评估方法来探讨药物成瘾者戒毒的效果，或一项新的学校标准的效率。在同一章中，我们还会简要地讨论，如何将社会指标作为一种方法，用于评估更多社会过程。

在我们使用这些具体方法之前，还有两点要说明。

第一，你们或许已经发现，你们在日常生活中已经使用这些社会科学方法了。甚至每天都在使用一些实地研究方法。在你们讨论作者写作动力的时候，已经自觉不自觉地使用了内容分析。甚至经常用到因果实验。第3部分将告诉你们如何改进对方法的使用并尽量避免犯错误。

第二，这一部分讨论的任何搜集数据的方法，都不是可以适用于所有研究议题和情境的万能方法。我要告诉你们，在每章的开始部分，都会说明方法的使用情境。尽管如此，我们依然无法预料到哪天你们会对哪个议题有兴趣。作为一般的准则，在研究任何议题时，你们都应该运用多种方法。因为每一种方法，都有自己的弱点，运用多种方法可以弥补这些弱点。如果不同的、独立的方法对同一个议题获得了相同的结论，就做到了复证。

第8章 实验方法

章节概述

实验方法是一种能够让研究者探索因果关系的观察方法。社会研究的很多实验都是在实验室控制条件下进行的。实验方法也能用来研究自然事件,以了解社会事件的效应。

导 言

本章探讨受控实验,这种研究方法与自然科学的联系,相比社会科学,也许更为密切。我们之所以在第3篇讨论这一方法,是因为受控实验的逻辑和基本技术,为理解在社会科学更常用的、特别是以解释性研究为目的的其他技术提供了有用的背景。在这一章,我们还将看到社会科学家们进行实验的一些创造性方法。

作为基础,实验方法包括:(1)采取行动;(2)观察行动造成的后果。社会科学研究者通常会选一组被试,给他们一些刺激,然后观察他们的反应。

需要注意的是,在人类的非科学探索中,也经常采用实验方法。例如,在炖菜时,我们加一点盐,尝一尝;再加一点,再尝一尝。在拆除炸弹时,我们先剪断红色电线,看会不会爆炸,再试着剪断另一根,如此往复。

当我们试图对置身其中的世界进行概括性理解时,也会进行内容丰富的实验。一切生活的技能皆由实验而习得:比如饮食、走路、谈话、骑自行车、游泳等等。通过实验,学生会发现必须读多少书才能学业有成,教授才能明白必须做多少准备才能授课成功。本章将讨论社会科学家如何应用实验方法来发展对世界的概括性理解。我们将发现,和其他方法一样,实验方法也有其特殊的优缺点。

8.1 适于实验方法的议题

实验方法对一些议题和研究目的而言,比另一些更加适合。实验方法特别适合于范围有限、界定明确的概念与假设。就前面讨论的科学传统而言,实验模式特别适用于假设检验。因为,实验方法关注的是确定因果关系,这种方法更适合于解释,而不适于描述。

例如,假定我们试图寻找减少对穆斯林偏见的办法。我们假设了解穆斯林对美国历史的贡献会减少对他们的偏见,并决定通过实验来验证。首先,我们可以测出一组实验对象对穆斯林偏见的程度。然后,可以放映一部描绘穆斯林对美国科学、文学、政治以及社会发展做出卓越贡献的纪录片。最后,重新测量他们的偏见水平,看看这部影片是否有效果。

用实验方法来研究小群体互动,也很合适,并相当成功。我们可以把一小组被试聚在一起,分给他们一项工作,诸如推广使用停车场,然后观察他们如何自行组织并处理问题。这种实验做过几次之后,就可以尝试改变工作性质或奖励措施,然后观察在各种条件下小群体如何以不同方式自我组织、运作,这样我们就可以对小群体互动的特性和影响因素,有更多的了解。比如律师有时候会以不同的方式向不同的模拟陪审团出示证据,以判断哪种方式最有效。

政治竞选使用实验方法来确定最有效的交流类型。根据实际筹集的资金,对不同的筹资信息进行评估。

与心理学和自然科学不同，实验室实验在社会科学中的使用频率要小。霍恩（Christine Horne）和洛瓦利亚（Michael Lovaglia）（2008）认为，这是犯罪学领域的一个缺陷。他们收集了一些例子，揭示实验室实验如何有助于理解自我控制、社会影响和法律等主题。霍恩和洛瓦利亚不主张替代其他方法，但主张在实验室环境通过研究来扩大研究。

同样，舒曼（Howard Schuman）（2008）详细介绍了实验室实验在调查中对访题措辞和访题顺序差异的影响。正如我们下一章将看到的，有经验的研究人员已经发现了把政府计划称为"福利"还是"援助穷人"会带来公众支持（或不支持）的差异。然而，精心设计的实验可以发现对研究设计者来说可能不太明显或直观的措辞影响。

我们总是认为，实验是在实验室进行的。本章列举的大部分实例，的确涉及实验室情境，但情况并不总是这样。社会科学家越来越多地使用互联网作为实验载体。进一步地，我们有时能够构建"自然实验"，即在日常社会事件中进行"实验"。本章后面的部分将探讨这类研究。

8.2 古典实验

在自然科学和社会科学中，最传统的实验涉及三对主要成分：①自变量与因变量；②前测与后测；③实验组与对照组。本节将分别讨论这三对成分和这些成分在实验中的组合方式。

8.2.1 自变量与因变量

从本质上说，实验考察的是自变量对因变量的影响。通常，自变量是实验的刺激因素，它或有或无，是具有两种属性的"二分变量"。在典型的实验模型中，实验者就是要比较出现刺激和不出现刺激导致结果的差异。

以对穆斯林的偏见为例，偏见是因变量，而接触穆斯林历史则是自变量。研究者的假设认为，偏见在一定程度上取决于对穆斯林历史知识的匮乏，实验的目的在于通过向被试提供适当的刺激，比如纪录片，来检验假设的有效性。换句话说，自变量是原因，因变量是结果。因此，我们可以说，是看影片改变了偏见，或者说偏见减弱是观看影片的结果。

适于实验的自变量和因变量不计其数，某个变量在某项实验中可能是自变量，在另一项实验中则可能是因变量。譬如，在上述实验中，偏见是因变量，而在研究偏见对投票行为影响的实验中，它就成了自变量。

要用于一项实验，就必须对自变量和因变量的定义进行操作化。这种对定义的操作化，涉及大量观察方法，例如，问卷调查结果可以作为界定偏见的基础。与穆斯林交谈，或赞同或反对，或者无视他们，都可以作为在小群体情境对与穆斯林互动进行操作化定义的基本要素。

一般而言，在实验方法中，在实验开始之前，必须给自变量和因变量以操作化定义。然而，和问卷调查方法以及其他方法相关，有时候在搜集数据时，需要先多方观察，在做分析时，再确定最有用的操作化定义，会更加合适。无论如何，实验方法和其他定量方法一样，需要具体的与标准化的测量和观察。

8.2.2 前测与后测

在最简单的实验设计中,首先要对被试进行因变量测量(**前测**[①],pretesting),然后接受自变量的刺激,之后再对被试进行因变量测量(**后测**[②],posttesting)。变量前后测之间的差异,被视为自变量的影响力。

在偏见与接触穆斯林历史的例子中,我们首先对被试的偏见程度进行前测。譬如,用一份问卷询问他们对穆斯林的态度,能测出各个被试流露的偏见程度和整个群体偏见的平均水平。被试看过穆斯林历史的影片后,再用相同问卷测试他们看过影片后的偏见水平。如果第二次问卷调查得到偏见程度减弱,我们就可以说,这部影片的确有助于减少偏见。

以实验方法来检验诸如偏见等态度时,我们面临一个特殊的效度问题。可以想象,即使被试的态度没有变化,第二次答卷时的反应,也可能不同。在第一次分发问卷给被试填答时,他们也许尚未察觉我们的目的。但在第二次测量时,他们可能已经知道研究者在测量他们的偏见。因为没有人愿意表露偏见,被试在第二次填答也许会"清理"答案。这样,看起来影片似乎有减少偏见的作用,实际上却并非如此。

这是更为一般性的问题,即研究行为可能改变研究对象。这一问题困扰着多种社会研究形式。这一章,我们讨论在实验环境中解决问题的技术。第一种技术是利用对照组。

8.2.3 实验组与对照组

实验室实验方法很少只观察接受刺激的**实验组**[③](experimental group),研究者往往也观察未受实验刺激的**对照组**[④](control group)。

以偏见与穆斯林历史的实验来说,要对两组被试进行测量。开始时,每组都要填答用来测量对穆斯林偏见的问卷;接着,给实验组播放影片;之后,研究者对两组进行后测。图8-1说明了这个实验的基本设计。

通过采用对照组,研究者可以发现实验的影响。如果后测显示,对照组偏见的减少程度与实验组一样,那么,偏见的减少,显然是实验本身或其他外在因素的影响,而不是影片的作用。另一方面,如果只有实验组的偏见减少了,这一减少应该视为看影片的效果,因为那是两组惟一的差异。或者,实验组比对照组的偏见减弱得更明显,也可以看作是影片的作用和影响。

罗茨里伯格和迪克森(F. J. Roethlisberger and W. J. Dickson,1939)在20世纪20年代晚期和30年代早期做的一系列员工满意度研究,让把对照组纳入社会研究的需要,变得更加明确。这两位研究者对位于伊利诺伊州芝加哥市郊霍桑的西部电器工厂的"电话配线机房"工作条件进行了研究,试图发现工作条件改变与改善员工满足感并提高生产力之间的关系。

结果令研究人员非常满意。他们发现,工作条件的改善,使满足感与生产力都提高了。例如,车间照明条件改善,生产力因而提高。照明条件进一步改善,生产力又随之提高。

为了进一步证实其科学结论,研究人员把灯光转暗。令人惊讶的是,生产力还是跟着提高!

[①] 前测:对被试进行因变量测量。
[②] 后测:在接受自变量刺激后,对被试进行因变量的再测量。
[③] 实验组:在实验中被施以刺激的被试小组。
[④] 对照组:在实验中没有被施以刺激的被试小组,但在其他方面,和实验组一样。比较对照组和实验组,是要发现实验刺激的效果。

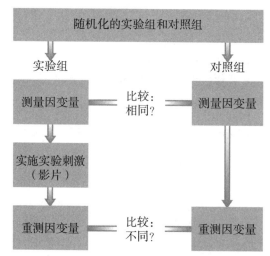

图 8-1 实验基本设计示意图。实验的基本目的是希望分离出自变量（在实验中叫"刺激"）对因变量的可能影响。实验中，让实验组接受刺激，却不给对照组刺激。

显而易见，与其说配线机房工人因工作条件改善而工作得更好，不如说是研究者对他们的注意引起了他们的反应，这就是通常所说的"霍桑效应"（Hawthorne effect）。霍桑效应的存在让社会科学家对实验本身的影响更敏感和小心了。在配线机房的研究中，采用一个合适的对照组（除了工作条件不变之外，也接受集中的研究），可以发现这种效应的存在。

需要对照组的实验，莫过于医学研究了。患者一再参与医学实验，病情似乎有了起色，但到底有多少是实验治疗的功效，又有多少是实验本身产生的效果，一直弄不明白。在检验新药效力时，医学研究者定期发给对照组患者安慰剂（比如小糖片），因此，对照组的患者像实验组的患者一样，相信他们在服用实验用的新药。一般情况下，他们的病情也会好转。不过，如果新药有效果的话，服用新药的患者，会比服用安慰剂的患者，病情好转得更明显。

对社会科学实验而言，对照组之所以重要，不仅在于防范实验本身的影响，也在于排除实验进行中外在事件的影响。以偏见研究为例，如果一位极有声望的穆斯林领袖正好在为期一周的实验期间遇刺身亡，这种事件或许令实验对象大受震动，因而不得不自省一番，其偏见程度或许会随之减少。因为对照组和实验组都受影响，如果实验组偏见减少比较明显，则说明实验刺激仍有影响。

有时候，实验设计要求一个以上的实验组或对照组。就上面观看电影的例子而言，如果我们还想考察读一本穆斯林历史的书会产生什么影响，就可以让一组既看电影又读书，另一组只看电影，第三组只读书，对照组则什么都不做。采用这种设计，就可以确定每一种刺激因素的单独影响，以及几种刺激因素的综合效果。

8.2.4 双盲实验

就像患者认为自己服用了新药就能使病情好转一样，有时候，实验者也倾向于采用先验式的判断。在医学实验中，研究者更倾向于观察实验组的效果，而忽视对照组的效果（对发明出这种新药的研究者而言更可能如此）。**双盲实验**[①]（double-blind experiment）

---

① 双盲实验：被试和实验者都不知道哪些是实验组哪些是对照组的一种实验设计。

则可以排除这种影响，因为，不论被试或实验主持者，都不知道谁属于实验组或对照组。以医学实验为例，负责发放药物并记录患者治疗效果的研究者，不知道哪些被试在服用新药，哪些被试在服用安慰剂。反之，那些了解被试分组的研究者，则不参与实验的实施。

正如做医学实验一样，进行社会科学实验时，实验主持者对实验结果的影响会随因变量操作化定义的明确化而降低。医学研究者也许会错误地认为病人嗜睡，却不会有意识地误读病人的体温；同理，小群体研究者也许会错误地判断被试的合作性或竞争性，却不会对被试在说什么或与谁说话判断不清。

2010年的一项肠易激综合征医学实验表明，安慰剂的作用，可能比你们想象的还要复杂。在这项实验中，一组病患拿到了标记为"安慰剂"的药片，并被告知为安慰剂。安慰剂，有时也被称作糖片，不含任何有效成分，在一些情况下，也能使服用者看起来有所好转。对照组则没有接收任何治疗。21天后，安慰剂组的病情有了明显的改善，而对照组没有。

然而，令这项研究更加复杂的是，实验组不仅服用了安慰剂，而且接受了一系列的检查和咨询，对照组则没有受到任何关注。也许，正像这项实验的研究者承认的，这些积极效果是由一整套治疗措施综合作用形成的，而不是仅因为那些安慰剂。同时，他们指出，病情好转的测量，来自于病人的自我评价，有可能在生理指标上，病情并没有得到改善。让事情更加复杂的是，"感觉更好"难道不正是这些治疗希望达到的目的吗？

8.3　选　择　被　试

在第7章，我们讨论了抽样的逻辑，说到要选择能够代表某些总体的样本。实验也有同样的需要。大多数社会研究者都在大学工作，他们可能会倾向于让大学生作为被试参与实验室的社会科学实验。典型的例子是，实验主持者请选修自己课程的学生参与实验，或在大学报纸上刊登广告来招募被试。被试参与实验，可能有报酬，也可能没有（回想一下第3章要求学生参与这种研究涉及的伦理问题）。

鉴于概化的科学规范，这种做法反映了社会科学研究的潜在缺陷。一言以蔽之，大学生并不代表一般民众。因此，问题在于我们或许对大学生的态度与行动知之甚详，而对社会一般民众的态度与行为却所知不多。

然而，与描述性研究相比，这种潜在的缺陷在解释性研究中不太显著。我们研究了大学生的偏见程度，但并不确定一般民众也有同等程度的偏见。从另一方面来讲，如果研究发现观看纪录片可以减少大学生的偏见，那么我们就会比较有信心地（虽然不能确信）认为，观看影片对一般社会成员也具有类似的效果。与个体偏见程度这样一些具体特征相比，社会过程与因果关系模式，似乎更容易概化，而且更加稳定。

以学生样本为基础的概化，并不总是一个问题，就像泰勒（Jerome Taylor）在评论对普通感冒（他认为这种疾病能追溯到古埃及时期）的有关研究时指出的那样。这种令人难以捉摸的疾病，只发生在人类和黑猩猩身上，因此，你们大概可以猜到医学研究者是怎样选择被试的了。但你们可能猜错了。

由于大规模进口黑猩猩实在是过于昂贵，20世纪上半叶，英国科学家开始在伦敦圣巴塞洛缪医院（St Bartholomew Hospital）的医学生中进行实验，以探寻普通感冒的发病机制。（Taylor，2008）

除了概化问题之外，选取被试的一个很重要规则是实验组与对照组的可比性。理想状态是，对照组应等同于未接受实验刺激的实验组，因此，实验组与对照组必须尽可能相似。这里有多种方法可以采用。

8.3.1 概率抽样

第 7 章对概率抽样逻辑与技术的讨论，提供了选取两组相似人群的方法。先把所有研究对象作为抽样框，再从中抽取两组概率样本。如果两组随机样本各自与总体相似，两者亦彼此相似。

概率抽样达到的相似（代表性）程度是样本大小的函数。作为一般的原则，少于 100 的随机样本代表性不够，在社会科学的实验中，无论是实验组或对照组，都很少有那么多的被试。因此，对于较大人群，实验方法很少采用概率抽样。但在分配被试时，研究者还是会用到随机选择的逻辑。

8.3.2 随机化

不管用哪种方法，招募到被试之后，实验主持人可以随机地把被试分派到实验组或对照组。为了实现**随机化**①（randomization），研究者可以把被试按序编号，然后用随机数表来选取号码；或实验主持人可以把奇数被试分到实验组，把偶数被试分到对照组。

让我们再回到概率抽样的基本概念。例如，假设通过报纸广告招募了 40 名被试，我们没有理由相信 40 名被试一定代表其从中抽取的母群体，同时也不能预设 20 名随机分派到实验组的被试能代表更大的总体。然而，我们可以更有信心地说，20 名随机分到实验组的被试，与随机分配到对照组的 20 名被试类似。

根据抽样逻辑，我们可以把例子中的 40 名被试看作一个总体，从这个总体中可以抽取两组概率样本，每组样本由总体的半数组成。因为每一组样本都能反映总体的特征，所以，这两组样本是相似的。

在第 7 章我们也看到，两个群体相似的假设部分依赖于被试的数量。极端的情形是，如果我们只招募到两名被试，并通过掷铜板来指定一人做实验者，另一人做对照者，就没有理由可以假设这两名被试彼此相似。然而，如果有许多被试的话，随机化是合情合理的。

8.3.3 配对

实验组与对照组的可比性，有时可以通过**配对**②（matching）来实现，正如第 7 章讨论的配额抽样一样。如果 12 名被试都是白人青年，就可以随机地把其中 6 名分派到实验组，把另 6 名分派到对照组。如果 14 名是黑人中年妇女，可以每组各分 7 名。对每一被试群体，我们都重复这个过程。

如果制作一个由最相关特征组成的配额矩阵，就可以高效地完成配对。图 8-2 提供了这种矩阵的简要范例。在这一例子中，实验主持人将相关特征确定为种族、年龄和性别。理想地，在配对矩阵中，应该让每一格的被试都为偶数，即每一格被试的一半进入实验组，另一半则进入对照组。

或者可以招募比实验设计要求更多的被试。在考察初选被试诸多特征时，每当发现一对相似的被试，就随机把一人分派到实验组，把另一人分派到对照组。完全与众不同的被试，则可排除在外。

无论我们用什么方法，期盼的结果都十分相似。实验组整体的平均特征应该与对照

---

① 随机化：随机地将被试分配实验组和对照组的方法。
② 配对：在实验中，考察初选被试的一个或多个特征，将一对相似的被试，随机地分到实验组和对照组。

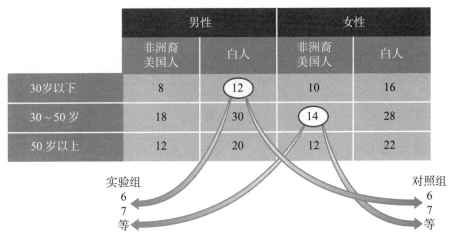

图 8-2 配对矩阵实例。有时,实验组和对照组是通过寻找相匹配的成对被试建立的;然后,把其中的一个放进实验组,另一个放进对照组。

组的相同。例如,两组应有大致相同的平均年龄、同样的性别组成、同样的种族组成等。不管两组是通过概率抽样法还是随机方法形成的,都应该进行同样的可比性检验。

到目前为止,尚未详细说明前面所指的"重要变量"是什么。当然,我无法给各位明确的答案,正如在第 7 章我不能指定哪些变量适用于分层抽样一样。具体的答案,要视实验的性质和目的而定,然而,一般的规则是,就与因变量相关的变量来说,两个组应该具有可比性。以"偏见"研究为例,就教育、种族以及年龄诸如此类的变量而言,实验组和对照组应该相似。再者,还可以等到对因变量做过初步测量之后,再把被试分派到实验组与对照组。因此,以上例来说,可以首先用问卷测量被试的偏见,然后,把实验组与对照组配对,确保两组整体的偏见程度相等。

8.3.4 配对还是随机?

如何把被试分派到实验组与对照组呢?在考虑时必须注意到,采用随机化方法与配对方法相比有两点优势。首先,我们无从知晓哪些相关变量应作为配对的依据;其次,大部分统计技术都是用来评估随机化实验结果的,如果不这样设计,就无法使用统计方法进行评估。

另一方面,只有被试的数量比较大、概率抽样法则起作用时,随机化才有意义。如果只有几个被试,配对就可以了。

有时候,研究者可以混合使用配对与随机化两种方法。在研究青少年教育时,英格尔(Milton Yinger,1977)及其同事需要把数量庞大的 13～14 岁的学生分派到几个不同的实验组与对照组。为了确保各组学生之间的可比性,他们采取了以下方法。

先从一群被试开始,研究者根据大约 15 个变量分出学生的层级,然后把每一层级的学生随机分派到实验组与对照组。如此一来,研究者实际上改进了传统的随机化方法,即采用了分层抽样(请参阅第 7 章),只不过和典型调查抽样法相比,他们用了更多的变量来分层。

到目前为止,我们已描述了典型的古典实验,足以代表实验室因果分析的逻辑。然而,社会研究者在实践中采用的实验设计更加多样化,下面让我们来看看这个基本议题的若干变体。

8.4 实验设计的变体

坎贝尔和斯坦利（Donald Campbell and Julian Stanley，1963）在一本探讨研究设计的经典著作里，描述了约 16 种不同的实验与准实验设计。这一节将简要地描述一些实验设计的变体，以展示实验方法在社会研究中的潜力。

8.4.1 前实验研究设计

坎贝尔和斯坦利探讨了三种前实验设计。我们在这里讨论这些设计，并非要推荐它们，而是由于这些设计经常为非专业研究所使用。这些设计之所以被称为"前实验"，是因为它们达不到实验设计的科学标准，并且有时候，研究者使用它们是由于难以获得成熟的实验条件。第一种设计是"单次案例研究"（one-shot case study），只有一组被试，在接受实验刺激之后，直接接受因变量测量。譬如在前面的例子中，假如我们给一组人直接放映穆斯林历史的影片，然后发给他们问卷，测量对穆斯林偏见的程度。从问卷得到的结果表明，这些人的偏见水平很低。我们也许会认为是这部影片减少了他们的偏见，可是因为少了前测，我们并不能确定。或许是问卷不能敏锐地测量偏见，或许我们研究的这组人的偏见程度本来就很低。不论是哪一种情形，这部影片都没有起到作用，所以，实验结果可能让我们误以为影片的确有效。

坎贝尔和斯坦利讨论的第二种前实验设计是，实验组加上前测，没有对照组，即"单组前后测设计"（one-group pretest-posttest design）。这种设计的弊端是：自变量以外的某些因素，可能会引起前后测之间的变化，正如前面提到声望卓著的穆斯林领袖遇刺的影响。因此，即使我们能发现偏见已经减少，却仍然无法确定是否是影片产生的效果。

作为前实验设计讨论的结束，坎贝尔和斯坦利还指出，有些研究有实验组与对照组，但没有前测，即"静态组间比较"（static-group comparison）。以穆斯林历史影片为例，我们可以放映给一组看，而不给另一组看，然后测量两组的偏见。假如实验结果表明，实验组的偏见程度较低，我们可以假定影片有效果。但除非被试是随机分派的，否则，我们无从知道两组在实验前是否有同样的偏见程度，也许一开始，实验组的偏见程度就比较低。

图 8-3 针对一个不同的问题，即运动有助于减肥吗？用图示说明了这三种前实验设计。为了更清楚地说明这几种设计，我用个体而非组群来举例，但你们应该了解，在进行组间比较时，也可采用同样的逻辑。让我们用这个示例来重述三种前实验设计。

单次案例研究代表逻辑推理在日常生活中的一种常见形式。当被问到运动是否能减肥时，我们也许会想到一个可以拿来印证的例子：某个人经常运动，并且体形适中。但这种推理是有问题的，或许此人在开始运动之前，一直很苗条，或者他体形适中有其他原因，比如节食或生病。如图示的观察，并未排除这些因素。再者，我们判断图中男子体型适中，这种印象还取决于我们直觉上认为什么是适中和什么是超重。不管怎么说，拿这类证据来检验运动与减肥之间的关系，说服力十分弱。

单组前后测设计提供的证据要好一些。具体而言，我们已排除此人在开始运动之前身材苗条的可能性。然而，我们仍然无从确信其体重减轻是否归因于运动。

最后，静态组间的比较，解决了胖瘦标准定义问题。就此例而言，我们能够比较参加运动的和不参加运动男子的体形差别，然而，这个设计却遇到了仅有后测设计同样的问题——参加运动的男子可能一开始就体形适中。

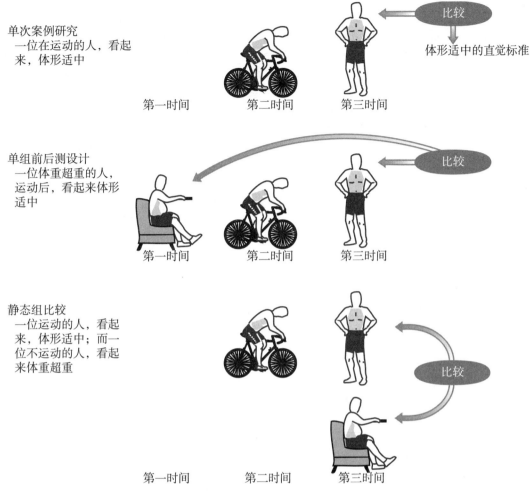

图 8-3　三种前实验研究设计。前实验设计,希望实现真正实验的逻辑,却容易导致结果解读上的误差。你们能看出每种设计的误差吗?通过增加对照组、前测和后测,我们能解除各种不同的风险。

8.4.2　实验研究中的效度问题

在这里,我想系统分析影响实验研究效度的因素。首先我们看坎贝尔和斯坦利"内在无效度"的来源,这在库克和坎贝尔(Thomas Cook and Donald Campbell, 1979)后来的书里有进一步回顾和拓展。之后,我们要考察"外在无效度",即如何把实验结果推及"真实"世界。考察过这些来源之后,就可以理解社会科学研究者们使用的一些更复杂的实验或准实验设计的优点了。

1. 内在无效度的来源

内在无效度[①](internal invalidity),是指实验结论没有正确地反映实验本身。在任何时候,只要实验刺激以外的因素影响了因变量,就会造成内在无效度。

坎贝尔和斯坦利(Campbell and Stanley, 1963: 5-6)以及库克和坎贝尔(Cook and Campbell, 1979: 51-55)指出了这个问题的来源。下面列举了 8 项:

---

①　内在无效度:指从实验结论看没有准确反映实验本身。

1. 历史事件（History）。在实验过程中发生的历史性事件，将把实验结果弄得混淆不清。在实验中，一位穆斯林领袖遇刺减少了对穆斯林的偏见即为一例。

2. 成熟（Maturation）。人们无论是否参与实验，都在不断地成长和改变。在长时期的实验中，被试年龄增长（也许更有智慧）可能会造成影响。参与为时较短的实验，被试也可能会变得疲倦、困倦、无聊、饥饿或产生其他变化，进而改变他们在实验中的行为。

3. 测验（Testing）。实验中的一测再测，也会影响人的行为，进而混淆实验的结果。假如我们把问卷发给一组人来测量其偏见，然后对被试施加刺激，并再次测量他们的偏见程度。在做后测时，被试可能对偏见已变得很敏感，在回答时会更加深思熟虑。事实上，他们可能已经猜出我们正设法测量他们的偏见，而且，由于很少有人喜欢袒露偏见，因而会竭力善加表现，给予他们认为我们想要的答案。

4. 测量工具（Instrumentation）。前测和后测的测量会关涉注意前面讨论的概念化与操作化。如果我们用不同工具测量因变量（比如说，测量偏见的不同问卷），我们如何确定工具之间的可比性呢？偏见的减少很可能是因为前测工具比后测工具更敏感；或者，若测量依据的是实验主持人的主观判断，他们的标准或能力，可能随实验过程发生了变化。

5. 统计回归（Statistical regression）。有时候，也许应该首先对因变量初始测量得分很极端的被试进行实验。假如你们在测试一种新数学教学法是否能改进教学效果，就应该找原来数学学习奇差的学生来做实验。请想一想，如果没有任何实验干预，这些人可能会有怎样的数学成绩呢？他们原先的数学水平如此之低，以至于只能继续在班上垫底或有所进步，因为他们已经不可能变得更糟了。即使没有任何实验刺激，这组人还是可能有所进步。对于向均值的回归，统计学家经常指出，身材极高的父母更会生出比自己矮的子女，而身材矮小的父母更会生出比自己高的子女。风险在于，被试因原先处于极端位置而产生的变化，会被人误判为是实验刺激的效果。

6. 选择偏差（Selection biases）。在讨论如何选择被试并把被试分派到实验组和对照组时，我们考察过选择偏差。两组间的比较毫无意义，除非它们具有可比性。

7. 实验死亡（Experimental mortality）。虽然有些社会实验可能"杀死"被试，实验死亡指的是一般意义而不是极端意义的"死亡"。经常出现的情况是，有些被试在实验完成前退出。显然，这将影响统计分析的比较和结论。在古典实验中，实验组与对照组分别接受前测与后测。假设实验组里有比较固执的人觉得受到了穆斯林历史影片的冒犯，拂袖而去。能留下来接受后测的研究对象，一定偏见程度较低。这样的实验结果，一定表现为偏见程度的显著减少。（原书此处显然把"选择偏差"的解释贴错了。——译者注）

8. 自暴自弃（Demoralization）。另一方面，对照组觉得受到差别待遇，也可能因此自暴自弃。在教育的实验中，自甘堕落的对照组成员可能会停止读书，寻衅滋事，或愤愤不平。

上面引证的是坎贝尔、斯坦利、库克对实验研究内在无效度来源的探讨。鉴于此，实验者发展了一些技术，以处理这些问题。本章前面讨论的古典实验，倘若配合选择与分派被试等适当方式，即可应对内在无效度。让我们看看图 8-4 的研究设计，即减少偏见的设计。

如果我们采用图 8-4 所示的实验设计，可以预期从穆斯林历史影片放映得到两项发现：对实验组而言，后测得到的偏见程度应比前测低；同时，两组后测结果相比，实验组的偏见程度应该比对照组低。

此项设计亦可应对历史问题，因为不论外界发生什么事，实验组与对照组都可能受到影响，两组后测得到的结果，仍然应该有差异。只要被试被随机分派到两组，两组比较同样可应对成熟问题。由于实验组与对照组共同接受测验和实验主持人影响，测验本

图 8-4 古典实验：观看穆斯林历史影片减少偏见。这个图示说明了古典实验作为测试影片对穆斯林偏见影响的基本结构。请注意对照组、前测和后测的作用。

身与测量工具的影响，亦不成问题。如果被试被随机分派到两组，即使研究对象在偏见上的得分（或其他什么因变量）属于极端者，统计回归对两组的影响也是相等的。选择偏差的影响也由于随机分派对象被排除在外。实验死亡的影响处理起来比较复杂，不过，仍有可能处理。例如可以把设计稍加修改，采用类似于安慰剂的措施，譬如给对照组看一部与穆斯林毫不相干的影片，问题便迎刃而解了。最后，自暴自弃的影响也可以在实验中观察到，并纳入对实验结果的评估。

2. 外在无效度的来源

实验主持人面临的问题错综复杂，内在无效度只不过是问题之一。此外，还存在着坎贝尔和斯坦利的**外在无效度**①（external invalidity）。这类问题关乎实验结果是否能概化到"现实"世界，即使实验结果正确地反映了实验过程，又真的能告诉我们社会生活的百态吗？

坎贝尔和斯坦利描述了四种诸如此类的问题；这里，我将对其中的一种问题加以说明。两位作者指出，如果实验情境与实验刺激产生交互作用（Campbell and Stanley，1963：18），实验结果能不能概化，就值得斟酌了。

还是以观看穆斯林历史影片与偏见为例。在古典实验条件下，假设实验组后测的偏见程度比前测有所减少，也比对照组后测的偏见程度低，那么，我们就能确信看这部影片确实减少了被试的偏见。但是，如果这部影片拿到电影院或在电视上放映，还会同样有效吗？我们并无把握，因为这部影片得以奏效，可能仅仅是被试在接受前测时就已敏感地察觉到了偏见问题。这是实验本身与实验刺激产生交互作用的例子。古典实验设计无法控制这种可能性。幸好实验者发展了其他技术来排除这些问题。

"所罗门四组设计"（Solomon four-group design，Campbell and Stanley，1963：24-25）是用来处理这一交互作用的方法。顾名思义，此设计涉及从一群人中随机分派四组被试。图 8-5 展示了这种设计的基本思路。

图 8-5 的第一组与第二组构成了古典实验，其中第二组是对照组；第三组只接受实验

---

① 外在无效度：实验结果或不能概化到"现实"世界。

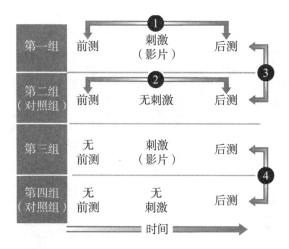

预期发现

❶ 在第一组，后测的偏见水平应该低于前测的偏见。

❷ 在第二组，前后测的偏见水平应该是一样的。

❸ 第一组后测的偏见水平应该低于第二组后测的偏见水平。

❹ 第三组后测的偏见水平应该低于第四组后测的偏见水平。

图 8-5　所罗门四组设计。古典实验存在前测对后测造成影响的可能性，在所罗门的四组设计中，增加了不参加前测的实验组和对照组。因此，这种设计结合了古典实验和只有后测而无前测的设计。

刺激，并未接受前测；第四组只接受后测。这种实验设计提供了四种有意义的比较。如果观看穆斯林历史影片确实能够减少偏见，即排除了内在无效度问题以及实验本身与刺激之间的交互作用，我们预期会有四项发现：

1. 第一组后测显示的偏见程度，应比前测的少；
2. 第二组前测和后测显示的偏见程度应当相同；
3. 第一组后测显示的偏见程度，应比第二组后测的少；
4. 第三组后测显示的偏见程度，应比第四组后测的轻。

第四项发现排除了实验本身与刺激之间的交互作用。我们要记住，只有被试被随机分派到各组，使各组的偏见程度相等，上述比较才有意义，尽管只有第一、第二组被试在实验之前受到测量。

诚如两位作者指出，这种研究设计还出乎意料地带来了别的好处，所罗门四组实验不仅排除了实验与刺激之间的交互作用，还可以提供数据比较古典实验进行中这种交互作用的大小。这种知识，可以使研究者对以往的研究进行回顾，并评估其价值。

我想提的最后一种实验设计，被坎贝尔和斯坦利（Campbell and Stanley，1963：25-26）称作"仅有后测的对照组设计"（posttest-only control group design），也是所罗门四组设计的后半部分，第三组、第四组。正如两位作者讨论的，如果真正做到随机分派，真正的实验，只需要第三、第四两组就可以应对内在无效度以及实验与刺激之间的交互作用。由于被试被随机分派到实验组与对照组（这个设计与静态组间比较的区别也就在此），这样，在初始阶段，两组在因变量上就具有可比性，即足以满足评估结果的常规统计检验的要求，因此没有必要对它们进行测量。诚如坎贝尔和斯坦利所说，在这种情况之下，做前测的唯一理由只是习惯。实验专家已经习惯，只有做过前测才感到比较安心。要明白的是，只有把被试"随机"分派到实验组与对照组，才可省略前测，只有这样，才能满足两组相等的前提。

前面介绍了实验设计的奥妙、问题以及解决之道。当然,还有许多其他常用的实验设计,有的涉及一种以上的刺激或多种刺激的组合,其他的则涉及多次测量因变量,以及在不同时间把刺激施加给不同实验对象。如果你们有意继续深入研究这个问题,请参阅坎贝尔和斯坦利的著作。

8.5 实验研究举例

社会科学已将实验方法广泛应用于研究各种议题。有些实验在实验室进行,另一些则在"现实世界"进行,即"实地实验"(field experiments)。下面的讨论将向我们展示这两种实验的概况,首先我们来看一个实地实验的例子。

根据萧伯纳广受欢迎的戏剧《卖花女》(*Pygmalion*, 又译作《皮格马利翁》)改编成的音乐剧《窈窕淑女》(*My Fair Lady*),在百老汇演出经久不衰。杜利特尔(Eliza Doolittle)在谈到他人拥有决定我们社会认同的力量时,把家庭教师希金斯(Higgins)教授与希金斯教授的朋友皮克林(Pickering)上校对待她的方法区分如下:

你应该很明白,除了人人都可学的事物(诸如穿着、说话得体等等)之外,一个淑女与卖花女之间的差别,不在其言行举止,而在于他人如何对待她。对希金斯教授来说,我总是一名卖花女,因为他总是待我如卖花女,而且将来也不会改变;但我知道,面对你,我能做一个淑女,因为你总是待我如淑女,而且将来也不会改变。(Act V)

杜利特尔表达的情感,在基础社会科学里被社会学家正式探讨过,如库利(Charles Horton Cooley, "镜中我")和米德(George Herbert Mead, "概化他人")。我们的"自我概念"(即我们以为我们是谁以及我们如何行为)在很大程度上取决于别人如何看待我们和如何对待我们。与此相关的是,别人如何看待我们,大半受先入为主的期望制约。譬如,有人告诉他们说我们很蠢,他们就可能真的这样看待我们,而我们或许也变得自视甚低,并因此举止笨拙起来。"标签理论"讨论了人们根据别人如何看待自己和如何对待自己的方式做出相应行动的现象。这些理论已经被众多影片当作剧情的前提。例如,在1983年上映的影片《交易地点》(*Trading Places*)中,比利(Eddie Murphy 饰)本来是一个靠乞讨为生,一文不值的人;路易斯(Dan Aykroyd 饰)是一个非常成功的股票经纪人;他们互相交换了角色。

这种从他人身上看到我们被赋予期待的倾向,因为萧伯纳的戏剧而被命名为"皮格马利翁效应"(Pygmalion effect),并且很好地适用于控制实验。在研究这个题目的一个著名实验中,罗森塔尔和雅各布森(Robert Rosenthal & Lenore Jacobson, 1968)对美国西岸一所学校的学生进行了"哈佛技能习得变化测试"(Harvard Test of Inflected Acquisition)。之后,他们与这些学生的老师会面,告知测试的结果。罗森塔尔等人说,根据测试结果,某些学生下学年学业很可能会突飞猛进。

后来的实际 IQ 分数,证明研究者的预测果真正确。被认为有可能突飞猛进的学生,在下学年中,果然出类拔萃,这表明实验的预测力很强。事实上,这次实验只是一个骗局!研究者对学生成绩的预测完全是随机的。他们告诉老师的结果,一点儿也没有真正反映学生的测试得分。突飞猛进者之所以进步神速,真正的原因是老师对那些学生寄托了更高的期望,付出了更多的关注、鼓励和奖励。这与前面研究的"霍桑效应"十分相似。

罗森塔尔和雅各布森的研究,广受民间与学界的瞩目。后续研究主要集中于广为人知的"归因过程"(attribution process)或"期望沟通模式"(expectations communication model),这类研究大半由心理学家主持。由社会学家实施的同类研究,焦点稍微不同,经常集中在"期望—状态理论"(expectations-states theory)上。前者的研究往往关注这样一种情境，即处于主导地位个体怀有的期望，会影响其从属者的表现，譬如老师与学生、老板与员工。社会学研究关注的是，在以工作为目的的小团体中，同事之间的角色期望。以陪审团为例，陪审员起初如何相互评价，这种评价对他们日后的互动有什么影响（通过在网页上搜索"皮格马利翁效应"，你们还可以学到关于这一现象及其实际应用的更多知识）。

下面来看一个研究我们对自己能力与他人能力的了解如何影响我们采纳别人想法的意愿。佛基、沃里纳和哈特（Martha Foschi, G. Keith Warriner, and Stephen D. Hart，1985）对角色标准在这方面的作用特别感兴趣。

一般说来，所谓"标准"，意指一个人必须表现得多好或多差，才能被推断为能干或无能。我们的看法是，标准是关键变量，影响如何做评价和导致什么样的期望。比如采用不同的标准，同样水平的成就，既可以被解释为巨大成就，也可以被贬损为微不足道。（1985：108-109）

为了考察"标准"的角色，研究者设计了一项实验，包括四个实验组与一个对照组。被试被告知，实验关乎"图形认知能力"，能力对一些人来说与生俱来的，另一些人则无此禀赋。研究者要求被试两人一组，一起设法认知图形。

实际上，正如你们预料的，根本没有"图形认知能力"这回事。实验的目的在于确定这个假想的能力对被试后来行为的影响。

实验第一阶段是"测验"每名被试的图形认知能力。如果你们是被试，实验者会先拿一个几何图形让你们看 8 秒钟，接着拿另外两个与第一个相似却不同的图形给你们看，你们的任务是挑出其中跟第一个最相近的图形。要先后做 20 次，电脑会列出你们的"得分"。一半被试被告知答对了 14 次，另外一半则被告知只答对了 6 次，无论他们拿哪个图形配哪个图形。根据运气，你们或以为自己把图形配得棒极了，或者以为差极了。其实，并非真的有什么标准来评判表现，或许仅仅答对 4 次也被视为伟大的表现。

你们被告知自己的分数，同时也被告知"同伴的分数"，虽然"同伴"和其"分数"都是电脑"捏造"出来的（被试被告知，他们可以通过电脑终端跟同伴沟通，但不准见面）。如果你们被分配到 14 分，就会被告知同伴得了 6 分；如果你们被分配到 6 分，就会被告知同伴得了 14 分。

这个程序意味着，你们进入实验团队工作阶段，或相信自己比同伴表现得出色，或者相信自己比同伴表现得差劲，由此构成你们参与实验依据的部分"标准"。另外，每组半数被告知，得分介于 12 与 20 之间，表示被试确实有认知图形的能力；另一半被试则被告知，14 分也不能明确地证明这种能力。因此，由上述标准你们会形成下列信念之一：

1. 自己确实比同伴更善于辨认图形。
2. 自己可能比同伴好。
3. 自己可能比同伴差。
4. 自己确实比同伴差。

对照组对自己与同伴的能力一无所知，换言之，他们未抱任何期望。

实验的最后一个步骤是，促成"团队"工作。如前所述，每位被试先让他观看一个图形，接着是一对图形让他比较，并从中挑选。然而，在这一回合做选择时，会有人告诉：你们的同伴已经做出的答案，要求你们再选一次。显然，最后一次选择时，你们不是坚持原来的选择，就是改变主意。"同伴"的选择当然是由电脑"杜撰"的，正如你们所料，同组成员经常发生意见分歧：事实上，20 次中，就有 16 次如此。

这种实验的因变量是被试中途变卦、转向同伴答案的可能性。研究者假设：确实好的组，最少变卦；其次是可能好的组；接着是对照组；继之是可能差的组；最后是确实差的组，这一组最常变卦。

这五组被试改变答案的次数列表如表 8-1 所示，每人有 16 次机会。数据显示，研究者的期望是正确的，只有可能差和确实差两组之间的比较是例外。后面这组，事实上，更可能变卦，但两者之间的差异太小，以至于无法证实这一假说（第 16 章将讨论关于这种判断的统计检验）。

表 8-1 改变主意的情况

组别	平均改变次数
确实好	5.05
可能好	6.23
对照组	7.95
可能差	9.23
确实差	9.28

进一步的分析发现，不论男女，这一模式同样适用。虽然与男性相比，女性稍微明显一些。实际资料如表 8-2 所示：

表 8-2 改变主意的情况（分性别）

组别	平均改变次数	
	女性	男性
确实好	4.50	5.66
可能好	6.34	6.10
对照组	7.68	8.34
可能差	9.36	9.09
确实差	10.00	8.70

由于这类研究的关注范围有时过于狭小，你们或许想了解其意义到底是什么。应该说，作为大型研究的一部分，这类研究可以为我们理解更一般的社会进程增加具体的例证。

现在，我们值得花点儿时间仔细想一想，生活中的"期望状态"会造成十分严重的后果。我曾经提及陪审团审慎裁决的案例。各种形式的偏见与歧视如何？或者，期望状态如何影响工作面试，或如何迎接激动的双亲。多想想，你们就会发现，把这些实验室概念应用于现实生活的其他情境。

8.6 实验方法的替代

虽然我们很容易把"实验"与"实验室实验"画等号，许多重要的社会科学实验，却通常发生在受控制情境之外，就像罗森塔尔和雅各布森研究皮格马利翁效应的例子一样。在这里，有两种其他的特殊情境值得一提：基于互联网的实验和"自然"实验。

我们来看一种不同的社会科学实验。柯雷尔、贝纳德和派克（Shelley J. Correll, Stephen Benard, and In Paik, 2007）希望探究种族、性别和（或）父母身份是否可能导致招聘中的偏见，特别是工作场合中，是否真的存在"对母亲的惩罚"（Motherhood penalty）。为此，这些研究者在大学生中进行了一项实验。选拔出的学生被试被告知，一家新成立的通信公司正在招募管理其东海岸营销业务的经理。

受试学生听说这家通信公司希望从年轻人那里获得反馈，因为他们是通信科技的重要消费群体。为了让他们的任务更有导向性，实验参与者被告知，他们的意见会和公司收集的其他信息一起，影响实际的招聘决策。（2007：1311）

研究者制作了一批虚拟求职者的简历。一开始，这些简历上并没有能推断出求职者种族、性别或父母身份的信息。一组被试被要求据此对求职者的资质做出评价。评价结果显示，简历上的资质上明显是相当的。

在主实验中，这些简历被加入了研究者关注变量的信息。在加上申请者的名字后，性别变得很容易区分。进一步说，通过使用典型的非洲裔美国人的名字，比如女性名字中的拉托娅（Latoya）和艾博尼（Ebony），男性名字中的泰伦（Tyrone）和贾马尔（Jamal）；或者典型的白人名字，比如女性名字中的艾莉森（Allison）和萨拉（Sarah），男性名字中的布拉德（Brad）和马修（Matthew），被试能够猜出申请者的种族。随后，实验者附上虚拟求职者参与家长与教师联合团体活动的列表或列出他们孩子的名字，让被试能识别出作为父母的申请者。在实验过程，这些不同身份会被附加到同一份简历中，让某份简历看起来可能属于一位黑人母亲，或一位还没有做母亲的白人女性，或一位白人父亲，等等。当然，每位受试学生都不会对有不同身份识别信息的同一份简历进行评估。

最后，要求实验被试对一组简历进行多方面的评价。比如，被试会被问到，这些求职者的竞争力及他们承担工作的能力如何；对给定申请者来说，多少工资是合适的，以及这个人在公司内晋升的机会怎样；被试甚至还需要回答，对某位申请者而言，不被解雇的旷工和迟到的天数最多是多少。

由于接受评估的每一份简历都加入了不同身份信息，实验方可以据此判断这些信息是否影响招聘中对求职者的评价。特别是，"对母亲求职者的惩罚"是否真的存在，实验结果显示，确实存在这一现象。

- 与不是母亲的女性相比，母亲求职会被判定为竞争力和职业承担力更弱的群体。
- 学生被试为母亲求职者提供的薪水和允许的最大旷工和迟到天数，低于不是母亲的女性求职者。
- 与不是母亲的女性相比，母亲求职者被认为具有更少的晋升机会。
- 学生被试推荐雇佣不是母亲女性的概率几乎是母亲求职者的两倍。

作为性别和父母身份分析的结束，研究者还发现，父亲求职者的评分要高于不是父亲的男性求职者，尽管这一差异小于女性求职者的情况。这与我们刚才讨论的女性求职者模式刚好相反。

"对母亲求职者的惩罚"现象，在白人和非洲裔美国人中都能找到，且与被试的性别没有差异，不论是男性还是女性，都会给母亲求职者更低的评分。

8.6.1 因素设计

到目前为止，我们讨论了单变量实验：实验组和控制组的变异限定为一个变量。此逻辑是实验模型的基本逻辑，**因素设计**①（factorial designs）则扩展了单变量模型，用以纳入多个实验变量。我们如果对"是什么原因让消费者渴望绿色健康食品"（GHT）感兴趣，那么是被环境还是健康议题所打动？

假设电视广告的关注点是：①强调 GHT 生产的环境价值；②有利于健康。为此，制作两条广告语，我们称之为 E 和 H，以反映对环境和健康的重视。现在，我们不是有一个实验组，而是有 3 个：

仅 E
仅 H
E 和 H

由上可以看到不同广告的人对 GHT 的渴望：仅环境广告（E）；仅健康广告（H）；

---

① 因素设计：多于一个实验变量的实验设计。

两个广告（E & H）。这种设计使我们能够确定：①环境广告是否有影响，无论观看者是否看到健康广告；②健康广告是否有影响，无论观看者是否看到健康广告（原文有误。——译者注）；③两类广告具有独立的、累积的影响；④两个广告都没有影响。

8.6.2 基于互联网的实验

研究者逐渐开始利用互联网来做社会科学实验。在大部分实验中，由于有代表性的抽样并不重要，所以研究者经常利用在线应邀的志愿者。你们可以在"社会心理学在线研究"网站（Online Social Psychology Studies），更多地了解这种实验形式。这个网站提供了专业人士和学生研究项目的许多链接，议题包括"人际关系""信仰与态度"和"个性与个体差异"等。此外，这个网站还提供了网络实验的资源。

8.6.3 "自然"实验方法

许多重要的社会科学实验，发生在受控情境之外，发生在一般社会事件的进展之中。有时，我们可以观察和分析自然设计并实施的实验，那是社会与政治决策者发挥的自然功能。

让我们想象一下，譬如说，飓风袭击了某个小镇，一些居民的财产蒙受严重损失，另一些居民则逃过了这场劫难，损失相对轻微。试问，承受自然灾害的后果是什么？受害最惨重者比受害较轻者，在未来更能抵御自然灾害吗？要找出答案，在飓风过后，我们可以对城镇居民进行访谈。我们可以问他们在飓风过境前做了哪些预防措施，目前正在采取哪些办法，并拿飓风灾情惨重者跟轻微者比较。如此一来，我们可以利用自然实验观察原本想做也不能够做的事情。

由于研究者必须接受"生米已成熟饭"的事实，自然实验也带来许多效度问题。因此，当卡斯、奇索姆和埃斯坎纳奇（Stanislav Kasl, Rupert Chisolm, and Brenda Eskenazi, 1981）选择研究三里岛（Three Mile Island，TMI）核电站意外事故对电厂员工的影响时，格外注意研究设计：

> 灾难研究必然要随机应变，准实验化，而且是事后才做。用坎贝尔和斯坦利对研究设计的经典分析用语来说，我们的研究属于"静态组间比较"，是有弱点的研究设计。然而，这些只是潜在的弱点，是否实际存在，必须视各研究不同的情况而定。（1981：474）

此项研究基于 1978 年 3 月 28 日事故爆发时正在三里岛上班的人们做的一项调查研究。当时 2 号反应堆的冷却系统出现故障，铀开始溶解。此项研究是在意外事故之后 5～6 个月进行的。这份调查问卷，测量每位工人在核电厂工作的态度。如果他们只测量电厂员工在意外事件之后的态度，研究者就无法了解态度的改变是不是意外事件的后果。为此，他们选择了附近另一家基本相似的核能发电厂，通过比较，改进了研究设计。他们把这家电厂的员工当作对照组，来做问卷调查，构成了"静态组间比较"。

即使有了实验组与对照组，这些作者仍然对设计的潜在瑕疵有所警觉。特别是假设这两组员工除了意外事故之外，彼此是相等的。如果研究者能把员工随机分派到这两家工厂，他们就可以如此假定，但实际情况并非如此。反之，他们需要比较两组的特征，然后推测两组是否相似。最后，研究者下结论说，这两组员工十分相似，他们之所以分别在两家工厂上班，只是离家近的缘故。

尽管证明了这两组员工彼此相似，研究者还面临另一种可比性难题，他们无法找到所有在事故发生时受雇于三里岛的员工。研究者对这个问题的讨论如下：

> 这项研究的特殊问题是人口流失。意外发生后，三里岛的研究对象中，一部分人永久地离开了且无法联系，另一个核电厂则无此现象；这种偏差情形，很可能降低人们对事件影响程度的估计。通过核查电话公司注销号码或空号数据，我们估计这个偏误无足

轻重（1%）。（Kasl, Chisolm, and Eskenazi, 1981: 475）

三里岛的例子让我们看到了自然实验的特殊难题，以及把这些难题纳入考察的可能办法。社会研究，一般来说，需要机智与洞见，而自然实验尤其如此。在本章的前面，我介绍了一个假设的看穆斯里历史影片可以减少偏见的例子。包罗奇、格鲁博和罗科（Sandra Ball-Rokeach, Joel Grube, and Milton Rokeach, 1981）用自然实验方法在现实生活里探讨了这一话题。1977年，美国广播电视网一连8天晚上播放了根据哈利（Alex Haley）的小说改编的电视连续剧《根》。这部连续剧，吸引了历史上最广大的电视观众。包罗奇及其同事想要知道《根》是否改变了美国白人对黑人的态度。1979年，机会来了，《根》的续集《根：下一代》在电视上播出。尽管随机指派一些人观看或不观看这个节目会更有利于测量（从研究者立场上来说），但这是不可能的。作为替代，研究者在华盛顿州选了4个样本，并寄出问卷来测量他们对黑人的态度。在这部电视剧最后一集播出之后，受访者接到电话，调查他们看了几集。接着，寄问卷给受访者，再测量他们对黑人的态度。

通过将看过与没看过这部电视剧的受访者在播出前后的态度进行比较，研究者得出了若干结论。例如，比起对黑人抱有偏见的人，主张平等的人更可能收看节目（这是一种自我选择）。比较看过节目者的前后态度发现，节目本身的效果并不明显或毫无效果，看过的人并不比以往更加主张人人平等。

这个例子预告了第12章的议题，评估研究可视为自然实验的一种特殊类型。我们将看到，把实验逻辑应用到实地调查上，用以观察、分析现实生活中刺激的效果。由于这种社会研究形式日益重要，本文将用一章的篇幅探讨这种研究。

8.7 实验方法的优缺点

实验方法是研究因果关系的首要工具。不过，跟其他研究方法一样，实验方法在拥有很多优势之余，也不免有其不足。

受控实验的主要优点在于把实验变量带来的影响分离出来。就基本实验理念而言，这个优点是显而易见的。实验一开始，就发现被试具有某些特征，经过实验刺激，发现他们具有了不同的特征。只要被试并未受到其他刺激，我们就可以认为，特征的改变归因于实验刺激。

另一优势是，实验有一定的范围限制，省时、省钱，只需要很少的被试。我们可以经常用几个不同组的被试，重复做同一实验（当然并不尽然，但重复进行实验通常比重复问卷调查更容易）。如同所有其他形式的科学研究，研究结果的可重复性，会让我们对其效度与概化更有信心。

实验室实验的最大弱点在于人为造作。能在实验室发生的社会过程，未必能在较自然的社会环境里发生。如果我们回想本章常用的例子，一部关于穆斯林历史的影片，也许真的有助于减少实验被试的偏见。然而，这未必意味着同一部影片在美国各地电影院放映就有助于减少一般民众的偏见。就自然实验而言，人为造作构成的负面影响要小得多。

在说到坎贝尔、斯坦利和库克的内在无效度和外在无效度时，我们看到，通过合理的实验设计，我们能在逻辑上控制这些问题。这种可能，指出了实验方法的极大优势：严密的逻辑性是其他观察方法难以比拟的。

8.8 实验方法的伦理

正如你们已经发现的，研究者必须在实施社会科学实验时考虑许多重要的伦理议题。这里我只提两点：

第一，几乎所有社会科学实验都包含欺骗。在大多数情况下，对被试解释实验的目的可能会导致他们改变原来的行为，比如，表现得不那么有偏见。因此，确认以下两点非常重要：①某种欺骗是否是实验必需的；②实验带来的研究价值能否超过违反对诚实原则带来的负面影响。

第二，一般而言，实验对被试的生活是侵入性的，被试往往会被置于不同寻常的经历中。尽管被试有时不会受到物理伤害（不要这么做），他们总有可能受到精神创伤，就像我们在这一章列举的一些例子一样。对于欺骗问题，你们需要在研究的潜在价值和对被试的潜在伤害之间寻找平衡。

本章要点

导言
- 在实验中，社会研究者通常会选择一组被试，对他们施加刺激，然后观察其反应。

适于实验方法的议题
- 实验是控制条件下检验因果关系的极好工具。

古典实验
- 古典实验通过对实验组与对照组做前测及后测来检验实验刺激（自变量）对因变量的效果。
- 一般而言，一组被试是否能代表更大的总体，并不如实验组与对照组之间的相似重要。
- 双盲实验能够防止实验者的偏见，因为实验者和被试都不知道哪些被试属于对照组、哪些属于实验组。

选择被试
- 要使实验组与对照组具有可比性，可以使用概率抽样、随机化和配对方法。其中，随机化是研究者更偏好的方法。在一些设计中，还可以和配对结合起来使用。

实验设计的变体
- 坎贝尔和斯坦利描述了前实验的三种形式：单次案例研究、单组前后测设计、静态组间比较。这三种设计，没有一种完全体现了实验方法的控制特征。
- 坎贝尔和斯坦利列出了实验设计内在无效度的 8 种来源。利用随机分组方法的古典实验，能够克服内在无效度的这 8 种来源。
- 实验也面临外在无效度难题：实验发现未必反映现实生活。
- 实验环境与刺激的交互作用是古典实验未能避免外在无效度的一个例子。
- 所罗门四组设计和古典实验的其他变体能够应对外在无效度。
- 坎贝尔和斯坦利建议，如果适当地把被试随机分派到实验组和对照组，实验前测是不必要的。

实验研究举例
- "预期状态"实验展示了实验设计和如何用实验检验现实世界人们关注。

实验方法的替代
- 越来越多的研究者利用网络来做实验。
- 在现实世界的社会生活中经常发生自然实验，社会研究者可以用和实验室实验相似的方法进行研究。

实验方法的优缺点
- 跟其他研究方法一样，实验方法也有其优缺点。其主要缺点在于人为造作：实验发生的事情，未必会在现实世界发生。其优势在于：能将自变量分离出来，从而可以进行因果推论；相对容易复制；严密性。

实验方法的伦理
- 实验通常包含对被试的欺骗。

- 由于实验具有侵入性，可能会不可避免地对被试造成伤害。

关键术语

以下术语是根据章节的内容来界定的，在出现该术语的页末也有相应的介绍，和本书末尾的总术语表是一致的。

对照组　双盲实验　实验组　外在无效度　因素设计　内在无效度　配对　后测　前测　随机化

计划社会研究：实验

从这里讨论的实验方法开始，在下面的一系列练习中，我们将关注特定的数据搜集技术。如果你们将这些练习当作课程作业的一部分，指导老师会告诉你们应该跳过哪些不会用到的技术。如果你们是自己做练习以加深对本书内容的理解，就可以暂时调整一下原先计划的数据搜集方法，运用刚学的方法来探索你们的研究主题，在这一章，就是实验方法。

在研究计划中，你们应该描述实验刺激及其实施方法，实验组和对照组的具体情况，实验的前测与后测，以及实验环境是实验室还是更为自然的情境。

如果双盲实验对你们来说是一个合适的选择，那么，就应该描述如何实施。同时，你们需要探寻实验中涉及的可能导致实验结果解析变得复杂的一些内部和外部效度问题。

最后，因为实验是用来检验假说的，你们应该详细说明将怎样在研究中实现这一目标。

复习和练习

1. 在图书馆或者网站上，查找一份实验研究报告。找出因变量和刺激。
2. 从本章讨论的导致内在无效度的 8 种来源中挑选 4 种举例说明（非本书举过的例子）。
3. 制作一个假想的实验设计，来说明外在无效度问题。
4. 回忆一下你们曾目睹或读到的最近发生的自然灾难。设计一个研究框架，把天灾当作一项自然实验来研究。以两三段的篇幅，写出研究大纲。
5. 在本章，我们简短地讨论过"安慰剂效应"。到互联网上找出一项安慰剂效应扮演重要角色的研究。写出此研究的简报，并附上资料的来源。（提示：也许要利用网络搜索"placebo"这个词。）

第 9 章
问卷调查

章节概述

研究者可以通过邮寄问卷、面访和在线调查等方式来搜集数据。社会研究者应该了解如何选择一种合适的方法并有效地运用。

导　言

问卷调查（survey research）是一项非常古老的研究技术。譬如，我们发现《圣经·旧约》中曾提到：

瘟疫之后，耶和华晓谕摩西和祭司亚伦的儿子以利亚撒，说："你们要将以色列全会众，按他们的宗族，凡以色列中从二十岁以外能出去打仗的，计算总数。"（民 26：1-2）

古埃及的统治者，也曾为治理其领土而进行普查。耶稣未能在家中出生，就是由于约瑟夫和玛丽正前往约瑟夫的老家进行一项罗马帝国的普查。

1880 年，有人曾对法国工人进行过一次鲜为人知的调查。一位德国政治社会学家邮寄了约 2.5 万份问卷给工人，目的是为了调查他们遭雇主剥削的程度。那份长长的问卷包括以下问题：

你们的雇主或他的代理人是否会以狡诈的手段榨取你们的部分酬劳？

如果按件计酬，产品质量会不会是雇主狡猾地榨取你们工资的托辞？

这项调查的主持者不是盖洛普，而是马克思。尽管寄出的问卷有 2.5 万份之多，却没有任何反馈记录。

如今，问卷调查是社会科学经常使用的一种观察方法。在一项典型调查中，研究者先选择调查对象作为样本，然后用标准化的问卷来进行调查。第 7 章详细探讨了抽样技术。本章则讨论如何设计问卷和执行调查，以保证受访者能充分回答问题。

本章还包括对二手数据分析方法的简短讨论。也就是说，分析由他人搜集的调查数据。近年来，对调查数据的这类使用方法已经成为问卷调查的一个重要方面。对学生和一些缺乏研究经费的人而言，这种方法尤为有用。

下面列举一些关于问卷调查方法的议题。

9.1　适于问卷调查的议题

调查可用于描述性、解释性和探索性研究，通常以个体为研究单位。虽然也可以使用其他分析单位，比如群体或互动，但仍需把个体作为**受访者**[①]（respondents）或数据提供者。因此，尽管我们可以把离婚作为分析单位用于调查，但调查问卷必须由离婚者（或其他数据提供者）填答。

对一些期望搜集原始数据来描述总体的社会科学家而言，如果总体太大以至于无法直接观察时，问卷调查可能是最好的方法。严谨的概率抽样，能提供具有代表性的样本，样本成员的特征能反应较大群体的特征。严谨的、标准化的、结构化的问卷，能保证从

---

① 受访者：通过回答调查问卷来提供分析数据的个体。

所有受访者获取相同形式的数据。

调查，还是测量大总体态度与取向的出色工具。民意测验，像皮尤（Pew）、盖洛普（Gallup）、哈里斯（Harris）、路波（Roper），以及一些大学调查中心，是这一用途的著名例子。事实上，民意调查太流行了，以致公众对这种方法有意见。不相信（或者想要相信）民意调查的人，对民意调查的准确性存有质疑。例如，那些在民意测验上落后的候选人，总是试图说服选民不要相信那些民意调查。不过，民意调查也因为太准确了而受到批评，譬如民意调查会在大选当天，实际投票结果还没有出来之前，公布"结果"。

一些议题和/或其"发现"引人注目，调查却极不科学，使得民众对民意调查的看法变得更为复杂。最近，调查人类性事的"海蒂报告"（Hite Reports）就是很好的例子。一方面，作者海蒂（Shere Hite）受到新闻界的很多关注。同时，她也遭到学术界对她数据搜集方法的猛烈批评。例如，1987年的海蒂报告，说是依据对美国妇女进行的问卷调查，但调查的是哪些妇女？海蒂报告说，她通过各种组织分发了近10万份问卷，最后回收了约4 500份。

4 500份和10万份，就抽样调查而言，是相当大的数量。但是，看看海蒂用的研究方法就知道，这4 500位应答者，并不能很好地代表美国妇女。正像当年《文学文摘》搜集的200万份选票样本显示兰登将以压倒性胜利击败罗斯福（FDR）一样，没有真正代表美国选民。

有时候，人们会不恰当地借问卷调查之名来达到各种目的。例如，你们本人可能接过一通电话，告诉你们很幸运地成为某项研究的样本之一，但你们发现第一个问题却是"你们想不想坐在家中就能一星期赚数千美金？"或告知你们，只要能说出一分硬币上总统的肖像是谁，就可以赢得奖品（可以告诉他们是猫王）。很不幸，确实有不道德的人，通过电话，利用了民众对问卷调查的合作意愿。

同样，一些政党与慈善机构，也开始做电话调查"研究"。他们经常假装搜集某些议题的公众意见，最后，却要受访者给予金钱资助。

最近的政治运动，又发明了另一种伪装形态的问卷调查，称之为"强迫性的民意调查"（push poll）。为此，美国民意研究协会不得不对此行径加以谴责（参见图3-1）：

所谓"强迫性民意调查"是一种电话营销技巧，他们借打电话来诱导潜在投票者，向他们灌输某位候选人错误的或误导性"信息"，借口说观察"信息"会如何影响选民抉择。其目的，并非测量民众意见，而是操控它，"强迫"选民，从支持某个候选人转而投向反对阵营。像这样的民意调查，会对选民发出错误或误导性的信息，以对某些候选人进行毁谤。这些人，打着民意调查的合法旗帜，目的却是进行竞选宣传。（Bednarz, 1996）

简言之，"问卷调查"或"民意测验"，有时会被误用。然而，如果正确地加以运用，问卷调查可以成为社会研究的有力工具。要设计有用的、可信的问卷调查，首先要设计好的访题。现在，让我们转入这个话题。

9.2 提问指南

在社会研究中，当研究者通过向受访者提问搜集用于分析和解释的数据时，就已经将变量操作化了。有时候是由访员来提问，有时候则是将书面访题交由受访者完成。在其他情况下，一些一般性原则能够帮助研究者建构访题或提出访题，访题是对变量绝佳的操作化，同时，还能避免容易导致无用甚至误导信息的缺陷。

调查是用专门设计的**问卷**[①]（questionnaire）作为工具，搜集对分析有用信息的过程。相对于定性研究的开放式问卷、深度访谈，尽管有些观点更适合结构化问卷，但其背后的逻辑，对任何为搜集数据而提问的情境，都是有价值的。

9.2.1 选择合适的提问形式

我们从在问卷设计时你们能接触到的一些选择开始吧。这些选择包括：使用访题还是陈述？选择**开放式访题**[②]（open-ended）还是**封闭式**[③]（close-ended）访题？

1. 访题和陈述

问卷这个词语，尽管意味着一组访题，但在典型的问卷中，陈述可能和访题一样多。这不是没有道理的。研究者常常会对受访者态度或观点的强烈程度感兴趣。如果可以通过相对简短的陈述来总结态度，那么，就可以提出一些陈述并让受访者回答他们同意或不同意。也许你们还记得，李克特就是通过李克特量表来格式化这个程序的。在李克特量表中，受访者面对的选项包括：十分同意、同意、不同意和十分不同意，或者分为十分赞成、赞成等等。

访题和陈述都很有助益。在同一问卷中，同时使用访题和陈述，将会让你们在项目设计中更具灵活性，同时也能够让你们的问卷更吸引人。

2. 开放式访题和封闭式访题

在提问时，研究者有两种可行的选择。可以问开放式问题：要求受访者针对访题提出自己的回答。譬如，你们可能问受访者，"你感觉美国现在面临的最重要问题是什么？"然后给出一个空格，让受访者自己写出答案（或请受访者口头回答）。在第10章，我们还将看到，深度访谈和定性访谈，基本依赖于开放式访题。不过，在问卷调查中，也会用到开放式问题。

而封闭式访题，要求受访者在研究者提供的选项中选择一个答案。因为封闭式访题能够保证回答具有更高的一致性，并且比开放式访题更容易操作，因而在问卷调查中相当流行。

在进行计算分析之前，我们必须对开放式回答进行编码，第14章将会讨论这个问题。编码过程通常需要研究者解释应答的意义，这就为误解和研究偏差埋下了种子。还有一种不好的可能是，受访者的应答可能和研究者的意图在本质上并不相关。封闭式访题则可以直接将应答转化为电子格式。

封闭式问题的主要缺点在于研究者提供的结构式回答。当访题的答案很清楚时，问题不大。但研究者提供的结构式回答，可能会忽略一些重要答案。譬如在问"美国面临的最重要问题"时，研究者提供的答案列表就可能省略了某些受访者认为重要的问题。

封闭式问卷的结构，应该遵循两条要求。首先，答案的分类应穷尽所有的可能：应该包括所有可能的回答。研究者常通过增加诸如"其他（请注明：_____）"来保证穷尽。其次，答案的分类之间必须是互斥的。不应让受访者觉得可以选多个答案。有些时候，你们可能希望得到多个答案，这又会给数据处理和分析带来麻烦。为了保证分类是互斥的，需要推敲每一个分类答案。你们要问问自己：受访者是否能合理地选择不止一个答案？此外，增加一个应答说明，例如，让受访者选择一个最准确的答案，会很有帮助。不过，这丝毫不意味着我们在仔细建构答案时，可以稍微松懈。

[①] 问卷：一种文件形态，包括访题和其他内容，用来专门搜集适于分析的信息。问卷主要用在调查研究中，也可用于实验、实地研究和其他观测方法。

[②] 开放式访题：要求受访者对访题提供自己的应答。深度访谈和定性访谈，基本依赖于开放式访题。

[③] 封闭式访题：要求受访者在研究者提供的选项中选择应答。封闭式访题能保证应答具有更高的一致性，且比开放式访题更容易操作，因而在调查研究中相当流行。

9.2.2 提问要清楚

问卷中的访题必须清楚、明确。本来是无须强调的,但是,调查中不清楚、含糊访题的大量存在,使得我们还是有必要对此加以强调。很多意见和观点对研究者来说,可能是再清楚不过了,但对受访者来说,却并非如此。对我们清楚,是因为我们比较关注;而受访者,则可能根本没有留意过这些问题。或者,如果我们对相关主题只有比较肤浅的了解,也不可能充分地表达访题的意图。如问题"你如何看待被提议的和平方案?"就可能会引起受访者的反问:"哪一个提案?"因此,只有访题清楚,受访者才能够准确地知道研究者问的是什么。误解的可能性几乎是无穷的,没有哪个研究者可以完全避免(Polivka and Rotheb,1993)。

美国最重要的研究计划之一,人口普查局正在进行的"当前人口调查"(CPS),是在其他重要数据之外,测量美国的失业率。其中,对雇佣模式的一种测量是关注受访者"上个星期"(人口普查局指的是星期日到星期六)的活动。而旨在揭示这项研究准确性的报告却指出:超过一半的受访者将"上星期"当成了星期一到星期五。同样地,尽管人口普查局将"全职工作"定义为每周工作 35 或超过 35 小时,但评估报告显示:有些受访者将其当成了传统的每周工作 40 小时。由此,CPS 在 1994 年修改了访题的措辞,以明确人口普查局的界定。

同样,用"本地美国人"来表示印第安人,常会过多地代表调查的种群。很明显,很多受访者将其理解成了"出生在美国"的人。

9.2.3 避免双重提问

研究者常常会问受访者一个实际上具有多重含义的问题,却又期待着单一答案。这类提问就是常说的双重提问。当研究者将一个复合问题看作是一个单一问题时,这种窘境就更可能发生。比如,你们可能问受访者是否同意以下陈述:"美国应该放弃太空计划,并将钱财用在民用事业上。"尽管很多人会毫不含糊地同意,有些人会完全不同意,还有一部分人会无法回答。有些人赞成放弃太空计划并建议将这些资金返还给纳税人;有些人支持继续发展太空计划,同时也大力发展民用事业。可见,后一部分人无法简单地回答同意或不同意,除非你们不介意被误导。

作为一般准则,我们应该检查出现在问卷、访题的词语,看是否表达了双重含义。技巧与工具文本框《双重提问及其避免》提供了这一问题的其他形式。

9.2.4 受访者必须能回答

在要求受访者提供信息时,你们应该不断问自己:他们是否能够提供可靠的信息?在一项儿童抚养研究中,你们可能问受访者他们几岁时学会和父母对话。暂且不管如何界定"和父母对话",大部分受访者能否记住确切的时间就相当可疑。

另一个例子是,学生组织领导人偶尔要求学生会提供会费使用的方案。通常,会要求受访者提供这样的信息,即可用资金的百分之多少应用于哪些活动。如果对这些活动的本质和费用没有很好的了解,受访者不可能给出有意义的回答。比如,管理费用可能得不到大家的支持,对活动而言,尽管管理相当重要。

一个研究青少年驾驶经历的团体,坚持用开放式访题问他们获得驾照以来的行驶里程。尽管咨询人员认为很少有人能够准确地记得这种信息,但他们还是采用了这个提问。在回答中,有些青少年给出的答案是成千上万千米。

双重提问及其避免

2011年中东几个国家引起了世界的关注。更戏剧性的变化之一是8月推翻了利比亚卡扎菲（Muammar Gaddafi）政权。这不是美国第一次关注利比亚问题。

以此为背景，1986年4月，在美国与利比亚关系处于低谷时，一些观察家建议美国对这个北非小国通过快速战争来结束这种困境。哈里斯民意调查机构（Harris Poll）针对美国公民提出了下面的访题，试图发现美国的民意。

如果利比亚现在增加对美国的恐怖主义活动，我们也对利比亚不断制造更多的破坏，那么不可避免地，美国会错误地发动战争并入侵利比亚。

受访者的可选答案是：同意、不同意、不确定。不过，请注意这个复杂访题包含的要素：

1. 利比亚会增加对美国的恐怖主义活动吗？
2. 美国会对利比亚造成更多的破坏吗？
3. 美国会不可避免地发动战争吗？
4. 美国会入侵利比亚吗？
5. 这种行为是对的还是错的？

这几个要素包含了很多的可能回答，而不是研究者提供的3个选择。即使我们假想利比亚会增加恐怖主义活动，美国也会以增加破坏来实施报复，我们还是起码可以找到7种不同的后果（见表9-B1）：

表9-B1 双重问题的应答难题

	美国不会开战	战争是可能的，但不是不可避免的	战争是不可避免的
美国不会入侵利比亚	1	2	3
美国会入侵利比亚但那是错误的		4	5
美国会入侵利比亚而且是对的		6	7

对利比亚形势的预测，显然不是民意调查唯一的双重提问例子。下面是哈里斯民意调查机构在搜集大众对苏联总书记戈尔巴乔夫（Gorbachev）的看法时使用的访题：

他是这样一位俄罗斯领导人：他承认苏联和美国都具有摧毁对方的核导弹，因此认为，达成武器控制协议，对双方都有好处。

他看起来更现代、开化，并具有吸引力，这是世界和平的征兆。

尽管他看起来更为现代、富有吸引力，但并不足以认为他和其他苏联领导人有很大区别。

在每个问题中，你们能发现多少要素？人们对每个要素可能有多少种回答？简单的"同意"或"不同意"意味着什么？

资料来源：分别参见 World Opinion Update, October 1985 and May 1986.

9.2.5 受访者必须愿意回答

我们常常意欲从不愿意和我们分享的人那里学习。

（在这里）为了自保，人们通常很小心的回答涉及非个人事件。比如，1966—1976年十年"文化大革命"期间，席卷中国的激进政治运动，不可能使用调查技术有效且可靠

地搜集人们的生命经历、特征等方面的数据。(1994:19-20)

有时候，美国的受访者会说他们还没有做出决定。实际上，他们有观点，只是不想让别人知道他们是少数派。在这种情况下，其实是不愿意告诉一个陌生人（访员）自己真实的想法的。针对这个难题，盖洛普曾利用"秘密投票"方式来模拟真实选举情形："投票者"具有完全匿名性。对盖洛普在1944—1988年间获得大选数据的分析中，斯密斯和毕晓普（Andrew Smith and G. F. Bishop, 1992）发现，这一技巧大大减少了受访者回答"尚未决定"的百分比。而且，不愿真实应答不局限于问卷调查。麦特歇尔（Richard Mitchell, 1991:100）在对美国"活命主义"者进行的实地研究中，也面临了同样的问题：

比如，"活命主义"者在隐瞒他们的认同和偏好上，是相当矛盾的。他们意识到保密能够保护他们免遭不相信他们的多数人的嘲笑，但这种自我隔绝又减少了其招募成员和进行信息交换的机会……

"偷偷摸摸的"活命主义者，远避电话、使用绰号和别名交换信息，并小心翼翼地向陌生人隐藏他们的地址。不过，一旦我受邀去参加群体会议，我发现他们是相当合作的受访者。

9.2.6 提问应该相关

问卷的访题对绝大多数受访者来说必须是中肯的。当只有极少数受访者会考虑或真正在意某些态度测量时，测量结果就不太可能有用。当然，受访者可能也会说明自己的态度，尽管他从来没有想过这类议题，这样，你们就有被误导的风险了。

当你们就假想的人和事，寻求受访者应答时，可以看到这个风险。在我主持的一次政治民意调查中，我问受访者是否熟悉社区的15位政治人物。作为一种方法的练习，我编造了一个名字：约翰。在收回来的问卷中，9%的受访者回答说他们对约翰很熟悉。在这些认为很熟悉约翰的受访者中，还有一半的人说在电视上看见过他，在报纸上看过关于他的文章。

当你们获得针对假想事物的应答时，可能会漠视这些回答。但当这些事物是真的时，可能就会无法分辨哪些回答反映了真实的态度，哪些回答是与受访者不相关的回答。

我们通常宁愿受访者简单地回答"不知道""没有什么意见"或者"尚未决定"，也不愿意受访者编造答案。

9.2.7 提问越短越好

为了达到明确性、精确性和相关性，研究者倾向于使用长而复杂的访题。这是应该避免的。受访者通常不愿意为了理解访题而去认真分析。访题的设计，最好能够让受访者迅速阅读、理解内容，并可以毫无困难地选择或提供答案。一般来说，我们会假定受访者阅读和给出答案的速度都很快。因此，我们也应该提供清楚的、短小的、不容易引起误解的提问。

9.2.8 避免否定性提问

问卷中的否定，极容易导致误解。当被问及是否同意"美国不应该承认古巴"陈述时，相当部分的受访者都会忽略"不"字，并据此应答。这样，有些人本来可能选择反对，却选择了同意；另一些则可能刚好相反。并且，你还永远分不清楚谁选择"同意"谁选择"否定"。

同样的考虑，也适用于其他"否定"词。譬如，在支持公民自由的研究中，受访者被问及是否"应该禁止下列人员在公立学校任教",应答提供了选项,包括三K党成员等。在每一个名字旁,有选择框"是"和"否"。把对这道访题的应答与强烈支持公民自由的应答进行对比发现,很多回答了支持公民自由的受访者却支持这种人在公立学校任教,而不是禁止。后来的调查中,用"同意"代替"禁止"则很好地解决了这种混乱。

1993年,美国犹太人委员会委托的一项全国调查得出了惊人的结论:5人中有1人相信纳粹大屠杀(据报道600万犹太人被杀害)从没发生过;3人中有1人对是否发生过表示怀疑。研究表明,大屠杀修正主义者(Holocaust Revisionist)在美国的活动,强有力地影响了民意("1 in 5 Polled Voices Doubt on Holocaust",1993)。

针对爆炸性新闻的结论,研究者重新考察了访题:"对你来说,对犹太人的纳粹大屠杀从未发生,是可能的还是不可能的?"很显然,这个复杂的、双重否定的访题困扰了部分受访者。

随后,新的调查问了这样的问题:"对你来说,纳粹对犹太人的大屠杀从未发生是可能的吗?或你确定它发生过吗?"调查发现,这次,只有1%的受访者相信大屠杀没发生过,另8%的人表示不确定("Poll on Doubt of Holocaust Is Corrected",1994)。

9.2.9 避免带有倾向性的提问和词语

回顾第5章概念化和操作化的讨论,社会科学的概念,并没有终极的真实意义。偏见并没有最终的、正确的定义;某个人是否有偏见取决于我们对术语的界定。同样的规则,也适用于我们通过问卷获得的回答。

某人对访题应答的意义,在很大程度上取决于措词。每道访题和答案都是如此。有些访题可能比另外一些访题更鼓励某些应答。在问卷中,**倾向性**①(bias),指的是鼓励受访者以某种特定方式应答的特性。

绝大多数研究者都承认像"难道你不同意美国总统……"这样的访题带有很强的倾向性,也没有哪个著名的研究者会使用这种访题。不过,不用高兴得太早,访题和词语的倾向性,往往比这微妙得多。

对享有声望的人或机构的态度或立场的简单提及,也具有倾向性。访题"你同意还是不同意最高法院最近的决定……"就具有同样的效果。这种措词不会导致所有人或大多数人都同意权威人物或机构的观点,却极有可能增加对这种观点的支持。

有时候,不同措词的影响也比较微妙。譬如当拉辛斯基(Kenneth Rasinski,1989)分析对政府开销态度的GSS数据时发现,对项目的说明会影响公众支持的程度。表9-1是一些比较:

表9-1 不同说明对公众支持程度影响的比较

更多支持	更少支持
"帮助穷人"	"福利"
"遏制不断上升的犯罪率"	"法律实施"
"解决吸毒问题"	"禁毒"
"解决大城市问题"	"援助大城市"
"提高黑人的境遇"	"帮助黑人"
"保护社会安全"	"社会安全"

---

① 倾向性:倾向于将被测量事物引向某特定方向的测量工具特性。比如,访题"难道你不认为总统做得正确吗?"就有倾向性,因为,它鼓励赞成的应答。

比如在1986年，62.8%的受访者认为在"帮助穷人"上花费太少。可是，在当年的配对调查中，只有23.1%的受访者认为在"福利"上花费太少。

在这种情境下，需要提防研究者说的对访题应答的社会渴望（social desirability）。当我们搜集信息时，人们会以一种他们认为有助于保持其"好"形象的方式来过滤他们的应答。在面访中，尤其是这样。例如，在2008年的民主党选举中，许多人可能不大情愿投票给非洲裔美国人（Barack Obama）或女性（Hillary Clinton），也不愿意让人们觉得自己激进或让访员感受到自己的性别偏见。（我相信，有些人甚至不愿意说出自己的感受。）

克鲁特等（Frauke Kreuter, Stanley Presser, and Roger Tourangeau, 2008）做了一个实验，探讨数据搜集技术的影响。即当对敏感信息反馈会影响到自己的正面形象时，例如被归入某个阶层或用于学术检验，人们的应答意愿会如何。在测试过的三种方法中，在常规访员电话访问中，受访者不大可能自愿提供此类信息；在互动留言访问中，受访者提供此类信息的意愿会高一些；在网络访问中，人们提供此类信息的意愿更高一些。

防止这类提问的最好方法是，想象一下你们自己的应答感觉。如果自己都觉得困窘、不正当、残忍、愚蠢、不负责任或因为某回答而感到被社会排斥，那么，就要认真思考受访者会有怎样的意愿来应答。

特定措辞的倾向性影响，通常很难预期。无论在调查中还是在实验中，有时候需要问受访者一些假定的情境，并询问他们在其中的可能行为。如果这些情境还有其他人，那么情境中使用的名字，可能影响应答。比如，研究者很早就认识到假定情境的人物姓名和性别会影响应答。卡索夫（Joseph Kasof, 1993）的研究指出了具体姓名的重要性：会普遍地激起吸引力、年龄、智力等因素的正面或负面想象。卡索夫对过去研究的回顾表明：受到正面评价的姓名，更多地用于男性而非女性。

美国疾控中心（Choi and Pak, 2005）有过一个很好的分析，讨论措辞会造成应答偏差和应答混乱的各种情形。此外，他们还提醒要避免使用模糊的、技术性的、不常用以及含混的术语。他们在分析中，给出了许多例子。

跟其他所有研究一样，认真琢磨访题的目的，仔细设计访题，是相当有帮助的。你们不必认为在提问方式上存在终极的"对"或"错"。不过，当感到难以把握时，要记得，多问几次。

如果你们要设计访题、搜集数据，用于精确的解释性分析，这些，是提问指南。下面我们来看看如何建构问卷。

9.3 问卷的建构

在社会研究的多种观察方式中，都会用到问卷。对问卷调查来说，虽然结构化问卷是必不可少的，同时也是和问卷调查最直接相关的，不过，结构化问卷也还广泛应用于实验、实地研究以及其他数据搜集活动中。因此，问卷的建构对研究者来说，是一项重要的实践技能。在讨论建构问卷的技巧之前，我们先来讨论问卷的格式。

9.3.1 一般的问卷格式

问卷的格式和访题及其措辞同等重要。安排不合理的问卷，可能会导致受访者遗漏一些访题、混淆访题含义，甚至导致受访者直接扔掉问卷。

作为一般性准则，问卷的空间布局应该清爽整洁。如果要设计一份自填问卷，没经验的研究者容易担心问卷看起来太长，于是，在同一行搁几道访题；还会将访题简化，尽量减少问卷的页面数量。这种做法，完全是一种馊主意，甚至是危险的。将不止一个访题搁在同一行，会导致部分受访者遗漏访题。一些受访者则会误解被简缩的访题。在一般情况下，在第一页花了大量时间的受访者，比迅速完成前几页的受访者，更容易有挫折感，尽管前者的问卷页数较少。后者犯错误可能性也相对较少，也无须重读那些被简化的、容易让人糊涂的访题。此外，后者还无须在一个狭小空间里填写长长的答案。

对访员来说，面访中也会出现同样的问题。如同自填问卷的受访者，访员可能会遗失访题，失去立场，甚至感觉失败和慌乱。问卷的设计，必须能支持访员的工作，包括特别说明和指导原则，即使在自填问卷中也是如此。

要求问卷访题空间分布清爽整洁，怎么强调也不过分。将很多访题搅在一起，简直就是一场大灾难。不管是受访者的自填问卷，还是由接受过培训的访员协助完成的问卷。不仅如此，对问卷的处理也是一场噩梦。第14章将更深入地讨论。

9.3.2 应答的格式

最常见的问卷，会要求受访者从一系列应答选项中选择一个。经验告诉我们，为选项留足空间是最好的格式。现代信息处理，使得选择框的应用成为当前的实践技术，在铅字中间设置盒式选择相当简单、整洁。也可以用括号 [ ] 来代替，如果在电脑上设计问卷，那么，我建议使用一些更为灵巧的选择框，它会让问卷看起来更加专业。比如：

除了使用选择框，还可以在每个应答旁给出一个数字，让受访者圈上相应的数字（见图 9-1）。这种方法在后面处理数据时具有更多优势，因为，它指定了编码数字（见第14章）。不过，如果采用这种方法，需要为受访者提供清楚明显的说明。因为，很多受访者喜欢打钩，这会给数据处理带来麻烦。（注意，如果是访员调查问卷，由于是访员记录的应答，使用一些技术会更安全。）

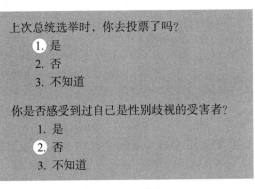

图 9-1 圈答案

9.3.3 关联访题

问卷里通常会有一些与部分受访者有关而与另一部分受访者无关的访题。譬如在一项有关避孕方法的研究中，问男性是否服用避孕药，大概不合适。

在研究者试图就具体主题询问一系列问题时，往往会发生这类情况。你们可能想问受访者是否属于某组织，如果是的话，还想知道他们参加集会的频率，以及在组织里是否有办公室等。或者，你们想问受访者是否听过某政治事件，并试图了解听过的人的相关态度。

这类后继访题就是**关联问题**①（contingency question）：是否问到访题，与受访者对系列访题的第一个访题应答有关。对关联访题的恰当使用，能方便受访者对问卷的应答，让他们无需回答那些跟他们不相关的问题。

关联访题可以采取多种格式。图 9-2 显示的是最清楚、最有效的一种了。在这个格式中，需要注意两个关键要素。首先，关联访题独立于其他访题，常被搁在一边，并用方框框出来。其次，在关联访题与其相关的应答之间，有一个箭头相连。图中，回答"是"的受访者，需要回答关联访题；其他受访者则跳过即可。

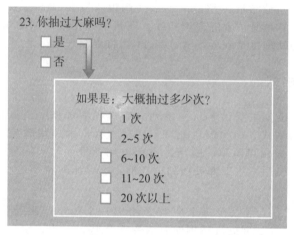

图 9-2 关联访题格式

图 9-2 的访题也可以用一道访题来询问。比如"如果有的话，你吸食过多少次大麻？"应答分类是："从不""1 次""2—5 次"等等。这个单一访题适用于所有受访者，每位受访者都可以找到一个合适的应答分类。不过，这种提法可能会给受访者一定的压力，因为访题问的是吸食大麻的次数，尽管也有从不吸食大麻选项。（对前置陈述的强调，已经告诉受访者如何阅读这道访题。）图 9-2 展示关联访题的格式，可以降低受访者在回答吸食大麻时感受到的微小压力。

如果使用得当，即使很复杂的关联访题，也不会让受访者觉得混乱。图 9-3 展现了一个更为复杂的例子。

有时候，一套关联访题长到足以跨越好几页。假如你们在研究大学生的政治活动，有好多问题需要问参与过联邦、州或者地方选举投票的学生。你们可以通过最初的访题，如"你曾参加过联邦、州或者地方选举吗？"来筛选相关受访者。不过，在一个延展好几页的方格中，填写那么多关联访题，似乎有点难以想象。与其这样，还不如在每个应答后设置一个圆括号，在括号内写上要求受访者回答或跳过的关联访题的提示。图 9-4 是一个相关图示。

除了提示之外，在包含关联访题的页眉给出提示也很有帮助。比如，你们可以说，"此页只适用于参加过联邦、州或者地方选举的受访者。"清楚的提示，能帮助不相关的受访者免遭阅读和应答之苦，也可提高相关受访者应答的可能性。

---

① 关联访题：只针对部分受访者的访题。是否需要回答，取决于受访者对前置访题的应答。譬如，所有受访者都被问及是否是"科萨·诺斯特拉"（Cosa Nostra）成员，只有那些回答"是"的受访者，才会被问及参加集会、夜餐的频率。后者是关联访题。

24. 你被外星人诱拐过吗?

□是

□否

如果是：他们让你开过飞船吗?

□是

□否

如果是：你开得有多快?

■ 曲速

■ 超速

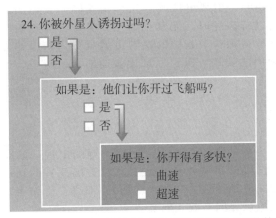

图 9-3 关联访题表。有时候更适宜让受访者跳过不相关的访题。为了避免混淆，需要有非常清楚的说明。

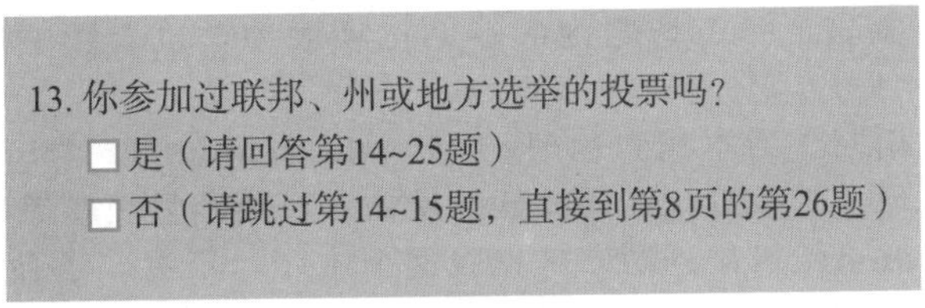

13. 你参加过联邦、州或地方选举的投票吗?

□是（请回答第14~25题）

□否（请跳过第14~15题，直接到第8页的第26题）

图 9-4 跳答说明

9.3.4 矩阵访题

我们经常想问一些具有相同应答分类的问题，尤其是当我们用李克特应答格式时。这时，可以建构一个矩阵式的访题和答案。如图 9-5 所示。

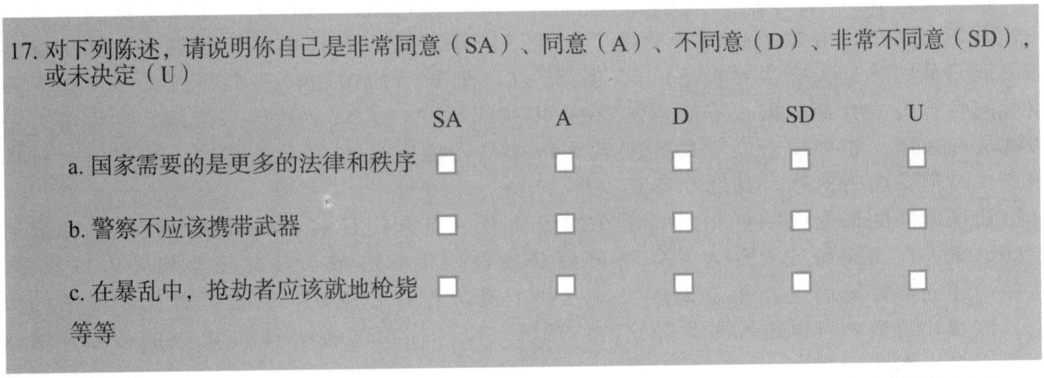

17. 对下列陈述，请说明你自己是非常同意（SA）、同意（A）、不同意（D）、非常不同意（SD），或未决定（U）

	SA	A	D	SD	U
a. 国家需要的是更多的法律和秩序	□	□	□	□	□
b. 警察不应该携带武器	□	□	□	□	□
c. 在暴乱中，抢劫者应该就地枪毙	□	□	□	□	□
等等					

图 9-5 矩阵访题格式。矩阵访题格式为具有相同应答分类的封闭式访题提供了有效的展示形式。

这种格式有好几个优点。首先，有效地利用了空间。其次，受访者能更迅速地完成对访题的应答。此外，还能够提高应答之间的可比较性。由于受访者能够迅速地回忆起上一道访题的应答，可以通过比较，区分两道访题之间的强度来决定自己的应答，比如选择“十分同意”还是“同意”。

不过，使用矩阵格式也存在一些固有风险。其优势可能使你将同样的应答选项应用在一些不太合适的访题上。矩阵格式还可能强化一些受访者的应答模式：用同一个答案，

如"同意"来回答所有访题。当某组访题以几个相同倾向（譬如民主政治观）开始、最后几道访题以相反倾向进行表述时，尤其会如此。受访者可能假定所有表述代表了相同的倾向。这样，他们会读得很快，其中的误解也就难免，错误的应答，自然出现了。通过交叉放置代表不同倾向的表述，以及尽量让表述简短、清楚，也可以在一定程度上缓解上述问题。

9.3.5 问卷中的题序

问卷访题的顺序也会影响应答。首先，一道访题的出现，可能会影响对后面访题的应答。比如，如果前面已经问过好几道恐怖主义对美国危害的访题，接下来的访题是问受访者认为美国面临的威胁是什么（开放式问题），那么，受访者就更有可能说是恐怖主义。在这种情况下，就应该先问开放式问题。

同样，如果受访者已经被问及评定自己的总体宗教虔诚度（"总体而言，宗教对你的重要性"），那么，在后面被问及宗教虔诚度的具体方面时，受访者就会尽量和前面的应答保持一致。反之也是一样。如果受访者先被问及宗教虔诚度的不同方面，随后的总体评价也会反映先前的应答。一道访题内的答案选项顺序，也会影响应答。（Bishop and Smith，2001）

题序的影响并不相同。当本顿和达理（J. Edwin Benton and John Daly，1991）在进行地方政府调查时发现，受教育程度比较低的受访者，更容易受题序的影响。

有些研究者试图通过随机排列题序来克服这个难题。不过，这种努力多半是徒劳的。首先，随机题序极有可能是混乱的、无用的。其次，随机题序还使得访题不好应答。因为受访者不得不经常转换注意力。最后，即便是随机题序，也具有上面讨论过的难题，只是人们无法控制而已。

最好的解决办法是对访题保持敏感。虽然不可避免让题序出现影响，却可以试着估计其影响，这样就可以有效地解释结果。在研究中，如果题序相当重要，可用多种不同题序来建构多个版本的问卷。通过比较不同版本问卷的数据，可以判断各版本的效果。至少，也应该用不同版本的问卷进行试调查。（我们马上就会讨论到试调查。）

在访谈式和自填式问卷中，题序应该不一样。在自填式问卷中，通常以最吸引人的访题开始。这样，潜在的受访者在看了前几道访题之后，有兴趣回答问卷。这些访题问的可能是他们感到头痛且要表达的问题。不过，刚开始的访题可不要吓着人（譬如一开始就问性行为或吸毒，就很不恰当）。在自填式问卷中，人口学数据（年龄、性别等）一般都放在末尾。很多缺乏经验的研究者会将这些访题安排在问卷的前边，并作为一种固定模式，但受访者对这种访题却不感兴趣。

访谈问卷的情况则刚好相反。潜在的受访者一旦开门迎客，访员就要给人以和蔼可亲的感觉。在简短研究介绍之后，访员最好接着列举家庭成员，并搜集相关人口数据。这些访题通常容易回答，也不太唐突，有利于受访者身心放松，营造一种比较融洽的气氛。接着，访员就可以进入更为敏感的访题了。以"你相信魔法吗？"之类的访题开始的访谈，多半会夭折。

9.3.6 问卷说明

不管是自填式问卷，还是访谈式问卷，都应该在合适的地方附有清楚的说明和介绍。

在自填式问卷的前面，附上完成问卷说明是很有帮助的。尽管现在很多人对问卷及其格式都有所了解，但最好还是在问卷的开头就告诉受访者你们想要得到什么：提醒他们画圈或在方框里打×来选择对访题的应答，或在需要的时候，写出回答。如果问卷里有很多开放式访题，需要说明多长的应答比较适宜。如果希望受访者详细说明他们对封闭式访题的回答，那也要注明。

如果一份问卷有多个部分，如政治态度、宗教态度、背景资料，对每个部分的内容和目的，都应该给出简短的说明。譬如"在这一部分，我们想了解人们认为什么是最重要的社区问题。"对自填式问卷末尾部分的人口学访题，也应该有这样的说明："最后，我们想要了解你的一些私人信息，这样我们就可以比较不同类型的人在这个问题上的态度差异。"

简短说明和解释有助于受访者理解问卷。这些说明能够让问卷看起来更清楚、更有条理，尤其是当问卷涉及多种类型的数据时。这些说明，也有助于调整受访者的思维，以便更好地回答不同部分的访题。

为了方便应答，有些问题可能需要特殊说明。当访题说明具有独特性时，用一些具体例子，能够很好地帮助说明。

尽管封闭式访题的可选答案都尽可能地互相排斥，但受访者可能还是觉得有不止一个合适的答案。如果你们只想要一个答案，就应该说明白。一个例子是"在下面的访题中，请选择你进大学的主要原因。"在题干后面，通常会有一个附加说明："请选择一个最佳答案。"另一方面，如果想要受访者尽可能多地选答案，也应该说清楚。

当需要受访者对给出的选择排序时，也应该给出说明。同时，也应该使用一种不同的回答格式（比如用空格而不是方格）。说明应该指出要排列几个答案（比如，全部、前两个、第一个和最后一个、最重要的和最次要的）。说明还应该指出排列的次序。（譬如"请在最重要的问题旁边写1，第二重要的旁边写2，依此类推。"）不过，这种排序对受访者来说，通常比较困难，他们不得不多看几遍访题。因此，只有在其他方法无法获得有用数据时，才使用这个技巧。

对矩阵访题也需要给出具体说明，除非问卷通篇使用的是同一个格式。有时候，受访者需要在每行选择一个回答；有时候，则需要在每列选择一个回答。只要问卷同时包含了这两种格式，就需要一个说明来澄清哪个是哪个。

9.3.7 预调查

不管研究者在设计数据搜集手段（比如问卷）上多仔细、多认真，还是有可能存在错误，实际上肯定存在。研究者通常会犯这些错误：拟一道含义模糊的访题，受访者无法应答的访题，违背刚才讨论过的原则。

避免错误的有效办法是对问卷（全部或者部分）进行预调查。比如将问卷分发给保龄球协会的10个成员。预调查的对象无需具有代表性，但至少应该找跟问卷相关的人来测试。

大体上，叫人完成问卷往往比通过阅读来查找错误更有效。有些访题，常常看起来很好，实际上可能无法回答。

普雷瑟和布莱尔（Stanley Presser and Johnny Blair, 1994）介绍过几种不同的预调查策略，并给出了每一种策略的效果。他们甚至还区分了每种方法的成本差异。贝亚蒂和威利斯（Paul Beatty and Gordon Willis, 2007）提供了一份评论，"认知访谈"。在这项技术中，预调查还包括搜集受访者对问卷的评论，这样，研究者可以知道哪些访题沟通有效、搜集的哪些信息有效。

建构问卷还有很多的原则和技巧，如果面面俱到的话，那又得出一本书了。现在，我将以一个真实问卷作为例子（展示了需要注意的事项是如何在实践中得到贯彻的）来结束这个讨论。

在结束讨论之前，我还想提及问卷设计里很重要的一点：预编码。因为用问卷搜集的信息，通常要转化成电子格式，所以，问卷应该包含处理数据的方法。这些方法指定了特定信息在机读数据文档的存储位置。注意：下面的例子已经借助神秘的数字（访题和应答分类旁边的数字）完成预编码了。

9.3.8 一个综合例子

图 9-6 是芝加哥大学美国民意调查中心 GSS 问卷的一部分。尽管 GSS 问卷的大部分是访谈式问卷,但这部分,是自填式问卷,涉及人们对政府的态度。

10. 下面是政府可能采取的经济措施。请圈上那个最能体现你态度的数字选项。

1. 强烈支持
2. 支持
3. 既不支持也不反对
4. 反对
5. 强烈反对

请圈选一个数字

a. 通过立法来调控工资	1	2	3	4	5	28/
b. 通过立法来调控价格	1	2	3	4	5	29/
c. 削减政府开支	1	2	3	4	5	30/
d. 政府通过财政手段来创造就业机会	1	2	3	4	5	31/
e. 减少对商业的监管	1	2	3	4	5	32/
f. 支持工业以开发新产品和新技术	1	2	3	4	5	33/
g. 防止工业的衰退以保护工作机会	1	2	3	4	5	34/
h. 减少工作周数以创造更多的工作	1	2	3	4	5	35/

11. 下列各项是政府的不同开支领域。请圈上最能体现你对政府开支分配感受的数字。记住:如果你选了"多很多",这意味着你可能就要多交点税。

1. 多很多
2. 多点
3. 就和现在一样
4. 少点
5. 少很多
8. 无法选择

请圈选一个数字

a. 环境	1	2	3	4	5	8	36/
b. 健康	1	2	3	4	5	8	37/
c. 警察和法律实施	1	2	3	4	5	8	38/
d. 教育	1	2	3	4	5	8	39/
e. 军事和国防	1	2	3	4	5	8	40/
f. 退休补贴	1	2	3	4	5	8	41/
g. 失业补贴	1	2	3	4	5	8	42/
h. 文化和艺术	1	2	3	4	5	8	43/

12. 如果政府必须在降低通货膨胀和降低失业率之间做出选择,你觉得应该哪个优先?

降低通货膨胀 1   44/
降低失业率 2
无法选择 8

13. 你是否认为这个国家的工会太过于强大,还是太过于弱小了?

太强了 1   45/
有点强 2
刚刚好 3
弱 4
太弱了 5
无法选择 8

图 9-6 一份问卷的样子。从综合社会调查摘选的问卷。综合社会调查是世界学者们使用数据的主要来源之一。

14. 商业和工业怎么样？太强了还是太弱了？
    太强了 1   46/
    有点强 2
    刚刚好 3
    弱 4
    太弱了 5
    无法选择 8

15. 联邦政府的力量是强还是弱？
    太强了 1   47/
    有点强 2
    刚刚好 3
    弱 4
    太弱了 5
    无法选择 8

16. 总的来说，你觉得工会对国家影响怎么样？
    相当好 1   48/
    很好 2
    好 3
    不是很好 4
    一点都不好 5
    无法选择 8

17. 你认为政府在这些工业领域应该扮演怎样的角色？

> 1. 所有它
> 2. 控制价格和利润，但不所有它
> 3. 既不所有它，也不控制价格和利润
> 8. 无法选择

                                              请圈选一个数字

a. 电力	1	2	3	8	49/
b. 钢铁	1	2	3	8	50/
c. 银行和保险	1	2	3	8	51/

18. 总体上看，政府应该有或没有责任去：

> 1. 绝对应该
> 2. 也许应该
> 3. 也许不应该
> 4. 绝对不应该
> 8. 无法选择

                                              请圈选一个数字

a. 为所有期望工作的人提供工作	1	2	3	4	8	52/
b. 使价格得到控制	1	2	3	4	8	53/
c. 对病患者提供医疗保障	1	2	3	4	8	54/
d. 为老年人提供体面的生活	1	2	3	4	8	55/

图 9-6 （续）

9.4 自填式问卷

至此,我们已经讨论了如何明确地表达访题,以及设计有效的问卷。这些工作尽管很重要,受访者也真实地完成了问卷,但如果问卷未能带来有用的数据,那么,这些辛苦还是白费。现在,我们转向获得问卷结果的主要方法。

本章多次提到访谈式、自填式问卷之间的关系。事实上,存在三种实施调查的主要方法:自填式,即受访者自己填答;访员对受访者面访;电话调查。这一节和下面两节分别讨论这三种方法。第四部分将强调在线调查,一种正在迅速成长的调查方法。

在自填问卷调查中,邮寄问卷虽然是最常用的方法,但还有其他几种相当普遍的方法可用。有时,把一群受访者召集到同一地点同时填答问卷,也是比较好的方式。对正在上心理学导论的大学生进行调查,课堂调查就是好的方式。而对高中生,最好是在有老师指导的时间来进行。

最近有人对"递送家中"问卷方式进行了一些实验。由研究人员将问卷送至受访对象家中,并向其解释整个研究,然后把问卷留给受访者自行完成,稍后,再由研究者取回。

递送家中方式,可以和邮寄问卷方法结合运用。我们可以把问卷邮寄至受访者家中,然后,再派研究人员登门回收问卷,以便检查问卷是否填答完整。当然也可以倒过来进行,由研究人员将问卷送至受访者家中,并请受访者填答完全后自行将问卷寄回研究单位。

总体来看,当研究人员前去发送或取回问卷,或两者兼具时,较单纯邮寄问卷,完成率要高得多。这种方法附带的实验,是想指出一些既有助于降低研究花费又提高回收率的技术。邮寄问卷调查,是自填式问卷的典型方法,接下来的部分将针对这种方法进行仔细的推敲。

9.4.1 邮寄问卷的分发和回收

邮寄问卷是数据搜集的基本方法,除了寄送问卷外,随邮件还得附上一封说明信和贴上邮票的回邮信封,以便让受访者寄回。作为受访者,研究者的期望是,受访者完成问卷并将之塞进信封中寄回。假如你们偶然收到类似的问卷却未能寄回,回想一下你们没有寄回的理由,对你们以后的研究是极有价值的!下次,当你们要邮寄问卷给别人时,请你们将刚才想到的理由铭记在心。

一般人未能将问卷寄回的最主要原因是嫌麻烦。为了克服这个难题,研究者也想到一些方法,使寄回问卷变得容易些。比如,自邮寄问卷(self mailing)省去了回函信封:当受访者把问卷折叠成一个特殊样式时,回函地址便会显露在外,这样,受访者无须担忧丢失回函信封!

还有许多更精心设计的方法可以利用。这一章的后面会提到一种大学生问卷,它夹在一个特殊的、有两折封底的小册子里。一旦完成问卷,受访者只需将封底折出,沿着书册的周围将它包好,再沿着边缘用胶带将之封好即可。折叠出来的封页上已备妥回函地址和邮资。当我在几年后,重做这一研究时,进一步改进了设计:在封面和封底,都加了可折叠的书页,一个是用来将问卷寄出,另一个是用来将问卷回收。如此,便彻底避免了使用信封。

这里要说明的是,旨在使问卷完成和回收更加容易的任何努力,都有助于你们的研究工作。想像一下,你们自己收到了一份毫无回寄准备的问卷,如此必须做到:①找一个信封;②写上地址;③还要查所需邮资;④贴上邮票。你们认为,自己寄回问卷的可能性有多高呢？

下面对邮务处理的几种选择给你们提供一些简要意见。问卷邮寄和回收的方式，可以有不同的选择。在寄出信件时，基本采用平信邮资或大宗邮件邮资。当然，挂号会保险一些，不过大宗邮件较为便宜（可以询问当地邮政的费用和程序）。在回收问卷时，可以采用贴邮票或商业回函许可两种方式。两种方式的费用差异相当复杂。如果使用贴邮票方式，那么，不论受访者有没有寄回问卷，都得支付这笔费用，如果使用商业回函许可，则只需支付回寄邮资，只是还须多支付大约5分钱的额外费用。也就是说，假如有大量问卷寄回，商业回函许可的费用会比较低。相反，假如回收问卷数量较少，贴邮票方式会比较便宜（当然，你们事前无从知道回函率的多寡）（原文的逻辑有误，译者进行了修订。——译者注）。

在选择邮政作业方式时，还有许多其他事项需要考虑。例如有些研究者认为，使用邮票比大宗邮件或商业回函许可显得更有"人情味"，且更有诚意。另外，有些人担心受访者会私吞邮票用作他途，并不将问卷邮寄回来。然而，大宗邮件与商业回函许可业务，都需要与邮政当局建立账目，因此，对于小型的调查而言，贴邮票的方式较容易。

9.4.2 监控问卷的回收

对研究而言，邮寄问卷提出了一个颇有价值的新议题。当开始回收问卷时，千万别懒散地坐在那儿休息，应该着手记录受访者回函的各项数据。

在这项工作中，回函率图示是宝贵的工具。寄出问卷的头一天，应在图上标明第一天，每一天都依此，并把问卷回函的数量记录在案。通常要用到两种图。一张图用于记录每天的回函数量，增加或减少。另一张图，记载累计的数量或百分比。当着手用数据勾画成功回收的图示时，会给你们带来某种程度的满足感。更为重要的是，能告诉你们数据搜集得怎么样了。如果准备寄补寄问卷（follow up mailings），图表还可以告诉你们，何时寄出较为适宜（后来寄出邮件的日期也应该记录在图上）。

当填写完成的问卷寄回时，每份问卷都应该打开，浏览一遍，做好识别符号（如ID）。回收问卷的识别符号一定要按寄回顺序编列，即使已经使用了其他的识别符号。有两个例子可以用来说明这一程序的好处。

第一，如果你们正在研究人们对政治人物的态度，在搜集数据中，假设这位政治人物出现桃色丑闻，从大众知悉这件事到问卷收到时点，可以探讨消息对结果的影响程度（参见第8章讨论过的历史事件和实验之间的关联）。

第二，调查中，连续的识别符号对于估计未回函者造成的偏差有一定作用。除了更直接地检测偏差之外，还可以假定没有回答问卷的受访者与延迟回答的受访者是相似的，而与立即回答的受访者不同。在数据搜集过程中，不同时点的问卷回收率也可以用来分析样本偏误。例如，如果学生的学科平均成绩呈现持续下降的情形（也就是说，立即应答者的得分更高，而晚应答者会有较低的得分）。根据以上经验就可以推测，那些未能填答的学生，会有较低的学科平均成绩。尽管这不是统计上评估偏差的恰当方法，却仍可以利用这些粗略的估计。

如果知道要对哪些受访者补寄问卷，那么，问卷回收时，我们就应该准备邮寄了。本章稍后要讨论的案例，将更加详细地介绍有关的细节。

9.4.3 补寄问卷

补寄问卷有几种可行办法。最简单的是对未回函者另外发出一封催收信件，更好的方式则是重新寄出一份调查问卷并附上一封催收的信函。假如两三个星期后应该有回音的受访者仍未将问卷寄回，那么，可能是问卷遗失或误放了，催收信可以促使他们找出原来的问卷。但如果找不到,这封催收信也等于白寄了!

就补寄问卷而言,方法论文献坚持认为,这是提高邮寄问卷回收率的有效方式。一般而言,受访者拖延回复问卷的时间越长,则越有可能是他们根本不愿意回复。在恰当的时间进行问卷追踪,只是给他们一个回复的额外刺激。

补寄问卷的效果,可以从问卷回收率曲线图上一览无余。最初的邮寄问卷,会有一个先增加然后逐步减少的过程,进一步追踪后,回收率又会回升,每追踪一次,回收率就会被刺激一回。实际上,三次邮件沟通(最初的一次加上两次追踪)是最有效果的。

补寄问卷的时机也很重要。方法论文献提供的指导不很精确。根据我的经验,不同的邮寄时间间距,以两到三星期较为合宜,假如邮寄的时间(寄出和回收)超过两天或三天,补寄的时间间距则可增加几天。

假如在问卷中无法识别样本的受访者,就不能给未回函者只寄催收邮件。在这样的情况下,就应该将追踪邮件寄给所有的受访者,感谢那些已经寄回问卷的受访者,并提醒那些仍未寄回的受访者,鼓励他们将问卷寄回(本章稍后将要描述的案例,给你们提供了一种可以应用于匿名邮寄问卷调查的方法)。

9.4.4 应答率

在邮寄问卷调查中,有一个问题是初涉问卷调查的人经常问起的,即回收率或**应答率**①(response rate)要达到多少。必须指出的是,如果要使用调查数据的分析进行推论统计,我们会假定所有样本都应该填完问卷并寄回。既然这几乎是不可能的,偏误就成为我们必须注意的问题了。经过研究者的测试(并希望),回收的样本,应该近似于原始样本的一个随机抽样,在某种程度上,即研究总体的一组较小的随机样本。

然而,回收率是受访者样本代表性的一项指标。比起低回收率来,较高的问卷回收率,偏误也较小。问题是,回收率多高才算高呢?相反地,较低的回收率是一个危险信号,因为未回函者与回函者可能代表两种不同的属性,绝对不只是参与意愿的不同。例如,伯尔斯坦(Richard Bolstein, 1991)发现,在选举前的民意测验中没有发表意见的,一般不可能前去投票。这样,根据受访者的数据来估计投票率,就会超过实际投票人数。由于无应答者不可能投票,应答者则更好地估计了投票结果。

- 在《标准化定义》(*Standard Definition*)一书中,美国民意调查协会(AAPOR, 2008:4-5)界定了应答率,也区分了接触率、拒访率和合作率。
- 应答率,样本中完成应答的受访单位除以合格受访单位的比例。根据定义,看一份问卷中回答了多少访题算是应答,以及对未知是否为合格受访单位的处理方式,调查中可以报告6种应答率,从最低的到最高的。
- 合作率,样本中所有接受访问的受访单位除以所有接触到的样本单位的比例。根据定义,调查中可以报告4种合作率,从最低的最高的。
- 拒访率,在访问到的所有受访单位,或中断访问的受访单位除以所有合格受访单位的比例。根据定义以及处理未知是否为合格受访单位的方式,调查中可以报告3种拒访率。
- 接触率,就出到受访单位的比例。调查报告中可以报告3种接触率。

格罗夫斯(Robert Groves, 2006)指出,在逻辑上,应答率直接影响调查数据质量。事实上,却并不总是如此。随着近来应答率的下降,应答率变成问卷调查者认真研究的议题。同时,高应答率依然是人们追求的目标。

---

① 应答率:参与调查的样本数与样本总数之比(百分比的形式),也称为完成率。在自填式问卷调查中,也称返还率,即返还问卷占所发出问卷的比例。

你们可以想象，问卷调查者们讨论最多的问题之一，是如何提高回收率。回想一下，在前面的讨论中，我们的重点集中于邮寄和回收问卷的各种办法，我们关心的也是这个问题。问卷调查者发展了一些独创的技巧来面对这个议题。有些人进行各种形式的新奇实验，另一些人则设法付费给受访者。付费本身也有问题，给数百或数千受访者付很高的酬劳，费用很贵。也可以用其他有创意的替代方案。一些研究者曾经说过："如果我们的付出值得，我们会愿意付费来搜集一些微不足道的意见"，并随信附上两分钱。另有人会附上二角五分，并建议受访者将这小小的报酬给小孩子过过瘾，当然也有人会附上纸钞来答谢受访者。同样地，达文（Michael Davern，2003）及其同事发现，在面访中，金钱刺激会提高完成率（下节中我们会对之加以讨论）。

迪尔曼（Don Dillman，2007）曾整理过一些问卷调查者在邮寄问卷时用来提高回收率的卓越方法，并对每项方法的影响进行了评估。更重要的是，他强调各个研究方面的必要性，他称之为"定制的设计方法"（Tailored Design Method），迪尔曼认为这比一两样小花招更为重要。

在讨论完这些后，我们会发现，除了 100% 以外，没有一个可以接受的邮寄问卷回收率标准。尽管可以让回收率达到 70% 甚至更高，但大多数调查的回收率可能低于这个数值。因此，重要的是测试无应答偏差。

9.4.5 给受访者补偿

在其他调查方法中，尽管少有为受访者付酬，但为实验被试和专题小组讨论参与者付酬，已经是一种普遍的做法。是否应该为问卷受访者付酬，是一个正在讨论且有争议的议题。

除了现金支付以外，研究者有时候也用小礼物、慈善捐赠、彩票以及其他抽奖方法作为对受访者的回报。在新西兰的一项调查中，布伦南和沙博诺（Mike Brennan and Jan Charbonneau，2009）送巧克力给受访者，以作接受访问的激励。

有些研究者在第一次与样本接触时，就提供激励。在邮寄问卷调查中使用现金激励，意味着无论受访者是否应答并寄回问卷，都有激励。也有研究者，在为先前无应答受访者补寄问卷时提供激励。这样做，有些不公平问题，因为合作的受访者反而没有受到激励。

1999 年，在辛格等（Singer，Groves，and Corning）回顾这些研究时发现了一些例外，在邮寄问卷、面访、和电访中，运用激励都会提高应答率。研究者还发现，没有证据表明应答率的提高对应答质量有负面影响。10 年后，派多利亚和巴塔克力（Petrolia and Bhattacharee，2009）回顾他们自己在研究中使用激励的经历，确认使用激励会提高应答率，而且在应答之前就给予激励较之之后给予激励，更有效果。

布里克（J. Michael Brick）和他的同事（2012）通过两阶段邮件调查获得了高回复率。这种方法是，首先对家庭进行地址抽样（ABS），然后做一份简短的人口调查问卷，旨在搜集家庭成员特征。接下来，针对抽选的子抽样，发送后续问卷。两个邮件都附有 1 美元的现金奖励，对无应答者还使用电话和明信片提醒。

9.4.6 问卷调查案例

一项邮寄问卷调查牵涉到的具体步骤很多，却可以轻松地从实际例子中学到。我将详细描述一位学生进行的研究（作为系统抽样的例子，在第 7 章讨论过），用来总结上面这一节。你们很快将看到，这项研究未能达到理想状态，可对目前的目的来说，挺不错。这是我问卷调查方法课研究生班的学生进行的一项研究。

你们还记得，用大学注册名单，通过分层系统抽样程序，大约抽中了 1 100 名学生，每一位被抽中的学生，用电脑打印出 6 份不干胶邮件标签。

在准备分发问卷时,我们才发现研究经费的短缺,无法针对全部 1 100 名学生多次邮寄问卷(问卷印制的费用比预期的要高得多)。结果,我们系统地抽选出 2/3 的邮件标签,获得了一组 733 人的子样本。

原本,我们要保持问卷的匿名性,以期受访者能诚实回答一些敏感访题(之后,针对同一总体、同一议题进行研究,结果显示并不需要匿名)。因此,问卷并没有记上任何学生的识别符号。同时,我们又希望在补寄问卷时,只寄给那些未回函者,以节省研究经费。

为达到两种目标,我们发明了一种特殊的明信片使用方法,即寄给每一位学生没有识别符号的问卷,并加上一张写有研究室地址的明信片,明信片反面贴有学生的邮寄标签。在说明信上,我们请求学生完成并寄回问卷,保证完全匿名。同时,请学生将明信片一并寄回。当我们收到明信片时,便能获知某位学生已寄回问卷,且无须找出是哪一份问卷。这个程序让随后补寄问卷工作能顺利进行。

将 32 页问卷印制成小册子,并采用三折封面(前面我们描述过),可以确保问卷被寄回时无须再用额外的信封。

说明信介绍了我们进行研究的目的,并印制在小册子封面上。同时,还解释了我们为何要进行这项研究(获得学生对不同议题的看法),以及如何抽选到某位学生,当然也说明每位学生意见的重要性,最后提示寄回问卷的程序。

为了让同学们确实感受到调查的匿名性,我们对使用明信片的方法做了一番解释。随后说明了这项调查的主办单位,提供了一个电话号码给那些想进一步询问相关信息的受访者(大约有 5 位学生打电话来询问)。

我们把说明信函印在问卷上,避免在信封内附寄一封信函,也简化了装邮件的工作。首次邮寄的文件依下列步骤来封装:①给每位学生邮寄问卷的标签要粘在明信片上;②另一张标签粘在信封上;③每一个信封里都装一张明信片和一份问卷,确保明信片上的名字与信封上的是同一人。

调查问卷的分发,是以大宗邮件来处理的。把问卷塞入信封以后,我们就按邮政编码把它们分为几组,扎成捆,然后送到邮局。

首次邮件寄出后不久,研究室就收到了回函和明信片。就像本章前面描述的,我们要将问卷打开并检查问卷,再给予识别符号。每收到一封明信片,就去核对该学生存底的邮寄标签,查到后就将标签核销。

两三个星期后,所有未被核销的邮寄标签,被拿来作为补寄问卷依据。除了在这次邮件中加放一封具体的、单独的恳请函以外,整个封装程序就是上一次的重复。这封新信件,要说明大多数同学已经寄回问卷,没有寄回的同学,与我们的合作也非常重要。

正如我们预料的,补寄问卷刺激了新一轮问卷回收高潮。我们照例遵循相同程序进行登记,并从回收的明信片中,查找那些需要核销的邮寄标签。很不幸,由于时间和金钱的限制,我们无法遵照最初的计划进行第三次补寄问卷。但仅这两次的邮寄结果,我们就获得了 62% 的回收率。

我相信,通过这个例子,你们对自填式邮寄问卷的执行过程,以及可能涉及的相关问题有了充分的认识。现在,让我们转向另一种重要问卷调查方法:访谈调查。

9.5 访谈问卷

访谈[①](interview)是搜集调查数据的另一种方法。这种方法不是让受访者自己阅读并填答问卷,而是由研究者派访员口头提问,并记录受访者的应答。典型的访问,通常

---

① 访谈:访员直接向受访者提问的数据搜集方式。访谈可以通过面对面的方式进行,也可以通过电话进行。

以面对面的方式；可正如你们将看到的，电话访问遵循的指导方针，也大体相同。

同时，尽管你们有可能独自完成一项小型调查，但大部分的访谈调查都需要一个以上的访员。这一节的部分内容将讨论培训和督导访员的方法。

这一节主要讨论问卷访谈。第10章将讨论经常运用在实地调查的、结构比较松散的深度访谈。

9.5.1 访员的角色

由访员搜集问卷数据比起受访者自行填答问卷，有一些优点。先就回收率来说，访谈调查就比邮寄问卷的回收率高得多。一项设计与执行皆正确的访问调查，应该至少能达到80%～85%的回收率（联邦政府支持的研究，通常要求达到这样的回收率）。受访者似乎不太会拒绝已经站在家门口的访员，却有可能直接把邮寄到的问卷丢到一旁。

就问卷的内容来看，一个访员的出现通常能减少"不知道"和"没意见"之类的答案。假如减少这类应答对研究很重要，我们可以指导访员仔细追问这些答案。（例如，"假如必须选择一个答案，哪一个最接近你的感觉呢？"）

当受访者明显误解访题本意或表示不了解题意时，访员可以进行澄清，以便获得相关的应答（诸如此类的澄清说明，必须严格控制，即用一套正式规则执行，后面我们会谈到这一点）。

访员不仅能问问题，还能观察受访者。访员还可以观察受访者的居住条件、财产、说英文的能力，以及对研究的总体反应等等。在一项对学生的调查中，受访者须填写一份短短的自填式问卷：性态度及行为。当学生完成问卷后，访员很详细地记载他的穿着打扮。

这又涉及伦理问题。有些研究者反对以上的作为，因为，这违反了受访者知情同意原则。在社会研究中虽然很少论及伦理问题，甚至是被摒弃在门外的，但在研究中对伦理保持敏感，还是很重要的。我们在第3章对此已有详细讨论。

问卷调查必须植根于认知与行为理论，而非实际存在的刺激—反应说。我们必须假定每道问卷访题对所有受访者而言都具有相同的意义。除此之外，也希望从不同受访者获得的反应具有相同的意义，虽然这是不可能达到的目标，调查问卷的设计，希望的是尽量接近理想的状态。

可见，访员必须能配合。访员的一切表现，不应影响受访者的知觉及意见。也就是说，访员应该只是访题与应答传递的中立媒介。

假如能成功达成这个目标，不同访员将能从同一受访者身上，搜集到完全一致的反应（回想前面讨论过的信度问题）。在地域性样本中，中立立场特别重要。为节省时间和金钱，通常会指派同一访员在某具体地理区域内完成所有访问，比如城市的一个街区，或邻近的一组街区。假如访员的任何行为对受访者的应答构成影响，这种偏误往往有可能被解释成为某个区域的特质。

假设有个研究要对低价房屋的态度进行调查，目的是帮助寻找一个地点实行新的政府资助发展计划。某访员被指派到某区域进行访问，通过说话或动作，他也许显露出对低价房屋发展计划的厌恶，受访者则可能因此按访员的立场来回答问题。调查结果将指出，这一区域的人强烈反对这个发展计划。其实，这个结果只不过反应了访问员当时的态度罢了！

9.5.2 问卷调查指南

随着调查对象和研究内容的变化，访谈的态度，也有所不同。然而，对大多数的访问而言，还是适用的，有一些具有普适性的、一般性的指导原则。

1. 外观与举止

一般的规则是，访员的穿着应与受访对象风格相似。一位身着华贵服饰的访员，可能比较难取得穷困受访者的良好合作和反应。一位穿着寒酸的访员，同样也会较难取得富有受访者的合作。如果访员的衣着与外观在某种程度上确实与受访者不同，至少应该整齐清洁、衣着得体。要表达诚意，就要衣着整洁，至少不卑不亢。虽然中产阶级的整齐与干净，不一定能被美国社会所有人完全接受，但起码是主流规范，应该能被大多数的受访者接受。

穿着打扮，常被视为一个人态度与倾向的表征。如果身穿牛仔装，染绿色的头发，身上刺青，戴着如剃刀般尖锐的耳环，这样的穿着有可能在告诉我们，你们在政治上主张激进、性开放，喜欢服用禁药等等。当然，这些信息不一定完全正确。但是，给受访者任何这类印象都会引起偏差或影响受访者的应答意愿。

在举止上，访员起码要表现得神情愉悦。访员，事实上介入了受访者的个人生活和态度，他必须表达出要了解受访者的诚恳与兴致，不至于像是打探一般。访员必须保持轻松与友善的态度，但也不能太随便或太热情。优秀的访员应该能在最短时间内，判断最能让受访者感到舒服的态度和受访者最喜欢的谈话方式。显然，假如访员能变成受访者最感舒服的模样，访问就会更加成功。此外，既然要求受访者自愿花一些时间提供自己的信息，他们就应该从研究者及访员身上获得尽可能愉快的经历。

2. 熟悉调查问卷

假如访员不熟悉调查问卷，将使研究遭受损失，并让受访者承受不公平的负担。访谈可能会多花时间或进行得不愉快。此外，仅仅浏览两三遍问卷是不能让访员真正熟悉问卷的。访员应仔细研读问卷，逐条逐条地大声朗读问卷。

最终，访员要能对受访者清晰无误地、逐字逐句地念出整份问卷。一位理想的访员要像演员在戏剧或电影中念台词一般，尽力像自然对话一样念出访题，同时，又必须完全遵循问卷使用的语言。

同样，访员必须熟悉为问卷设计的手册。不可避免地，有些访题并不完全适用于某位受访者。在这种情况下，访员必须决定如何为受访者解释这些访题。提供给访员的手册，就要在这样的情况下，给予访员足够的指导。访员只有知道整个手册的组织及内容，才能够有效地运用手册。对访员来说，宁可让答案空在那儿，也胜过临时花上足足5分钟去从手册中寻求指导。

3. 谨遵问卷的措辞

本章的第一部分曾谈到问卷的措辞对搜集应答的重要性。访题措辞上的些微改变，有可能使受访者倾向于回答"是"而不回答"否"。即使你们非常小心地处理问卷措辞并希望确保受访者的理解与你们的完全一致，借以获得想要的数据，可是当访员用自己的措辞来翻新访题时，你们所有的努力就白费了。

我希望我劝告的逻辑是清楚的，也不是一个有了定论的议题。例如，高博（Giampietro Gobo，2006）就认为，我们应该给访员多一些空间，有时，受访者的错误显然被归结到了访员身上。正如他注意到的，允许访员干预会提高访员对数据搜集的影响。

4. 准确地记录答案

一旦问卷需要受访者用自己的语言回答开放式访题，逐字逐句、确切无疑地记录受访者给予的答案就相当重要了。千万不要试图总结、解释或修改受访者粗糙的文法。

确切无误，特别重要。对访员而言，在分析之前，是不会知道如何将答案归类的。即使研究者本人，也需要阅读过上百份问卷，才会知道归类标准。例如，我们调查受访者对自己社区交通状况的感想，可能有受访者回答，道路上的汽车太多了，应该想办法来限制汽车的数量。另外的受访者可能表示，需要更多的道路。假如访员都用"交通阻塞"来记录以上这两种陈述，研究者将无法根据最原始的答案来区分两者的差异。

有时受访者可能口齿不清，使得口头回答太过含糊。这时，访员可以根据受访者的动作或语调，了解答案的内容。在这样的情况下，还是应该准确记录受访者的口语答案，只是访员要加一些旁注，说明自己的解释以及这样做的原因。

这样，研究者就可以使用旁注来解释受访者口头语言之外的一些信息。例如受访者回答时明显的迟疑、愤怒、困窘等等。即使如此，还是应该准确地记录受访者的口头答案。

5. 深入追问受访者

有时候，受访者会给出一些不适合问卷访题的应答。在这种情况下，就需要追问①（probe），或要求更详细的应答。例如，访题是一个态度陈述，我们询问受访者是非常同意、同意、不同意或是非常不同意。受访者可能会回答："我想这是事实"。这时，访员必须接着这个应答来追问："你们的意思是非常同意，或只是同意而已？"假如必要的话，访员可以向受访者解释，要求他必须选择列举应答中的某一项。如果受访者坚持不愿选择其中之一，访员就得准确地记录受访者的应答。

深入追问，经常用于开放式问题。例如，针对交通的访题，受访者可能只是简单地回答"相当糟糕"。可是，通过不同的深入追问，访员可能获得更加详尽的陈述。有时候，追问的最好方式是静默。访员拿着铅笔静静地坐在那儿，这时，受访者极有可能会说一些补充意见来填补这段缄默（报社的记者最善于运用这个技巧）。也可以运用适当的口头追问，像"是什么样呢？"或"在哪些方面呢？"。也许，使用最多的一个有效的追问方式是"还有其他的吗？"。

通常，深入追问，是相当必要的，这将为研究分析提供充足的数据。然而，在每一种情况下，在深入追问中保持绝对中立立场是十分必要的。在任何一方面，深入追问都不应该影响到其后的应答。每当你们认为某道访题需要追问以求得更确切的应答时，就应该在问卷的这道访题后面，列出一个或一个以上的追问形式。这种做法有两个重要的优点。第一，将有更多的时间来设想更好且更中立的追问方式。第二，无论何时需要，所有访员将能使用同样的追问方式。因此，即使深入追问的方式并不完全中立，却也保证了所有受访者的反应来自于同一个来源的刺激。这和我们前面讲的问卷措辞是同一个逻辑。虽然访题不应该有偏见，不过即使访题里掺杂了一点偏见，对每一位受访者，我们还是必须用同一道访题来进行访问。

9.5.3 协调与控制

大部分的调查访问，都需要几位访员的协助。当然，在大型调查中，访员是雇用的，他们的工作是计酬的。但作为学生研究者，你们可以找些朋友来协助访问。可无论如何，一旦研究涉及不止一位访员时，就要花点儿功夫去小心管理了。这种管理有以下两个方面：培训访员和访问期间的督导。

访员培训最好以介绍问卷调查作为开头。即使访员只是参与数据搜集阶段的工作，让他们了解访问结果的运用以及研究的目的，也是相当有用的。在访员不太了解情况的时候，往往会士气低落、干劲不足。

如同本章开头讨论的，要培训访员如何访问，最好从一般守则及程序开始着手，然后再来讨论问卷本身。对问卷的讨论，最好是全组人员一起，逐题讨论。千万不要简单地问"问卷第一页的内容，有没有人有问题"。一定要大声地念出第一道访题，解释这道访题的目的，然后回答访员提问，并考虑他们的意见和补充。在处理完他们所有问题和意见以后，再接着问下一道访题。

---

① 追问：一种访谈的技巧，目的是获得更详尽的答案。通常在间接词语或问题下，可以鼓励受访者提供更详细地回答。比如"还有什么"和"是什么样的呢"。

最好准备一份手册来辅助访问问卷。手册用来解释和澄清问卷某些可能产生的困难或混淆的情况。在草拟问卷访题时，最好要设法想到可能产生的问题。譬如一些特殊情境可能会使访题较难回答，调查手册则应该提供详细的指导来处理这些可能发生的情况。例如，即使年龄这样的简单访题，有时也会使人犯难。假设受访者说自己下星期就25岁了，这时访员可能不确定到底是要记录受访者目前的年龄，还是最接近的年龄。手册就得针对这类问题进行解释，并说明解决的办法（也许你们要以生日作为年龄依据，那就应当让所有个案一致）。

如果你们备有一套手册，当介绍问卷的每一道访题时，应该与访员一起查看手册。一定要确信你们的访员完全理解这份手册。

在访员培训阶段，他们可能会提出许多很麻烦的问题。譬如，他们可能会问："假如这样……我该怎么办？"在这种情况下，千万不要仓促地给予回答。如果有手册，一定要告诉他们如何从手册中找出解决方法。如果没有手册，就要告诉他们在一般逻辑下，处理这种情况的方法以及研究的目的。对这类问题，给出随意的且无法解释清楚的答案，只会把访员搞糊涂，他们因此极有可能不会严肃地对待这项工作。假如你们被问倒了，就承认吧！告诉他们给你们点时间去寻找答案，然后很谨慎地考虑这些情况，并把你们的答案告诉所有访员和向他们解释你们的理由。

当把问卷讨论一遍后，你们应该在每个人面前做一两次示范访问，最好不要访问你们的访员。你们要清楚地认识到，对你们培训的人而言，你们示范的访问是一个典范。一定要做好这项工作，而且要尽可能接近实际访谈情境。在整个示范中，不要半途中断去说明该如何处理某个复杂情况，而应该小心处理好，然后再做解释。只要答案是前后一致的，就根本不要在意示范过程中接受访问的人给你们的是真实或假设的答案，因为这无关紧要（在逻辑检验通过的情况下，访员也无法判断受访者给出的是真实的还是假设的答案。——译者注）。

示范访问结束后，就可以将访员两两分组，让他们互相访问对方。当他们访问结束后，将各自的角色对调，再进行一次。其实，对访员来说，访问本身就是最好的训练，当访问员进行互访时，你们应该四处转转，听一下他们的练习中的反应，这样一来，你们就能知道他们做得如何。当练习结束后，再把大家集中在一起，交换彼此的经验，并且询问他们有没有其他问题。

访员培训的最后阶段，应该有一些"真实"访问，即让访员在实际状况下进行访问。你们也许要为访员指定受访者，或让他们自行寻找对象，无论如何，千万不要使用样本上的名单。当每一位访员都完成了3~5次访问时，一定要他们向你们汇报，检查访员完成的问卷，看看是否有误解的迹象，并再一次回答访员的疑问。一旦你们确认某位访员完全掌握了访问方法，就可以派给这位访员研究样本，进行实际操作。

在进行访问期间，要不断督导访员的工作。如果访员做了二三十份问卷，你们却一眼也没看，这是不明智的。你们应该一次指派20份问卷，等访员完成问卷并交给你们之后，你们要好好看看，然后再指派另外20份问卷。虽然这样好像显得太过谨慎，却可以避免发生误解，因为有些误解在研究初期可能很难察觉。此外，奥尔森和彼得杰夫（Kristen Olson and Andy Peytchev, 2007）发现，在整个访问过程中，访员的行为始终是变化的。例如，随着时间流逝，访员的访问速度会越来越快，并且会主观地判断受访者没有兴趣。

假如你们是唯一的访员，这些意见似乎关系不大。然而，还是有很多问题值得你们考虑的，例如，为问卷准备详尽手册，作为解答复杂访题的依据。否则，可能在研究进行中冒险作出某些决定，然后开始后悔或忘记。另外，不论是独自一人进行研究，还是跟着一大群访员做复杂的大型调查，实际演练对于两者都同样重要。

9.6 电话访问

对专业研究者而言，很长一段时间内，电话访问的名声很糟。电话只能用来调查有电话的对象。早些年，这项调查方法产生了一定程度的社会阶层偏误，因为它把穷人排除在调查之外。1936年，《文学文摘》预测总统选举失败，就是极生动的说明。尽管投票者是通过邮件来调查的，可样本来自电话用户，这些人在经济大萧条的缓慢复苏中，确实没有多大代表性。正如我们在第7章看到的，理论上，每一个美国家庭现在都有了电话，早前的社会阶层偏误永久地消失了。

电话调查方法有许多优点，这也是它愈来愈流行的原因。按顺序来看，最大的优点应该是金钱与时间上的优势。在面对面家户访问中，开车到达几公里外的受访者住处，可能发觉没人在家，只能再开车回研究室，然后隔天再去一次，可能又发现没人在家。但通过打电话完成这趟行程，则既便宜又快速。

在进行电话访问时，你们可以随意穿着，这不会影响受访者的回答。在受访者没有与你们面对面的情况下，有时反而应答会更加诚实。另外，电话访问更便于深入追问敏感问题。当然也有例外，当无法看见提问者时，访问对象会变得更容易起疑。

然而，即使看不到对方，访员也可以通过电话谈论很多自己关注的事情。例如，研究者担心访员姓氏造成影响（特别是当研究涉及种族议题时），并让所有访员使用不带感情色彩的"艺名"，像"史密斯"或是"琼斯"等（女性访员经常要求这样做，以避免接受访问之后可能遇到的骚扰）。

如果多位访员参与项目，电话访问可以更好地控制数据的搜集。如果所有访员都在办公室打电话，那么每当出现问题时，他们都可以及时与调查负责人沟通。如果是单独访问，访员便不得不每周专程与督导见面。

电话调查，自身也存在缺陷，例如，确实有大量假冒研究之名的各式推销活动，这对研究活动造成了阻碍。顺便提一下，如果你们接到有疑问的电话，就直接询问访员是为了研究之用，还是另有涉及销售上的"意图"。可以记下访员名字、电话号码和公司名称，假如对方拒绝配合，就直接把电话挂了。

电话会被轻易地挂掉，是电话访问的另一项短处。只要你们能顺利进入受访者家中，访谈就不会轻易终止。可是在电话访问中，突然终止是相当容易的，受访者只消说："哎呀！有人来了！我得走了。"或"我的天呀！车上的人急死了！"

近来的研究已经表明，许多因素包括电话答录机，导致电话调查应答率下降。塔克和奥尼尔（Peter Tuckel and Harry O'Neill，2002）以及其他一些研究者考察了来电显示、答录机、电话营销、电话绑定传真机和互联网接入带来的影响。所有这些，都构成了现代研究者必须面对的问题。

9.6.1 计算机辅助的电话访问（CATI）

我们将在第14章介绍计算机对社会调查特别是对数据处理和分析的影响。当然，计算机也改变了电话访问的一些特点。其中的一项，就是**计算机辅助电话调查**[①]（computer-assisted telephone interviewing，CATI）。CATI已经为越来越多的学术、政府以及商业调查者使用。这项技术在实际应用中有多种形式，我们可以大致上谈谈。

---

① 计算机辅助电话调查：一种数据搜集技术，即把电话调查问卷存储在计算机，让访员从计算机屏幕上读出访题，用计算机键盘输入应答。

想象一下访员头戴耳机、坐在电脑屏幕前的情景。电脑主机程序已设置好，通过随机方式选择电话号码并自动拨号。屏幕上出现介绍词（"您好！我是……"）和你们要询问的第一道访题（"您可不可以告诉我，这个住处共住了几人？"）。

当受访者接起电话时，访员即向受访者问好，并介绍正在进行的研究，然后开始询问电脑屏幕上显示的第一道访题。受访者回答之后，访员将答案输入电脑终端，不论是逐字逐句的开放式访题的应答，还是编码归类的封闭式访题应答，都会立即被存入电脑主机。然后，第二道访题出现在屏幕上，访员依此提问，受访者作答，答案被输入电脑，访问依此进行。

除了在数据搜集方面具有明显优势外，这套"计算机辅助电访"会自动地准备分析所需的数据，事实上，研究者可以在访问还没结束时就开始分析数据。这样，可以提前获知分析可能呈现什么结果。

此外，还可以超出计算机辅助访问，创新性地做到自动访问（robo-polls），即整个访问完全由计算机程序控制，记录受访者的口头应答。这或许会让人想起自动呼叫（robo-calls）。有时候，听到电话铃声，拿起电话，听到一段事先录好的政治性的或商业性的录音。自动访问比自动呼叫更进一步，运用了互动语音识别（interactive voice recognition，IVR），即设定计算机程序，用来记录、识别受访者的应答，并确定如何继续访问。

这种方法，由于省去了访员人力成本，也很经济。尽管有些研究者还在质疑或嘲弄这种方法，但是在 2008 年的大选调查中，根据美国民意调查协会的报告，CATI 和 IVR 的调查结果之间，没有区别。（AAPOR，2009）

在 2010 年年中选举期间，调查观察者西尔弗（Nate Silver，2010b）发现，与传统方法比较，自动访问方法的结果，有些倾向于共和党。此外，西尔弗还发现，针对敏感访题，自动访问方法的结果有些不同，他看了加州 19 号提案，即让个人使用大麻合法化，并课税。西尔弗发现：

> 对这个提案，不同的访问方法有不同的支持度。三种自动访问方法的结果，都以两位数的支持率得到通过；而人工调查，每一次都拖泥带水。（Silver：2010a）

最终，加州 19 号提案以 2∶1 的落差，没有通过。本书的下一版，还会进一步讨论自动访问议题，尽管现在还不知道这种技术的命运会如何。

9.6.2 访谈调查的应答率

前面我们讨论了邮寄问卷的回收率。对访谈调查来说，回收率同样很重要。在第 7 章，当我们计算抽样误差以确定调查估计的准确率时，潜在的假设是每个被抽中样本都会参与调查。实际上，这几乎是不可能的。既然不可能做到，研究者就必须使被选中者的参与达到最大化。与邮寄问卷调查相比，尽管访谈会获取更高的应答率，但近期的访谈，应答率却下降了。

通过分析密歇根大学消费者态度调查的应答率趋势，柯汀、普雷瑟和辛格（Richard Curtin, Stanley Presser, and Eleanor Singer，2005）概括了近年来总体下降的模式。1979—1996 年，电话访问的应答率从 72% 下降到 60%，平均每年降低四分之三个百分点。1996 年之后，双倍下降。这些增加的无应答主要来自拒绝回答和联系不上被访问者。

与此形成对照，使用访谈的社会调查，其应答率 1975—1998 年保持在 73.5%～82.4%。然而，2000 年和 2002 年的调查显示，GSS 的应答率只有 70%。下降主要来自拒访，与电话访问相比，入户调查的接触率太高。

近些年，入户调查和电话调查的应答率双双下滑。《公共舆论季刊》（*Public Opinion Quarterly*，2006）花了很多篇幅讨论入户调查应答率下降的多维度议题。正如分析所示，低应答率并不必然导致对总体估计的偏差。显然，对既有讨论提出了挑战。

美国人口普查局前局长格罗夫斯（Robert Groves，2011：866）详细介绍了使现代调查研究复杂化的一些因素。

在这个时代，随着街区围墙、上锁的公寓楼、电话应答机、来电显示以及调查研究人员的许多其他访问障碍等的增加，答复率持续恶化。要维持高应答率家户调查，需要更多地维护与对象的接触和访谈，使得费用持续上涨。面访谈的数量继续下降，对追踪调查而言，也仅限于基线调查。

许多研究者相信，电话营销的普及是造成合法电话访谈遭遇前述问题的影响因素。州或国家的"不要打"名单，也许会缓解这种情况。另外，我们知道，诸如答录机等其他因素，也造成上述问题（Tuckel and O'Neill，2002）。应答率仍是问卷调查中的一大问题。

作为社会研究成果的消费者，你们应该小心那些以赚钱为目的的调查。在邮寄问卷调查时代，这个问题已然出现，接着扩展到传真调查。有一个名为"应该禁止手枪吗？"的调查，提供了两个传真号码，让人们发送传真表达同意或反对观点。并有一行小字说明"拨打此号码，每分钟2.95美元，小成本、大民主；每次发送传真，大约需要1~2分钟"。你们可以想象，那2.95美元，都到哪儿去了。同样，你们也一定遇到过电子邮件调查的例子。

9.7 在线调查

20世纪后期一项最伟大的发展是运用互联网络进行调查已经变得越来越普遍。库玻和米勒（Mick Couper and Peter Miller，2008）对这项社会研究的新技术有一个精彩的介绍。

尽管其历史很短，互联网调查（Web survey）已经对问卷调查产生了骄人的影响。1992年出现了第一个图形浏览器（NCSA Mosaic），随后，1994年，有了网域导航浏览器（Netscape Navigator），1995年又有了互联网探索者浏览器（Internet Explorer）。1996年就出现了第一份万维网调查。自那以后，作为数据搜集工具的互联网调查，呈现出爆发式的发展。（2008：831）

三年以后，库玻（2011）对移动在线调查给社会研究未来的影响提出了自己的观察。

较新的模式倾向于补充而不是取代现有模式。部分原因是尽管它们解决了一些问题（例如，改进了测量，减少了成本），却可能无法解决其他问题（例如，覆盖范围、非响应性）。换句话说，没有一种模式可以覆盖研究问题的所有需求。在可预见的未来，依然是多种模式和混合模式并行。（2011：901）

虽然本节将探讨在线调查的各个方面，但需要预先提醒的是，这项技术发展得如此之快，待本书到达你手里时，肯定会出现新的创新。为了跟上这些发展，最好的单一信源是美国民意研究协会（AAPOR）和两份主要出版物：《公共舆论季刊》（POQ）和在线期刊《调查实践》。尽管两份期刊都不专门关注在线调查，但刊发的文章越来越多地涉及了在线调查。密歇根大学、芝加哥大学舆论研究中心（NORC）等大学调查研究机构以及全球许多其他机构都在积极开发这项新技术。同样，皮尤、哈里斯、尼尔森等商业研究公司也参与其中。

正如第7章对抽样的讨论所说，许多社会研究者对在线调查提出的一个直接质疑是样本代表性：接受在线调查的人是否代表有意义的人群，如美国成年人、选民等等？这是以前针对传真或电话调查提出的批评。

在线调查展开的早期，Cogix网创始人威尔逊（Camilo Wilson，1999）指出，一些受访者非常适合这种技术：特别是那些访问特定网站的人。威尔逊指出，在线公司的市场研究应该在网上进行，为了这个目的，他的公司开发了"视图闪光"（ViewsFlash）软件。尽管网站调查可以轻松地从访问特定网站的用户那里搜集数据，但威尔逊建议，调查的抽样技术可以提供足够的消费者数据，而不会刺激成千上万的潜在客户。正如在第 7 章看到的，许多方法研究都致力于如何通过在线调查对一般人口进行代表性抽样。

现在让我们来谈谈在线调查的一些正在演进中的其他方法。*

9.7.1　线上设备

一开始，在线调查针对的是个人电脑用户，最典型的是桌面电脑用户。随着台式机和笔记本电脑的小型化，逐渐成为参与在线调查的适当工具。但是，请注意，笔记本电脑日益增多，扩大了受访者可能参与的各种环境。然而，这还是个开始。

2010 年，当我在上海参加中国社会调查研究会的一次会议时，我了解到，1949—1979 年期间，大学里取消了社会学。我收到的文章大部分是中文的，很遗憾，我读不了中文。然而，许多文章的照片说明，新技术进入调查领域，包括智能手机和其他移动设备。当然，新设备的使用并不局限于中国。

平板电脑和智能手机的计算能力迅速增强，且越来越多地被用作完成在线调查的工具。受访者无意中迫使研究者开发与移动设备兼容的调查格式：当受访者尝试用智能手机和平板电脑完成为台式计算机设计的问卷时，调查人员意识到需要调整调查问卷以适应受访者可能使用的设备。当然，屏幕大小是一个主要问题，但不同设备使用的各种导航系统也是一个主要问题。

研究人员还发现，他们必须适应受访者的设备偏好。例如，米勒（Morgan M. Millar）和迪尔曼（Don A. Dillman）（2012）进行了一项实验，他们试图鼓励受访者使用智能手机参与调查，同时，允许使用平板电脑或笔记本电脑等其他设备。研究人员报告说，与没有给予鼓励的受访者相比，被鼓励使用智能手机的受访者，智能手机使用量仅略有增加。

在线调查的方法将继续。不过，需要考虑这一点：我们肯定会看到新设备的发展，一些甚至是我们目前无法想象的，它需要我们适应未来。

9.7.2　电子工具设计

多年来，工业化国家成员已经熟悉自填问卷的形式和流程。但是，正如刚才提到的，网络对许多人提出了新的挑战。克里斯蒂安（Leah Christian）、迪尔曼（Don Dillman）和斯密斯（Jolene Smyth）为网络调查格式提供了丰富的指导。他们的目标是，正如他们的文章标题，"帮助受访者第一次得到权利"（2007）。

当然，最初的诱惑是简单地将邮件调查问卷的数字文件导入在线调查框架。但是，这有两个问题。首先，邮件格式不一定适合计算机屏幕，更不用说平板电脑或智能手机。另一方面，电子设备提供了纸上文字无法实现的可能性。我现在无法为你列出这些可能性，因为，仍在开发中。但是，我可以给你们一些选项、一些面临的挑战，以及一些正在探索的内容。

例如，图兰高（Roger Tourangeau）、库珀（Mick P. Couper）和康拉德（Frederick G. Conrad）（2013）等访问员担心将应答列表是否影响受访者的选择。他们的结论是，根据对几项研究的考察，结论是"向上，意味着好"。当垂直排列多个选项时，受访者更有可能选择最上面的选项。

胡塞尔（Jason Husser）和弗南德斯（Kenneth Fernandez）（2013）通过单击应答、键入应答或按比例拖动，以考察让在线受访者输入数字答案是否更好。由于响应数量有

---

* 在本章的开头，我要感谢尼尔森公司的林克（Michael Link），2012 年 12 月 5 日，作为 AAPOR 网络研讨会系列的一部分，他举办了出色的在线研讨会"利用新技术"。虽然我没有直接引用研讨会成果，但我从研讨会提供概述和详细情况中获益匪浅。

限，如果是单选按钮，单击速度最快；如果是一长串可能的答案，拖动滑动更加实用。

经常使用互联网的人都熟悉表情，如"笑脸"。虽然这些图形可以打印在邮寄问卷中，在线似乎更加合适。埃姆德（Matthias Emde）和福克斯（Marek Fuchs）（2012）进行了一项实验，以确定是否可以使用一系列表情（悲伤到快乐）代替标有从坏到好的单选按钮。他们的结论是，这种格式更改并不影响应答。这些格式设置选项可能纯粹基于美学理由。因此，没有理由不让调查更有吸引力。

马拉霍夫（Malakhoff）和扬斯（Jans）（2011）探索了一些更高级的在线调查可能性。虽然调查访问涉及有人出现在你家门口或出现在你的声音里，他们建议，用一个动画头像进行在线访问。他们已经开始尝试性别和其他差异的动画访员。动画访员根据受访者应答进行编程来改变面部表情。再走一步（或几个步骤），可以使用受访者的网络摄像头来监测他们的面部表情，并记录这些数据以及口头提供的答案。

在线调查的相对年轻，使他们成为创新和实验的沃土。例如，调查人员经常担心，自填问卷的受访者可能会把更多注意力放在问卷的第一个应答上，快速跳过那些更远的应答。为了测试这种可能性，加莱希奇（Mirta Galesic）和他的同事（2008）运用眼动仪观察受访者，监测受访者在完成问卷进程中的眼动过程。结果是：受访者确实会花更多时间在最初的选项上，有时，不待读完选项便给出了应答。我们期望在未来看到更多的这类实验。

9.7.3 提高应答率

根据密西根州立大学针对学生的研究，在线调查的应答率与邮寄调查的应答率相当（Kaplowitz，Hadlock，and Levine，2004）。特别是，在线调查加上用明信片鼓励与提醒时。尽管应答率相当，在线调查的成本却比传统邮寄调查的成本低。纸张成本、印刷成本以及邮资，是邮件调查中很大一笔开销。

在另一个关于提高在线调查应答率方式的研究中，波特和威特康（Stephen Porter and Michael Whitcomb，2003）发现，有些在邮寄问卷调查中有效的技术（譬如把请求人格化或改变研究者的外在地位）对新媒介却作用很小，甚至没有作用。与此同时，详细说明受访者为何被抽中及设定最终期限却提高了应答率。将来会有更多的实验，力图提高在线调查的有效性。

在线调查方法不断发展的时刻，你们正在阅读相关讨论。例如，为了提高在线调查的应答率，米勒（Morgan Millar）和迪尔曼（Don Dillman）（2012）通过向受访者发送电子邮件提醒参与调查，实现了应答率的适度提高。由于很大一部分手机用户拥有智能手机，他们有机会在手机上完成调查，而不是去用电脑。正如作者指出，进一步尝试电子邮件提醒将需要定制调查格式，以适应智能手机。

当下，库玻的《设计有效的在线调查》（Mick P. Couper，2008）为这种新技术提供了到今天为止最全面的指导。如果你们自己想体验一下在线调查，可以参考技巧与工具文本框《实施在线调查》。

9.8 混合模式调查

在第4章，我介绍了混合模式的想法，指出不同研究技术可以在给定研究中结合起来使用。例如，运用现有数据、深入实地观察和访谈相结合的调查。尽管研究人员有时将面访、邮寄问卷和电话调查结合起来，但在线调查的出现，增加了人们对结合调查技术潜力的关注。

> **技巧与工具**
>
> **实施在线调查**
>
> 如果你们有兴趣试水在线调查,调查猴(Survey Monkey)可以给你一个机会去试试正在兴起的技术。你们可以在 www.surveymonkey.com 注册,按照指引,免费进行有限次数的尝试。
>
> 这个在线程序,设计问卷的界面友好。要把问卷发送给受访者,只需要填写受访者的电邮地址,受访者就会收到一份电邮邀请,来访问调查网页,并参与调查。对免费的初学者,程序还提供初步的结果分析。
>
> 你们可以用调查猴在朋友中进行练习,以提高你们的调查研究技能;也可以用于完整的、专业化的研究。实际上,一些专业研究者或研究助手,也使用这个工具。

正如迪尔曼(Don Dillman, 2012)指出的,在线调查的后期优势被难以获得代表性样本抵消。因此,研究人员有时使用基于地址的抽样作为邮寄问卷调查的基础,如果收件人方便,会邀请收件人在线回复,或通过邮件(如果不方便的话)。

正如伊利乌(Edith de Leeuw, 2010)指出的,这不是一个新想法。

辛克莱(John Sinclair)爵士在1788年就使用了混合模式。由于缺乏全面统计普查的资金,辛克莱在苏格兰教会所有教区的牧师中使用了具有成本效益的邮寄调查。为了获得高回收率,辛克莱还使用了后续信件,最后是"统计传教士"亲自拜访了受访者以催促应答。

这种调查技术的结合显然达到了100%的完成率。

在线调查的特殊优势(大规模和低成本)为调查模式的结合增添了新的动力。除了抽样问题外,研究人员还关注不同模式可能造成的应答效果。也就是说,人们的网上应答、邮寄问卷应答或电话访谈应答是否相同。初步研究表明,应答效应相对较小(De Leeuwand Hox, 2012)。不同调查方法的应答效应将是未来很多年方法研究的一个主题。

9.9 不同问卷调查方法的比较

到这里,我们已经讨论了几种搜集研究数据的调查方法。现在,还是让我们花点时间来对这些方法再做个直接比较吧!

一般说来,自填式问卷比访谈问卷经济、快捷。这些考虑,对没有研究经费却又想用调查来做课程论文的学生来说,可能比较重要。此外,假如你们使用自填式邮寄问卷来做全国性调查,花费并不比只进行本地调查的花费多。比较而言,如果是面访或电访,全国性访谈调查比本地访问要贵得多。还有,邮寄问卷调查涉及的工作人员通常较少,有时,一个人就够了,尽管你们不应低估其中的工作量。另外,访问时,受访者有时会不情愿透露一些有争议性或越轨的态度及行为,可在匿名自填式问卷中,就有可能透露。

访谈调查法也有许多优点,譬如通常较少得到填答不全的问卷。针对自填式问卷,受访者可能会跳着填答。在访谈中,访员会知道这是不允许的。在使用计算机辅助电访时,计算机会进一步地检查问卷是否填答完整。总之,访谈调查相较于自填式问卷调查,通常能达到较高的完成率。

自填式问卷在处理敏感性问题时比较有效,访谈调查则适合用来调查较复杂的问题。最简单的例子,如家庭成员的计算,以及判断某个地址是否包括了一个以上的家庭单位。家庭单位概念虽然在人口普查局已经有了清楚且标准化的定义,甚至可以根据这个定义来对访员进行培训,但在实际调查中,有时还是会出现这样那样的问题。这正显示出,访谈调查法更适合处理复杂的意外问题。

对访问员来说，根据样本住址或电话号码进行访问，会比只用受访者姓名更为现实可行。访问员可以前往一个指定的地址，或找一组指派的电话，介绍自己，再根据进一步指示，从住址选出适当的人接受访问。相对的，自填式问卷如果不知道受访者姓名，只是寄给某地址的"住户"收，那么，回收的情况通常很糟。

除了访问时针对访题的答案外，访问员在面访受访者时，还能够进行一些重要的观察。在家访时，访问员可以记载邻居、居住单位的种种特征，还可以记录受访者的特征，或自己与受访者的互动，譬如这位受访者是否很难沟通、是否有敌意，或是否有说谎嫌疑等等。最近，一位使用这本教材的学生说，面访还有一个优势，在他们国家，一些地区的文盲率较高，人们更愿意接受面访，而不是自填，因为，他们不会阅读问卷。

电话访问与面访相比，时间与金钱方面的优势比较明显。电话访问不但便宜，而且从起草计划到执行，其过程非常快捷。再者，如果访问到高犯罪率地区，访问员的安全也是一个问题。此外，由于访问员并没有与受访者面对面接触，所以也会降低对受访者应答的影响。有一件事可以说明电话访问的普及程度：布莱尔与其同事（Johnny Blair et al.，1995）针对电话访问的抽样设计，编辑了一套目录，竟超过了 200 项。

在线调查既具有邮寄问卷调查的很多优点，也具有一些缺点。一旦进一步开发出可资利用的软件，其费用就可能大幅度降低。不过，其很突出的缺点在于，在线回答的人很难代表总体。

丹斯考姆（Martyn Denscombe，2009）运用学生配对样本测试了传统纸笔问卷调查与在线调查的无应答率（不是有由学生自愿，而是随机选择样本。）。总体上，在线调查的无应答率更低，且其差异主要在开放式访题上。

对某些群体而言，在线调查，尤其是网页调查非常适合。譬如，对从 eBay 平台的电商 #12345 号刚刚购买了商品的人，询问他们的感受。在我们的生活更多地围绕着网络群体组织和参与时，在线调查的优势，会更加凸现。

随着受访者越来越习惯于在线调查，可能缓解困扰电话调查的一些问题。例如，允许进行更长、更复杂的调查。在线受访者，像那些完成邮寄问卷的人，将有更多的时间来思考他们的应答。此外，在线调查可能更容易用于实验设计，而不是其他方法。与早期的调查技术一样，在线调查方法将继续发展，因为，研究人员越来越多地使用在线调查方法。

随着在线调查方法的增多，我们看到对并行数据（paradata，伴随调查进行获取的访问与受访行为数据——译者注）的兴趣和使用也有所增加。在一项调查中，计算机生成了大量并行数据。应答者在回答每道访题之前需要多久？男人或女人回答特定问题的时间是否更长？保守或自由的反应是否更快？这些数据已经用于调查方法的研究，也可以提供有助于理解人类行为的数据，这是社会科学家所习惯的。

很明显，在社会研究中，每一种调查方法都有其位置。最终，你们还是要根据自己的研究需要和可用资源，来权衡每一种方法的优缺点。有时候，在同一项研究中，研究者会采用多钟方法，使用不止一种技术，如邮寄问卷调查和访谈调查。尽管这种选择还会持续一段时间，伊利乌（Edith D. de Leeuw，2010）在他的讨论更新中，加入了在线调查内容。

9.10 问卷调查的优缺点

不管运用哪种具体方法，问卷调查跟社会科学研究的其他观察方法一样，有其优缺点。重要的是，我们要能确定哪种问卷调查方法更适合研究目的。

在描述大样本特征时，问卷调查是比较有用的方法。审慎地根据概率方法抽样，并结合一份标准化问卷，能很好地刻画一个学生总体、一个城市、一个国家或其他任何大型群体特征。问卷调查能不可思议地得出正确的失业率、投票意愿（虽然官方档案调查也能在几项内容上提供正确的资料，如结婚、出生或是死亡记录），但其他观察方法却没有如此正确的预测能力。

问卷调查使得大样本调查具有可行性，特别是自填式问卷方法。调查 2 000 个受访者，并不是稀奇的事。大样本数，对于描述性和解释性分析非常重要，当要同时分析几个变量时，尤其需要足够大的样本。

从某种意义上说，问卷调查也有弹性。我们可以就某个议题问很多问题，并由此使分析具有一定的弹性空间。在实验设计方法中，人们需要事先对概念进行操作化，可是在问卷调查方法中，却允许你们从实际观察中发展操作化定义。

最后要说明的是，标准化问卷对于测量很有帮助。前面的章节曾讨论过，多数概念都呈现出模棱两可的特征：没有终极的真实意义。一个人的宗教虔诚度一定与别人不太相同。出于完成研究目标的目的，必须要定义概念，然而同一个定义并不一定完全适用于所有受访者。问卷调查者必须对所有受访者询问同样的访题，并假定给出相同回答的所有受访者，具有同样的意图。

问卷调查也有一些缺点。首先，方才提到的标准化要求，常常导致我们削足适履。标准化问卷列出的选项，通常代表我们在评估人们的态度、取向、环境和经验时的最小公分母。在设计访题时，也许你们无法做到使它最适用于某些受访者，不过你们必须保证它要适用于所有受访者，尽管适用的程度可能不是很高。就这个观念而言，问卷调查在处理较复杂议题时，总是显露出肤浅的一面。即使这个问题可以部分通过复杂分析来消除，却仍旧是问卷调查固有的天性。

同样地，问卷调查很少能处理社会生活的情境。即使问卷可以提供这方面的信息，可是问卷调查者也很少能把握受访者在整个生活状况中的所想、所为。但是，参与观察者却可以掌握这些（请参考第 10 章）。

问卷调查方法在某些方面缺乏弹性。当研究采用直接观察法时，我们能够根据实地工作的实际情况，做些调整修正。可是，在问卷调查中，从一开始就要保持研究设计不变。譬如作为实地工作者，必须能够察觉到研究现象中新的重要变量，且小心地进行观察。问卷调查者则无法察觉新的变量，也不能做任何处理。

如前所述，问卷调查法和实验法，都会受到一些人为因素的影响。一个人在问卷上给了保守的答案，并不表示这个人就是保守的；若发现一个人给了满是偏见的答案，也不表示这个人充满偏见。这一点，在行动领域特别显著，问卷调查并不能测量社会行动，只能搜集回溯性行动的自我报告，或将来的、假设性的行动。

这个问题有两个层面可以探讨。第一，研究的议题可能不适合用问卷来测量；第二，研究某个议题（譬如态度）的行为，会对受访者产生影响。比如，问卷调查的受访者可能从没有想过州长是否该受到弹劾。但当访员问到这道访题时，受访者才形成自己的意见。

一般来说，问卷调查的效度较弱，信度却较强。譬如与实地研究相比，问卷调查的人为影响因素会造成效度上的问题。举个例子，人们对某议题的意见很少表现为对某个陈述非常同意、同意、不同意、非常不同意等特定形式。那么，在这样的例子中，受访者的应答，就是对研究者本人最初编制问卷时头脑想法的近似反映。不过，对这个评论，需要结合前面讨论效度模糊性的内容来加以考虑。当我们说这是一个有效或无效测量时，事实上假定了我们要测量的东西存在"真正"的定义，可是许多学者目前已经否定了这项假定。

信度概念则清晰得多。通过对所有研究对象施以同样的标准化刺激，问卷调查避免了研究者自身观察的信度缺陷。同时，对访题的谨慎措辞，也可以减少研究对象自身可能产生的信度缺陷。

同所有观察方法一样，对问卷调查方法的缺点的充分认识，可以使你们在某些案例中部分地克服它们。总的来说,当你们能运用几种不同方法对某议题进行研究时,你们就已经有了最安全的搜集数据的方法基础。

9.11 二手分析

作为观察方式的一种,问卷调查涉及下列几个步骤:①设计问卷结构;②抽选样本;③搜集数据(通过访谈或自填式问卷)。事实上,我们发现,问卷调查是最主要的研究方法。对大规模调查而言,从概念化到取得数据的整个过程,花上你们几个月或一年以上的时间,一点也不奇怪(小规模调查当然可以较快地完成)。然而,通过对二手数据的分析,你们可以满足自己对某些具体社会问题的兴趣。譬如,对一组有 2 000 名受访者的全国性样本进行数据分析,就会节省调查耗费的庞大经费与时间。

二手分析[①](secondary analysis)指的是,某人搜集和加工的数据被另一人所用(经常是出于不同的研究目的)。20 世纪 60 年代开始,问卷调查者开始意识到存在档案室里数据的潜在价值,尽管现在的研究者和原先的调查设计和数据分析没什么关系。即使某研究者进行了调查并对数据进行过分析,同样的数据也能够为那些具有不同兴趣的研究者用来作进一步的分析。这样,如果你们对政治观点和性别平等态度之间的关系感兴趣,那就应该对恰好有这两个变量的数据库进行分析,并进一步研究。

最初的数据档案跟图书馆极其相似,当然也存在一些差异。首先,与书本不同,数据档案有数据库:先是穿孔卡片,然后是磁带,今天则是硬盘、优盘或在线服务器。其次,借阅过的书总要还给图书馆,却可以保留从数据库获得的数据。

当前,最有名的二手分析例子是 GSS。芝加哥大学的国家民意研究中心(NORC),现在每隔一段时间,都会进行一次大规模全国性调查,就大量的社会科学变量搜集数据。这些调查的目的是为学者提供免费数据或廉价数据。GSS 是由戴维斯(James A. Davis)于 1972 年开创的。现在主要由戴维斯、史密斯(Tom W. Smith)和麦斯登(Peter V. Marsden)负责。他们持续不断的努力,为社会科学研究及社会科学教育贡献良多。

此外还有很多二手分析所需的资料来源。康涅狄格大学的路波中心(The Roper Center for Public Opinion Research)是一个出色的来源。路波中心还出版民意调查期刊《公众视角》(*Public Perspectives*)。

因为二手分析涉及获取数据以用于大量的分析,如果时间很少,那么,能做的研究就有限。因此,可以考虑其他途径。譬如说,在写关于宗教对现今美国人生活影响的学期论文,想评论在堕胎争论中罗马天主教的作用等。尽管可以侥幸获得无根据的结论,但想象一下,如果有额外的信息支持结论,论文将会有多大的说服力?按照图 9-7 的步骤,学习如何找到与研究课题有关的数据。

1. 进入第 1 章介绍过的 SDA 分析网站,http://sda.berkeley.edu/sdaweb/analysis/? dataset=gss12。
2. 在图中左侧的编码簿找到堕胎的内容,即"争议性社会议题"。
3. 这个例子,让我们看看不同宗教群体对"在任何情况下都允许女性堕胎"的应答。
4. 输入选项名 ABANY,就是图 9-7 中我输入的。
5. 找到宗教组织的变量标签,输入 REGIL,图 9-7 中我输入的。看看人们对这个议题的观点,像图中我选择的,看 2012 年的结果。
6. 点击按钮"运行表",就会得到图 9-8 的表。

---

① 二手分析:某人搜集和加工的数据被另一人所用(经常是出于不同的研究目的)。尤其适合于调查数据。数据档案是储存和分发二手分析数据的仓库。

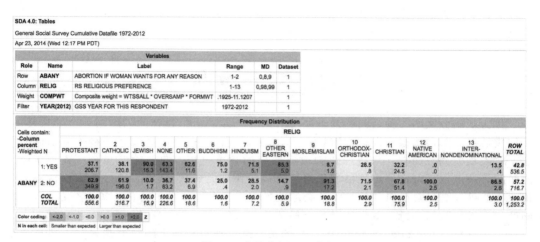

图 9-7　申请分析 GSS 数据

资料来源：SDA at http：//sda.berkeley.edu/sdaweb/analysis/? dataset＝gss12.

分析的结果，如图 9-8 所示。与犹太教（90%）和没有宗教（63.3%）的群体比较，天主教徒不太支持堕胎（38.1%），仅仅比美国新教徒的支持率（37.1%）高 10%。

图 9-8　宗教对堕胎态度的影响

资料来源：SDA at http：//sda.berkeley.edu/cgi-bin32/hsda? harcsda＋gss06

假设一份学期论文的结论是："尽管罗马天主教堂对堕胎有强烈的、官方的立场，许多天主教徒也不必完全赞同，如表所示……"。此外，这也许只是深入调查的开始，更深入的分析可以看第 14 章讨论的定性分析。

二手分析的优点是，比做第一手调查更便宜、快速，而且，依靠做原始调查的那些人，也许可以从一流专家的工作中获益良多。二手分析也会促进元分析（meta-analysis），即研究者把以往的一些研究集中在一个特定题目上。比如，为了增强人们对宗教和堕胎关系的理解，可以超越 GSS 数据，去分析许多其他研究的类似数据。

当然，二手分析也有缺陷，关键的问题是效度。一个研究者为了某个特定目的而搜集数据，并不能确保这些数据符合他的研究旨趣。比较常见的情况是，初始研究者的某道访题"很接近"你们的兴趣，但你们却希望这道访题以另一种形式出现（即你们要的形式），或也问过另一道相关访题！例如，你们希望知道人们的宗教信仰有多大差异，而既有的数据仅仅询问了是否参加过洗礼。这时，你们所面临的问题是，问卷上的访题是否真能有效地测量你们要分析的变量。尽管如此，二手数据依然相当有用，能再一次展示了回答社会生活中各种问题的各类可行办法。其实，没有任何一种方法能解决所有问题，发现事物的方法是无限的。当你们开始从不同角度探讨某个问题时，就会获得丰富的专业知识！

本章讨论了问卷调查的二手分析，二手分析与操作技术联系最密切。然而，对社会研究数据的再分析并没必要局限于已经搜集的数据。当贝尔科维茨（Dana Berkowitz）和瑞安（Maura Ryan）（2011）开始研究同性恋父母如何处理收养儿童的性别社会化时，他们能够在两项早期女同性恋和男同性恋父母的定性访谈记录中找到他们需要的定性数据。比分析二手数据更进一步，菲尔丁（Nigel Fielding，2004）考察了对档案和定性资料再分析的可能性。

9.12　伦理与问卷调查

问卷调查总是涉及让人们提供自己的、并不在手头的信息。有时候，我们索要的信息（如态度、行为）如果公开，会让受访者难堪。在有些情况下，甚至会让受访者丢掉工作或婚姻破裂。因此，遵循本书提到过的保密原则，在问卷调查中就变得特别重要。

另一个伦理关注，是对受访者造成心理伤害的可能。即使对受访者提供的信息做到了保密，强迫他们想一些事情可能令其难受。譬如，询问受访者对自杀的看法，如果某个受访者刚好最近经历了家庭成员或密友的自杀，会是怎样的情形。再譬如，让受访者谈对不同族群的看法就会让人们想象自己是不是种族主义者，至少会让在受访者想到在访问员面前该如何表现。我们可以列举无数可能对受访者造成伤害的例子。研究还是要做的，但是，要增强敏感性，以免造成问题。

本章要点

导言
- 问卷调查是社会研究中使用相当普遍的一套方法，即从研究总体中抽选样本，并对样本进行问卷调查。

适于问卷调查的议题
- 问卷调查特别适合对一个大总体进行描述性研究，当然，调查数据也可以用作解释性的目的。
- 问卷通过以下方法来搜集数据：①向人们提问题；②问受访者是否同意或不同意某个观点。

提问指南
- 问卷中的访题应该符合几个原则：①访题形式应该符合研究计划；②访题应该清楚、准确；③一道访题只问一件事（比如，避免双重提问）；④受访者必须胜任回答；⑤受访者必须愿意回答；⑥提问应该相关；⑦提问应该简短；⑧应该避免否定性提问，以免误导受访者；⑨避免在访题中使用带有倾向性的词语。
- 访题可以是开放式（受访者自己组织回答）的，也可以是封闭式（受访者在问卷提供的选项中选择回答）的。

问卷的建构
- 问卷的格式会影响搜集数据的质量。
- 关联访题的清晰格式对保证受访者回答相关访题非常重要。
- 当几道访题都使用同样应答分类时，矩阵访题是有效的形式。
- 问卷访题的顺序会影响回答。
- 要想获得适当的应答，清楚的问卷说明非常重要。
- 在应用于研究样本之前，对问卷进行预调查是必需的。

自填式问卷
- 问卷调查有三种基本方法：自填式问卷、面对面访谈和电话调查。在线调查方法正在探索中。
- 通常情况下，进行自填式问卷调查需要补寄问卷（补寄问卷针对那些对第一次寄出的问卷没有反应的受访者）。
- 对回收问卷的恰当管理可以给补寄问卷提供指导，即什么时候补寄问卷比较合适。
- 为受访者提供报酬是一个挺有争议的伦理和效率议题。

访谈问卷
- 访员必备的特征是保持中立：在数据搜集过程中，访员不能对问卷上的答案产生任何影响。
- 必须对访员进行认真培训，使他们熟悉问卷并正确无误地逐字逐题询问受访者，也要使他们准确记录受访者的应答。
- 访员通过深入追问可以让应答不完全或模棱两可的应答变成比较周全的应答。理想地说，所有访员都应该使用同样的追问方式。

电话访问
- 电话访谈比面访更便宜、更有效，还能够对数据的搜集实施更多的监测。
- 计算机辅助的电话访问（CATI），使用前景尤为广阔。
- 自动访问（robo-polls）是计算机执行的电话访问，没有访员参与。

在线调查
- 新技术，包括使用互联网络和移动设备，为社会研究者调查提供了更多的机会和选择。不过，对这种方法必须小心地使用，因为受访者可能并不代表要研究的总体。

混合模式调查
- 有时候，在一项调查中可以使用多种调查技术：电话，邮寄，在线。

不同问卷调查方法的比较
- 自填式问卷调查与访谈调查相比，优点在于经济、迅速、不因访员而产生偏差。另外，因为较具匿名性与非公开化，可促成受访者更诚实地回答敏感问题。
- 访谈调查相对于自填式问卷调查的优势在于，前者少有回答不完整的问卷，也少有误解问卷题目的情况，回收率较高，在抽样和具体观察中，有较大的弹性。
- 电话调查相对于面访的优点是省时省钱。也有安全的因素：如果是面访，可能会要求访问员进入高犯罪区域，由此会产生安全问题。电话调查，能有效避免这类问题。
- 在线调查跟邮寄问卷调查相比，具有很多优势，但也有劣势。在线调查虽然比较便宜，但其普适性较差。

问卷调查的优缺点
- 一般来说，问卷调查的优点在于经济和可以搜集大量数据。而数据搜集时的标准化过程，呈现了问卷调查另一个特别的长处。

- 问卷调查的不足在于：受人为因素影响，并且有些肤浅、相对不够灵活。使用问卷调查，我们很难对社会过程的自然状态，有一个充分认识。一般来说，问卷调查具有相对低的效度和相对高的信度。

二手分析
- 二手分析为社会研究者提供了一种简便、便宜的"搜集"数据的重要方法。但其效度可能不高。

伦理与问卷调查
- 问卷调查常会问到私人信息，研究者必须保证对信息保密。
- 询问问题会引起受访者的心理不爽，因此，研究者应该尽量减少对受访者的心理伤害。

关键术语

以下术语是根据章节的内容来界定的，在出现该术语的页末也有相应的介绍，和本书末尾的总术语表是一致的。

倾向性　封闭式访题　计算机辅助的电话访问（CATI）　关联问题　访谈　开放式访题　追问　问卷　受访者　应答率　二手分析

准备社会研究：问卷调查

如果你们要做问卷调查，并已经确定了抽样方法，在讨论测量方法时，至少有某些部分会涉及问卷。这时，你们需要说明采用的调查形式：是自填式问卷调查，还是电话调查？是面访，还是互联网调查？不管采用哪种方法，在研究计划中，都要条理清楚地进行说明。例如，如何处理无应答？在自填式邮件问卷调查中，要补寄问卷吗？在电话调查中，要补拨电话吗？有确定的完访率吗？

在面访中，要说明如何选择和培训访问员，还需要说明调查的期限。

复习和练习

1. 就下列开放式访题，设计能够在问卷中使用的相应的封闭式访题。
   (1) 去年你家的总收入是多少？
   (2) 你如何看待太空穿梭计划？
   (3) 宗教在你的生活中有多重要？
   (4) 你入大学的主要原因是什么？
   (5) 你认为你社区所面临的最大问题是什么？

2. 请设计一组自填式问卷的关联访题，以求获得以下信息：
   (1) 受访者是否有工作？
   (2) 如果受访者没有工作，是否在找工作？
   (3) 如果受访者没有找工作，那么他是否已经退休？受访者是学生，还是家庭主妇？
   (4) 如果受访者在找工作，已经找了多长时间？

3. 到杂志或报纸上找一份问卷（例如读者调查），把它带到课堂上进行评论，并就调查设计的其他方面加以评论。

4. 马上看看自己的衣着打扮和外表形象。看看有没有会在截面调查中引起尴尬的地方。

5. 找一项在网上进行的问卷调查，简要地描述这项研究，并讨论其优缺点。

第10章
定性实地研究

章节概述

定性实地研究让研究者在自然状况下观察社会生活：到行动的发生地点进行观察。如果研究者能深思熟虑，有周详的计划，以主动的方式进行观察，那么，这种类型的研究能比其他观察方法提供更丰富的对社会现象的理解。

导　　言

在几章前已经提过，我们在一生之中总在不断进行社会研究。如果我们看看最显著的观察方法，定性的实地研究，感受就会更加明显了。在某种程度上，只要是观察或参与某一社会行为，并试图理解，我们就在进行实地研究，不管是在大学教室里，还是在就医等候室里，或者是在飞机上。向别人报告我们的观察时，就在报告我们的实地研究成果。

实地研究，在社会科学中，既古老又新颖。至少从19世纪开始，对无文字社会的研究就开始了。经过20世纪三四十年代对城市社区生活的第一手考察形成的"芝加哥学派"，到今天互联网上的聊天室，都有实地研究。本章讲的许多技术，已经被几个世纪以来的社会研究者使用。在社会科学领域，人类学者尤其和这个方法相关，他们的贡献使其发展成一项科学技术。然而，严格说来，许多使用实地研究方法的人，并不是社会科学研究者，新闻记者就是一个例子，福利部门的个案工作人员也是。

虽然实地研究是一种"自然"活动，但还是有些技巧需要学习、掌握。这一章将会详细讨论其中的技巧，回顾实地研究的主要范式，描述那些让实地研究比一般观察更有用处的具体技术。

我使用"定性的实地研究"（qualitative field research）一词，以使之区别于那些搜集用于定量数据（统计）分析的方法。因此，问卷调查搜集的数据用来计算总人口中的失业人口百分比、平均收入等等。实地研究则主要用于获得定性数据：本身并不容易被化约为数字的观察。例如，一位实地研究者可能注意到政治集会领袖的家长式作风，或政府官员在公开谈话中的防御性回避，却无法用数字化形式或等级表达。然而，这并不表示实地研究者不能收集定量数据：例如，也可以记录在实地情境中各种不同形式的互动次数。一般而言，实地研究是定性的。

实地观察与其他观察方法的不同之处在于，实地观察不仅搜集数据，而且也是典型的理论生成活动。实地研究者很少带着需要加以检验的、明确定义的假设。比较典型的做法是，试图先从无法预测的进程中，发现有意义的东西。从初始的观察，尝试性地推展出一般结论。这些结论能够启发进一步的观察，然后再修正结论等等。简短地说，本书第1篇讨论的推理和归纳逻辑的转换，在好的实地研究中，应是最为明显和必要的。出于解释目的，本章集中讨论实地研究的一些理论基础和数据搜集技术。第13章，将讨论如何分析定性数据。

10.1　适于实地研究的议题

实地研究的主要长处在于能给研究者提供系统的观点。即，通过尽可能完整的直接研究和观察，思考一种社会现象，让理解比较深入和周全。这种类型的观察特别适合，但不是只适合那些不宜简单定量的社会研究或研究议题。实地研究者应该承认,使用其他研究方法可能会忽略一些在态度和行为上的微小差异。

实地研究尤其适合在自然情境下测量态度和行为,而实验和问卷调查多在人为情境下测量态度和行为。例如,实地研究就为在信仰复兴的聚会中对宗教信仰转变的动态过程研究提供了具有优势的方法,就如想知道是男性或女性比较倾向于改变信仰更适合用统计方法分析成员名单一样。

实地研究特别适合跨越时间的社会过程研究。实地研究让研究者可以现场了解暴动事件的酝酿与发生,胜过事后对其进行重新建构。

考虑下米尔纳(Murray Milner, Jr.)对高中文化具有洞察力的研究。这项研究被恰当地命名为《怪胎、天才和帅小孩》(*Freaks, Geeks, and Cool Kids*, 2004)。米尔纳对发掘两组问题的答案很感兴趣:①为什么青少年会以他们的方式表达?②他们的表达方式怎样适应更大的社会结构?

或许你们能将自身与米尔纳研究青少年生活的某个关键点联系起来:在生活的许多方面,在很大程度上无能为力的感觉。"一天中,他们必须多数时间在校学习,对发生在那里的事儿,只有有限的影响。他们被迫学习复杂又难懂的科目,如代数、化学和欧洲史,这些科目却很少与他们的日常生活直接相关。"(2004:4)

米尔纳进而识别青少年拥有并能展示特殊力量的领域:

他们确实有一股重要的力量:创造一个非正式社会世界的力量,在那个世界里,他们能评估彼此。那就是,他们能够且真正创造了地位体系,一个与家长和教师提倡的标准不同的体系。(2004:4)

对社会学家来说,地位体系是一个很核心的概念。米纳尔还是印度种姓制度专家,这对他考察和理解高中青少年文化颇有帮助。

实地研究方法适用的议题还包括校园示威、法庭诉讼、劳资协商、公众听证会或在相对有限的时间和空间内发生的事件。另一些类似的现象,则应该进行跨越时间和空间的综合考察。

洛夫兰(John Lofland)和他的同事在其著作《社会情境分析》(*Analyzing Social Settings*, 2006:123-132)中,讨论了几种适合实地研究的社会生活的要素。

1. 实践(Practices):主要指各式各样的行为,比如交谈或阅读。
2. 情节(Episodes):包括各种事件诸如离婚、犯罪和疾病。
3. 邂逅(Encounters):包含两人以上的会面和互动。
4. 角色与社会类型(Roles and social types):关于人的职位以及与职位相联系行为的分析:职业、家庭角色、种族群体等。
5. 社会与个人关系(Social and personal relationships):适宜于角色关系的行为,如母子关系、朋友关系,等等。
6. 群体与派系(Groups and cliques):小群体如朋党、体育团队、工作群体。
7. 组织(Organizations):正式组织,例如医院和学校。
8. 聚落与群集(Settlements and habitats):在难以研究的大社会如国家之外的小社会如村落、贫民窟、邻里等。
9. 社会世界(Social world):一些范围和人口都模糊不清的社会实体,诸如"体育界""华尔街"等等。
10. 亚文化和生活形态(Subcultures and lifestyles):大量的民众如何适应在诸如"统治阶级"或"都市下层阶级"中的生活。

在所有这些社会情境中,实地研究者可以揭示那些并非明显可见的事物,在此我们举一个具体的例子。

我特别感兴趣的议题之一(Babbie, 1985)是公共事务责任的性质:谁负责给我们分派工作?谁负责维护公园、购物中心、大厦等公共场所的清洁?谁负责看护维修破损的道路标识？或者，如果被强风吹倒的垃圾筒在街上滚来滚去，谁负责清除？

表面上看，这些问题的答案非常清楚。可在我们的社会中，分派这些事务的责任，有正式的和非正式的协议。政府卫生管理人员会负责维持公共场所的清洁，交通部门的人负责路标，也许警察会在刮风的日子负责清除在街上滚动的垃圾筒。当这些职责没有完成的时候，我们可以要求相关人员担责。

将公共事务的责任分派给具体个体，不只是让其他人免责，进一步说是避免不相关人为此担责。也就是说，为没有分派给我们的公共事务负责，是无法让人接受的。

让我举例来说明：如果你们穿过公园时丢下一堆垃圾，你们发现这种行为对周围的人而言是不能被接受的。人们会瞪你们，对你们抱怨，甚至会有人来跟你们说什么。无论是哪种形式，你们都必须为乱丢垃圾受到明确的制裁。然而，具讽刺意味的是，如果你们穿越同一个公园，并清理一堆别人丢下的垃圾，这种行为对周围的人来说可能也是不可接受的。你们或许会因为清理垃圾而受到明确的制裁。

当我开始和学生讨论这个模式时，大部分人都觉得很荒谬。虽然我们会因为乱丢垃圾而被制裁，但清理公共场所的垃圾会有奖赏，人们会因为做了这些事而感到高兴。当然，我所有的学生都说，人们会因为有人清理公共场所而感到高兴。所以，很可能当我们问起其他人，对于有人清理公共场所的垃圾或负责处理某些社会的问题会如何反应时，学生们都说，其他人也会因此而感到高兴。

为了处理这项议题，我建议学生在他们的日常活动中解决一些公共问题，并注意以下两点：

1. 当解决并不属于自己责任范围的公共问题时，有什么感受？
2. 周围人的反应如何？

学生们开始捡垃圾、修路标、将翻倒的路障归位、清理并装饰宿舍区的公共场所、修剪阻碍路口能见度的树木、修理公共游乐场的设施、打扫公共厕所，还有其他数以百计不是他们职责范围的公共问题。

这些学生在大部分的报告中表示，对于自己做的事情，感觉非常不舒适，感到自己很傻、很伪善、很引人注目，不愿意继续表现这些行为的感觉。几乎在每一个事例中，周围的反应都使个人不舒适感增加。有一个公车站牌边的报纸箱久未使用、已经破损，造成困扰已有数月，一位学生将其移走，结果邻居却请来了警察。另一位学生决定疏通因暴风雨而阻塞的排水沟，却被一位邻居呵斥，并认为脏乱应留给清道夫清除。每个拾起垃圾的人，都被鄙视、嘲笑，通常也被贬低。一位年轻人捡起垃圾筒旁的垃圾，却被经过的路人骂为愚蠢。很清楚，对我们来说，在公共场所捡垃圾只有三种可被接受的解释：

1. 是你们丢的、被抓到了，有人强迫你们清除自己留下的杂物。
2. 是你们丢的，且良心不安。
3. 你们在偷垃圾。

在正常情况下，个人为公共事务负责，是很难被接受的。

很明显，除了通过实地研究，我们不会发现公共事务中个人责任协议的力量和本质。社会规范认为，负责任是一件好事（有时甚至是好公民的表现），如果问人们对这件事的看法，则会产生"这是好的"的共识。只有在生活中真的做了且观察了，才能获得真相。

这个故事的一个有趣注脚是，当人们经过初步反应、并发现学生修理公物的原因只是要让这些公物发挥用途之后，路人们就倾向于加入帮忙的行列。虽然我们有一些非常强烈的共识，认为对公物负责很"不安全"，但当一个人的意愿超越这些共识之上，就使得做这些事变得安全，这种意愿使得其他人在做这件事的时候也有安全感，因此他们都这么做了。

不要把实地研究和新闻采访混为一谈。社会科学家和新闻记者或许会采用同样的技术，但两者在数据上的关系完全不同。比如，在新闻和社会学中，个体访谈是常用的方法。不过,社会学家并不简单地报告研究对象的态度、信念或者经历。社会学家的目的是要从访谈获取数据,从而在一般意义上理解社会生活。

拜恩(AnneByrne)、卡纳万(JohnCanavan)和米勒(Michelle Millar)(2009)暗示,这个区别能更加深入。音频关系(voice-centered relational,VCR)方法关注,在交流中,谁是说话者和谁是倾听者,将二者的差异和差异带来的影响加以记录。通常,倾听者是研究者。在采访和分析文字记录时被用到这个方法。他们描述了对爱尔兰青少年的研究:

> 这项工作一个有挑战性的方面是,让我们直面一个显性要求,即像青少年那样或代表青少年行事。关系的建立,费时费力,很多研究方法不要求与被研究者建立"关怀关系"。同年长的和年幼的、来自不同阶级背景和多样生活经历的人建立友情,需要所有人持续的、相互的承诺。(2009:75)

此外,还需要强调定性研究的两个重要方面。首先,"定性实地研究"有很多类型。我们在这一章还将看到,不同范式的认识论对一些基本问题有着不同的研究方法,譬如,"什么是数据?""我们该如何搜集数据?"和"我们该如何分析数据?"其次,我们应该记住,研究问题,决定了我们需要使用的方法。"女性如何过她们的日常生活,以表现她们作为母亲、伙伴和生计优胜者的角色?"对这样的问题,需要深入访谈和直接观察。对"广告战"的评估,则需要和专题小组进行讨论。不过,在大多数情况下,研究者都有可替代的方法。

总的来说,实地研究具备在自然情境下探索社会生活的优点。尽管有些事物可以通过问卷或在实验室进行研究,有些则不行,需要在实地直接观察,才可以看到预料之外的或测量的微妙之处或其他事件。

10.2 定性实地研究的特别注意事项

每种研究方法都有需要考虑的特殊事项,定性实地研究也不例外。当你们使用实地研究方法时,就要考虑作为观察者扮演的角色,以及与观察对象的关系。下面让我们来具体探讨。

10.2.1 观察者的不同角色

在实地研究中,观察者可以扮演多种角色,包括参与观察的活动(修理公物的学生们就是这种)。本章使用"实地研究"多于人们经常使用的"参与观察",因为实地研究者并不必须参与研究的事物,虽然研究者经常在行动场景直接研究。就像马歇尔和罗斯曼(Catherine Marshall and Gretchen Rossman)指出的:

> 研究者扮演的角色,有不同的"参与程度",即在日常生活中实际参与的程度。完全参与者是一种极端,研究者以研究情境的单一角色或角色组,继续他的平常生活。另一种极端则是完全观察者,研究者完全不参与,甚至回避研究情境的社会互动。当然,随着研究的进展,研究者也许会混合采用所有可能的方式。(1995:60)

在这个意义上,完全参与者,或是研究情境的真正参与者(例如校园示威活动的参与者)或可假装真正参与者。在任何事件中,如果你们扮演完全参与者角色,就要让人们视你们为参与者,而非研究者。例如你们要研究的一群未受教育又不善表达的人,如果说话举止像大学教授或学生恐怕就不适当。

这类研究也带来了伦理问题,即社会研究者本身被分化了。为了使研究对象相信你们并向你们告白,就隐藏自己的研究者身份,道德吗?科学的利益(研究的科学价值)可以抵消相关的伦理关怀吗?虽然许多专业机构提出了这项议题,但在某些特定情况下,对研究规范的应用，还是有些模糊暧昧。

相对于伦理关怀的是科学关怀。没有一位研究者单单为了欺骗的目的去欺瞒研究对象，这么做应该是因为：如果研究对象不知道研究者正在进行研究，将表现得自然而诚实，搜集到的数据也将更有效度与信度。如果研究对象知道他们正在被研究，可能会在某些方面修正他们的行为。这就是**反应性**①（reactivity）难题。

首先，他们可能驱逐研究者；其次，他们可能修正自己的言论和行为，表现比原来的做法更值得尊敬；最后，社会过程本身可能会产生激烈变化；例如学生们正在着手计划烧毁大学行政大楼，一旦他们察觉群体之一是一位正在进行研究的社会科学家，也许就会完全放弃。

另一方面，完全参与者自身也许会影响到研究。例如，假设你们被问及下一步该怎么做，无论你们说什么，在某些方面，都将影响过程。如果群体采纳你们的建议，则对社会过程的影响更加明显；如果群体决定不采纳你们的建议，这个拒绝，也可能对以后发生的事产生重大影响。最后，如果你们表示不知道怎么办，就为群体带来了不确定性以及不果断的整体感受。

这种既是参与者又是观察者的身份，无论采取或不采取行为，终将对被观察者产生一些效应，这是必然的。更严重的是，你们做或不做，都会对即将发生的事产生重大的影响。虽然对问题的敏感可能提供部分防护，但并没有任何一种完全的防护措施能预防这种效应（这种影响，被称为霍桑效应，第 8 章中已充分讨论过）。

基于这些伦理的或科学的考虑，实地研究者可以选择不同于完全参与者的其他角色。你们可以完全参与被研究的群体，并明确地说明你们也在做研究。例如，假设你是一个排球队的成员，也许就可以凭借这个位置，展开运动社会学的研究，并让队友知道你在做什么。然而，这个角色，也具有风险。被研究者原本可能专注于自然的社会过程，现在却转移太多注意力在研究上，进而使得被观察的过程不再典型。或相反，你们自己可能对参与者的利益和观点过于认同，开始变得"现场化"，从而失去了科学的超然性。

另一个极端是，在任何情况下，完全观察者都只观察社会过程，而不成为其中的一部分。很可能，由于研究者并未介入，使得研究对象并不知情，例如，坐在公车站观察附近十字路口行人违法穿越马路的行为。虽然完全观察者比起完全参与者不那么影响研究，也不会"现场化"，但也不能对被研究者做出全面的理解，其观察也可能比较简略而空泛。

戴维斯（Fred Davis，1973）将观察者可能扮演的两种极端角色形容成"火星人"和"皈依者"，后者指的是观察者越来越陷入研究情境，形成了现场化，下一节我们会更深入考察这个问题。

另一方面，你们也许会完全采用"火星人"策略，想象自己被送到火星上去观察新生命体的生活。你们大概很难觉察到自己与火星人的隔离。有些社会科学家在观察异于自身文化的社会阶层时，也会采取某种程度上的隔离。

马歇尔和罗斯曼（Marshall and Rossman，1995：60-61）也提到，研究者可以决定花多少时间在研究情境中。你们可以完全成为这个情境的一部分，或偶尔现身一下。更有甚者，你们可以将注意力集中于这个情境的某个单一面向，也可以企图观察情境的每一个部分（重点是要扮演符合研究目的的适当角色）。

当基德尔（Jeffery Kidder）着手研究纽约城内自行车送报员的文化时，他发现，将自己定位为自己观察到的而不是其他角色，比较恰当（2005：349）

当我有学术动力去做送报员工作时，应当弄清楚的是，我参与到送报员世界，既不是强迫的，也不是假装的。相反，长久以来，我对自行车和变换交通方式的兴趣与送报

---

① 反应性：指社会研究的对象可能基于被研究事实而反应，从而使他们的行为与正常状态的行为不一致。

员的生活方式有着完美的结合。

在我做实地调查过程中，我接触的大多数送报员并不了解我的研究课题。在纽约市，一个送报员一天与成百的送报员过街道。大量帮助我理解送报员生活方式的个体并不全都能有机会签订知情同意书。我经常交流的送报员知道我的社会学兴趣。(2005：349)

不同的情况，要求研究者扮演不同的角色，可惜的是，没有一个明确的标准，我们必须根据对情况的了解和自己的判断来作决定。同时，也必须遵循方法论和伦理两方面的考虑来做决定。因为，这些经常存在矛盾，使我们的决定变得困难，有时也会发现，我们的角色限制了自己的研究。

10.2.2 与研究对象的关系

介绍过在实地研究中可能扮演的各种角色之后，接着要将焦点放在你们与研究对象以及与研究对象的观点间，该建立怎样的关系。

前文已经提过，如何假装拥有事实上非你们所属的社会地位，现在再看看身处这种环境之下，你们会有何感受。

假设要研究一个吸引你们住处附近许多民众参加的教派，可以采取加入或假装加入的方式。花一点时间自问，"确实"加入和"假装"加入的差别是什么。主要的差别在于，你们是否真接受其他"真正"成员分享的一切：信念、态度，以及其他观点。如果教派的成员相信下周四的夜晚耶稣就会降临，毁灭世界并拯救他的信徒，你们真的会相信或只是假装相信？

传统上，社会科学家会强调这类事件的"客观性"。在这里，指的是避免推翻这个群体的信仰。社会科学家除了不否定客观性以外，也承认由于自己相信研究对象的观点而获得的种种好处，洛夫兰及其同事（John Lofland et al.，2006：70）将这种情况称为"自己人的理解"。毕竟，除非你们也认为这些成员的观点是对的（即使只是暂时如此），否则永远没办法了解他们的思想和行动。要完全理解你们参与研究的现象，就必须相信"耶稣下周四晚上真的会来"。在有些情境下，这也会帮你们与研究对象建立良好关系（见本章对密切关系的讨论）。

对大部分人来说，接受一个异于自己想法的观点是很不好受的。有时候，也许你们觉得某些观点真的令人难以容忍，却也得试着去接受，并把自己的观点想成比他们的还糟十倍。贝拉（Robert Bellah，1970，1974）为此提出了"象征现实主义"（symbolic realism）概念，提醒社会研究者要视自己研究的信念是值得尊敬的，而不是可笑的。如果你们能够很认真地看待这件事，也许就能体会谢弗和斯特宾斯（William Shaffir and Robert Stebbins，1991：1）的结论："实地工作一定要在相当程度上考虑自己无法认同的种种活动，因为人性就在其中自然形成。"

当然，接受研究对象的观点，也有风险性。当你们抛开客观性去这么做时，就不可能用研究对象欠缺的参考架构来观察并了解现象。相信"周四晚上世界会终结"，让你们可以体会信念对于信众的意义；然而脱离了这个观点，才可能思考人们接受这个想法的各种原因。你们会发现，有些人是由于心灵受创（例如失业或离婚），有些人则是由于参与特定的社会网络而被带入这个集会（例如，所有脸书好友都参加了）。要注意的是，教派成员也许会反对这些"客观"的解释，而你们也许在没有机会合理地考虑群体观点，在研究情境以外，和他们相处。

人类学家有时会用"主位"视角，指相信研究对象的观点。相反，"客位"视角，指为了取得更大的客观性而与研究对象的观点保持一定距离。

由于这两种策略看似各自独立，却又各具重要优势，这就产生了明显的两难困境。事实上，也许有可能同时采用两种策略。有时候，可以随自己的意愿转换观点：在适当的时机接纳仪式的信念，不久，当然再抛开信念（更正确地说，是再采纳社会科学的观点）。在对这种研究方式更为擅长之后，你们就可以同时持有对立的观点，而不必一再转换。

我在对通灵（心灵进入人体，并通过人体表达）研究中，发现自己不必脱离传统社会科学就可以完全参与通灵活动。我发现，在这个领域，可以对所有想法有所保留：不像其他的参与者一样，相信它是真的；也不必像大部分的科学家一样，完全不相信。我接受两种不同的可能性。请注意，这么做和我们想"知道"这类事情是否合理，有多么不同。

社会研究者常常会提及反身性，即事物作用于其自身。这样，自身的特性会影响你们看到的以及解释的方式。不过，这个问题远比这里说的广泛，不仅适用于研究者，也适用于研究对象。假想你在街上，在流浪者的庇护所，或者在社会福利所，访谈一个无家可归的流浪者。研究环境会影响研究对象的回答。也就是说，在不同访谈地点，可能会得到不同的结果。在不同背景下，你们的表现也会有所不同。如果你们反思过这种问题，就会理解研究的其他复杂面。正因为这些，也将"不过如此的简单观察"变得复杂。

我们可以把这一段讨论视为心理学议题，因为它多半发生在研究者的头脑里。还有一个属于社会层面的议题。当你们深深涉入研究对象的生活，就很容易受到他们个人问题和危机的影响。例如，想象一下，某位教派成员生病了，需要送医院，你们会提供自己的交通工具吗？一定会的。再假设，有人想借钱买一套音响，你们会借钱给他吗？也许不会。但如果他们借这笔钱是为了填饱肚子呢？

对于解决这些问题，并没有黑白分明的规则。但类似的问题，是可能发生的，不论是否暴露自己的研究者身份，你们都要好好地处理。因为这类问题，就是参与观察的一部分，它们不会在问卷调查和实验等其他形式的研究中发生。

针对在实地研究中研究者与研究对象的关系，楼威尔斯（Caroline Knowles，2006）提出了不同的议题。对居住在中国香港特别行政区的英国派驻人员访谈时，她注意到有些人特别难打交道。当她发现自己用研究记录解释为什么进一步访谈不会对研究解释有所裨益时，她迫使自己进一步深入地观察访谈的互动，特别是在自己与研究对象的关系中。她解释了为什么有些知情人让自己不舒服，并带着不舒服的感觉继续访谈。她发现了一些因素，如受访者表达的态度、互动规则以及与受访者建立的关系特征，都导致了自己的不良反应。最后，与那些合作的、待人和善的受访者比较，难打交道的受访者让她对研究对象有了更深的理解。

同样，布鲁姆（Alex Broom）、汉德（Kelly Hand）和托维（Philip Tovey）（2009）在对癌症病患者进行深访时考察了性别的影响。访问员与受访者性别相同和性别不同，有影响吗？确实有。相对于女访员，前列腺癌症病患对男访员描述的更加绘声绘色。同样，乳腺癌病患对乳房受损的感觉在男性和女性访员面前，也不一样。在确认最好的性别匹配之前，需要注意到癌症病患的整体感受，针对同性的、异性的。观察者的影响，无论是实验、问卷调查，还是实地研究，都是不可避免的。但要自我提醒，并将观察到的影响纳入理解之中。

对研究者与研究对象关系的讨论，属于"科学客观性"问题。在结束这部分之前，我们还要进一步讨论这个问题。

在传统科学观看来，有某种权力和地位将研究者和研究对象区别开来。比如，当我们在第8章讨论实验设计时，实验者是无疑的主宰。实验者负责组织、命令实验对象做什么。通常只有研究者才知道研究的真相。在问卷调查中，也有类似的现象。设计问题的人，决定挑选谁来回答问题，并对数据进行分析。

社会学家通常将这种关系看作是权力或地位关系。在实验和问卷调查设计中，研究者比研究对象有更大的权力和更高的地位。研究者还拥有研究对象不具有的特殊知识。他们虽然还不至于鲁莽地说自己优越于研究对象，却有这种隐含的假定。（注意，教科书的作者和读者之间也有这种隐含的假定。）

在实地研究中,这些假定都有问题。当早期欧洲人类学家着手研究"原初"社会时,就假定人类学家有丰富的知识。譬如,当地人"相信"魔法,人类学家却"知道"不可能有魔法。当地人说他们的仪式能取悦神灵,人类学家却解释说,这些仪式的"真正"功能在于创造社会认同、建立群体团结,等等。

真实生活的研究

出类拔萃:高档宾馆的服务与不平等

还有什么比高档宾馆的顾客与客房服务、其他员工满足顾客需求的关系那样,拥有更清楚的地位关系呢?事实上,谢尔曼(Rachel Sherman)发现了一个比想象的更加复杂的过程。她对服务员如何平衡与管理人员及顾客的关系,很感兴趣。不像生产工人,宾馆服务员必须既同监督者、又和顾客打交道,哪怕二者的需求有冲突。在某种程度上,她发现宾馆服务员经常在如何服务顾客上比我们想象的更加谨慎。这对服务员的自我感觉有积极影响,并提供给顾客好的感受。

谢尔曼的观察和结论,从她在高档宾馆数月的服务生经验得来。管理者了解她的研究者身份,她也有能力转换多个不同的服务岗位:预约、送餐、停车、拎包、家政和一些顾客期待的其他高档餐厅服务。她对调查的亲身投入,让她有机会获得在其他地方得不到的调查数据。

戈博(Giampietro Gobo,2011)使我们对常用社会研究技术的文化根源(和限制)有了敏感点。在大多数情况下,这些根源都植根于欧美文化之中。他指出:

如果一个人想在恰帕斯(Chiapas,墨西哥)的辛塔特拉和圣胡安查穆拉的玛雅村庄进行民族志研究,那么,就应该注意以下几点:由于相信照片会捕捉到灵魂,教会或这个地区的人都不允许拍照,如果有人带着照片离开村庄,那么他们的灵魂就会跟着他们走。(2011:417)

戈博还指出使用标准化或非结构化访谈背后的一些隐含假设,例如:"与陌生人(访谈者)交谈是可以接受的""受访者具备为自己说话的能力,受访者作为自主和独立个体"以及"在电话访谈中提供信息而看不到访问员的脸"。(2011:424)对于许多在欧美以外长大的人来说,这些都是外国的概念。

不过,社会研究者越是面对面地深入研究,就会越来越意识到潜在的研究者优越性假定,就越有可能考虑替代选择。当接触实地研究的不同范式时,我们就会看到:我们正在寻求解决办法,而且还略有成效。作为实地研究涉及地位的例子,参见真实生活的研究文本框《出类拔萃:高档宾馆的服务与不平等》。

10.3 一些定性实地研究的范式

实地研究可以简单地描述为进入行动发生地点并进行观察,但其中还有很多不同的方法。下面探讨实地研究的几种范式:自然主义、常人方法学、扎根理论、个案研究和扩展个案方法、制度民族志、参与行动研究。上述列举没有穷尽所有方法,但也足以感觉到实地研究的无限可能性。

有一点很重要,那就是,某种方法并非对应一种具体范式。譬如,在常人方法学和制度民族志研究中,可以使用分析法院诉讼法和专题小组法。本章的特色在于方法论,讨论的是数据的意义,而不是数据搜集方法。

10.3.1 自然主义

自然主义[①](naturalism)是定性研究的古老传统。最早的实地研究者是在实证主义假设下做研究。研究者们认为,社会现实是"外在的",研究者应该自然地进行观察并报告"现实"(Gubrium and Holstein, 1997)。这一传统始于20世纪三四十年代,芝加哥大学社会学系是其发源地。当时,师生们到处观察、理解当地的邻里和社区。这个年代的研究者及其研究方法,通常被称为芝加哥学派。

阐明这种研究传统最早、也最著名的研究之一是怀特(William Foote Whyte)的《街角社会》(1943)对康讷威勒(Cornerville)群体(一个意裔美国人的群体)的民族志研究。**民族志**[②](ethnography)是对社会生活详细和准确的描述,而不是解释。跟其他自然主义者一样,怀特相信,想要更丰富地了解街边的社会生活,需要从内部进行观察。怀特通过与多克(Doc)的联系,参加了多克的康讷威勒群体的活动。多克是关键知情人,也是街头帮派的一个头。怀特的研究,提供了问卷调查无法提供的东西:对康讷威勒意大利移民丰富详细的生活描述。

怀特研究的另一个重要特征是,他从康讷威勒群体自身出发来进行报告。自然主义方法要以他们"真实的"方式来陈述"他们的"故事,而不是以民族志学者理解"他们"的方式来陈述。怀特搜集的叙述,被当成是对康讷威勒居民真实生活的记录。

大约40年以后,斯诺和安德鲁(David A. Snow and Leon Anderson, 1987)对得克萨斯州奥斯汀无家可归者的生活进行了解释性实地研究。他们的主要任务是理解无家可归者如何建构他们的认同,以及社会给他们强加的很多污名。斯诺和安德鲁认为,为了达成这个目标,就必须以自然的方式搜集数据。跟怀特在《街角社会》研究使用的方法一样,他们也找了一些知情人,追踪这些知情人的日常活动,比如白天的活动地点或晚

---

① 自然主义:一种实地研究方法,假设存在客观的社会现实,而且这些现实能够被正确地观察和报告。
② 民族志:是对社会生活的详细和准确的描述,而非解释。

上的桥底下。斯诺和安德鲁使用的方法是，记录他们参与的对话，或记录与无家可归者之间的"交谈"。他们还每天"听取报告"并就遇到的"交谈"详细地记录。他们甚至录下了与知情人之间的深度访谈。

斯诺和安德鲁的研究跨度为12个月，记录了405个小时的活动，涉及24个场景。除了这些丰富的数据之外，他们还区别了无家可归者三种相关的谈话模式。首先，无家可归者试图和其他无家可归者保持一定的"距离"；不管是对地位不高的工作，还是对他们依赖的援助组织，也同样如此。其次，他们"信奉"街头生活的认同、群体成员感，或对为什么无家可归原因的理解。再次，他们常常谈论一些跟他们日常生活形成对照的"虚构故事"。比如，他们常常会说赚了很多钱，实际上，并没有那么多；他们甚至会说正在"致富"。

最近，为了解被隔离在美国梦之外人们的日常生活，戈夫曼（Alice Goffman，2014）在费城一个贫困的社区生活了6年，与生活在法律边缘或法律边缘以外的年轻人共享一套公寓。特别是，戈夫曼亲眼目睹了几乎每个人如何在1971年尼克松总统煽动的政府"反毒品战争"中失利。没有人会声称这场运动导致了美国社会非法毒品的消失，其意想不到的后果是巨大的。城市贫困社区年轻的少数族裔是这场战争常见的伤亡者，在日常战争中就是如此。参与者提供了一种方法，以观察毒品战争的实地场景。

戈夫曼了解到，生活在围绕持续的反毒执法体系而组织起来的环境中，是什么样的。她公寓里的年轻人经常受到警察的骚扰，经常被逮捕、审判和监禁。正如她的书名暗示的，他们倾向于"在逃跑中"生活。

即使那些像戈夫曼这样没有从事过毒品交易的人，也受到警方的注意。她发现自己也被拉来审问，迫于压力，为她附近认识的年轻男子的非法活动作证。据她了解，这是疑似毒贩家属的常见经历。对于居民，犯罪与否没有关系，邻里生活是围绕警察的监视和执法组织起来的。一些社区成员从事犯罪活动，有些是犯罪的经常受害者，许多人同时从事这两类犯罪。戈夫曼被几乎不可能逃离的令人沮丧的生活环境打动。

当民族志学者尝试去发现并理解研究对象的生活模式时，敦尼尔（Mitchell Duneier，1999）提出了他的"民族志谬误"，即对研究的模式过度概括化或过度简单化。尽管模式存在于群体，多样性依旧存在。因此，需要小心从整体上断言那些"穷人""法国人"或"拉拉队长"，按照某个特定的、所有群体成员都会依照的方式，行动或思考。

尽管本章的目的是介绍定性实证研究已有不同方法，但还是请注意，此处对民族志的讨论，仅仅是对社会研究者开发的部分方法的勾勒。如果你们在一般意义上对民族志方法感兴趣，也许会想了解虚拟民族志（virtual ethnography），即使用民族志技术研究虚拟空间。或者，换一个方向，对自传式民族志（autoethnography）感兴趣，有意假定一种个体姿态，避免研究者惯常切入的层次。为了避免让自传式民族志看起来是一种简单的或琐碎的事业，你们可以参考威尔（Sarah Wall，2008）的文章，"说比做容易：自传式民族志写作"。

你们可以通过网络检索或者到学校图书馆查询，了解更多民族志变体的知识。本章有一节将会讨论制度民族志，它把个体和组织联系了起来。

在第9章，我们看到了互联网如何影响问卷调查。安德森（Eric Anderson，2005）也用互联网做了一项对男子拉拉队的定性、深访研究。他运用搜索引擎，搜索对拉拉队有兴趣的人，用短信联系他们，然后用录音、电话方式进行访谈。

之后，安德森运用滚雪球抽样增加用于调查的拉拉队队长数量。这仅仅是民族志研究中众多不同立场的又一个例子。

10.3.2 常人方法学

常人方法学①（ethnomethodology），我在第 2 章介绍过这种研究范式，它与实地研究有一定的差异。常人方法学根源于现象学哲学传统，这也是常人方法学者对人们报告其真实经历持怀疑态度的原因所在（Gubrium and Holstein，1997）。舒茨（Alfred Schutz，1967，1970）将现象学引入社会学，认为真实是社会建构的，不是外在的。人们不是以自然方式来描述世界，而是以他们认为有意义的方式来描述世界。现象学者认为，怀特的街角帮是以自己方式在描述他们的帮派生活，不会告诉读者如何以及为什么这样，就是有意义的。研究者不能够依赖于研究对象的故事，来准确地描绘社会真实。

传统的民族志学者认为，应该投身于特定的文化，并报告知情人的故事。而常人方法学的目的则是，理解知情人对世界的理解。这样，一些实地研究者就觉得，需要一些技巧来解释人们是如何理解日常世界的。第 2 章已经提过，社会学家加芬克尔（Harold Garfinkel）认为，研究者可以通过打破常规，来揭示人们想当然的常规。这就是加芬克尔所说的"常人方法学"。

加芬克尔因其和学生做的一系列"破坏实验"而出名。"破坏实验"是打破常规（Heritage，1984）。比如，加芬克尔（1967）让他的学生做了一个"谈话澄清实验"。他要求学生和熟人或朋友进行一般的谈话，但要求对方对每一个陈述都作出澄清。通过这种技巧，他们发现了那些被想当然的谈话要素。下面是加芬克尔的学生做的两个实验（1967：42）。

案例 1

研究对象（S）告诉实验者（E）说，他前天上班的时候，车胎没气了。

S：我的车胎没气了。

E：你的车胎没气了？什么意思？

她（S）立即显得很惊讶。然后气呼呼地说："什么意思？什么意思？车胎没气了就是车胎没气了！这就是我的意思。没有别的。真是个变态的问题！"

案例 2

S：怎么样？

E：你说的"怎么样"指的是什么？我的健康、财富、作业、思想状态还是我的其他什么？

S：（脸红而且马上失去控制。）你看！刚才我是很友好的。坦白说，我并不是要诅咒你。

通过打岔或"逼近"他们日常生活谈话的期望，实验者会发现平时互动的微妙之处。譬如，虽然"怎么样？"有很多可能的含义，但在互动中，我们总是能够精确地知道其中的含义，就像研究对象最后一句中说的那样。

常人方法学者并不是简单地对研究对象如何理解世界感兴趣。在案例中，研究对象肯定认为实验者无礼、愚蠢或者傲慢。对话本身（而非知情人）成为常人方法学研究的对象。总的来说，常人方法学的焦点是"互动"的潜在模式，正是这些模式规制着我们日常生活。

常人方法学者相信，坚持自然主义分析的研究者，会"失去分析常识世界及其文化的能力，因为他们使用的分析工具和视角本身，是要研究的世界或文化的一部分"（Gubrium and Holstein，1997：43）。就自然主义方法和常人方法学之间的差异，韦德

---

① 常人方法学：着力于发现社会生活隐含的、没有说出来的假设和共识的一种方法。这种方法，常常使用刻意打破常规的方式来解释常规的存在。

(Laurence Wieder) 给出了一个绝佳的例子（Gubrium and Holstein, 1997）。在其文章（《语言和社会真实：罪犯密码的案例》，*Language and Social Reality: The Case of Telling the Convict Code*，1988）中，韦德使用的是民族志方法。韦德走进监狱，与囚犯交朋友，并参与观察。他认真地记录了舍友之间，以及囚犯和监管者之间的互动。他最初的目的是要描述罪犯的真实生活。韦德通过观察发现了"罪犯密码"。他认为，正是这些罪犯密码，导致了罪犯针对监管者的异常行为。这些密码有一系列规则，比如"不要拍马屁""不准告密"和"不要相信监管者"等。这些规则，也是部分罪犯用来抵制监管者帮助他们实现从监狱向社区转变的工具。

韦德意识到，这些密码不仅是对异常行为的揭示，更是"道德说教和正义的手段"（Wieder, 1988: 175）。正是在这一点上，韦德从自然主义方法转向了常人方法学。自然主义实地研究者的目的，是要理解参与者理解的社会生活，而常人方法学者则试图找到达成理解的方法。在罪犯密码这个案例中，韦德意识到罪犯利用密码来理解他们之间的互动，以及他们与监管者之间的互动，民族志方法也由此转向了常人方法学。比如，罪犯会说："你知道，我不会告密的。"他用这句话来拒绝回答韦德的问题（Wieder, 1988: 168）。对于韦德来说，密码"就像是中止或改变谈论话题的工具"（Wieder, 1988: 175）。甚至监管者也会用密码来为他们不愿意帮助罪犯做辩护。密码约束行为，也是控制互动的一种工具。

10.3.3　扎根理论

扎根理论来自于社会学家格拉索（Barney Glaser）和斯特劳斯（Anselm Strauss）的合作。他们将两种主要的研究传统，实证主义和互动主义，结合起来，于是就有了扎根理论。**扎根理论**[①]（grounded theory）是通过对来自观察数据显示的模式、主题和类型进行分析，进而得出理论。对这一方法最初的主要讨论，参见格拉索和斯特劳斯的《扎根理论的发现》（Glaser and Strauss, 1967）。在定性研究中，扎根理论也可以被描述为试图综合自然主义方法和实证主义方法，以获得"过程的系统模式"的努力。

斯特劳斯（Anselm L. Strauss）是定性研究的开创者，也是扎根理论方法的主要开创者。

---

① 扎根理论：一种研究社会生活的归纳方法。试图通过比较观察，归纳理论。这跟假设检验很不一样，"假设检验"中的"假设"来自于理论，并接受观察的检验。

基于《定性研究基础：扎根理论研究的技术与程序》（*Basics of Qualitative Research*: *Techniques and Procedures for Developing Grounded Theory*，1998：43-46），斯特劳斯（Anselm Strauss）和科宾（Juliet Corbin）（1990：43-46）认为，扎根理论可以让研究者在保证科学性的同时，具有创造性，只要研究者遵循以下准则。

- 比较性思考：斯特劳斯和科宾认为，比较多次事件非常重要，与仅基于最初观察的解释比较，可以避免出现偏差。
- 获取多种观点：部分是研究事件参与者的不同观点，斯特劳斯和科宾强调，不同的观察技术，也会提供多种观点。
- 时不时地进行反思：随着数据的累积，就会获得对正在发生事情的解释，对照这些解释检查数据，非常很重要。正如斯特劳斯和科宾所说："数据不会说谎。"（1998：45）
- 保持怀疑的态度：当你试图解释数据时，应该把所有理论解释视为暂时的解释。这些解释，需要接受新观察数据的检验，永远都不要将其视为既定事实。
- 遵循研究程序：伴随理论的演进，扎根理论允许在数据收集中灵活处理，但斯特劳斯和科宾强调，有三种技术最重要，即"比较、询问和抽样。"（1998：46）

尽管对现有研究文献的回顾（了解迄今为止的知识积累）是大多数研究方法的早期步骤，扎根理论的初始阶段却特别反对这种做法。格拉泽和施特劳斯担心，把自己的知识积累与既有的知识进行比较就会产生一些期望，即你们的研究成果应该是什么样子，你们会看到什么，以及会如何解释数据。格拉泽和施特劳斯敦促从新数据中归纳出类别和模式。一旦数据搜集结束，对文献的审查将提供另一个比较的机会。

正如邓恩（Ciarán Dunne，2011）详述的，文献回顾在扎根理论中有争议。施特劳斯本人修改了自己的观点，承认在某些情况下，进行早期文献回顾可能是适当的。另一方面，格拉泽一直坚持原来的观点。无论如何，最初的想法是，先入为主可能使研究人员对新发现视而不见。这一点，可能适用于你们选择的任何研究方法。

扎根理论强调研究程序。系统地编码，对数据分析的效度和信度尤其重要。因为其对待数据的观点多少带有实证主义色彩，因此，扎根理论非常注重定性研究和定量研究的结合。下面是扎根理论研究的两个例子。

1. 教学变革研究

康拉德（Clifton Conrad，1978）对大学教学变革的研究是扎根理论方法应用的一个早期例子。康拉德希望发现课程设置变革的源泉，并理解变革的过程。借助理论抽样（根据理论关联性选择群体或学院）的扎根理论观点，康拉德选择了四个学院以供研究。其中的两个学院，变革的主要动力来自正式的课程委员会；而在另两个学院，变革的动力主要来自特别群体。

康拉德逐步解释了运用扎根理论方法建构教学变革理论的优势。为了创建数据的分类，他描述了数据系统编码的过程，评估了分类相互匹配的程度。在数据和理论之间的来回碰撞，使康拉德能重新评估其教学变革初始结论的有效性。

譬如，刚开始时，教学变革好像主要来自管理者的推动。通过对数据的检验和进一步搜寻，康拉德发现，利益群体的压力才是变革的源泉。这些利益群体的出现，使得管理者成为变革的代理。

对来自两类大学数据的拟合度评估，有助于修改理论建构。康拉德的结论认为，大学课程的变革，基于如下过程：内在和外在社会结构压力的存在，导致冲突和利益群体的出现；他们促使管理者介入，并建议改革当前教学计划；这些变革，其实是由那些最有权力的决策群体推动的。

2. 罗马尼亚购物

针对苏联和东欧联盟的社会剧变，已有很多相关文章。乔姆斯及其同事（Patrick Jobes et al.，1997）想了解一般罗马尼亚人的转变，关注点是购物。

购物通常都被看作是常规性的、相对理性的活动。但研究者认为，在一个急剧变革的经济环境里，购物也可能成为社会问题。研究者利用扎根理论来探讨作为社会问题的购物，并寻找普通人解决问题的方式。

研究者的第一个任务是要了解罗马尼亚人如何看待、理解购物。研究者（社会阶层的参与者）访谈了40位购物者，询问他们是否遇到过与购物相关的问题，以及解决方法。

最初的访谈完成之后，研究者开始分析数据，并对回答进行分类，即购物者最常遇到的问题及其解决方法。其中，购物者最常见的问题是缺钱。研究者由此得出的第一个工作假设是："购物者的社会经济地位影响他们看待问题和寻求解决之道的方式。"(1997:133) 由此，研究者在后来的访谈中将注意力集中在更为明确的变量上。

随着研究的继续，研究者还希望访谈其他类型的购物者。比如，当访谈学生时，他们发现，不同类型的购物者还会选择不同类型的物品，因而影响到他们面对的问题，以及尝试解决问题的办法。

随着访谈的继续，又有了一些新的假设，也开始形成了标准化的问题。起初，所有的问题都是开放式的，到最后，也有了封闭式问题。

这个研究表明了扎根理论关键的归纳式原则：在没有假设的情况下收集数据。最初的数据决定了要观察的关键变量，变量之间关系的假设，也同样来自搜集到的数据。不断持续的数据搜集过程，会影响研究者的理解，反之，也让数据搜集的目的性更强。

10.3.4 个案研究和扩展个案方法

社会研究者经常谈起**个案研究**①（case studies）。个案研究将注意力集中在社会现象的一个或者几个案例上，比如一个村庄、一个家庭或者一个青少年帮派。拉珍（Charles Ragin）和贝克（Howard Becker）（1992）指出，对什么是"个案"，还没有一致的看法，尽管这个术语已经被广泛使用。譬如，被研究的个案可以是一段时间，而不一定是具体群体。将有限的注意力放在具体事情上，是个案研究的重要特征。

个案研究的主要目的，可能是描述性的，如人类学家对史前部落文化的描述。对具体个案的深入研究，也可以提供解释性的洞见，如社区研究者罗伯特和林德（Robert and Helen Lynd，1929，1937）和沃纳（W. Lloyd Warner，1949）寻求理解美国小城镇社会的分层结构和过程。

个案研究者可能只是寻求对个别案例的独特理解，或（就像在扎根理论看到的那样）个案研究有可能形成更一般的通则式理论的基础。

布洛维及其同事（Michael Burawoy et al.，1991）认为，在理论和个案研究之间多少存在差异。在他们看来，**扩展个案方法**②（extended case method）还有发现理论缺陷并修改现有理论的目的。这种方法跟前面讨论过的方法有重大差异。

扎根理论家试图不带预设地进入研究场景，布洛维的观点则刚好相反："在进入之前，要尽可能地列出想要观察的现象。"（Burawoy et al.，1991：9）布洛维将扩展个案方法看作是重建、发展理论的工具，而不是证明或驳斥理论的方式。因此，他寻找观察与既有理论相冲突的方式，以及他的"理论差距和沉默点"（Burawoy et al.，1991：10）。这种实地研究取向意味着，对布洛维及其同事来说，事先熟悉文献很有必要；扎根理论家则担心，知道了其他人的结论，可能会给他们的观察和理论带来倾向性。

为了更好地理解扩展个案方法，我们来看看布洛维的学生所做的两个案例。

1. 教师—学生协商

哈斯特（Leslie Hurst，1991）着手研究中学教师和学生之间的互动。她在进入实地

---

① 个案研究：对某社会现象进行深度检验，比如一个村庄、一个家庭或者一个青少年帮派。
② 扩展个案方法：布洛维发展出来的一种个案研究方法，是用来发现现有社会理论的缺陷并发展现有理论的。

之前，先熟悉了让学校正式功能有冲突的各种理论。一些理论家认为，学校的目的是提高社会流动性；有些人则认为，学校的主要功能在于对既有分层化劳动分工的再生产。还有其他理论，也解释了教师和学生的正式角色。

这些相互矛盾的理论和在教室观察到的互动类型，撞击着哈斯特。基于学生的经历，哈斯特发现，教师对学生的思维、身体和心灵有很大影响。当她在加州伯克利市爱默德中学担任志愿教师时，又发现了一些很不一样的事情。在担任志愿教师期间，她有机会进入亨利（Mr. Henry）老师（八级英语教师）和其他老师的教室、餐厅和英语系的会议。她还就教师和学生之间的协商，写了很多实地记录。通过聚焦于学校、教师和家庭之间的功能分化，她解释了教师—学生之间协商的本质。

在哈斯特的观察中，学校履行着控制学生"身体"的功能，譬如，通过规范他们在学校的活动。学生的"思维"则会受到教师的影响，虽然学生家庭掌管着他们的"心灵"；也就是说，家庭需要在个人价值、态度、品行、礼貌上，对孩子们进行社会化教育。如果学生在入学之时不具有这些基本素质，那么，在哈斯特看来，教师就"必须和学生在学生应该如何行为和课堂礼貌等问题上，达成妥协"（1991：185）。

哈斯特认为，教师和学生之间持续不断的协商，是"身体"（学校所关心的）和"心灵"（家庭的掌管范围）分离的表达。教师在控制学生思维方面具有的惩罚能力相当有限，只好通过协商来"控制学生的身体和品行"（1991：185），或者像哈斯特界定的："照顾"学生的身体和心灵。

哈斯特认为自己的研究不同于传统社会学视角的地方是：

> 我并不以未来主义的眼光来打量学校。我不是依据训练、社会化，或教化人们以与将来层级相适应的角度来看待学校。这种看待学校的方法，忽略了课堂和教育中协商的、无序的一面。未来主义视角试图强加一种秩序，并且关注学校的体验，从而错失了日常的真实。（1991：186）

总的来说，通过区别课堂、学校和家庭不同的功能（而这又解释了课堂中"协商秩序"的出现），哈斯特的研究试图发展传统社会学对教育的理解。

2. 向艾滋病开战

弗克斯（Katherine Fox，2001）研究的是一个与艾滋病做斗争的机构。机构的主要工作是分发避孕套，以及给静脉注射药物者分发清洁针头的漂白粉。这是发现从常理理解异常行为理论解释模型（尤其是"治疗模型"认为吸毒者会自己到诊所去看病）局限的极好案例。弗克斯的研究对象，多半是吸毒者或以前是妓女，和研究对象的互动就与既有模型相矛盾。

开始时，有必要理解吸毒者亚文化，并利用这些知识来设计更为现实的政策和计划。比如，目标使用者必须信赖工作人员，必须相信工作人员的兴趣只在于提供漂白粉和避孕套，也必须了解他们不会因此而被捕。

弗克斯的实地研究并不满足于对吸毒者进行调查，她还研究了与艾滋病做斗争的机构的工作人员。她发现，项目对研究主管和研究对象的意味并不一样。一些实际提供漂白粉和避孕套的志愿者，因感觉到他们的努力难以大幅度改变现实而感到沮丧。很多人认为，项目只是针对艾滋病和吸毒问题的一些小环节。有些人甚至不愿意做实地记录。另一方面，主管则需要实地记录和报告，用来向资助方如联邦政府和州府机构证明其活动的有效性。弗克斯的研究，揭示了艾滋病研究项目是如何演化出科层惰性的：其目标成为自身维系的源泉。

这两项研究，都说明了扩展个案方法的操作。研究者在进入实地场景之前，对已有理论已经有全面理解，而且试图发现跟已有理论相冲突的地方，以修改这些理论。

然而，在这一切中，必须考虑可概化问题，特别是在得出因果结论时。当记者进行"案例研究"时尤其成问题。随着记者对特定因果关系得出结论，挑剔的社会科学家会质疑记者是否发现了其他可以确认关系的案例，或是忽略了与之相矛盾的案例。正确分析的案例研究，要小心防范这种风险，当深入研究多个案例（一种称为比较案例研究的方法）时，这种陷阱可以减少。你们可以在本书第 11 章对比较与历史分析法的讨论中看到一些例子。

10.3.5 制度民族志

制度民族志①（institutional ethnography）源自史密斯（Dorothy Smith，1978）。史密斯为了更好地理解女性的日常经历，着力揭示建构女性经历的权力关系。今天，这个方法已经被扩展到那些建构所有被压迫对象经历的意识形态领域。

史密斯和其他社会学家相信，如果研究者就"事情如何运作"来询问女性或其他群体，就会发现建构现实的制度实践（M. L. Campbell，1998；D. Smith，1978）。如此询问的目的，是要揭示那些经常被传统研究忽视的压迫。

如果考虑研究对象本身不是调查的焦点，那么，史密斯的方法论和常人方法学很相似。制度民族志从个人的经历开始，目的却是要揭示建构和主宰人们经历的制度性权力关系。在这个过程中，研究者能够揭示那些在调查中因官方目的而忽视的社会侧面。

这种方法将"微观层次"的个人日常经历和"宏观层次"的制度联结起来。就像坎贝尔（M. L. Campbell）所说的：

跟其他形式的民族志一样，制度民族志依赖于访谈、观察和文献作为资料。通过将这些数据看作是进入实地场景社会关系的"入门砖"而不是兴趣本身或主题。其想法是深入发掘人们的特长。（1998：57）

史密斯（Dorothy Smith），创造性社会研究者和制度民族志的创始者。

下面是民族志方法应用的两个案例。

1. 抚育、学校教育和儿童发展

第一个制度民族志的案例来自格力菲斯（Alison Griffith，1995）。格力菲斯和史密斯（Dorothy Smish）一道，收集了有关抚育、学校教育和儿童发展关系的数据。格力菲斯的研究从与母亲们访谈开始，其研究对象来自南安大略湖的 3 个城市，访谈内容主要涉及母亲们如何协调家庭与学校关系，以及其中的日常活动。跟母亲们的访谈，也构成了跟父

---

① 制度民族志：一种利用个人经历来揭示个人所处权力关系和其他制度特性的方法。

亲、教师、学校管理者、社会工作者、学校心理工作者和相关政府官员访谈的基础。

在她的研究中，格力菲斯解释了抚育如何从母亲与儿童的互动关系，转变成"儿童中心化"模式。她发现学校、媒体（杂志和电视节目）、州政府和儿童发展专家使用的说辞，都相当地相似。

教师和儿童发展专家，希望母亲和学校应该合作，以帮助儿童不仅在学校取得成功，同时也在生活中获取成功。但由于不均等的资源，并不是所有母亲都以同样的方式参与这个"好"儿童发展计划。格力菲斯发现，跟中产阶级的母亲相比，工薪阶层的母亲受到的激励，就没有那么强烈。格力菲斯认为，儿童发展计划嵌入在学校制度里，通过将中产阶级关于家庭—学校关系规范应用于每一个人，再生产出这种阶级关系。

2. 强迫性的异性恋

制度民族志的第二个例子来自哈亚特（Didi Khayatt, 1995）的研究。哈亚特研究的是，在学校里，强迫性异性恋的制度化及其对女同性恋学生的影响。1990年，哈亚特访问了多伦多12个年龄为15～24岁之间的女同性恋，然后扩展到其他学生、教师、辅导员和管理者。

哈亚特发现，学校的管理实践，导致了一种强迫性异性恋，这又导致了女同性恋学生的边缘感和受攻击。譬如，学校不惩罚那些打骂同性恋学生的行为。为了不让学生感觉到同性恋也是一种选择，同性恋话题都被挤出了课程。

上述两个学生的研究，都是从女性观点出发的，母亲和女同性恋。不过，跟强调对象的观点不同，以上两个分析关注的，都是塑造了女性经历和现实权力的关系。

10.3.6　参与行动研究

最后一种实地研究范式将会把此前研究者和研究对象之间地位和权力关系的讨论引向深入。在**参与行动研究**①（participatory action research，PAR）范式中，研究者的功能是要为研究对象（特别是弱势群体）出谋划策，以帮助他们更好地实现自己的利益。在这类研究中，处于弱势的研究对象，找出自己的问题和渴求的结果，然后，研究者设计方案，以帮助他们实现目标。

这种方法最初出现在第三世界的发展项目中，并迅速在欧洲和北美得到应用（Gaventa，1991）。这种方法强烈批评古典社会科学研究。在参与行动研究范式看来，传统研究是一种"精英模式"（Whyte, Greenwood and Lazes, 1991），并将被研究对象降低为被研究的物体。很多支持这种范式的人都认为，应该取消研究者和研究对象之间的差别。他们认为，那些会受到研究影响的对象，也应该参与到设计中来。

这种方法还隐含地认为，研究不仅具有知识生产的功能，还是一种"意识教育、发展和行动动员的手段"（Gaventa，1991：121-22）。参与行动研究的支持者将获取信息的途径和权力相联系，认为这个权力被统治阶级、性别、种族或国家所掌握。一旦人们将自己看作是研究者，就会重新获得对知识的掌控权。

参与行动研究，对研究者来说是特殊的挑战。一方面，在理想的社会情境中，参与者被赋予构建研究的权力，使之在他们认为所需时和他们的需求相关。然而与此同时，研究者携带着非研究者欠缺的特殊技能和洞察力。那么，到底谁该负责呢？森斯（Andrew Sense, 2006：1）建议，应在瞬间做出这个决定："我在公交车上应该是'乘客'还是'司机'？这让事情有点挑战性。我的观点是，在那时当机立断。

这种方法的案例有社区权力结构研究、公司研究和"知情权"运动（Whyte,

---

① 参与行动研究：在社会研究中，研究对象对研究目的和程序具有一定的控制权；它反对认为研究者优于研究对象的假定。

Greenwood and Lazes，1991）。下面是利用参与行动研究范式进行两个公司研究的例子。

1. 施乐公司

在管理层和工会的支持下，施乐公司实施了参与行动研究项目。管理层的目的是要降低成本，以保证公司能在竞争不断加剧的市场中得到进一步发展。公会的目标多少有点宽泛：在优化工作环境的同时，降低生产成本并提高生产率。

公司管理者先关注的是销售，并不怎么关注劳动合同和有问题的管理政策。管理层正准备实行"外包"方案，这会导致裁员 180 人。开始时，工会动员工人反对这个方案。施乐公司一位顾问花了一个月时间来说服管理层和工会，以创立一个由束线部员工组成的"成本研究团队"（CST）。

8 名全职员工被指派到 CST 工作 6 个月。他们的任务是，研究在为公司节省 320 万美元的同时，保留这 180 个职位的可能性。团队可以获得所有财务信息，并有权向公司任何一人获取信息。这种策略，使员工能够超越平时的工作范围提供建议。在怀特及其同事看来，"这种设计，使 CST 能让管理层解释并证明其服务的正当性"（Whyte et al.，1991：27）。经过研究，CST 建议实施变革，经过管理层贯彻实施，为公司节省了计划中的 320 万美元。

管理层对这个结果也非常满意，并将束线部的 CST 计划扩展到另外三个同样受到竞争威胁的部门。结果同样令人满意。

施乐公司的个案研究，是参与行动研究一个相当有趣的案例，展示了知识的生产，并不总是由精英们来完成的。"专家"也无须专业。怀特及其同事认为，"在施乐公司，参与行动研究创造并指导了一次强大的组织学习过程，在这个过程中，工会和管理层互相学习；他们还从顾问那里学到不少东西，顾问也从他们那里学到很多"（Whyte et al.，1991：30）。

2. PAR 和福利政策

参与行动研究经常涉及穷人，他们比其他群体更难影响那些影响他们生活的政策和行动。括斯（Bernita Quoss）、库尼（Margaret Cooney）和朗贺斯特（Terri Longhurst）（2000）的研究，涉及的是怀俄明州的福利政策。很多大学生都是福利受益人，他们进行研究并游说怀俄明州政府接受将继续教育作为州府的新福利规则的"工作"。

这个方案起初是反对 1996 年的《个人责任和工作机会调节法案》（PRWORA）的倒退。后者

消除了基于 1988 年《家庭支持法案》（FSA）可获得的教育豁免。这些豁免允许合格参与者获得 AFDC 计划提供的现金资助，这样，他们就可以用进大学的方式来替代工作需要的训练。对获得豁免证书的福利参与者的经验研究表明：总的来说，教育是最有效的脱贫和实现自足的方式。（Quoss，Cooney and Longhurst，2000：47）

学生一开始就建立了一个名为"赋权"的组织，并在大学里广为宣传，获得了很多学生和教师的支持。他们汇编了与主题有关的既有研究，并和州立法议员建立了联系。到 1997 年召开立法会议时，学生们就已经着手要求修改州的福利法案，以适应联邦政策的变动。

学生们准备了很多小册子和其他可能同立法者们的审议相关的研究报告并分发出去。他们还参加了委员会、并一对一地游说立法议员。当讨论中出现错误或误导性的数据时，学生调查员们就会指出错误并做出更正。

最终，他们成功了。怀俄明州的福利受益人有权获得继续教育的机会，以此作为摆脱贫穷的有效途径。

有些调查者提到**解放性研究**[①]（emancipatory research）。达涅利（Ardha Danieli）和

[①] 解放性研究：一种以使不利群体受益的调查。

伍德汉姆（Carol Woodhams）（2005：284）定义为"最先的、也最深远的知识生产过程，这个过程惠及受压迫的人；也是一个政治的结果。"定性和定量手段，都能被用以达到此目标，其意义远超仅了解过程，即使采用主位视角。作者关注对残疾人的研究，同时注意到了解放性研究的发展和早期女性研究的相似点。

巴克（John Barker）和史密斯（Fiona Smith）（2012）利用照片对儿童和青少年进行了广泛的回顾。（2012年3月号《国际社会研究方法杂志》载有本文，专门讨论研究年轻学科的创造性新技术。）请参阅真实生活的研究文本框《研究对象手中的铅笔和照片》，了解使用类似创新方法进行的研究。

真实生活的研究

研究对象手中的铅笔和照片

如何研究生活在亚马孙雨林的秘鲁印第安人的生活条件？由于电信基础设施极简，在广大地区，以渡轮为基础的邮政服务缓慢，邮件或电话调查不是最好的方法。研究者可能会进行深入访谈，在访谈中，将根据要覆盖主题的大纲进行。辛格尔（Arvind Singhal）和拉廷-弗莱厄蒂（Elizabeth Rattine-Flaherty）（2006）选择了一种截然不同的方法。这种方法使研究对象更加能控制研究，并允许出现重要且意想不到的发现。他们从巴西著名教育家弗雷尔（Paulo Freire）的创作中汲取灵感，衡量对街头儿童的剥削。他没有采访他们，而是给他们相机，并要求他们带回"剥削"的照片。正如辛格尔和拉廷-弗莱厄蒂报告的：

一个孩子在墙上拍了一张钉子的照片。这对于成年人来说毫无意义，其他儿童却非常同意。随后的讨论表明，社区的许多年轻男孩在做擦鞋生意。他们的客户主要在城市，而不是他们住的巴里奥。他们的擦鞋盒太重，不方便携带。男孩便租了墙上的钉子（通常在商店），把擦鞋盒挂在钉子上过夜。对他们来说，墙上的钉子代表着"剥削"。这张"钉在墙上"的照片在秘鲁巴里奥引发了其他形式制度化剥削的广泛讨论，包括克服这些剥削的方法。（2006：314）

辛格尔和拉廷-弗莱厄蒂的研究还包括衡量秘鲁亚马孙地区的生活质量，评估秘鲁非政府组织明加秘鲁（Minga Peru）发起的项目的影响。为了通过儿童的眼睛来观察社会，研究人员用彩色铅笔设置了绘画课程。本着互惠的精神，其中一位作者勾勒出雪人的照片和千斤顶灯笼的照片，这些照片是她童年在中西部生活的一部分。除了描绘他们村庄的生活及其与自然环境的密切关系外，儿童素描还经常以非政府组织的发展方案带来的社会变革为例。

其中包括鸡舍、养鱼场和农林业项目的草图。这些企业由秘鲁明加公司发起，在秘鲁亚马逊地区，过去几年才开始。对于儿童来说，在没有提示的情况下，在照片中自己勾勒出这些"新"举措，是值得注意的。（2006：322）

在弗雷尔的研究中，成年妇女拍摄的照片同样具有启发性。若干人提请注意父权制的社会结构。正如作者报告的：

几幅照片描绘了亚马孙妇女相对于男子的屈从地位，明加秘鲁试图解决这一状况。例如，阿黛拉（Adela）的照片显示，一位亚马孙的中年妇女和她的丈夫坐在门廊上交谈。这名女子表情犹疑，双腿交叉坐着。而她的丈夫则直视镜头，蹲着，双臂和双脚张开。特别明显的是大约3米的身体距离，将女人和男人分开。当阿黛拉被问及她为什么拍照，为什么那个男人和女人坐在这么远的地方时，她指出："女人坐在房子的一边，他坐在另一边，这没有什么不寻常的。"经过调查，我们了解到，亚马孙男人决定夫妇的坐得有多近。如果他们坐得更近，如果男人搂着伴侣，那么，这是男人的决定。这种权威也适用于性生活：男人决定是否和何时做爱。（2006：323-24）

> 本研究不仅说明了一些不同寻常的数据收集技术，而且体现了解放性研究的精神。奥康纳（Pat O'Connor, 2006）使用类似的技术，从事参与性行动研究，但考虑不同的目的，通过要求爱尔兰青少年撰写自己和爱尔兰的文章，包括绘画、诗歌和歌曲，寻找全球化对爱尔兰影响的证据。这两项研究都表明，定性实地研究不只是观察和访谈。
>
> 资料来源：Pat O'Connor, 2006. "Globalization, Individualization and Gender in Adolescents' Texts." *International Journal of Social Research Methodology* 9（4）：261-77；Arvind Singhal and Elizabeth Rattine-Flaherty, 2006. "Pencils and Photos as Tools of Communicative Research and Praxis: Analyzing Minga Peru's Quest for Social Justice in the Amazon." *International Communication Gazette* 68（4）：313-30.

可以看到，表面简单的观察社会行动过程，正如其显现的那样，有许多微妙的、重要的变化形式。第2章已谈到，我们所有的思考，都是在范式内形成并由其形塑的，无论我们是否意识到。定性实证研究者在生成一些范式并以此丰富对社会生活的观察方面，总是罕见地深思熟虑。

研究范式对研究的影响，没有比卡巴巴毛利人（kaupapa Maori research，在新西兰毛利人内部发展出的一种参与行动研究）更明显了。正如沃克尔等（Shayne Walker, AnaruEketone, and Anita Gibbs, 2006）报道的，对毛利人文化的坚持，不仅形塑了这类研究的目的，也影响了研究的过程与实践。例如，在抚育研究中，研究的目的来自于与议题最相关的群体。数据搜集方法同构了毛利人的实践，包括公共集会。从数据分析中获得的结论契合了毛利人的办事方式。

10.4 定性实地研究的执行

本章已经讨论了适合做定性实地研究的议题、需要注意的事项，以及指向不同研究类型的范式。同时，还学习了一些相关的实地研究案例。现在，我们要来看看进行实地研究需要的具体技巧。下面我们从研究者如何为实地研究做准备开始。

10.4.1 实地研究的准备工作

首先，假设你们要对一个校园政治组织进行实地研究，而你们并不是这个群体的成员，对这个群体也不很了解，你们将告诉研究对象在从事的研究工作。这一节将讨论，在对这个群体进行直接观察之前，应该做的几项准备。

建议你们一开始先搜寻相关文献，就像运用其他研究方法一样，先增加你们对研究对象的了解，以及别人对于这个议题的看法。（关于图书馆的使用，在附录A中将有介绍，在此毋庸赘述。）

下一步，可能希望运用知情人。你们可以先与已经研究过这个学生政治群体或者对它比较熟悉的人进行讨论，会发现和一个或是多个知情人进行讨论，会受益良多（见第7章的讨论）。假如和知情人关系发展，超越了你们的研究角色，对准备工作就会更有助益。在和群体成员这样的知情人协商时，不要妥协或限制日后的研究发展。要知道，你们给他所造成的印象，以及你们建立的角色，都会影响日后的努力。例如，在最初的印象中，把自己塑造成联邦调查局的密探，就会不利于日后对这个群体的观察。

对于知情人提供的信息，必须保持警觉。虽然他们对研究对象比你们有更直接的和亲身的体验，但他们知道的可能是事实和个人观点的综合。在这个例子中，政治群体的成员（包括相对抗的政治团体成员），就不可能给你们完全无偏见的信息。在你们决定和这个群体进行第一次接触之前，应该已经对它比较熟悉，并了解其中的一般处事哲学。

你们和研究对象进行最初的接触，有各种不同的方法，至于如何进行，部分取决于你们希望扮演的角色。特别是，如果打算成为完全参与者，就必须选择个方法，获得研究对象的认同。如果想研究餐厅里的洗碗工，最直接的办法是去找一份洗碗的工作。在学生政治群体的例子里，你们就可以加入他们的组织。

很多适合实地研究的社会过程十分开放，可以让你们更简单、更直接地和研究对象接触。如果你们想研究群众示威，就到示威现场；如果你们想观察行人违法的方式，就去守着一个繁忙的路口。

当你们想和研究对象进行更正式的接触且表明自己的研究者身份时，必须能够和他们建立某种关系。你们应该去接触一个可以令你们舒适的参与者，并获得他的协助。如果你们研究的是一个正式群体，可以试着接触其中的领导者，或是找一个能为你引见的知情人。（参见技巧与工具文本框《建立密切关系》来获得更多内容。）

建立密切关系

在定性实地研究领域，同研究对象建立密切关系至关重要，特别是有深入访谈和互动时。**密切关系**① （rapport）指开诚布公的关系。你们该如何做到呢？

假设你们把自己定义为研究者。你们需要用非威胁的方式解释研究目的。就说你们是去向他们学习并试图理解他们的，不要评价他们或给他们带来麻烦。这样做是最好的：

1. 有真诚的兴趣去理解观察对象，在交流可中让他们有兴趣。这会给他们一种自我价值，让他们乐意对你坦诚。假装感兴趣和真的感兴趣不同。事实上，如果对从观察对象角度看事物不感兴趣，可以考虑另外的活动，不必浪费观察对象和自己的时间。

2. 做个留心的倾听者、而非发言者。当然，你们不应该保持沉默，而应该说引出其他人更多信息的话，回答与你们的研究相关的问题。

3. 不要与访谈对象争吵。当不同意观察对象的观点时，绝不该争论或试图改变他们的观点。时刻提醒自己，你们真实的目的是了解他们的世界以及那个世界对他们的意义。保持谦逊，就会对你们有所帮助。如果你们不高高在上，就能倾听且更好地理解他们。

4. 放松并合理布置。有些人过于正式或非正式，你们要采取他们通常的方式或他们喜欢的、放松的方式，无论是什么方式。如何你们能找到让大家放松且享受的方式，就已经建立了与观察对象之间的密切关系，你们自己也会享受与观察对象之间的互动。

尽管在你们和这个群体初次接触时，可能会有许多选择，但你们应该了解自己的选择将影响日后的观察。设想一下，假如你们要研究一所大学，并从高层行政人员开始着手。这个选择很可能会导致一系列片面的观点或结论。因为你们对这个大学的最初印象，将通过高层行政人员的观点来获得，而学生或教职工的观点，与高层行政人员的观点，或许是截然不同的。这个最初印象，可能影响你们日后要观察和诠释的方式，即使你们本身对这个影响毫无知觉。

即使这所大学的高层行政人员支持你们的研究计划，并且鼓励学生和教职工与你们合作，这些受访者也可能会把你们视为和行政人员同一阵线的人士，从而影响访谈效果。例如，教职工可能会很不愿意告诉你们加入工会的计划。

你们和研究对象进行直接且正式的接触时，他们可能会要你们解释研究目的，这时

---

① 密切关系：在研究者和研究对象之间开放互信的关系，对定性研究尤其重要。

你们又陷入了伦理两难。完全告知你们的研究目的，可能会失去他们的合作或严重影响他们的行为；只谈论他们可以接受的，则无疑是欺骗。要知道，你们做出的决定，大多取决于研究目的、研究的性质、观察方法和其他相关因素，但伦理问题必须考虑在内。

以往的实地研究，无法提出方法论或伦理上的明确法则供人遵循。不论你们说的目的是什么，你们的研究者身份，会受到那些乐于被科学家视为具有研究价值的人的热烈欢迎，也可能完全被排斥、甚至更糟。例如，不要冲进一个黑社会犯罪组织的会议室并声称要写一篇组织犯罪的课程论文。

10.4.2　定性访谈

从某个角度来说，实地研究是到行为发生的地点，单纯地观察和倾听。假若你们足够专心，就能如棒球传奇贝拉（Yogi Berra）所言："仅仅通过观察，你就能看到很多"。但诚如我提过的，与此同时，实地研究可以加入更主动的研究行为，有时候，提问并记录人们的答案，也是很合适的做法。现场观察一场全面爆发的暴动，一定会少了些什么。如果你们不知道为什么会发生暴动，就去问问别人吧。

当曼吉娃（Cecilia Menjívar，2000）试图了解居住在旧金山的萨尔瓦多移民的经历时，她觉得深度访谈，再辅之以亲身观察，可能是个好方法。在她开始研究之前，她发现了比我们能想象的更复杂的社会过程和结构体系。对于新移民来说，能得到在美国的家庭成员的支持很重要。但曼吉娃发现，她的访谈对象都不太愿意寻求亲友的帮助。这是因为：一方面，可能担心危害在美国非法居住或处于穷困境地的家人。另一方面，寻求帮助会让自己欠下人情债。曼吉娃还发现，萨尔瓦多人的性别规范使女性移民的境地更加困窘，因为政府不允许她们从男性那里获得帮助，以免她们看起来像是给男性提供性义务。这些都是通过开放式的深度访谈才发现的问题。

第9章已经讨论过访谈问题，我们所谈的许多话题，都可应用于定性的实地访谈。然而，你们要做的，与实地观察相联系的访谈，与之处理的方法截然不同。在问卷调查中，通常使用结构性问卷，而非结构式访题则更适合实地研究。鲁宾夫妇（Herbert and Riene Rubin，1995：43）指出了其中的差异："定性研究的设计是弹性的、反复的、持续的，并非事前加以准备然后受其束缚。"

定性访谈的设计是反复式的。这表示，你们每重复一次搜集信息的基本过程，并加以分析、筛选、验证，就越接近研究现象的清晰可信模式。

定性访谈的持续性，指的是在研究过程中一再地修正问题的形式。（Rubin and Rubin，1995：46-47）

与问卷调查不同，**定性访谈**①（qualitative interview）是根据大致的研究计划（包括所涉及的话题），在访问者和受访者之间的互动，而不是一组特定的、必须使用一定字眼和顺序来询问的访题。与此同时，不管是定性访谈者，还是问卷访谈者，都必须熟悉访题。只有这样，访谈才可能顺利、自然地进行。

在本质上，定性访谈，指由访问者确立对话方向，针对受访者提出若干具体议题，并加以追问。理想的情况是，大部分时间要让受访者说话。如果访谈者说话的时间超过了5%，那么，要提醒自己，是不是太健谈了。

克维尔（Steinar Kvale，1996：3-5）用两种隐喻说明了这种访谈：访问者既是矿工，也是游人。以矿工的身份访问，说明当研究对象手里有具体信息时，访问者的工作就是挖掘它。以游人的身份访问，

应该浏览景观，和邂逅的人交谈。游人可以发现一个国家的许多方面，例如不知名

---

① 定性访谈：跟调查问卷访谈相比，定性访谈的基础是一组进行深度访谈的主题，而不是标准化访题。

的地区，或拿着地图在各个区域漫游……游人式的访问者，可以和当地居民友好相处，提出问题，引导研究对象说出自己生活世界的故事。

对所有的人而言，提问和记录应答是很自然的过程，简单得不足以让实地研究者作为一项技能。然而，提问的措辞非常需要技巧，我们询问的问题，常常会导致应答的偏差。有时候，我们给受访者乐观的压力，有时候又将问题放在特殊环境中，进而忽略了其他最相关的答案。

假设你们要找出一群学生在校园暴力掠夺的原因，你们可能会把问题的焦点放在学生对教务长最近要求他们在校园随身携带《社会研究方法》教科书的感受（这对我来说很重要）。虽然你们可能搜集了很多学生对这项政策的反应，但他们也可能是因为其他事情而选择暴力，或只是为了寻求刺激。实地研究的访问，可以很恰当地帮你们找出原因。

在定性和定量研究中，我们可以用面访或电话访谈。当艾森（Nicole Ison, 2009）着手同有大脑麻痹的年轻人进行深入访谈时，他们的语言障碍造成了特殊困难。她最后采用的方法是通过邮件来访谈。即使在打字也很困难时，访谈对象仍可以按自己的速度工作，避免了参与口头访谈可能造成的失落。访谈对象能做出应答，并回顾应答，以确定他们准确地表述了自己在交流中要表达的意思。

虽然你们可以根据要探讨的概念来设计访问，但实地研究的特殊优势就在于实地情境中的弹性。由最初问题引发的应答，可以形成其后的问题，在这种情况下，只问事先构思的访题并记录应答，是没有用的。你们必须发问、倾听应答，诠释其对研究的意义，然后更深入地挖掘之前的应答，建构另一个提问，或重新将受访者的注意力拉回与研究相关的议题上来。简而言之，你们必须能几乎同时倾听、思考和谈话。

第 9 章对追问的讨论，对获取深入的应答却不产生误导，提供了有效的指引。要学会做听众的技巧，要对问题抱有兴趣，但不要陷进去。要学会说："这是怎么回事？""用什么方法？""你们这么说指的是？""能不能针对这点举个例子？"要学着很期盼地注视和倾听，让被访问的人填补沉默的时间。

在访谈互动中，不要做被动的接收者，而要用一些希望得到解答的问题和希望得到的议题，来带动访问，巧妙导引对话方向。

从武术中，我们也许可以得到一些启示。一个合气道（aikido）大师从不抵抗对手的攻击，而是接受它，然后微妙地将其引导至可接受的方向。在访问中，应该学习类似的技巧，不要试图中断和受访者进行的讨论，而应该顺着他所说的，适时岔开这个话题，回到符合研究目的的方向上来。大多数人都喜欢与真正志趣相投的人说话，打断对话就等于告诉对方你对目前的话题不感兴趣，而要求他们针对一个特定的方向详细说明，就等于告诉对方你的兴趣所在。

列举一个大学生选择专业的假想例子。我（访问者）问，大学生（受访者）答。

问：你主修什么？

答：工程学。

问：哦。为什么会选择工程学？

答：我有个叔叔在 2005 年获选为亚利桑那州的最佳工程师。他是负责发展吐桑市（Tucson）新市民中心的工程师，在大部分的工程期刊上，这个消息都刊登过。

问：哦。你曾经和他谈过你想成为工程师这件事吗？

答：谈过，他说他进入工程界真是十分意外。当他高中毕业后需要一份工作，所以就去当建筑工人。他花了 8 年的时间从基层做起，再决定去念大学，回来之后，就成了工程界的顶尖人物。

问：那你的主要兴趣跟你叔叔的一样，在公共工程，还是对工程学的其他分支更有兴趣？

答：事实上我的取向比较偏向电子工程（特别是电脑）。我从高中开始自己摸索微电脑，我的长远计划是……

这个访问是如何从谈大学生专业选择到讲叔叔成为工程师的故事的。第一次试图将焦点拉回受访者本身的专业时失败了（"你曾经和他……"），第二次却成功了（"那你的主要兴趣……"），这个学生现在开始提供你们所要找的信息了。用这种方式"控制"对话的能力，对实地调查者来说很重要。当然，需要警惕那些指向研究兴趣之外的重要方面的"分心"。

鲁宾夫妇（Herbert and Riene Rubin）为控制这种"引导式交谈"提供了几种方法：

如果你们能控制主要话题的数量，就能让谈话方向从一个主题转向另一个主题。转换的过程必须平顺而合乎逻辑。"刚才我们讨论了母亲，现在我们再来讨论父亲"，听来就显得唐突。比较平顺的转换应该是"你们说你们的母亲不太关心你们在学校的表现，那你们的父亲会比较关心吗？"转换越不平顺，就越显得访问者要完成一项程序，而不是倾听受访者所说的话。（1995：123）

因为实地研究的访问，太像一般的对话，因此，访问者要不断提醒自己，这不是在进行一般的对话。在一般的对话过程中，我们每个人都想成为风趣而值得交谈的人。下次和不太认识的人聊天的时候，注意一下自己的举动，你们会发现大部分的注意力都花在寻找有趣的话题，并希望因此给人留下好的印象。通常我们因为忙着想下一步要说的内容，而听不见彼此说些什么。作为访问者，表现风趣的欲望，会对你们的工作造成反效果，你们应该用感兴趣的态度来使对方变得风趣——通过多听而不是多说。这么做的话，人们真的会觉得你们是很棒的谈话对象。

洛夫兰及其同事（John Lofland et al.，2006：69-70）建议研究者在访问时扮演"一般人可接受的无知者"（socially acceptable incompetent）角色。你们应该让自己看起来不太知情，即使是最浅显的一面，也需别人的援助。"一个自然情境的研究者，在定义上，几乎就是一个什么都不了解的人。他很无知，而且需要指引。这种观望者和发问者，将学生角色发挥到了极致。"（Lofland et al.，2006：69）

在完整的实地研究中，访问是绝对必要的有机组成部分。稍后我会强调每天晚上回顾记录的重要性，要清楚你们已经观察到了什么，更明白你们研究的情况，并找出你们在进一步观察时应该多注意的地方。你们必须以同样的方法，回顾你们的访问记录，找出所有你们该问而没问的问题，在下一次访问的时候，就要开始发问。

克维尔（Steinar Kvale，1996：88）为完成访谈的程序，列举了7个步骤：

1. 定出议题：将访谈目的以及欲探讨的概念明确化。
2. 设计：列出达成目标需经历的过程，包括伦理方面的考虑。
3. 访谈：进行实地访谈。
4. 改写：建立访谈内容文件。
5. 分析：确定搜集到的数据与研究之间的联系。
6. 确证：检查数据的信度和效度。
7. 报告：告诉别人，你们学到了什么。

访问就像实地研究的其他状况一样，要靠练习才能进步，幸运的是，你们可以在任何想练习的时候进行练习。

10.4.3 专题小组

到目前为止，虽然我们讨论的实地研究都专注于研究生活中的人们，研究者有时候也会将研究对象带到实验室进行定性访谈和观察。专题小组方法，也称专题小组访谈法，就是一种定性方法。专题小组方法基于结构化的或半结构化、非结构化的访谈，允许研究者/访谈者系统地提问，并同时对几个人提问。专题小组技术，通常用在市场调研中，当然，肯定不是只用在市场研究中。例如在《沉默的种族主义》（*Silent Racism*），泰比拿

（Barbara Trepagnier，2006）运用专题小组方法考察了对"善意白人"种族主义的抵抗。

假设一个市场研究的例子，想象你们正在构思如何介绍一种新产品。假定你们发明了一种电脑，不仅有文字处理、电子数据表、数据分析等，还可以连接传真机、收音机、电视机、GPS、MP3、气候变化计算器、自动诊断系统、微波炉、洗牙器、咖啡机等。为了突出计算和煮咖啡特征，你们可能会称之为"电脑壶"。你们认为这种新电脑可以卖28 000美元，此外你还想了解一下人们是否会购买。为此，专题小组方法就很有帮助。

专题小组[①]（focus group）通常由12～15人组成，他们坐在一个房间里参加一些主题讨论，在这个案例中，就是讨论电脑壶的可接受性和销售前景。通常都是根据主题来选择相关的对象。比如，既然电脑壶的成本比较高，那么专题小组的参与者就应该是那些收入较高的群体。其他相似的考虑，也影响到对象的挑选。

专题小组的参与者，并不是通过严格的概率抽样挑选出来的。这意味着参与者并不具有统计上的代表性。不过，研究的目的是要探索，而不是描述或者解释。虽然这样，在研究中，一般都会选择多个专题小组，因为一个7～12人的小组极有可能太不典型，以致无法提供一般性的认识。

甘逊（William Gamson，1992）就曾利用专题小组来分析美国市民如何形成他们的政治观点。甘逊挑选了4个主题，平权行动（affirmative action）、核能、工业问题和阿拉伯—以色列冲突。甘逊先是对报刊进行了内容分析，以对影响政治观点的媒体背景有所了解。然后，召集专题小组进行讨论。在这个过程中，甘逊获得了人们如何与其朋友谈论话题的第一手观察。

克鲁格（Richard Krueger，1988：47）指出专题小组具有5个优点：

1. 专题小组技术是社会取向的研究方法，试图抓住社会真实生活的资料。
2. 很有弹性。
3. 具有很高的表面效度。
4. 结果来得快。
5. 成本低。（1988：47）

除了这些优点之外，专题小组访谈，还经常引出研究者没有想到的一些内容，这也是个体访谈搜集不到的数据。比如，某些参与者可能会嘲笑产品的名字中少了一个字母。这就可以帮助厂家避免此后更大的尴尬。

不过，克鲁格（1988：44-45）也提到了专题小组方法的一些不足：

1. 与个体访谈比较，在专题小组中，研究者的控制力降低了。
2. 数据难以分析。
3. 协调人员需要特殊技巧。
4. 小组间的差异也很麻烦。
5. 小组之间总是存在差异。
6. 讨论必须在合适的环境下进行。（1988：44-45）

我们可以看到，专题小组有一些优点，也有不足。跟其他类型的访谈相比，在专题小组访谈中，研究者需要更多作为协调者的技巧。要协调那么多人的讨论，实在是一个很大的挑战。如果让某个受访者滔滔不绝，就会降低其他受访者参与讨论和表达想法的可能性。这会导致群体一致性或说"群体思维"，也就是人们倾向于同小组中多数人的意见保持一致。访谈者需要意识到这种现象，并努力让每个人都有充分表达自己想法的机会。另外，在引导访谈和受访者时要避免过于宣传自己的观点。

虽然专题小组研究不同于其他类型的实地研究，却进一步展现了社会研究中同我们

[①] 专题小组：同时访谈一群人并鼓励讨论。这种技术经常在市场调研中使用，比如请一群消费者评估产品或讨论某种商品。

想了解的人面对面交流的可能性。最后，摩根（David Morgan，1993）认为，在构思问卷访题的时候，使用专题小组方法简直是太棒了！

因为他们关注于一个具体的话题，且花了相对少的时间，专题小组被认为是典型的"深访"研究技术。奥佛林（Carolina Overlien）、阿隆森（Karin Aronsson）和海登（Margareta Hyden）（2005）成功地将其运用在瑞典少管所对性问题的扩展讨论上。

与其他社会研究技术类似，专题小组正在适应新的沟通形式。例如，西尔弗曼（George Silverman，2005）讨论了电话和线上专题小组。

10.4.4 观察的记录

实地研究方法最大的长处是研究者能在行为现场观察并思考。即使录音机和相机，都不能完全捕捉社会过程的所有方面。在直接观察和访谈中，把一切过程完整而真实地记录下来，非常重要。如果可能的话，你们应该在观察时加以记录；若当时不能记录，就应该在事后尽快地记笔记。

观察记录应该有你们的经验观察和对观察的诠释，要记下你们"知道"已经发生的和"认为"已经发生的事。重要的是你们还要将这些不同的记录加以区别。例如，你们可能记录X君对群体领袖计划提出了反对意见（观察），你们"认为"这表示X君有接管群体领导地位的倾向（诠释）；你们"认为"自己听到了领导者对反对意见的回应（试验性观察）。

正如你们不期望观察到所有事物一样，也不可能记录所有观察到的东西。你们的观察，代表的是所有可能观察中的实际样本；你们的记录，代表的也是你们所观察的样本。当然，其目的是记录下最相关的内容。

技巧与工具文本框《附有研究者备忘录的访谈记录》提供了一个例子。例子来自泽比布（Sandrine Zerbib）与一位女电影导演的深度访谈。例子中，既有深访记录，也有泽比布在访谈后的备忘。

在研究开始之前，有些特别重要的观察是可以预料的，有些则会随着观察的进展逐渐明显。有时候，如果你们准备了标准的记录格式，会让记录变得简单些。例如，在行人违章的研究中，可以预期几种行人特性，这对分析行人违章可能最有帮助。如年龄、性别、社会阶级、种族等等，然后再准备一种让实际观察容易记录的格式，或事先发明一套符号速记法来加快你们的记录。在研究群众集会的参与程度时，可以先用格子表示会议室的不同区域，这样，就可以简便、快速、确切地记录听众的位置。

任何事前的准备，都不应该局限于对不在预料之内事件或其他方面的记录。相反地，加速处理可预料观察，可以更自由地观察非预期中的情况。

我相信你们已经很熟悉笔记的过程，笼统上说你们已经对实地研究有些了解。要成为一个好的实地研究者就需要记好笔记，好的笔记，需要小心谨慎的注意力，以及一些特殊技巧。有一些守则是可以依循的，你们可以参阅约翰·洛夫兰《分析社会环境》一书。(Lofland et al.，2006：110-117)

技巧与工具

附有研究者备忘录的访谈记录

星期四，8月26日，12：00—1：00
R：女导演在日常经历、日常生活中面临的最大问题是什么？
J：生存。
R：哦。能否多说一点？（我需要依照我的访谈计划来进行，这样我的受访者会回答得更细致而不需要再深入追问。）

J：好的，我的意思就是，努力找到工作，找到一份好工作，这样才能够找到下一份好工作。特别是在女性做导演有困难的情况下，就更是如此了，因为……你不可以表现平平，你必须一直拼命工作。但有时候，你还没有机会这样做，或因为你没有一个好制作人，或因为你压力太大以致看起来很邋遢，或你的手稿太糟糕。你还必须用一个丝包包住你散乱的头发。你知道吗？你比那些男人会遭受多得多的打击，因为你是个女的……他们都看着你呢。而且，女人在这么个位置上更加引人注目。

（Joy似乎在谈论电影行业的特点。那里没有很多机会，而且为了保住工作，她必须建立起一定的声誉。只有继续导演，她才能够继续维持或提高声誉。她认为，这对女人来说更加艰难，但是她没有解释。）

R：噢……你在当时的感觉是怎么样的？……人们是否有意识地把你当成女的？你是否感觉受到了差别对待？（我试图让她说点更详细的个人经历，但不引导她的回答。）

J：是的，哦，是的，我的意思是……很多女性都富有同情心。你知道吧，当你第一次进入工作地点时，他们都已经习惯了说："哦，就是那个女人，很不一样啊。"有时候，真是有点恐怖。他们会抵制你的工作，他们会怠工，在灯光移动、布景上故意拖延时间，或其他……这个时候，你就是在浪费时间。接着就是打报告到办公室，等等。接下来的还是这种无休止的重复。办公室的人还不明白周边的情况，他们永远不会炒掉一个在拍摄的摄影师……他们也不想知道那个家伙就是个使你生活异常可怕的混蛋。他们不想知道这些，所以他们放任了，因为她是个女人，所以我们别再雇用任何女人，因为他和女人有隔阂。你知道的，这样，就是这个方面。

我需要回顾有关制度歧视的文献。Joy面临的问题，并不是个别现象。不管她是否抱怨，她都面临双重困境，她也不会得到公正对待。在评估她的工作质量方面，时间应该是一个可以量化的指标，就像其他行业所采用的一样。问题在于，她是个女的。回顾一下处于高层岗位女性的文献。我还要继续问受访者与其工作伙伴之间在拍摄场景中的动态关系。在拍摄中，除了导演之外，摄影师的地位是最高的。进行其他访谈，来发现他们之间冲突的原因所在。

方法（下一次访谈中需要用到的）：尽量避免电话访谈，除非受访者提出这样的要求。因为电话访谈很难判定受访者对问题的感觉。此外，当面访谈需要配合身体语言，我在访谈过程中感到紧张和不自在。

注：括弧里的数字代表了一个没有听清楚的词语。也是其在记录中出现的位置标记。每个访谈者都从0开始计。这个数字帮助研究者在复习访谈时能够迅速找到该页。

首先，不要过分信赖自己的记忆力，因为那是不值得信赖的。试试以下这个实验：回想最近你们看过的几部很喜欢的电影。现在，举出其中的5名男女演员，谁的头发最长？你能记得你的男朋友、女朋友，或最好的朋友昨天穿什么衣服吗？即便回想自己昨天穿什么衣服也可能有些困难。

即使你们很自豪自己拥有照相机式的记忆力，在观察时或在事后，尽快地做笔记也是好主意。如果在观察时做笔记，就别太冒失，如果人们看见你们将他们的言行都写下来，很可能会表现得不一样。

其次，分阶段记笔记也是一个很好的办法。在第一阶段为了跟上访谈速度，可以做简略的记录，随后再将记录详细地补充整理。现场即时简略的记录，有助于回想起大部分的细节，时间越久，遗忘越多。

在前文提到的基德尔（Jeffrey Kidder）对纽约自行车送报员的调查中，他报告了这样的过程（2005：349）：

通过非正式访谈，我为写这篇文章收集了大量数据。我顺利地记录一天的社会活动。一回家，这些数据便被堆到我的田野调查笔记中。在工作日、比赛、宴会和其他社会聚会时，普通的对话，让人有了最真实的能进入到送报员的信仰、意识形态和选择的机会。为了这个目的，我避免使用正式访谈语言，取而代之以普通会话回答问题。(2005：349)

这种方法听来很合逻辑，但真要付诸实践，还需要一定的自律。仔细地观察和记录，是很累人的，特别是在有刺激或压力的情况下，还要持续较长的时间。如果你们花了8小时时间进行直接观察，记录人们如何处理灾情惨重的水患，那么，接下来的第一件事，可能就是躺下来睡一觉、把衣服弄干或吃点东西。这时，你们需要从报社记者身上获得灵感，他们也经历了同样的重重艰难，却必须在截稿前把这些事写出来。

第三，不可避免地，你们会疑惑到底该记多少。在观察之后，是否值得把所有回想起的细节都记下？一般的指导原则应该是"是"。大致上说，在你们有机会回顾并分析大量信息之前，并不能真正确定什么重要或什么不重要。所以，你们甚至该记录看起来并不重要的东西，也许到最后，它变得很重要。不仅如此，记录这些不重要细节的过程本身，也可能会让你们回忆起重要的事。

你们应该了解，实地笔记大部分都不会反映在研究项目的总结报告上。更严格地说，你们的大部分笔记都是白费。不过平心而论，即使最富的金矿，每吨也只能提炼30克纯金，也就是说，这个金矿矿石的含金量为0.003%。

就像实地研究的其他方面一样（所有的研究都是这样），要想熟练，就必须多练习。实地研究的优点是，你们可以从现在就开始练习，在任何情况下都可以持续，不需要真的参与一项有组织的研究计划来观察和记录。举例来说，你们可以从自愿担任会议的记录人员开始进行这种练习。或在某个周末，随便在校园里找一个阴凉地，就可以观察并记录过往人群的具体特征。你们还可以在超市或繁忙的街道边，做同样的事情。请记住：观察和记录是一种专业技能，跟其他有价值的技能一样，熟能生巧！

10.5　定性实地研究的优缺点

跟所有研究方法一样，定性实地研究有突出的优点，也有明显的不足。就像我已经提过的，实地研究对研究行为和态度的细微差异和考察长时间的社会过程特别有效。对这些因素，实地研究方法的主要优点在于其所能达到的深度。虽然人们指责其他研究方法"表面化"，却很少指责实地研究肤浅。

弹性是实地研究的另一项优势，如前面讨论过的，在这个方法中，你们可以随时修正自己的研究设计。甚至可以在任何机会来临时，进行实地研究，却不能轻易地展开一项问卷调查或实验。

实地研究花费相对较少。其他社会科学研究方法可能要求昂贵的器材或高佣金的研究人员，而实地研究，研究者可能只要带一个笔记本和一支笔就够了。这不是说所有的实地研究都花费很少，例如，一项研究可能需要许多训练有素的观察者，也可能需要昂贵的记录器材，或希望参与观察昂贵的巴黎夜总会的互动。

实地研究也有一些缺点。第一，由于是定性而不是定量，因此，很少能针对大规模群体做精确的统计性陈述。例如观察洗衣厂里人们随意的政治讨论，不会对全体选民未来的投票行为产生可信的推论，但是可以对政治态度的形成过程提出重要见解。

为了进一步评估实地研究，我们再把焦点转到效度和信度上。你们应该还记得效度和信度都代表了测量的品质。效度是指是否确实测量了该测量的，而不是其他无关的事物。另一方面，信度就是可重复性：如果你们一再重复相同的测量，是不是会得到相同的结果？我们来看看实地研究在这些方面的情况。

10.5.1 效度

比起问卷调查和实验测量方法的肤浅且不确实有效,实地研究似乎能提供更好的测量效果。我们回顾几个实地研究的例子,来看看其中的原因。

"设身处地",是洞悉人类事物本质的一项有力技巧。我们来听听护士聊病人在对抗癌症上的障碍。

阻碍病人对抗癌症的一般恐惧如下:

- 对死亡的恐惧:这是对病人以及"重要他人"(significant others)而言,所代表的意义。
- 对无能的恐惧:癌症是一种伴随间歇性疼痛的慢性病,常造成周期性的压力。个人应变能力的变异和持续的调整,会造成在日常起居行为上对他人的依赖,结果就变成了一项负担。
- 对疏离的恐惧:怕重要的他人和照顾者离开,而造成的无助和绝望感。
- 对传染的恐惧:担心癌症会传染或遗传。
- 对失去个人尊严的恐惧:怕失去对身体所遇机能的控制而变得彻底脆弱。

(Garant,1980:2167)

这些观察和概念化本身是很有价值的,另外,他们也提供了进一步研究的基础,定性或定量的都合适。

现在听听豪威(Joseph Howell,1973)谈到的,在华盛顿特区的克雷街(Clay Street),一个白人劳工阶级住宅区,如何以"艰难"作为生活的基础成分。

大部分克雷街的人,无论在比喻还是实际的意义上,都视自己为斗士,他们认为自己是不受压迫的、强壮的、独立的人。对波比(Bobbi)来说,身为一个斗士,就是要和社会福利部门交战,咒骂社工和医生,还要把安眠药混在巴瑞(Barry)的啤酒中,并用扫帚打他的头。对巴瑞来说,尽管告发他老板并拒绝把门关好会让自己被解雇,却意味着在和艾尔(Al)的决斗中获胜,或随意使唤布巴(Bubba)以及不时让巴瑞吃点苦头。

琼(June)和山姆(Sam)的好斗性格不那么强,虽然他们都暗示,如果受压迫,他们也会反抗。但作为一个斗士,泰德(Ted)和派格(Peg)兄弟,莱斯(Les)和罗尼(Lonnie),阿琳(Arlene)和菲莉斯(Phyllis)之间,在保龄球道上,也几乎掀起了冲突。(1973:292)

即使没听到豪威在这一段提到的插曲,你们对于生活在克雷街的艰难也会有清楚的印象。"艰难"概念,比起统计一段特定时间街上打架的次数更为有力。

这些例子指出了实地研究相对于问卷调查和实验的效度优势。这些系统的测量,让实地研究能够挖掘概念的深刻含义,如癌症病人普遍的恐惧和"艰难"(或者如自由和保守的概念),而对问卷调查和实验来说,都是不可行的。实地研究者,一般以举出详尽实例来取代对概念的定义。

10.5.2 信度

实地研究在信度上也有一些潜在困扰。假设你们在充分了解自己最好朋友的基础上描述他们的政治取向,当然,你们的预估,不会肤浅。你们使用的测量方法可以显示一定的效度。然而,我们不能确定,经过相同数量的观察,别人是否也能用同样的方式来描述你们朋友的政治取向。

即使实地研究的深度测量,通常也非常个人化。我如何判断你们朋友的政治取向,绝大部分取决于我,就像你们根据你们的观察来判断一样。可想而知,即使我觉得自己观察到的是火爆激进,你们却可能将自己的朋友描述成中间派。

如同我前面提及的，使用定性技术的研究者，都意识到了这个问题，并且努力解决。不仅个别研究者经常挑出他们自身的偏见及观点，基于科学的通性，同事之间，也应该相互协助。因此，对实地研究任何的纯粹描述，你们自己的，还是一些其他人的，都要小心。如果研究者报告某个俱乐部成员都非常保守，你们就得知道，这个判断不可避免地和研究者本人的政治观有关。在这种情况下，就可以采用比较性评估：例如比较谁比谁更保守。即使我们有不同的政治取向，也会在比较中求得一些共识。

作为增加和记载对定性研究信度的途径，鲍恩（Glenn Bowen，2009）说明了"审查性跟踪"的使用。审查性跟踪记录了研究者在执行调查和数据分析整个过程中的各种决定。对访谈的编码就是一个例子。一些用来做定性数据分析的软件提供了用于审查性跟踪的模块。

如果审查性跟踪抵消定性分析所缺乏的严谨，那么，一个类似的技术可能也适用于定量研究。在设计定量调查问卷的遣词造句时，对测量决策的结果已经非常明确，但是，这些决策后面的推论，就不会总是显而易见。

诚如我们所见，对社会科学家而言，实地研究是潜在的有力工具，在问卷调查和实验的优缺点之间，提供了有力的平衡。在第 3 篇其余章节，我们也讨论了社会研究者可用的其他方法。

10.6 定性实地研究的伦理

我不停地说，所有形式的社会研究都有其伦理问题。实地研究由于有研究者与研究对象直接而亲密的接触，特别容易产生伦理问题。洛夫兰夫妇（John and Lyn Lofland，1995：63）就提到过以下问题：

- 在人们不知道你们会记录交谈内容的情况下和他们交谈，合乎伦理吗？
- 为了自身的目的而从你们讨厌的人身上取得信息，合乎伦理吗？
- 目睹人们强烈需要援助却无直接反应，合乎伦理吗？
- 身处于一种自己并不全心全意赞同的情境，合乎伦理吗？
- 策略性地营造和其他人的关系，合乎伦理吗？
- 在派系林立的情况下投靠一方或是保持中立，合乎伦理吗？
- 为了接近人们的生活和心灵，不惜和他们进行金钱交易，合乎伦理吗？
- 利用知情人或结盟的方式来接近人群或接近不了解的事物，合乎伦理吗？

对参与性观察，特别需要伦理关注。当你们要求别人展示他们内在想法和行动时，就可能将他们暴露于某种程度的痛苦之中。举个例子，这可能使他们回忆起难受的经历，就像前面访问癌症患者的例子一样。此外，也让他们承担了将告知的内容公开暴露的风险，因此，你们有义务尊重他们的隐私。我们已经看到过有些调查者，因为遵守保密协定，即使进监狱也不泄露私人信息的案子。

皮尔森（Geoff Pearson，2009）研究了参与者、观察者在研究经常从事犯罪活动的人时应该如何表现的棘手问题。研究者拒绝参与犯罪行为，可能会影响正在进行的观察，在一些情况下，甚至威胁到研究者的研究或安全。另一方面，在这些情况下，研究者可以免于罪责么？显然，犯罪的严重性会影响到你们的决定，但当你们深入考察伦理问题时，就会发现自己进入无数的灰色地带。负责任地计划和执行实地研究，要求你们注意到这样或那样的伦理问题。

本章要点

导言

- 实地研究是一种在自然情境下直接观察社会现象的社会研究方法。一般而言，实地研究都是定性的、而不是定量的。
- 在实地研究中，观察、数据处理和分析，是相互交织、循环的。

适于实地研究的议题
- 实地研究尤其适于难以定量的、适宜在自然情境下进行研究的和历时变化的主题和过程。包括实践、情节、邂逅、角色、关系、群体、组织、聚落、社会世界、生活形态和亚文化。

定性实地研究的特别注意事项
- 实地研究涉及的一个特殊事项，是观察者、研究者与研究对象之间的关系。作为实地研究者，你们必须确定：是作为外来者进行观察，还是作为参与者进行观察？是否需要公开自己作为研究者的身份？如何和研究对象协商好关系？

一些定性实地研究的范式
- 实地研究有多种范式，比如自然主义、常人方法学、扎根理论、个案研究和扩展个案方法、制度民族志和参与行动研究。

定性实地研究的执行
- 实地研究的准备，包括背景研究、决定如何接触研究对象，以及解决研究者和研究对象的关系等。
- 实地研究经常要进行深度访谈，不过，实地研究深度访谈的结构化程度比问卷调查的低。与搜寻具体信息比较，定性访谈是一种带有指导原则的谈话。有效的访谈，需要主动倾听的技巧和无干扰地引导交谈的能力。
- 创建专题小组，就是研究者将研究对象聚在一起，并观察他们在探讨某个具体问题时的互动。
- 只要可能，研究者在观察时就要记录实地观察的内容，否则，也应该尽快地记录下来。

定性实地研究的优缺点
- 实地调查的突出优势就是能够提供深入的理解、有弹性、（通常）也不贵。
- 与问卷调查和实验相比，实地研究测量一般具有较高的效度，但信度较低。同时，实地研究通常不适于对大群体进行统计描述。
- 可以核查跟踪记录研究人员在整个研究和分析数据过程中的决定。

定性实地研究的伦理
- 负责任的实地研究，都会面临一些来自研究者和研究对象直接接触所产生的伦理问题。

关键术语

以下术语是根据章节内容来界定的，在出现该术语的页末也有相应的介绍，和本书末尾的总术语表是一致的。

个案研究　解放性研究　民族志　常人方法学　扩展个案方法　专题小组　扎根理论　制度民族志　自然主义　参与行动研究　定性访谈　密切关系　反应性

准备社会研究：引言

这一章讨论了大量进行实地研究的方法。如果你们要进行实地研究，就要说明进行哪种研究，譬如，你们是研究中唯一的观察者吗？如果不是，你们会如何选择和培训观察者？

你们会参与要观察的事件吗？如果是，你们会告诉研究对象你们的研究者身份吗？如果是，就要告知研究者身份对观察可能带来的影响。此外，还要对涉及的伦理问题进行说明。

在前面的练习中，讨论过对变量的操作化，选择知情人和/或观察对象的方式，观察的时间和地点。正如本章所示,还有一些事项需要处理,例如,说明记录的计划,如果有困难的话(类似于未告知研究者身份的参与者)。

如果要做深访,就要有一个访谈问题列表。在每一个访谈中有必须问的问题吗?在合适的情况下有要追问的问题吗?

与实验和问卷调查比较,实地研究的研究时间更有弹性。取决于事情的进展,你们也许发现自己进场早了或者晚了。无论如何,研究计划中都要有时间计划。

复习和练习

1. 想一想你们参与或很熟悉的群体或活动。以两三段的文字,叙述外人可以怎样有效地研究这个群体或行为,他应该先读些什么,进行什么样的接触等等。

2. 选择本章讨论的任何两种范式,然后说说,在这两种范式下,练习 1 的假设应该如何执行。比较这些范式以及不同范式研究的差异。

3. 说明你们对实验、问卷调查和实地研究不同优缺点的了解。为各种方法选出一个合适的研究领域(比如,偏见、政治倾向性和教育),然后简短地描述不同方法的研究。最后解释"为什么你们选择的方法对该问题是最适宜的方法"。

4. 回到你们为练习 1 设计的例子,列出 5 种你们能想到的伦理问题。

第11章
非介入性研究

章节概述

本章概括地介绍了三种非介入研究方法：内容分析法、既有统计数据分析法、比较和历史分析法。其中的每一种方法，都可以使研究者无需身处实地来研究社会生活，同时不会在研究过程中影响到研究对象。

导　言

除了实地调查中的完全观察者外，到目前为止，我们讨论的观察模式都要求观察者不同程度地介入研究的对象。其中最明显的例子是实验法，其次是问卷调查法。如我们所见，即使是实地研究者，也可能在研究中改变研究对象。

然而，本书曾经提过的一个例子，却可以完全地免除这种风险。涂尔干对自杀的分析就没有以任何方式影响任何一个自杀者（见第5章）。涂尔干的研究是**非介入性研究**①（unobtrusive research）。或者说，在方法上，是在不影响研究对象的情况下研究社会行为的例子。如你们所见，非介入性研究可以是定性的也可以是定量的。

本章主要讨论三种非介入性研究方法：内容分析法、既有统计数据分析法，以及比较和历史研究法。内容分析法用于考察社会人为事实，主要指成文文件，比如报纸文章。涂尔干的研究，则是既有统计数据分析法的一个范例。正如你们要见到的，在周围有一大堆数据正等着你们使用。通过运用这些数据，就可以了解社会生活。比较法和历史分析法是一种在社会科学中具有悠久历史并且在目前广受欢迎的研究形式。正如实地调查一样，比较和历史分析是一种定性研究方法。其观察和分析的主要数据来源，是历史记录。比较和历史分析法的名字之所以包含"比较"两个字，是由于社会科学家（与单纯描述具体历史事件的历史学家比较）试图重现不同时期和地点的一般模式。

为了更进一步考察这三种研究方法，我想让你们注意到一本杰出的著作，它将会开发你们对于非介入性测量潜力的敏感度。同时，我也是从这本著作中采用了非介入性测量这个术语。

1966年，威伯（Eugene J. Webb）和三个同事出版了一本讨论社会研究的优秀著作（2000年再版），现在，这本书已经成为一部经典。书里关注的是非介入性或称无回应性研究（nonreactive research）。威伯和他的同事通过观察人们无意中遗留的线索来研究人类的行为。例如，假如你们想知道博物馆的哪样展品最受欢迎，你们可以进行民意调查，但人们会告诉你们的是，他们认为你们要听到的答案或回答能使他们看起来更有学识或更正规的答案。当然，你们可以站在不同的展品旁，计算经过这件展品的参观者人数，但人们可能更有兴趣来看看你们在做什么。威伯及其同事建议，你们应该去检查不同展品前面地板的磨损程度，面前地砖磨损最严重的，便是最受欢迎的展品。想知道哪样展品最受小孩子欢迎吗？寻找一下玻璃框上的口水吧。如果想知道最受欢迎的收音机电台，你们只需安排一部机器去检查送修车辆的收音机频道设定。

这种可能性是无限的。如同侦探破案的调查一样，社会研究者也需要寻找线索，如果你们停下手中的事情来观察，就会发现社会行为的线索遍布你们的周围，你们所看到

---

① 非介入性研究：一种在不影响研究对象的情况下研究社会行为的方法，可以是定性的，也可以是定量的。

的每样东西,都揭示着某些重要社会科学问题的答案,而你们需要去做的,只是去思考问题。

虽然非介入性测量有信度和效度问题,但是,运用一些小技巧,便可以处理好或正确地看待。

11.1 内容分析法

在导言中已经提到,**内容分析法**①(content analysis)是对被记载下来的人类传播媒介的研究。其内容可以包括书籍、杂志、网页、诗歌、报纸、歌曲、绘画、讲演、信件、电子邮件、网络上的布告、法律条文和宪章,以及其他任何类似的成分或集合。瑞哈茨(ShulamitReinharz,1992:146-147)指出,女性主义的研究者曾使用内容分析法来研究"儿童读物、童话故事、告示牌、女性主义的散文及小说、儿童艺术作品、风尚、粗体字的明信片、女童军手册、艺术作品、报纸新闻语言的修辞、临床记录、研究成果、社会学导论教科书以及引述等。这里提到的还只是其中的一小部分"。在另一个例子中,当米若拉(William Mirola)探讨在美国争取一天 8 小时工作制运动中,宗教所起的作用时,他的资料就"来自芝加哥劳工、宗教以及非宗教的新闻报道,来自小册子,来自运动中三个有代表性派系的 8 小时工作制支持者的演讲"。(2003:273)

11.1.1 适于内容分析法的议题

内容分析法,特别适用于传播媒介的研究,并回答传播媒介研究的一个经典问题:"谁说了什么、对谁说、为什么说、如何说,以及产生什么影响。"法国流行小说比美国流行小说更专注于爱情吗?20 世纪 60 年代,英国流行音乐比德国流行音乐,在政治上表现得更愤世嫉俗吗?优先强调利益议题的政治候选人,比强调崇高理想的竞争者,更容易当选吗?上面的每一个问题都是一个社会科学研究议题。第一个强调的是国家特征,第二是政治取向,第三是政治过程。虽然这些议题可以通过观察来做研究,内容分析法则提供了另一种视角。

双亲曾是奴隶的威尔斯(Ida B. Wells)的研究,是内容分析法的早期例子。1891 年,威尔斯要检验一个普遍流行的假设,即在南方受到私刑的黑人男性,主要是因为他们强奸了白人女性。作为一种研究方法,她考察了前 10 年 728 个有关处以死刑的报道。其中,只有三分之一的案例被控强奸罪,有不到三分之一的案例被判罪。他们主要的罪名是无礼,即没有"待在属于他们的地方"(Reinharz,1992:146)。

最近,畅销书《2000 年大趋势》的作者奈斯比特和阿布尔丹(Naisbitt and Aburdene,1990),使用内容分析法以判断现代美国生活的主要趋势。为出版每季的地区趋势报告,作者们定期考察着每月数以千计的地区报纸。他们的著作考察了一些他们在国家层面观察到的普遍趋势。在随后的书中(Aburdene 2005),用内容分析法指出,这些趋势是"灵性的力量"和"自觉资本主义的崛起"

对于某些议题,内容分析法比任何其他调查方法更为适用。假如你们对于电视暴力有兴趣,也许你们会猜想男性产品制造商比别的厂商更倾向于赞助暴力性的电视节目。内容分析法将会是找出这种现象的最佳方法。

简而言之,下面是你们将采取的步骤。第一,你们必须对调查中的两个主要变量给出操作性定义:男性产品及暴力。本章后面提到的编码,将会讨论一些可用的方法。最

---

① 内容分析法:对记载下来的人类传播媒介的研究,如书籍、网站、绘画和法律。

后，需要一份观看电视、分类赞助厂商以及评估特定节目暴力程度的计划。

接下来，你们必须决定要观看什么。或许你们会决定观看什么频道，观看多长时间，以及观看哪些时段。然后，可以购买一些啤酒和薯片，开始观看、分类和记录。一旦观看结束，就可以分析搜集到的数据，并确定男性产品制造商是否比别的厂商更积极地赞助暴力节目。

罗斯曼（Gabriel Rossman，2002）对大众传媒有不同的关注。由于公众对媒体越来越集中到少数团体手中感到担忧，因此罗斯曼提出了这样的问题：如果一份报纸与一家电影制作公司同属一家联合企业，那么，你们会相信该报对其母公司出品电影所做的评论吗？

根据罗斯曼的发现，你们肯定不会相信。因为许多报纸对电影是定量排名的（比如，4 部电影中有 3 部胜出），罗斯曼可以做简单的定量分析。对每个电影评论，他问了两个主要问题：①电影是由拥有该报的公司出品的吗？②该部电影的排名是多少？他发现母公司出品的电影排名，的确会高于其他电影，而且由同家母公司拥有的报纸给出的排名，会高于其他报纸给出的排名。当母公司斥巨资制作高成本的电影时，这种情况尤其显著。

作为观察法的一个模式，内容分析法要求细致周到地处理要传达的内容"是什么"，在这个模式中，对所得数据的分析，和其他模式一样，目的在于解决"为什么"以及"产生什么影响"。

11.1.2 内容分析法的抽样

和对人的研究一样，在对传播媒介的研究中，要直接观察自己有兴趣的所有对象，常常是不可能的。例如，在有关电视暴力与赞助厂商的研究中，我建议你们不要尝试去观看所有播放的节目，那是不可能的，即使观看了所有节目，在你们获得结果之前，大脑也会"短路"。通常，比较适当的方法是抽样。让我们再次从分析单位开始，然后回顾一些适用于内容分析方法的抽样技术。

1. 分析单位

回忆第 4 章，我们就可以了解到，确定恰当的分析单位（即确定哪一个或谁是我们描述或解释的单位）本身就是一项复杂的工作。譬如，假如我们要计算家庭平均收入，就以单个家庭作为分析单位。但是，我们还必须询问家庭每个成员的收入。因而个体就是观察单位，而家庭仍将是分析单位。同样，我们可能想通过城市大小、地理区位、种族构成以及其他差异性，来比较不同城市的犯罪率。即使上述城市特征对该城市个别居民的行为和特征来说只发挥部分作用，城市仍然是最终的分析单位。

在内容分析中，议题的复杂性通常表现得比其他研究法更为明显，尤其当分析单位与观察单位不一样的时候。下面的一些例子就明确说明了这个区别。

假设我们想了解刑法还是民法，在男女之间制造了最大的差异。在这个例子中，刑法与民法两者，将同时作为观察单位和分析单位。我们可以选择一个国家的刑法和民法作为例子，并且按它是否在男女之间制造差异来分类。在这个方法下，我们可以看刑法还是民法，更注重性别划分。

稍有不同的是，我们希望了解针对不同族群制定不同法律的国家，是否同时也比其他国家更容易制定一些区别对待男女的法律。虽然这个问题的检验也包含着个人行为法案的编码，然而，后者的分析单位仍然是个别的国家，而非法律。

或者，换一个完全不同的议题，假设我们对写实派绘画有兴趣，假如我们想比较写实派与非写实派绘画的相对声望，这时，绘画作品将是我们的分析单位；另一方面，假如我们想了解写实派的画家是富裕还是贫困、受过教育还是没受过教育，是资本主义风俗画还是社会主义风俗画等特征，这时，画家便是我们的分析单位。

澄清这个议题非常重要，因为选择抽样方法时，必须考虑什么是分析单位。假如分析单位是作者,则抽样设计应该选择适合于研究问题的全部或是部分作者。如果书是分析单位,我们应该选择书作为样本,而不管作者是谁。伯格(Bruce Berg,1989:112-113)指出,假使你们要分析一部分文本材料,那么分析单位可能是字词、题目、体裁、段落、项目(例如书或信件)、概念、语意或者是以上各项的合并。

但这并不是说抽样时只考虑分析单位。的确,我们常会针对单个分析单位做次级抽样,即针对某个子类进行抽样。因此,假如作者是分析单位,我们可以从作者总体中选择样本作者,从被选择作者的作品中选择部分作品,以及从被选择的每本书中,选取一部分进行观察和编码。

最后,让我们看一个比较容易弄糊涂的例子:对电视暴力及其赞助者的研究。"男性用品制造商,比其他赞助者,更有可能赞助暴力性节目吗?"这个研究问题的分析单位是什么?是电视节目?赞助商?还是暴力的实例?

在最简单的研究设计中,上述几种都不是。尽管你们可以用不同的方法来进行调查,然而最直接的方法是把商业广告作为分析单位。你们可以使用两种观察单位:广告和节目(在广告之间的节目)。你们可能要观察这两个单位,根据这些广告是否在介绍男性产品,以及节目本身的暴力内容,来进行分类。节目的分类将会转换到与之相邻的广告上。图 11-1 就是一种可能的记录范例。

商业广告	赞助厂商	男性用品			暴力实例的数量	
		是	否	?	商业广告之前	商业广告之后
1st	Grunt Aftershave	✓			6	4
	Brute Jock Straps	✓			6	4
2nd	Bald-No-More Lotion	✓			4	3
	Grunt Aftershave	✓			3	0
3rd	Snowflake Toothpaste		✓		3	0
	Godliness Cleanser		✓		3	0
4th	Big Thumb Hammers			✓	0	1
5th	Snowflake Toothpaste		✓		1	0
	Big Thumb Hammers			✓	1	0
6th	Buttercup Bras		✓		0	0

图 11-1 电视暴力记录表的范例

请注意,在图 11-1 的研究设计说明中,在同一节目中出现的所有广告用括号连在一起,并给予相同的分值。此外,紧接着某个广告后的暴力节目出现数量与下一个广告之前的数量是相同的。这个简单的例子,将告诉我们如何通过赞助商以及与它相关的暴力程度,来为广告分类。例如,第一次出现的 Grunt 刮胡水广告,被编码为一个男性产品,有 10 个相关的暴力例子。而 Buttercup 女性内衣广告,则被编码为非男性产品广告,没有相关的暴力实例。

在图示中,我们记录了 4 个男性产品的广告,每个广告都伴有平均 7.5 个暴力实例,而 4 个非男性产品的广告,则只有平均 1.75 个暴力的实例。另外两个无法确定为男性或非男性产品的广告,每个平均只有1个暴力实例。假如经过大量检验,这种差异模式仍然存在的话,我们就可以认为,男性产品的厂商,比其他的厂商更可能赞助暴力性的电视节目。

这个图例的主旨,是想说明如何将分析单位转化为搜集和分析的数据。在确定抽样策略之前,就必须弄清楚分析单位。只是在这个例子中,不能简单用广告来抽样。除非你们有办法得到广播电台的节目表,否则你们无法知道广告何时播出。此外,还必须同时关注广告和节目内容。因此,必须设计一个可以包括所有要观察事物的抽样方案。

在设计抽样时,必须建立一个抽样总体。在上述例子中,必须考虑:观察哪些电视台?观察多长时间?每天必须观察哪几个小时?还有,为了进行分析,要观察并编码多少广告?所以要试看电视,并确定每小时出现多少广告,然后就可以确定需要观察多长时间(在可承受的范围内)。

现在已经准备好样本选择方案了。事实上,假如你们有助手的话,就不需要从不同的电视台抽样,每一个人可以在相同时段观看不同的频道。这里,让我假设你们在独立工作。用来选择和观看的最终抽样框也许与下面的类似:

1月7日,第2频道,晚上7—9点。
1月7日,第4频道,晚上7—9点。
1月7日,第9频道,晚上7—9点。
1月7日,第2频道,晚上9—11点。
1月7日,第4频道,晚上9—11点。
1月7日,第9频道,晚上9—11点。
1月8日,第2频道,晚上7—9点。
1月8日,第4频道,晚上7—9点。
1月8日,第9频道,晚上7—9点。
1月8日,第2频道,晚上9—11点。
1月8日,第4频道,晚上9—11点。
1月8日,第9频道,晚上9—11点。
1月9日,第2频道,晚上7—9点。
1月9日,第4频道,晚上7—9点。
依此类推。

注意,在上面的图示中,我已经替你们做了几项决定。首先,我假定适合你们研究的频道是第2、4和9频道。我也假定晚上7—11点是最恰当的时段,而且观看两小时就可以完成工作。另外,我选择1月7日作为开始日期。当然,以上所有决定都应该基于你们的仔细思考,确定最符合你们实际的研究方案。

一旦你们明确了研究中的分析单位、适合这些单位的观察方式,同时也设计出类似上面图示的抽样框以后,抽样就简单明确了。你们可以使用的选择,正如第7章描述的:随机、系统及分层抽样等。

2. 抽样技术

正如你们已经看到的,如果对散文进行内容分析,就可以采用任何一个或全部几个层次的抽样,其中包括与作品相关的上下文。至于其他传播媒介,也可以寻找概念上与上述层次相同者进行抽样。

第7章讨论的任何常用抽样技术,都可以用于内容分析。我们可以将随机抽样或系统抽样方法用于法国以及美国的小说家,或用于密西西比州的法律,甚至用于莎士比亚剧作的独白。我们可以从托尔斯泰的作品《战争与和平》中(从随机起始点)每隔23段选出一段。或者,我们可以将披头士所有的歌曲编号,并随机地抽取25首。

分层抽样也适用于内容分析。例如,要分析美国报纸社论的立场,我们首先可按地区分别收集所有的报纸,并查出出版物所在的社区大小、出版的频率,或平均发行量。

然后，可以对报纸采取分层随机抽样或系统抽样，再对样本进行分析。这个过程完成之后，我们便可以从每一份抽中的报纸中挑出一些社论，或者也可以按年代次序来分层。

整群抽样也同样适用于内容分析。实际上，假如在上述例子中，单个社论是分析单位，那么抽样的第一步，对报纸的选择就是整群抽样。在关于政治演讲的分析中，我们也许会选择政客作为样本，每个政客就代表了一整群政治演讲。前面提到过的电视广告研究，也是另一个整群抽样的例子。

有一点必须再次声明，当我们找到分析单位时，抽样仍然会派上用场。假如小说是分析单位，那么我们将抽出一些小说家，对每个被选中的小说家的作品进行再抽样，再从每部选中的小说中，抽样出一些段落。这样，我们便可以为了描述这些小说本身，而分析这些段落的内容（研究者通常称样本中的样本为子样本或二次抽样）。

现在让我们转向对观察材料的编码和分类。本书第4篇将处理这种分类的操作问题，并讨论描述性或解释性的结论。

11.1.3　内容分析法的编码

内容分析法在本质上是一种编码。**编码**①（coding）是将原始数据转换成标准化形式数据的过程。在内容分析中，传播，如口语的、书面语的或其他，都是按照某种概念框架进行编码或分类。因此，报纸社论也就被编码为自由的或保守的。也可以按照是否具有宣传性来编码收音机广播。小说则按照是否具备浪漫色彩来编码，绘画可以按照是否为写实派来编码，政治演讲则可按照是否具有人身攻击来编码。以上术语都包含多种解释，研究者必须清晰地定义。

内容分析中的编码，包含着概念化和操作化逻辑，这些在第5章已经讨论过了。在内容分析中（就像在其他的研究法中一样），必须推敲概念框架，并且发展出与框架相关的具体方法。

1. 显性内容和隐性内容

我们在实地调查的讨论中发现，说到理解，研究者面对的基本选择是深度理解和具体理解。通常，这也分别代表着对效度与信度的选择。一般而言，实地调查者即使要冒风险（即另一个观察者可以在相同情境中获得不同判断），仍然会倾向在广泛观察和数据收集的基础上进行判断，因此实地调查适合深度理解。但问卷调查（通过利用标准化的问卷）则代表了另一种极端：全然的具体性，即通过对变量的具体测量来反映那些变量，虽然不能令人非常满意。但是，对于这个问题，内容分析法有更多的选择。

对于媒介的**显性内容**②（manifest content）（即可见的、表面内容）的编码多接近于标准化的问卷。例如，要判断一本小说的色情内容，可以简单地考察"爱"这个字在每本小说出现的次数，或在每一页出现的平均次数。或者，也可以将下列术语列一张表，诸如：爱、接吻、拥抱、爱抚，用来作为判断这本小说色情特征的指标。这样做的优点是，简单和编码十分可靠，同时也准确地让研究报告的读者们知道，这本小说的色情特征是如何被测量的。但相对的，也有个缺点，即存在效度问题。"色情小说"比"爱"出现的次数，具有更丰富及更深层的含义。

虽然过去的内容分析员需要手工计算术语得分，计算机使这项任务变得更加容易。例如，如果你们正在对数字格式文档进行编码，则可以使用搜索功能进行搜索，同时进行计算。然而，计算机程序，如词分（Wordscore）正在进一步简化这项任务。如果你们希望根据政治取向对政治文件进行编码，那么，词分就可用于分析已知方向的文档（例

---

① 编码：将原始数据转变成标准化数据的过程，以使数据适于机器处理和分析。
② 显性内容：与内容分析法相关的、传播媒介包含的有形的词语，区别于隐性内容。

如自由、保守等），并记录哪些术语经常使用。这些模式可用于分析你们希望对政治倾向进行编码的文档。

同样，也可以对传媒的**隐性内容**①（latent content）进行编码（即深层含义）。一个眼前的例子是，你们可以读完整本小说或几段、几页，并对这本小说的色情内容进行评论。虽然你们的评论无可避免地会受到诸如"爱""接吻"这些词出现频率的影响，但不会完全依赖这些词出现的次数。

第二种方法为开发传播媒介的深层含义提供了较好的设计，却以牺牲可靠性和具体性为代价。尤其是，为某本书编码的不止一个人，不同的人，则可能采用不同的定义或标准。因为对于一段相同的文字，不是每个人都认为它具有色情含义。即使你们自己做的所有编码，也没有办法保证整个工作中的定义或标准恒定不变。此外，一般而言，阅读你们研究报告的读者们，也无法确定你们所采用的定义。参见图11-2比较显性编码和隐性编码。

对数据进行显性编码（客观的）
显性编码需要计数具体的要素，例如"爱"这样的字词，
来确定是否以及在多大程度上某个段落被判定为"色情"。

对数据进行隐性编码（主观的）
隐性编码要求研究者评价整个分析单位（这里是一个段落）
来主观评价是否以及在多大程度上为"色情"。

图11-2 显性和隐性编码

---

① 隐性内容：与内容分析法相关的、传播媒介隐含的意义，区别于显性内容。

奥斯特（Carol Auster）和曼斯巴赫（Claire S. Mansbach）（2012）使用内容分析研究里迪斯尼商店为女孩和男孩销售玩具的方式的差异。首先，他们注意到玩具中明显的颜色差异：男孩的玩具往往有大胆的颜色（如红色，黑色），女孩的玩具是蜡笔，如粉红色和紫色。此外，男孩和女孩的玩具往往反映了传统的男性和女性的成见。男孩有很多玩具都用于建设和杀戮，而女孩的玩具则用于家务，也更漂亮。

2. 概念化和编码表的制作

对所有研究方法而言，概念化与操作化，一般都包含着理论关注与经验观察的互动。例如，假如你们认为某些网站是自由派的，其他是保守派的，不妨反问自己为何会如此认为。读一些网上不同的内容，并且问一问自己：哪些是自由派的？哪些是保守派的？事物是通过显性内容或语气最明显地表现出来的吗？观点的形成，是建立在特定术语（譬如左翼、法西斯等等）运用基础上，还是建立在社论对特定议题或政治人格的支持或反对上？

归纳及演绎两种方法都适用于这个活动。假如你们正在检验理论命题，你们的理论应该具有经验指标。假如你们一开始就运用了具体经验观察，就应该从这些观察中引申出一般的相关规则，并将它们用于其他经验观察上。

伯格（Berg, 1989：111）将编码的发展放在扎根理论背景下，并将其比喻为玩拼图：

> 编码以及和扎根理论发展有关的基础程序，的确是一项艰难的工作，而且必须认真对待，但就像许多人享受拼图乐趣一样，许多研究者也在编码与分析过程中获得满足。当研究者……开始将片断问题拼凑成较完整图像时，这个过程确实令人感到兴奋。

在整个活动进行期间，你们应该谨记，任何变量的操作化定义，都应该包含它本身的内在特征。此外，这些特征应该同时具有互斥性及周延性，例如，一个政治网站，不应该同时被描述为自由派的与保守派的，虽然可能介于两者之间。将一本小说编码为色情的或非色情的，对于你们的研究目的，可能就足够了，不过，也应该考虑到有些是反色情的。绘画，可以被分类为写实性的或非写实性的，假如适合你们的研究目的，还可以进一步将它们分类为写实派、抽象派、隐喻派等等。

为了更进一步理解内容分析法，可以使用不同的测量层次。你们可能会使用定类测量来描述政治网站是自由派的或保守派的，或使用精确一些的定序尺度，从极端的自由派到极端的保守派。但无论如何，必须谨记，隐含在编码方法中的测量层次，定类的、定序的、定距的，或定比的，并不必然反映变量特征。假如"爱"这个字在 A 小说出现 100 次，在 B 小说出现 50 次，你们可以确切地说"爱"这个字出现在 A 小说的次数是 B 小说的两倍，但这并不表示 A 小说比 B 小说的色情程度高出两倍。同样，也不能说一份问卷陈述有两倍的反犹太立场。

3. 计算和保持记录

假如要定量评估内容分析的数据，那么，在编码时，就要为数据处理留有余地。

第一，编码的最终结果必须是数字化的。假如正在计算某些字、短语，或其他显性内容次数，这种做法就尤其必要。即使整个都是显性内容编码，用数字代表编码也是必要的：1＝非常自由派，2＝适度自由派，3＝适度保守派，等等。

第二，在记录上，清楚地说明分析单位与观察单位之间的区别十分必要，尤其是在两者并不相同的情况下。当然，最先的编码，必须和观察单位有所关联。例如，假如小说家是分析单位，你们希望通过对作品进行内容分析来区分，那么，主要的记录就必须以小说作为观察单位。然后，可以将个别小说分数合计，来区分作为分析单位的每一个小说家。

第三，在计算过程中，记录计算的基础，也非常重要。知道某个画家写实派作品的数目，却不知道其实际作品的总数，是没有用的；因为假如作品中写实类型作品的比例很高，这个画家很可能会被视为写实派。同样地，在一本小说中，如果我们只知道"爱"字出现 87 次而不知道小说总共多少字，那对我们也没有多大意义。假如某个变量只有一个属性，且用这个属性来编码，那么，观察基础就很容易解决。例如，以政治取向来对每篇社论编码，即使必须编码为"没有明显取向"，也没问题，而不必简单地计算给定数据中自由派社论的次数。

现在假定我们想描述和解释不同报纸的言论政策。图 11-3 提供了一份标签卡，这份记录是关于报社社论的。需注意的是，报纸是分析单位。每份报纸都被给定一个明确的数字，以利于计算。第二栏用来为每份报纸的社论数目编码。这是信息中的重要部分，因为我们要据此说明"所有社论中有 22% 赞成联合国的社论"，而不只是"有 8 篇赞成联合国的社论"。

在图 11-3 中有一栏，用于主观判断报纸社论的内容（稍后会用来和几个客观测量做比较），其他栏则记录具有特定立场的社论篇数。在真实的内容分析中，还会有记录社论立场以及报纸上非社论信息的栏目，例如出版地区、发行量等。

报纸编号	要评估的社论数量	主观评价 1. 非常自由 2. 比较自由 3. 中间派 4. 比较保守 5. 非常保守	"孤立主义"社论的篇数	"赞成联合国"社论的篇数	"反对联合国"社论的篇数
001	37	2	0	8	0
002	26	5	10	0	6
003	44	4	2	1	2
004	22	3	1	2	3
005	30	1	0	6	0

图 11-3　记录清单示例（部分）

上述内容分析的类型，被称为概念分析，跟关联分析相区分。关联分析不仅对抽样内容具体概念的出现频率进行观察，还对概念间的关系做分析。比如，想要找出读者来信中存在的"歧视"，同时，也确定了涉及的歧视分类：种族、信仰、性别等。事实上，你们可以根据时间变化来分析这种关系的变化。

4. 定性数据分析

并非所有内容分析都需要计算。有时对数据进行定性评估，反而是恰当的。

伯格（Berg，1989：123-25）讨论了检验定性假设的技巧，即"负面案例检验"。

第一，在扎根理论传统中，开始时，就得检验可能服从某一一般假设的数据。譬如说，你们想检验一个新社区集会的领导形态，办法是检验会议记录，看看谁可以一提出提案马上就获得通过。结果，初步检验指出，越富有的人，越容易成为这种领导者。

第二，试图从数据中找出与初始假设相矛盾的案例。就上述例子而言，你们可以寻找数据中提案获得通过的穷人，以及提案未获得通过的富人。

第三，你们必须再考察这些矛盾的案例，然后决定放弃初始假设，或者看看如何修改假设。

假设在矛盾案例的分析中，你们注意到，每一个并不富有的领导者，都具有高学历，如有硕士学位；无法成为领导者的富人，则只具有一般的受教育程度。那么，你们便可以修改假设，将教育及财富视为成为社团领导者的两项条件。也许，你们又发现一些成为领导者的途径（白领工作/收入以及大学学历等），除此之外，那些最有钱或受教育程度最高的人，都是最活跃的领导者。

这个过程，就是葛拉瑟（Barney Glaser）及斯特劳斯（Anselm Strauss）（1967）的分析归纳法。由于观察是从归纳开始的，不仅描述，而且试图找出模式以及变量间的关系，便具有分析性质。

当然，像其他方法一样，在这个分析方法中，也存在风险。最主要的风险是可能将观察结果分错类别，以至于产生了意外的假设。例如，你们可以错误地认为没有大学学历就不能成为领导者，或认为工厂领班也算是白领阶层等。

伯格（Berg, 1989：124）提出了避免出现上述错误的方法：

1. 如果有足够的案例，那么，就应该从每种类别中，随机进行选择，以免只挑选那些最支持假设的案例。

2. 对于依据数据提出的每一种主张，至少举出三个案例。

3. 让非研究者来仔细地检查你们的分析说明，看看他们是否同意。

4. 报告所有与研究发现相矛盾的案例，你们必须了解，只有极少数社会模式是百分之百一致的。你们可能会发现某件重要的事项，尽管它并不符合现有的所有社会生活。无论如何，在这方面，都应该诚实面对你们的读者。

现在已经有了针对内容分析的计算机软件。例如，可以在线使用 MAXQDA。还有，T-LAB 可以进行一些有趣的定性分析，比如建构一篇政治演讲词关联图。第 13 章，还有一些适合内容分析以及其他定性数据分析软件的讨论。

11.1.4　内容分析法举例

有些研究指出，在电视中的女性，过分拘泥于传统角色。克雷格（R. Stephen Craig，1992）从这个议题出发，进一步考察了不同时期电视节目对男性与女性的描绘。

为了研究电视广告的性别刻板印象，克雷格从 1990 年 1 月 6 日到 14 日的几个时段中，选择了 2 209 个广告来分析。

在平时（星期一到星期五，下午 2—4 点），这个时段主要在播放连续剧。挑选这个时段的主要原因，是收视群中有高比例的女性观众。在周末，星期六及星期天下午连续两天，都是体育节目，挑选这个时段，是着眼于有高比例的男性观众。晚上的"黄金时段"（星期一到星期五，晚上 9—11 点），则被选来作为一个基准，用来和过去的研究以及其他的部分进行比较。（1992：199）

每一个节目都以几种方式编码。"角色"被编码为：

（1）都是成年男性

（2）都是成年女性

（3）都是成人，性别混合

（4）男性成人以及小孩或年轻人（没有女性）

（5）女性成人以及小孩或年轻人（没有男性）

（6）混合年龄及性别

此外，克雷格的编码员也记录下，哪个人物在商业广告期间出现在荧光屏上的时间最长，即主要出现的人物，以及这个人物扮演什么角色（例如，夫妇、名人、家长），商业广告的种类（例如，身体用品、酒）、场景（例如，厨房、学校、公司），以及画外音。

表 11-1 指出了节目中男性和女性出现次数的不同。女性较常出现在白天的节目（指的是连续剧）中，男性则在周末节目占有优势（指的是体育节目），在晚上的黄金时段，则是男性与女性出现次数相当。

表 11-1　三个时段节目中成人主要角色性别出现的比例

	周末	白天	晚上
成年男性	40%	52%	80%
成年女性	60%	48%	20%

资料来源：R. Stephen Craig. 1992, "The Effect of Television Day Part on Gender Portrayals in Television Commercials: A Content Analysis," *Sex Roles* 26 (5/6): 204.

克雷格也发现了描述男性与女性方式的其他差异：

更进一步的分析指出，在每天的任何一个时段，相对于女性，男性的主要角色多半是名人、专家等，而女性则有很高的比例被描述为访客/教师，家长/夫妇，或是性对象/模特儿……女性在周末则比在平日有更高的比例被描述为性对象/模特儿。（1992：204）

研究结果显示，不同时段会有不同的广告出现，正如你们认为的，几乎所有白天的广告，都是有关身体、食物或是家庭用品的。这些广告只是周末广告的三分之一而已。相对而言，周末的广告则强调汽车（29%），商业产品或服务（27%），或是酒（10%），实际上，在平时的白天和晚上，几乎没有酒的广告。

正如你们猜到的，女性多出现在家庭场景中，男性则多出现在家庭以外。研究结果的其他结果，还反映了男女所扮演角色的不同。

在周末广告中出现的女性，她的身边几乎一定有男性，而且很少作为广告的主角。她们多半扮演服务男性的角色（例如，饭店的女招待、秘书、女服务员），或是只在广告中充当展现性感面的性对象或模特儿。（1992：208）

虽然克雷格的部分发现不一定使你们惊讶，但却告诉我们"常识并不总是符合事实"。能够对司空见惯的常识进行检验总是有用的。同时，即使我们觉得已经很熟悉给定的情境，知道情境特征的细节（像这样的内容分析所提供的细节），也是有用的。

在另一个以流行文化作为内容的内容分析例子中，库布因（Charis Kubrin，2005）主要采用了定性分析的研究方法。她对说唱音乐中的主题，尤其是冈斯特（gangsta rap）音乐中的主题，以及这些主题与邻里文化和"街道符码"之间的关系很感兴趣。

为了反映社会和邻里的实际情况，来自弱势社区的黑人青年，创造了一套采用他们自己编码的社会秩序的替代品（即街道符码）和真实性的仪式……这种自创的社会秩序，反映出一种亚文化轨迹，即流行的种族与阶级不平等，以及贫困黑人社区的社会隔离。（2005：439）

库布因的研究，一开始，先对1992年至2000年间发行的、销量超过百万张的说唱专辑进行确认，一共130张专辑，1 922首歌曲。接着，她随机抽取其中三分之一的歌曲（632首），并听取了抽出的每一张。对其中的每首歌，她都听了两遍。

首先，我边听整首歌曲边看歌词，以明确这首歌在讲什么。然后，我再听第二遍，并给歌词的每一行编码以明确"街道符码"（上面提到的）是否有体现：①尊重；②抗争或采取暴力的意愿；③物质财富；④暴力性报复；⑤女性的客观化；⑥虚无主义。（2005：443）

库布因对其中的虚无主义主题特别关注，虚无主义就是对传统道德原则的排斥和对生命意义的怀疑。她很想知道这个主题是如何在冈斯特音乐中体现的，以及这个主题是如何与街道符码契合的。

虽然她一开始就抽样了632首歌曲，但她发现在分析完350首歌曲之后就没有新的主题了。为保险起见，她又编码了另外50首歌曲，仍然没有发现新的主题。而此时，她正好完成了编码过程的一次循环。

库布因发现，说唱音乐往往被视为反社会的，与组织社会相对抗的，但在她对歌词的深入分析中却发现，事实并非如此：

说唱音乐并不是存在于一种文化的真空环境中，相反，它体现的是一种黑人青年的文化与白人价值观、态度和关怀的文化交叉、文化混合和文化冲突。很多在冈斯特音乐中被崇尚的暴力的（以及父权的、唯物化的、性别歧视的）思考方式，实际上是整个社会主流价值观的反映。(2005：454)

追溯着这个线索，她试图去了解街道生活和多种成功的犯罪控制策略。

11.1.5 内容分析法的优缺点

内容分析法的第一个优点，是它的经济性，这是就时间以及金钱而言的。例如，一个大学生就可独立从事内容分析，然而从事问卷调查就不是很适当了。内容分析不要求大量的研究人员，也不要求特别的设备。只要你们能够接触数据并加以编码，就可以从事内容分析。

内容分析法的第二个优点，是允许误差校正。假如你们发现调查或实验做得不很完美，可能被迫再花时间和金钱，去重复整个研究计划。有时候，即使做得不那么详尽，要再重做一次，几乎不太可能，因为被研究的事件可能已经不再存在了。然而内容分析法，可以比别的研究方法更容易重做其中的一部分。此外，你们可能只需要重新将数据中某个部分重新编码，而不是重做整个研究。

内容分析法的第三个优点是，内容分析法允许你们研究一段时间内发生的事情。例如，你们可以将焦点集中在1850—1860年美国小说中所传达的对美籍爱尔兰人的印象。或者，你们也可以考察从1850年到现在的印象转变。

内容分析法还有一个优点，即本章开始便提到的非介入性。也就是说，内容分析法很少花费精力在研究对象上。因为小说已经写出来了，著作已经完成了，演讲也已经发表了，内容分析法并没有花费精力在这些上面。这个优点并非所有研究法都具备。

但是，内容分析法也同样有缺点。一方面，内容分析法被局限在考察已经记录好的传播内容上。这样的传播内容，可能是口头的、书面的，或是图像的，但是必须以某种方式记录，以便于分析。

就我们的了解，内容分析法在效度与信度上，同样具有优点及缺点。就效度而言，除非你们碰巧研究了传播内容的产生过程，否则，仍然无法避免效度问题。

另一方面，内容分析的具体数据能增加信度。假如你们愿意的话，总是可以编码、再编码，甚至三编码，以确定这些编码的一致性。相反地，就实地调查来说，在事实发生后，你们无法通过对观察、记录及分类操作，以确保较大的信度。

现在，让我们从内容分析转移到相关的研究方法：对既有数据的分析。虽然在这个方法中，分析的要旨在数字而不是传播内容，我想你们仍然可以从中发觉其与内容分析法相似的地方。

11.2 既有统计数据分析法

通常，使用官方或准官方统计数据来从事社会科学研究，不但可能而且也很必要。这不同于二手数据分析，在二手数据分析中，你们获得其他人的数据并进行自己的数据分析。在本节中，我们将考察利用其他人已经完成的数据来进行分析的几种方法。

这种方法相当重要，因为现有的统计数据，至少是一种补充性的数据来源。例如，假如想进行一项政治态度的调查，你们的检验，最好包括投票模式、投票率，或与你们研究兴趣相关的类似统计数据，并从中提出你们的研究发现。或者，假如你们在对一条生产线的士气提升实验计划进行评估性研究，那么关于怠工、请病假等方面的统计数据对你们将大有助益，并将和自己的研究产生关联。现有的统计数据，时常可以提供历史的或概念性的文本，你们可以根据这些文本进行研究定位。

现有统计数据也可以作为社会科学调查的主要数据。一个经典的研究是本章开篇中就已经提到的：涂尔干的《自杀论》（1897，1951）。在分析这种方法的一些特殊议题之前，我们先来看看涂尔干的研究。

11.2.1 涂尔干的自杀研究

人们为何会自杀？每个自杀案，无疑有其独特的时代背景和原因解释，然而，所有这类个案，也无疑可以根据某些共同原因来分类：诸如理财失败、恋爱的困扰、羞耻以及其他的个人问题。法国社会学家涂尔干在强调自杀时，思考的是一个稍有不同的问题。他想发现鼓励或抑制自杀发生的环境条件，尤其是社会条件。

涂尔干随着考察手边的数据，发现越来越多的模式差异。其中最吸引他注意力的是自杀率的相对稳定。他考察了许多国家，发现年复一年自杀率几乎是相同的。但他也发现，在炎热的夏季，自杀出现了不成比例数量，这个发现，引导他建立了一个假设：温度与自杀有关。假如这个假设成立，地中海式气候的南欧国家的自杀率应该比南欧温带国家的自杀率高。然而，涂尔干却发现，自杀率最高的国家是在中纬度国家，所以，温度的假设并不成立。

涂尔干还考查了下面几个变量：年龄（35岁是最普遍的自杀年龄）、性别（男女性别比例大约是4：1），以及其他因素。最后，从不同数据来源得出了一般模式。

就一段时间内具有稳定性的自杀率而言，涂尔干发现，稳定性并不是铁板一块。他发现在政治动荡的时期，自杀率会上扬，这种现象在1848年左右的许多欧洲国家都存在。这个观察使他建立了另一个假设：自杀与"社会均衡的破坏"有关。换个角度讲，社会稳定与整合，似乎是对抗自杀的保护伞。

涂尔干通过对几套不同数据的分析，使这个一般性的假设获得了证明和解释。欧洲不同国家的自杀率，有着极大的不同。例如，德国萨克森（Saxony）的自杀率是意大利的10倍，而不同国家的排列顺序，并不随时间的变化而改变。当涂尔干考虑到不同国家的许多其他因素时，他注意到一个显著的现象：以基督教为主的国家，比以天主教为主的国家，有更高的自杀率。以新教为主的国家每100万人中有199人自杀；新教与天主教混合的国家则有96人；以天主教为主的国家则只有58人（Durkheim, 1897, 1951: 152）。

涂尔干认为，虽然自杀率和宗教有关系，但其他因素，比如经济和文化发展水平的因素也可用来解释国家之间自杀率的差异。假如宗教对于自杀真正有影响，那么在既定的国家当中，我们应该会发现宗教上的差异。为了验证这个假设，涂尔干首先注意到，德国的巴伐利亚（Bavaria）天主教徒最多、自杀率也最低，而普鲁士新教（Prussia）最多的地区则自杀率最高。然而，涂尔干并不因此而满足，他还考察了构成这些地区的人口和宗教。

表11-2显示了他的研究结果。正如你们看到的，在巴伐利亚和普鲁士各省份中，其中有最多新教徒的省份，也同时有最高的自杀率。这增加了涂尔干的信心，认为宗教在自杀问题中扮演很重要的角色。

最后回到较为一般的理论层次，涂尔干将他在宗教上的发现和早期在政治动荡时期的发现加以合并。最简单地说，涂尔干指出许多自杀都是失范（anomie）的产物，或是对社会不稳定或不整合的一种反映。在政治动荡时期，人们感觉到社会的旧方式瓦解了、感到道德沦丧或是沮丧，而自杀则是这种极端不适应的最后结果。从另一方面来看，社会的整合和团结，反映在个人认为自己是连贯的，持续的社会整体的一部分，则提供了对抗沮丧及自杀的力量。这也就是为什么宗教的差异可以解释自杀的原因。天主教，作为一个结构较健全以及较整合的宗教系统，给人们以连贯和稳定的感觉，远超过结构松散的新教。

表 11-2　根据宗教分布呈现的德国各省自杀率

各省的宗教特征	每百万居民中的自杀者数
巴伐利亚各省（1867—1875）	
天主教徒少于 50%	
莱茵河西岸地区	167
中弗兰科尼亚	207
上弗兰科尼亚	204
平均	192
天主教徒占 50%～90%	
下弗兰科尼亚	157
斯瓦比亚	118
平均	135
天主教徒超过 90%	
上莱茵河西岸地区	64
上巴伐利亚	114
下巴伐利亚	19
平均	75
普鲁士各省（1883—1890）	
新教徒超过 90%	
萨克林	309.4
石勒苏益格	312.5
波美拉尼亚	171.5
平均	264.6
新教徒占 68%～89%	
汉诺威	212.3
黑森	200.3
勃兰登堡与柏林	296.3
东普鲁士	171.3
平均	220.0
新教徒占 40%～50%	
西普鲁士	123.9
西里西亚	260.2
威斯特伐利亚	107.5
平均	163.6
新教徒占 28%～32%	
波兹南	96.4

续表

各省的宗教特征	每百万居民中的自杀者数
莱茵兰	100.3
霍亨索伦	90.1
平均	95.6

* 注意：15 岁以下的人口都被省略。

资料来源：Adapted from Emile Durkheim, Suicide (Glencoe, IL: Free Press, [1897], 1951), 153.

从这些理论中，涂尔干提出了失范性自杀（anomic suicide）的概念，更重要的是，他为社会科学增加了失范这个术语。

当然了，涂尔干的经典研究，在这里已经被大大简化了。我认为通读原著你们将会有更多收获。无论如何，这个研究给了你们一个很好的范例，告诉你们利用政府机构和其他组织定期收集和报告的大量数据来从事研究的可能性。

在最近的一次自杀率调查中，巴尔坎（Steven Barkan）和他的同事（2013）试图对美国西部相对较高的自杀率进行解释。研究人员回忆起涂尔干社会团结的结论，发现住宅稳定是降低自杀率的强大支持力量。

11.2.2 全球化的后果

在美国甚至在世界范围内，"全球化"概念的争议性越来越大：从学术争辩到街边激烈的争论。一种观点认为，是美国形态的资本主义扩散到发展中国家的经济殖民。另一种很不相同的观点则将全球化看作是新殖民主义的剥削：跨国大公司掠夺贫穷国家的资源和人民。当然了，还存在其他很多互不相容的观点。

肯拓（Jeffrey Kentor, 2001）想用数据来实证全球化如何影响发展中国家。他采用了世界银行的数据："世界发展指标"。肯拓注意到，此前测量全球化的方法多种多样，他自己使用的指标是，一个国家的经济中，国外投资跟国家经济总量的比例。肯拓认为，比例比总量更能体现依赖的程度。

肯拓在对 88 个人均 GDP 少于 10 000 美元国家的分析中发现，对国外投资的依赖，倾向于增加国内居民收入的不平等程度。依赖程度越高，收入分化就越明显。肯拓推理认为，全球化导致了高收入精英的出现，他们通过为国外大公司工作而获得了高于一般市民的地位。但由于国外投资所获取的利润一般都返回投资国，而不是帮助穷国致富，因此，穷国的大多数人获得的都很少，甚至没有经济上的收益。

反之，收入不平等提高了出生率，从而导致人口增长（这个过程太过复杂，这里就不再分析。）。人口增长无疑为那些本来就穷得难于抚育那么多人口的国家带来了更多的问题。

这个研究案例，跟我们早前所看到的涂尔干的研究，应该都能够有助于对这些社会现象的理解，而这些现象都是借助其他人收集、汇编的数据来完成的。

11.2.3 分析单位

就像我们在《自杀论》看到的一样，包含在既有统计数据中的分析单位通常不是个体。因此，涂尔干不得不采用政治地理单位：国家、地区、省，以及城市。假如你们正在研究犯罪率，相同的情况可能也会出现，诸如意外事件发生率和疾病等等。就它们的特征而言，最常见的现有数据都是累计性的，描述的是群体。

现有统计数据的累积性特征也有一些问题，尽管这些问题不是无法克服的。例如，涂尔干想判断到底是新教徒还是天主教徒比较容易自杀。然而，他手边的数据并没有指出自杀者的宗教信仰。因此，他不能说新教徒比天主教徒更倾向于自杀，虽然他有如此推论。因为新教徒的国家和地区比天主教的国家和地区，有着较高的自杀率，所以他才做了这样的推论。

得出这种结论是有些冒险的。因为群体层次的行为模式并不总是与个体层次的模式相吻合。这种错误即区位谬误（见第4章）。在涂尔干的研究中，天主教徒在新教徒占优势的地区内，自杀也是可能的。也许天主教徒在新教徒占优势的地区受到严重的迫害，以至于他们感到绝望并自杀。因此，尽管新教徒国家有较高自杀率，自杀的人却不是新教徒，也是可能的。

涂尔干用两种方式避免了区位谬误。第一，他的结论来自严格的理论推论和经验事实。正如刚才所说的，理论与事实的相符产生了一个相反的解释。第二，广泛地用各种方法，不断测试他的结论，进而证实了结论的正确性。新教国家的自杀率比天主教的国家高，天主教国家的新教地区的自杀率，比新教国家的天主教地区的自杀率高。这些研究结果的重复，使他的结论获得了充分的证据。

11.2.4　效度问题

当研究是基于对现有数据分析时，我们明显地受到既有数据的限制。通常，既有数据并不能准确地反映我们感兴趣的事物。而我们的测量，也无法全然有效地代表变量或想用以得出结论的概念。

两种科学的特性，可以用来处理对现有统计数据进行分析时遭遇的效度问题：逻辑推理以及重复验证。作为逻辑推理的一个例子，你们可以回想，涂尔干并不能确定自杀者的宗教信仰，他只知道他研究自杀地区的主要宗教信仰。因此，他解释道，在以新教为主的地区，自杀者应该是新教徒。

在社会研究中，重复验证（replication）是解决效度问题的一般方法。回想前面对指标互换性的讨论（见第5章）。在悲伤的电影中哭泣，并不是对同情心的有效测量，就如将小鸟放回巢中也不是对同情心的有效测量一样，哭得多少也无法证明女性更富有同情心。同理，捐钱给慈善机构也会代表着某些同情以外的事情等等。这些事项无法单独地证明女性比男性更富有同情心。但是，假如女性在所有测量中都比男性表现出更多的同情，那就明显是支持这个结论的有力证明。在对现有统计数据的分析中，用一点机敏与推理，通常可以帮助你们发现一些检验假设的独立测量，假如所有的检验都确认这个假设，这个证据就可以支持测量的有效度。

11.2.5　信度问题

现有统计数据分析还依赖于统计数据本身的质量，它们准确地报告了所要报告的东西吗？这是一个实质性的问题，因为政府统计数据的重要图表，有时大体上是不精确的。

参考对犯罪的研究。由于许多犯罪研究主要依赖官方犯罪统计数据，而数据本身来自于批判性的评估，由此得出的结论也就不值得赞同。作为例证，假设你们对追踪美国人服用大麻的长期趋势有兴趣，那么，贩卖或拥有大麻而遭到逮捕的官方统计人数，似乎是一个合理的测量。是吗？不一定！

开始研究犯罪时，你们就会面对一个严重的效度问题。在1937年大麻税法案通过以前，在美国境内种植大麻是合法的，所以逮捕记录无法提供有效的测量。但即使你们把调查限制在1937年以后，由于法案的执行和犯罪记录的保存问题，你们仍然会碰到信度的问题。

例如，执法会遭遇到各种压力。公民对大麻的抗议或许是由一个会制造声势的团体领导的，其结果往往是警察"取缔毒品交易"，特别是如果刚好碰到选举或编制预算的年份。一个煽动性的新闻故事，也可产生相似的效果。此外，其他行业的综合压力，也对警察取缔大麻有一定的影响。

狄弗勒（Lois DeFleur, 1975）曾经追踪 1942—1970 年间芝加哥对毒贩的逮捕模式。他指出，官方记载所呈现的毒品服用史，与警方的实际操作和他们承受政治压力所呈现的毒品服用史相比，其精确性相差很多。在另一个不同层次的分析上，布莱克（Donald Black, 1970）和其他人则分析了影响警方到底是逮捕还是警告违规者的因素。研究显示，犯罪者穿着是否时尚，对警方是否有礼貌等等，都会影响官方的犯罪统计。如果考虑到未记录在案的犯罪，有时，实际的犯罪数，可能比警方统计的多出 10 倍，正因为如此，犯罪统计的可信度受到了质疑。

这些对犯罪统计的评论，只关系到地方层面。国家层面的犯罪统计，也有类似的情形，美国联邦调查局的年度犯罪统一报告，就是一例。除了地方层面的问题以外，国家层面的统计，也有一些问题。不同的地方司法当局，对犯罪的定义也不同，这样，国家层次的统计就会出现偏差。另外，参与联邦调查局的计划，也是志愿性的，因此，它的数据也是不完全的。

最后，记录的保持过程，也会影响已经保存或已经报告过的记录。当一个执法单位改善它的记录保存系统，例如，用电脑处理，则表面的犯罪率总是戏剧性地增加，即使在犯罪、报告或调查的数目并没有增加的情况下，也是如此。

面对现有统计分析中出现的信度问题，第一个防护措施，就是要知道这个问题可能存在。调查数据收集的特征，并制作一览表，有助于评估缺乏可信度的特征及其程度，可以判断它对研究工作的潜在影响。如果同时使用前面讨论的逻辑推理及复证等方法，通常就可以处理这个问题了。

11.2.6 既有统计数据的来源

如果把可以分析的数据来源都列出，可能足以编写一本书。在这里，我提及一小部分数据来源，引导大家寻找与自己研究兴趣相关的其他资料。

毫无疑问，关注美国的比较重要的数据源是由美国商务部每年出版的《美国统计摘要》（*Statistical Abstract of the United States*）。其中，富含各州、一些城市的统计数据和国家数据。还有什么方法能让你们知道年复一年全美歇业工厂数量、主要城市的居民财产税、全美被报导的水污染排放数量、全美公司的数量以及其他数以百计的有用信息呢？然而，更好的选择是，你们可以从网站上下载《统计摘要》（你们交的税就在其中）。

根据宪法，每 10 年进行一次人口普查。这也是你们最熟悉的人口普查数据。除了人口普查，美国人口普查局还进行许多其他研究。美国社区调查是另一个有用的来源，采用更频繁的国家抽样调查。你们应该能了解自己居住区域的数据，虽然数据的范围和准确性取决于社区的规模。你们还可以使用在线程序"人口普查资源管理器"来运用美国社区调查数据。

假如你们对收入的性别歧视感兴趣，可以在《统计摘要》数据中很容易找到相关数据。比如，表 11-3 就列出了性别、教育和收入情况的关系（改编自 U. S. Bureau of the Census, 2012；Table 703, p.459）。你们会发现，男女即使有相同的受教育程度，女性收入依然不如男性。

表 11-3 2009 年全职工人平均年薪（美元）

	男性	女性	女性/男性收入比
所有工人	62 445	44 857	0.72
9 年级以下	26 604	19 588	0.74

续表

	男性	女性	女性/男性收入比
9～12年级	33 194	23 478	0.71
高中毕业	43 140	32 227	0.75
大专	52 580	36 553	0.70
大学肄业	55 631	42 307	0.76
学士及以上	92 815	62 198	0.67

资料来源：U. S. Bureau of the Census. 2012. *Statistical Abstract of the United States*. Table 703, p. 459. Washington, DC: U. S. Government Printing Office. 在线找到这张表 http://www.census.gov/compendia/statab/2012/tables/12s0703.pdf.

图有时比表显示的数据更直观。将上表中的收入数据输入电子制表软件，得出图11-4。

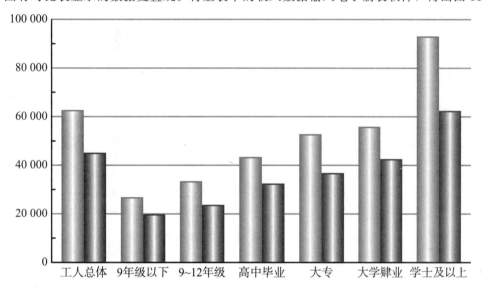

图 11-4 电子表格版性别、教育与收入图示

这些数据显示了男性和女性收入之间存在固有差异，即使双方受教育程度相同，这种差异依然存在。其他变量可以对此做出解释，我们会在第 15 章再次讨论到这个议题。

通过联合国，也可以获得世界统计数据。联合国《人口年鉴》(*Demographic Yearbook*) 显示了世界各国的年度重要统计数据（出生、死亡以及其他与人口相关的资料）。其他的出版物，也公布了许多其他类型的资料。图书馆以及网络检索，是获得有用数据的最好途径。

非官方机构提供的数据，就如你们交的税金那么多，商会时常出版商业数据，私人消费团体也如此，如共因机构（Common Cause）的政治与政府的内容；盖洛普公司出版的盖洛普民意调查中心自 1935 年开始的民意测验参考书籍。

政府机构如人口普查局，也出版美国以及国际的各种人口资料，便于人们进行二次分析。譬如《世界人口资料》(*World Population Data Sheet*) 以及《人口公报》(*Population Bulletin*) 便是社会科学家大量使用的资源。我们可以从《社会指标、社会趋势以及生活质量的社会研究与报告评论季刊》(*A Quarterly Review of Social Reports and Research on Social Indicators, Social Trends, and theQuality of Life*，SINET) 中找到社会指标方面的资料。

一份针对美国"人口行动"地图网站的新指南，说明了气候变化和人口动态如何随着时间变化而改变世界。人口的高增长和气候变化的后果，在很多国家已经同步出现。交互式地图显示出了气候变化的影响、人口结构的变化趋势、避孕的需求，是如何影响国家应对气候变化的能力的。

交互式地图选取了 33 个人口和气候变化的热点区域，具有高人口增长、低气候变化恢复力，以及高农业生产的预期下降的国家。很多热点区域正面临缺水难题，而这个困境会随着不断快速增长的人口，愈发严重。同时，在很多国家，大量女性无法获得生育健康服务和避孕药具。对这些热点区域国家的计划生育政策的投资，可以帮助提升这些地区人民的健康和幸福感，减缓人口增长，还可以减少应对气候变化影响的脆弱性。交互地图网站的最新数据可以访问 www.populationaction.org/climatemap。

我列出的来源，只是极少的一部分。既然有这么多已收集的数据，那么缺乏资金进行昂贵的数据收集就不是做不出有价值的社会研究的借口了。况且，既有研究方法并不局限于表格数字，还可以使用可用的图示资源，比如《社会探索者》（*Social Explorer*）。关于美国的大规模数据，也显示在国会选区或普查区地图中，从中可以获取人口、宗教、经济和其他变量方面的数据。比如，可以很容易从中发现未婚父母的地域集中程度：男/女、男/男和女/女。

我们可以在美国人口普查局的网站上点击"地图"进行类似的基于地图的考察。一旦显示了一个变量，如各州多种族婚姻，然后点击一个具体州，就能得到该州的多种族婚姻的详细图表。

现在让我们从定量分析方法转向一种典型的定性方法：比较和历史分析方法。

11.3 比较和历史分析法

在本章的最后一部分，我们将考察**比较和历史研究**①（comparative and historical research），一种与前面的讨论有本质不同的研究法，它与实地研究、内容分析和既有统计数据分析法有重叠。历史和比较方法包含了社会学家、政治科学家及其他社会科学者使用历史方法对社会（或者其他社会单位）的历时研究和比较研究。

第 4 章讨论历时研究设计时，处理数据的焦点（无论是一个特别的小团体还是一个国家）主要集中在一时一地。这样的焦点，虽然正确地描绘了当代社会科学研究的主要动力，却也淹没了社会科学家追踪随着时间变化而发展的社会形式以及在跨文化比较中寻求发现的兴趣。马奥尼（James Mahoney）和来舒麦雅（Dietrich Rueschemeyer）（2003：4）指出，当今的比较和历史研究者"关注的议题很多，但他们有一个共识，即对大规模的、极其重要方面提供历史性的扎根解释"。因此，你们会发现比较和历史研究处理的议题，是诸如社会阶级、资本主义、宗教、变革等。

在这一节，在描述过去和现在一些主要的比较和历史研究法的例子之后，将转而讨论这种方法的关键要素。

11.3.1 比较和历史分析法举例

社会学的奠基人孔德（August Comte）视这门新学科为思想发展史的最后阶段。在他用宏大的笔法描绘的进化图景中，人们是从对宗教的信任转到形而上学、再到科学阶

---

① 比较和历史研究：考察社会（或者其他社会单位）的历时变化，并对不同的社会进行比较。

段的。科学则是从生物学及其他自然科学出发，发展到心理学，最后才发展到科学的社会学。

许多后来的社会科学家也将注意力放在广泛的历史过程上。很多人考察社会形式的历史发展，从最简单的到最复杂的，从乡村（农业社会）到都市（工业社会）。例如，美国人类学家摩尔根（Lewis Morgan）认为，进步是从"野蛮"到"蒙昧"再到"文明"（1870）。70年后，另一位人类学家雷德菲尔德（Robert Redfield）也指出了从"俗民社会"到"都市社会"的变迁（1941）。涂尔干把社会演化大体上看成是一个分工的过程（1893，1964）。在一个较独特的分析中，马克思考察经济系统的历史性进步，从原始社会到奴隶社会、封建社会，再到资本主义社会（1867，1967）。他在这个文本中写道，所有的历史，都是人类的阶级斗争史，有产者试图维持他们的优势，而无产者则斗争以获得较好的生活。超越资本主义，马克思看到了社会主义的发展以及最终走向共产主义的远景。

然而，并非社会科学的所有历史研究都有这种进步论特色。事实上，有些研究历史记录的社会科学作品，指出了一种大循环式的而非线性的发展。最能代表这种观点的就是索罗金（Pitirim A. Sorokin），他在1917年曾经参与俄国革命，并且担任首相克伦斯基（Kerensky）的秘书。后来克伦斯基与索罗金两人虽在政治上失势，但是，索罗金却开始了他的第二事业，成为一位美国社会学家。

尽管孔德解释历史的发展是从宗教到科学，索罗金在1937—1940年间完成的《社会与文化动力学》（Social and Cultural Dynamics）一书中则提出，社会是在两个观点间做循环式的交替的，他称为"意象的"和"感觉的"。索罗金在感觉的观点中，将事实定义为感觉经验。相反地，在意象的观点中，则大量地强调精神的和宗教的因素。索罗金对历史记录的见解更进一步指出，连接意象的和感觉的两者之间的通道，必须通过他称之为"理念"的第三个观点。理念的观点，将感觉的和意象的元素合并为一个整合的、理性的世界观。

这些例子列举了比较和历史研究已经考察过的一些议题。为了更进一步了解比较和历史研究，让我们再看看一些较详细的例子。

1. 韦伯和理念的角色

马克思在分析经济史时，提出了经济决定论观点。马克思认为经济因素决定了社会其他方面的特征。例如，马克思的分析指出，欧洲教会的功能是支持资本家的现状并使之合法化，宗教是用来维持他们对无权力者进行支配的有力工具。马克思在他的一段著名表述中提出"宗教是被压迫人民的叹息，是无情世界的情感，是无灵魂状态中的灵魂，是人民的鸦片"（Bottomore and Rubel，1843，1956：27）。

德国社会学家韦伯（Max Weber）并不同意上述观点。韦伯不否认经济因素的确能影响社会其他方面。但他认为，经济决定论并不能解释所有事情。韦伯说过，经济形式可能来自于非经济的理念。在他的宗教社会学研究中，验证了宗教制度是社会行为的来源，而不只是经济状况的反映。他最著名的论述是《新教伦理与资本主义精神》（The Protestant Ethic & The Spirit of Capitalism，1905，1958）。以下是韦伯论点的一个简短概括。

加尔文（John Calvin，1509—1564）是一位法国神学家，也是宗教改革的重要人物。他说，每个个体最终是被救赎还是被诅咒，已经被上帝决定了：这个观念被称之为命定说。加尔文论证道，上帝通过使人们在现世中获得成功与否来传达其决定。上帝给予每个人一个俗世的"召唤"（calling），职业或事业，并通过"召唤"来告示人们的成功或失败。具有讽刺意味的是，这个观点使得加尔文的信徒通过努力工作、节俭，以及致力于经济成功，来寻找他们获得救赎的证明。

在韦伯的分析中，加尔文主义提供了资本主义发展的重要动力。加尔文教徒并不把金钱"浪费"于世俗享受，而是将金钱再投资于他们的经济企业，提供了资本主义发展的必要资本。在解释资本主义起源前，韦伯研究了早期新教徒教会的官方文件，研读了加尔文以及其他教会领导者的讲道，并且解释了其他相关的历史文件。

在三个其他方面的研究中，韦伯对犹太教（1934，1952）以及中国（1934，1951）和印度的宗教（1934，1958）进行了详细的历史分析。韦伯想知道为什么资本主义并没有在中国、印度以及以色列的古代社会中发展。在这三个宗教中，他并没有发现任何支持资本积累及再投资的教义，这就增强了他关于新教角色的结论。

2. 公平贸易

如果你们在小卖部或咖啡店买咖啡，或许会在包装上发现印有"公平贸易"的标志。你们可能知道，公平贸易认证，是一项确保发展中国家农民和劳工权益的国际化、社会、生态和经济运动。公平贸易运动，旨在寻求国际贸易中的公平，力图确保生产者生产和出口的产品，能获得较高的价格。在发展中国家市场经济中，像咖啡、巧克力和香蕉等产品的生产者获取的收益，往往不如发达国家中的消费者购买这些产品花的钱多。事实上，公平贸易的出现，反映出经济重组的趋势。公平贸易，令当地农民合作社和国际非营利机构联合，例如农业与贸易政策研究会联合，从而取消了中介，这样就可以为生产者提供更多的钱和稳定物价。公平贸易的举措，还关注提升环境标准和可持续发展实践。

杰斐（Daniel Jaffee，2007）2003 年参加在墨西哥举行的世界贸易组织（WTO）的一次会议时，第一次了解到公平贸易。当时，与会的一群人代表公平贸易进行示威，他们离开了 WTO 的会议，转而举办了他们自己的会议。杰斐追随他们，继而开始了对公平贸易经济学的扩展研究。

在两年的时间里，我和这些农民以及他们的邻居一同生活、工作和交流。这些人接触到的是一个和我们所知的完全不同的咖啡市场。这是个被当地土豪、中间商垄断成为惯例的市场，他们付给比农民生产咖啡应得的更少的报酬。（2007：xiv）

通过杰斐的描述，我们了解到他的研究包括参与式观察，还有对生产、价格、收入等定量数据的搜集和分析。他还将这项新运动放在世界咖啡生产和交易的大背景中去考察。（公平贸易大概占世界总量的 1%。）

随着公平贸易逐渐为人所知，杰斐对这项运动的历史发展产生了兴趣。他调查了相关机构的发展历史，并了解在一些大的经销商如星巴克开始向消费者出售公平贸易咖啡后，机构作出的调整。与一些只对社会生活的某时某点做快照式处理的研究方法不同，杰斐的分析，提供了一部反映持续社会进程的电影。

下面是几个更简洁的例子，以此阐明当今比较和历史研究者感兴趣的议题。

- 基督教的兴起：斯塔克（Rodney Stark，1997）在他著作的副标题中提出了他的研究问题：模糊的、边缘的基督运动，何以在几个世纪内成为西方世界占主导地位的宗教？对很多人来说，问题的答案是对基督教神秘命运的信仰。斯塔克力图寻求一种科学解释，而不是去"揭露"基督教的信仰。于是他对既存的历史记录进行了分析，这些记录概略地记载了在基督教起初几个世纪基督徒的数量增长。他指出，基督徒的早期增长率，并不是很快，与当时摩门教徒的增长相似。接下来，他又考察了促使基督徒在罗马帝国时期超越当时处于统治地位的异教徒而增加的因素。例如，早期的基督教堂与异教相比，对女性更友好，这样，女性基督徒增加，她们通常也会改变她们丈夫的信仰。在大瘟疫时期，早期的基督徒更愿意照料患病的朋友及其家庭成员，这不仅增加了基督徒的存活，也促使基督教更吸引人。在分析的每个转点，斯塔克都对文化因素中的人口影响，进行粗略的计算。该研究是社会研究方法如何对非科学的领域如信仰和宗教进行阐述的一个例子。
- 维持世界社会治安：戴弗雷姆（Mathieu Deflem，2002）力图研究当代警察系统的国际合作是如何形成的。我们都看过国际警察组织的电影或电视。戴弗雷姆回溯至 19 世纪中期，并追踪了国际警察组织在二战时期的发展。在一定程度上，他的分析，考察了本国政府警察系统的科层整合与政府对独立需要之间的张力。

- 把美国组织起来：培罗（Charles Perrow, 2002）力图理解独特的美国形式的资本主义。与欧洲资本主义国家相比，美国对平民兴趣不大，而愿意为大亨企业出大力。培罗认为，这个事实早在19世纪末期就已成定局，主要是因为高等法院的决定，都倾向支持纺织和铁路工业。
- 式微的美国民主：斯考齐波（Theda Skocpol, 2003）对托克维尔（Alexis de Tocqueville）1840年《论美国的民主》的观点很感兴趣，托克维尔认为，对民主的公民认同，出现在美国人生活的方方面面。看起来民主决策机制在新世界似乎一脉相承。实际上，到底发生了什么呢？斯考齐波对当代美国文化的分析表明，美国的民主是一种"式微的民主"，这种式微，不能很容易地被左的或右的意识形态所解释。

这些比较和历史研究的例子，应该已经让你们对这种研究方法的潜力有了一些了解。我们再来考察在这种方法中所使用的资料来源和技术。

11.3.2 比较和历史分析的数据来源

正如我们从现有统计数据看到的，可供历史研究的数据也是无穷的。历史学家们也许已经研究过人们感兴趣的东西，他们的分析给我们提供了某个议题的基础，一个深入研究的起点。

在这样的情况下，我们通常希望超越别人的结论，即通过考察一些"原始数据"来获得自己的结论。当然，这些数据总会根据研究的议题不同而有所不同。当托马斯（W. I. Thomas）和纳尼茨基（Florian Znaniecki）（1918）研究21世纪初期移民到美国的波兰农民的适应过程时，他们考察了移民者写给他们在波兰家属的信件（通过报纸广告获得这些信件）。其他研究者则分析原来的日记。然而，这些私人文件只能掌握问题的表面。在研究家庭生活史的过程中，罗兹曼（Ellen Rothman）指出了以下来源：

除了私人来源外，有一些公共数据也揭示了家庭历史。报纸从地方观点提供以往家庭生活在教育、法律、娱乐方面的丰富数据；杂志则反应家庭生活的一般化模式。学生们通常对主流家庭的价值认知及期望的数据很感兴趣。杂志可以同时提供许多不同的来源：可见的数据（图像及广告）、评论（社论及建议栏），以及小说。在受欢迎的期刊中，后两类数据尤其丰富。涉及家庭问题的许多建议，如从管教孩子的适当方法到节约壁纸的办法，从19世纪早期到现在都占满杂志各栏。提供家庭生活一般经验建议及认知的说教，仍在继续出现。（1981：53）

一般来说，各种组织都有自己的文件，假如你们正在研究一些组织的发展，就应该考察它的正式文件：证照、政策陈述、领导者演讲等等。如果我正在研究当代日本宗教团体——创价学会（Sokagakkai）的兴起，就不仅要关注这个团体的周报及杂志，还要得到原领导者所有演讲的合集，只有这样，我才有可能去追踪它历来的成员。我在研究中发现，开始的时候，全世界都有成员登记参加。后来，重心转向日本。在日本成员团体有了一定规模之后，对于在全世界的征召登记的情况则又恢复了。（Babbie, 1966）

通常，政府文件是一个重要的数据来源。为了更进一步理解美国的种族关系，希金博特姆（A. Leon Higginbotham, Jr., 1978）考察了200年来的涉及种族的法律及法庭个案。他自己是第一位被指定为联邦法官的黑人，希金博特姆发现，法律并不在保护黑人，而是顽固地压迫黑人。在最早的法庭个案中，对于黑人到底是不是定了契约的仆人或奴隶，有较多的含糊之处。后来的法庭个案以及法律澄清了，通常将黑人视为低人一等的种族。

历史分析可以使用的数据实在是太广泛了，以致无法完全包含在这个标题下。到目前为止，虽然我提出的一些例子将会帮助人们找到需要的数据，但我仍然希望在这里给出一些提醒。

就像在现有统计数据的部分看到的，人们不能完全相信数据的正确性，无论是官方的或非官方的，初级的或是次级的。最保险的办法是重复检验。在历史案例研究中，数据的可信度在于证实。假如几种来源指出相同的"事实"，那么"事实"的可信度就应该增加。

此外，还要留意数据的偏见。假如某个政治运动发展的所有数据都来自运动本身，人们就无法获得丰富的观点。中世纪上流社会富裕生活的日记，并不能使人们对那个时期的一般生活有准确的了解。如果可能的话，应该尽量从不同的来源获取数据，以代表不同的观点。

在技巧与工具文本框《阅读与评估文献》中，阿明扎德（Ron Aminzade）和莱斯雷特（Barbara Laslett）指出，评估文献并取得所需数据也是一门艺术。

技巧与工具

阅读与评估文献

罗恩·阿明扎德（Ron Aminzade）和芭芭拉·莱斯雷特（Barbara Laslett）
明尼苏达大学

下面这些评论的目的，是想让你们对历史学家解释工作的种类以及他们对于数据来源的批判取向有一个了解，以帮助你们了解历史学家如何用既有的数据来重建过去，如何评估不同文献的可信度，以及如何确认推论及解释的范围等等。以下是一些历史学家对文献所提出的问题：

1. 谁写了这些文献？为什么有人写出这些文献？为什么这些文献保存这么多年？它们使用什么方法来取得文献信息？

2. 文献的偏见是什么？如何检查或修改这些偏见？文献涉及的个人、事件等等的样本，是如何计算或代表的？文献是在什么样的制度限制和组织形式下准备的？在什么程度上，文献提供了制度性活动指标，而不只是被研究的现象？对事件观察的文献与对事件目击的文献的时间差距是什么？文献的制作人希望它保守秘密还是公开？成规、习俗及风俗在文献中扮演什么样的角色？如果只是依据文献包含的证据，对过去的见解将受到怎样的扭曲？对于相同的议题你们还可能看到哪些文献？

3. 文献的作者使用哪些主要范畴或概念来组织想传达的信息？这些范畴有怎样的选择性或根本没有选择性？

4. 这些文献提出了什么样的理论议题和辩论议题？这些文献帮助回答了什么样的历史的以及/或者社会学的问题？人们从这些文献提供的信息中，可以做什么样的有效推论？人们根据这些文献提供的信息，可以做哪种概化？

在问题表中，阿明扎德和莱斯雷特的批评性回顾敦促我们在比较和历史研究目的之外阅读能为我所用的历史文献。试试用表中的一些问题去研究诸如总统新闻发布会、广告或（让我喘口气）大学课本。所有这些都没有提供直接的现实，而只包括了作者和他人的主观性。

11.3.3 分析技术

我无法穷尽对比较和历史分析数据的分析。因为比较和历史研究法，是一种定性研究法，因而不可能简单地列出几个步骤。不过，还是有一些评论的。

韦伯使用了德语 verstehen，即"移情理解"，来指涉一种以质为本的社会研究法。他指出，研究者必须能设身处地地思考被研究者的环境、观点和感觉，以便能适当地解释他们的行动。这个概念当然适用于比较和历史研究。研究者富有想象力的理解，就可在生活表层之下，在从分析的证据中，获得意义。

比较和历史研究者，必须从大量详细描述研究议题的作品中发现模式。通常我们用韦伯的"理想型"（ideal type，即由社会现象的本质特征组成的概念模型）来称呼它。例如，韦伯对科层体系做了详细的研究。在观察了大量实际的科层组织后，韦伯（1925，1946）详细描述一般科层制的重要特征：依规则办事、分层权威结构，以及书面档案等等。韦伯不只是列出了他观察到的实际科层制的一般特征，他还需要完全了解科层制运作的本质，以创造一个"完美的"（理想型）科层制的理论模型。图11-5从正负面对作为一般社会现象的科层制给出了一个更新的图解描绘。

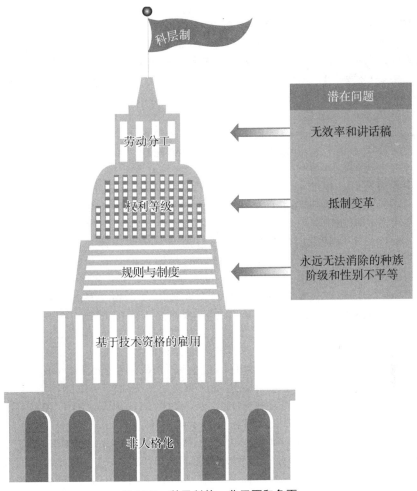

图 11-5 科层制的一些正面和负面

资料来源：Diana Kendall, *Sociology in Our Times*. 5th ed.（Belmont，CA：Wadsworth，2005）. 已获准使用。

通常，比较和历史研究属于一个特别的理论范式。马克思主义学者可能会对通过分析特定的历史状况（如拉美人和美国的拉美人的历史）来确定其是否可以用马克思主义的冲突理论来研究。有时，比较和历史研究者试图在新的情境中复证前人的研究，比如对韦伯的宗教与经济关系的后续复证研究。

虽然比较和历史研究经常被视为一种定性而非定量技术，但这绝不是必然的。历史分析者时常使用时间序列数据来观察因时而变的情况，如人口、犯罪率、失业率、婴儿死亡率等等。然而，这些数据的分析，有时需要复杂的技术。比如，伊萨克（Larry Isaac）和格里芬（Larry Griffin）（1989）讨论过使用回归分析的变异数（见第16章）来确定历史过程中有意义的断点，和区分变量产生某些关系的时段。他们对将历史视为一个逐步发展过程的观点进行批判,将关注点放在分合次数的统计关系上,并论证关系随着时间的变化而改变。

伊萨克及格里芬提出了许多关于理论、研究法和他们所强调的"历史事实"之间关系的议题。他们的分析,再次对那些认为历史记录具有实证性的天真假设提出了警告。

11.4 非介入性在线研究

这是数据搜集方法的最后一章,考察在线数据用于非介入性社会研究的一些方法。我们已经在网上看到了丰富的数据源。不过,在线流程本身也可以成为研究的主题。

在第2章,我们定义了大数据。这是将来可能越来越多听到的术语。请回想一下,大数据指的是由在线活动自动形成的巨型数据集。最近,臭名昭著的是美国国家安全局(NSA)对电话、电子邮件和其他通信数据的汇集和分析。在发展大规模数据存储能力之前,这一壮举是无法想象的。

谷歌、亚马逊和许多零售商等商业企业也普遍使用大数据。你们有没有注意到,当你们在网上阅读了一篇可卡犬的文章后,便会收到宠物产品广告的电子邮件,后来访问网站的边栏广告可能也有类似的商品。脸书和推特等社交媒体是大数据的另一个来源。

社交媒体的兴起,既影响了社会,也为非介入性社会研究开辟了新的途径。例如,龚(Rachel Gong, 2011)研究了社交媒体的使用在多大程度上可能影响政治成功。他指出,一般认为,美国总统奥巴马(Barack Obama)在大选中获胜主要取决于他对电子媒体的使用。他检验了这种效应的广度。在马来西亚,传统媒体是国家控制的,社交媒体是不是像美国那样?她发现,议会候选人运用网络博客的竞选活动比那些没有在社交媒体上露面的候选人要成功得多;对于反对现状的候选人来说尤其如此。

社交媒体对政治和现代生活其他方面的重要性不仅是一个是否使用的问题,而是如何使用的问题。史密斯(Noah Smith)和卡内基梅隆大学的同事正在开发几个计算机程序来分析自然语言。他们的特殊兴趣之一是分析推特社交。他们利用这些分析来解释国会的政治立场,预测足球联赛的结果,等等。施泰因梅茨(Katy Steinmetz, 2013)已经回顾了他们的工作,我们可以在诺亚方舟网站上(www.ark.cs.cmu.edu)了解更多。

越来越多的社会研究期刊正在讨论这些新兴方法。例如,《国际社会研究方法杂志》用2013年5月特刊专门讨论数字社会研究。对内容的回顾显示了这一领域社会学研究的范围和潜力,文章探讨了新技术及其对社会科学的影响。

阿克兰(Robert Ackland)和吉布森(Rachel Gibson)(2013)研究了6个国家的100个政党使用网站进行不同类型交流的方式差异。政治网站的一些超链接将用户引向反映政党价值观的候选人或发布网站,而另一些则旨在诋毁反对者。还有一些超链接试图通过联系规模更大或更成熟的团体来增强政党实力。此外,研究人员发现,左翼政党使用超链接展示国际定位和对非营利部门的亲和力。相比之下,右翼政党则使用超链接来显示对商业、商业部门和同一国家集团的亲和力(2013:241)。

宝洁(Rob Procter)、维斯(Farida Vis)和沃斯(Alex Voss)(2013)利用54个推特标签识别260万条与骚乱各个方面相关的推文,分析2011年伦敦反恐怖主义骚乱。例如,如此庞大的数据使得他们能够监测伦敦眼和大本钟着火谣言的兴衰。大规模数据让发明新的内容分析技术成为当务之急。

爱德华(Adam Edwards)及其同事(2013)指出,与其他社会科学技术相比,社交媒体研究具有有趣的区别。一些方法,如调查研究,允许在指定时间广泛观察(例如,全社会)社会生活。参与者观察和其他方法允许立即考察社会进程,视野要窄得多。对社交媒体的一些数字研究允许对过程进行动态观察——就像它正在发生一样——其规模与全国性调查一样广泛。总的来说,作者并不认为传统方法会被数字研究取代,但他们确实预见到用这些新兴方法研究人类社会行为的新潜力。

各种在线来源和技术，为从多个方向处理研究问题提供了新的可能性。如果每个独立方法都得出相同的结论，就能让我们对我们的发现更有信心。斯蒂芬斯-达维多维茨（Seth Stephens-Davidowitz, 2013）在试图估计美国男性同性恋比例时，提供了一个耐人寻味的例子。注意到调查可能会要求这些信息，他担心许多男同性恋者不会报告他们的性行为，特别是在那些对同性恋不宽容的州和社区。

他考察的一些数据源是脸书的个人资料，表明他们更喜欢同性伴侣。他发现，在那些对同性恋不宽容的州，脸书用户的此类个人资料较少。为防止男同性恋者向更宽容的州搬家带来的偏差，斯蒂芬斯-达维多维茨将注意力集中在高中生身上，理由是他们无法收拾行李搬家。

斯蒂芬斯-达维多维茨还从在线交友网站（match.com）和分类网站（Craigslist）获得数据。使用谷歌，他搜索同性恋色情网站和已婚妇女寻找答案的问题："我的丈夫是同性恋吗？"每种办法都估计了公开男同性恋者的百分比和尚未出柜的百分比。

11.5 伦理与非介入测量

非介入性测量的使用，避免了我们在讨论其他数据搜集技术时遇到的很多伦理问题。但是，只要仔细回忆我们讨论的一般原则，就会发现这种自信中潜在的危险。

例如，保密性原则在很多议题中都提到过。假设人们想要采用内容分析法分析写给故地信件的内容来研究移民亚文化，就是前面提到的托马斯和纳尼茨基（Thomas and Znaniecki, 1918）关于波兰农民的研究。首先，我们应该合法且符合道德标准的获取这些信件（而不是通过政府机构强行截取这些信件），同时，必须保证写信者和收信者的隐私。

和其他研究技术一样，我们得搜集数据、分析数据、本着实事求是的目的如实报告你们的发现，而不是为了支持某个既定的假设或者个人。说起来容易，但开展研究时，就会发现遵守这些原则的困难。比起那些界定分明的领域，人们的伦理敏感性在遇到广大的边缘模糊领域时，会遭到更大的挑战。

本章要点

导言
- 非介入性测量方法是研究社会行为而不对其产生影响的方法。

内容分析法
- 内容分析是一种适用于研究人类传播媒介的社会研究方法。此外，也被用于研究传播过程和社会行为的其他方面。
- 传播的要素，例如字词、段落和书籍，都是内容分析有用的分析单位。标准的概率抽样技术，有时也适用于内容分析。
- 编码，是根据一些概念框架，将原始数据分类。编码同时适用于显性内容和隐性内容。究竟是否属于隐性内容，则取决于研究者的判断。
- 定量技术和定性技术都适用于解释内容分析的资料。
- 内容分析法的优点包括经济、安全和能够研究一长段时间内发生的事件。其缺点是局限于已经记录下来的内容，并且还有信度和效度问题。

既有统计数据分析法
- 许多政府和非政府的机构提供的统计数据都可以用来研究社会生活的各个方面。
- 与现有统计数据分析有关联的效度问题，通常可以用逻辑推理和复证方法来进行处理。
- 现有统计数据，通常有信度问题，使用它们时必须谨慎。

比较和历史分析法
- 社会科学家也使用比较和历史研究法,以发现不同文化的历史模式。
- 比较和历史研究法通常被看成是一种定性方法,也可以利用定量技术。

非介入性在线研究
- 社交媒体和其他在线活动为非介入性研究开辟了一个新的可能领域。
- 研究人员正在开发分析在线内容的新技术。

伦理与非介入测量
- 有时候即使是非介入性测量,也有侵犯对象隐私的可能性。
- 诚实观察、分析和报导的一般原则,适用于所有研究技术。

关键术语

以下术语是根据章节的内容来界定的,在出现该术语的页末也有相应的介绍,和本书末尾的总术语表是一致的。

编码　比较和历史研究　内容分析　隐性内容　显性内容　非介入性研究

准备社会研究:非介入性研究

本章简要介绍了三种主要的非介入性研究方法:内容分析法、既有数据分析法、比较和历史研究法。除了既有数据分析法由于自身特点需要采取定量方法外,其他两种可以采用定性方法或定量方法。在这部分练习中,要确定将要使用的研究方法和研究方向。如果是为了更好地理解书中提到的议题,在练习中可以尝试每种方法都使用。

本章描述了要使用的数据,并详细说明使用这些数据的特别之处。无论是研究报纸社论、婴儿死亡率还是政治改革记录,都有可能遇到信度和效度的问题。非介入性方法有利于使用身边的数据,这就意味着可以为想要做的观察提供近似数据。例如,使用贩毒逮捕率来作为毒品使用率的近似值。我们需要讨论如何处理这些近似数据。

复习和练习

1. 设计一个内容分析方案来确定到底是共和党还是民主党更加支持宪法赋予公民的权利,比如言论自由、宗教信仰自由或反对自证罪权等。务必指出分析单位、抽样方法,并给出可以用于内容分析的编码方案。

2. 找出一则国际新闻故事,其中包含了两个国家或者文化群体的冲突,比如以色列和巴勒斯坦的冲突,并找出新闻报道的网站。注意不同的事件报道方式。现在,从一个遥远的第三国,寻找这一事件的相关报告。(比如,比较来自《耶路撒冷邮报》《巴勒斯坦周刊》和《纽约时报》的报道。)第三方报道是否支持某一方?如果是这样,能否认为第三方报道偏袒某一方或最初的报道并不准确?请解释这个结论是如何得出的。(可以将《世界新闻评论》当作数据的替代性来源,那里有对同一事件的不同报道。

3. 利用网络找出有多少个国家的"生活期望值"高于美国。

4. 韦伯对世界上的主要宗教进行过大量研究。请为他在这方面的研究列一个书目。

5. 在网上,找到美国社会学会的"比较和历史社会学"部分,概述其中关于时事通讯的一篇论文。

第12章
评估研究

章节概述

现在要学习的，是社会研究中正广泛使用的方法：社会干预的评估。通过本章，将学会如何判断一个社会项目成功与否。

导　言

人们可能不熟悉《让我们与时俱进》(*Twende na Wakati*)，可在坦桑尼亚，几年前，那是最受欢迎的广播剧，一部肥皂剧。剧中的主角麦克瓦居（Mkwaju）是位卡车司机，对于性和性别都持相当传统的观念。相反，裁缝米汀都（Fundi Mitindo）和他的太太瓦丽蒂（Mama Waridi）对于男女角色，尤其是人口过剩与计划生育，则有较为现代的看法。

《让我们与时俱进》这部广播剧，是由国际人口交流组织（PCI）与为坦桑尼亚政府工作的组织联合制作的，主题是这个国家面对的两个主要问题：①人口增长速度是世界其他国家的两倍；②艾滋病的流行，尤其是沿国际卡车流通线的流行。1991年，有超过1/4的卡车司机和一半以上性工作者的艾滋病病毒检测呈阳性，避孕的普及率只有11%（Rogers et al.，1996：5-6）。

这部广播剧的主要目的，是希望改变人们对避孕和计划生育的看法和态度，并使政策得以实施。PCI体会到，用娱乐媒体进行宣传的效率，要比传统宣传教育活动高。

1993—1995年间，《让我们与时俱进》总共播出208集，对象是占坦桑尼亚人口67%的收音机听众，其中有84%的人收听了这部广播剧，是坦桑尼亚最受欢迎的节目。听众中，90%的人认为，剧中的主角麦克瓦居是一个大男子主义的卡车司机，只有3%的人认为他是正面角色。可是却有2/3以上的人认为女商人瓦丽蒂和她的裁缝丈夫是正面角色。

调查指出，这部广播剧产生了许多影响，包括影响了人们的知识、态度与行为。例如，收听广播剧的听众中，49%的已婚女性指出，她们开始执行计划生育政策。但在非听众中，只有19%的人执行。除此以外，还有其他的影响：

1994年，72%的听众说，由于收听了《让我们与时俱进》，他们采取了对艾滋病的预防措施。在1995年的调查中，这个比例增加到了82%。这些人当中，有77%的人采取了一夫一妻制，16%的人开始使用避孕套，6%的人不再和别人共用剃刀或针头。（Rogers et al, 1996：21）

社会科学研究的具体方法使我们可以对这部广播剧造成的影响进行评估，即评估研究，有时亦称为项目评估。确切地说，评估研究与其说是一种研究方法，不如说是一种研究目的。其目的在于评估社会干预的影响，如：新教学方法、对假释的新构想和许多诸如此类的项目。许多方法（调查、实验等），都可以用于评估研究。

一般而言，在准备或执行社会干预时，评估研究很适用。社会干预是指在一定的社会环境下，为获得某些具体结果而采取的行动。简单来说，**评估研究**[①]（evaluation research）是确定预期结果是否出现的研究过程。罗西等（Peter Rossi, Mark Lipsey, and

---

[①] 评估研究：判断社会干预的影响，比如某项试图解决社会问题的措施。

Howard Freeman, 2002：4）对评估研究的定义是：

项目评估是运用社会研究程序，系统地调查社会干预项目的效果。具体地说，评估研究者（评估者）运用社会研究的方法，评估并帮助改进社会项目的各个重要方面，包括对社会问题的诊断、概念化、设计、执行与管理、产出与绩效。

评估研究的历史可能与一般社会研究的一样长。当人们为了一个具体目的进行社会改革时，尽管不一定是有意识的、审慎的或赶时髦，但他们关心的，仍是改革的实际后果。最近几年，评估研究变成了越来越普遍、活跃的研究领域，这一点已经反映在教科书、课程和各种项目中。评估研究的普及，表明了社会科学的大众化趋势。因此，你们可能会读到更多的评估研究报告。作为研究者，你们也可能有机会进行评估研究。

评估研究的成长，无疑反映了社会科学家要改变世界的欲望。同时，我们无法忽略以下因素的影响：①联邦政府日益要求使用项目评估来帮助完成新的项目；②已有足够的研究基金来满足这些要求。无论上述影响如何，有一点很清楚，相对于以往而言，社会科学家将更多地把研究技术运用到现实中来。

在本章，我们将讨论这种社会研究形式的一些要素。我们将从评估研究的议题开始，然后转到几个主要的操作面：测量、研究设计和实施。正如你们将要看到的，设计问题与回答问题一样重要。自从应用到生活中，评估研究就有了自己的问题，我们会讨论其中的部分问题。在具体的技术性进程中，就有后勤问题。对结论的应用，也牵涉诸多考虑。正如你们在评估报告中读到的，对这些问题，你们要特别留意。

评估是一种应用研究，即想对实际社会生活有一些影响。因此，要考虑是否应该或如何在实际中进行应用。执行一项评估研究不一定会对实际生活产生影响，却会变成意识形态的而非科学的论争焦点。因为，由于某些政治或别的原因，评估研究的结果很容易被否定，或被忽视、或被遗忘、被搁置在书架上或放在书柜中沾满灰尘。

本章的末尾，将会介绍大规模评估所需的一种特殊资源，即社会指标研究。这种研究也在迅速普及。特别重要的是，它有评判社会"健康"状态的综合性指标，类似于能被用来诊断和预测经济发展的经济指标。本章最后，将会探讨在评估研究中产生的伦理问题。

12.1 适于评估研究的议题

适合评估研究的议题很多。当联邦政府废止义务兵役制度时，军事研究者特别留意其对征兵的影响。当某些州放松了有关大麻的法律时，研究者探讨这种举措造成的后果，即给大麻使用和其他社会行为带来的影响。无过失离婚改革提高了离婚率，那么，与之相关的社会问题是减少了还是增加了呢？无过失汽车保险真的降低了保险费用吗？为外国提供援助的机构，也会实施评估，用来确定是否取得预期结果。"不落下一个孩子"（No Child Left Behind）项目改善了美国的教育质量吗？"说不"节欲项目减少了性行为并降低了年轻人怀孕的比率吗？这些，都是评估研究的议题。

评估研究有许多变化形式。**需求评估研究**① （needs assessment studies）力求确定问题的存在和程度，尤其是在部分人口如老年人口中存在的问题。**成本—收益研究**② （cost-benefit studies）是确定项目的结果与成本之间的关系（财务性的和其他的）。**监测研究**③ （monitoring studies）提供重要议题（如犯罪率或流行病暴发）稳定的信息流。有时候，监测还意味着渐进性干预。阅读大自然保护协会对"适应性管理"的描述，大自然协会

---

① 需求评估研究：旨在确定问题的存在和程度，尤其是部分人口如老年人口中存在的问题。
② 成本—收益研究：确定项目的结果与成本的关系（财务性的和其他的）。
③ 监测研究：提供重要议题（如犯罪率或流行病暴发）稳定的信息流。

(Nature Conservancy）是一个寻求保护自然的公益组织。

首先，伙伴们先对假设进行评估，并设定保护区域的管理目标。基于评估，小组开始行动，然后监测环境的变化。对结果进行测量后，再对假设、目标和监测进行微调，以反映从前面的经历中获取的经验。一切具备后，完整的过程重新开始（2005：3）。

大多数评估研究是指**项目评估**（program evaluation）**或结果评估**[①]（outcome evaluation）：确定一项社会干预是否产生了预期的结果。下面是一个实例。

几年前，美国高速公路及交通安全局（National Highway and Transportation Safety Administration，NHTS）执行的国家驾驶教育项目评估，曾引起了不小的争论。希尔茨（Philip Hilts，1981：4）报告说：

多年来，汽车保险业给予参加驾驶教育课程的孩子大量的保费折扣，因为统计显示，他们发生事故的概率较小。

然而，新研究的初步结果指出，驾驶员教育并不能够防止或减少偶发性的交通事故。

对乔治亚州（包含亚特兰大）德卡巴（Dekalb）县1.75万名年轻人的分析结果表明，接受过与没有接受过驾驶员课程教育的学生发生事故及交通冲突的概率差不多。虽然没有完全解决问题，但这项研究揭示出驾驶员培训方面的一些细微问题。

首先，驾驶员教育是否产生影响，主要是自我选择的结果。无论有没有参与驾驶培训（实习），参与驾驶员教育的学生都较少出现交通事故和交通冲突。例如，（可能的情形是），获得较高分数的学生更可能参与驾驶员培训，他们也较少发生事故。

然而，较令人吃惊的是，驾驶培训实际上会增加交通事故！相对于没有驾驶培训而言，驾驶培训会鼓励一些学生更早获取驾照。在对康涅狄格州10个停办驾驶培训的城镇研究发现，3/4本来可以通过驾驶培训领取驾驶执照的人，（因为驾校停办）延迟了领取驾照的时间，直到他们满18岁或者更年长（Hilts，1981：4）。

正如你们想到的，初步的结果并没有被那些与驾驶培训有密切关系的人接受。然而，这个问题有些复杂，美国高速公路及交通安全局也正对一个新的、更密集的培训项目进行评估，初步结果显示，这个新项目是有效的。

下面的例子有些不同。安多卡（Rudolf Andorka），一位匈牙利社会学家，对匈牙利市场经济的转型特别感兴趣。在1989年东欧瓦解之前，安多卡和他的同事就对国家的"第二经济"进行观察，即非社会主义经济成分。他们观察了第二经济的起落过程，并且总结出其对匈牙利社会的影响。其中一个结论是："第二经济，早先或许倾向于减少收入不平等现象，或至少改善生活最贫困的人们的生活水准。但到了20世纪80年代，却使得贫富不均的现象更为明显。"（Andorka，1990：111）

由于评估研究的初衷是考察一个社会干预项目是否有效。因此，进行（第10章讨论过的）参与行为研究，也就毫不让人奇怪了。在澳洲研究者中，参与行为研究特别突出。我们毫不奇怪米勒（Wayne Miller）和伦涅（June Lennie）（2005）会用"赋权评估"（empowerment evaluation）来表达他们对公立学校早餐项目评估的特征。他们认为，这个方法的目的在于把所有利益相关者——职员、资助者、社区成员，在评估的设计与执行中，都纳入其中。他们希望，"在项目的计划与管理中，评估应该是正常的一部分。"（2005：18）

正如你们看到的，适合评估研究的，实际上都是相当重要的问题：工作、项目、投资以及信仰和价值。我们将考察这些问题是如何被回答的，即评估研究是如何进行的。

[①] 项目评估或结果评估：确定一项社会干预是否产生了预期的结果。

12.2　问题设计：测量问题

几年以前，我曾领导一个制度研究小组去研究与大学运作相关的因素。通常，我们要对课程的新项目进行评估。以下描述的是在这种情况下会出现的一些典型的问题，同时也指出了做好评估研究会遇到的一些主要障碍。

学校的教员通常会到我的办公室来告诉我，学校要对他们获准的新项目进行评估。这就指出了一个普遍存在的问题：接受评估的人，通常对评估的前景并不感到兴奋。对于他们而言，独立的评估将会威胁到项目的生存，甚至会威胁到他们的工作。

然而，我想说的是，主要的问题不在于评估本身，而在于干预的目的。"新项目的目的是什么？"类似于这样的问题，通常都只能获得模糊的回答，例如，"学生将会对数学有更深刻的理解，而不只是简单地记住运算公式"。好极了！但我们如何对"更深刻的理解"进行测量呢？在这种情况下，人们往往认为，传统的测量手段，无法对他们新项目的结果进行测量。毫无疑问，背离传统的创新，通常都会遇到这样的问题。但如何才能对创新的结果进行非传统的测量呢？有时候，对这类问题的讨论，会产生这样的结果，即认为创新的结果是"不可测量的"。

评估研究的一个基本障碍是对"不可测量的"结果进行测量。因此，评估研究作为一种方法，是试图去发现某物存在或不存在、某现象发生或不发生。为了进行评估研究，我们必须能够操作化、观察以及确认到底什么存在或不存在。

通常，项目的结果可以从已经出版的项目文件中获得。因此，当霍华德（Edward Howard）和诺曼（Darlene Norman）对印第安纳州维格（Vigo）县公共图书馆的绩效进行评估时，他们便从图书馆董事会提出的办馆目的开始。

通过购买或赠与，以及通过记录和制作，获得由社区公民，或为社区公民制作的相关和可能有用的信息。

将这些信息有效地组织起来，进行有效传递，以方便获取。为此目的，装备相应的设施，并为利用提供相应的帮助；以及最大限度地有效利用，帮助社区居民在搜寻中理解，以让社区成为更好的居所。（1981：306）

正像研究者说的，"我们可以将图书馆做的每件事，与其目的进行比较"。于是，他们开始制定适用于每个目的的操作化方法。

尽管评估研究设计的重点通常要围绕"官方"的干预目的，但仅围绕"官方"的干预目的是不够的。例如，麦迪逊（Anna Marie Madison，1992：38）提醒说，被设计来帮助弱势种族的项目，并不一定能反映被援助对象的真正需求。

中产阶级白人研究者有着天生的文化偏见，他们用自己的方式理解低收入少数族群，可能会导致错误的假定、错误的因果关系命题、无效的社会理论以及无效的项目理论。从错误的前提推演出来的描述性理论，又被当成常识，并因此可能对项目的参与者产生负面影响。

因此，在开始评估时，研究者必须进行研究设计，并在设计中清楚地指出项目可能带来的结果。下面，让我们来仔细看看评估研究要用到的一些测量方法。

12.2.1　说明结果

我已经说过，对于评估研究的测量而言，主要变量是结果或反应。假如一个社会项目要完成某件事，我们就必须能对这件事进行测量。假如我们想减少偏见，就需要能对偏见进行测量。假如你们要增加夫妻间的和谐，也要能测量夫妻之间的和谐程度。

因此，重要的是事先能在定义上达成共识：

当无法就标准达成共识时，最困难的情况就出现了。例如，很多人无法就"严重"吸毒的定义达成共识——应该被定义成每周有15%或是更多的学生吸毒，还是每月有5%或更多的学生服用高纯度的毒品，如可卡因或PCP，或者学生是否在7年级的时候就开始吸毒、使用率如何、使用的特性如何、使用者的年龄等⋯⋯研究者应该尽可能在研究开始之前，与研究结果的使用者（例如，咨询团体）达成共识，或者至少确定研究产生的相关资料符合所有潜在利益群体所设定的标准。（Hedrick, Bickman, and Rog 1993: 27）

有时候，问题的定义和问题的解决办法，是由法律或规范决定的。人们必须了解并适应这些法律和规范。此外，除了就定义达成共识以外，也必须就如何进行测量达成共识。例如，由于有不同方法可用来统计"每周吸毒"学生的百分比，你们就必须让相关群体了解并接受你们所用的方法。

或者，换一种说法，张越华（Yuet Wah Cheung, 2009）在中国香港特别行政区禁毒项目评估中使用了"未吸周数"（drug-free weeks）作为因变量。这项历史研究考察的是正向和负向"社会资本"在戒毒成败中的角色。"正向社会资本"指家庭支持和非吸毒朋友支持的程度，"负向社会资本"指抑郁事件以及毒友的影响。譬如，张越华发现，如果戒毒者能建立支持性网络，如非吸毒的朋友圈，就不大可能再与毒友网络恢复联系。

在坦桑尼亚广播剧的例子中，研究者对几项结果进行了测量。其中一项是他们想传播计划生育和防治艾滋病知识。例如，人们往往认为，艾滋病毒是通过蚊子传播的，因此可以用杀虫剂来避免，这种观点无疑是错误的。广播剧中有一集，想纠正这种观念。对听众的研究表明，广播剧播出后，这种错误观念的确减少了（Rogers et al., 1996: 21）。

还有，PCI也要改善坦桑尼亚居民对于家庭规模、性别角色、艾滋病以及其他相关主题的观念。研究结果的确显示出，广播剧确实对以上观念有影响。最后，这个项目还想改变人们的行为。虽然我们已经了解到听众在艾滋病预防方面的改变，也知道许多听众开始实行计划生育，不过，在人们的说法与做法之间，总是存在不一致的情况，因此研究者需要寻找独立的、确定性的证据。

坦桑尼亚官方的艾滋病控制项目，还负责为市民提供免费的避孕套。在广播剧播放的地区内，1992—1994年播出期间，政府送出的避孕套数量增加了6倍。相对的，在没有播出该剧的地区则只增加了1.4倍。

12.2.2 测量实验环境

对实验因变量的测量，只是一个开始。正如里肯（Henry Riecken）和博里奇（Robert Boruch）（1974: 120-121）指出的，对实验环境各个方面的测量很重要。虽然这些变量都处在实验之外，却会影响到实验本身。

例如，如果要评估一个旨在培训非技术人员以便让他们有机会就业的项目，那么，最初要测量的就是他们在完成培训后成功找到工作的情况。当然，必须观察并统计这些人的就业率；另外，在评估过程中，也应该确定，是什么因素影响着社会的就业率或失业率。在评估造成低就业率的因素时，应该把就业市场的总体情况考虑在内。否则，如果所有实验参与者在完成培训后都找到了工作，就可能是由于工作机会的增加，而不是项目本身的作用使然。如果与对照组进行比较（即进行补充测量），就能精确地评估项目产生的影响。

12.2.3 辨明干预因素

除了对项目结果进行测量以外，我们还必须测量项目的干预，测量实验的刺激。一种方法是，如果研究设计有实验组和对照组，就可以对两个组进行测量。就是说，实验组的人接受刺激，对照组的人不接受刺激。在现实中，问题却并不如此简单与直接。

还是让我们来看职业培训的例子。有些人会参加这个项目，有些人则不会。请想想看，职业培训是什么？有些人会全程参与，另一些人则会放弃一些课程或在参加培训时敷衍了事。所以，我们要测量参与项目的程度和质量。假如这个项目是有效的，我们应该发现，全程参与者比非全程参与者有更高的就业率。

还有一些因素也会混淆实验刺激。假如我们正在评估一项新的治疗性无能的心理疗法，接受治疗的人组成实验组，我们将会比较实验组与对照组（接受其他治疗或者没有接受治疗者）的康复率。记录实验组医师的姓名，可能会有帮助，因为有些医生的治疗效果比其他人的要好。假如真有这种情况，我们就必须找出这些医生的治疗效果比别人好的原因，以便从中获得更多的东西，并使我们对于治疗本身的了解更细致。

技巧与工具文本框《正向偏差》给研究干预提供了另一种选择。

正向偏差

辛格尔（Arvind Singhal，2011，2013）在研究"正向偏差"时提出了如何设计社会干预的含蓄想法。他以越南的一个农村为例。那里的青少年营养不良是一个长期问题。假设我们想设计一个项目来解决这个问题，可以按照辛格尔的建议，运用我们对这些营养不良的孩子困境的了解来设计解决方案。

作为一种选择，辛格尔建议，我们也可以寻找与常规有正向偏差的案例：那些没有出现营养不良情况的儿童，原因是什么？有些情况很容易解释，例如，村里富裕家庭的儿童不会营养不良；有些情况令人困惑：有一个贫穷家庭，孩子们很健康。

当研究人员杰里和斯特宁（Jerry and Monica Sternin）研究这个家庭时，他们发现了几种特殊情况，即正向偏差（PD）家庭与村里的其他家庭不同。辛格尔（2011：198-99）总结道：

- 贫穷家庭成员从稻田里收集小虾和螃蟹，将它们添加到孩子们的膳食中。这些食物富含蛋白质和矿物质。
- 贫穷家庭成员在孩子的饭菜中加红薯植物的绿色部分。这些绿色植物富含胡萝卜素和其他必需微量营养素，如铁和钙。
- 有趣的是，每个人都能接触到这些食物，但大多数社区成员认为这些食物不适合年幼的孩子。
- PD家庭中的母亲每天给孩子喂奶三到四次，而不是习惯每天喂孩子两次。
- PD家庭中的母亲们正在积极喂养他们的孩子，确保没有浪费食物。
- PD家庭中的母亲在孩子进餐前后洗手。

这种社会研究的方法非常符合我们对参与者行动研究的讨论。正如医生们觉得他们比病人更了解病人的身体一样，社会研究人员也会陷入忽视研究对象对他们自身情况了解的误区。当我们这样做时，可能会错过一个强大的资源来理解和改善社会生活。

资料来源：Arvind Singhal, 2011. "Turning Diffusion of Innovations Paradigm on Its Head." pp. 193-205 in *The Diffusion of Innovations: A Communication Science Perspective*, edited by Arun Vishwanath and George A. Barnett. (New York: Peter Lang); Arvind Singhal, 2013. "The Value of Positive Deviations." *Monthly Developments Magazine*, June, pp. 17-20.

12.2.4 界定总体

在评估一项干预时,很重要的一步,是要界定适用的总体。理想地说,所有合适的对象,都应该被放进实验组和对照组,因为只有这样,才能保证研究设计的有效性。不过,界定总体本身,就是在明确测量方法。比如,假定我们在评估新的心理治疗方法,这种方法对于有心理疾病的人或许很适合,问题是,我们如何才能更专业地定义和测量心理疾病呢?前面提过的职业培训项目是针对找工作有困难人群的,但对有心理疾病的人群,则需要更专门的定义。

除了定义评估对象的总体之外,还应该对研究变量进行精确的测量。例如,即使随机方法可以等概率地将患有轻微或严重心理疾病的人分配到实验组和对照组,我们也要对不同实验对象患病的程度进行随时追踪,因为某种治疗方法也许只对轻微心理失调的人有效。同样,我们还要测量诸如性别、年龄、种族等相关的人口变量,因为某种治疗方法也许只对女性、年长者或其他人有效果。

12.2.5 新的还是已有的测量

在测量不同变量时,研究者必须确定,是设计新的测量工具呢,还是使用其他人曾使用过的测量方法。如果研究的是从未被测量过的变量,选择就十分简单。如果不是,研究者就得对现有的相关测量工具进行比较,找到最适合其研究情况和目的的那种工具。在社会研究中,这是常见问题,因此也被应用到评估研究中。让我们从总体上来比较使用已有的测量和创建新的测量吧。

为某个研究,专门设计测量方法,常常会让测量有较大的相关性和较好的效度。假如我们对心理治疗法的评估,针对的是病人康复率,那么,我们就可以在康复率方面建立比较细致的测量方法,因为我们可能无法找到专门针对康复率的标准心理测量方法。然而,建立自己的测量方法,也可能无法具备现有测量方法的优点,尤其是,建立一个好的测量方法需要时间和精力,而使用已有的测量方法,可以节省大量的时间与精力。就科学性而言,经常被研究者使用的测量方法都具有可比较性,这一点对我们的研究可能非常重要。假如实验治疗法在标准测量中获得的平均分为10分,那么,我们就可以把这个治疗方法与其他使用过这种标准测量的治疗方法进行比较。最后,人们长期使用的测量方法,通常有较好的效度和信度,而新建的测量,则需要进行试用,甚至用起来还有点提心吊胆。

12.2.6 操作化的成功与失败

评估研究最重要的,就是确定被评估项目是成功还是失败。一个外语项目,也许能帮助学生在学习外语方面表现得更好,但是多好才算够好?探访狱中配偶项目,可能会提高士气,但要提高多少士气才算够?

正如人们预期的一样,对这些问题的回答,几乎从来没有一个确切的答案。这个两难的来源,就是一般所说的成本—收益分析(cost-benefit analysis),如项目获得多少收益、需要多少成本?假如收益超过成本,那么项目就继续进行;如果相反,就放弃。这的确够简单的,因为只有一个简单的经济原理而已:假如你们花了20元生产的某个东西只卖了18元,那么,你们的做法一定与前面讲的相同。

不幸的是,评估研究者面临的情况,很少只涉及经济方面。外语学习项目可能要让学校给每人花费100美元才能使学生的分数平均提高15分。由于分数无法转换成金钱,所以也无法计算成本与收益。

在实际生活中，成功或失败的标准，有时候可以通过比较不同项目来确定。假如一个不同的外语项目只要学校给每人花费50元就可以增加20分，无疑，人们就会认为这个项目比前者成功。假定分数对上述两个项目而言都是有效的测量，且较便宜的项目没有负面的、非预期的结果，那么，人们会选择较便宜的项目。

在康纳利（Scott Connolly）、埃尔默（Katie Elmore）和斯泰恩（Wendi Stein）（2008）对牙买加一个针对年轻人的广播剧做定性评估时，他们运用了专题小组、深访，以及图画应答。研究者对他们的目的表述如下：

> 研究的目的是，听众如何参与项目，如何受剧中教育性信息与主题的影响，并发现其中的意义。

> 与定量研究不同，这份报告，并不希望针对牙买加《外面的路》（*Outta Road*）的所有年轻听众获得一般性结论，而是希望用丰富的语言和视觉图像，反映项目如何进入参与者的生活，并从年轻听众内化的信息，了解他们从内容中提炼了哪些个人化的意义。（2008：2）

成功与失败的标准，也只是一种共识，项目负责人可能事先已经设定了一个具体结果，并将它作为成功的指标。假如真是如此，人们需要做的是确认研究设计能测量到特定的结果。我提出这些明确要求的理由很简单，因为研究者有时并不能满足这些要求。如果真的不能满足，那就只有尴尬了。譬如，对一个教育课程项目，如人们的共识是在SAT（相当于美国高考）考试中得高分，就要问"多高"，并据此制订包括SAT分数的研究计划。

总之，在评估研究中，研究者必须认真地对待测量问题。研究者有必要小心地确定所有需要测量的变量，并且对每一个都进行测量。然而，研究者必须理解，这样的决定并不完全是科学的，因为评估研究者通常必须与被评估的项目的负责人共同设计测量策略。如果项目的目的是要获得结果Y，而评估的却是是否达到了结果X，这样，就没有任何意义（不过，评估设计有时候也要测量非预期的结果）。

除此之外，还有政治方面的选择。因为评估研究通常会影响他人的职业利益，他们喜爱的项目可能被停止、他们可能被解雇或丧失自己的职位，这就是评估研究的结果容易引发争议的原因。

让我们转向研究者们普遍使用的评估设计吧。

12.3　评估研究设计的类型

本章的开头已经提到，评估研究并不是一种方法，而是社会研究方法的应用。这样，在评估研究中，就可以有多种研究设计。以下是三种主要的、适用于评估研究的设计：实验设计、准实验设计和定性评估。

12.3.1　实验设计

第8章已经介绍了研究者在研究社会生活时使用的实验设计，其中有许多设计，可以用于评估研究。我们再来看看传统的实验模型如何用来评估前面提到的心理治疗法。

如果某种治疗法用来治疗性无能，我们就应该从确认能接受这种治疗方法的病患群体开始。这种确认，可以由试用新药的研究者完成。假设我们评估的诊所已经有100名患者在接受性无能治疗，便可以用既有的定义作为起点，同时保留对每一个病人病情状况的评估。

无论如何，为了评估研究，我们需要专门研究性无能问题。也许应该包括：是否有性行为（在一定时间内）、多久发生一次性行为、是否达到过高潮。另一种情况是，对结果的评估，也可能基于一些医师对患者的独立评估。无论是哪种情况，我们都要就测量方法达成一致。

在最简单的设计中，我们可以随机将100名病患分配到实验组和对照组：前者接受新的治疗，后者不接受任何治疗。出于伦理的考虑，我们也许无法对对照组患者完全不进行治疗，所以可以让对照组患者接受传统的治疗。

将患者分为实验组和对照组之后，还要就实验周期达成共识。也许新疗法的设计者认为，新疗法在两个月内应该奏效，并由此达成共识。不过，这个时候不需要过多地考虑研究工作到底需要多少时间，因为实验和评估的目的，就是要确认新疗法产生效果到底需要多长时间。可以想像的是，后来人们达成了共识，把测量康复率的周期定为一周，并根据继续观察得到数据对实验结果进行评估。

再进一步说，如果新疗法包括让病人看色情电影，我们就得对这个刺激进行详细说明。病人看这种电影的频率如何？每次的时间多长？私下看还是与别人一起看？医生应该在场吗？也许我们应该在电影放映时观察病人，并且进行实验刺激测量。是否有些病人渴望看这种影片，而另一些人则远离荧幕？这些都是要提出的问题，必须设计具体的测量方式。

当实验设计好之后，接下来就是开始行动。我们要记录观察到的一切，积累大量的数据以备分析之用。随着研究工作的展开，便能确定这个新疗法是否达到了预期的（或非预期的）结果。我们还可以说明电影是否对轻微病患或严重病患有效，是否对年轻患者有用而对老年患者没有用等等。

这个简单的例子告诉我们，第9章介绍的标准实验设计，能够用于评估研究。不过，我们将要读到的许多评估研究，不一定完全和这个例子一样。在现实生活中，评估研究通常要进行准实验设计，让我们看看它到底是什么。

12.3.2 准实验设计

准实验设计[①]（quasi experiments）与"真"实验设计的主要区别在于，没有随机地进行实验或对照分组。因为在评估研究中，不可能完全进行随机实验分组。即使如此，我们仍然可以设计和实施一些评估研究。在本节中，将对这种研究设计进行分析。

1. 时间序列设计

为了说明**时间序列设计**[②]（timeseries design），即研究随时间而变动的过程，我们将用一些假设的数据来讨论其意义。假设我有一项有效的技术，可以让学生来参与我讲授的课程。星期一只有4个学生在课堂中提问或发表评论；到了星期三，我挤出一些课程时间，对校园的热门议题进行讨论；到星期五，当我们再回到课程主题时，有8个学生提问或发表评论。换句话说，我相信星期三对热门议题的讨论，已经使课堂参与者的数量增长了一倍。图12-1展示了这一点。

我是否已经让人们相信，星期三的开放讨论已经达到了我说的效果？或许人们会认为，我的数据并不能证明这点。两次观察（星期一及星期五）不能证明任何事情。理想的状况是，我应该教两个班级，也就是将学生随机分为两个班，且只在其中一个班进行开放式讨论，然后到星期五，比较这两个班级。但是我并没有教两个班级，也无法随机分派学生。相反的，我记录了一个班级的学生在整个学期中的课程参与情况。这个记录将帮助你们进行时间序列研究。

图12-2显示的是，随着时间变化，课程参与的三种可能模式，两个分别表示在星期

[①] 准实验设计：一种类似于实验设计却又不很严格的方法，即缺少实验设计的一些关键性要素，如前测、后测和/或对照组。

[②] 时间序列设计：研究随时间而变动的过程设计，如对降低限速标准前后的交通事故的研究。

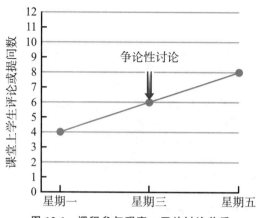

图 12-1　课程参与观察：开放讨论前后

三开放讨论之前和之后的状况。哪个模式能够表明，讨论真的达到了我说的影响呢？

假如时间序列的结果看起来像图 12-2 的模式一，就可以认为课程参与量的增加已经出现在星期三的讨论之前，而且还在持续，在讨论课程之后，也没有什么影响。长期的数据似乎说明，即使没有星期三的讨论，增加的趋势仍然会发生。所以，模式一与我提出的讨论会增加课程参与量的说法是矛盾的。

模式二也与我的说法相矛盾。因为课程参与的情况在整个学期中呈现上下有规律的跳跃。有时，从一节课到另一节课，参与量是增加的，而有时候则是减少的；星期三的开放式讨论，只是刚好处于参与量增加的时间而已。此外，我们也注意到，尽管星期三之后参与量有所增加，之后却是减少的趋势。

只有模式三支持我的说法。正如我们看到的，在星期三讨论课开始之前，参与量一直很稳定，每节课只有 4 个学生参与。在讨论课之后，不仅参与的程度提高到两倍，而且之后还在持续地增加。虽然这些数据无法保证其不受到外在因素的影响（譬如我提出课程参与量将算入学生成绩），但确实排除了参与量的增加来自于成熟过程（即模式一）或来自于有规律波动（即模式二）的可能性。

2. 非同等对照组

时间序列设计只包含了"实验"组，你们可能会想到如果有对照组会是什么情况。有时候，随机从一个普通群体中将实验对象分配到实验组与对照组是不可能的。然而，寻找一个与实验组相似的、现存的"对照"组，却是可能的。这个群体就是**非同等对照组**①（nonequivalent control group）。例如，假设一所中学正在对某个班级实施新的外语项目，我们一定能在同一所学校发现另一个相似的班级：学生数量、学习成绩、性别、种族、智商等因素几乎相同。也就是说，第二个班级可以作为比较的参照组。在学期结束时，如果两个班级进行同样的外语测验，就可以比较他们的表现了。

以下例子选自两所学校，目的是对禁止吸烟、喝酒、吸毒的项目进行评估。

两所学校的比较，并非采用随机方式指派"实验组"与"对照组"。在这两所学校，当地的肺病防治协会（Lung Association）指定了一所学校，校方也在寻求处理抽烟、喝酒和吸毒的办法，这就是我们的实验组。"对照组"学校的选择条件是，方便观察、人数相当、校方允许我们进行调查并对过程进行测量。总体上看，校长认为，现有的健康教育项目是有效的，而且相信学生中的抽烟者只是少数。也就是说，社区提供的两所学校是相似的。根据学生家长的反映，两所学校的学生中，抽烟的比例大约为 40% 多一点。

---

① 非同等对照组：与实验组相似的对照组，但不是随机产生的。这种对照组在因变量或与因变量相关的变量上与实验组有明显不同。

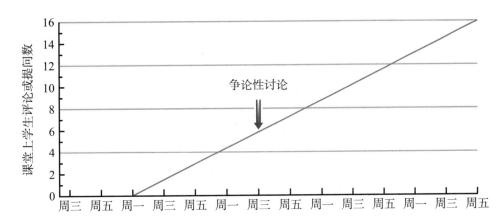

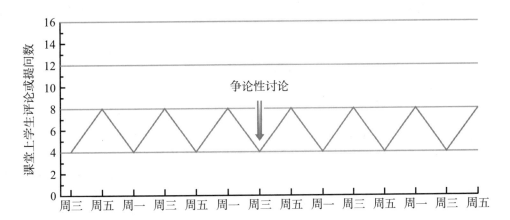

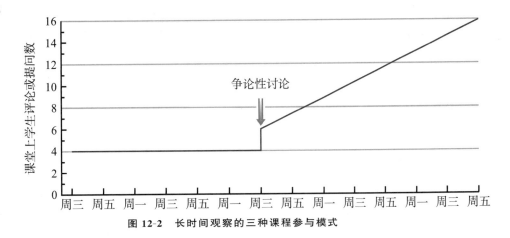

图 12-2　长时间观察的三种课程参与模式

(McAlister et al., 1980: 720)

在观察开始时,实验组与对照组具有相同(低)的吸烟人数。在研究进行了 21 个月以后,两个群体的抽烟人数都增加了,但实验组增加的数量比对照组的少,这就证明项目对学生的行为有影响。

3. 多元时间序列设计

有时候,对"纯"实验控制之外过程的评估,可以运用一个以上的时间序列方法。

多元时间序列设计[①]（multiple timeseries designs）是刚才描述的非同等对照组设计的升级版。维丝（Carol Weiss，1972：69）提供了这种设计的有用例子：

多元时间序列的一个有趣例子，是对康涅狄格州取缔高速公路超速项目的评估。评估者搜集项目实施前后的交通事故报告。他们发现在取缔后，伤亡率降低。由于几年来这个序列呈现着不稳定的上下波动模式，所以也无法确定事故率降低是否归因于这个项目。然后，他们用4个邻近的且没有实施项目州的时间序列数据，进行了比较，发现这些州的事故率没有降低。因此，这个比较让人们对结论产生了信心，认为项目确实发生了某种影响。

虽然这项研究设计不像随机分组设计那样好，但与对实验组进行评估却找不到比较参照物的情况比较，也算是一种改进了。这就使得准实验设计变得更有意义了。这种评估研究，最主要的特点就是可比较性，下面的例子说明了这一点。

在贫困国家中，农村发展问题日益受到重视，同时吸引了许多发达国家的关注与支持。通过国家对外援助项目和世界银行等国际机构，发达国家正将自己的技术和技能同发展中国家分享。然而，这些项目却产生了复杂的影响。一般的情况是，应用于传统社会的现代技术，并没有产生预期的结果。

唐东（Rajesh Tandon）和布朗（L. Dave Brown）（1981）进行了一项实验，在这项实验中，同时实施技术培训和农村组织教育计划。他们感到，让贫困的农夫学习如何在农村组织中运用集体的影响，例如，要求政府官员采取必要的行动，是很重要的。只有这样，他们的新技能才能获得效果。

正在进行的项目包括干预和评估，项目选出了25个村子来进行技术培训。再从每个村中选出2名农夫学习新农业技术，然后再将他们送回家，负责把这些知识和乡村的其他人分享，同时与其他农夫合作，组成伙伴群体，共同传播新技术。两年后，作者从这25个村中随机抽出了2个村（称为A组与B组）接受特别培训，并用11个村作为对照组。经过人口特性的仔细比较，实验组与对照组具有相似性，所以，两者之间具有可比性。

让两个实验村的伙伴组一起，在项目组织所在地进行特别培训。给培训对象一些相关信息，如怎样组织起来，如何向政府提需求，并采用与其家乡类似的情境让他们模拟练习。整个培训时间为三天。

评估考虑的效果变量与伙伴群体的培训活动有关，培训的目的是为了改善他们的境况。评估工作总共研究了6个类型。例如"积极动议的"被定义为以积极态度去影响别人或影响群体成员，而不是消极和退却（Tandon and Brown，1981：180）。评估数据来自一些日记，这些日记是伙伴群体的领导者从培训开始时就在记录的。研究者阅读整个日记，并且统计由伙伴群体成员提出的建议。两位研究者独立地为日记编码，并比较他们的结果，以测试编码的信度。

图12-3把两个实验组提出的积极动议与来自于对照组的建议，进行了比较。其他的测量，也显示有相似的结果。

对这个图，有两件事需要注意。

第一，由两个实验组及11个对照组提出的建议，在数量方面有着戏剧性的差异。这一点似乎更能确定特别培训项目的作用。图中的橙色线表示A组，A组接受过培训，而绿线代表B组，B组也接受了培训。我们看到，这两个群体积极动议的实例数量大大增加。

第二，要注意对照组的建议数量也有增加。研究者解释说，这可能是相互影响的结果。因为所有村落彼此邻近，实验组伙伴群体学习的课程，部分地传到了对照组村落。虽然对照组的主动性有所提高，但这里评估的关键在于将实验组（A组和B组）与对照

[①] 多元时间序列设计：运用多套时间序列数据进行比较分析的方法。

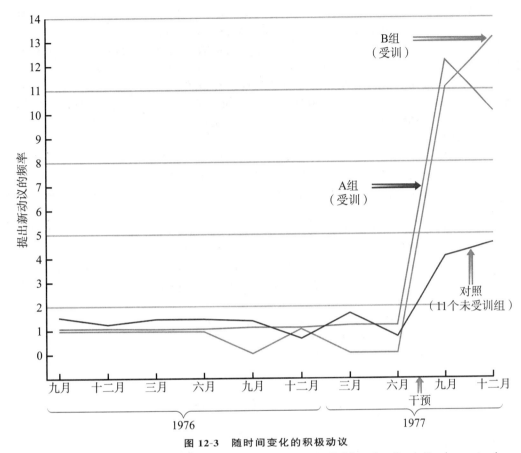

图 12-3 随时间变化的积极动议

资料来源：Rajesh Tandon and L. Dave Brown, "OrganizationBuilding for Rural Development: An Experiment in India", *Journal of Applied Behavior Science*, April-June 1981, p. 182.

组进行比较。

这个例子说明了多元时间序列设计的效用，尤其在评估无法运用真的实验时。

12.3.3 定性评估

我们刚刚讲的都是结构性的且多半是定量的评估步骤，但应该知道，评估也可以是不那么结构性的、甚至是定性的。例如，巴特（Pauline Bart）和奥布赖特（Patricia O'Brien）（1985）的深度访谈，她们的访谈对象是遭受强奸的受害者和成功抵抗强奸的女性，她们的目的是，希望通过评估，发现阻止强奸的各种可能性。她们发现，抵抗（例如喊叫、踢、逃跑）与让形势更糟糕的害怕相比，更容易阻止强奸。

有时候，即使是结构性的、定量的评估，也会产生非预期的、定性的结果。社会研究者斯蒂尔（Paul Steel）的评估项目，主要针对怀孕期间吸毒的孕妇。其中一项内容涉及公共卫生护士对孕妇的提醒，即持续的吸毒会产下过轻的婴儿（头脑平均比正常儿童小10%）。然而，通过对项目参与者进行深度访谈，他发现项目漏掉了一项重要信息：婴儿过轻是一件坏事。在斯蒂尔访谈的许多年轻女性中，她们反而认为，婴儿过轻将会使生产更为容易。

在另一个项目中，一位地方检察官实施了一项被认为是进步的、文明的项目，即如果吸毒的孕妇被逮捕了，如果她同意停止吸毒，并成功地完成戒毒项目，那么，就可以免于起诉。同样，深度访谈指出，这个项目并没有按照原有的设想运作。斯蒂尔发现了一个特殊的地方,当年轻的女性因吸毒被逮捕时,收容所的同伴就会建议她在保释期间立刻怀孕,这样就可以免于被起诉。(Personal Communication,November 22,1993)

因此,最有效的评估研究,是综合了定性与定量的研究。对获得观察结果或防止预期结果的出现而言,使用统计比较很有用,对过程的深入理解也一样有效。

前面对坦桑尼亚广播剧的评估,使用了几种研究技术。除了我已经指出的对听众的调查和诊所的数据外,研究者还运用许多专题小组,追问、了解广播剧对听众的影响。此外,在对每一集的情节或听众来信的分析中,还用到了内容分析法。总之,在这项评估中,同时使用了定量与定性的技巧。(Swalehe et al.,1995)

肥皂剧研究还让我们感受到了不同文化对研究的影响。我在埃塞俄比亚做研究准备时,就亲身经历了这种影响。与西方在社会研究中关注保密性不一样的是,在埃塞俄比亚农村接受访谈的对象,会因为自己被选中而感到自豪,并想让全村人都知道他对问题的回答。

有时候,当地研究者因取悦客户的热情,阻碍了评估研究的进行。比如,为了检验听众是否听到了剧中传递的社会信息,便采用了专题小组。而结果比预期的好多了。当我问及如何挑选专题小组成员时,当地研究者给我介绍了他对研究对象做的介绍:"我会让你们听一些鼓励人们建立小家庭的广播节目,还会让你们说说我们的努力是否有效。"毫不奇怪,这个小家庭就成了这些人认同的东西。

这些经历,还有先前提到的相关内容,都暗示了评估研究在实际操作中可能出现的问题。当然,每种研究都存在某些问题;但评估研究在这方面的倾向,显得尤为特殊。关于这一点,我们还将继续深入探讨。

12.4 社会环境

在这一部分,我们将考察评估研究的后勤问题。最后,我将对使用评估研究的结果做评论。社会环境也牵涉到伦理问题,在文章的结尾,我们也会讨论到。

12.4.1 后勤问题

在军队,后勤指军需供应,确认在需要食物、武器以及帐篷的时候,可以得到。在这里,我用来指让研究对象做该做的事,接受和归还研究工具,以及其他似乎不具挑战性的任务。需要指出的是,这些任务比人们想象的更具挑战性。

1. 激励海军士兵

1980年,克劳福特(Kent Crawford)、托马斯(Edmund Thomas)和芬克(Jeffrey Fink)在寻找一种激励方法以激励海军中"低绩效"时,他们发现了许多可能发生的问题。研究的目的是要测试"三管齐下"(Three-pronged)项目,即激励长期表现很差并在舰船上常出问题的士兵。首先,为监督人员举办一个研讨会,培训他们有效地领导表现差的士兵;其次,挑出一些督导,并将他们培训成特殊的辅导人员和角色模范,表现差的人可以找他们咨询或从他们那里获取共鸣;最后,表现差的人要参加研讨会并接受培训,使他们在工作和生活中变得积极和有效率。这个项目,针对一艘舰船实施,并从其他4艘舰船选择海军士兵构成对照组。

开始时,研究者报告说,督导人员对参与项目不热情。

督导人员对处理这些议题颇有抗拒之心,这并不令人意外。他们之所以不愿解决这些问题,是因为他们自认为知道造成这种现实的原因,招募体系、招募培训、双亲及社会,都会对表现不佳的士兵产生影响。这些因素远非督导人员所能控制。(Crawford, Thomas, and Fink,1980:488)

后来，这些不情愿的督导人员也加入了，并且"原先不情愿的督导人员也开始谨慎乐观，到后来也热心起来了"（1980：489）。

然而，表现差的士兵还有更多的问题。研究者要求对他们的态度及人格进行前测及后测，只有这样，才能对由项目引起的改变进行测量和评估。

不幸的是，所有表现较差的士兵对人格测试都强烈拒绝，因此，结论说到，在这种情况下，搜集到的数据将在效度上产生问题。对伦理的考虑，使我们不能强迫表现较差者接受"测验"。（Crawford et al.，1980：490）

研究者必须依靠访问表现差的士兵和督导人员，才能对他们态度变化进行测量。然而，受访者还在制造问题。

最初，船上长官命令15个表现差的士兵参加实验。可是，在15个人中，有一个进了医院，一个被指派任务而无法参加，还有一个请假外出（缺席但没离开）。因此，实验开始时只有12人。在实验结束之前，又有3人服役完毕，离开海军；另一个因不守纪律而被逐出。因此，这个实验结束时只剩下8个人，虽然评估获得了正面的结果，但这么少的研究对象，让研究结果无法进行概化。

在评估研究中，特殊的后勤问题来自于实际的社会生活环境。虽然评估研究的模式是实验（研究者可以对变化进行控制），但事务却发生在人们无法控制的日常生活中。当然，实地调查的参与观察者也无法控制观察的现象，只是这种方法并不要求进行控制。如果认识到缺乏控制的影响，人们就已经开始了解评估研究者面临的困难了。

2. 行政控制

像前面的例子提过的，评估工作的后勤细节，通常都在项目实施者的控制范围内。假设我们正在评估"配偶探访"项目，在这个项目中，一段时间内，允许罪犯让配偶探访，并可以在探访期发生性行为。结果，在研究进行的第四天，一个男性犯人穿着他太太的衣服逃跑了。尽管你们可能假定他的精神会因为逃跑而大大改善，但是，该事件的发生，在许多方面，让研究设计变得更加复杂。或许监狱长会全盘终止你们的工作，这时，评估工作该怎么办？或者监狱长能勇敢地面对现实，要查看随机罪犯样本的数据，并否决让"有风险者"参与。这样，实验组与对照组的可比性就出问题了。另一种选择是，更严格地加强安全措施，以防止新的脱逃事件发生。问题是，如果这样做，实验的刺激就改变了。一些数据可能反映原始刺激，另一些数据可能反映的不是。虽然我们可以区分两种刺激，但精心设计的研究，却可能陷入逻辑上的混乱。

也许，你们在着手评估军队进行种族关系演讲对偏见的影响。在仔细考察了可以用来研究的士兵之后，随机指定其中的一些人参加演讲，另一些则不必出席。为此，名册在几个星期前就已经传阅了。在指定的日期和时间，演讲开始了。每件事似乎都进行得很顺利，直到开始检查档案，并发现名字不符。通过检查，发现实地操练、伙房的工作，以及各种突发事件，都需要一些研究对象在演讲的时候到别的地方去。真是够糟糕了！更糟糕的是，后来发现，上级官员指派了其他的人来代替缺席者。他们找了谁呢？是那些没有勤务的士兵或无法做重要勤务的士兵？所有这些，也许在你们提交报告的前一个星期，才弄明白。

这些就是评估研究者面对的后勤问题。你们应该熟悉这些问题，并理解为什么一些研究没有办法满足标准实验设计的要求。这一点非常重要。但是，在你们读评估研究报告时也会发现，如前文提过的，在实际生活中，仍然有可能实施有控制的社会研究。

真实生活的研究文本框《在坦桑尼亚测试肥皂剧》讨论本章开头讨论的后续问题的一些方面。

> **真实生活的研究**
>
> **在坦桑尼亚测试肥皂剧**
>
> 威廉·瑞尔森（William N. Ryerson）
> ——人口媒介中心（Population Media Center）主席兼创始人
>
> 自1993年年中以来，在联合国人口基金的支持下，坦桑尼亚电台播放了《特温德·纳·瓦卡蒂》（《让我们与时俱进》）。项目旨在鼓励采取措施计划生育和防治艾滋病。
>
> 这项研究有许多不同的要素。其中之一是，在1993年6月肥皂剧首次播出之前进行了一次全国随机抽样调查，然后每年一次。许多访问员面临着特别有趣的挑战。例如，班齐（FridolanBanzi）一生从未在水中或水上运动过，也不会游泳。为此，他安排了一艘小船带着他穿过维多利亚湖的汹涌水域，以便到没有通公路的村子进行访问。之后，他每年都重复这次令人伤脑筋的旅行，以测量村庄发生的变化。
>
> 另一位访问员田德（Tende）先生被邀请参加村民举行的乡村宴会，既是欢迎他，也是表达受访者的谢意。村民为他提供烧烤老鼠，显然，这种食物不是他正常饮食的一部分。为了礼貌和确保能在村子访谈，他还是吃了。
>
> 另一位访员马桑贾（Masanja）夫人当时正在印度洋沿岸普瓦尼地区的一个村庄工作，村里爆发了霍乱。她明智地选择了放弃访问。1993年的样本量减少了一个村子。
>
> 这项研究的无名英雄，坦桑尼亚的访问员，在困难的情况下开展这项重要工作，值得赞扬。

12.4.2 研究结果的应用

评估研究还有一个实际生活的层面。评估研究的目的，是确定社会干预的成功与失败，所以，评估的结果，会影响到被评估项目的继续或停止。

然而，现实并没有那么简单，也没有那么合情合理。很多因素都会干扰对评估研究结果的评价。有时是具体的，有时是微妙的。毫无疑问，每一个评估研究者，都可以说自己进行的研究，虽然提供了清楚的研究结果和明显政策含义，但却被忽略了。就像"'三打'法案的成效"所揭示的那样。

这里有三个重要的理由，可以说明评估研究的结果并非都被付诸实施。第一，研究结果并非总是用非研究者可以理解的方式表达。第二，评估结果有时与宗教信仰相矛盾。当哥白尼说地球绕着太阳转的时候，人们认为他疯了，因为任何人都说地球是不动的。第三个使用评估结果的障碍，就是既得利益。假如我提出一个新的重生计划，且深信将使以往的罪犯不再有牢狱之灾，同时假设人们把它叫作"巴比计划"，如果评估认为这个计划不可行，那么我会怎样想呢？我可能会因为误导人们而表示道歉并放弃我的计划而转行。但更有可能的是，我可能会说评估没有价值，并劝说一些群体向有关机构游说，使项目得以继续进行。

在我们前面提过的驾驶员教育例子中，希尔茨（Philip Hilts）报告了人们对研究者的一些反应：

国家安全委员会的交通安全专家，伯纳森（Ray Burneson）批评这项研究说，它只是一个群体（NHTSA）的产品，因为他们的人相信"你们做任何事都无法培训驾驶员。你们能做的，就是改善医疗设施及建造更牢固的车子，以应付可能的车祸……这与整个培训的理论相违背"。（1981：4）

因为评估研究发生在实际生活中，也影响实际生活，同时也被实际生活影响。这里有一个社会研究者熟知的例子。

1. 强奸罪修正法案

多年以来，许多社会科学家和观察者都注意到了一些强奸案的起诉难题。人们通常认为，被害人在出庭作证时承受的痛苦几乎和被强奸时的痛苦不相上下。辩方律师通常会认为，是女性鼓励了性行为的发生，并在道德上令人质疑；还有其他的人身攻击，目的便是要推脱强奸犯的责任。

这些批评，让许多州政府都想在立法中解决这个问题。斯庞（Cassie Spohn）和霍尼（Julie Horney）（1990），对追踪各种立法的影响产生兴趣，并归纳了几种新法律思想造成的影响：

最普遍的改变就是：①重新定义强奸，并用一系列分级的侵犯行动定义取代单一的强奸罪，等级的分别，由"是否有恶劣行径"来确定；②改变认罪的标准，即取消"被害人必须用身体抵抗攻击者"的要求；③取消被害人证词必须被认可的要求；④对被害人先前性行为证据的引证加以限制。（1990：2）

一般认为，这样的立法，将鼓励被强奸女性报案，当案件送至法庭后，也会增加定罪率。为了验证后者的可能性，研究者将焦点集中在1970—1985年这段时间，在伊利诺伊州库克（Cook）县的情况是："我们的数据有4 628个案件，包括405个偏差性强奸案、745个暴力性攻击案，以及37个性攻击案"（1990：4）。表12-1展示了一些他们的发现。

表12-1 立法前后的强奸案件分析

	强奸	
	之前（N=2252）	之后（N=2369）
结案结果		
初犯定罪	45.8%	45.4%
再犯定罪	20.6	19.4
未定罪	33.6	35.1
一般刑期（月）		
初犯定罪	96.0	144.0
再犯定罪	36.0	36.0

斯波恩和霍尼对研究结果做了如下归纳：

我们的分析发现，特别重要的影响是增加了平均最高服刑年限；强奸案平均增加了几乎48个月，性侵犯案平均增加了36个月。根据数据显示，在这些变化产生影响之前，平均刑期已有增加，所以我们从实际改革日期前一年的数据开始计算，结果是，影响的效果更大，而且仍然显著，这表明影响不能仅仅归因于法律的变动。（1990：10）

注意表中，结案被定罪为强奸或其他罪行（如袭击）的比例基本没有变化。因此，法律的变动对定罪几乎没有影响。正如研究者注意到的，唯一变化的就是刑期，刑期增加了，但这不能归因于立法自身。

除了对既有统计资料的分析之外，斯庞和霍尼也访问了法官和律师，了解了他们对法律实施效果的看法。他们的意见都很正面：

法官、检察官以及芝加哥辩护律师强调，强奸案件受到比以往更慎重的处理，受害人也因法律的变化而受到更人道的对待，这都是立法的改变。这些教育性的效果是重要的，也让主张强奸罪修正法案的人士感到欣慰。（1990：17）

这就是研究者发现的定性研究结果之外的其他效应。这个研究，展示了跟踪社会干预的重要性。因为只有这样，我们才能够判断干预是否实现、如何实现和在何种程度上实现了其预定的目标。

2. 防止家暴

在一个类似的例子中,印第安那波里市(Indianapolis)的研究者将注意力集中在殴打妻子问题上,他们特别关注的是,起诉殴打者是否会导致以后的暴力事件。作为"印第安那波里市起诉实验"的一部分,福特(David Ford)和罗格利(Mary Jean Rogeli)(1992)对起诉的不同选择,进行了研究。

殴打妻子的案例有以下各种模式,如福特和罗格利所摘录的:

在殴打妇女之后,某人可能会、也可能不会打电话叫警方到现场(不是由被害人就是由其他人)。假如警方到现场,警察会要求报案人提供证据以便在没有逮捕令的情况下执行逮捕。假如调查到证据,警察就会根据自己的判断来确定是否进行逮捕。如果实施现场逮捕,警察会把可能的原因录成口供,并将嫌犯送入法庭,以进行初审。如果没有人打电话给警方或通知警方,而警方没有逮捕罪犯,被害人可能会自己到法院起诉,并自己去录口供以控告男性。经过法官批准后,被控的殴打者或被传唤到庭,或被逮捕到庭,以对他进行初步审讯。(1992:184)

假如妻子要控告丈夫,但后来又犹豫了,那该如何呢?许多法庭禁止这种行为,目的是为了完成诉讼,以保障受害者利益。在印第安那波里市的起诉实验中,如果控方在起诉时需要再考虑,实验则容许撤回起诉。此外,法庭也有几种选择。殴打妻子大部分起因于性别主义、压力及无处发泄的愤怒等不稳定因素,在印第安那波里市的起诉实验中,创造了一些新方法,如教育人们如何控制愤怒。

假如被告认罪,并愿意参与控制愤怒的辅导项目,则法庭可延后审判。另外,如果被告成功地完成项目,那么,法官有可能后来不再对他进行庭审。另一种选择是,即使接受庭审并被认定有罪,如果他参加控制愤怒项目,也可能获得缓刑。最后,假如被告被认定有罪,也可能给予他入狱等传统的处罚。

在防止后来殴打妻子的诸多可能性中,哪一种最有效呢?这是福特和罗格利所强调的。以下是他们的一些发现。

第一,他们的研究显示,被带到法庭进行初次庭审的人,无论结果如何,后来都较少殴打妻子。仅仅被带进司法体系,就已产生了影响。

第二,有权撤回控诉的女性,比没有这项权利的女性,在往后的日子里,较少被虐待。特别是,与其他起诉政策相比,把用逮捕令逮捕被告和提供被害人撤诉权利两种政策合并使用,更能为受害者在往后的日子里提供安全保障。(Ford and Regoli, 1992)

然而,赋予被害人撤回控诉的权利也有一些奇怪的影响。运用这项权利的女性,比那些坚持控诉的女性更容易受到虐待。研究者解释道,当被害人的控诉意识明确受到司法机构的持续支持时,未来的暴力事件就会减少。

对任何一种暴力行为都会产生反应的系统,当然包括对新暴力行为的反应,这就说明受害人和司法体系之间的连带关系很强。它提醒被告,受害人确有决心结束这种暴力关系,而且司法体系毫不动摇地为受害人提供保护。(Ford and Regoli, 1992:204)

显然,我们无法对控制愤怒辅导课程的绩效进行简单评估。运用政策让被告接受控制愤怒辅导,对防止新的暴力事件似乎无效。然而,研究者指出,政策效应不应该与实际辅导效果相混淆。因为有些被告想要接受辅导但却从未参加辅导,因此,合理的评估,仍需要搜集更多有关辅导的信息,这个分析也仍在持续。

此外,这些研究者提醒说,他们的研究结果,只是一般的模式,遭到殴打的妻子,必须依据自己的具体情况进行选择,而不应该盲目地以一般模式为基础。就此而言,这个研究也许在建构刑事司法体系方面(例如,赋予受害者撤回控诉的权利)更为有用。

最后,印第安那波里市的起诉实验,也提出了评估研究中存在的共同问题,即实际的执行效果与期望达到的结果之间,总是有出入。例如,研究者用不同方式把嫌犯带到法庭,具体地说,法庭可以签发传票令丈夫出庭,或发逮捕令逮捕丈夫。研究者关心的是,逮捕丈夫可能会增加他的愤怒。但实际上,不论丈夫是被传唤或被逮捕,造成的愤怒并无差别，对此，研究者感到疑惑不解。

解决这个麻烦的方法在于，原理与现实之间的差异：

原则上，虽然用逮捕令逮捕比当场逮捕者的惩罚性要弱一些，但却与传唤没有什么不同。人们通常知道逮捕令意味着逮捕，并会选择方便的时候到案或者与拘捕机关联络并请自行到案。因此，他不会有被逮捕、被戴上手铐以及从被工作处带离的明确处罚感。(Ford, 1989: 9-10)

总之，评估研究科学品质之外的很多因素，影响着评估结果的应用。就像我们在前面看到的，评估者控制范围之外的很多因素，也影响着研究本身的质量。不过，好在这些缺陷与评估研究的潜在价值比起来，根本就算不了什么！

3. 撒比多方法

应用评估研究结果的一个典型例子是撒比多（Miguel Sabido）开发的用娱乐教育（Entertainment-Education，E-E）促进社会项目的综合方法。本章举例的"让我们与时俱进"广播剧项目，就是撒比多在20世纪70年代担任墨西哥国家广播公司（Televisa）负责研究的副总裁时原创的方法。撒比多的第一个项目是用电视剧扫盲和促进计划生育。这个项目非常成功，并在后来的几十年里，催生了解决社会问题的各种方法。

在某种意义上，撒比多方法运用了广播剧或电视剧的特点：角色特别具有肖像特征。有些角色携带着传统观点，有些角色则携带着项目希望促进的现代观点，有些角色则携带着过渡性观点，即开始时是传统的，最终还是转向了现代。在典型情况下，当带过渡特征的角色参加扫盲班时，成千上万的观（听）众，也跟着去了。当带过渡特征的角色为计划生育或安全性行为使用安全套时，第二天，计划生育门诊门前就会有成堆的男人索要安全套。

撒比多方法拓展了角色定义和区域结构。E-E促进项目开始时，都要在项目地区做周密的研究。例如，人口媒介中心（Population Media Center）在埃塞俄比亚的项目，旨在降低生育率、促进安全性行为，以及提高妇女地位。广播连续剧的制作，基于对涉及项目目标的既有现实情境的深入研究。什么是生育率？在不同的地区和不同族群，生育率有什么不同？对待计划生育的态度是什么？在某种程度上，通过全国性的调查，先回答这些问题。与此同时，研究者用定性研究的方法对农村进行观察，与村民谈话，甚至记录农村生活的声音。

这些规范的研究，为编剧提什么问题以及如何提问题，提供了灵感。譬如，研究指出，在一些地区，诱拐仍然是选择性伴侣的普遍方式，即男人可以绑架年轻女性，并对其进行性侵和囚禁，直至她同意做他的妻子。规范性的研究也揭示了一种广泛的信仰，认为安全套已经被HIV（艾滋病病毒）污染，即使用安全套会增加传染而不是预防艾滋病的风险。

初始的研究也为后来的评估提供了基线。在制作广播连续剧之前，就已经知道了公众对计划生育的观点，研究者就可以知道，在后来，人们到底多大程度上改变了自己的观点。对计划生育中心利用情况的前测，可以用于之后的比较。许多这类评估，与广播连续剧的促进，同时进行着。例如，用常规的专题小组方法，监测公众对每一集的反映，看人们是不是有预期的反馈。

撒比多方法提供了一个极好的例子，用于说明研究方法如何能用于建构和评估旨在解决社会问题的社会行动项目。

正如我们看到的，评估研究对影响社会变迁是一个非常特别的、有力的工具。不仅如此，在个体层面，在日常生活中，也是一个有用的工具，可以用来提高人们的考试分数，减肥，交友，以及影响他人。此外，正如真实生活研究文本框《中国的民意》显示的，评估研究并不局限于美国。

12.5 社会指标研究

现在，让我们来看一种结合了你们已经学过的评估研究与既有数据分析相结合的研究类型。社会研究的迅速成长，促进了**社会指标**①（social indicators）的开发与监测。累计性的统计数据又反映了一个社会或群体的社会状况。就像经济学使用诸如国民生产总值（GNP）等指标来反应国家经济发展情况一样，我们可以用相似的模式，来监测社会的各方面。

中国的民意

1949年中国革命的后果之一是在大学里取消了社会学。一些中国社会学家，如受人尊敬的费孝通，继续进行社会研究，监测百姓特别是农村居民的生活质量。费孝通是著名波兰-英国人类学家马林诺夫斯基（Bronislaw Malinowski）的学生，主要使用定性的、民族志的方法。每当毛主席邀请人们给政府提意见时，费教授就会第一个报告。他会提出什么行不通，以及如何改善中国人的生活。他的发现并不总是受到政府的欢迎，但他坚持不懈。

1979年，中国恢复了社会学学科。费教授承担了建立机构、培养中国新一代社会学家的责任。如今，中国学者正在积极研究社会生活的方方面面。例如，广州民意研究中心（C-POR）试图考察城乡居民生活质量，并提请政府关注这些问题。

你们可以在中心的网站上浏览他们的研究：www.c-por.org。正如你们会发现，大部分的内容是汉字。不过，运用谷歌翻译，www.google.com/language_tools，便可以帮助你们理解。以下是2011年末的几个报告标题：

广州市公共卫生评估调查；
广州市环境保护状况跟踪调查的公众评价；
广州市食品安全的公众评价；
广州市政府"窗口服务"满意度更总调查；
农村公共卫生评价；
粤北农村教育、监测、低山价值评价；
村民认可的教育与监测质量改善；
北京人的生活体验最好。

2010年，当我有机会在上海与C-POR的研究人员会面时，我被他们使用社会研究方法改善中国人命运的热情打动。他们都是费孝通教授的接班人。

假如我们想比较不同社会的相对健康条件，就可以比较死亡率（每1 000人的死亡数量）。或具体地说，可以观察婴儿死亡率：每1 000个初生婴儿在一岁以内的死亡数量。也许还有其他观测健康条件的因素，如人均医生数、人均医院病床数、人均住院日数等等。请注意，社会之间的比较，是借着计算每人的比例来评估的（由人口的规模来区分）。

在我们对社会指标做进一步讨论之前，回想一下第11章的既有统计数据分析。一言以蔽之，既有统计数据常常是不可信的，原因是这些数据的搜集、储存和计算模式。这

---

① 社会指标：反映社会生活状态或质量的测量，如犯罪率、婴儿死亡率、每10万人的医生数量等。社会指标通常用来判断某一社会变革的特征。

并不是说这些重要资源没有效度,而是提醒我们,要确认统计数据测量我们希望的研究对象,至少要知道,测量有什么不同。记着这一点,我们来看看在大规模意义上将社会指标用于评估研究的方式。

12.5.1 死刑与阻吓

死刑阻止了诸如谋杀等重大犯罪吗?每当某个州废止或恢复死刑,以及每次有人被执行死刑时,对这个问题的讨论,就会热烈起来。支持死刑的人通常会主张,死刑的威胁,将会使潜在的谋杀者停止谋杀。反对者则争辩说,并没有影响。社会指标倒是可以用来阐明这个问题。

假如死刑确实可以阻吓人们的谋杀,那么,我们可以预计执行死刑的州,比没有执行死刑的州,有较低的谋杀率。这样的比较不仅可能,而且已经有书出版了。贝里(William Bailey, 1975)编辑的数据与死刑影响谋杀率的观点直接相矛盾。在1967年和1968年两年,有死刑的州,比没有死刑的州,谋杀率超出许多。一些人批评贝里对数据的解释,说大部分有死刑的州最近几年没有执行死刑,这不正解释了为什么没有减少谋杀犯罪么。进一步的分析,却与这样的解释相矛盾。当贝里用没有执行死刑的州与执行死刑的州做比较时,他发现在谋杀率上并没有什么不同。

无论如何,另一种相反的解释也是可能的,即贝里对数据的解释是可逆的。也许死刑的存在,作为一种选择,只是高谋杀率存在的后果:谋杀率较高的州采用死刑,谋杀率较低的州则没有采用,或有的州曾经记载过死刑,现在已经取消了。如果是这样,那么,采用死刑,应该会使谋杀率降低,取缔死刑将会增加谋杀率。然而,事实并非如此。分析显示,随着时间的变化,废止死刑的州的谋杀率,并没有增加多少,同样,采用死刑的州的谋杀率也没有减少多少。贝里和彼得森(Ruth Peterson)(1994)最近的研究证实了先前的结果,并表明,执法官员怀疑死刑的威慑作用。此外,贝里在1967年和1968年观察到的模式随着时间的推移依然存在,即使我们考虑总体谋杀率的大幅度上升。比如,2006年,38个采用死刑的州的谋杀率是5.90/10万人;12个没有死刑的州的对应数字是3.85/10万人。(U. S. Bureau of the Census, 2009: 17, 189)

从前面的讨论中,可以使用社会指标数据进行跨组比较,无论是一次还是在某个时间段内。通常,同时做两项工作可以揭示出的问题更多。

目前,使用社会指标的工作正在进行。一方面,研究者正在开发更精准的指标,想找出一般变量的哪个指标在观察社会生活上最为有效。同时,研究者也致力于发现整个社会各变量之间的关系。

社会研究很多内容,可以运用网上有价值的资源。要想挖掘社会指标的更多内涵,可以登录社会测量方法公司(Sociometrics Corporation)的网站,或简单地用搜索引擎搜索"社会指标"。

12.5.2 计算机模拟

社会指标研究最诱人的前景之一是计算机模拟。当我们用数学方程描述相互关联的社会变量的关系时(例如人口增长与汽车数量增加之间的关系),就可以把方程式和变量之间的关联,储存在电脑中。如果有足够数量且正确的方程,就可以利用计算机检验特定社会变迁的影响,而不需要在实际生活中运作。

例如,假设某个州要将旅游行业的规模扩大一倍,就可以将项目输入计算机模拟模型中,在几秒或几分钟之后,便可获得旅游业增加的直接或间接的结果。我们也可以知道需要什么新的公共设施,需要哪种公共机构(例如警察局或消防队需要增加)和需要多少钱,劳动力需要什么样的素质,需要向劳动力提供哪种培训,所有有意和无意的结果是什么，有多少新收入或税收将会怎样，等等。凭着这个结果，公共规划者可以说，"假如我们只把这个行业的规模增加一半"，那么，立刻就有另一个新的结果出现。

在梅多斯夫妇（Donella and Dennis Meadows，1972，1992）以及他们在达特茅斯和麻省理工学院（Dartmouth and Massachusetts Institute of Technology）同事的研究中，你们可以发现计算机模拟的出色例证。他们将各种不可取代的自然资源（例如，石油、煤、铁）、以往人口、经济增长模式和实际增长与资源使用的关系输入计算机，使用复杂的计算机模拟模型，便可以在各种情况下，预测不同资源在未来各种使用模式下的使用年限。这些模型也可以超越原先的悲观计划，预测较不悲观的未来，以及获得这种未来所需要的行动。很清楚，计算机模拟的作用，不只是表现在评估研究领域。

这种潜能概略地指出了评估研究的特殊价值。纵观人类历史，我们运用社会安排的方法，笨拙地改善着这些研究，以寻找更好的结果。评估研究，则提供给我们一个方法，让我们知道某些社会安排是否真的能使事物变得更美好。社会指标，允许我们在广大的范围做决策；计算机模拟，则开启了一种新的希望，使我们无须真正经历其风险，就能够知道某种社会干预的影响。

12.6 伦理与评估研究

正如我们看到的，评估研究与现实社会的问题交织在一起。有时，对社会干预的评估会引出伦理问题。对用校车接送孩子们以达成教育整合项目的评估，会将研究者直接置于涉及校车的政治、意识形态和伦理议题之中。如果要对在小学开设的性教育项目进行评估，就不可能不将其弄成整个性教育的热点议题，最终研究者会难以收场。评估研究设计会要求某些孩子接受性教育，实际上，你们可能就是那个做决策的人（从科学的立场出发，你们应该就是做决策的人）。这就意味着，当家长知道他们的孩子在接受性教育时的怒火，会直接指向你们。

现在，让我们来看"光明"的一面。也许，实验性项目对参与者极有价值。假设要评估的新产业安全项目会大量减少工伤，那么，对照组怎么办，难道不对他们执行干预？因此，评估者的行动，极有可能是一个重要的理由，即让对照组不执行干预，进而导致大量工伤。

有时，评估研究的名字可能成为违背伦理行为的借口。在第9章，我已经讨论过"强迫性民意调查"，即评估各种政治竞选中指责造成的误导性信息扩散。这还不是最糟糕的情形。最糟糕的是，也许你们还记得第3章讨论过的塔斯基实验（Tuskegee experiments）。

即使最合规的评估研究，研究者也总是会感受到来自其他人的压力。例如，在药物实验中，支付研究费用的一方，总是希望获得自己想要的结果。对研究者而言，也就总是处于寻找某个结果的压力之下。

我无需指出，在设计、执行、结果分析中，研究者决不能迎合某些个人的或资助方的期待；操纵研究以获得某种期待结论，是绝不可以接受的。在评估研究中，尤其如此。若不如此，就会给相关的人群带来严重的、不可预期的恶果。设想一下，一位医学研究者篡改药物实验结果，夸大某种新药的疗效或掩盖其副作用，如此，患者不仅不会从新药中受益，甚至可能受到无名副作用的影响而受害。或者设想，在某个囚犯改造项目的评估中，研究者篡改结果，夸大项目的效果。如此，有限的资源就可能投到了无效的甚至有害的囚犯身上。

在这些评论中，我的目的不是列举评估研究的阴暗面，而是要带给大家评估研究者的行动给现实生活可能造成的影响。最终，所有社会研究都有其伦理问题。

我想用坎贝尔（Donald T. Campbell）1976年不同的观察来结束这个讨论。在坎贝尔定律（Campell's Law）中，他观察到，"在社会决策中，运用定量社会指标越多，给对象的淫威就越大，指标希望监测的社会过程就越可能被扭曲和浮夸"。应试教育，就是一例。如果用学生的考试成绩来评估教师，老师就会全力抓题而不是做真正的教育。同样，如果股票经理的收益来自交易手数，他们就会更多地交易，即使持仓比加仓更好。如果警局对警员的评价标准是降低城市的侵害率，警员就会将大事化小。

因此，我们看到评估研究有时候实际变成了其要评估对象的一部分，这也是意料之外的后果。这也是第 1 章讨论过的，社会研究的递归特征。

本章要点

导言
- 评估研究是一种应用研究，研究的是社会干预的效果。

适于评估研究的议题
- 适于评估研究的议题有需求评估研究、成本—收益研究、监测研究、项目评估或效果评价。
- 评价研究有时与参与行动研究的意图相结合。

问题设计：测量问题
- 认真设计问题（包括相关的测量及成功与失败的标准）是评估研究的重要方面。评估者尤其需要认真明确结果、测量实验内容、辨明干预因素、界定总体，并决定是使用已有的测量，还是设计一种新测量。

评估研究设计的类型
- 评估研究，一般采用实验或准实验设计。准实验设计包括时间序列研究和使用非同等对照组等。
- 评估者也可以使用定性数据搜集方法。定量的和定性的数据分析，都适用于评估研究，甚至同一研究中可以同时使用两种方法。

社会环境
- 评估研究伴随着特别的后勤及伦理问题，因为评估研究的对象是实际生活中每天发生的事情。
- 评估研究的结果，没必要一定付诸实施，尤其当其与官方观点冲突时。

社会指标研究
- 社会指标能够对广泛的社会过程提供解释。
- 有时计算机模拟模型可以用来指出社会干预可能产生的结果，而不需要在实际生活中去经历。

伦理与评估研究
- 有时，对社会干预做评估研究本身会带来伦理问题。
- 评估研究可能会面对某个利益集团期待结果的压力。
- 在评估研究中，欺骗性的研究结果，可能比其他研究的结果带来更加严重的后果。

关键术语

以下术语是根据章节的内容来界定的，在出现该术语的页末也有相应的介绍，和本书末尾的总术语表是一致的。

成本-收益研究　评估研究　监测研究　多元时间序列设计　需求评估研究　非同等对照组　项目评估或结果评估　准实验研究　社会指标　时间序列设计

准备社会研究：引言

评估研究代表了一种研究目的，而不是一种具体方法。在研究计划中，需要说明评估的类型，以及可能产生的效果。

在前面的作业中，我们已经说明了在研究中数据搜集与测量要使用的方法。如果设计用来说明项目的成败,则需要进一步说明结果将要显示的是正向的还是负向的结果。尽管并不总是合适或可能,但在可能的情况下,加上这一点,会让评估程序更完整。

复习和练习

1. 假设某社区建立了一个禁酒、禁毒中心,以图降低十几岁青少年的酗酒、吸毒的状况。描述一下你如何着手评估这个中心的有效性。并说明你的设计是实验设计、准实验设计还是定性设计(或是以上的混合)。

2. 复习本章提到的针对表现较差的海军士兵项目的评估。重新设计评估计划,以便处理在实际研究中出现的问题。

3. 讨论练习1的研究可能涉及的潜在政治问题和伦理问题。

4. 花一点时间思考生活中曾经发生变化的种种社会现象,将那些变化设定为社会指标,使其可以用来监测社会生活质量。

5. 美国狱政局致力于对监狱的各种运作进行评估研究。找到一项这样的研究,并将研究设计及发现做一个简短的摘要。

第4篇

数据分析：
定量与定性

第 13 章　定性数据分析
第 14 章　定量数据分析
第 15 章　多元分析的逻辑
第 16 章　统计分析
第 17 章　社会研究的阅读与写作

在这一篇，将讨论社会研究数据的分析，我们将考察从观察开始到最终成果报告形成的各个步骤。

在第 1 章，我对定性数据与定量数据做了基本的区分。在其后的讨论中，我们已经看到社会研究的许多基础考量：同时用两种类型的数据。不过，定量数据和定性数据的分析，有很大差异。我们对这两者也分开讨论。

在勾画第 4 篇的轮廓之前，我还想说明高质量数据分析的难易之处。见下表，"1"是最容易做到的，而"4"是最难做到的。

	简单的	复杂的
定性的	1	4
定量的	2	3

（1）就我的经验来说，对社会生活进行观察，并推测其中的含意，相对比较容易。不过，这种推测对我们理解社会生活并没多大帮助。

（2）即使做简单的定量数据分析，也比上述情况要稍微艰难一些。因为，起码需要一定的统计技术。不过，统计数据分析常常没有真正的意义。像定量化（quantiphrenia）和科学主义这样的术语，有时候被用来指称那些模仿自然科学但又缺乏真实意义的尝试。

（3）进行复杂的、有意义的定量数据分析，需要很多思考和想象力。不过，这并不必然要求很高深的统计技术，就像拉扎斯菲尔德（Paul Lazarsfeld）和斯托弗（Sam Stouffer）那样。需要的是，对变量间有意义模式的渴望和确认的能力。对这一过程，已经有很多定量数据分析的强大工具。但真正好的发现，都不是通过对技术的死记硬背、生搬硬套得来的。

（4）社会科学家最艰难的任务，其实是进行有力的定性数据分析。这个过程同样需要献身精神和相关能力，更需要研究者的洞察力，而不是分析工具。今天的定性分析不仅是一种科学，也是一种艺术。

希望这一篇的章节，能够给予你们一些分析工具，并磨砺你们的洞察力，这对进行复杂的数据分析，不管是定性的还是定量的，都是有必要的。

第 13 章讨论定性数据分析。我们首先要了解这种分析方法的理论基础，然后再考察分析的程序，这些程序有助于发现定性数据内含的意义。最后，我将介绍一些专门为定性数据分析量身定做的计算机软件。在本章结束之前，我们将了解一些制定定性研究评估标准的尝试。

第 14 章首先讨论定量数据分析的逻辑。我们将考察单变量的陈述方式与分析方式。然后继续讨论两个变量之间的关系，并学习如何建立及辨读简单的频次分布表。最后，还将涉及一些多变量的分析和社会诊断的讨论，以及对伦理问题的考察。

第 15 章将用哥伦比亚大学的拉扎斯菲尔德开发的数据分析的详析模式（the elaboration model）来探讨多变量分析。同时，第 15 章将以频次分布表的使用为例，讨论因果分析的逻辑。这一逻辑，在第 16 章讨论其他统计分析时也会用到。这一逻辑模型本身，是用于定量分析的，但在分析定性数据时，也同样适用。

第 16 章介绍社会科学研究者常用的统计方法，包括一些较高级的多变量分析。我将在前面学过的理论和逻辑背景下，来介绍这些方法，而非仅仅展示如何用计算机来进行统计计算（计算机本身便会处理）。因此，通过这一章的学习，你们应该了解什么时候选择使用哪种方法，以及如何借助计算机来完成这些工作。

最后，第 17 章讨论的是以文字形式出现的社会研究：如何阅读和撰写社会研究。这一章包含的要素，是研究过程的压轴好戏：对已有文献的回顾涉及阅读社会研究的技巧；社会研究的写作又影响到研究报告的形式，进而影响如何和他人交流研究结果。同样，我们也会讨论这一尝试中的伦理问题。

第13章
定性数据分析

章节概述

定性数据分析是对来自参与观察、内容分析、深度访谈和其他定性研究技术的观察（数据）进行非数字化的评估。定性分析既是一门科学又是一门艺术，不过，仍然有其自身的逻辑和技术，在计算机软件的辅助下，有的功能就更强大了。

导　　言

第4篇的后面章节会讨论对社会研究数据的定量分析。定量分析有时也称为统计分析。社会科学研究近几十年来的发展，倾向于使用定量数据分析技术。不过，这种偏向，有时候遮蔽了社会观察的另一种分析方法——**定性分析**[①]（qualitative analysis），不需要将社会研究的数据转化成数字形式的分析方法。定性分析方法的出现早于定量分析方法。这种数据分析方法相当有用，社会科学对这种方法的兴趣，似乎正在复苏。

学习定性分析技术，需要不同于学习定量分析技术的方法。统计分析可能会"吓着"某些学生，其中的步骤，有时候，却是通过死记硬背方式习得的。也就是说，这种死记硬背式的学习，让定量分析方法本身的巨大潜力，无法在实践中完全发挥出来。

要用死记硬背的方式来学习定性分析方法，就更是难上加难了。在这种情况下，理解必须先于实践。在这一章，我们先探讨定性分析中研究和理论的关联；然后介绍在探求理论目标过程中那些被证明是可行的程序、方法。最后，在介绍几种简单的人工技巧之后，我们还要来看看一些计算机软件。

13.1　理论与分析的关联

第10章和本书其他地方已经提到，定性研究方法需要在数据和理论之间进行持续的相互激荡。为此，在涉及实地研究和内容分析的章节，我对定性数据分析进行过一些讨论。在定量分析中，有时候比较容易陷进数据搜集的后勤工作和数据的统计分析中去，而忽视了理论。在定性研究中，这种情况不那么可能出现，因为在定性研究中，数据搜集、分析和理论之间的互动更紧密。

在接下来的讨论中，我会用到斯特劳斯（Anselm Strauss）和科宾（Juliet Corbin）（1994：278）给出的理论图景。他们认为那是"概念和概念组之间的可能关系"。他们用"可能的"来表示，理论是我们对生活最好的理解。我们的研究越是证实了特定概念之间的具体关系，就越有信心说我们对社会现实的理解是正确的。

定性研究，有时候，只是为了纯粹的描述，譬如人类学家的民族志，就是详细地描述先前不为人知的某个部落的生活细节，不过本章关注的却是寻求解释模式的定性研究。我们将看到，有些模式是历时模式，有些则是变量之间的因果关系。下面让我们来看看定性研究者揭示这些模式的一些方法。

[①] 定性分析：对观察进行非数字化考察和解释的过程，目的是发现内在的意义和关系模式，尤其在实地研究和历史研究中。

13.1.1 发现模式

洛夫兰夫妇（John and Lyn Lofland，2006：149-165）提出了六种在特定研究主题下寻求模式的方法。假如关注某地方儿童虐待问题，为了从数据中发现有意义的东西，需要想想以下问题：

1. 频次：在研究地的家庭中，儿童受虐待有多经常？（需要注意的是，实际频次与人们愿意告诉的频次之间，可能存在差异。）
2. 级别：虐待的程度如何？有多残忍？
3. 结构：有哪些类型的虐待：身体虐待、精神虐待、性虐待？不同虐待之间是否存在某种关联？
4. 过程：结构要素之间存在某种次序吗？先从身体虐待开始，然后精神虐待和性虐待？或者，是否有不同的次序？
5. 原因：虐待儿童的原因是什么？在某社会阶级中更为常见？或在不同宗教或种族群体中存在差异？在经济环境好或坏的时候，有更多儿童被虐待？
6. 后果：虐待儿童如何影响受害人，包括长期的和短期的？会给虐待人带来什么改变？

在分析数据时，最重要的，是要找出适用于多个不同研究个案的解释模式，一种**跨个案分析**①（cross-case analysis）的分析方法。胡伯曼（Michael Huberman）和米尔斯（Matthew Miles）（1994：435f）提供了两种跨个案分析：变量导向分析和个案导向分析。**变量导向分析**②（variable-oriented analysis）与我们已经多次讨论过的模式很相似。譬如我们要预测是否决定进大学。胡伯曼和米尔斯认为，我们可以分析一些变量，如"性别、社会经济地位、父母期望、学校表现、同辈群体支持和进大学的决定"（1994：435）。这样，就可以判断究竟是男性还是女性更可能进大学。我们分析的焦点，是变量之间的相互关系，被观察的人，则是这些变量的载体。

变量导向分析，可能让你们想起第1章的通则式解释，目的是想通过相对少的变量，来达成部分的解释。试图用两三个变量解释投票意愿的政治民意调查机构，使用的也是这种方法。这并不是说研究者能够借此预测每个人的行为，甚至也不是说全面解释了每个人的动机。不过，有时候，还是可以进行部分的解释。

第1章提到的个案式解释：我们试图充分、完整地理解某个个案。在投票例子中，我们可能试图研究影响某个人投票决定的所有因素。这种分析导向，就是胡伯曼和米尔斯说的**个案导向分析**③（case-oriented analysis）。

在个案导向分析中，我们更细致地探讨具体个案，比如个案005：女性、中产阶级、父母期待很高等等。不过，其中的测量，需要很仔细。在真正的个案分析中，我们需要分析个案005的完整历史：莫伦，其母亲是社工，因不能在户外工作而苦恼不堪；其父亲要她在自家的花厂工作。年表也很重要：两年前，就在莫伦决定做一份稳定工作、其母亲给她一本社工学校剪贴簿之前，莫伦最亲密的朋友决定进大学。莫伦于是决定参加兽医学习课程。(1994：436)

这个简短的解说，可以让人们对这类分析有一个大概的了解。当然，一个完整的分析，比这详尽，而且更为深入。不过，完整的、个案式解释，不能提供一般规律。在人们为什么选择上大学问题上，它没有提供任何理论解释。

即使如此，除了深入理解某个人之外，这种方法还可以让研究者认识到研究对象经

---

① 跨个案分析：对多于一个的个案进行分析，可以是变量导向的分析，也可以是个案导向的分析。
② 变量导向分析：描述和/或解释特定变量的分析方法。
③ 个案导向分析：通过探讨每个细节来理解某个或几个个案的分析方法。

验中的关键因素,这些因素可能会构成更为一般性的社会概念或变量。譬如,莫伦母亲的社工训练,可以看成是"母亲的教育"。她朋友的决定可以看作是"同辈群体的影响"。更明确地说,这些都可以看作是影响进大学这个因变量的自变量。

当然,一个个案不可能构成一种理论,所以,胡伯曼和米尔斯才会提到跨个案分析。在跨个案分析中,研究者还会涉及其他研究对象,并会考察他们生活中的全部详细信息,还要特别关注首案的重要变量。如其他研究对象母亲的教育程度多高?接受的哪种教育?其亲密朋友有无进大学?

后继个案的主要影响变量,可能会和首案很相似。有些个案则可能和首案完全不一样。这就需要研究者挖掘其他重要变量,也就需要研究者探索为什么一些个案反映了某种模式,另一些个案反映了另一种模式。

13.1.2　扎根理论方法

刚才描述的跨个案方法,听起来应该似曾相识吧。第10章讨论扎根理论时,我们已经看到了有时候定性研究者是如何试图在纯粹归纳基础上建构理论的。这种方法从观察而不是假设入手,寻求发现模式并自下而上发展理论。其中没有任何预设,尽管有些研究者会在先前扎根理论上建构理论、细化理论。

扎根理论的发源,归功于格拉索和斯特劳斯(Barney Glaser and Anselm Strauss,1967),他们在一次医学社会学的临床研究中,创建了这种方法。自那以后,扎根理论就演变成了一种方法,不过两个创始人所走的方向,就稍微有所不同了。下面讨论关涉的,是**扎根理论方法**[①](grounded theory method;GTM)的基础概念和程序。

除了在数据的基础上进行归纳的原则之外,GTM还使用**持续比较方法**[②](constant comparative method)。在格拉索和斯特劳斯最初的表述中,GTM包括了四个阶段(1967:105-13):

1. "将适用的事件和类别进行比较"。格拉索和斯特劳斯研究医护人员对她们照料的病人可能死亡的反应。他们发现,医护人员将病人的逝世归因于"社会过失"。在某个个案出现这个概念时,他们就开始在其他个案中搜寻相同的现象。当他们发现这个概念出现在好几个医护人员那里时,他们比较了不同的事件。这个过程和第5章的概念化过程很相似,即明确数据的概念本质和维度。

2. "合并分类及其特性"。在此,研究者开始注意概念之间的关系。比如在对社会过失进行衡量时,格拉索和斯特劳斯发现,医护人员尤其注意病人的年龄、教育以及家庭责任。一旦这些关系显露出来,研究者就要注意这些概念了。

3. "划定理论界限"。随着概念之间关系模式的清晰化,研究者就可以忽视最初关注的、但又和研究显然不相关的概念。除了减少分类之外,理论本身也会变得简单。比如格拉索和斯特劳斯在对社会过失分析中发现,评估过程可以概化到医护人员和病人之外:医院所有人员都以这种方式来对待所有病人(不管死的、还是活的)。

4. "写出理论"。研究者必须将自己的发现变成文字和他人分享。研究者或许已经有过相关的经验:将自己对某事的理解和他人交流,有助于修改甚至改进对该主题的理解。在GTM中,写作阶段是研究过程的一部分。本章的后一部分(在备忘中)会详细讨论这个话题。

简短的回顾或许可以让人们对扎根理论有个印象。跟GTM相关的很多技术,可以在纸质文献或网页上找到。一本很关键的出版物是斯特劳斯和科宾的《定性研究的基础》

---

① 扎根理论方法:格拉索和斯特劳斯创立的一种归纳方法。在这种方法中,理论只来自于数据,而不来自演绎。
② 持续比较法:扎根理论的一个构成部分,指观察之间相互比较,并将观察和建构中的归纳理论进行比较。

(Basics of Qualitative Research,1998)。这本书细化并扩展了格拉索和斯特劳斯的1967年出版的原著。在网站上,也可以搜索"扎根理论"。

需要注意的是,GTM 也只不过是定性数据的一种分析方法。在这一节的剩余部分,我们还会提到其他几种专业技术。

13.1.3 符号学

符号学①（semiotics）被界定为"符号科学",与符号和意义有密切关系。符号学通常应用在第11章讨论的内容分析中,不过也应用在很多研究中。

曼宁（Peter Manning）和库浪—斯万（Betsy Cullum-Swan）（1994：466）对符号学的实用性作过论述:"符号学基于语言,而语言只不过是具有不同程度一致性、应用性和复杂性的多种符号体系中的一种。摩斯电码、礼节、数学、音乐,甚至高速公路上的指示牌,都是语言体系的例子。"

符号	意义
1. 猩猩木	a. 好运气
2. 马蹄铁	b. 第一名
3. 蓝丝带	c. 圣诞节
4. "说茄子"	d. 行动
5. "瘸腿"	e. 笑一个

图 13-1 符号和意义的匹配

任何符号,本身并没有内在意义,意义只存在于思维之中。所以,符号的特定含义是对特定人群而言的。不过,我们对特定符号含义的认同,让符号学成为了一门社会科学,就像曼宁和库浪—斯万（Manning and Cullum-Swan）指出的:

比如,照以前的惯例来说,百合意指死亡、复活节、复苏。吸烟意指香烟和癌症,玛丽莲·梦露意味着性感。每一种联系,都是社会的、任意的,所以在内容和表达之间,也就存在多种关联。（1994：466）

为了更好地探求这种关联,可以看图 13-1 符号和意义之间的关系。我十分相信你们知道答案,因此,也就无须给出答案了（好的,你们应该说 1c、3b、4e、5b。）。我想问的是:这些符号和它们的意义之间,有什么联系?你们可以写封邮件问问火星上的社会科学家,还可以附上表情符号,如:）,这也是符号学的一个例子。

毫无疑问,图 13-1 每一种关联背后都有一个故事,你们和我所"了解"的意义,都是社会建构的。符号学分析是对有意或无意附在符号上的意义的寻求。

请看俄勒冈州波特兰一个酒店大厅的符号,图 13-2。这些模糊的符号表示的是什么意思?想要表达的第一层意思似乎是美国最新的禁烟运动。那些想要吸烟的客人们可就要对不起了:这是一个健康的场所。同时,第二层意思是,酒店不希望对吸烟者不友好:吸烟者还是可以找到吸烟区的。任何人都不会觉得被排斥了。一个市场范式,一个逻辑范式,能够更好地理解这个符号。

当然,符号学的"符号",可远远不止这些。事实上,绝大部分都不是这样的。任何表示一定意义的东西,都是符号。符号包括商标、动物、人和消费品。有时候,符号主义的分析也很灵巧。戈夫曼（Erving Goffman）在《性别广告》（Gender Advertisements,1979）中的分析,就很经典。戈夫曼的注意力集中在杂志和报纸上的广告图画。广告的公开目的,显然是为了推销产品。而戈夫曼的问题是:广告还宣传了什么?尤其是在男

---

① 符号学:对符号以及与符号相关意义的研究,通常应用在内容分析中。

图 13-2 混合信号？

性和女性方面，广告说了些什么？

通过分析同时有男女的图画，戈夫曼对其发现感到相当震惊：男性往往都比女性高大（事实上，在很多情况下，广告中的图画，都成功地传达了这样的信号：女人附属于男人。）。最常见的一个解释是：平均来看，男人的体重超过女人，身材比女人高。但戈夫曼的解释模式却意味着完全不同的含义：尺寸和位置意味着地位。更大、更高，表示更高的社会地位，更有权力和权威（1979：28）。戈夫曼认为，广告传达的意思是，男人比女人重要。

在弗洛伊德"有时候雪茄就是生殖器"（他是一个烟民）的观点看来，你们何以判断广告传达的是生物差异还是社会地位信息呢？戈夫曼的结论，一定范围内也基于对例外的分析：在那些女人显得比男人高的图画中，男人都是底层社会的代表，比如主妇旁边的厨师。这就证实了戈夫曼对尺寸和高度代表社会地位的主要观点。

对图画中不同高度男人的分析，得出了同样的结论。具有较高地位的男人，身材通常会高一点，不管是跟侍应生说话的绅士，还是向其助手指点工作的老板。在那些实际高度不明显的地方，戈夫曼指出，头在图画中占有重要地位。助手蹲伏着，而老板侧靠他的上方。仆人的头是低垂的，并且低于主人的头。

广告暗示的信息是，广告中，人物头的位置越高，就越重要。在大多数有男女同时出现的广告中，可以清楚地看出，男人被刻画得更重要。不管是有意还是无意，广告中隐含的信息，就是男人比女人更强大，拥有更高的地位。

除了物理尺寸的差异之外，戈夫曼还比较了其他几种差异。男人一般都是主动角色，女人则多半是被动角色。医生（男性）检查孩子，护士（女性）或母亲则在一旁看着，还表现的满脸钦佩。一般都是男人在指导女人打网球（而且男人的头还总是高出一点）。男人紧握烈马的缰绳，女人则骑在男人身后并紧抱男人的腰。女人抱着足球，男人则在踢球。男人在拍照，女人则在照片里。

戈夫曼认为，这种图示模式，微妙地维持了性别刻板印象。虽然人们公开说支持性别平等，但这些广告图画却以一种并不显眼的方式，建立了男女"正当角色"的从容背景。

13.1.4 谈话分析

常人方法学试图揭示社会生活中隐含的假设和结构。**谈话分析**①（conversation analysis，CA）则试图通过认真审查我们谈话的方式来达到这个目的。第 10 章在常人方法学探讨

---

① 谈话分析：对谈话细节的仔细分析，这种方法建立在详尽记录（包括休止符、感叹词、支吾声等）的基础上。

中，我们已经看过了谈话分析的一些例子。在此，我们将进一步探讨这种技术。

希尔弗曼（David Silverman，1999）通过总结其他 CA 理论家和研究者的成果，提出了三个基础性假设。

第一，谈话是一种社会建构活动。与其他社会建构一样，谈话建构了行为规则。比如，对方期待我们作出回应，并且不要打断别人的说话。在电话谈话中，接电话的人一般应该先说话（比如"喂"）。谁不信的话，接电话的时候不说话试试，就可以证实这一规则的存在了。这正是常人方法学家倾向于做的事情。

第二，希尔弗曼指出，必须把谈话放在背景中理解。在不同背景下，同样的话语，会有完全不同的意义。比如，"你也一样"跟在"我不喜欢你的外表"或"玩得开心"之后，就有完全不一样的含义。

第三，CA 的目的，是通过分析精确、详尽的谈话记录，来理解谈话的意义。这种记录相当折磨人，不仅需要准确地记录词语，还要准确记录所有的"啊""嗯"等感叹词以及不正确的语法和停顿等等。事实上，有时候一秒钟会出现将近 10 次停顿。

这种分析的实际应用很多。譬如，金奈尔（Ann Marie Kinnel）和马娅纳德（Douglas Maynard）（1996）分析了艾滋病病毒测试中心职员和病人之间的谈话，以探索人们是如何交流安全性生活信息的。她们发现，职员倾向于提供标准化的信息，而不是直接针对病人的具体情况。他们似乎还不太愿意就性安全问题给出直接建议，仅仅满足于信息提供。

这些讨论，可以为人们提供定性分析方法的大概。现在，我们来看看一些在定性研究中通常会用到的数据处理和数据分析技术。

13.2 定性数据处理

定性分析既是一门科学，也是一门艺术，根本就不存在什么保证成功的僵化步骤。

这跟学习如何画水彩或写交响曲很相似。对这两种活动来说，教育无疑是可行的方法，而且大学里基本上也都有这两门课程。每门课程都有惯例、技巧，甚至秘籍。不过，指导能做到的，也就这些了。最后的结果如何，还是得看个人情况。定性数据处理，也是如此。

研究人员已经为这类研究开发了系统而严格的技术。我们可以从《建构扎根理论：定性分析实践指南》中更深入地了解这些技术。这是社会研究员凯西·查马兹（Kathy Charmaz，2006）的一部优秀著作。

这部分内容包括定性数据的编码、撰写备忘录和勾画概念图。虽然这些内容还无法告诉我们"如何"动手，但至少有助于发现定性数据的一些规则。

13.2.1 编码

不管是参与观察、深度访谈、搜集传记材料、进行内容分析，还是做其他形式的定性研究，都要面对大量的数据，并且基本上都是文本形式的素材。

在分析定性社会研究数据时，一个关键的过程就是编码，就是对个体的信息进行分门别类，此外还有一些检索系统（参见第 11 章）。这些程序有助于快速准确地找到相关素材。

假定我们正在记载社会运动的发展，想要记录运动发源的细节。这个时候，就需要这些信息了。如果所有的记录都依主题进行了分类，那么，就可以直接、轻松地找到相关素材。一个简单的编码和检索格式，起码要在文件夹上写明相关的主题，比如"历史"。在这个例子中，数据检索指的是抽出"历史"文件夹，并在其中搜寻所需要的记录。

在本章的后面部分可以看到，在一些综合计算机软件帮助下，这个检索过程会更快、更可靠、更准确。我们不仅可以浏览"历史"档案，还可以直接浏览"最早的历史"或者运动的"创建"。

编码还有另外一个更重要的目的。就像前面讨论的那样，数据分析的目的，是要发现数据之间的模式，指向对社会生活进行理论理解的模式。编码和概念之间的关联，对这一过程来说，非常关键，它是一个精确的系统，而不是简单的文件夹统计。在这一节，假定我们在进行手工编码。而这一章的结尾部分，则会介绍计算机软件在定性数据分析中的应用。

1. 编码单位

前文有关内容分析的讨论：在编码之前，先明确分析的标准化单位，对统计分析来说，非常重要。譬如你们要比较美国小说和法国小说，就可以对其中的句子、段落、章节或整本书进行评价和编码。对小说中的同一单位进行编码，是定量分析必需的。只有对每一小说的同一单位（例如段落）进行同样的编码，才能做出类似于"23%的段落包含了比喻"这样的总结。

不过，定性分析数据的编码则很不一样。概念才是定性编码的组织原则。在一个给定的文档中，适于编码的文本单位，也有多种。在一项组织研究中，"规模"的每个编码单位，可能只需要几个单词，而"任务"则可能占上好几页。或者，有关热烈的股东大会的长篇描述，也可以编码成"内部意见分歧"。

同时还要认识到，既定的编码分类，可以应用到长短不一的文本素材。比如，有些组织任务的介绍，可能很简短，有些则很长。在定量分析中，标准化是一个关键原则，但在定性分析中，则不是如此。

2. 手工编码

在继续编码逻辑之前，我们先花点时间来看现实是怎么样的。洛夫兰及其同事（Loflandet al.，1995：188）对手工文档整理进行过这样的描述：

在20世纪80年代末，个人电脑普及之前，编码都是手工操作。研究者需要建一个很庞大的文件夹，其中都会有一个编码簿，这个编码簿要么搁在数据中间，要么就在某个合适的文件夹中间，……在影印普及之前，一些实地工作者还用复写纸来复印他们的实地记录，并在记录的复印件空白处标上编码，然后用剪刀剪下来，并将这些纸片搁在相应的文件夹中。（2006：203）

就像洛夫兰及其同事指出的那样，个人电脑大大简化了编码工作。不过，包含文字内容并标示编码分类的纸片，对于理解编码过程是很有帮助的。在下一部分，当我建议对一段内容进行某种编码时，你们就可以在脑海中想象：将这段内容印在一张纸片上，并将纸片搁在相应的文件夹里。如果我们赋予了该段内容两个编码，则意味着要将这段内容复制成两份，并分别存放在标示这两种编码的文件夹里。

3. 创建编码

格拉索和斯特劳斯（Glaser and Strauss，1967：101f）还考虑到了出于检验已有理论假设的目的，对数据进行编码的可能性。在这种情况下，编码是由理论决定的，而且通常以变量的形式出现。

不过，在这一部分，我们将继续关注**开放编码**①（open coding），即轴心式编码和选择式编码中，更为普通的过程。斯特劳斯和科宾（Strauss and Corbin，1998：102）将开放编码界定为：

为了揭示、发展和命名概念，必须打开文本，将其包含的思想、见解展示出来。没

---

① 开放编码：在定性数据分析中，对概念的初始分类和标注。在开放编码中，编码是由研究者对数据的检验和质疑决定的。

有这个基础性的第一步，后面的分析和交流，就不可能实现。在开放编码中，数据被分解成不连续的部分，并进行严密的分析、比较异同。在本质上或在意义上有关联的事件、事物和行为，都会归在相同的、但更抽象的类目下。

开放编码只是数据分析的逻辑出发点，数据分析很快会受到三种编码的互相作用。首先研究文本某一主体部分（比如采访的一部分），通过反复阅读，找到其中的主要概念。任何一个特定的数据，都有可能有几个编码，即与概念数量一样多的编码。下面是一位受访者的话，他的身份是学生，请注意其中的概念：

我认为，教授至少应该给我部分学分，因为我还交过作业。

显而易见的编码是：教授、作业和打分。开放编码的结果是，找出与研究对象相关的众多概念。需要进行开放编码的文本越多，编码的数量就越多。

轴心式编码[①]（axial coding）的目的，是找到研究的核心概念。尽管轴心式编码使用的是开放编码的结果，开始后也仍然可以继续使用开放编码寻找概念。轴心式编码包括对数据进行重新归类，其中，可以使用开放编码的类目寻找更具分析性的概念。比如，上文提到的例子，也包括"对公平的理解"这一概念。这个概念可能会在对学生的采访中频繁出现，因此，可以作为理解学生关注点的重要因素。出现在这句话的另外一个轴心式编码是"权力关系"，因为可以看到，教授在对学生施加影响。

选择式编码[②]（selective coding）的目的，是找出研究的核心编码：与其他编码相关的编码。上文提到的两个轴心式编码，可以构建成更为宽泛的概念："师生关系"。当然，在实际数据分析中，是基于众多的文本数据的，而不是单个的引述。扎根理论方法的基本理念是，关系的模式能够通过广泛深入地检查观察结果而总结出来。

下面是一个说明如何进行这一过程的具体例子。假定我们想知道基于宗教对同性恋的憎恶。我们调查了一些反对同性恋者的态度，这些人还引用了宗教教义来佐证自己的感受。具体情况是，他们引用了《利未记》（修订标准版本）中的一些段落：

18：22　不可与男人苟合，像与女人一样，这本是可憎恶的。

20：13　人若与男人苟合，像与女人一样，他们二人行了可憎的事，总要把他们治死，罪要归到他们身上。

虽然这里表达的观点似乎比较模糊，但我们可以从一个更深的角度来分析其观点。对《利未记》的定性分析，可能会有助于对那些反对同性恋的禁令有更丰富的理解：他们这种态度是与犹太教和基督教共有的道德教条相吻合的。

先来分析一下上面所引用的两段内容。我们可以将这两段编码为"同性恋"。显然，这是我们分析中的一个核心概念。只要我们关注到《利未记》的同性恋话题，就不能忽略这两段。

同性恋这个概念，实在是太重要了，我们需要更加仔细地看看其在研究中的含义。我们对同性恋的初始定义是：男人"像和女人睡觉那样"和男人睡觉。虽然律师可能会说，"我认为，如果事实上并没有躺下……我们还是可以认为上面说的睡觉，就是指发生性关系，虽然我们无法判定睡觉这个词究竟有哪些具体行为"。

不过，需要注意的是，禁令似乎只注意到男同性恋；女同性恋则没有被提及。在我们的分析中，这两段都可以编码为"男同性恋"。这说明了编码的两个重要方面：①每一单位可以有超过一个的编码；②等级编码（一个包含了另一个）。上面的两段都有两个编码。

此外，还可以用更一般化的编码："被禁止的行为"。这个编码很重要，首先，从分析立场来说，同性恋并不是什么天生的错。研究的目的，是要探讨宗教教义怎么就认为

[①] 轴心式编码：在扎根理论方法中，对开放编码结果的再编码，目的是识别重要的、具有一般意义的概念。

[②] 选择式编码：在扎根理论方法中，依据开放编码和轴心式编码的结果，识别能够把基于文本识别的其他概念组织起来的中心概念。

这种行为是错的。其次,我们对《利未记》的研究,还会卷入其他被禁止的行为。

在刚才引用的两段内容中,至少还有两个更为重要的概念:"憎恨"和"判处死刑"。需要注意的是,尽管这显然是和"被禁止的行为"相关,但绝不是完全一样的。停车不付钱,这种行为是不允许的,但很少有人将这种行为看作是让人憎恨的,更不会有人要将这种人判处死刑。我们可以给这两段赋以两个新编码。

我们想在这关键两段的基础上展开,并探讨《利未记》的其他内容。我们接着就给其他章节编码。在接下来的分析中,我们将会用到前面的编码并适当地增加新的编码。在增加新编码的时候,我们还需要回顾先前的章节,以判断新的编码是否能够应用到那些章节。

下面就是我们要编码为"憎恨"的段落。(表明"憎恨"部分的文字,用黑体字标出)

7:18 作为祭品的肉,如果在**第三天才被吃掉**,那么,那些供奉这些肉的人就不会被接受,也不可信;这是一件令人憎恨的事情,而那个吃肉的人也将承受这种罪行。

7:21 任何**触摸**了**不干净事物**的人,不管是不干净的人、动物还是其他不干净的可憎事物;然后又**吃**了为企求和平而**供奉给神的肉**的人,都应被隔绝于世。

11:10 **河里或海洋里任何没有鳞的生物、水中的浮游生物和水中有生命的生物**,都是你应该憎恨的对象。

11:11 它们对你来说都是值得憎恨的:**它们的肉是你所不能吃的,其尸体也是你憎恨的对象。**

11:12 **水中任何没有鳞的东西**都是招人憎恨的东西。

11:13 这些鸟你也应该憎恨:**你所不能吃的,就是可憎恨的:老鹰、秃鹰、鱼鹰。**

11:14 **风筝和猎鹰**也属于此类。

11:15 所有的**大乌鸦**也都属于此类。

11:16 **鸵鸟、夜莺、海鸥和鹰**都属于此类。

11:17 **猫头鹰、鸬鹚、朱鹭**。

11:18 **水鸡、鹈鹕、腐烂的秃鹰**。

11:19 **鹳、苍鹭**也属于此类,还有**戴胜鸟和蝙蝠**。

11:20 **所有四肢着地的、带翅膀的昆虫,都是可憎恨的。**

11:41 **所有地球上的浮游生物,都是可憎恨的事物;是不能吃的。**

11:42 **所有带有腹部的、所有四肢着地的、所有很多脚的、所有群聚的,你都不能吃;它们都是可憎恨的。**

11:43 你不要因为这些群聚生物而使得自己被憎恨,也不要因为这些东西而玷污了自己,除非你已经不干净了。

18:22 你不应该**像和女人睡觉那样和男人睡觉**;这是一件让人感到憎恨的事情。

19:6 在祭品供出来的当天,或者第二天,就应该吃掉;如果留到第三天之后,就应该烧掉。

19:7 **如果祭品在第三天被吃掉**,这就可以憎恨;是不可接受的。

19:8 每一个吃了的人,都有罪,因为他亵渎了神圣的事物;这个人也应该被隔绝起来。

20:13 **如果一个男人像和一个女人睡觉那样和一个男人睡觉**,那么,他们两个都做了一件令人憎恨的事情;他们都应该被判处死刑,并将他们的血洒在他们身上。

20:25 所以,你应该区分干净的畜牲和不干净的畜牲、干净的鸟和不干净的鸟;**你不要因为这些畜牲和鸟,而使自己遭人憎恨。**

可见,男同性恋不是《利未记》中唯一被憎恨的事情。在比较这些段落时,仔细比较其中的异同,就很容易发现,绝大多数的憎恨都和饮食有关,尤其是那些被看作是"不干净的"食物。其他憎恨,则跟祭品的处理不当有关。"饮食规则"和"仪式祭祀"就成了我们的分析需要用到的额外概念和编码。

前文已经提到将死刑作为我们分析需要探讨的概念。在这种方法的指引下，我们发现除了男同性恋之外，还有很多行为都会被判处死刑。例如：

20：2 将你的孩子奉献给闪米特族的神（人祭）。
20：9 诅咒你的父母。
20：10 与你邻居的妻子通奸。
20：11 与你父亲的妻子通奸。
20：12 与你的儿媳妇通奸。
20：14 同时娶妻子及其母亲。
20：15 男人和动物发生性关系（动物也要处死）。
20：16 女人和动物发生性关系。
20：27 通灵或者神汉。
24：16 亵渎神灵的名字。
24：17 杀人。

在《利未记》中，死刑采用广泛：从诅咒到谋杀，还包括男同性恋。

一个关于禁止行为的扩展分析（不包括憎恨和死刑）包括很长的一个清单，其中有诽谤、复仇、吝啬、诅咒耳聋者和在盲人前边搁置障碍物者。在《利未记》第19章的第19节，引用了神灵的命令："不要给你家的牛喂不一样的东西；不要在一块地上种两种作物；也不要用两种衣料来做你的外衣。"紧接着还说，"不要吃任何带血的肉。不要去占卜，也不要相信魔法。不要在鬓角上卷发，也不要损坏你的胡须。"虽然《利未记》没有禁止穿耳洞，但确实禁止文身。所有这些相关内容，都可以编码为"被禁止的行为"，当然还可以有其他编码（回想一下"饮食规则"）。

我希望这个简短的分析，能够让读者对编码的产生和应用有所了解，留意编码何以能够帮助我们更好地理解文本的信息，并能够在需要的时候检索信息。

13.2.2 备忘录

在扎根理论方法中，编码过程不止是对文本的简单分类。当对数据进行编码时，我们还需要用到**备忘录**①（memoing）技术，为自己和项目的其他人撰写备忘录或者记录。在分析中所写的部分内容，还可能成为最终报告的一部分；其中的大部分内容，至少也会激励我们写作。

在扎根理论中，这些备忘录尤其重要。斯特劳斯和科宾（Strauss and Corbin, 1998：217）区分了三种类型的备忘录：编码记录、理论记录和操作记录。

编码记录将编码标签及其意义对应起来。编码记录很重要，因为我们用到每一个名词的意义，都可能不同于其日常意义，在所有社会研究中都是如此。所以，就很有必要记下分析中用到的编码所对应的清晰含义。比如，在《利未记》分析中，可能就需要一个编码记录，来指示"憎恨"的含义，以及人们是如何在文本分析中使用编码的。

理论记录覆盖了很多主题：维度和概念深层含义的反映，概念之间的关系，理论假设，等等。我们需要不断地思考事物的本质，试图发现本质、理解其中的意义。在定性数据分析中，记下这些想法，至关重要，即使后来认为无用的东西。在长度上，记录也有很大差异，但为了分类和组织，我们应该做一些归结。在《利未记》分析中，就需要一个理论记录，说明这些禁令主要涉及男性行为而很少谈及女性行为这一现象的隐含意义。

---

① 备忘录：在定性研究（如扎根理论）中作的记录，是分析数据的一部分。备忘录既可以描述和界定概念，涉及方法问题，也可以提供初始理论陈述。

操作记录关注的主要是方法问题。其中部分会关注数据搜集环境，这对后面理解数据也有关系。还有一些记录，则用于指导以后的数据搜集。

撰写备忘录，贯穿于整个数据搜集和分析过程。当我们重读记录或抄本、文本的编码，或和其他人讨论方案的时候，以前的想法，就会浮现在眼前。要养成这样一个好习惯：一有想法，就马上记下来。

虽然我们经常将写作看作是一个从开始到结论的线性过程，备忘录却远不是这样。实际上，它会制造混乱，目的却是为了最终发现其中的规则。

要想进一步探讨这个过程，需要参考上述讨论和本章末尾中引用的研究。我们还可以在网站上找到大量的相关数据。最后，要想真正把握这个过程，最好的途径，还是实践。即使你们手头上没有研究计划，也可以先写写课堂记录，或找一篇期刊文章，并对其进行编码。

13.2.3 概念图

现在我们已经很清楚地知道了，在定性数据分析中，需要花费大量的时间将想法记在纸（或电子文档）上；不过，这个过程不只限于文字。要是将一些概念搁在一个图上的话，这个过程就是**概念图**①（concept mapping），我们就能更好地发现概念之间的关系。有些研究者喜欢将主要概念画在一张纸上，有些研究者则将概念画在好几张纸上、黑板上、电子文档或其他媒介上。图 13-3 展示了如何将一些概念（戈夫曼解释性别和广告关系时用到的）联结起来的。（这个图是由一个名为"灵感"（Inspiration）的概念图软件创建的。）

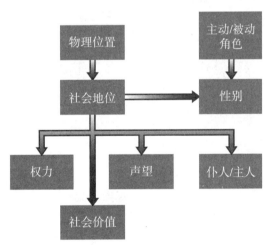

图 13-3 概念图举例

顺便提一下，本节讨论的很多主题，不仅适用于定性分析，也适用于定量分析。的确，概念图对两种类分析都适用。几类备忘录，也同样适用于两者。有关编码的讨论，也适于开放问卷，尽管后者是为统计分析和定量分析而设计的。（在下一章关于定量数据的讨论中，我们还会提到编码。）

计算机技术的发展，因其在统计计算上的优势，对定量数据分析产生了直接影响。我们接下来会看到，计算机在定性数据分析方面，也有很大的用武之地。

---

① 概念图：概念及概念之间关系的图示。概念图在理论形成过程中很有帮助。

13.3 定性数据处理

几十年前，对定性研究数据的记录和分析都是纸上谈兵：访谈记录、观察笔记、官方文件等，都是手工整理和评估。手工编写文档的工作最终因打字机的出现而简化。复制技术，先是碳纸，后是影印，给复制信息带来了便利。然后，这些打印的数据可以剪成纸条，每个条带显示一个单独的编码。这一程序使研究人员能够根据不同的主题或概念对搜集到的数据进行分类。回顾对《利未记》的讨论，一堆纸条可能包含引用同性恋的段落，另一堆纸条可能包含令人憎恶的提法，等等。而且，正如我们前面的讨论所提到的，一个给定的段落可能会出现在不止一堆。完成编码和排序后，研究人员可以手动查看特定类别的所有素材，查找和识别常见模式和重要区别。

可以想象，计算机改变了这一切。一旦信息输入计算机，复制整个文档或复制部分文档，都是小事一件。模拟早期使用纸质文件，可以复制与歧视妇女有关的访谈评论，并将其粘贴到另一份文件中，形成主题文件。最简单的文本工具或文本编辑器就可以让人们以任何方式简化编码过程。想象一下，这一段是技术进步研究文本材料的一部分。我们可以通过添加编码记号（如：＜computer＞＜qualitative＞＜coding＞）来提高文档的可用性。

可以浏览整个章节，在适当地方添加这些和其他注释。例如，可以使用简单的"搜索"功能来查看标记（coding）的所有材料。你们可以在章节搜索代码、编码、类别、分类或其他适用术语等词语来提高过程的效率。

我希望这些简短的段落有幸能吸引过去用纸和笔进行社会研究的研究人员。我希望，回顾过去的做法将证明，最简单的、光秃秃的计算机对于定性数据分析来说是一个多么强大的工具。

现在，让我们从这些简单的计算机操作转向180度。正如很快会看到的那样，这些方法可能看起来像是社会研究黑暗时代的粗糙工具。我们现在将花一些时间将一些计算机程序设计精确用于分析定性数据。

13.3.1 QDA 软件

如今，定性数据分析（QDA）软件比比皆是。分析师的问题过去是找到可用的软件，如今则是在众多软件中选择一个。这里有一些常用的 QDA 软件与在线网站。由此可以了解更多。在许多情况下，还可以下载试用版本。

- AnSWR：www.cdc.gov/hiv/software/answr.htm
- Atlas.ti：www.atlasti.com/index.php
- Ethno：www.indiana.edu/%7Esocpsy/ESA/
- Ethnograph：www.qualisresearch.com/
- HyperResearch：www.researchware.com/
- HyperTranscribe：www.researchware.com/
- MAXQDA：www.maxqda.com/
- NVivo：www.qsrinternational.com/products_nvivo.aspx
- QDA Miner：www.provalisresearch.com/QDAMiner/QDAMinerDesc.html
- Qualrus：www.qualrus.com/
- TAMS：sourceforge.net/projects/tamsys
- Weft：www.pressure.to/qda/

另一个优秀的资源是莱温斯（Ann Lewins）和西尔弗（Christina Silver）（2006）的

"选择CAQDAS套餐"。这些"套餐"有助于我们熟悉此类计算机软件中的一些关键功能,有助于选择最适合的功能。

现在,我们转到几个QDA软件的举例。虽然软件之间彼此有些不同,但这些举例能让我们很好地了解运用计算机分析定性数据的一般程序。我们将首先回到《利未记》中的性禁令和其他禁令。让我们看看计算机分析如何帮助我们发现其中的模式。

13.3.2 用Qualrus分析《利未记》

我们将用刚刚列出的软件之一:Qualrus。虽然编码的文本可以直接输入Qualrus中,但那通常是已经存在的素材,如字段注释。在这里,我们把《利未记》导入软件。为了简化列举,我只是从网上复制了《利未记》第20章,并将其粘贴到软件的文件部分。

图13-4显示了文本在Qualrus中的呈现方式。如您所见,虽然插入的文本不能都显示在窗口,但可以轻松地通过文档上下滚动。

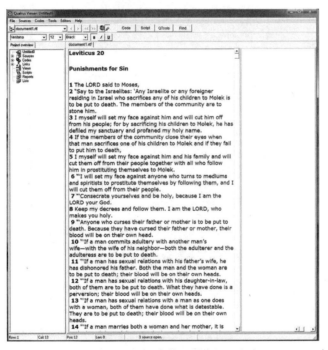

图13-4 Qualrus中的《利未记》文本

之前,我们讨论的主题之一涉及可能导致死亡的各种行为。为此,让我们在Qualrus中创建代码,这很容易做到。用键盘或鼠标标记一个我们希望编码的段落,如第2节。然后单击页面顶部的"代码"按钮,软件将弹出一个创建代码窗口,如图13-5所示。

图13-5 为"死亡"创建编码

单击窗口中最左侧的顶部图标，要求在窗口左侧部分输入新代码，我在那里键入"死亡"。这是代码列表里的第一个。另请注意，软件已自动在窗口右上角输入代码"死亡"，表示是特定段落的指定代码。如果要在软件中插入其他代码，可以在列表中选择，并单击，将代码分配给正在进行的编码。分配了正确的编码后，单击"确定"返回文档。

创建编码后，我们可以遍历文本，识别每一个段落因某个行为而被判"死亡"的具体情形。图 13-6 呈现了编码的结果。

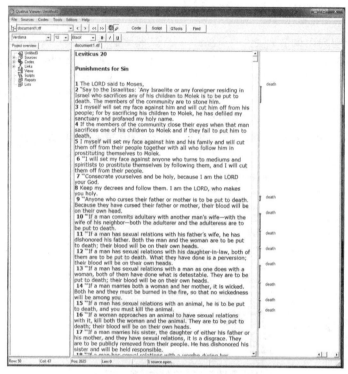

图 13-6　显示有"死亡"的段落

在建构编码结构时，Qualrus 会预测并建议我们给某些段落可能的编码。图 13-7 提供了示例。Qualrus 检查了我们选择的一段话，并猜测也许它应该被编码为"死亡"。

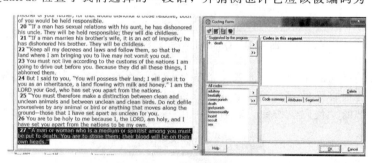

图 13-7　建议的编码

建议的编码显示在窗口的左上方。如果接受建议，则必须选择编码，并将其拖到到右上窗口。

请注意，在图 13-7 中，我已经添加了几个编码，对我们分析《利未记》可能很有用。我提供了提及通奸、兽性、同性恋、乱伦、神秘和性的段落。此外，在浏览文本时，我注意到一些段落规定上帝会惩罚罪人。另一些段落则指出，社会应予以惩罚。让我们看看使用这些编码，文档是什么样子的。请参阅图 13-8。

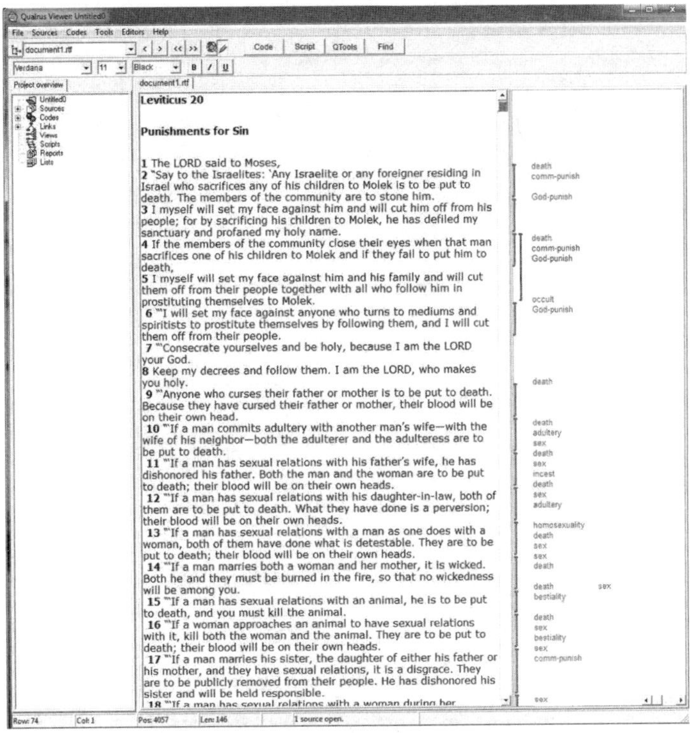

图 13-8　显示多个编码

当我们为分析添加更多编码时，图右侧的显示可能会变得非常复杂。然而，类似 Qualrus 的软件可以帮助我们理解复杂的图示。此外，当我们在编码中添加更多结构时，Qualrus 还可以简化流程。例如，可以告诉程序，通奸、兽性、乱伦和同性恋是编码"性"的子集。例如，一旦告诉 Qualrus，每次为"通奸"编码时，它也会自动将该段落编码为"性"。

所有这些编码的目的是让我们汇集特定主题的所有实例。例如，让我们回顾一下可能导致死亡的所有行为。单击"QTools"按钮，我们就会发现一个新窗口中，图 13-9 对此进行了说明。我已指示 Qualrus 找到所有"死亡"编码的段落。

通过上下滚动包含段落的主窗口，我们可以查看所有相关段落并查找模式。比方说，你特别感兴趣是，性和死亡。图 13-10 呈现了搜索结果。让我们看一个更短、更集中的段落。

这是一个简短的研究，我们可以使用 Qualrus 来分析《利未记》详细的禁令。我没有试图为该分析提供一个理论框架，我只是想说明最基本的技术，可用于研究的主题。此外，正如在最后两个数字的顶部看到的，可用的 QTool 远远超出了对一两个代码的分析。要了解有关其他分析工具的更多信息，我应该访问 Qulrus 网页 www.qualrus.com。

此时，我将转向另一个列出的 QDA 软件。虽然 NUD*IST 是最早被社会研究人员广泛采用的软件之一，但随着时间的推移，它已经演变为多种形式。这里，QSR 国际的最新工具是 NVivo 9，即我们下一个要讨论的软件。

13.3.3　NVivo

作为介绍分析定性数据的软件的开始，图 13-11 显示了 NVivo 9 如何显示我们之前在图 13-8 中看到的数据的示例，当时我们用 Qualrus 分析《利未记》。NVivo 将已建立的编

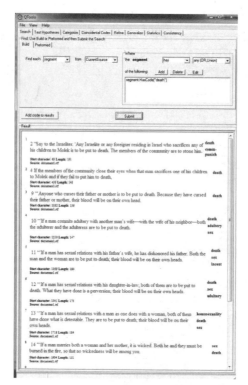

图 13-9　审看编码为"死亡"的所有段落

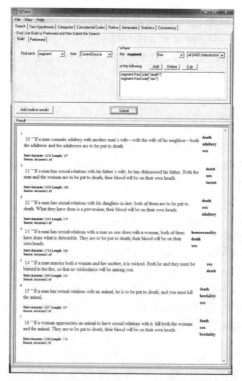

图 13-10　审看编码为"死亡"和"性"的所有段落

码称为节点（nodes）。

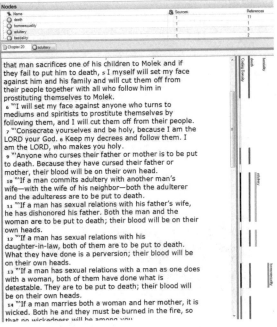

图 13-11　Nvivo 9 中的《利未记》

当然，不同软件的格式尽管不同，编码和分析编码数据的基本过程却是所有 QDA 软件的基石。我们将在这一点上进行切换。

截至目前，我的讨论仅限于书面文档的编码。因为，它提供了一个明确的编码示例。对这类分析而言，书面文件几乎不是典型的素材。我们可能已经预料到，这些软件对深访素材的分析应该特别有用。我想用一个研究例子，介绍 NVivo。

"东向环境变迁"是 NVivo 9 提供的一个样本项目，探索北卡罗来纳州沿海地区的环境变化。项目的部分研究涉及对地区社区居民的定性访谈。图 13-12 显示了此类访谈的编码。

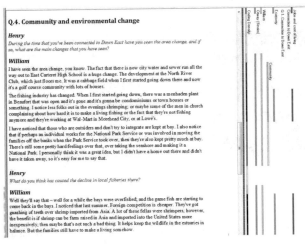

图 13-12　Nvivo 9 对访谈的编码

请注意访谈记录右侧的彩色编码条。例如，红色条代表节点"工作和生活成本"。如果读了标有红色条的段落，就能理解为什么研究人员对这些段落如此编码。另外，给定段落可能反映了正在分析的多个主题之一，因此已分配多个节点。

目前，我们已经看到 QDA 软件可用于组织文档和访谈记录，以备分析。然而，这只是开始。我们研究的"东向"项目有一些对居民的访谈，还搜集了研究区域（如社区）的物理位置数据。图 13-13 呈现了其中的一些数据。

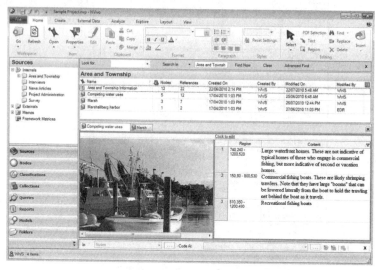

图 13-13　物理位置的数据

在此类记录中，可以通过分配节点对文本素材和或照片（或照片的一部分）进行编码。稍后，便可以汇集对与特定主题有关的素材，如：文件、照片以及已分配相关节点的任何其他内容。

用于分析的视觉数据不限于照片。也许相关项目已经以视频格式收集了一些数据。图 13-14 呈现了多种素材。

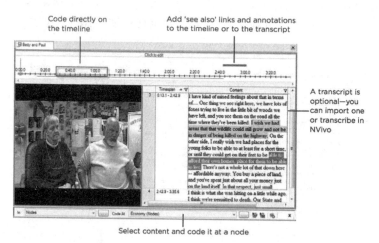

图 13-14　Nvivo 9 对视频数据的运用

一旦视频文件被导入 NVivo 项目，就可以进行编码、检索和播放。当然，对录音的处理也一样。

通过这几幅图示中，我们可以了解 NVivo 可以积累和组织的各种数据。如果使用了参考文献软件（如 EndNote），也可以将参考文献导入。发挥我们的想象力，将进一步扩展各种可能性。

在结束这一节讨论时，我将探讨之前讨论定性研究时提到的另一个因素：备忘录。每时每刻，NVivo 都允许将备忘录分配给相应节点的其他材料，在上下文记录自己的笔记。例如，当识别到两个主题交集中出现的某种模式时，可以记下观察到的内容的笔记，这样就不会忘记细节。

在讨论 Qualrus 时，我们看到了一些初步分析的例子。还记得，我们从《利未记》抽取了所有涉及"死亡"的段落；然后，我们搜索了"性""死亡"的段落。NVivo 则以"查询"为标题，提供各种分析工具。QSR 网站提供了 NVivo "开始指南"的 PDF 文本。指南还提供了"东向"项目的一些查询示例：

- 收集节点组合编码的素材，例如，收集"水质"和"休闲捕鱼"编码的内容，并探索关联。
- 从具有特定属性值的分类节点收集材料，例如，"渔民对旅游业的兴起有何看法？"
- 搜索多个节点编码的内容，并使用操作员进一步细化查询。例如，收集编码为"社区更改"的内容，其中，它与"房地产开发"编码的内容重叠。
- 搜索未在特定节点编码的内容。查找在"环境影响"编码但未以"消极态度"编码的内容。

如今，QDA 软件还可以提供更复杂的分析结果显示。例如，图 13-15 提供了几个唐东社区商业捕鱼的正面、负面和混合评论摘要。

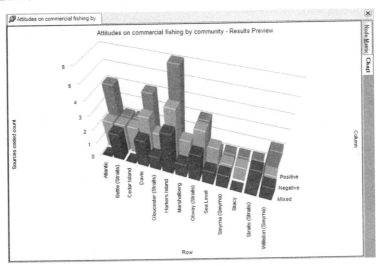

图 13-15　社区对商业捕鱼的态度

这张条形图可能会让你对哈克斯岛居民对商业捕鱼的积极态度感到好奇。使用 QDA 软件，检索这些特定评论是一件简单的事情。

QDA 软件还提供编码结构的图形演示，支持对研究的主题进行连贯的理论理解。请参阅图 13-16 示例。

我希望对两个 QDA 软件做简要概述，Qualrus 和 NVivo 能让你很好地了解可提供给定性数据分析师的强大工具。请注意，我在此处只是说明了两个软件可用的几个功能，前面也列出来了其他具有类似功能的软件。大多数软件提供了详细的在线教程。因此，我们可以自行探索、比较和决定哪个软件更适合需求。

这样的软件可能比一般学生预算容易接受的软件更昂贵。不过，学校有可供学生使用的许可版本。

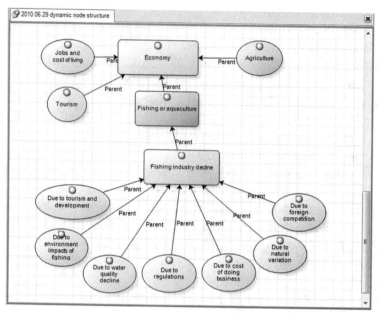

图 13-16 对东向项目的图示

13.4 定量数据的定性分析

图 13-17 是 FBI 搜集的发生在美国的犯罪记录（Maltz，1998：401）。这些数据通常是以表格形式出现的。现在，我们可以留意一下三维图展现的犯罪模式的清晰性。虽然是统计数据，但其意义却是通过图形本身表现出来的。方程式（虽然对某些目的来说是很有效的）表达，并不会比图形表达更清楚。事实上，几乎无须再用文字来描述这个模式。这个例子说明：有时候，千言万语抵不过一幅图！

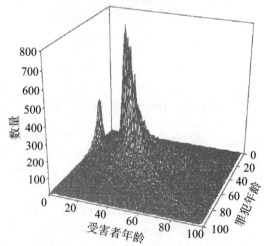

图 13-17 根据一对一（受害人和犯罪人）年龄汇总的杀人案件数量，原始数据
资料来源：Michael D. Maltz, "Visualizing Homocide: a Research Note", *Journal of Quantitative Criminology*, 15（4）：401.

密歇根大学的纽曼（Mark Newman）以一个更加惊人的例子来说明如何定性地理解定量数据，他绘制了一张显示 2012 年美国总统大选结果的地图（见图 13-18）。

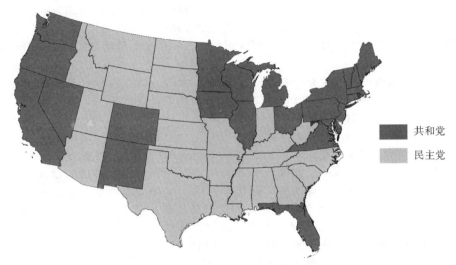

图 13-18　2012 年美国总统大选的得票分布情况

总体格局显示，民主党赢得沿海和东北部各州，共和党赢得中西部和南部。简单就州的数量而言，共和党州长罗姆尼（Mitt Romney）似乎肯定击败了民主党，然后是参议员奥巴马（Barack Obama）。当纽曼调整地图后，以考虑到人口规模拉伸或缩小的州，以反映他们的人口（和选举团的选票），民主党的统治地位变得更加明显（见图 13-19）。

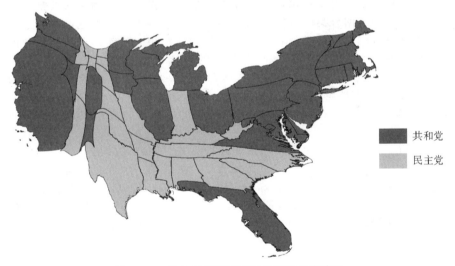

图 13-19　依人口规模调整后的得票分布情况

在纽曼网站的扩展分析中，还把他的分析单位从各州转移到县，以获得不同的面貌。他超越了各州和县的两分法蓝色、红色标签，将紫色用于那些结果接近的州和县。

13.5　评估定性研究的质量

从前几章可以看到，对定量研究的质量评估，有很多清晰的指导方案。譬如问卷调查，我们可以标记样本量、抽样方案、完成。问卷的条目可以标准化，且可以仔细审查。从第 14 章和第 16 章可以看到，研究者可以用统计检验方法评估定量研究结果。

评估定性研究的质量，也同等重要，但却复杂得多。由于定性的调查类型很多，我只能给出一些宽泛的指导，帮助人们区分一流的定性调查和不好的调查。

在第5章，我们讨论了质量评估的两方面：效度和信度。信度和效度也是开始定性研究质量评估的合理方法。

回想一下，效度涉及测量是否必要。要记住，大多数社会科学家测量的，都是人类思想和共识的产物，而不是独立于人类判断存在的东西。譬如偏见，它与年龄和体重就不相同。尽管如此，我们还是能观察到反映"偏见"的行为和取向。在某种程度上，我们用某个术语指称相同的一般事物，对同一种事物，我们也有许多不同的指称。

当我们设计一份调查问卷来测量偏见时，很重要的一件事，是要评估在多大程度上我们所问的问题和得到的答案，能够反映我们使用这一词语想要表达的意义。在实地调查或历史研究等定性研究中，也要考虑同样的问题。如果实地调查者描述一个调查对象为"怀有偏见的"，就应该考虑他们这样说的依据是什么。定性调查者比定量调查者更加注重用参与者看待生活的方式来理解生活，所以，在这种情况下，你们会发现调查者在报告中说，那些了解调查对象的调查者，也会提到他们自己是怀有偏见的。

在这种情境下，一些定性研究者更倾向于使用可信性（credibility）而不是效度。这是一种对过去实证主义观点的提醒。实证主义观点认为，社会观念是客观的、独立于人类思想的真实现象。但要注意，一些调查者使用效度概念时，包含了很多与其本意不符的意义。在这部教材中，我用效度（validity）概念时，明确排除了我们使用和研究概念的客观性。

信度也是对定性研究质量的一种合理评判指标，但信度的使用要得当。回想一下，信度关注的是一种测量或观察技术，如果独立测量或观察同一事物多次，是否会取得相同的数据。进行原始数据分类时，比如深度访谈或问卷调查的开放题的数据，我们可以找多个人，独立进行编码或分类，看是否得到相同的结果。然而，在社会研究的很多方面，信度的概念都更加复杂，原因是：①我们的观察对象可能经常变化；②测量行为（如问问题）可能影响调查对象。信度的基本含义（一些定性研究者倾向于称为可靠性 *dependability*），对于定性研究具有重要意义。例如，林肯和古帕（Yvonna Lincoln and Egon Guba, 1985）为了评估观测结果和观测过程的一致性，提出了调查审计（inquiry audit）。

他们随后的工作列举了定性研究评估的几种方式。在此基础上，一些其他的调查者提供了改良计划，用于评估定性研究和提高质量。更近的一项成果，是英国国家社会研究中心（Britain's National Centre for Social Research），他们试图协助内阁官员评估定性研究项目，这些研究项目评估的是政府计划。虽然这项研究关注的是用于评估研究的定性方法，这18个问题组成的评估方案，可以用于大多数形式的定性研究（Spencer et al., 2003：22-28）：

1. 结果有多可信？
2. 通过这项调查，知识或理解，在多大程度上得到拓展？
3. 评估对最初目标的完成情况是怎样的？
4. 对取得更广泛推断的可能性解释怎么样？
5. 评估性考核的基础是否清楚？
6. 研究设计是否经得起推敲？
7. 案例/文件的设计/目标选择，是否也经得起考察？
8. 最终样本组成和样本覆盖的描述是否清晰？
9. 数据搜集进行得如何？
10. 分析方法和分析规划传达得怎样？
11. 数据来源的保持和刻画做得怎么样？
12. 视角和内容的多样性实现得怎么样？

13. 数据的细节、深度和复杂性（如丰富性）是否传达得很好？
14. 数据、解释和结论间的联系是否清楚，譬如得出结论的过程是否清楚？
15. 报告是否清楚连贯？
16. 指导评估形式和产出的假设/理论视角/价值是否清晰？
17. 有什么证据表明研究中关注了伦理问题？
18. 研究过程是否有充分的文件证明？

对定性社会研究评估标准的探索，还远远不够。例如，一些调查者对英国刚提出的标准仍持怀疑态度：他们对政府机构规定研究评估标准的含义表示担忧，并指出这份列表是基于哲学和政治导向的，且方向并不清楚。（J. Smith and Hodkinson, 2005）

13.6 伦理与定性数据分析

定性研究的分析和汇报中至少有两个伦理问题会引起特殊关注。

第一，由于定性研究直接与主观判断相关，调查者面临的明显风险是，区分他们正在寻找的或想要发现的。这一风险，在参与行动研究或其他涉及社会公平问题的项目中，尤为显著。然而，研究者的偏见是难以避免的。有经验的定性分析，通过刻意增强对自己价值观和偏好的意识，以及坚持使用已有的数据搜集和分析技术，来避免陷入这一问题。另一种应对方法，是利用科学研究环境固有的同行评审方式来指出缺点。

第二，保护调查对象隐私，成为定性研究中尤为重要的问题。定性研究者经常分析和汇报来自具体的、可确认的个体数据。前文指出了不透露调查对象信息的重要性，虽然是在数据搜集中讨论的这个问题。在写完分析结果报告时，要经常主动想到隐藏对象身份。用假名来代表个人、组织或团体，来隐藏其真实身份。有时，甚至要隐藏可能让外人借以识别讨论对象的细节。所以说，访问一位"教会领袖"要比说"领头执事"更妥当。如果年龄、种族或性别信息会泄露调查对象身份的话，也需要将其隐藏或替换。核心原则是尊重研究对象的隐私。

本章要点

导言
- 定性分析是对观察进行非数值化的检验和解释。

理论与分析的关联
- 定性分析是理论与分析之间的持续互动。在分析定性数据时，我们试图发现诸如历时变化的模式或变量之间可能的因果关联。
- 发现和解释这些模式的方法有扎根理论、符号学和谈话分析。

定性数据处理
- 定性数据处理，既是一门科学，也是一门艺术。数据准备的三个核心工具是编码、备忘录以及概念图。
- 与统计分析用到的标准化单位相比，定性分析中用到的编码单位会因文本不同而有很大不同。虽然编码可能来自于理论，但研究者经常使用开放编码，由研究者的分析和对数据的质疑确定的编码。
- 备忘录在好几个数据处理阶段中都可以用到。备忘录通常用来记录编码的意义、理论观点、初步结论和其他有助于分析的想法。
- 概念图利用图表来探索数据之间的关系。

定性数据分析的计算机软件
- 许多计算机软件如 Qualrus 和 NVivo，都是专门为帮助研究人员分析定性数据而设计的。此外，研究人员还可以利用通用软件（如文字处理、数据库和电子表格）的功能。

定量数据的定性分析
- 尽管定性方法与定量方法看似不相容甚至对立，但同一研究项目中，常会用到这两种方法。

评估定性研究的质量
- 效度（或可信性）和信度（或可靠性），是评估定性研究的合理标准。

伦理与定性数据分析
- 定性数据分析的主观因素，为避免数据解释中的偏见增加了挑战。
- 由于定性数据分析中知道调查对象的身份，因此要特别关注对调查对象隐私的保护。

关键术语

以下术语是根据章节的内容来界定的，在出现该术语的页末也有相应的介绍，和本书末尾的总术语表是一致的。

轴心式编码　个案导向分析　概念图　持续比较方法　谈话分析　跨个案分析　扎根理论方法　备忘录　开放编码　定性分析　选择性编码　符号学　变量导向分析

准备社会研究：定性数据分析

这一章讨论了社会研究者使用的定性数据分析方法。我们在写这部分研究计划时，应该还没有进行数据分析，因此，不能说得出了任何结论。然而，我们可以描述最初的分析计划。这里说"最初的"计划，是因为我们可能在有了一定的数据积累、形成模式之后，对研究方向做一定修改。在有些研究中，我们在观察或搜集其他数据时，就可以开始分析数据，或在完成数据搜集后，再开始数据分析。

在这里，我们应该写明是否选用某种分析方法，如扎根理论、符号学或谈话分析。如果打算使用计算机软件进行定性数据分析，也要在这里写明。

复习和练习

1. 复习戈夫曼对性别广告的分析，然后，搜集杂志或报纸上的相关广告，并进行分析，以探讨性别和地位之间的关系。

2. 复习《利未记》对同性恋的讨论，并设想一种跨个案分析的方法。

3. 假定你们正在对革命文档，如《独立宣言》和《人权宣言》（法国大革命中的）进行跨个案分析。找出下列句子中的核心概念并进行编码：

在人类发展的进程中，我们需要解除人们之间的政治依附，承认自然法和自然之神赋予他们的平等的、独立的权利；我们需要尊重他人的意见，而这就要求我们公开我们孤立他人的原因。

4. 为练习 3 写一个编码记录和理论记录。

5. 在图书馆或者网上查找一个利用谈话分析写出的研究报告。用自己的话来总结其主要结论。

第14章
定量数据分析

章节概述

社会数据通常都要转变成数值形式之后,才可以用于统计分析。这一章,我们会先讨论数据的定量化,然后,转入分析。定量分析可以是描述性的,或解释性的;可以是单变量的,也可以是双变量或多变量的。我们的讨论,将从简单但强大的数据处理方式开始,来进行定量分析,并获得结论。

导　言

第13章,我们已经学习了社会研究者分析定性数据的逻辑和技术。这一章将探讨**定量分析**①(quantitative analysis),即研究者将数据转化成数值形式并进行统计分析的技术。

我们先看看定量化,即将数据转化成数值格式的过程。这个过程是将社会科学数据转化为机读形式,一种计算机和定量分析使用的、其他机器能识别和处理的形式。

剩下的部分将讨论定量数据分析的技术和逻辑。先是最简单的情况:单变量分析,然后是双变量分析(包含两个变量)。

我们在进行任何类型的分析之前,都需要先将数据定量化。下面我们就来看看将数据转化成机读形式以进行计算机处理和分析的基本步骤。

14.1　数据的定量化

如今,定量分析基本上都是通过计算机操作了,比如 SPSS 和 MicroCase,以及其他软件。这些软件要想发挥其威力,必须能阅读我们在研究中搜集的数据。譬如,我们进行问卷调查的部分数据,天生就是数值形式的:比如年龄或收入。对问卷的应答,本质上却是定性的,不过大部分都很容易转化成定量数据,如含糊的年龄。

其他数据也同样很容易定量化:将男性和女性转化成"1"和"2",在社会科学中,司空见惯。研究者还可以轻易地将数值指派给这些变量,如宗教从属关系、政治党派和国家地区。

不过,也有些数据比较有挑战性。如果一位受访者告诉我们说,现在的佛蒙特州斯托(Stowe)地区所面临的最大问题,是臭氧层空洞的扩大,计算机就根本不会明白这类问题。因此,我们必须将这个问题转换,以便计算机能够读懂:这个过程就是"编码"。我们已经讨论了内容分析的编码(第11章),还讨论了定性数据的分析(第13章)。下面我们就来看看,定量分析特定的编码过程(coding)。

当搜集完数据以后,通常要给数据编码。在进行量化分析时,往往还要采用一些其他的研究方法。例如,开放式问卷得到的非数字化答案,必须先进行编码,然后才能用来做进一步的分析。就内容分析来说,这时候,要做的工作是将搜集的数据按照不同特质,把它们归类为一些变量,每个变量都有一套有限属性的数据。例如,假设研究者询

---

① 定量分析:为了描述和解释观察所反映的现象而使用的数值表示和处理方法。

问受访者:"您从事什么职业?"得到的答案可能有很多种。碰到这种情况,一种做法是,将每位受访者的职业都分别给予一个编码。然而,这种做法还是无助于分析工作。特别是当同一属性下有不同主题时,情况更是如此。

职业变量有许多既有的编码方案。例如有的将职业区分为专业技术类、管理类、职员类、非熟练技术工人类等。另一种职业分类方法则是依照不同经济部门来划分:如制造业、保健业、商业等。除此之外,还有一种分类方法,就是将这两种方法一并进行考虑。使用既有的编码方案,让你们能将自己的研究和其他人的相关研究进行比较。

选择职业类别的编码方案,必须和研究要使用的理论概念相符。对有些研究来说,只要将职业编成白领和蓝领两类,就已经足够了。对于另外一些研究而言,则只要分为自我雇佣和被雇佣两种类型。还有的更简单,如某个研究和平事业的人,他可能只希望知道哪些职业是与国防建设相关的就可以了。

虽然编码方案必须配合研究的特别需要,但有一个总的原则,即使编码时把数据分得很细,一旦不再需要这么细的分类时,仍然可以把这些数据进行重新归并。但若一开始便把数据粗略地编入少数类别中,那么分析时,有很多细节性的信息,将因此完全丧失。因此,建议你们在编码中,最好将数据分得详细一点。

14.1.1　开发编码类别

编码有两种基本方法。第一种,根据研究需要,设计出一种相对容易的编码方案。如前面提到的和平事业研究者就属此例,只要看哪些职业与国防建设有关系就可以了。或者利用既有的编码方案,便于将自己的研究和先前的研究进行比较。

第二种编码方式来自于调查数据,就像第 13 章讨论的那样。假定我们在一次自填式校园问卷调查中问到学生认为其学校面临的最大问题是什么。下面是他们可能给出的答案:

（1）学费太高
（2）停车位不够
（3）教员不知所为
（4）找不到辅导员
（5）课程不够
（6）宿舍里有蟑螂
（7）规制太多
（8）自助食物不干净
（9）书本开销太高
（10）财政帮助不够

回顾一下这些应答,并看看是否可以归到哪个类别。要知道不存在什么正确答案;针对这 10 个应答,就有好几个编码方案。

我们先从第一个应答开始:"学费太高"。这个应答反映了大家关注的什么领域?一个显而易见的可能,是"费用关注"。是否还有其他应答也适合放在这个类别中?表 14-1 给出了适合这些应答的分类。

表 14-1　能够被放在"财政关注"分类中的学生回答

	财政关注
学费太高	×
停车位不够	
教员不知所为	
找不到辅导员	

续表

	财政关注
课程不够	
宿舍里有蟑螂	
规制太多	
自助食物不干净	
书本开销太高	×
财政帮助不够	×

更抽象地说，第一个应答也可以被认为反映了非学术关注。如果我们的研究兴趣还包括对学术关注和非学术关注的区分，那么，这种分类也是适用的。如果真是如此，那么应答编码就是表14-2显示的那样。

表14-2 被编码为"学术的"和"非学术的"学生关注

	学术的	非学术的
学费太高		×
停车位不够		×
教员不知所为	×	
找不到辅导员	×	
课程不够	×	
宿舍里有蟑螂		×
规制太多	×	
自助食物不干净		×
书本开销太高		
财政帮助不够		×

注意，在表14-2中，我没有对"书本开销太高"进行编码，因为这个关注不属于这两个分类。书本是学术计划的一部分，但其开销则不是。这就表示要重新设计编码方案。根据我们的研究目的，我们可能对那些学术关联的尤其感兴趣；这样我们可以将其编码为"学术的"。不过，我们也可能对非学术的问题更感兴趣，这样我们也可以将其编码为"非学术的"。或者，还有一种选择：我们可以为那些同时包含了学术的和非学术的回答建立一个独立分类。

还有一种选择，我们可能想要将非学术的关注分为管理事物和校园设施两类。表14-3就是对前10个应答进行的编码。

表14-3 被编码为"管理"和"设施"的非学术关注

	学术的	管理的	设施的
学费太高		×	
停车位不够			×
教员不知所为	×		
找不到辅导员	×		

续表

	学术的	管理的	设施的
课程不够	×		
宿舍里有蟑螂			×
规制太多	×		
自助食物不干净			×
书本开销太高	×		
财政帮助不够		×	

正如这些例子展示的那样,对一套数据的编码,有多种可行的方案可供选择。只是我们的选择要和研究目的相匹配,并反映数据本身呈现的逻辑。通常,在编码过程中,我们还会修改编码类别。不过要记住:只要改变编码类别,就要回头看看前面的数据,以判断新的类别是否合适。

和一组属性组成一个变量以及封闭问卷的应答类别一样,编码类别也需要详尽,也需要独一无二。每段编码的信息应该归入一个且仅一个类别。一个具体的应答如果同时可归于一个以上编码类别,或者无法归入任何一个类别,那么,这两种情况都说明数据和编码方案有不匹配的地方。

如果你们比较幸运,有人帮助做编码工作的话,就需要训练你们的编码助理,教他们编码类别的定义,以及告知他们如何正确使用这些编码类别。但首先,你们必须解释每个类别的意义是什么,并举例进行说明。为了确保编码员能完全理解你们的意思,得事先做几个案例给他们作参照。接下来,让编码员在不知道你们如何编码的情况下,编码同样的案例。最后还要把自己做的案例和编码员做的,进行比较。这其中,不能有任何偏差。即使你们彼此之间完全达成一致,也应该至少从整个编码中抽出一部分案例,检查其中的编码是否正确。

如果你们不够幸运,没有人帮忙,这时,身为编码员,核对编码程序,依然非常重要。因为没有人是完美的,尤其是当一名研究者急欲找出研究结果时。例如,在你们研究新兴教派时,假设已经得出了一种印象,认为没有正常家庭的人容易加入新的教派,以此来替代家庭的作用。这时候就会出现一种风险,当你们发现某一受访者无家可归时,你们将下意识地试图从此人的叙述中,寻求任何微小的证据,以证明你们的假设。遇到这种情况,针对研究案例,你们必须尽可能找另外一个人来帮你们编码,然后再核对,看看他的分类是否和你们的一样。

14.1.2 建立编码簿

编码的最终产物,是将数据所有内容转换成数字码。这些数字码代表了每个变量的不同属性,然后以卡片或列表形式把它们归总为数据文档。一本**编码簿**①(codebook)是变量记录本,从中可以查到自己需要的变量,包括每个变量的属性数值。

编码簿具有两个基本功能:第一,是编码过程的基本指南。第二,在分析时,告诉每个变量在数据文档中的位置以及每个数值代表的意思。在分析数据时,如果想看某两个变量之间的关系,只要在编码簿检索想知道的变量,就能得到每个变量的信息。

图 14-1 列出了编码簿的一部分,是根据综合社会调查(GSS)中的两个变量制作的。

---

① 编码簿:数据处理和分析所需的文档,告诉我们不同数据在数据文档中的位置。编码簿一般用以识别数据的位置和用来标示不同变量属性编码的意义。

虽然编码簿有各种各样的形式，但在这个例子中，我已经列出了一些基本的要素。

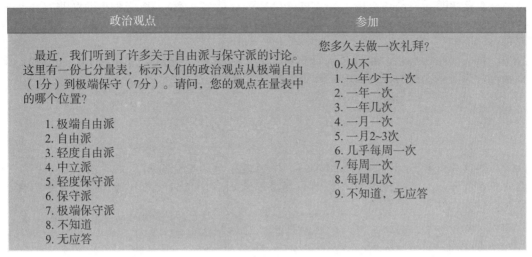

图 14-1　编码簿部分示例

在这幅图中，有几方面值得注意。

首先，每个变量，都以原有变量的缩写形式界定：如政治观点（POLVIEWS）、参加（ATTEND）。例如，我们可以用"参加"来表示受访者到教堂去做礼拜的情况。在这个例子中，我沿用了综合社会调查的格式。其他数据集或分析软件或许有不同的变量格式。例如，有的人使用数字编码来代替原缩写形式。不过，你们必须有一套识别问卷变量与位置的编码。

其次，每本编码簿必须对变量做完整的定义。以问卷为例，正如大家知道的，问卷的访题，用词必须准确，这是因为问卷的用字遣词，深深地影响到受访者的回答。在"政治观点"的例子中，我们先交给受访者一张卡片，上面有几种政治观点的类别，受访者必须选择最符合他态度的类别。

再次，编码簿还必须指出每个变量的属性。在"政治观点"案例中，受访者可以把自己的政治倾向归入"极度自由派""自由派"或"轻度自由派"等派别中的任何一类。

最后，再给每种属性都贴上一个数字标签。例如，在"政治观点"案例中，"极度自由派"编码为类别1。数字编码，可用于各种数据的处理。譬如，如果想要把类别1～3（所有"自由派"）的应答合并起来，这时，使用数字标签就方便多了。

14.1.3　数据录入

除了将数据转化为定量形式之外，想进行定量分析的研究，还需要将数据转化为机读格式，这样，计算机才能够读取，并处理数据。有很多方法可以完成这个步骤，究竟采用什么方法，则取决于数据的原始形式和所用的计算机软件。在此，我将简要介绍这个过程。如果你们正在做这项工作，那就要保证自己所做的与具体的数据源相适应，也与所用的分析软件相适应。

如果数据是通过问卷调查搜集的，就可以在问卷上编码。然后，数据录入专家（包括你们自己）就可以将数据录入譬如说 SPSS 数据表，或先录入 Excel 电子表格，然后再转到 SPSS 或类似的软件。

有时候，研究者也使用光学扫描表来搜集数据。将光学识别表放进机器，其中的黑色标记就会转化为计算机能够分析的数据。这种程序只适用于能使用这种表单的研究对象，而且通常都是封闭式应答。

还有一些时候，数据录入与数据搜集同步进行。比如，计算机辅助的调查就是如此。访谈者直接将受访者的应答输入计算机以供分析（见第9章）。更为省事儿的是，在线调查可以要求受访者直接将他们的应答输入数据库。这样也就不再需要劳累访谈者或者数据录入人员了。

一旦数据完全量化，并且录入计算机，研究者就可以开始定量分析了。下面我们来看看本章开篇中提到的两种情况：单变量和双变量。

14.2 单变量分析

单变量分析① （univariate analysis），作为最简单的量化分析，是一次只检验一个变量的分布情形，尤其是属性分布。譬如测量了性别后，我们就想知道研究对象中有多少男性，多少女性。

14.2.1 分布

单变量数据最基本的形式，是将所有单个样本都报告出来，也就是依访题的变量，列出每一样本的属性。让我们以综合社会调查数据中参加礼拜活动，即"参加"（ATTEND）变量为例。

图 14-2 表示，我们可以用前面提到的伯克利 SDA 网络在线分析项目：http://sda.berkeley.edu/sdaweb/analysis/? dataset＝gss12，以获取这些数据。

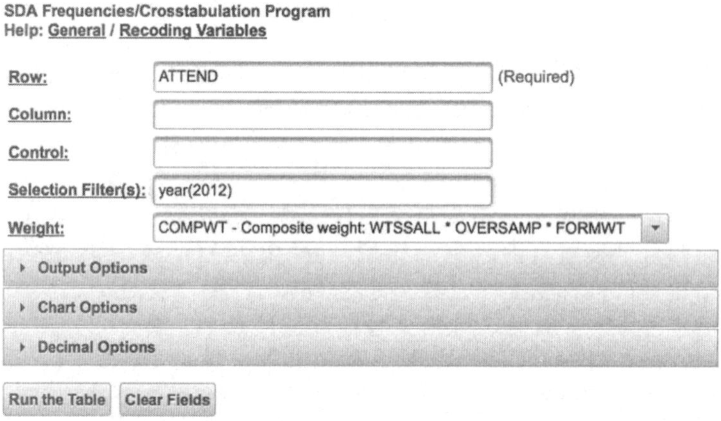

图 14-2　进行"参加"的单变量分析，2012

在图中，我们可以看到，"参加"这一项列在了"行"（Row），通过细化的选择，限于使用 2012 年 GSS 数据。

图 14-3 以百分比表的形式显示对我们请求的响应。例如，我们看到 25.2% 的人说他们从不参加宗教仪式。顺着表往下看，我们看到 19.3% 的人说他们每周都参加。为了简化结果，我们可能希望合并最后三个类别，并说 30.6% 的人"大约每周"参加一次。

---

① 单变量分析：出于描述目的，对单个变量进行分析。频次分布、平均值和离散趋势测量，都是单变量分析。与双变量分析和多变量分析形成对照。

Frequency Distribution	
Cells contain: -Column percent -Design effect (DEFT) -N of cases	Distribution
ATTEND 0: NEVER	25.2 1.359 496
1: LT ONCE A YEAR	5.6 1.030 111
2: ONCE A YEAR	13.4 1.132 264
3: SEVRL TIMES A YR	9.7 1.098 191
4: ONCE A MONTH	6.8 1.144 133
5: 2-3X A MONTH	8.5 1.150 168
6: NRLY EVERY WEEK	4.2 1.117 83
7: EVERY WEEK	19.3 1.230 380
8: MORE THN ONCE WK	7.1 1.405 140
COL TOTAL	100.0 --- 1,966

图 14-3　参加宗教活动的数次，2012

例子中，变量各种属性的数量描述，就是**频次分布**①（frequency distribution）。有时，在图表中最易看出的就是频次分布。图 14-4 是在图 14-2 的基础上进一步选择"图表选项"，由 SDA 完成的。在图纵轴的左侧，显示了每个选项的百分比，图的横轴显示了不同的选项。花点时间观察一下，图 14-3 的百分比，怎样与图 14-4 的每一条柱形高度对应起来。

这个软件也可以展现其他的图表形式。在图 14-2 中，就可以从下拉菜单中看到饼状图。图 14-4 就用饼状图展现了数据的分布。

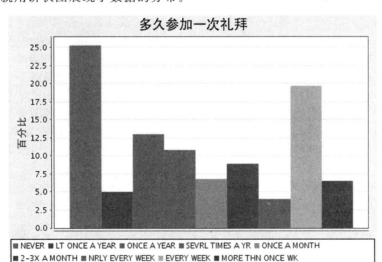

图 14-4　GSS "参加"的柱状图，2012

---

① 频次分布：样本中，变量各属性的数量描述。样本中有 53% 是男性，有 47% 是女性，就是一种简单的频次分布例子。

这个软件还提供了其他可选图形。在图 14-2 中，我可以从下拉菜单中指定"饼图"而不是"柱状图"。饼图特别适合名义变量。图 14-5 是不同宗教机构类别的分布情况。人口统计学家萨克塞纳（Prem Saxena，2012：20）在印度纳维蒙比亚（Navi Mumbia）对宗教的考察中，觉得一张饼图最能传达印度教寺庙在各种宗教机构中的主导性。

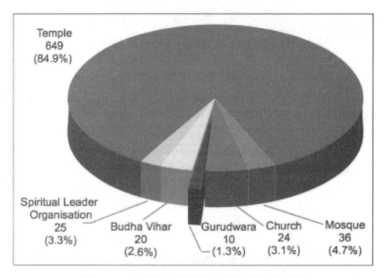

图 14-5　宗教机构类别的数量和百分比饼图

14.2.2　集中趋势

除了简单报告属性的总体分布以外，有时也称为边缘分布，或简单说边缘，还可用**平均数**①（average）或"集中趋势"（central tendency）来呈现数据。对集中趋势概念，你们或许已经非常熟悉了，在日常生活中，我们经常用各种类型的平均数来表达变量值的典型性。比如，在棒球比赛中，平均击球率为 0.300，就是说，平均每 10 次能击中 3 次。就整个赛季来说，可能有时候一次也没有击中，有时候则可能连续击中好多次。不过，平均来说，可以说球手的击中趋势，就是每 10 次击中 3 次。同样，得分也是一种平均分，综合考虑所有得分的结果，有时是 A，有时是 B，有时是 C（我知道你们不会得一个低于 C 的得分）。

像这种平均数，更应该称之为**算术平均数**②（mean，总和除以案例总数）。算术平均数只是多种测量集中趋势或说典型值方法的一种。还有两种选择是：**众数**③（mode，出现最多次之属性）和**中位数**④（median，按顺序排列后观察属性最中间的那个属性）。以下就是这三种平均数的计算。

假设要设计一个以青少年为对象的实验。他们的年龄分布为 13～19 岁，如表 14-4 所示：

---

① 平均数：代表集中趋势（典型性或常规性）的一个含糊术语。算术平均数、中位数和众数，都是数学平均数的具体例子。

② 算术平均值：加总多个观察值，除以观察单位总数，得到一个平均值。如果原来 10 门课的平均得分是 4.0，这门课的得分是 F，那么加上这门课后的平均得分（平均值）就是 3.6。

③ 众数：最常出现的观察值或属性。如果样本中有 1 000 个新教徒、275 个基督教徒和 33 个犹太教徒，那么，新教徒就是众数类别。

④ 中位数：在观察属性排列中，位于"中间"的个案值。如果 5 个人的年龄分别是 16、17、20、54 和 88，那么，中位数就是 20（平均数是 39）。

表 14-4　13～19 岁青少年实验对象数量分布表

年龄	13	14	15	16	17	18	19
数量	3	4	6	8	4	3	3

现在你们已经知道这 31 名受访者的实际年龄，那么他们有多大呢？是一般而言，还是用平均数来表达？让我们来看看三种可能回答的方式。

最简单的方式就是算出众数，即出现次数最多之值。从表中可见，16 岁的青少年（共有 8 位）比其他年龄者都要多，因此，年龄众数便是 16 岁，如图 14-6 所示。这还包括了某些更靠近 17 岁（而不是 16 岁）但又还没有到生日的那部分人。

图 14-6 也显示了算术平均数（mean）的计算，共有三个步骤：①将每一个年龄数值乘上属于该年龄之人数；②将前述所有的乘积加总；③将加总所得之和除以总人数。

在年龄例子中，需要具体的调整。就像在讨论众数时揭示的那样，13 岁的人，实际上包括刚好 13 岁和刚好低于 14 岁的。可以很合理地假定，作为一个群体，全国范围内，13 岁的在一年时间取值内，是均匀分布的，也就是说平均值是 13.5 岁。于每个年龄群体，都是如此。所以，在最终计算结果上加上 0.5 是很合适的，这样平均年龄就是 16.37。如图 14-6 所示。

至于中位数，则是指最中间的那个数值，假如能获得每位受访者最确切的年龄（例如，17 岁又 124 天），那么我们便可将这 31 位受访者按年龄大小依序排列。如此一来，这一序列最中间那位的年龄，就是中位数了。

然而，我们并不知道这群人最确切的年龄。我们所有的数据，是以分组形式出现的：例如，有 3 个人实际年龄并不相同，但却同样被并入 13 岁组。

图 14-6 显示了计算分组数据中位数的逻辑。总共有 31 位受访者，若按年龄来排，最中间的那位受访者，应该是 16 岁（15 岁嫌小，17 岁又太大）。从图 14-6 底部，会看到最中间的那一位受访者是那 8 位 16 岁的实验对象中的一个。在放大的图中，甚至可以看出是众多 16 岁受访者中从左边数的第三位。

因为我们不知道这组人中每位受访者确切的年龄，统计上的习惯做法是假设这组人的年龄为均匀分布。在这个例子中，受访者的可能年龄是从刚好满 16 岁到 16 岁又 364 天。严格来说，整个全距便是 364/365 天。若就实用来说，它可足够称之为一年了。

加入在这组人中，8 位 16 岁受访者的确切年龄很平均地分布，从一个极端到另一极端，那么他们彼此之间相差了 1/8 年，也就是 0.125 岁的间距。从范例可以见到，如果将第一位受访者放在距离下限只有一半间距的位置，然后，每隔一段相同的间距，依序排列其他受访者，那么，最后一位排入的受访者，就处在距离最顶端的上限只有一半距离的位置。

我们所做的，是假设性地计算这 8 名受访者的确切年龄，假设他们的年龄是均匀分布的。如此一来，便可以看出最中间那位受访者的年龄是 16.31 岁，这便是这组年龄的中位数。

当所有受访者人数是偶数时，便没有一个最中间的位置。这时候，计算中间那两个值的均值便可。举例来说，假设该组又多了一位 19 岁的受访者，组的中点便落在第 16～17 岁之间。也就是说，中位数是（16.31＋16.44）/2＝16.38 岁。

像图 14-6 那样，三种集中趋势测量产生了三种不同的值。事实经常如此，但不是必须如此。那么，究竟哪个最好地代表了"典型"值？我们应该使用哪个测量？答案取决于数据的特性和分析的目的。譬如，只要有平均值，就要意识到平均值最容易忽略极端值，即一些很大或很小的数值。譬如华盛顿米迪娜（Medina）平均每个人拥有超过百万美元的净财富。不过，要是到达米迪娜，可能不会发现一般居民都是想像中的百万富翁。一个很高的平均值反映了一个极端值，当时比尔·盖茨的净财富，是上百亿美元，对 3 千居民的影响很明显。这个时候，中位数就是更准确的、作为整体的米迪娜居民的财富图景。

这个例子说明，我们要认真选择集中趋势的不同测量方法。统计课程和教科书，将

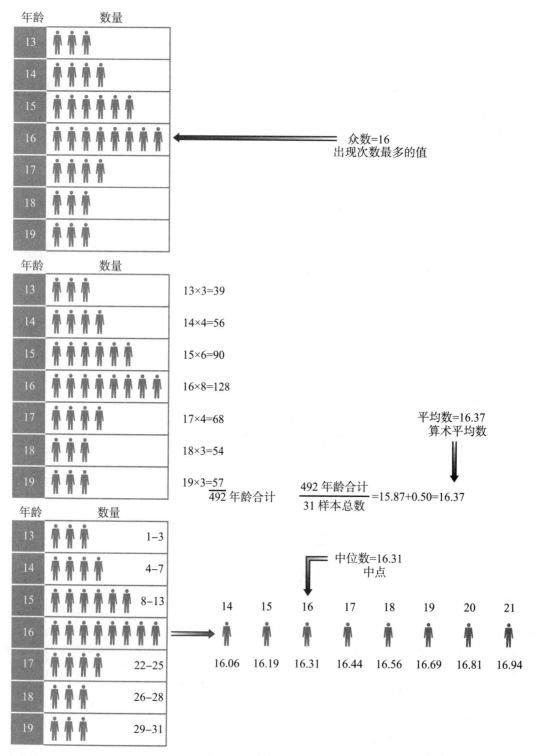

图 14-6 三种"平均数"

会告诉我们在什么时候,应该采用哪种测量。

正如在第 6 章看到的,单变量,往往以指标或量表的形式显现,由多个指标构成。真实生活的研究文本框《什么是美国最好的大学?》显现出选用指标是多么精细的事情。

14.2.3 离散趋势

均值的优点是将原始数据简化为最易操作的形式:用单一数字或属性来表示某变量的详尽数据。当然,要利用这个优点,也得付出代价,因为读者无法从平均数来重新得知原始数据。不过,这个缺点,多少可以用"离散趋势"来弥补。

离散趋势① (dispersion) 指的是,测量值围绕中心值(如平均数)的分布。最简单的离散测量是极差:最大值到最小值之间的差距。如此一来,我们除了可以报告调查对象的年龄均值是 16.37 岁之外,还可以说明他们的年龄分布是 13~19 岁。

另一种较为复杂的离散趋势测量,是**标准差**② (standard deviation)。这种测量的逻辑在第 5 章讨论抽样分布的标准误差时提到过。本质上,标准差是某组数据的变异程度指标。高的标准差意味着数据比较离散;低的标准差意味着数据比较聚集。图 14-7 基本说明了这一点。注意:职业高尔夫球手虽然平均得分不高,但很稳定,即较小的标准差。业余高尔夫球手的平均得分可能较高,但没那么稳定:有时表现很好,有时很差。

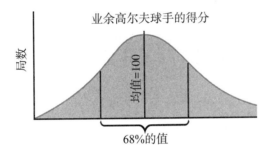
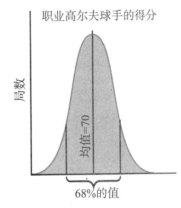

图 14-7 高标准差和低标准差

真实生活的研究

什么是美国最好的大学?

《美国新闻和世界报道》杂志每年都会对美国的大学和学院进行排名。排名依据的指标,由一些具体内容组成,如每个学生的教育经费、毕业率、选择性(接受申请的百分比)、一年级学生的平均 SAT 得分,以及类似的质量指标。

通常的情况是,哈佛大学排在第一位,随后是耶鲁大学、普林斯顿大学。但 1999 年"美国最好大学"排名,却在教育家、大学预科生及家长中掀起了轩然大波。加利福尼亚理工学院在 1998 年排行第 8,一年之后,飙升至第 1 位。虽然哈佛、耶鲁和普林斯顿的表现还是那么好,但都被排挤掉了。加利福尼亚理工学院究竟怎么了?竟然能如此惊人!

---

① 离散趋势:围绕中心值(如平均数)的数值分布,极差是简单的例子。譬如我们可以说平均年龄是 37.9 岁,范围从 12 岁到 89 岁。

② 标准差:对围绕平均值的离散趋势的测量。譬如说 68% 的个案位于离平均值加减一个标准差的范围内;95% 的个案位于加减两个标准差的范围内;99.9% 的个案位于加减三个标准差的范围内。再譬如,如果说某群体的平均年龄是 30 岁,标准差为 10。那么,68% 的年龄在 20 岁和 40 岁之间。标准差越小,值就越围绕平均值而聚集;标准差越大,值就越分散。

答案还在于《美国新闻和世界报道》杂志本身，而不是加利福尼亚理工学院。1999 年，杂志改变了排列指标的次序。这对大学排名的影响相当大。

格特莱波（Bruce Gottlieb, 1999）举了一个例子来说明改变赋值带来的影响。

那么，加利福尼亚理工学院是如何上升到首位的？平均每个学生的教育经费是学校排名的一个指标。加利福尼亚理工学院在这方面是名列前茅的。但在今年之前，杂志社都只考虑学校在这方面的排名，第 1、第 2，等等，而不是学校之间的实际差异。这样，加利福尼亚理工学院究竟是比哈佛大学多 1 美元还是 100 000 美元，都没有什么区别。在今年的排名中，还有两所学校的位置也往前靠了，MIT 从第 4 上升到第 3，约翰·霍布金斯大学从第 14 位上升到第 7 位。这三所大学的生均经费都很高，并且在自然科学方面都实力强劲。学校可以依据学均经费来研究预算，尽管学生们并没有从这些课堂之外巨大的教育经费中直接获益。

在这两年前的"最好大学"风波中，《美国新闻和世界报道》杂志明确指出，主要考虑生均经费，而不是实际总量。很明显，拥有大型研究机构和药学院的相关经费肯定会比其他学校多，因而在该指标上的得分也会比较高。也就是说，两年前，杂志社突然觉得再把拥有很多豪华实验室的加利福尼亚理工学院、MIT 和约翰·霍布金斯大学排在后面就有点不公平，尽管这些对提高大学生的教育质量并没有多大的实际帮助。

格特莱波还回顾了每一处指标变化，并提出这样的问题：1998 年排名第 9 的加利福尼亚理工学院，何以能在修改指标体系后名列前茅？他的结论是：按照新指标，加利福尼亚理工学院在 1998 年就名列前茅。也就是说，这种显著的提高，只是指标赋值的结果而已。

显然，诸如量表和指标这样的复合测量是相当有用的工具，能够用以理解社会。不过，我们需要注意的、很重要一点是：这些测量是如何建构的？这种建构意味着什么？

所以，什么是美国最好的大学？这取决于你们如何界定"最好"。并不存在"真正的最好"，完全依赖于我们不同的社会建构。

资料来源：Bruce Gottlieb, 1999. "America's Best Colleges," *U. S. News and World Report* August 30; Bruce Gottlieb, 1999. "Cooking the School Books: How U. S. News Cheats in Picking Its 'Best American Colleges'", *Slate* August 31.

另外，还有许多其他方式，可以测量离散趋势。譬如在公布智力测验分数时，可以用四分互差（interquartile range），即调查对象前四分之一的分数范围，然后，第二个四分之一的分数范围等等。假如最高的四分之一的分数范围为 120～150，最低的四分之一的分数范围为 60～90，那么就可以报告四分互差为 120～90，或 30，而分数均值是 102。

14.2.4 连续变量和离散变量

前述计算方法，并不适用于所有变量。要了解这一点，我们必须考察两种不同形式的变量：连续的和离散的。**连续变量**[①]（continuous variable，或定距变量）以微小的速度稳定增加。比如，年龄就稳定地随时间变化逐步增加。**离散变量**[②]（discrete variable）从一个类别跳到另一类别，中间没有联结。比如性别、军阶和大学年级（一步就从一年级

[①] 连续变量：其属性逐步、稳定增加的变量。如年龄和收入。一群人的年龄可以包括 21、22、23、24 等等，可以分解为每年甚至更细。与此形成对比的离散变量如性别或宗教归属，其属性，都是不连续的。

[②] 离散变量：其属性彼此隔离或不连续的变量。譬如性别或宗教归属，一个属性与下一个属性并不连贯。年龄（连续变量）的属性可以从 21、22 稳定连续地增到 23 等等；而性别的男性和女性之间，则没有什么连续性。

新生跳到二年级）。

在分析离散变量（如定类或定序变量）时，前面讨论的一些方法便不适用了。严格说来，只有定距或定比尺度的变量，才可以计算中位数和均值（参考第5章）。假如问题所用的变量是性别，原始数值（23个女性飞车党骑士）或百分比（百分之七是女性）才是恰当和有用的分析。计算众数也是合宜的分析，虽然意义不大，因为众数只能告诉我们"大部分是男性"；但无论如何，也不能用均值、中位数。不过，在宗教归属数据中，运用众数则比较有意思，比如"美国的大多数人都是新教徒"。

14.2.5 细节还是可处理性

在表达单变量（以及其他）数据时，人们往往会局限于两种常互相冲突的目标。一方面，应将最完整的数据细节提供给读者。另一方面，数据也该以最方便、最容易处理的方式呈现出来。这两个目标经常彼此直接冲突。因此，你们会发现一直在这两者间寻求最好的折中。一个可行的解决办法，就是用上述某种形式来呈现一组数据，比如说，用平均年龄和标准差来描述未分组年龄的分布。

从这些对单变量分析的介绍性讨论中可以看出，看似简单的事情，实际上可以是很复杂的。在任何情形下，这节所学的，对我们将要讨论的子群体比较及双变量分析都非常重要。

14.3 子群比较

单变量分析描述了研究的分析单位。如果它们是一个来自某一更大规模的人群，那么我们可借此对这个更大的人群做出描述推论。双变量和多变量分析的主要目的则在于解释。然而，在我们进入解释之前，必须先考虑到对子群的描述。

我们可以描述样本、受访者或应答者的子集。以下是综合社会调查的一个简单例子：在2012年，受访者回答，"大麻应不应该合法化？"有46.9%的受访者回答"应该"，53.1%回答"不应该"。表14-5表现了不同年龄类别受访者的答案。

子群比较可以告诉我们，人口中的不同子群对访题是如何反应的。毫无疑问，可以在结果中找到一个模式，我们将在后文讨论这个问题。我们先看看另外一些子群是怎么回答这个问题的。

表14-6呈现了不同的政治子群对大麻合法化的态度，划分子群的依据是保守和自由。在看这个表之前，你们可以假设结果会怎样，并猜测原因。在这个表中，我把百分比改成了竖排的以便阅读。你们可以竖着比较案例的各个子群。

表14-5 2012年不同年龄段子群对大麻合法化的反应

	21岁以下	21~35	36~54	55岁及以上
应该合法化	56%	55%	47%	39%
不应该合法化	44	45	53	61
100%	(68)	(310)	(432)	(412)

数据来源：General Social Survey, 2012, National Opinion Research Center.

在进行原因分析之前，我们先看另外一个子群比较的例子，这个例子提醒我们关注表格的格式。

表 14-6　2012 年不同政治倾向子群对大麻合法化的反应

	应该合法化	不应该合法化	100%＝
极端自由	71%	29	(53)
自由	58%	42	(127)
稍自由	55%	45	(135)
中立	51%	49	(422)
稍保守	39%	61	(189)
保守	37%	63	(294)
极端保守	14%	86	(46)

数据来源：General Social Survey，2012，National Opinion Research Center.

14.3.1　合并应答的类别

教科书中的表格通常比研究报告的或你们自己数据分析的要简单。在这一节和下一节中，我们会谈到两个基本问题，并提供解决办法。

我们从表 14-7 中报告的数据开始。表 14-7 的数据来自假设的民意调查。正如你们看到的，受访者被问及如果今天举行选举，他们会投谁的票：候选人史密斯（Smith）或琼斯（Jones）。同时，还要求受访者对候选人投票承诺的确定。调查结果报告了受访者的政党偏好。

表 14-7　假想的投票结果

假设今天举行大选投票，你会选谁？史密斯还是琼斯？			
受访者政党属性			
	民主党	共和党	无
肯定是史密斯	40%	10%	10%
也许是史密斯	30	10	20
也许是琼斯	10	25	20
肯定是琼斯	5	35	15
不知道	15	20	35
合计	100%	100%	100%

数据来源：General Social Survey，2012，National Opinion Research Center.

虽然你们可能毫不费力地猜测到哪位候选人是共和党人，哪位是民主党人，但可能会觉得表格中的数字太多，无法简单解释。我们可以通过合并每个候选人的极端和温和类别来简化表格，参见表 14-8。

表 14-8　假想的投票结果的类别合并

假设今天举行大选投票，你会选谁？史密斯还是琼斯？			
受访者政党属性			
	民主党	共和党	无
肯定还是也许？			
史密斯	70%	20%	30%
琼斯	15%	60%	35%
不知道	15%	20%	35%
合计	100%	100%	100%

14.3.2 处理"不知道"

在竞选活动中,虽然知道哪部分选民尚未决定是有用的,但值得注意的是,在选举日,没有人"尚未决定"投票。因此,你们可能要检视两位候选人的相对实力,将"不知道"排除在计算之外。结果如表14-9所示。

表14-9 假想的投票结果的类别合并

假设今天举行大选投票,你会选谁?史密斯还是琼斯?			
受访者政党属性			
	民主党	共和党	无
肯定是史密斯	82%	25%	46%
肯定是琼斯	18%	75%	54%
合计	100%	100%	100%

重新计算的结果很明确。由于民主党将他们预期选票的85%全部给了两位候选人,我们只需要将原来的百分比除以0.85即可。因此,当"不知道"的应答被排除在外时,史密斯在民主党人中的选票从70%,成为82%。共和党人把80%的选票给了两位候选人,所以,我们在表格14-9中将他们的百分比除以0.80。因此,无党派人士的百分比除以0.65。

到目前位置,已经有了数据的三种版本,你们也许会自问:"哪种是对的?"答案取决于你们分析并解释数据的目的。假如在你们的研究中区分"肯定"和"也许"的差别并非必要,那么就可以将其合并,因为这会使表格易读易懂。

是否包括或排除"不知道"则很难抽象地决定。这可能是一个非常重要的发现,因为,如此大比例的选民还没有下决心。另一方面,如果他们不会投票,或者最终他们在两位候选人之间分配选票,那么排除"不知道"可能更合适。

不论哪种情况,数据显示的事实是,一部分人说"不知道",剩下的人则分别表示了不同意见。因此,恰当的做法是把包含和不包含"不知道"的两种数据都报告出来,这样,读者便可以获得自己的结论。当然,你们自己也是由他人绘制表格的读者,了解构建表背后的逻辑将有助于你们成为定量数据的精明消费者。

14.3.3 定性研究的量化描述

虽然本章主要讨论定量研究,但应该了解,这里的讨论也与定性研究有关。深入的定性研究结果,通常可以借助数字化检验来确认。例如,当希尔弗曼(David Silverman)想比较病人分别在私人诊所和国家卫生部门(National Health Service,NHS)接受癌症治疗的效果时,他的做法便是深入分析医生与病人的互动。

我的分析方法,主要是定性的,而且……我选取医生和病人谈话的细节,并对背景和某些行为数据进行简要的民族志分析。此外,我还建构了一种编码形式,这使我能核对一些对医生与病人互动的原始测量。(1993:163)

希尔弗曼以定性观察为基础的数据,以及他对情况的深入了解,都让他能采用更适当的定量分析。请听听他对定性与定量方法互动的讨论:

我的整个印象是,私人诊所的诊疗时间比国家卫生部门的要长得多。在检验的过程中,数据显示,确实如此。前者的时间几乎是后者的两倍(20分钟与11分钟)。这种差异在统计上是相当显著的。然而由于某种理由,我想起来,有个国家卫生部门诊所的诊疗时间短得反常。因此我觉得，比较这两部门诊疗的更公平做法，应该是排除这家诊所，且应该比较两个部门单个医生的诊疗。结果这个案例的子群显示，两个部门诊疗时间的平均差距降为3分钟。虽然显著性降低了，但仍具有统计显著性。然而最后，如果我仅仅比较相同医生诊疗新病人的情况，就会发现国家卫生部门诊所的病人诊疗时间比私人诊所平均要多出4分钟（34分钟与30分钟）。(1993：163-164)

这个例子进一步显示了社会研究中方法结合的特殊力量。定性与定量分析的结合，特别具有潜力。

14.4　双变量分析

和单变量分析比，子群比较，构成了有两个变量的**双变量分析**①（bivariate analysis）。正如我们前面看到的，单变量分析纯粹是为了描述。比较子群的目的也是描述。大多数社会研究的双变量分析，还加入了另外一项：变量之间的关系。因此，单变量分析和子群比较，关注研究要描述的人（或其他分析单位），而双变量分析，则关注变量及其相互关系。

表 14-10 可以被视为子群比较的范例，描述了 2012 年综合社会调查数据中男性和女性上教堂的情况，同时比较和描述了女性上教堂比男性频繁。然而，同样的表格也可被视为解释性的双变量分析，反映了一些不同的关系。从表中可以看出，性别变量对"上教堂"变量有影响。在此，上教堂行为是因变量，部分地被自变量即性别所决定。

表 14-10　男性与女性上教堂的情况，2012

	男性	女性
每周去	27%	33%
不常去	73%	67%
100%=	(906)	(1057)

数据来源：General Social Survey, 2012, National Opinion Research Center.

这样的解释性双变量分析，涉及第 1 章介绍的"变量语言"。经过适当的转换，我们不再把男性和女性当作不同的子群来讨论，而是将性别当作一个变量：一个对另一变量有影响的变量。解释表 14-9 的逻辑，可按照第 3 章讨论的有关葛洛克（Charles Glock）的"慰藉假设"：

1. 在美国社会，女性仍被视为二等公民；
2. 在世俗社会无法获得地位满足的人，会将宗教作为一种地位的替代来源；
3. 因此，女性会比男性更倾向于信仰宗教。

表 14-10 显示的数据，证实了前面的解释。女性中有 33% 每周都上教堂，而男性只有 27%。

变量间因果关系的逻辑，对构建和理解百分比表格有重要意义。对于数据分析新手而言，一个主要的困扰是，如何确定表格正确的"百分化的方向"。例如在表 14-10 中，我把受访者分为两个子群（男性和女性），然后描述每个子群的行为。这是建立这种表格的正确方式。然而，值得注意的是，我们也可能用不同的方法来建立表格，尽管不一定恰当。我们可以首先以上教堂的频率把受访者分为多个子群，然后再依男女性别比例，

---

① 双变量分析：为确定两个变量之间的经验关系，同时对两个变量进行分析。一个简单的百分比表格或简单的相关系数计算，都是双变量分析的例子。

来描述各子群。但这种方式,对解释来说,没有意义。表 14-10 显示,性别会影响人们上教堂的频率。假若我们用另一种方式来建立表格,显示的是上教堂的频率会影响你们的性别,这是根本不合理的。

还有一个问题,也会使数据分析新手感到困难。那就是如何"解读"百分比表格?表 14-10 常会被解释成:"在女性中,有 33%会每周上教堂,67%不常去教堂;因此,女性并不经常上教堂。"然而这不是正确的解读方式。当结论是性别(作为一个变量)对于上教堂的频率有影响时,我们必须依据男女性别的比较结果来下结论。特别是,我们应该拿 33%来和 27%比较,这时,你们便会注意到女性比男性更可能每周上教堂。对理解解释性双变量表格而言,子群比较是很必要的。

在制作表 14-10 时,我习惯使用"列百分比"。这是指你们可顺着每一列,将各百分比累加,其总和是 100%(可能会出现舍入误差)。读表时,则按行横向读。在标明"每周"的那行上,男性每周上教堂的百分比是多少?女性又是多少?

每个表格中,百分比的方向由主观确定,有些研究人员喜欢用"行百分比"。他们会将表 14-10 中的男、女性别放在表的左侧成为两行,把"每周去"以及"不常去"放在表的顶端成为列。表的实际数字也会相应地移动位置,每行的百分比总和约 100%。在这种情况下,你们会顺着行来读表,询问男性和女性经常上教堂的百分比。两种表格用的逻辑和得到的结论是一样的,只不过形式不一样罢了。

因此,在读表格时,需要找出表的百分比方向。通常从表头或变量分析的逻辑中,便可以很明显地看出。最后,你们应该在每行和每列加总百分比。如果是各列加总为 100%,那么该表便是"列百分比"。假如各行总和为 100%,那就是"行百分比"。规则如下:

1. 如果表格是列百分比,按行横向来读;
2. 如果表格是行百分比,按列纵向来读。

14.4.1 百分比表格

图 14-8 展现了用两个变量建立百分比表格的逻辑。我用的变量是"性别"和"对于男女两性平等的态度"。

这里有另一个例子。假如我们想了解有关报纸社论对大麻合法化的立场,便可针对某年内全国日报样本中出现相关主题的社论,进行内容分析。每一篇社论都依其对大麻合法化的立场分为赞成、中立、反对。我们想检验社论立场和报纸出版社类型之间的关系。我们猜想,农村地区的报纸可能会比城市地区的报纸更保守,因此,按照报纸刊行社区的人口数量,我们将每份报纸(也就是每篇社论)进行分类。

表 14-11 提供了一些假设的数据,这些数据描述了农村地区和城市地区报纸社论的策略。请注意,在这个例子中,分析单位是单篇社论。表 14-11 告诉我们,在人口低于 10 万地区发行的报纸样本中,有 127 篇社论是有关大麻的(注意:用人口数作区分纯粹只是为了方便解释,并不意味着农村绝对是人口少于 10 万的社区)。在这些社论中,11%(14 篇)赞成大麻合法化,29%持中立立场,60%反对。在人口超过 10 万地区发行的报纸样本中,有 438 篇相关社论,其中 32%(140 篇)赞成大麻合法化,40%中立,另有 28%持反对立场。

当我们比较城市和农村报纸社论的立场时,正如你们所料,农村比城市报纸更不支持大麻合法化。我们注意到,更大比例(32%)的城市报纸持支持立场,农村报纸则只有 11%;我们也看到农村报纸社论反对的比例高于城市报纸(60%:28%)。应该注意的是,这个表格假设社区规模可能影响地区报纸社论对问题的立场,而不是社论立场影响社区规模。

a. 有些男性和女性不是赞成（+）两性平等，就是反对（-）两性平等。

b. 将这些男性和女性区分开（自变量）。

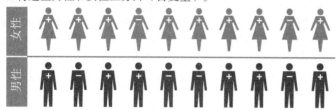

c. 在每个性别组中，再将赞成和反对两性平等者区分开（因变量）。

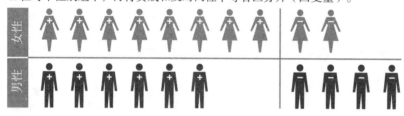

d. 数出每格的人数。

e. 女性赞成平等的比例是多少？

f. 男性赞成平等的比例是多少？

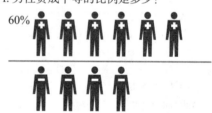

g. 结论。

尽管男性和女性中，赞成性别平等的人都占多数，但女性更倾向于赞成。
因此，性别仍然是影响对性别平等态度的因素之一。

	女性	男性
赞成平等	80%	60%
反对平等	20	40
合计	100%	100%

图 14-8　表格百分比

表 14-11　报纸社论对大麻合法化立场的假设性数据

社论对大麻合法化立场	社区规模	
	少于 100 000	多于 100 000
赞成	11%	32%
中立	29%	40%
反对	60%	28%
100%=	(127)	(438)

14.4.2　建立和解读双变量表格

在介绍多变量分析之前，让我们回顾一下制作解释性双变量表格的几个步骤：

1. 按照自变量的属性将样本分组；
2. 按照因变量的属性描述分组好的子群体；
3. 按照因变量属性比较自变量子群，以解读表格。

我们因循这些步骤，再次分析性别和两性平等态度间的关系。按照前述理由，性别应是自变量，对于两性平等的态度则是因变量。

1. 将样本区分为男性和女性；
2. 按照对两性平等赞成或反对的态度，描述每个性别子群；
3. 按照赞成两性平等的比例来比较男女性别差异。

在社论对大麻合法化策略的例子中，社区规模是自变量，报纸社论立场是因变量。表格则应如下述，逐步建立：

1. 依据报纸发行地的社区规模，将社论分成子群；
2. 按照对大麻合法化持赞成、中立，或反对立场的百分比，描述两个社论的子群；
3. 按照赞成大麻合法化的比例大小，比较这两个社论子群。

双变量分析，往往是很典型的因果解释。这两个假设性例子包含了社会科学家说的因果关系的本质。

我们前面考察的那些表格，通常被称为**列联表**①（contingency table）：因变量值必须依自变量值而定。虽然社会科学对列联表的使用非常普遍，但其形式却从未标准化。结果便是，文献中有各式各样的表格。不过，只要表格容易解读，就没有理由一定要标准化。但有些原则是在介绍大多数表格数据时必须遵守的：

1. 表格必须有表头或标题，以简洁地描述表中的内容。
2. 变量的初始内容必须明确，如果可能的话，可呈现在表中，或写在正文中，再外加一段附于表中。当变量取自对态度问题的回答时，这个信息尤为重要，因为应答的意义，主要取决于问题的问法。
3. 每一个变量的属性，必须说清楚。尽管需要简化复杂的类别，但作为表格，其意义必须很清楚。当然，在正文中必须有完整的描述说明。
4. 在表格使用百分比时，必须说明计算基准。将每一类别的原始数据都写出来，是多余的，因为这些数值可以从百分比及基础重建。此外，将原始数据及百分比同时列出，常会造成混淆，使得解读更为不易。
5. 若因缺失数据（例如无应答）而必须将某些样本删除，必须在单元格中标示数量。

我介绍了百分比表格的双变量分析逻辑，还有许多其他适合此话题的分析格式。散

---

① 列联表：用百分比分布来表示变量关系的格式。

点图就是其中一个。散点图提供了双变量之间的直观关系的视觉呈现。你们在GapMinder（http://www.gapminder.org）软件的内置数据中可以找到。例如，将国家作为分析单位，就可以查询出生日期和婴儿死亡率之间的关系。事实上，还可以观察两个变量随时间变化的关系。

14.5　伦理与定量数据分析

　　第13章指出在定性分析中主观性会带来有偏颇的分析，而这正是有经验的研究者需要极力避免的。有些人认为，定量分析并不容易受到主观偏见的影响。不幸的是，事实并非如此。即使在数学最明确的分析中，我们也能找到充足的空间，用趋向于我们发现的方式来定义和测量变量。定量分析则要谨防这一点。有时，事先对假设的具体细化，会带来一些帮助，尽管这也会带来一些束缚，并阻碍我们通过挖掘数据而得到全面信息。

　　定量分析有义务报告一个正式的假设和一个不那么正式的期望。让我们假设，一个特殊的变量能够强有力地证明造成性别歧视的原因，但数据与假设相违背，需要报告这种相关性的缺失，因为这样的信息，对一些想要在此话题上进行研究的研究者来说，是有用的。发现是什么导致了性别歧视会令人满意，发现什么因素不导致性别歧视，也是十分重要的。

　　定量分析中的隐私保护，同定性分析中的一样重要。在前面的例子中，搜集数据时，让识别研究对象变得更困难，是比较容易做到的。但是，当公职人员要求你们第一时间公布在调查中报告使用违禁药物的学生受访者名单时，事情就显得很重要了。（不要公开他们的名字，顺便说一句，如果可以，烧掉那些问卷吧，这属于"意外的事故"。）

本章要点

导言
- 定量分析是研究者将数据转化成数值形式并进行统计分析的技术。

数据的定量化
- 有些数据，比如年龄和收入，天生就是数值形式的。
- 定量化常常指编码为用数值表示的类别。
- 研究者可以使用既有的编码方案，如普查局关于职业的分类；或设计自己的编码分类。不管在哪一种情况下，编码方案都必须适合研究的特性和目标。
- 编码簿是一个描述指派给不同变量标识符和标识变量属性的编码文档。

单变量分析
- 单变量分析是对单一变量作的分析。由于单变量分析并不包含两个或更多变量之间的关系，因此其目的是描述而不是解释。
- 有几种技术可以让研究者在归纳原始数据以方便处理时，尽可能地保持数据原有的细节。频次分布、平均数、群体数据和离散趋势测量，都是与单变量相关的数据归纳方式。

子群比较
- 子群比较可以用来描述子群之间在某些变量上的相似性和差异。

双变量分析
- 双变量分析关注的是变量之间的关系，而非群体之间的比较。双变量分析探讨的是自变量和因变量之间的统计相关。其目的，通常是解释，而不是描述。
- 双变量分析的结果，常常用列联表的方式来表达。列联表是用来揭示自变量对因变量的影响的。

伦理与定量数据分析
- 从伦理角度考虑，公正的分析和报告在定量分析与定性分析中一样重要。
- 在定量分析报告中，个体的隐私必须得到保护。

关键术语

以下术语是根据章节中的内容来界定的，在出现该术语的页末也有相应的介绍，和本书末尾的总术语表是一样的。

平均数　双变量分析　编码簿　列联表　连续变量　离散变量　离散趋势　频次分布　算术平均数　中位数　众数　定量分析　标准差　单变量分析

准备社会研究：定性数据分析

参见第16章的练习。

复习和练习

1. 你所在大学的专业可以分为几类？建立一个编码体系以根据一些有意义的变量将它们分类。然后用一个不同的变量来建立一个不同的编码体系。

2. 能够用多少种数值方式来描述你自己？你天生的数值属性是什么？你能否用定量术语来表达你的一些定性属性？

3. 请依据下列信息制作一个列联表并解释：150名民主党员赞成提高最低工资，50名反对；100名共和党员赞成提高最低工资，30名反对。

4. 利用下列表格中的数据制作并解释表格，包括：
   a. 年龄和对堕胎态度之间的双变量关系。
   b. 政治倾向和对堕胎的态度之间的双变量关系。

年龄	政治倾向	对堕胎的态度	频次
年轻	自由派	赞成	90
年轻	自由派	反对	10
年轻	保守派	赞成	60
年轻	保守派	反对	60
年老	自由派	赞成	60
年老	自由派	反对	40
年老	保守派	赞成	20
年老	保守派	反对	80

第15章
多元分析的逻辑

章节概述

我们将用详析模式来说明多变量分析和因果分析的基本逻辑。对简单的百分比表格形式的逻辑的探讨，为理解更为复杂的分析方法提供了基础。

导　言

这一章致力于阐述定量社会研究中**多变量分析**[①]（multivariate analysis）的逻辑。前面对变量间因果关系的讨论是基础。第4章，我们讨论了因果关系的标准，并介绍了虚假关系。正如我们看到的，有时候两个变量看起来有因果关系（比如说，鹳的数量与出生率），可是，进一步的分析则会显示，是由第三个变量的引起（比如，乡村/城市）。乡村社区比起城市社区，出生率更高，且有数量更多的鹳鸟。正如我们将在本章中看到的，还有许多其他可能存在的多变量关系。

为了更加深入理解这一主题，我们将使用社会科学分析的视角，譬如说**详析模式**[②]（the elaboration model）、阐明方法（the interpretation method）、拉扎斯菲尔德方法（the Lazarsfeld method），或者哥伦比亚学派（the Columbia School）。之所以具有许多名称，是因为其目的在于将各变量间的实证关系加以"详细分析"以"阐明"这些关系，而这一方法是由拉扎斯菲尔德（Paul Lazarsfeld）在哥伦比亚大学任教时创立的。详析模式是一种进行多变量分析的方法。

研究者运用详析模式，即通过同时引入另外一些变量来理解两个变量之间的关系。这种方法基本上是从列联表发展来的，也可以和第16章介绍的其他统计技术一起使用。

我坚信详析模式在社会研究中可以提供最清晰的因果分析逻辑，尤其是通过列联表的使用，这一模型更能展现科学分析的逻辑过程。如果能通过使用列联表而对详析模式的运用有充分的了解，就会大大提高运用和理解更复杂的统计技术（例如：偏回归和对数线性模型）的能力。

从某种意义上说，本章对详析模式的讨论，是第4章中虚假关系讨论的扩展。社会学讨论因果关系的一个标准是：两个变量之间的关系，不是主观联系起来的，也不是由另外一个变量引起的。比如一场大火中消防车的数量和损失大小之间的关系。我们可以清楚地看到火势大小是如何影响消防车和损失大小之间关系的。火势越大，消防车就越多；同样，火越大，造成的损失也就越大。这一假设中用到的逻辑和详析模式中用到的逻辑是一样的。

通过假设的和真实的例子可以看到，通过检测观察到的关系，可以有各种发现和逻辑阐释。虚假关系只是其中的一种可能性。

技巧与工具文本框《为什么使用详析模式？》来自详析模式创始者之一帕特里夏·肯德尔（Patricia Kendall），为详析模式提供了另一个充分的证明。

[①] 多变量分析：分析多个变量之间同时存在关系。同时考察年龄、性别、社会阶级三者同时对宗教信仰的影响就是多变量分析。

[②] 详析模式：通过控制第三个变量来理解两个变量之间关系的推理模式。由拉扎斯菲尔德（Paul Lazarsfeld）创立。详析分析的不同产出包括复证、辨明、阐明和标明。

15.1 详析模式的起源

了解详析模式的发展历史，有助于获得对科学研究的实际运作有更具体的了解。前面第1章已经提过，在第二次世界大战期间，斯托弗（Samuel Stouffer）在美国陆军中组织并领导了一个特别社会研究部门。在整个战争期间，这个研究部门在美国军人中进行了大量各式各样的调查。虽然这些研究的目标彼此多少有些不同，但它们都是在探讨影响军人战斗力的因素。

为什使用详析模式？

帕特里夏·肯德尔（Patricia Kendall）
纽约市立大学皇后学院社会学系

一个真正的控制实验必须具备几个条件。其中最重要的有：（1）组建一定条件下具有相同特征的实验组和对照组（可以通过随机数表或掷钱币等随机过程，将每个人随机分入这两组）；（2）必须确保刺激是由实验者引入而非由外在事件引起；（3）必须等待，以考察刺激是否造成了预期的效果。

例如，我们假设就读于常春藤盟校者比上其他大学或学院的学生在事业上能获得更大的成就。我们如何通过一个真正的实验来验证它呢？假使你们说："找一群四十几岁的人，看他们中哪些人曾就读于常春藤盟校，再比较他们是否比就读于其他学校者更有成就。"如果这就是你们的答案，那么，错了。

一个真正的实验，要求研究者选取几个高中毕业班，将各班随机地分入实验组和控制组，然后将实验组的学生送入常春藤盟校（不管他们的财力状况和学业成绩，也不管这些学校是否愿意接受这些学生），将控制组学生送入其他大专院校，等20年左右，当这两组人都到达他们事业巅峰期时，再来测量这两组人的相对成就如何。当然，这是一个不寻常的过程。

社会学家也会去研究破碎家庭是否会导致青少年的偏差行为。我们如何对此进行经验性研究呢？假使按照前一例的做法，你们会发现根本不可能用实验方法来研究这个假设。只要想想实验者必须做什么就知道了。

真正实验法的一些必要条件，在社会学研究中是如此不切实际，以致在几乎所有情况下我们不得不采用其他不太理想的方法，除了某些最微小的情况。例如我们可以实验性地研究一种讲课方式是否比另一种使学生收益更大，或是研究一部电影是否会影响观众的态度。但这些，通常都不是我们真正感兴趣的问题。

因此，我们依靠近似的方法（通常是调查），而这种方法是有缺陷的。不过，详析模式使我们能对调查数据进行检验，注意其可能存在的缺点，从而使我们能对重要的问题，作出精确的结论。

其中有几项检验军队士气的研究。因为士气似乎会影响战斗力，所以提高士气也许可以提高战斗力。斯托弗（Stouffer）和他的同事努力想找出一些影响士气的变量。另一方面，他们试图通过经验，验证一些普遍为人接受的命题。这些命题如下：

1. 晋升一定会影响到士兵的士气，因此，服务于晋升速度较慢单位的士兵，士气会相对较低。

2. 因为南方存在种族隔离与种族歧视，因此在北方训练营中训练的黑人士兵会比在南方受训的黑人士兵的士气高。

3. 受教育程度较高的士兵，会比受教育程度较低的士兵，更倾向于对自己被征召入伍感到怨愤。

在逻辑上，上述每个命题都很合理。斯托弗决定用实证方法来检验这些命题。但出乎他的意料，没有一道命题被证实。

也许你们还记得第 1 章讨论过的那个命题：第一，在晋升速度最慢的宪兵部队服役的士兵，较之在晋升速度最快的航空兵部队服役的士兵，较少抱怨他们的升迁系统；第二，黑人士兵不论在南方的还是在北方的训练营受训，士气没有什么不同；第三，受教育程度较低的士兵，反而比受教育程度较高的士兵更倾向于对被征入伍感到怨愤。

斯托弗并不试图掩盖这些结果，或只做统计显著水平检验，然后就发表这些结果，他在问："为什么？"他发现问题的答案存在于参照群体（reference group）和相对剥夺（relative deprivation）。简单地说，斯托弗指出，士兵不会依据绝对的、客观的标准，来评价他们在生活中所处的位置，而会根据他们相对于周围人所处的位置来做评价。他们用于与自己比较的那些人，便是他们的参照群体，如果比较的结果是自己处于较低的地位，便会有相对剥夺感。

运用参照群体及相对剥夺概念，斯托弗为他实证数据的每一种异常情况都找到了答案。对于晋升问题，他指出，士兵将自己的经历与周围人的经历进行对比，据此来评断晋升系统是否公平。在宪兵部队，晋升慢，机会少，士兵很少发现某个条件不如自己的同伴反而比自己晋升得快。相反，在航空兵部队，快速晋升率却意味着让许多士兵感受到，很多条件不如自己的同伴，却晋升得飞快。于是，颇具讽刺意味的是，宪兵们认为晋升系统总的来说是公平的，而航空兵部队的士兵，却不这么认为。

类似的分析也可以用来解释黑人士兵的情形。黑人士兵并不比较各自在南方和北方的情形，而是拿自己的地位与周围黑人的地位做比较。在南方，种族歧视很严重，那儿的士兵发现，军人多少可以让自己与周围社区对他们不利的文化规则相隔离。南方的黑人居民，整体上是被歧视的，他们被剥夺了自尊、好的工作等等。比较起来，黑人军人的地位稍好一点。而在北方，许多黑人士兵发现，很多黑人居民都有收入很好的工作。由于北方的种族歧视并不严重，因此，当军人并不会对他们在社区的地位有任何帮助。

参照群体和相对剥夺概念，似乎也可以解释受教育程度高的士兵反而比受教育程度低者较愿意接受征召的奇怪现象。斯托弗的解释如下：

1. 整体而言，一个人的朋友，具有和自己相同的受教育程度。
2. 受教育程度较低的役龄男子，会比受教育程度较高的，更可能从事生产线上的半技术职业或农场工作。
3. 战争期间，许多工业生产线及农场的工作，对国家整体利益而言，相当重要，因此，从事这些工作的人可免被征召。
4. 受教育程度较低的男子，会比受教育程度较高的，更有可能拥有从事免征召职业的朋友。
5. 当与自己的朋友相比时，受教育程度低的被征召者，比受教育程度高的，更可能感到自己被歧视。(Stouffer et al., 1949-1950: 122-127)

斯托弗的解释，解开了这三个异常结果的谜底。但因为这些解释并非原有研究计划中的内容，他尚缺乏实证数据予以验证。尽管如此，斯托弗的逻辑却为以后详析模式的发展，提供了基础：通过引入其他控制变量来理解双变量之间的关系。

1946 年，拉扎斯菲尔德和他在哥伦比亚大学的同事们正式开发了详析模式。在考察斯托弗的研究方法时，拉扎斯菲尔德和肯德尔利用详析模式逻辑，展示了一些假设性的表格，证明了如果确有实证数据，斯托弗关于受教育程度与接受征召之间关系的论点，是可以得到证实的（Kendall and Lazarsfeld, 1950）。

详析模式的核心逻辑，是先从观察到的两个变量之间的关系和一个变量可能影响另一个变量的可能性出发。在斯托弗的案例中，最初的两个变量是教育水平和征召接受程度。由于士兵的教育水平先于征召入伍（并对征召有其看法），所以，教育水平才可能是原因，或自变量。征召接受程度则是结果，或因变量。不过，我们上面已经看到，观察到的关系和研究者的设想，刚好相反。

详析模式检验的是其他变量对最先观察到的关系的影响。有时候，这种分析能够揭示因果关系发生的机制，有时候，则可以证伪原有的因果关系。

这便是详析模式和多变量分析的核心所在。观察到两个变量（比如受教育程度和接受征召）之间的经验性关系之后，我们的目标，是要通过引入其他变量（比如有缓征的朋友）造成的影响，来了解这种关系的本质。从技术上说，为完成这一目标，我们首先要将样本按照**检验变量**①（test variable）或说控制变量，分成几个子变量。例如，在我们目前的例子中，有无朋友被缓征就是控制变量，样本也随之被分成两组，有朋友被缓征的以及没有朋友被缓征的。在两个分组样本中，分别重新计算两个原始变量（受教育程度和接受征召）间的关系。按照这种方式建立的表格，被称为分表，在表中发现的关系，则被称为**净关系**②（partial relationships）。接着，再将这个净关系与在所有样本发现的原有关系，也就是**零阶关系**③（zero-order relationship），进行比较。零阶关系，就是还没有控制其他变量时，两个变量之间的关系。

虽然我们刚开始时用的是假设性的资料来展示详析模式，但它还是展现了对实际测量的变量关系进行分析的逻辑方法。我们还会看到，假设性例子只描述了详析模式的一种可能结果。下面我们来看看其他可能结果。

15.2　详析范式

本节将提供一些指南，以利于读者理解详析分析。我们必须清楚，对其他两个变量而言，检验变量是先导性的（在时间上更早）、也是中介性的，因为位置的不同，在多变量模型中暗示的逻辑关系是不同的。假如检验变量是中介性的，就像在受教育程度、有无朋友被缓征与应征接受度例子中，那么，分析就应该建立在如图15-1中所示模型的基础之上。其中，多变量关系的逻辑是自变量（受教育程度）影响作为中介的检验变量（有无被缓征的朋友），中介变量再影响因变量（对征召的接受度）。

自变量 ⟹ 检验变量 ⟹ 因变量

图 15-1　中介性的检验变量

如果检验变量先于自变量及因变量，就必须用另一个完全不同的模型（见图15-2）。此时，检验变量同样影响自变量及因变量。当然，我们应意识到，在这里用"自变量"和"因变量"这样的名称，严格地说，是不正确的。事实上，我们有一个自变量（检验变量）和两个因变量。然而，我之所以仍用错误的名称，是因为需要顾及与前述例子的连贯性。"自变量"与"因变量"之间显示的经验上的关联性，由于都与检验变量有关，所以，两者之间并没有任何因果关系。也就是说，两者之间的经验关系，纯粹是由于各自与检验变量间同时存在关系的产物（接下来的例子会更进一步澄清这种关系）。

---

① 检验变量：在进一步澄清其他两个变量之间的关系时保持不变的变量。譬如，发现了教育和偏见之间存在相关关系，我们可以将性别看作是常量，进而分别检验男性和女性各自的教育和偏见之间的关系。在这个例子中，性别就是检验变量。

② 净关系：在详析模式中，在控制第三个变量的情况下，两个变量在子群的相关关系。比如，政治党派和对堕胎态度之间没有关系。但我们可以看在男性和女性（也就是控制性别）中，这种关系是否也是真实的。在男性和女性中发现的各自相关关系，就是净关系，有时也称为偏相关。

③ 零阶关系：在详析模式中，在不引入控制变量的情况下，两个变量之间的初始关系。

图 15-2　先导性检验变量

表 15-1 是一个理解详析模式的指南。表中有两栏显示检验变量是先导性的还是中介性的。表的左边所显示的是净关系与自变量及因变量原有关系的比较。该表的主体则给出了一些技术上的名词——复证、辨明、阐明和标明——以说明每种情况。我们将依序讨论这些情况。

表 15-1　详析范式

净关系与原有关系的比较	检验变量	
	先导	中介
相同关系	复证	复证
较小或消失	辨明	阐明
拆分*	标明	标明

* 一种净关系与原有关系相同或较之更大，另一净关系较原有关系更小或为零。

15.2.1　复证

不论在何时，不论检验变量是先导性的还是中介性的，净关系基本上和原有关系相同，**复证**①（replication）就是指这样的结果。这意味着原有关系在检验时再次被证实了。在前述例子中，假如不论其是否有朋友被缓征，受教育程度都会影响对征召的接受度，那么，我们便可以说，原有关系被复证了。不过，请注意，这样的结果，没有证实斯托弗对原有关系的说明。朋友是否被缓征，就不会成为受教育程度借以影响征召接受度的机制了。

研究者们经常使用详析模式，希望能在子样本中复证原有的发现。举个例子，假如我们发现教育与偏见之间存在相关关系，我们会引入一些检验变量，诸如年龄、地区、种族、宗教等等，来测试原有关系的稳定性。假使原有关系重复出现于年轻人与老年人、各地的人等等，那么，便可据此认定原有关系真实而普遍。

15.2.2　辨明

辨明②（explanation）用来描述一个虚假关系（spurious relationship）；即一个原有关系被后来引入的检验变量解释了。这种情形的产生，必须具备以下两个条件：①检验变量必须先导于自变量与因变量；②净关系必须是零或明显小于原有关系。以下几个例子可以说明这种情形。

我们再来看看第 4 章提过的一个例子。人们发现不同地区的鹳鸟数目和该地区小孩出生数目存在经验性关系。鹳鸟愈多的地区，孩子的出生率愈高。这种经验性关系会引导

---

① 复证：与详析模式相关的一个技术术语，指引入控制变量之后，原有双变量关系并没有改变。意味着进一步加强了原有关系为真的信心。

② 辨明：两变量之间的初始关系被证实是虚假的详析模式结果，因为引入控制变量后，原关系消失了。

人们猜想鹳鸟的数目会影响生育率。然而，一个先导性检验便可解释这一关系。乡村地区的鹳鸟数目和生育率都比都市地区高。在乡村地区，鹳鸟数与生育率之间并没有任何关联性，在都市地区也一样。

图15-3显示了城/乡这一变量如何导致鹳鸟和生育率之间看似有明显的关系。图中Ⅰ部分显示了原有关系。请注意，在城乡总框中，鹳鸟多的各地区除一个地区外，都有较高的生育率；在鹳鸟少的地区，除了一个例外，生育率也都很低。再以百分比的形式来看，在鹳鸟多的地区，93%有高生育率，与之相对，鹳鸟少的地区，只有7%有高生育率。这是相当大的百分点差距，因此表示这两个变量之间具有很强的关联性。

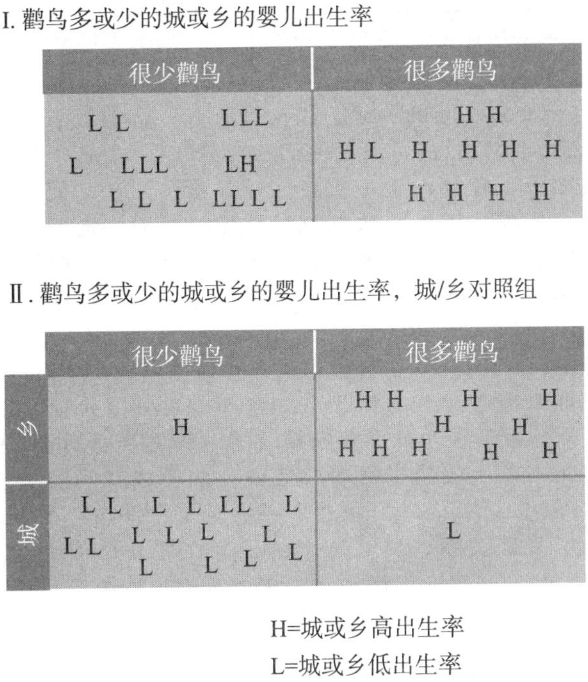

Ⅰ. 鹳鸟多或少的城或乡的婴儿出生率

很少鹳鸟	很多鹳鸟
L L　　L L L	H H
L　L L L　　L H	H L　H　H H H H
L L L　L L L L	H H H H

Ⅱ. 鹳鸟多或少的城或乡的婴儿出生率，城/乡对照组

	很少鹳鸟	很多鹳鸟
乡	H	H H　H　H H H H H H　H　H
城	L L　L L　LL　L L L　L L L L L L L　L　L	L

H=城或乡高出生率
L=城或乡低出生率

图15-3　鹳鸟和婴儿间的事实

图的第Ⅱ部分将乡村地区与城市地区分开进行统计，然后，分别检验各类地区的鹳鸟与婴孩的数量。现在可以看到，所有乡村地区都有高生育率，所有都市地区的生育率都较低。同时请注意，只有一个乡村地区鹳鸟较少，仅有一个都市地区有很多鹳鸟。

另有一个类似的例子，也是第4章提过的。在火灾现场，消防车的数量和火灾损失间有正相关关系。到现场的消防车愈多，火灾的损失愈大。有人也许会因而假定消防车本身造成了破坏。然而，一个先导变量，火灾的大小，就解释了原有的关系。大火灾比小火灾造成的破坏更大，同时，大火灾会比小火灾需要更多消防车。如果只考察大火灾，则原有关系消失（或还会相反）；当只考察小火灾时，结果也一样。

最后，让我们用一个真实的例子。某研究发现，在美国，医学院教员接受训练的地区与教员对医疗保险的态度之间存有经验性的关系（Babbie，1970）。为简单起见，只比较东部和南部。从东部医学院毕业的教师中，78%赞成医疗保险；毕业于南部医学院的教员只有59%的表示赞同。这个研究发现，看起来很合理，因为一般而言，比起东部各州，南方各州似乎更抵制这类计划，医学院的训练又应该会影响医生的医疗态度。但当我们引入一个先导变量后，这种关系便被解释了。该变量即是，这些教员的成长地。在东部长大的教员中，89%的进入东部的医学院学习，只有11%进入南方的医学院。在南方长大的教员中，53%的进东部的医学院，47%的进南方的医学院。这些教员的成长地区，也会影响他们对医疗保险的态度。在东部长大的教员中，84%的赞成医疗保险，在南方长大的教员中，这一比例为49%。

表15-2 生长地区、受教育地区与对医疗保险的态度

		赞成医疗保险的百分比	
		生长的地区	
		东部	南部
接受医学训练的地区	东部	84	50
	南部	80	47

数据来源：Earl R. Babbie, *Science and Morality in Medicine* (Berkeley: University of California Press, 1970), 181.

表15-2显示了三个变量之间的关系，①何处长大；②何处接受医学院训练；③对医疗保险的态度。在东部长大的教员，不论他们在何处接受训练，较倾向于支持医疗保险。在南方长大的，相比之下，较倾向于不支持医疗保险，同样，他们在何处接受训练对这一态度影响很小或没有影响。因此，数据显示，受医学训练地区与对医疗保险的态度之间，原有的关系是虚假的；实际上是因为成长地区因素恰巧同时既作用于接受医学训练的地区，又作用于对医疗保险的态度。如果控制成长地区，如表15-2，则原有的关系，在净关系中消失了。

如果考察支持（或反对）2010年可负担的医疗法案（又名奥巴马医改），看看是否出现同样的模式，应该非常有趣。现有数据（如各州的遵守或抵制）表明，主要阻力在南部，就像医疗保险一样。看看医生的原籍和接受的训练是否遵循先前的模式。

真实生活的研究文本框《就读于常春藤盟校与职业成就间的关系》中，详析模式创始人之一的肯德尔（Patricia Kendall）重述了一项研究，研究者本想通过详析模式发现一种辨明关系，却发现了复证关系。虽然这个例子现在看来已有些陈旧，但其研究主题，却仍是学生们非常感兴趣的：事业上的成功在多大程度上取决于读了一所"好学校"？

真实生活的研究

就读于常春藤盟校与职业成就间的关系

帕特里夏·肯德尔（Patricia Kendall）
纽约市立大学皇后学院社会学系

对调查分析而言，最主要的风险是原本以为存在的因果关系，却被证明是虚假的。也就是说，X与Y之间原有的关系，被先导性检验变量解释了。进而，当控制了先导性检验因素时，X与Y之间的净关系会降为零。

这种情况，对于几十年前研究发现而言，具有相当大的可能性。我在哥伦比亚大学的一个研究生帕特里夏·沙特·威斯特（Patricia Salter West）曾根据《时代》杂志在1万名男性订阅者中进行的问卷调查来做她的学位论文。威斯特提出的许多假设中，有一个是假设从常春藤盟校（布朗、哥伦比亚、康乃尔、达特茅斯、哈佛、宾夕法尼亚、普林斯顿和耶鲁）毕业的男性，与毕业于其他院校的男性相比，在他们日后的事业上，会更有成就（以他们的年薪来定义）。

初始的四分表（表1）支持了威斯特的假设。虽然这些数字是我假造的，但和威斯特研究的发现非常接近。就读于常春藤盟校的人，看来比其他学校的毕业者有更大的成就。

表 1*

日后的成就（Y）	就读的大学（X）	
	常春藤盟校	非常春藤盟校
成功（25%）	1 300（65%）	2 000
不成功（75%）	1 700（35%）	6 000
合计（100%）	2 000（100%）	8 000

* 我不得不自创了一些数字，在威斯特发表的唯一版本中没有包括总数。参见 Ernest Havemann and Patricia Salter West, *They Went to College* (New York: Harcourt, Brace, 1952).

但是，且慢！这种关系不是典型的虚假关系吗？谁可以供得起儿子上常春藤盟校？当然是那些有钱人*。谁又可以提供生意和业务关系给自己的儿子，以协助他们在事业上成功？当然还是那些有钱而有地位的人家。

换句话说，学生家庭的社会经济地位解释了这个明显的因果关系。事实上，威斯特的一些发现，也显示了很可能实际情况就是如此。

如表 2 所示，那些来自有钱家庭的孩子中，有 1/3 就读于常春藤盟校；而家庭背景较差的孩子，11 人中只有 1 人就读于常春藤盟校。因此，在 X 和 T 这两个变量间，有非常强的相关（家庭社会经济地位 T 和日后事业成功 Y 之间也有类似的高度相关）。

表 2

就读的大学（X）	家庭社会经济地位（T）	
	高社会经济地位	低社会经济地位
常春藤盟校	1 500（33%）	500（9%）
非常春藤盟校	3 000（67%）	5 000（91%）
合计（100%）	4 500（100%）	5 500（100%）

这些边际相关（marginal correlations）的大小，显示了威斯特有关就读于常春藤盟校的因果关系假设，可能有误；相反，数据表明，是学生家庭的社会经济地位造成了威斯特观察到的原有关系（即 X 与 Y 的关系）。

然而，我们还不能就此结束。关键问题是，一旦检验因素被控制，净关系会变得如何？结果如表 3 所示。

表 3

日后的成就（Y）	家庭社会经济地位高（T）		家庭社会经济地位低（T）	
	常春藤盟校（X）	其他大学（X）	常春藤盟校（X）	其他大学（X）
成功	1 000（67%）	1 000（33%）	300（60%）	1 000（20%）
不成功	500（33%）	2 000（67%）	200（40%）	4 000（80%）
合计	1 500（100%）	3 000（100%）	500（100%）	5 000（100%）

这些净关系显示，即使控制家庭社会经济地位，就读于常春藤盟校仍与日后的事业成功之间有显著关系。结果，威斯特所做的分析支持了她最初的假设。

尽管如此，威斯特仍无法证实她的假设，因为几乎永远都有其他的先导因素可以解释这一原有关系。例如，学生的智商（经由 IQ 测验或 SAT 的分数来测量）。常春藤盟校自豪于他们的学生很优秀。因此，他们愿意给那些具优异条件但却付不起学费和膳食费的学生以优秀奖学金。一旦获准进入了这些名牌大学，那些聪明的学生便会发展出各项技能并建立起各种关系，而这些都有助于日后的事业成功。因为威斯特并没有获得研究对象的智商资料，所以她无法研究一旦这个因素被引入，原有关系是否会消失。

> 总之，详析模式使得研究者排除了一些可能性，而又可从其他方面获得某种支持。但它无法使我们能证实任何事。
>
> * 由于威斯特并没有家庭社会经济地位的直接数据，她把在大学四年内能够完全为子女提供资助的家庭，界定为有钱或较高社会经济地位的。那些必须在四年中或完全，或部分地靠自己的家庭的子女，则被界定为较穷或社会经济地位较低者。

15.2.3 阐明

阐明与辨明相似，不过，引入检验变量的时间不同，对随后差异的解释也不相同。**阐明**①（interpretation）是这样的研究结果，即检验或控制变量为中介变量，通过中介变量，自变量才会对因变量发生影响。前文有关受教育程度、朋友被缓征以及自己接受征召的态度的例子，便是一个相当好的阐明的例子。就详析模式而言，受教育程度对接受征召态度的作用，并没有被其他因素给予解释，仍然是一个真实的关系。就实际的情况来看，受教育程度的差别导致接受征召态度的差别。中介变量，即朋友是否被缓征，只是帮助阐明该关系借以产生的机制。因此，阐明并不是否定原有因果关系的有效性，而是澄清这一关系运行的机制。

另有一个阐明的例子。研究者观察到来自破碎家庭的孩子，比来自完整家庭的孩子更容易有偏差行为。这个关系可以通过引入督导这个检验变量来加以阐明。在那些接受着督导的孩子们中，偏差行为的比率并不会受其父母是否离婚的影响。同样的情形也出现在没有受督导的孩子们中，也就是说，是由于破碎家庭与缺乏督导之间的关系，才导致原有关系的产生。

15.2.4 标明

有些时候。详析模式会产生一些互相有显著差别的净关系。例如，一个净关系与原有双变量关系相同或更强，第二个净关系却小于原有关系而可能降至零。这种情形，在详析模式中被称为**标明**②（specification）。即详细说明原有关系发生的不同情境。

现在来回顾一个探讨宗教参与之根源的研究，葛洛克和他的同事（Glock et al., 1967：92）发现，圣公会（Episcopal Church）的教友们，随着社会地位的升高，宗教参与程度则会降低。表15-3显示了这个结果，比较的是不同社会阶层女性教区居民，参与教堂活动的平均水平。

葛洛克的分析将这一发现置于其他因素背景下。他的结论认为，宗教参与为那些在世俗社会被剥夺了满足感的人，提供了一种替代的满足形式。这个结论，解释了为什么女性比男性更倾向笃信宗教，或为何老年人比年轻人更倾向于此，等等。葛洛克解释说，处于较低社会阶层（依受教育程度与收入而测量）的人，从世俗社会获得自尊的机会不如社会阶层高的人多。为了阐明这一点，他特别提出女性社会阶层的高低与其是否在世俗组织内担任公职之间，有很强的相关关系（见表15-4）。

---

① 阐明：与详析模式相关的术语，表示控制变量是原初相关关系的中间变量，也就是说，自变量通过影响控制变量来影响因变量。

② 标明：详析模式用到的一个术语，表示加入控制变量之后，两变量之间的初始关系在某些子群中继续存在，而在另外一些子群中则不复存在。这时候，需要标明初始关系存在的条件：比如，存在于男性中间，而不存在女性中间。

表 15-3　圣公会妇女的社会阶层及其宗教参与均数

	社会阶层等级				
	低		中		高
	0	1	2	3	4
平均参与度	0.63	0.58	0.49	0.48	0.45

注：本表用均数分值而非百分比

数据来源：表 15-3、表 15-4 以及表 15-5 都来自 Charles Y. Glock, Benjamin B. Ringer, and Earl R. Babbie, *To Comfort and to Challenge* (Berkeley: University of California Press, 1967). 获得了 The Regents of the University of California 的许可。（原书的数据来源与对应表格编号有误。——译者注）

表 15-4　社会阶层与在世俗组织中担任公职的关系

	社会阶层等级				
	低		中		高
	0	1	2	3	4
在世俗社会里担任公职的百分比	46	47	54	60	83

表 15-5　宗教参与、社会阶层和担任世俗公职

	各社会阶层的宗教参与均数				
	低		中		高
	0	1	2	3	4
在世俗社会里担任公职的	0.46	0.53	0.46	0.46	0.46
在世俗社会里没担任公职的	0.62	0.55	0.47	0.46	0.40

葛洛克接着推论，只有在较低社会阶层的妇女被剥夺了从世俗社会中获得满足的情况下，其社会阶层与宗教参与才具有相关关系，而在已经从世俗社会中获得了满足的女性中，这种关系就不存在了。他把是否担任世俗公职当作一个变量，用来作为是否从世俗社会获得满足的硬性指标。在这个检验中，对那些任公职者而言，社会阶层与宗教参与程度间就没有相关关系。

表 15-5 展现了一个标明的例子。在担任世俗公职的女性中，社会阶层与宗教参与之间，基本上不存在相关关系。该表还有效地标明了原有关系仍然存在：无法从世俗社会得到满足的女性，会有更多的宗教参与。

在详析模式中，"标明"，无需关注检验变量是先导性的，还是中介性的。不论是哪种变量，其意义都是一样的。我们要详细标明的是，在何种特定情形下，原有关系仍存在。

15.2.5　范式的微调

前面几节已经展现了由拉扎斯菲尔德及其同事开发的详析模式。这一节，我们再看一些逻辑上可能的变化形式，其中一些，在罗森伯格（Morris Rosenberg, 1968）的著作中可以找到。

第一，基本的范式假定，双变量之间有一个初始关系。在一个更复杂的模型中，区

分正相关关系与负相关关系很有用处。但罗森伯格进一步提出，即使初始关系为零，也可运用详析模式。他引用一项研究（成为工会成员的时间长短与对工会任用犹太人为职员的态度）作为例子（见表 15-6），最初的分析表明，成为工会成员时间的长短，与对犹太人的态度之间并无关系：入会少于 4 年者和超过 4 年者，同样都愿意接受犹太人入会。然而，工会成员的年龄抑制了成为会员时间长短与对犹太人态度间的关系。总的来说，年轻成员比年长成员对犹太人更为友好。在具体年龄层中，在工会待得越久的人，越支持犹太人担任工会职员。在这个例子中，年龄成为一个**抑制变量**[①]（suppressor variable），掩盖了成为会员时间长短与对犹太人态度之间的关系。

表 15-6 抑制变量范例

Ⅰ．在工会时间长短与对犹太人态度间无明显关系	在工会时间长短	
	少于 4 年	4 年及以上
不在乎犹太人是否在工会的百分比	49.2% (126)	50.5% (256)
Ⅱ．在每个年龄层，在工会时间增长，会提高接受犹太人的意愿	在工会时间长短	
	少于 4 年	4 年及以上
29 岁及以下	56.4% (78)	62.7% (51)
30～39 岁	37.1% (35)	48.3% (116)
50 岁及以上	38.4% (13)	56.1% (89)

第二，基本模型的焦点，在于净关系是否与原有关系相等或比其弱，但没有任何指导原则可用于辨明是什么构成了原有关系与净关系之间的显著差异。当你们使用详析模式时，就会经常发现，自己在武断地确定某个净关系是否明显弱于原有关系。这一点暗示了可以给这个范式加入新的维度。

第三，基本范式局限于认为净关系等同于或弱于原有关系，这就忽略了另外两种可能性。净关系可能比原有关系更强，或者根本与原有关系相反，当原有关系为正相关时，净关系为负相关。

罗森伯格提供了一个假想的例子。某研究者可能在研究中发现，劳工阶级受访者比中产阶级受访者更支持民权运动（见表 15-7）。他进一步指出，在这个例子中，种族可能是个**曲解变量**[②]（distorter variable），歪曲了阶级与态度之间的真正关系。假如黑人受访者会比白人受访者更支持民权运动，在劳工阶级中他们又占了大多数，在中产阶级中只占少数。中产阶级的黑人受访者，也许会比劳工阶级的黑人受访者更支持该运动，同样的关系，在白人中也可能出现。如果控制种族变量，那么，研究者得出的结论会是：中产阶级比劳工阶级更支持民权运动。

---

① 抑制变量：在详析模式中，使初始关系不能显现的检验变量。
② 曲解变量：在详析模式中，逆转零阶关系方向的检验变量。

表 15-7　曲解变量范例（假设性的）

I. 劳工阶级受访者似乎比中产阶级受访者在民权问题上更开放		
民权指数	中产阶级	劳工阶级
高	37%	45%
低	63%	55%
100%=	100% (120)	100% (120)

II. 控制种族因素后，中产阶级比劳工阶级在民权问题上更开放				
社会阶层				
	黑人		白人	
民权指数	中产阶级	劳工阶级	中产阶级	劳工阶级
高	70%	50%	30%	20%
低	30%	50%	70%	80%
100%=	100% (20)	100% (100)	100% (100)	100% (20)

数据来源：Morris Rosenberg, *The Logic of Survey Analysis* (New York: Basic Books, 1968), 94-95. Used by permission.

另有一个曲解变量的例子。瑟佛（Michel de Seve）做过一项研究。她检验了在同一组织工作的男女不同性别的起薪，很惊讶地发现女性获得的起薪一般比她们的男性同事高。这里，曲解变量是被录用的时间。许多女性都是新近才被录用的，而最近这些年，薪金总体上高于早些年的薪金，大多数男性是在早些年前就被录用的。（E. Cook, 1995）

所有这些例子，进一步说明"标明"概念。如果某一净关系与原关系相同，另一净关系却比原关系强，对此你们会如何处理呢？你们已经标明了一种情况，即原有关系依在；你们还要标明另一种状况，即原有关系甚至更清楚。

基本范式主要关注的是二分式检验变量。实际上，详析模式并非局限于此，不论是理论上还是实践上，但如果检验变量将样本分成三个或更多个子样本，则基本范式会变得更为复杂。此外，同时使用一个以上的检验变量时，范式也会变得更复杂。

我说这些，不是对基本范式进行挑剔。相反，我试图给你们留下这样的印象，详析模式并非一种简单的演算法则，一套分析研究的过程。详析模式更是一种逻辑设置，用来帮助研究者理解他或她的数据。对详析模式有透彻的了解，会使一项复杂的分析变得容易，但并不能告诉你们该引入哪个变量作为控制变量，也不会对详析结果的性质，提出决定性的结论。这些事情，你们必须依靠自己的智慧，而这种智慧，只能来自广泛的经验。在指出了简单的基本详析模式之后，我还想说明的是，详析模式只是提供了一个逻辑框架。高级分析，远比我们在阐述基本范式时所用的例子，要复杂得多。

如果你们能完全理解基本模型，就会很容易理解其他方法，诸如相关、回归、因素分析等等。第 16 章将试图把净相关或净回归这些方法，置于详析模式背景下讲述。

15.3 详析与事后假设

在我们结束详析模式的讨论之前，还要将其与**事后假设**①（ex post facto hypothesizing，一种错误的推理形式）联系起来看一看。读者在各种方法文献中，会发现无数对事后假设的提醒。虽然提出这些禁令的动机是正确的，但有时，缺乏经验的研究者，会弄不清其确切含意。

"事后假设"意味着"跟在事实屁股后面"。当你们观察到两个变量之间的经验关系后，简单地提出一种原因来说明经验关系，这种做法，有时就被称为事后假设。你们已得知两个变量之间存在关系，再提出一个假设来连接这两个变量。你们应该记得，在本书前面的讨论中，所有假设都有被证伪的可能。因此，除非能找出一些经验发现可以否证你们的假设，否则这个假设就不是真正的、研究者惯常意义上说的那种假设。也许你们会争辩说，一旦两个变量之间的关系被观察到，那么，任何涉及此关系的假设，都无法被推翻。

如果你们除了在事后用欺骗性的假设来修饰经验观察结果外，什么也不干，那么，你们说的也不错。但是，在观察到女性比男性更倾向于信奉宗教以后，你们不应只是简单地断言女性比男性更信奉宗教，是因为一些社会行为的普遍动力使然，并让你们的研究，停留在这种最初的观察阶段。

对事后假设的限制，也产生了不良作用，即它禁止研究者在事后建立良好而真实的假设。没有经验的研究者常被动相信，必须在检验数据之前建立好所有假设，哪怕会做出许多推论很差的假设。而且，他们也被引导去忽略那些不能证实先前假设的、实际观察到的关系。

当然，几乎没有研究者会希望斯托弗隐瞒他在研究军人士气中的不寻常发现，他注意到那些奇怪的经验观察结果，并提出假设，以推论导致那些现象的原因。而他的推论，自此成为研究者们的无价之宝。关键是，他的事后假设能够自我检验。

在此，我还要提出一个稍复杂些的观点。每个人都可从一堆数据中构想出一些假设，来解释观察到的经验关系，但详析模式可以在同一批数据中提供检测各种假设的逻辑工具。这种检验的一个很好例子，就是前文讨论过的社会阶级与宗教参与的关系。葛洛克用了社会剥夺理论来解释原有关系。如果他就此打住，那么他的论述可能会很有趣，但却不具有多少说服力。然而，他超越了这一点。他提出，如果假设（社会剥夺理论）是对的，那么，社会阶级和宗教参与间的关系，在从世俗社会得到了满足感（即在世俗组织担任公职）的女性中应该会消失。这个假设，随后成为实证检验的对象。如果这个新假设没有被数据证实，那他就必须重新思考。

这些额外的评论，进一步说明了数据分析是一个持续的过程，需要运用你们所有的智慧与毅力。如果一个研究者只是小心翼翼地排列假设，然后按照程式化的方式去检验，就只会导致一种模式化的研究。

为了避免你们担心事后验证的力度不如传统式的，我再重复前面提到过的论断，即"科学的证明"本身就是个矛盾的概念。没有任何东西被科学地"证实"过。假设、解释、理论或预感，都可逃过一连串的证伪，但却没有一个可以在任何完全意义上被证实。一个假设是否被接受，取决于受检验的程度和还没有被证伪。因此，没有任何假设，可以根据一次检验，便被认定可靠无误，不论该假设产生于实证数据观察之前或之后。记

---

① 事后假设：在证实性数据已经搜集起来之后才提出的假设。由于不存在证伪的可能性，所以这种假设是没有意义的。

住这一点，你们就不会将自己排斥在一些可以利用的、有效数据分析方法之外了。你们会一直努力对数据作最真切的理解，努力为全面理解发展出一些有意义的理论，并且，不拘泥于达到理解的方式。

15.4 社会学诊断

我们正在研究的多元技术，可以成为诊断社会问题的强大工具，可以用事实代替观点，用数据分析，平息意识形态的分歧。

让我们回到以前介绍过的有关性别和收入问题上来。女性在劳动力市场的所得一直都比男性少，许多解释被用以说明这个差异。其中有一个解释是，因为传统的家庭模式，女性作为一个群体参与劳动市场较少，许多人都是在养育子女的任务完成后，才开始到家庭以外工作。因此女性群体在工作中的资质通常比男性低，而薪水是随工作年限而增加的。根据人口普查局1984年的研究显示，这个理由有一半是事实，如表15-8所示。除了提供一些历史视角外，本研究还说明了这种多变量分析的逻辑和过程。

表15-8显示，工作年限确实会影响收入。不论男性或女性，工作年限愈长赚得愈多。这点可由表中前两列看出。

表 15-8　1984年性别、工作年限和收入 *

现职的工作年限	平均每小时收入（美元）		女性与男性的工资比
	男	女	
少于2年	8.46	6.03	0.71
2～4年	9.38	6.78	0.72
5～9年	10.42	7.56	0.73
10年或以上	12.38	7.91	0.64

* 21～64岁全职职工

数据来源：U. S. Bureau of the Census, Current Population Reports, Series P-70, No. 10, *Male-Female Differences in Work Experience, Occupation, and Earning*, 1984 (Washington, DC: U. S. Government Printing Office, 1987), 4.

上表显示，不论工作年限长短，女性平均每小时收入都比男性少。这一点，可通过比较行的平均工资得知，女性与男性工资比率见表格第三列。这项分析显示，工作年限对工资是相当重要的影响因素；却不能对女性工资少于男性这个模式提出任何合理解释。事实上，我们可以看到，具有10年或以上工作年限的女性的工资（7.91美元/每小时），明显比工作年限少于2年的男性工资（8.46美元/每小时）少。

这些数据显示出男女工资的差异，并非仅在于男性的工作时间较长。一定还有另外的解释，说明这个差异：女性教育和照料孩子的责任较重，影响工作等等。除了性别歧视的原因外，计算表15-8的研究人员还考虑了其他可能合理解释男女工资差异的变量。除了现职工作年限，他们所考虑到的变量包括：

- 担任现职的年数
- 就业总年数
- 是否经常是全职工作
- 婚姻状况
- 所居住城市规模
- 是否有工会的保护

- 行业类别
- 公司的员工人数
- 是私人还是公有的雇主
- 是否非自愿地离开前一工作
- 现在职业和前一工作间隔时间的长短
- 种族
- 是否有残疾
- 健康状况
- 小孩的年龄
- 在高中时是否修过学术课程
- 高中时修过多少数学、科学和外语课程
- 上私立或公立高中
- 教育程度高低
- 该行业中女性所占百分比
- 大学的专业

上述每个变量，都有可能影响收入，而且男性和女性在这些方面有差别，也能解释男女收入的差异。当这些变量都被纳入考虑时，研究人员就可以解释男女工资差异60%的原因。剩余40%的差异，则不是因为有其他合理的变量解释，纯粹由于偏见所致。只有同时分析几个变量，也就是通过多变量分析，才可能得出像上面那样的结论。

我希望这个例子展示了如何用定量数据分析，来表示和检验日常谈话所隐含的逻辑。在读以上文字的时候，你们可能会问："这些数据都是1984年的，现在的情形是不是好些了呢？"事实上，最近的数据表明，情况并没多大改观。

表15-9介绍了来自劳工统计局2012年的数据，探索了婚姻状况、工会成员身份或教育是否解释了男女之间的总体收入差异。例如，雇主有时争辩说，他们付给男性更多的钱是因为"他们要养家"。表15-9的第一部分显示，即使婚姻状况相同，妇女的收入也低于男子。

表格的第二部分显示，在工会成员和非会员中，妇女的收入都较低。即使女性与男性教育水平相同时，她们的收入也比男性低。

表15-9 男性和女性的周薪酬（美元），2012

	男性	女性	女性薪酬占男性的百分比
全职工人	854	691	81
Ⅰ．婚姻状况			
从未婚配	609	594	98
已婚有配偶	880	751	85
离婚	774	720	97
分居	620	570	92
寡居	691	645	93
Ⅱ．参与工会状况			
工会会员	943	877	93
由工会代表	933	865	93
非由工会代表	742	663	89

续表

	男性	女性	女性薪酬占男性的百分比
Ⅲ. 受教育状况			
低于高中	471	386	82
高中毕业	652	561	86
大专	749	629	88
大学或更高	1 165	1 001	86

数据来源：U. S. Bureau of Labor Statistics. 2013. *Highlights of Women's Earnings in* 2012. (Washington DC：U. S. Government Printing Office), p. 1, and Table 1, p. 8.

从表中数据可以得出两个结论。首先，表15-9显示，控制了三个变量之后，女性薪酬占男性之比进一步降低至81%。其次，在每一种情况下，女性的薪酬都低。

人们有时认为，男性的薪水更高是因为他们从事高薪职业：医生而不是护士，行政而不是秘书。虽然你可能会反驳职业差异，事实是，地位较高的工作收入也更多。然而，正如表15-10所示，即使妇女担任高级职位，她们的收入也往往较低。我选择了几对职业来说明这种整体模式。

一般来说，在地位较低的工作中，女性实现了平等。可一旦进入传统上由男性主导的、地位较高的工作时，她们的收入要低得多。

对于社会研究者来说，生物性别和社会性别不是区分男人和女人的简单问题。例如，变性人便是通过手术和激素永久改变自己的生物性别。显然，这种彻底的改变带来了许多调整和挑战，也是有趣的研究。席尔特（Kristen Schilt, 2006）采取了不寻常的策略。

虽然许多研究指出了妇女在工作场所的不利地位，席尔特对变性人的研究揭示了社会性别对个体层面的影响。在许多情况下，被试改变了生物性别，同时，在组织中却保留着同样的工作。在生物性别改变之后，由女性变为男性的变性人往往会获得加薪，权力也会变大。在其他研究中，由男性变女性的变性人，报告了相反的经历。如此个人经历进一步佐证统计研究，不断显示，女性收入低于男性，即使他们做同样的工作。

表15-10 男性和女性的周薪酬（美元），2012

	男性	女性	女性薪酬占男性的百分比
医生和外科医生	1 887	1 418	75
医生助理	1 329	1 364	103
律师	1 909	1 636	86
律师助理和法律助理	872	865	99
主厨	562	462	82
餐厅服务生	411	396	96
中学后教师	1 366	1 054	77
小学中学教师	1 128	920	82

数据来源：U. S. Bureau of Labor Statistics. 2013. *Highlights of Women's Earnings in* 2012. (Washington, DC：U. S. Government Printing Office), Table 2, pp. 10-35.

作为现实生活中多变量数据分析的另一个例子，一个共同的观点，即少数族裔如果申请银行贷款，与白人比较，更有可能被拒绝。一个相反的解释可能是，少数族裔申请人有破产先例，或者他们有较少的抵押品来做担保。我们刚刚研究过的多变量分析可以很容易地解释这个问题。

比方说，我们只看那些之前没有破产的或有抵押品的申请人。白人和少数族裔同样有可能得到贷款吗？我们可以还按抵押品水平确定子群体，进行同样的分析。如果白人和少数族裔在相同的分组获得贷款，便可以得出结论说，没有种族歧视。然而，如果少数族裔获得贷款的可能性仍然较小，那就表明，破产和抵押品差异不是原因，歧视才是。

这一切应该表明，社会研究可以在为人类社会服务方面发挥强有力的作用。它可以帮助我们确定目前的状态，并经常可以指引我们去想去的地方。

欢迎来到社会学诊断的世界！

本章要点

导言
- 详析模式是一种适用于社会研究的多变量分析方法。本质上，详析模式是一种逻辑模型，可说明其他多变量方法的基本逻辑。

详析模式的起源
- 在考察斯托弗对陆军中受教育程度和接受征召的关系时，拉扎斯菲尔德和肯德尔利用详析模式逻辑展示了一些假设性的表格。
- 净关系，是指在依据控制变量属性形成的次级群体之内观察到的两个变量之间的关系。
- 零阶关系，指详析模式中，在不引入控制变量的情况下，两个变量之间的初始关系。

详析范例
- 详析的基本步骤如下：①观察到两个变量间有关系存在；②控制第三个变量，将所有研究样本依照第三个变量的属性再作划分；③在每个新划分的次级群体内，重新计算两个变量间的原有关系；④比较原有关系和每个次群体内发现的关系（净关系），提供对原有关系更全面的理解。
- 变量的逻辑关系，依赖于检验变量发生的时间是先于其他两个变量，还是介于中间。
- 详析模式的结果，包括复证（一组净关系基本上与相应的零阶关系相同）、辨明（控制先导变量后，一组净关系降至零）、阐明（控制中介变量后，一组净关系降至零）和标明（其中一个净关系降低，理想上是降至零，而另一个却维持和原有关系一样或更强）。
- 抑制变量，是指掩盖其他两个变量之间关系的变量；曲解变量是指一个变量会造成另两个变量的原有关系颠倒：从负向变成正向，或相反。

详析和事后假设
- 事后假设，是指建立一些假设去"预测"已经观察到的关系。在科学上，这是无效的，因为不可能证伪这些假设。当然，这并不妨碍我们对任何观察到的关系进行推论；只是，我们不能将这些推论弄成"假设"形式。更重要的是，已观察到的关系及其可能的推论，很可能引出其他变量间尚未被验证的关系假设。详析模式是一种很好的逻辑工具，用来对数据进行展开性分析。

社会学诊断
- 社会学诊断是确定种族或性别歧视等社会问题性质的定量分析技术。

关键术语

以下术语是根据章节的内容来界定的，在出现该术语的页末也有相应的介绍，和本书末尾的总术语表是一致的。

曲解变量　详析模式　事后假设　辨明　阐明　多变量分析　净关系　复证　标明

抑制变量　检验变量　零阶关系

准备社会研究：详析模式

请参见第 16 章的练习。

复习和练习

1. 回顾斯托弗—肯德尔—拉扎斯菲尔德（Stouffer-Kendall-Lazarsfeld）有关受教育程度、朋友被缓征和对自己被征召态度的例子。假使从朋友被缓征与对自己被征召态度之间的关系开始研究，然后，再控制受教育程度，他们可能会得到何种结论？

2. 用自己的话来描述以下概念的详析逻辑：（a）复证；（b）阐明；（c）辨明；（d）标明。

3. 回顾常春藤盟校和职业成功那篇文章。用自己的话来解释肯德尔所说的"尽管如此（从净关系分析中可以得到的），威斯特仍无法证实她的假设"。可以从威斯特的研究中得出什么合理结论？

4. 举一个抑制变量和曲解变量的例子。

5. 到互联网上搜寻发现虚假关系的研究报告。列出刊有这些文献的网址，引证并解释作者的发现。

第16章
统计分析

章节概述

借助统计，研究者可以归纳数据、测量变量之间的相关性，并从样本推断总体。你们会发现，熟知社会研究经常使用的基本统计，其实没有想像的那么复杂（也不会对你们的社会生活构成那么大的威胁）。

导　　言

从我多年来的经验看，许多学生都会对统计学望而却步，有时候，统计学会让他们觉得自己像：
- 马戏团的小丑
- 头发长、见识短的呆子
- 秃头鸭子
- 只会冒泡的啤酒
- 缺少按钮的遥控器
- 玉米饼上的豆子
- 球场上的瘸子
- 保龄球一样的锈钝
- 凑不整的零钱
- 开不足马力的发动机[*]

有许多人对定量研究感到害怕，因为数学和统计学让他们感到"头疼"。事实上，的确有很多研究报告堆了一堆没有详细说明的计算内容。在社会研究中，统计学非常重要；是否能从正确的视角看待它的作用，也同样重要。

经验研究首先是一种逻辑过程，而不是数学运算。数学只是一种方便有效的语言，用来完成定量数据分析的逻辑过程。统计是应用数学的分支，特别适用于许多不同的研究分析。本书的目的。不是教给你们统计学，或是用统计折磨你们，而是想勾画出一个逻辑背景。在这个背景下，你们可以学习、理解统计学。你们很可能需要把学习统计学课程添加到自己的学习计划中，并且，如果你需要或者想要学习统计学课程，我也会尽量让本章的讨论给你们开个好头。

我们将讨论两种类型的统计：描述统计和推断统计。描述统计是使用可操作方式来描述数据的方法。另外，推断统计则帮助研究者根据观察，得出结论；最典型的是通过对样本的研究，进而推断总体。然后，我会简要介绍在阅读社会学文献时可能遇到的一些分析技巧。

---

[*] 感谢网上为这个列表做出贡献的人。

16.1 描述统计

正如前面所说，**描述统计**①（descriptive statistics）是一种进行定量描述的可操作方法。有时我们要描述单变量，有时也要描述变量之间的相关性。让我们看看这些方法。

16.1.1 数据简化

科学研究涉及大量数据的搜集。假设我们对 2 000 人进行调查，每人要回答 100 道题，这并非少见的大规模研究，现在我们便有惊人的 20 万个答案！没有一个人能在读完 20 万个答案后，得到任何有意义的结论。因此，许多科学研究使用了简化方式，使数据从一种不易辨明的细节形式，"简化"为容易处理的摘要形式。

为了展开讨论，让我们先迅速浏览一个由定量研究得来的原始数据矩阵。表 16-1 显示的是部分数据矩阵。矩阵中每一行表示一个人（或其他分析单位），每一列代表一个变量，每一格则代表每一个人在每一个变量上得到的属性编码或属性值。表 16-1 第二列表示一个人的性别。"1"表示男性，"2"表示女性。这就是说，第一和第二个人是男性，第三个人则是女性，依此类推。

表 16-1　部分原始数据矩阵

	性别	年龄	受教育程度	收入	职业	政治党派	政治倾向	宗教信仰	宗教重要性
个体 A	1	3	2	4	1	2	3	0	4
个体 B	1	4	2	4	4	1	1	1	2
个体 C	2	2	5	5	2	2	4	2	3
个体 D	1	5	4	4	3	2	2	2	4
个体 E	2	3	7	8	6	1	1	5	1
个体 F	2	1	3	3	5	2	5	1	1

就年龄而言，第一个人的"3"可能表示 30～39 岁，第二人的"4"则可能指 40～49 岁。不论年龄是如何编码的（参见第 14 章），表 16-1 显示的编码就可以描述每个人的年龄。

建立类似数据矩阵的时候，这些数据已经被简化了。如果年龄已被编过码，那么一个具体的答案"33 岁"便会被简化为"30～39 岁"类别。在我们的调查中，受访者可能给我们 60 或 70 种不同的年龄，但现在，却可以简化为六七种类别。

第 14 章更深入地讨论过一些单变量的数据简化方法，如众数、中位数和均值，另有离散测量，如变异范围、标准差等。当然，也可以对两个变量之间的相关性进行简化。

16.1.2 相关性测量

任何两个变量间的相关性，同样也可以用数据矩阵来表示，同时还可以加入两个变量的频数分布。表 16-2 就是这种矩阵，包含了影响教育及偏见之间关系性质及程度所需的信息。

---

① 描述统计：运用统计计算方法描述样本或样本变量间关系的特征。描述性统计仅用于归纳对样本的观察，而推断性统计统计还要用样本推断总体特征。

例如有 23 个人，没受过教育，偏见的得分很高；另有 77 个人，具有研究生学历，偏见的得分很低。

像表 16-1 中的原始数据矩阵提供的信息，就已经不那么容易理解了。如果仔细研究该表，就会发现，随着教育程度从"无"增加到"研究生水平"，就会发现一个普遍倾向，那就是，偏见随之降低。不过这只是一般性的印象，并不能得到更多信息。此外，另有许多不同的描述统计方式，可以让我们对数据矩阵进行更为细致的归纳。如何选择适当的方式，则基本上取决于两个变量的性质。

表 16-2　教育与偏见的假设性原始数据

偏见	受教育程度				
	无	小学	中学	大学	研究生
高	23	34	156	67	16
中	11	21	123	102	23
低	6	12	95	164	77

现在我们就开始讨论概括双变量相关性的一些方法。我们要讨论的每个相关性测量，都基于同一个模型，**消减误差比例**①（proportionate reduction of error，PRE）。

要了解这个模型是如何运作的，可以先猜测研究对象在某个变量上的属性：例如，在问卷中，他们回答某题的答案是"是"还是"否"。让我们先假设已经知道了所有样本的分布情形，譬如，60% 的研究对象回答"是"，40% 的研究对象回答"否"。如果推测的始终是众数（次数最多的答案），即"是"，那么，就会犯最少的错误。

假设你们已知道第一个变量与其他变量（如性别）之间的实证关系。现在，在你们每次猜测研究对象的答案是"是"或"否"时，我同时也会告诉你研究对象的性别。如果这两个变量确实相关，那么这回，你们犯错的次数就该更少。因此，通过对这两个变量间关系的了解，就可以计算 PRE：关系愈密切，对误差的消减便愈大。

这个基本的 PRE 模型，可以根据不同测量尺度，通过定类、定序、定距，进行修正。接下来的部分，将讨论每一种尺度的测量，而且会提出适于该尺度的相关性测量。但要记住，我们讨论的，只是在许多适当测量尺度中，任意选择的三种。

1. 定类变量

如果两个变量包含的是定类数据（例如性别、宗教信仰、种族），λ 就是一种适当的测量方式。（λ 是希腊字母表中的一个字母，与英文字母表中的 l [el] 对应。在许多统计学概念中，都使用希腊字母。也许这说明了为什么谈起统计学，许多人会说："对我而言，都是希腊语。"）λ 是根据一变量值，去猜测另一变量值的能力：通过知道另一变量值，PRE 才能有效。

想像如下情境。我告诉你们一个房间可以容纳 100 个人，同时希望你们能猜猜每个人的性别，当然是一个一个来猜。假使男性与女性各占一半，你们将可能有一半猜对了，而另一半是猜错的。

假如在你们还没猜性别之前，我先告诉你们每一个人的职业，情形又如何呢？假如我说这人是一卡车司机，那么，你们会猜哪个性别呢？当然，你们可能会很明智地猜"男性"；虽然现在有相当多的卡车司机是女性朋友，但男性还是占多数。假如我说下一位是护士，你们则有可能很聪明地猜"女性"，接下来的逻辑是一样的。知道职业应当比不知道职业的时候，更容易猜对。能更准确地猜中性别（降低错误的比率）的倾向表明，

---

① 消减误差比例：评估关系强度的一个逻辑模型。原理是，知道一个变量的值之后，再去猜测另一个变量的值所能减少的误差。譬如我们知道了受教育水平，就能提高估测其收入的准确度，也说明两个变量之间有关系。

性别与职业之间存在某种相关性。

这里还有另一个假想的简单例子，清楚地说明了 λ 的逻辑与方法，表 16-3 展示了性别与就业状况之间关系的假想数据。从整体上看，有 1 100 人是受雇者，有 900 人没有被雇佣。假如你们要猜测某个人是否被雇佣，如果只知道变量值的整体分布状况，就很有可能一直猜"在职"，因为这比猜测"失业"所犯的错误要少得多！虽然如此，在你们猜测的 2 000 个答案中，还是会有 900 个错误。

假设你曾看过表 16-3 的数据，而且在你们预测就业状况前，被告知每个人的性别。这回你们可能会改变猜测的策略。对每一位男性，会预测"在职"，对每一位女性，则会预测"失业"。在这个例子里，你们会出 300 次差错，有 100 位男性没有工作，有 200 位女性在职，或者说，会比你们不知道每个人的性别所做的预测，少 600 次错误。

表 16-3　有关性别和就业状况的假设性数据

	男性	女性	总数
在职	900	200	1 100
失业	100	800	900
总数	1 000	1 000	2 000

因此，λ 代表的是以整体分布为基础所产生误差的消减比例。在这个假设例子中，λ 等于 0.67：就是减少了"仅凭就业状况进行猜测"产生的 900 个错误中的 600 个。从这一点来看，λ 测量了性别和就业状况间的统计相关性。

如果性别和就业状况在统计上是相互独立的，我们会发现男性和女性有相同的就业分布。在这种情况下，知道性别并不能影响预测就业状况产生的错误，此时 λ 会是零。另一种情形则是，假如所有男性都就业，所有女性都没工作；那么，知道性别就可以在预测时完全避免犯错误。你们可以（从总共 900 次错误中）减少 900 次错误，所以 λ 会是 1.0，表示统计上完全相关。

λ 只是适于对两个定类变量相关关系进行测量的方法之一。你们也可以读一读其他教科书讨论的适用方法。

2. 定序变量

假设相关的变量是定序变量（例如，社会阶层、宗教虔诚度、异化程度），γ 则是一个测量相关性的适当选择。和 λ 一样，γ 也有通过知道某个变量的数值来推测另一变量值的能力。但与 λ 不同，λ 是猜测变量的确切值，γ 则是猜测变量的排列顺序。对任何一对样本而言，你们要猜测的是与某一变量相关的另一变量的排列顺序（正相关或负相关）。

举个例子，有一群小学生，假定他们的年龄与身高有某种相关性，这应该是合理的。我们可以比较每一对学生：布雷特（Brett）和索菲亚（Sophia）、布雷特和特里尔（Terrell）、索菲亚和特里尔，等等，来进行相关的检验。然后，我们去除相同年龄组、相同身高组的所有配对，并将所有剩下来的组别（即年龄与身高都不同者）分成两大类：年纪最大且最高的小孩（"相同"的配对），以及年龄最大且最矮的小孩（"相反"的配对）。假如布雷特比索菲亚年长也比她高，则布雷特-索菲亚这一对会被计为"相同"的。假如布雷特较为年长，却比索菲亚矮小，则会被归为"相反"的。

为了确认年龄与身高间是否有相关性，我们可以比较相同与相反组别的数量。例如，相同组别数量多于相对的组别，我们就可以认为，两个变量间呈现正相关关系，即有一方增加，另一方也会增加。假如相反组别数量多于相同的，我们则可以认为，两者间的关系呈现负相关关系。如果相同与相反的组别一样多，则可以认为年龄与身高之间没有相关性，也就是两者彼此间"独立"。

这里有一个社会科学的范例，展示了有关 γ 的简单运算。如果你们假设宗教信仰与政治保守主义之间呈现某种正相关关系，即假如 A 比 B 更信仰宗教，你们应该能猜测 A

同样也比 B 的态度更为保守。γ 通过配对比较，得出符合这种关系模式的比例。

表 16-4 是有关社会阶层与偏见的假想数据。这两个变量间的关系是当社会阶层上升时，偏见降低，也就是社会阶层与偏见之间呈负相关。

表 16-4 社会阶层与偏见的假想数据

偏见	下层阶级	中层阶级	上层阶级
底	200	400	700
中	500	900	400
高	800	300	100

γ 由两类数字计算而来：①在两个变量的排列等级相同的配对数（number of pairs）；②在两个变量的排列等级相反的配对数。具有相同排列等级的配对计算如下：表中每一格的次数乘以所有出现在该格右下方所有格子中数量的总和，然后将这些总数全部相加。在表 16-4 中，具相同排列等级的配对数是 200×（900＋300＋400＋100）＋500×（300＋100）＋400×（400＋100）＋900×（100），或是 34 0000＋200 000＋200 000＋90 000＝830 000。

在两个变量上具相反排列顺序的配对计算如下：表中每一格的次数乘以出现在该格左下方所有格子中数量的总和，然后将这些总数全部相加。表 16-4 中，具相反排列等级的配对数是 700×（500＋800＋900＋300）＋400×（800＋300）＋400×（500＋800）＋900×（800），或是 1 750 000＋440 000＋520 000＋720 000＝3 430 000。γ 就是由这些相同等级配对和相反等级配对计算得来：

$$\gamma = \frac{相同 - 相反}{相同 + 相反}$$

在这个例子里，γ 等于（830 000－3 430 000）÷（830 000＋3 430 000）即－0.61。答案中负号表示负相关性，正如最初观察该表时显示的一样。在这个假想的例子中，社会阶层和偏见表现为负向相关。而 λ 的数值，则表示配对中相反关系数比相同关系数多 61%。

值得注意的是，λ 之值是在 0 与 1 之间变化，而 γ 值则在－1 与＋1 之间变化，这代表了相关的方向与程度。由于定类变量不存在顺序排列问题，所以谈两者的方向是没有意义的。（一个负的 λ 表示，在知道一个变量的情况下去猜测另一个变量，会比在不知道那个变量的情况下去猜测另一个变量犯的错误多，而这在逻辑上是不可能的）。

表 16-5 是社会研究中使用 γ 的例子。为了研究寡妇们对死去丈夫的认可程度，罗帕塔（Helena Lopata, 1981）对 301 名概率样本寡妇进行了问卷调查。问卷的部分内容要求受访者依照以下选项来描述死去的丈夫：

特　　质

极端正面							极端负面
好	1	2	3	4	5	6	7	坏
有出息	1	2	3	4	5	6	7	没出息
诚实	1	2	3	4	5	6	7	不诚实
优秀	1	2	3	4	5	6	7	低劣
仁慈	1	2	3	4	5	6	7	残酷
友善	1	2	3	4	5	6	7	不友善
热情	1	2	3	4	5	6	7	冷淡

受访者被要求在每一对相反的特征之间，圈选一个数字来描述他们死去的丈夫。这些连接每一对特征的一串数字是定序尺度的测量。

随后，罗帕塔要理出这些测量彼此间的关系。她很正确地选择了 γ 作为相关性测量的工具。表 16-5 展示了她的调查结果。

表 16-5　崇拜量表中语意差异内容和 γ 相关

	有出息	诚实	优秀	仁慈	友善	热情
好	0.79	0.88	0.80	0.90	0.79	0.83
有出息		0.84	0.71	0.77	0.68	0.72
诚实			0.83	0.89	0.79	0.82
优秀				0.78	0.60	0.73
仁慈					0.88	0.90
热情						0.90

数据来源：Helena Znaniecki Lopata, "Widowhood and Husband Sanctification," *Journal of Marriage and the Family*（May 1981）：439—450.

表 16-5 展现的形式，被称为相关矩阵（correlation matrix）。罗帕塔计算了每一对测量的 γ 值。例如，好与坏彼此间相互关联的程度用 γ 值表示等于 0.79。这种矩阵是用来表示几个变量间相关性的一种方便的工具，你们应该经常在研究文献中看到。在这个例子中，我们可以看到所有变量彼此间都有很强的相关性，虽然仍有些配对的相关性更强。

γ 只是多种适用于测量定序变量关联性的方式之一。任何统计学导论，都会对这个主题进行更为细致的介绍。

3. 定距或定比变量

假使定距或定比变量（如年龄、收入、平均绩点等等）彼此间有关联的话，那么"皮尔森积差相关系数"（Pearson's product-moment correlation coefficient，r）是一个适当的测量方式。这一相关性测量方法的推导和计算方式非常复杂，超过本书讨论范围，所以我只做一般性的讨论。

与 γ 和 λ 一样，r 也是根据一个变量的已知值，来猜测另一变量值。然而，对于连续的定距或定比变量而言，要预测一变量的确切值是不太可能的。另一方面，如果只预测两个变量值的顺序排列，就没有充分用到定比或定距变量的大量信息。就某种意义而言，r 反映的是：如果知道一变量的值，能在多大程度上预测另一个变量的值。

要了解 r 的逻辑，得先看看你们会用什么方式来猜某变量的值。如果是定类变量，你们可能会一直猜众数值。但对定距或定比的数据，你们就可能一直猜变量的平均值以减少错误。虽然这种方式并不能保证猜测完全准确，但至少可以减少犯错的程度。比如，在猜测人们的收入时，如果你们知道受教育年数，并知道受教育年数为 0、1、2（等等）年的平均收入，那么，你们或许就可以估测得更加准确。

在计算 λ 时，错误的次数是通过始终猜众数而来。但在计算 r 时，错误的计算方法是来自实际值与均值之差的平方和。这个总和就叫作"总变异量"（total variation）。

要了解这个概念，我们必须扩大检验范围。让我们先看看回归分析的逻辑，然后从那个环境中再回过来看相关概念。

16.1.3　回归分析

描述两个变量相关性的通用公式是：$Y = f(X)$。这个公式读作"Y 是 X 的函数"，意指 Y 的值，是通过 X 值的变动来解释的。更直接地说，就是 X 造成 Y 的变化，或 X 值决定 Y 值。**回归分析**[①] (regression analysis) 是用来确定 Y 与 X 之间特定函数的方法。回归分析有多种形式，到底采用什么方法，取决于变量关系的复杂性。让我们从最简单的开始。

1. 线性回归

线性回归分析[②] (linear regression analysis) 能最清楚地表达回归模型。在线性回归中，两个变量之间存在完美的线性关系。图 16-1 以散点图的形式表示了假想的 X 和 Y 值。可以看出，每一个样本的 X 和 Y 值完全相同。即某样本的 X 值为 1 时，其 Y 值也为 1，依此类推。这两个变量的关系可以用方程表示为 $Y=X$；这叫作回归方程 (regression equation)。由于所有 4 个点都在同一条直线上，我们可通过这 4 点连成一条直线，即回归线 (regression line)。

线性回归模型在描述上具有重要作用。回归线用图的形式，表达了 X 与 Y 的相关关系，回归方程则是概括相关性的有效形式。回归模型同样也具有推断价值。回归方程在某种程度上可以正确地描述两个变量间的相关性，也可被用来推测其他数值。例如，我们知道一个样本的 X 值是 3.5，则可以推测其 Y 值也为 3.5。

当然，实际的研究，很少局限于 4 个样本；变量之间的关联性，也很少像图 16-1 展示的那样清楚。

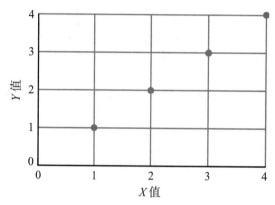

图 16-1　X 与 Y 值的简单散点图

图 16-2 显示的是一个较为实际的例子，表示在中小型城市中，人口与犯罪率之间的假想关系。在散点图中，每一点代表一个城市，其位置则代表该城市的人口和犯罪率。就前一个例子，Y 值（犯罪率）与 X 值（人口）相关；当 X 值增加，Y 值也会随着增加。但其相关性，却不像图 16-1 那么清楚。

在图 16-2 中，根本不可能在散点图中画出一条通过所有点的直线。不过，我们可以画一条最接近的直线，即代表多个点的、可能的线性关系中，最佳的那条线。我已在图中画出了这条线。

如果你们学过几何，就应该知道图上任何直线都可以用方程 $Y=a+bX$ 表示，其中 X 和 Y 表示两个变量的值。在这个方程中，当 X 为 0 时，a 为 Y 值，而 b 则代表直线的斜率。如果已知道 a 和 b 值，便可计算每个 X 值的 Y 值是多少。

回归分析能用来建立回归方程，以表示最靠近各点分布情况的那条几何线。首先，回归方程为两变量关系提供了数学描述。其次，回归方程让我们在知道 X 值的情况下，推出 Y 值。回到图 16-2，如果我们知道城市人口数，就可以推测出该城市犯罪率。

---

① 回归分析：用等式或回归方程式表示变量之间关系的数据分析方法。
② 线性回归分析：一种统计分析模型，寻求用直线作为最佳方式描述两个定比变量之间的关系。

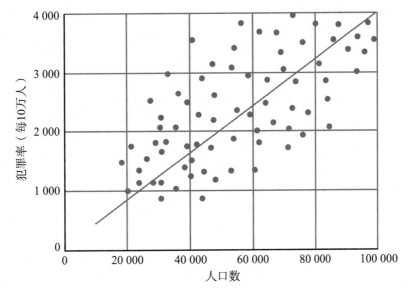

图 16-2　有回归线的双变量散点图（假想的）

为改善猜测的结果，你们可以建立一条"回归线"，并用回归方程描述。如此一来，我们在知道某变量的值后，就可推测另一变量的值。回归方程的一般形式是 $Y'=a+b(X)$，a 和 b 是已知值，X 是一变量值，Y' 则是被推算的另一变量值，a 和 b 值的计算，是为了将实际的 Y 值和根据已知的 X 值相对应的推测值（Y'）之间的差异降低。Y 的实际值和推测值之差的平方和，被称为"未能解释的变异"（unexplained variation），代表的是，根据已知 X 值进行推测后，仍然存在的误差。

而"已解释的变异"（explained variation）指的是，总变异量与没有解释的变异之间的差。已解释的变异除以总变异量会产生"消减误差比例"，相当于 λ 计算过程中的类似数值。在这个例子里，这个数值是相关系数的平方：r^2。如果 $r=0.7$，那么 $r^2=0.49$，意指大约一半的变异量已被解释。在实际操作中，我们要计算 r 而非 r^2，因为相关系数可以是正的也可以是负的，取决于两个变量间关系的方向（计算 r^2 后开根号永远都是正值）。虽然我预测大多数人可以接触到一些具有这种功能的计算机软件，但你们也可以参考标准统计教科书中计算 r 的方法。

可是，社会生活太复杂了，简单的线性回归往往不足以表达事件的实际状态。正如我们在第 14 章所见，百分比表格可以用来解释两个以上的变量。一旦变量数量增加，这种表格就更加复杂难懂。在这种情况下，回归模型提供了有用的替代方案。

2. 多元回归

社会研究者经常会发现，某因变量同时被多个自变量影响。**多元回归分析**[①]（multiple regression analysis）便是分析这种情形的良好工具。亚格（Beverly Yerg, 1981）对体育教学中教师有效性的研究，就是一个例子。她以多元回归方程的形式来叙述她预计的情形：

$F=b_0+b_1 I+b_2 X_1+b_3 X_2+b_4 X_3+b_5 X_4+e$

$F=$ 学生期末表现成绩

$I=$ 学生最初表现成绩

$X_1=$ 指导及支持练习的混合影响

$X_2=$ 老师对内容精通的混合影响

---

① 多元回归分析：一种统计分析方法，寻求两个或更多自变量对一个因变量影响的等式。

X_3＝提供具体相关训练的反馈组合
X_4＝清楚简洁的训练示范组合
b＝回归加权
e＝残差

（摘自 Yerg，1981：42）

请注意，在多元回归中，有多个 X 和多个 b，而非只有一个，这与只有一个变量 X 的线性回归不同。同时，亚格用 b_0 来代替 a，但其意义与前面讨论的相同。最后，这个方程用残差（e）作为结束，代表 Y 的变异量中无法被变量 X 解释的部分。

亚格开始用这个方程计算每个 b 值，以显示每个相互独立的自变量在决定学生期末分数上各自的作用。她也计算多元相关系数作为所有 6 个变量预测期末成绩的指标。这里所用的逻辑，和前面讨论过的简单双变量相关逻辑一样，而习惯上用大写 R 代表。在这个例子里，$R=0.877$，意指期末分数变异量的 77%（$0.877^2 \approx 0.77$）可以被这 6 个变量解释。

3. 偏回归

在第 15 章讨论详析模式时，我们特别关注的是，在控制第三个检验变量时，另两变量之间的关系。因此，我们现在可以观察到当年龄维持不变时，教育对偏见的影响，即教育的净影响。为了做到这一点，我们就得分别计算每个不同年龄组中教育和偏见的关系。

偏回归[①]（partial regression）根据的是相同的逻辑。在检验变量不变的基础上，才能计算概括变量间关系的方程。正如详析模式一样，这个计算结果，会被拿来与未被控制的两变量间的关系比较，如此便能让整个关系更清楚。

4. 曲线回归

直到现在，我们讨论的变量间关系都是线性关系，尽管超过了两个维度。事实上，回归模型的含义比我们讨论到的更为广泛。

你们或许已经知道和直线线性函数一样，曲线函数也同样可以用方程表示。例如，方程 $X^2+Y^2=25$ 描述了一个半径是 5 的圆。将变量的次数提升至大于 1，就会出现曲线而非直线。在实际研究中，不可能每组变量间都是线性关系。在某些情况下，**曲线回归分析**[②]（curvilinear regression analysis）会比直线回归模型对实际关系提供更好的理解。

不过，回想一下回归线具有的两项功能。描述一组实际观察，也提供一般性模型用以推断样本所在总体的两个变量间关系。一个非常复杂的方程很可能会产生一条能经过每一个点的线。在这种情况下，这条线就可以对实际观察值做很好的描述，但不能保证可以对新的观察做适当的预测，也不能保证以任何有意义的方式概括两个变量之间的关系。因此，可能不太具有或根本不具有推断价值。

本书前面提到过数据的细节与简化之间的平衡问题。研究者最终想要的，是提供真实而又简单的数据表达方式，这样的努力，同样也适用于回归分析。数据应该以最简单而又最符合实际的形式表示，因此，直线回归被使用的频率最高。在这方面，曲线回归分析为研究者提供了新的选择，却无法一次解决所有问题。没有任何一种方法可以如此。

5. 回归分析注意事项

用回归分析作为统计推断根据的，与相关分析的假设是相同的：简单随机抽样、无抽样误差以及连续性的定距数据。由于社会科学研究很少能完全满足这些假定，所以，你们在评估回归分析结果时，必须很谨慎。

同样，回归线（直线或曲线）对"内推"（interpolation，估测观察样本值）很有用，

[①] 偏回归分析：一种回归分析方法，即控制一个和多个变量的效果后，再分析两个变量之间的关系，与详析模式相似。

[②] 曲线回归分析：一种回归分析方法，让变量之间的关系表现为曲线，而不是表现为直线。

但"外推"（extrapolation，估测观察样本以外的值）却不太可靠。在外推上，有两个重要的限制。第一，可能会碰到看似不合逻辑的回归方程。例如，一个人口规模与犯罪率的方程，很可能会显示，一个拥有1 000人的小镇，一年有123件案子。虽然这个方程的预测力有缺陷，却并不因此不合格，只是要将其适用性限制在一定的范围内。第二，如果研究者超越了这个限制进行外推，就可以据此批评他们。

我们刚刚讨论的回归模型旨在确定连续比率变量的原因，如收入、死亡年龄、儿童人数。有时，研究者也使用这些模型来解释定序甚至二分变量的变化。在后一种情况下，例如，就业或失业，变量的两个属性被视为从0（失业）到1（就业）的变化。

这种做法经常被批评为对回归模型的不当使用。这种关切促使人们开发适合定类变量的模型。我们有时会在文献中找到对数线性（logistic回归）和概率单位（probit，概率单位）回归模型，在统计课程中，会学到相关内容。然而，这远远超出了方法导论教科书的范围。

前面介绍过一些测量不同尺度变量的技术。当两个变量的测量尺度不一样时，事情就变得更复杂了。虽然我们不打算在本书深究这个主题，但加州大学伯克利分校提供了一份非常好的在线资源：www.ats.ucla.edu /stat/mult _ pkg/whatstat/default.htm，这份资源采用了阿拉巴马大学李普尔（James Leeper）博士的成果。

16.2 推断统计

有许多（如果不是绝大部分）社会科学研究计划，涉及对从大量总体搜集到的样本数据进行检验。可能是调查一群被抽选的人；编码分析一堆离婚记录样本；通过内容分析来检验一叠报纸样本。研究者很少只为了描述样本而研究样本；在大多数情况下，他们的最终目标是要判断样本所在总体的特征。因此，通常你们会希望将对样本的单变量及多变量的解释发现，当作"推断"（inferences）至总体的基础。

这一节将介绍**推断统计**[①]（inferential statistics），用以将得自样本观察的发现推断到总体的统计学方法。我们先从单变量数据开始，再逐步过渡到多变量。

16.2.1 单变量推断

第14章开篇就介绍了单变量数据。每一种简要测量，都是描述样本的方法。我们现在用这些方法对相关总体进行更广泛的推断。这一部分，会提到两种单变量方法：百分比和均值。

如果样本中有50%的人表示在过去一年中得过感冒，我们可以对样本所给出的最佳估计是，总体中有50%的人也得过感冒（当然，这个估计依据的是简单随机样本）。然而，总体中不可能刚好有整整50%的人去年得过感冒。不过，如果根据较严格的抽样设计来做随机选择，再将样本结果应用到总体时，我们就可以估算出预期的误差范围。

在第7章讨论抽样时，我们讨论了估算的步骤，在此，我们只进行简单复习。就百分比的情况而言，此数值

$$\sqrt{\frac{p \times q}{n}}$$

被称作"标准误"（standard error），其中 p 是百分比，q 等于 $1-p$，n 是样本大小。正如第7章所见，这个数值，对测量抽样误差非常重要。我们可以有68%的信心，认为总体

[①] 推断统计：把从观察样本获得的发现推断到样本所在总体的统计方法。

的数量会落在样本数量的正负一个标准误之间；我们也可以有 95% 的信心，认为在正负两个标准误之间；或者我们有 99.9% 的信心，认为在正负三个标准误之间。

因此，任何涉及抽样误差的叙述，必须有两个基本要素："置信水平"（confidence level，如 95%）和"置信区间"（confidence interval，如 ±2.5%）。如果 1 600 人的样本中，有 50% 说他们这一年来得过感冒，我们便可有 95% 的信心，认为总体中得感冒人的数量会在 47.5% 至 52.5% 之间。

在这个例子中，我们已经超越了对样本的单纯描述，进入估计（推断）较大总体的领域了。由此，我们还必须注意几个假设。

第一，样本必须来自要推断的总体。从电话号码簿中抽出的样本，并不能作为一个城市人口推断的基础，只能用来推断编入电话号码簿的用户。

第二，推断统计假定样本来自于简单随机抽样，实际上，在抽样调查中不可能做到这一点。统计也假定使用有放回的抽样，但这几乎从未发生过；不过，这或许不是严重的问题。虽然更常使用的是系统抽样而不是随机抽样，但如果操作正确，大概也不是什么严重的问题。因为分层抽样增加了代表性，所以没有问题。但是，整群抽样就有问题了，原因是，抽样误差的估计值太小。在街角进行抽样，很明显，就不能保证适用于进行推断统计。计算抽样的标准误还假设抽样的完成率是 100%，完成率越低，误差就会越大。

第三，推断统计只针对抽样误差，而不考虑**非抽样误差**①（nonsampling error），比如编码误差、受访者对访题的误解。因此，虽然介于 47.5% 和 52.5% 的人（在 95% 的置信水平下）说他们去年得过感冒的回答可能是真实的，但我们却无法如此自信地去猜测实际情况。因为即使有良好的抽样设计，其非抽样误差也可能比抽样误差大，所以我们用样本发现推断总体时，必须要特别小心。

16.2.2 统计显著性检验

对于两个变量间既有相关性是否显著、强烈、重要、有趣等值得说明的问题，并没有现成的科学答案。也许，最终的显著性检验在于说服现在和将来读者的能力。但也有一些推断性统计可以给予帮助，这些统计叫作"显著性参数检验"（parametric tests of significance）。正如这个名称提示的，参数统计，是指用于假设条件下描述总体的参数。有了统计参数，就可以确定相关关系的**统计显著性**②（statistical significance）。"统计显著性"丝毫不意味着一般意义上的"重要性"或"显著性"。统计显著性，指的仅仅是从样本观察到的关系，能够仅仅归因于抽样误差的可能性。从这一点上讲，统计显著性和实质显著性是有区别的。实质显著性是指变量之间的关系是否足够重要。统计显著性可以计算出来，实质显著性是用来判别的标准。

虽然**统计显著性检验**③（tests of statistical significance）在社会科学文献中有大量的应用，但其背后的逻辑非常奥妙，并且常被误解。显著性检验的逻辑依据与本书其他地方讨论的抽样逻辑是一样的。要了解这个逻辑，就让我们先回到单变量数据抽样误差的探讨。

样本统计量，原则上会有一个相应于总体参数的最佳推断，但统计量和参数之间，却很少会确切地对应。因此，我们要叙述的是参数落在某个范围（置信区间）的概率。范围的不确定程度，主要来自一般抽样误差。由此得到的结果，除非因抽样误差所致，否则参数不太可能（improbable）落在特定范围之外。所以，如果我们估计一个参数（在

---

① 非抽样误差：不是因为抽样造成的数据瑕疵。例如受访者误解访题，访员记录错误，或编码错误等。
② 统计显著性：指从样本观察到的变量间关系完全归因于抽样误差的可能性。
③ 统计显著性检验：指从样本观察到的变量间关系完全归因于抽样误差的统计计算。

99.9%的置信水平下）落在45%和55%之间，则暗示了在常规抽样误差为唯一估计误差来源的情况下，参数有90%的可能是准确的。这就是显著性检验的基本逻辑。

16.2.3 统计显著性的逻辑

用一系列来自总体的样本图示，是对统计显著性逻辑的最好说明。在对逻辑的讨论中，本章将要说明的是：

1. 研究总体中两个变量相互独立的假设。
2. 常规概率抽样样本的代表性假设。
3. 双变量条件下样本要素的联合分布。

图16-3代表一假想总体，在256人中，一半为女性一半为男性。图中显示了每个人对男女平等的看法。赞成平等者，以空心的性别符号表示；反对者，则以实心的性别符号表示。

我们要探讨的问题是，性别与对男女平等的看法之间，是否有任何关系。更明确地说，我们要看女性是否比男性更倾向于赞成性别平等，因为女性被预设会从中得到好处。花点时间看看图16-3，并从中找出答案。

从图中可以看出，性别与对平等的态度之间，并无关系。每个团体中，赞成与反对的人，刚好各有一半。回想一下前面讨论的消减误差比例。在此例中，知道一个人的性别，并不能降低我们猜测他对平等态度时犯错的概率。图16-3下方的表格为提供表格形式的表达。

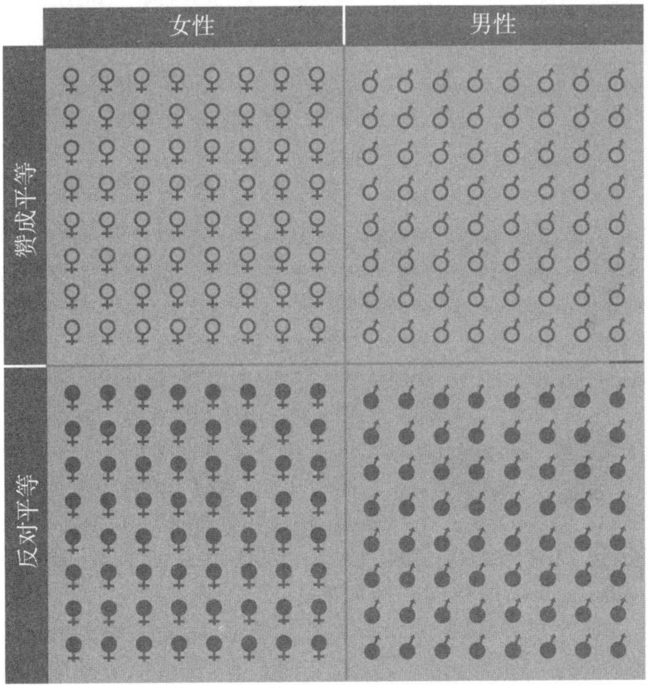

	女性	男性
赞成平等	50%	50%
反对平等	50%	50%
	100%	100%

图例

♀ = 女性赞成平等
♂ = 男性赞成平等
♀ = 女性反对平等
♂ = 男性反对平等

图16-3 假设人口中男、女赞成或反对性别平等的情况

图16-4显示，从一假想的总体中选出的1/4样本。图示表明，从总体正中间选出的"正方形"（1/4）是一个具有代表性的样本。样本包含每种类型各16人：一半男性，一半女性；每个性别团体中一半赞成平等，另一半反对平等。

图16-4选择的样本，可以让我们对总体中性别与对待平等态度之间的关系作正确的推断。根据第7章所学的抽样逻辑，我们知道样本中性别与对待平等的态度之间并无相关

性；因此可以认为，在总体中，二者也没有相关性，因为我们假想的样本符合抽样规则。

当然，实际生活中的样本很少能如此恰当地反映总体。譬如，在样本中多出一两个男性反对平等，或多出一些女性赞成平等的情形，都是很寻常的事，即使在总体中这两个变量确无相关性。如此细微的变异，是概率抽样的主要部分。

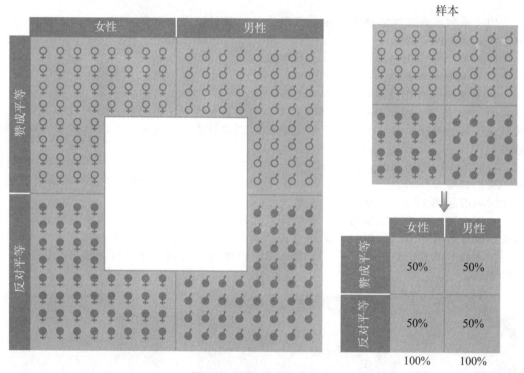

图 16-4　具有代表性的样本

然而，图 16-5 显示的样本，却不足以反映总体。样本中有太多赞成平等的女性和太多反对平等的男性。如图所示，样本中，3/4 的女性和 1/4 的男性赞成平等。如果我们从这两个变量并不相关的总体中抽出前面的样本，那么，对这种样本的分析，就足以产生误导。

一个正确的概率样本，不可能像图 16-5 那样不精确。但如果我们真的得到了一个样本类似的抽样结果，就应该考虑其他解释了。图 16-6 说明的，就是这样的情形。

图 16-6 展现的样本，同样显示了性别与对待平等态度之间有强烈的相关性。不过，这次的理由很不一样。我们选择了具有代表性的样本，也可看出这两个变量在总体上有很强的相关关系。如图所示，女性比男性更倾向于赞成平等；在总体中如此，在样本中亦然。

实际上，在很多情况下，我们根本无从知道整个总体到底是怎样的情形，因此，要进行抽样研究。如果在样本中发现了强烈的相关性（如图 16-5 和图 16-6 所示），就要确定研究结果是否正确地反映了总体，或纯粹是抽样误差造成的。

统计显著性检验的基本逻辑是：假设总体中两个变量相互独立，从总体抽出的样本中两个变量也相互独立，那么出现任何与此冲突的情形，要么可以归因于样本没有代表性；要么可以拒绝变量之间的独立性假设。与概率抽样方法相关的逻辑和统计量，提供了不同概率非代表性的程度差异（以抽样误差表示）。简单地说：有可能以最高概率出现最低程度的非代表性；或以最低概率出现最大程度的非代表性。

因此，从一组样本数据观察到的关系，其统计显著性通常用概率来表示。显著性在 0.05 的水平（$p \leqslant 0.05$），意指变量间实际的强相关性与观察到的相吻合，被归因于抽样误差的情况在 100 次中不会超过 5 次。换句话说，如果两个变量在总体中互相独立，而且有 100 个概率样本来自总体，那么，绝不会超过 5 个样本有观察到强度的相关性。

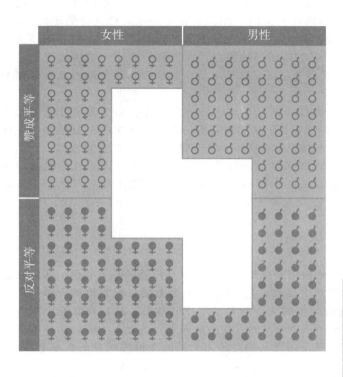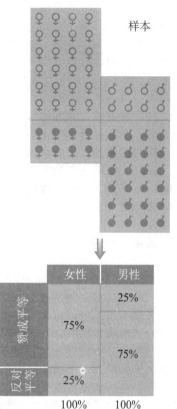

图 16-5　一个不具有代表性的样本

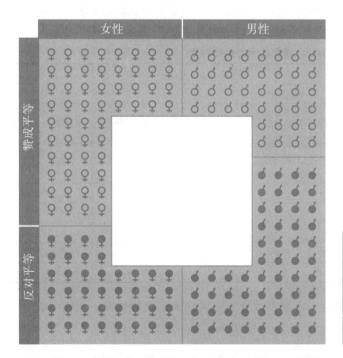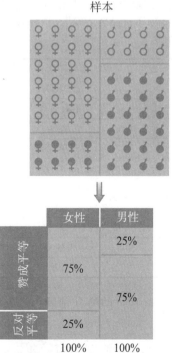

图 16-6　从变量间相关的总体中获得的代表性样本

与显著性检验的置信区间相对应的,是相关性完全归因于抽样误差的概率,即**显著水平**①(level of significance)。就如同置信区间一样,显著水平也来自这样的逻辑模型,即样本都来自某个总体。这里,我们假定总体中变量之间不相关,然后我们会问,抽自总体的样本中,有多少会产生如实证数据测得的相关;在研究报告中,常用的三个显著水平是:0.05,0.01,0.001。这就是说,由于抽样误差,使检测到相关性的概率分别是 5/100,1/100,1/1 000。

使用显著性检验的研究者,通常按照两个模式中的一个。有些会事先定好足够的显著水平,在此显著水平上,任何具有统计显著性的关系,便会被认为两个变量之间,具有真正的相关性。换句话说,他们不接受这个关系,完全是因为抽样误差造成的。

另外一些研究者则喜欢针对每个相关性而报告各自的显著水平,而不管一般常用的 0.05,0.01 或 0.001。他们可能会需要一个既有相关性在 0.023 之上的显著水平,而非 0.05 显著水平,以说明因抽样误差造成这种结果的概率在 1 000 次中只有 23 次。

16.2.4 卡方

在社会科学中,卡方(χ^2)经常被用来检验显著性。卡方依据的是零假设:假设在总体中,两个变量之间不相关(第 2 章中提到过)。分别给定两个变量观察值的分布,如果两个变量不相关,就可以计算我们期望的联合分布。计算的结果,就是列联表中所有单元格的"期望频次"(expected frequencies)。然后我们将期望频次分布与实际从样本数据得到的频次分布进行比较,接着,确定两者间的差异完全归因于抽样误差的概率有多少。以下例子会说明这个过程。

假设对某教堂教友的性别与去教堂次数之间的关系很感兴趣。为了验证这个关系,我们随机抽取了教堂的 100 名教友作为样本。样本中有 40 名男性,60 名女性;样本中有 70% 的人说,他们前一周去过教堂,30% 的人说没有去过教堂。

如果性别与去教堂之间没有关系,那么,样本中 70% 的男性,也应该说前一周去过教堂,另 30% 则没有。在女性中,也应该有同样的百分比模式。就如表 16-6(第 I 部分)所示,在这个模型中,应该有 28 名男性及 42 名女性去过教堂,12 名男性和 18 名女性没有去过。

表 16-6 假想的卡方检验例子

I.预期单元格频数	男性	女性	总数
去教堂	28	42	70
不去教堂	12	18	30
总数	40	60	100
II.观察单元格频数	男性	女性	总数
去教堂	20	50	70
不去教堂	20	10	30
总数	40	60	100
III.(观察−期望)^2÷期望	男性	女性	
去教堂	2.29	1.52	$\chi^2=12.70$
不去教堂	5.33	3.56	$p<0.001$

表 16-6 的第 II 部分,代表从这 100 名教友样本中实际观察到的情况。实际上有 20 名

---

① 显著水平:在统计显著性检验中,观察到的经验关系可以完全归因于抽样误差的可能性。一个在 0.05 水平上显著的关系,指完全因抽样导致的误差不会大于 5/100。

男性报告前一周去过教堂，剩下的 20 名则没有去过。在女性样本中，有 50 名去过教堂，只有 10 名没有去过。将预期频次与观察频次（第 I 部分和第 II 部分）相比较，我们发现，实际去教堂的男性比预期的稍微少了一些，女性却比预期人数多。

卡方的计算方法如下：（1）在表中的每一格，①用观察频次减去期望频次；②将上一步所得的值平方；③用平方后的值除以期望频次。这些步骤在表中每一格中都要做，然后将每一格所得结果全部加总。（表 16-6 中第 III 部分表示的就是逐格计算。）最后的加总值，就是卡方：在这个例子中为 12.70。

这个值表示样本观察频次的联合分布与当两个变量不相关时的预期频次之间的总差异。当然，仅发现差异仍无法证明两个变量间的相关性，因为正常抽样误差也会造成差异，即使总体变量间没有相关性，也如此。然而，卡方值的大小却可以让我们估算相关性发生的概率。

要确定经验关系的统计显著性，就必须用一组标准化的卡方值。如此一来，便需要计算自由度。"自由度"（degrees of freedom），指在某统计模型中所有变异的可能性。假如找出平均数为 11 的三个数字，那么将有无穷的答案：（11，11，11），（10，11，12），（-13，11，13），等等。假如现在设定其中的一个数必须是 7，那么，余下的两个数也有无穷的组合。

如果一个是 7，另一个必须是 10，那么第三个数的值就只有一个可能性了。如果三个数的平均数是 11，那么其总和必为 33。所以，在两个数的和为 17 的条件下，第三个数必须为 16。在这种情况下，自由度为 2。因为其中有两个数值可任由我们选择，一旦这两个数被选定，第三个数便决定了。

更为一般性的说法是，每当我们要检验 N 个数的均值时，其自由度就是 $N-1$。因此，在有 23 个数的情况下，我们可以对其中的 22 个数字进行任意选择，但第 23 个数却也因此被决定了。

类似的逻辑，也可以应用在双变量表中，就像卡方分析一样。试想一份有关两个二分变量关系的表格：性别（男/女）和对堕胎的态度（赞成/反对）。该表对两个变量都提供边际频数。

对堕胎的态度	男性	女性	总计
赞成			500
反对			500
总数	500	500	1 000

姑且不论这个假想的例子为了便利而使用整数，你们应该注意到每一个格的频次都有许多可能的数值。例如，有可能 500 名男性都赞成，500 名女性都反对；或刚好相反。也许每个格都是 250。当然，还有很多种可能性。

现在的问题是："在其他的数被边缘频次确定之前，我们到底能有几种选择自由来填这些格？"答案是"只有一种"。例如，如果我们知道有 300 名男性赞成，那么就只能有 200 名男性反对，而女性刚好相反。

在这个例子里，这个表的自由度为 1。现在建立一个 3×3 的表格。假定已知每个变量的边际频次，那么看看是否能确定其自由度为多少。

在卡方中，自由度的计算如下：观测频次表的行数减去 1，乘以列数减去 1。这可以写成 $(r-1)(c-1)$。如一个 3×3 的表格，其自由度为 4，即 (3-1)(3-1) = (2)(2) = 4。

在性别与去教堂的例子里，我们有 2 行和 2 列（扣掉"总数"栏），所以，自由度为 1。从卡方值表中（见附录 C）可以发现，从两个变量没有关系的总体中获取自由度为 1 的随机样本时，卡方值有 10% 的机会至少为 2.7。因此，如果我们从这个总体选出 100 个样本，就可预期大概有 10 个样本可以产生至少是 2.7 的卡方值。而且，我们应该预期只有 1% 的样本，其卡方值至少该有 6.6；仅有 0.1% 的样本，其卡方值至少是 10.8。卡方值愈高，表示该值愈不可能仅源于抽样误差。

在我们的例子中，算出的卡方值为 12.70。如果在教友总体中，性别和去教堂是无关的，且样本量很大，那么，卡方值就会小于样本的 1%（0.001）的 1/10。因此，如果在总体中性别与去教堂无关，且样本来自随机抽样，则获得这个卡方值的概率小于 0.001。因此，我们可以说在 0.001 的水平上，变量之间的相关性具有统计显著性。因为观察到的关系，几乎不可能只是抽样误差所致。所以，我们很可能拒绝零假设，并认为教友总体中，这两个变量之间是相关的。

16.2.5 检验

正如刚才讨论的卡方，适宜于定类或定序数据相关性的统计检验。如果你们的数据是高层次的测量，如定距或定比数据，譬如，你们想知道男女的体重是否有显著差异。要回答这个问题，先要对男女样本的体重进行测量，然后计算每个性别体重的均值。假如男性的体重均值为 77 千克，女性的体重均值为 61 千克，看起来，两者之间差距较大。可是，如果样本只有 2 位男性和 2 位女性呢？直观上，如果选择 2 位粗壮的男性和 2 位瘦小的女性，则差别明显。如果选的 4 位男女之间没有这么极端，就很难说两者之间有怎样的差别。

t 检验，有时也称之为学生检验，就是测量组均值差异统计显著性的工具。t 检验的计算公式涉及本书之外的统计量，所以，让我给你们一些 t 检验的逻辑与感受。

首先，t 值会随着均值之间差异的增大而增大。

其次，t 值也会随样本量的增大而增大，因此，在较大样本量中发现的差异（正如我们在卡方中看到的），就越有可能呈现统计显著性。

最后，组内的变异性越小，t 值就会越大。在性别与体重的例子中，如果满足下面的条件，t 值就会达到最大。

● 男女平均体重的差异较大。
● 大样本量
● 女的体重集中在均值附近，男的体重也集中在均值附近。

在计算好 t 值后，再查 t 检验表（任何统计教科书都有），就可以判断是否呈现统计显著性，即观察到的差异完全归因于抽样误差的概率，与卡方检验的逻辑一样。

在类似的情况下，大多数的测量都需要进行统计显著性检验。标准值表（t 检验值表）让我们可以确定要检验的关系在什么水平上具有统计显著性。任何标准的统计教科书，都会说明如何使用标准值表。

与真值比较的假设检验，会有几种可能的结果。开始时，可能会接受零假设，即认为要研究的变量之间互不相关；或者拒绝零假设，即认为变量之间相关。

此时，统计学家会提醒两类错误。第一类错误（Type Ⅰ Error），不正确地拒绝零假设，认为两个变量之间有关系，实际上，在总体中却没有关系。换句话说，样本中显示的关系，是由抽样误差带来的，并不是总体的情形。第二类错误（Type Ⅱ Error），即不正确地接受零假设，认为两个变量之间没有关系，实际上，两者之间有关系。

下表简要地说明了这些术语。

	现实生活情境	
	变量之间相关吗？	
	相关	不相关
从样本获得的变量间关系　相关	正确	第一类错误
不相关	第二类错误	正确

假设你们要检验一个教育创新项目是否能降低青少年越轨率，而且假设项目费用非常昂贵。在这种情况下，你们可能特别注意避免第一类错误，即项目本来无效，却认为有效。如果项目的成本很低，收益很高，你们可能特别希望避免第二类错误，即避免错过难得的解决方案。

16.2.6 注意事项

显著性检验为我们提供了确定变量间相关性显著与否的客观标准，帮助我们排除研究总体中伪相关关系。但是，研究者在使用或阅读显著性报告时，有几个必须注意的事项。

第一，我们检验的是"统计显著性"，并没有检验实质显著性的客观标准。也许某一相关性并非因抽样误差而产生，但我们却因此没有考虑到两个变量之间存在微弱相关。回想一下抽样误差是样本大小的反函数；样本愈大则估计误差愈小。因此，在一个大样本中发现的0.1的相关性（在某一显著水平下）都可能非常显著，同样的相关性，在较小的样本中，可能一点也不显著。如果你们了解显著性检验的基本逻辑，就一定理解其中的道理：在大样本中，因抽样误差而产生相关性的概率较低。但不管在大样本或小样本中，都很可能代表一个非常微弱的相关关系，接近零相关。

统计显著性与实质显著性之间差别的最好说明，也许是那些能完全确定观察到的差异，绝非抽样误差所致的情况，即当我们观察总体时，假设我们有办法知道全美及全俄每一个官员的年龄（为了讨论起见，我们再进一步假设美国官员的平均年龄是45岁，俄国官员的平均年龄是46岁），因此，不可能有任何抽样误差。我们非常确定地知道俄国官员的平均年龄比美国官员的平均年龄大。因而可以说，这个例子中不存在实质显著性。事实上，他们基本上同龄。

第二，为了不被上述假想的例子误导，就不应该依据在总体数据中观察到的关系计算是否具统计显著性。统计显著性检验只是测量变量之间关系完全归因于抽样误差的可能性；如果没有抽样，就不会有抽样误差。

第三，显著性检验依据的抽样假设与计算置信区间的相同。在某种程度上，实际抽样设计并未满足这些假设，因此，显著性检验也不是严格地合乎标准。

除了我们在此用卡方和 t 检验来检验统计显著性之外，还有许多社会科学家们常用的测量方法。如方差分析法就是常用的测量方法之一。

就如本书讨论的许多其他事情一样，我也有个人的偏见。在这里，我比较反对显著性检验。之所以如此，并不是这些检验的统计逻辑，毕竟逻辑本身是经得起推敲的。我考虑的主要是这种检验所引起的误导比启示还多，因为：

1. 显著性检验依据的抽样假设，在实际抽样设计中根本无法满足。
2. 显著性检验假设没有非抽样误差，在大多数实证测量中，这个假设令人质疑。
3. 事实上，在违反前述假设的前提下，显著性检验还经常用于相关性测量（例如，积差相关是从定序数据中计算出来的）。
4. 统计显著性，经常被误解为"相关强度"或实质显著性。

刚刚表达的这些问题，在新近的研究中（Sterling, Rosenbaum, and Weinkam, 1995）也曾被再三提及，他们对9份心理学期刊和3份医学期刊的出版政策进行了研究。正如研究者发现的，只要文章不说明变量间拥有某种统计上的显著相关性，大多数的期刊就不可能刊登。他们从拒绝信函中引述了下列一段话：

很不幸的，我们无法刊载这份原稿。虽说这篇稿件写得非常好，研究也相当有水平，遗憾的是，由于没有相关性结果，故对于这个领域几乎没什么贡献。我们期盼您继续努力从事这个领域的研究工作，在不久的将来，我们也会很乐意考虑您的其他稿件。

(Sterling et al., 1995: 109)

假定有一位研究者进行一项完全符合科学要求的研究，要检验 X 是否影响到 Y，而结果证明两者并没有统计上的显著关系，这是件好事。假如我们有意探讨癌症、战争或青少年偏差行为的起因等等，知道一个因素可能在实际上不会造成任何影响，这也是件好事。这个想法让研究者能更自由地考察其他方面的种种因素。

诚如我们所见，无论如何，像这样的研究可能写得非常好，却被拒绝刊载。其他的研究者有可能继续检验 X 与 Y 之间的关联性，却不知道在前人的研究中已经检验过两者之间并没有任何因果关系（因为这些研究都没有出版），这样，就导致许多毫无意义的研究工作。这些研究既不会出版，也不会对 X 和 Y 的因果关系分析有什么影响。

从学到的有关概率的内容中，你们应该了解到，假如进行了足够的研究，最后应该可以测得 X 与 Y 之间的关系具有统计显著性。例如，如果两个变量之间没有任何关系，我们将预测其相关的显著性为 0.05，也就是 100 次中有 5 次，这也是显著性 0.05 的意义。假如执行了 100 次研究，我们就可以预期其中会出现 5 次结果，即两者间不存在任何因果关系（而这 5 次的研究结果，应该发表出来才对）。

由此可以看出，问题的严重性在于，我们过分地依赖于统计显著性检验了。不过与此同时（可能有点荒谬），对研究者而言，显著性检验可以是一个宝贵的资源，即作为帮助了解数据的有用工具。虽然前面的评论提出了对显著性检验极端保守的看法（也就是当所有条件符合时才用它），而我的看法却刚好相反。

我鼓励你们对任何一组数据用任何一种统计方法，不论是相关性测量或任何显著性检验，只要可以帮你了解数据就行。如果在非控制抽样的情况下，对定类变量进行积差相关的计算，并且检验统计显著水平，也能达到上述目的，那么我鼓励你们这样做。我这样说，是受到详析模式开发先驱塞尔文（Hanan Selvin）"数据开发技术"的影响。只要最终能够引导我们了解数据和被研究的社会，任何方法都可以采纳。

不过，这种极端自由做法的代价，就是放弃严格的统计解释。你们将根本无法用在 0.05 显著水平上的相关，作为研究发现的基础。不管你们用什么方法得到发现，实证数据最终都应该以适当的方式得以表达，其中最重要的就是合乎逻辑。

16.3 其他多变量方法

本书绝大部分讨论的是基础性的数据处理，诸如列联表、百分比等。详析模式也是以这种形式出现的，本书到目前为止提过的数据分析案例，也是如此。

在这一节，你们将要认识其他几种社会科学家常用的多变量分析方法，这些方法能够详细阐述社会变量的相关关系。先别担心是否要学会如何使用这些方法。我只是要你们对这些方法有足够的认识，以免日后你们碰到时，茫然不知所措。这些分析方法分别是路径分析（path analysis）、时间序列分析（time-series analysis）、因子分析（factor analysis）、方差分析（analysis of variance）、判别分析（discriminant analysis）、对数线性模型（log-linear model）、概率比分析（odds-ratio analysis）、地理信息系统（geographic information systems）。这些只是社会科学家们使用的许多变量方法中的几种而已。

16.3.1 路径分析

路径分析[①]（path analysis）是一种探讨多个变量关系的"因果模型"（casual model），其基础是回归分析，比用其他方法更能对多个变量间的关系提供有用的图解。

[①] 路径分析：一种多变量分析形式，变量间的因果关系以路径图形展示。

路径分析假定一个变量的值依赖于另一变量值,所以,首先要区分自变量和因变量。当然,区分变量关系并非只有路径分析才需要,只是路径分析提供了独特的方式用于展示解释性的结果。

回想一下第15章图15-1所示的详析模式之一。下面就用图示来表达这一逻辑:

自变量→中介变量→因变量

这个模式图表示自变量对中介变量有影响,中介变量接着对因变量产生作用。路径分析需要在变量间建立类似的模式,典型的路径图有比上图更多的变量。

除了用图形显示变量间的关系以外,路径分析也显示各种关系的强度。相关强度的计算是根据回归分析中产生的数字,类似于详析模式中的净关系。他们把这些数字称为"路径系数"(path coefficients),在模型中,指当其他变量都固定不变时,每对变量间的关系强度。

例如,图16-7分析的焦点就在于,基督教徒反犹太情结的宗教原因。图中变量从左到右为①信奉正统教义(orthodoxy),意指个人接受上帝、耶稣及圣经固有的传统信仰;②特殊神灵论(particularism),相信自己的宗教才是唯一真正的信仰;③接受犹太人迫害钉死耶稣的观点;④对当代犹太人的宗教性敌意,诸如相信上帝正在惩罚他们或他们正在遭受诅咒,除非他们皈依基督教;⑤世俗性反犹太情结(anti-semitism),诸如相信犹太人在商业领域欺诈、对国家不忠等等。

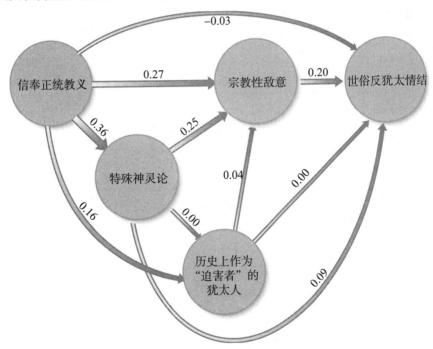

图 16-7 反犹太情结的宗教来源图

数据来源:Rodney Stark, Bruce D. Foster, Charles Y. Glock, and Harold E. Quinley, Wayward Shepherds-Prejudice and the Protestant Clergy, 1971. From Anti-Defamation League of B'nai Brith. Published by Harper & Row, Publishers, Inc.

一开始,研究者提出,世俗性反犹太情结的产生,来自于前面5个变量的影响:信奉正统教义造成接受特殊神灵论,而后者又使人们相信历史上犹太人为耶稣迫害者的观点,该观点又引起对当代犹太人宗教上的敌意,最后,终于产生世俗性反犹太情结。

然而,这个路径图却显示了不同结果。例如,研究者发现,接受犹太人是耶稣迫害者这一观点,似乎对产生世俗性反犹太情结过程不起作用。另外,虽然特殊神灵论是造成世俗性反犹太情结中的一部分原因,图中却显示信奉正统教义和宗教性敌意,对反犹太情结影响更直接。信奉正统教义甚至可以不顾特殊神灵论是否存在而产生宗教性敌意,而宗教性敌意不管怎样,都会导致世俗性的敌意。

对路径分析的最后一个评论,是变量的顺序。虽然在处理变量间复杂因果关系网时是一个相当好的方法,但路径分析本身并不能告诉人们变量间的因果顺序。图16-7中的路径图不是由计算机制作的,而是研究者自己确定的变量间关系结构,计算机只是计算结构内的路径系数罢了。

16.3.2 时间序列分析

回归分析的变体常被用于检验时间序列数据,以表示一个或多个变量随时间而发生的改变。我相信你们知道美国的犯罪率多年来在持续上升。对犯罪率的**时间序列分析**①(time-series analysis)可以用回归形式来表现长期趋势,并且提供检验趋势的解释(人口增长或是经济波动),如此得以对未来犯罪率进行预测。

图16-8是一个简单的例子,展现了一个假想的城市盗窃犯罪率随时间推移的变化。图中的每一个点代表该年警局接获报案的窃盗数量。

假如我们觉得窃盗是因人口过多而引起的,也许你们会推断拥挤会带来心理压力和挫折感,从而导致许多不同类型犯罪的增加。回想在讨论回归分析时,我们可以建立一个回归方程来表示窃盗和人口密度之间的关系,即以年代作为分析单位并使用每个变量的实际数量。在获得最合适的回归方程后,便可根据每年人口密度来计算该年的窃盗率。假定城市的人口数(然后是密度)在稳步增长,我们就可以预测窃盗率也会增加。这些回归推测在图16-8中以虚线的形式显示。

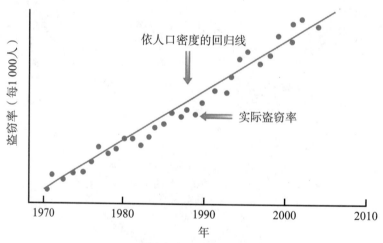

图16-8 假想的在不同时间的城市盗窃率

时间序列关系通常比这个简单的例子要复杂得多。至少有一点不同,即通常会有一个以上的因果变量。例如,我们会发现失业率同样也会对窃盗案产生巨大影响。因此,我们可以同时根据这两个因果变量发展出一个方程,用以预测窃盗率。因此,对结果的预测可能不会基于简单的直线。在第一个模型中,人口密度呈稳步增长趋势,但失业率却有升有降。因此,预测的窃盗率也会有类似的升降。

为了探究窃盗与失业率之间的关系,我们会推断人们不会在失业后立刻开始偷窃。

---

① 时间序列分析:对一个变量(如犯罪率)随时间变化而变化的分析。

最典型的情况应该是，他们首先会用完自己的存款，再向朋友借，同时寄希望能找到工作。偷窃是最后迫不得已才会使用的手段。

"时差回归分析"（time-lagged regression analysis）可以用来说明这种较复杂的情况。因此，我们可以建立一个回归方程来预测某年的窃盗率，方程一部分的依据是前一年的失业率或近两年的平均失业率。在这样的分析中，类似的可能性，永无止境。

如果你们仔细想一想，就会发现，许多因果关系可能都涉及时间差。从历史角度看，世界上许多贫穷国家通过高出生率与高死亡率的匹配模式，实现了人口增长。而且还可以不断观察到，当某社会的死亡率急剧下降（如通过医疗改善、公共卫生以及农业改良）时，该社会的出生率也会在稍后跟着下降，但中间却有一段人口快速增长期。再看另一个非常不同的例子，惩罚州际高速公路上的超速驾驶很可能降低平均车速。当然，毫无疑问，这个因果关系也会涉及时间差，数天、数周或数月，直到驾驶者开始了解到惩罚是如何严格执行的。

在所有这些例子里，可用许多不同方法产生回归方程。不管用哪一种方法，判断成败的标准，是研究者根据观测值预测因变量实际值的程度。

16.3.3 因子分析

因子分析是一种独特的多变量分析方法。其统计基础比前面所讨论到的要复杂得多，所以必须在此进行一些一般性的讨论。

因子分析[①]（factor analysis）是一种复杂的代数方法，用来探讨多个变量值变异的模式。一般而言，因子分析主要通过制造人工变量（因子）来实现，而这些因子，又与实际变量有紧密的联系，但彼此间却互相独立。这种复杂的操作必须通过电脑来完成。

下面是一个简单的例子，用于分析中国上海的社会变迁。孙家明（2008）运用因子分析方法来探讨一系列的态度是否反映了人们日常生活的一般取向。表 16-7 显示了分析结果。

表 16-7　上海的现代与传统取向

	因子	
	1	2
我的主要生活目标就是变成百万富翁	0.654 4	0.074 2
我追求高回报与高风险的工作	0.656 8	−0.117 4
致富是光荣的	0.372 7	0.197 7
在现代社会，尊重权威并不重要	0.357 4	−0.074 4
不反对有权力的人更好	0.034 7	0.496 8
即使出现自然灾害和社会动荡也要随大流	0.007 0	0.489 0
对个人地位而言，家庭背景与社会关系最重要	0.013 9	0.357 0

正如你们看到的，前 4 个陈述与第一个因子高度相关，后 3 个陈述则与第二个因子高度相关。如果看前 4 个陈述，因子分析就识别出了一般的取向，孙家明称之为"世俗—理性的"；而后 3 个陈述，则反应了一种更加传统的观点。

这里就有一个更为复杂的因子分析例子。许多社会研究者都曾探讨过违规行为。当你们深入看这个问题时，就会发现有许多不同种类的违规行为。在怀俄明州的一个小镇

[①] 因子分析：一种复杂的代数方法，用于确定具体观测值的一般维度或因子。

上，佛斯朗（Morris Forslund，1980）对镇上一所高中学生进行了一次调查，以区别违规行为的类别。他在问卷中要学生报告是否做过不同种类的违规行为，然后他将所得的答案进行因子分析。结果见表 16-8。

表 16-8　越轨行为，白人

越轨行为	侵犯财物因素 I	没教养因素 II	吸毒/旷课因素 III	打架因素 IV
打碎路灯等	0.669	0.126	0.119	0.167
打破窗户	0.637	0.093	0.077	0.215
破坏篱笆，晾衣架等	0.621	0.186	0.186	0.186
偷走价值 2 美元~50 美元的物品	0.616	0.187	0.233	0.068
放掉车胎气	0.587	0.243	0.054	0.156
偷走价值 50 美元或以上的物品	0.548	−0.017	0.276	0.034
扔鸡蛋，垃圾等	0.526	0.339	−0.023	0.266
偷走价值 2 美元或以下的物品	0.486	0.393	0.143	0.077
在学校偷走课桌等处的物品	0.464	0.232	−0.002	0.027
不经许可把别人的车开走	0.461	0.172	0.080	0.040
胡乱涂鸦	0.451	0.237	0.071	0.250
违背双亲	0.054	0.642	0.209	0.039
在桌上、墙上等乱画	0.236	0.550	−0.061	0.021
用恶毒言语报复	0.134	0.537	0.045	0.100
不服从教师和学校管理人员	0.240	0.497	0.223	0.195
当面挑战双亲	0.232	0.458	0.305	0.058
打匿名电话	0.373	0.446	0.029	0.135
抽大麻	0.054	0.064	0.755	−0.028
为求快感，吸食其他毒品	0.137	0.016	0.669	0.004
伪造学校文件签名	0.246	0.249	0.395	0.189
趁父母不在喝酒	0.049	0.247	0.358	0.175
逃学	0.101	0.252	0.319	0.181
揍人	0.309	0.088	0.181	0.843
打架斗殴	0.242	0.266	0.070	0.602
变异百分比	67.2	13.4	10.9	8.4

数据来源：Morris A. Forslund, *Patterns of Delinquency Involvement: An Empirical Typology*, paper presented at the Annual Meeting of the Western Association of Sociologists and Anthropologists, Lethbridge, Alberta, February 8, 1980. The table above is adapted from page 10.

正如表 16-8 所示，各式各样的违规行为列在左侧。表内数字则是分析所得 4 个因子的因子负载。应该注意到佛斯朗已为每个因子附上了标签。我将每个因子标签括了起来。佛斯朗对结果作了以下说明：

在所有样本中，可以很明显地找出 4 种不同的违规行为。根据变异被解释程度的排序，每种违规行为都被给予了一个标签：①侵犯财物，包括破坏艺术品及偷窃；②没教养；③吸毒/旷课；④打架。有趣也有些令人惊讶的是，我们发现破坏艺术品和偷窃竟出现在同一因子内。似乎显示这些侵犯财物的高中生，倾向于涉及艺术品的破坏和偷窃。同样有趣的是，吸毒、酗酒和旷课被归于同一个因子。（佛斯朗，1980：4）

确定了整体模式之后，佛斯朗分别针对男生与女生重新进行了一次因子分析，并获得了同样的模式。

这个例子显示，因子分析是找出大量变量间关系模式的有效方法。使用因子分析后，研究者就不必被迫去比较数不尽的相关因素，不管是简单的、净的或多元的，进而找出这些模式。顺便说一句，因子分析也是社会研究运用计算机的极好例子。

因子分析也可把数据用读者或研究者可判读的形式表达。对一个既有因子，读者可以很容易看出哪些变量在这个因子上有很高的负载，然后就此找出内含的变量结果。或者，可以轻易地发现既有变量在某个因子上的负载是高或是低。不过，因子分析也有缺点。

首先，如前所述，因子的获得，并没有任何实质意义。研究者常会发现一组实质上相去甚远的变量，却在同一因素上有很高的因子负载。例如，他们可能发现偏见与宗教虔诚在某因子上具很高的正因子负载，而教育也在同一因素上具同样高的负因子负载。这三个变量之间的关系，当然很紧密，但在现实世界中又代表了什么呢？没有经验的研究人员，十有八九会将这种因素命名为"宗教—偏见性的缺乏教育"或一些类似的荒谬名词。

其次，从哲学上看，因子分析也常被批判。回想一下前面叙述的一般标准，一个假设，必须是可以被推翻的。如果一个研究者无法确立假设可能被推翻的情况是什么，那么，该假设不是自我重复就是毫无用处。在某种意义上，因子分析确有这种缺点。不管输入什么数据，因子分析都以获得因子的形式进行。如果研究者问"这些变量间有没有关系"，答案永远都是"有"。在评估因子分析结果时，就该考虑这个问题。因子的获得，绝不保证有任何实际的意义。

我个人对因子分析的看法与对其他复杂形式的分析一样。对社会科学研究者而言，因子分析可以是一个非常有用的工具。只要这种分析可以帮助研究者了解数据主体，就应该鼓励使用。不过，就像在所有的情形下一样，必须时刻警惕的是，因子分析只是一个工具，绝不是神奇的灵丹妙药。

现在，我想重申一下，我们接触到的这几种分析方法，只是社会科学家常用方法的一小部分。随着研究的深入，我们会更加深入地了解这些方法。

16.3.4 方差分析

方差分析[①]（Analysis of variance，ANOVA）使用了前面讨论过的统计显著性逻辑。基本上，把研究对象合并为组，并将其看作是自变量，用因变量来分析组与组之间的差异。用组间差异程度与随机分布标准比较：如果将研究对象随机分派到各组，是否也能获得如此的组间差异呢？

现在简要讲一下两种常见的方差分析：单向方差分析和双向方差分析。

1. 单向方差分析

假设要比较共和党人和民主党人的收入水平，以确认共和党人是不是真的比较富有。我们选择了一些样本，让他们回答两个问题：①他们属于哪个党；②他们去年的总收入。我们计算出每个政党收入的平均值或中位数，假如共和党人收入的平均值是 52 000 美元，民主党人收入的平均值是 46 000 美元。很明显，共和党人的确实比较富有，但差别是否"显著"呢？如果我们通过随机选择得到两个组，那么，我们有可能得到 4 000 美元这一差距么？

方差分析通过使用方差来回答这一问题。简单地说，分布（如收入）的方差，表示一组值靠近或偏离平均值的标准。

图 16-9 表现了这两种可能性。在两种分布中，共和党人的收入平均值都是 52 000 美元，民主党都是 46 000 美元。在 a 部分，大多数共和党人的收入接近 52 000 美元，大多数民主党人的收入接近其党派收入平均值 46 000 美元。而 b 部分的情形则大相径庭。尽

---

① 方差分析（ANOVA）：一种统计分析方法，把研究对象合并为组，并将其看作自变量，用因变量来分析组间的差距。然后把分析获得的差距与随机分布下的标准进行比较。

管这一部分的平均值和 a 部分的平均值是一样的,但两个党派的收入差别都很大,在分布中,也有很大部分的重合。从专业角度讲,b 部分的方差比 a 部分的方差大。从表面上看,图 16-9 中的 a 部分真实地反映了共和党人和民主党人收入的差别,而 b 部分的数据不大能确定。在这种情况下,很可能是随机抽样误差产生的正常方差导致了 52 000 美元和 46 000 美元这两个平均值。

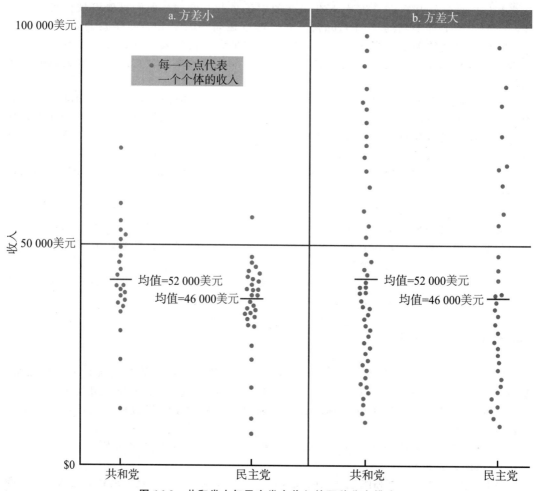

图 16-9 共和党人与民主党人收入的两种分布模式

在实际的方差分析中,主要靠统计学计算,而不是依靠印象。观察平均值的差异,用方差的标准倍数和分数表示。图 16-9 的 a 部分方差比 b 部分的方差小,所以 4 000 美元在 a 部分表示的差异比在 b 部分的大。之后,平均值的差异(用方差使之标准化)要与标准统计表格比较(在讨论统计显著性时提到过这种表格,表明这些值的理论分布)。最后,我们可以得出结论,在某个显著性水平上,这一差异具有显著性。比如我们可能发现,抽样误差在 1 000 次中只有 1 次带来差异。因此,我们可以说,差异显著性是 0.001。

在这个例子中,为了突出步骤中的基本逻辑,我避开了实际的计算。

这一最简单的例子,通常被称为两个平均值差异的"t 检验"。在两组以上的情况中,因为涉及更多的比较,计算更加复杂。基本上,要分别用组内差异与组均值进行比较。最终分析结果和前面的例子一样,用统计显著性表示,也就是由随机抽样误差产生差别的可能性。

2. 双向方差分析

单向方差分析是双变量分析的一种形式（政党和收入是例子中的两个变量）。在社会研究中，我们经常会遇到多变量分析。双向方差分析可以同时考察两个以上变量。例如，假设我们怀疑共和党人和民主党人的收入差别是因为教育程度的不同。我们的假设是，共和党人的教育水平比民主党人要高，并且，受过良好教育的人，不分党派，一般比受教育程度低的人收入高。双向方差分析能用类似于 15 章讨论的详析模式和部分相关及回归方式，来整理两种解释性变量的效果。

16.3.5 判别分析

判别分析①（discriminant analysis），是已经讲过的一些分析技术的有趣变体，其逻辑类似于多元回归分析，只是因变量可以是定类的，回归则需要有定距变量。我们用下面这个例子来说明一下。

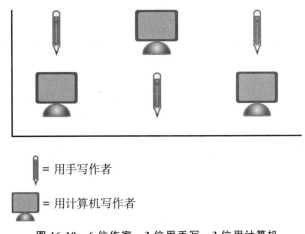

图 16-10　6 位作家：3 位用手写，3 位用计算机

图 16-10 中有 6 位作家。其中 3 位作家用纸笔写作，另外 3 位用计算机写作。我们的任务是，解释写作方式为何不同。我们能找到一种方法预测某位作家是用笔还是计算机吗？

图 16-11 涉及两个我们认为可能对作家如何写作产生影响的变量。年龄可能会有影响，年龄大的作家已经习惯了手写，并且可能难以适应新技术；年轻作家已经习惯了用计算机打字。收入也可能有影响，因为计算机比普通笔要昂贵的多。图 16-11 用作者的年龄和收入判断。看看你们能不能从这个图中得出结论，是什么因素影响了写作方式。

图 16-12 进一步证明了可能得到的结论。仅用收入一个变量，就可以作为预测写作方式的依据，至少对于这 6 位作家来说，是这样的。收入不高于 30 000 美元的作家，都使用笔，收入高于 30 000 美元的，都用计算机。

生活往往并不是这么简单，就算是简化了的例子，也没这么简单。我们来填点东西。图 16-13 还是以作家的年龄和收入为变量，不过，结构更为复杂。如此，就不能仅依年龄或收入这两变量之一，就画出一条线将笔和电脑分开。

如果仔细研究图 16-13 就可以发现，我们确实能画一条线将笔和电脑分开。这条线和任何一条坐标轴都不是垂直的。图 16-14 画出了我们想要的直线。为了充分利用这条线，我们需要找到一个能预测作家会落到线的哪一边的方法。图 16-15 说明了如何做。

---

① 判别分析：类似于多元回归的分析方法，不过因变量可以是定类的。

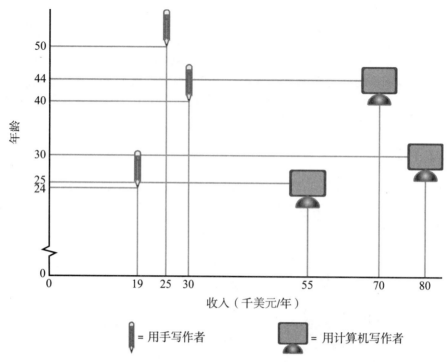

图 16-11　依年龄和收入对 6 位作家进行判断

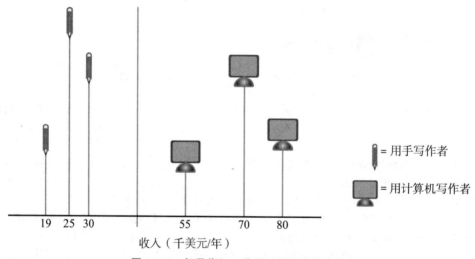

图 16-12　仅用收入，就可以预测写作方式

通过建立一条新的垂直于分割线的直线，我们能计算出在新混合维度情况下，作家会落在哪个区域。这种计算方法与以前讨论的回归方程有点类似。方程式如下：

$$新维度 = a + (b \times 年龄) + (c \times 收入)$$

判别分析软件能够取年龄和收入的不同值，分析他们与写作方法的关系，然后产生一个方程式，让使用者能通过年龄和收入来判断其他作家的写作方式。

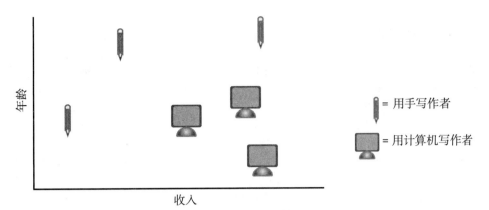

图 16-13　稍复杂些的模式

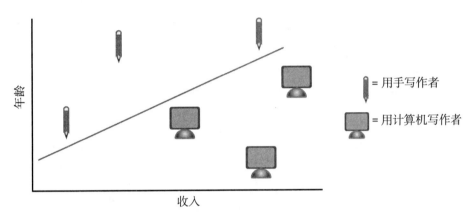

图 16-14　把用笔的和用计算机的分开

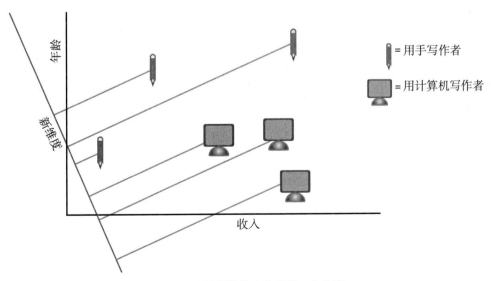

图 16-15　用新的维度来判断 6 位作家

16.3.6 对数线性模型

假设想知道政治倾向是不是和所属党派有关系。例如，自由派是不是比保守派更可能属于民主党？可以把样本分成两部分：自由派和保守派。我们能计算出每个派别中民主党人所占的比例。如果发现自由派中这一比例较高的话，就能得出结论：政治倾向和所属党派确实有关系。

在这个例子和第 14 章以及第 15 章的表格分析中，所有因变量都是二分变量，即有两个属性。如果因变量不是二分变量，情况就会变得很复杂。假设除了民主党人和共和党人以外，还包括无党派人士、社会主义者和古典自由派，那么看民主党中自由派和保守派的比例，就毫无意义了。同样，单独看其他政治团体中这一比例，也没什么意义。单独察看单个政治团体，可以制作更多的表格，并且不容易理解。

如果解释性变量不是二分的，情况会更为复杂。假设除了自由派和保守派外，将中间派也考虑在内，或将其他解释性变量如种族、信仰也考虑在内，那么得到的表格将极为复杂。

对数线性模型①（log-linear models）为这样复杂的情况提供了解决方案。这一技术涉及精细的对数计算，依靠描述变量内在关系的模型，对比表格单元格中期望频次和观测频次（这里采用的逻辑与之前讨论过的卡方逻辑相似。）。雷诺兹（H. T. Reynolds）描述了这一过程：

在大多数统计中，在进行对数线性分析之前，研究者要找出适合数据的模型。即用模型尝试性地描述变量之间的关联关系。选择好模型后，如果模型适用，就要估计给定样本的期望频次。然后将估计值和观察值进行比较。（雷诺兹，1977：76-77）

在说明对数线性分析检测的模型时，研究者要考虑因变量和每个自变量的直接关系，每一对自变量之间的关系，以及三个自变量间的关系（和第 15 章讲的详析模式类似），或更多变量之间的关系（这取决于变量总数）。我们来看一下以前提到的三个变量的例子。

我们猜想一个人所属政党（"政党"）是政治倾向（"政见"）和种族的函数。这个模型包括：①政见对政党的直接影响；②种族对政党的直接影响；③种族对政见的影响；④种族对政见和政党关系的影响（和详析模式一样）；⑤政见对种族和政党关系的影响。以上每组影响，都有一定的解释性，但对数线性分析可以找出哪种是最重要的，哪种可以在实际操作中忽略不计。对数线性分析涉及大量复杂的计算，都可以用计算机来完成。如果你们能在研究文献找到 logit、probit，或 multi-way frequency analysis（MFA）数据的话，就可以发现这些分析使用了这个模型。

对数线性分析有两个主要缺陷。第一，逻辑中需要很多数学假设，既有数据可能没法满足这些假设。这个情况过于复杂，这里不再详述。第二，和其他汇总性技术一样，对数线性分析的结果，不如简单百分比和平均值比较来的直观和容易理解。因此，对数线性模型即使从统计学角度看比较好，也不适合用简单百分比表操作，它适合于用表格无法完成的复杂情况。

16.3.7 概率比分析

分析关系的另一种通用技术的基础，是事物发生的比率（odds）。例如，如果一对掷骰子，就会有 36 个可能的结果，每一种可能的结果，会有不同的比率。结果为 2（"两个眼睛"）的可能性只有一个，而掷不到比率就是 35∶1；结果为 7 的可能性有 6 种（1-6，

---

① 对数线性模型：基于特定模型的数据分析技术，用于描述变量间的关系，并比较单元格的观察频次与期望频次。

6-1,2-5,5-2,3-4,4-3),掷不到比率是29∶1。尽管35与29之间比较,似乎不那么令人印象深刻,不过也说明,掷到7的机会是掷到2的机会的6倍。类似的逻辑也可以用于社会研究变量之间关系的比较。

假如你们对青少年越轨行为的研究有兴趣。国家青少年司法中心(The National Center for Juvenile Justice,2009)报道说,10~17岁年龄段的男性青少年中,有9%(0.086 422)的被逮捕过,包括涉及刑事犯罪的。而女性只有4%(0.038 782)。我们知道被逮捕是稀有事件。男性与女性相比,有超过2倍的可能被逮捕。通过这个数据,我们可以看看**概率比**[①](odds ratio)分析是怎样的。

	被逮捕过	未被逮捕过
男性	0.086 422	0.913 578
女性	0.038 782	0.961 218

$$\text{概率比} = \frac{(0.086\,422 \times 0.961\,218)}{(0.038\,782 \times 0.913\,578)} \approx 2.344\,609$$

如果结果为1.00,我们就可以认为男女被逮捕的概率没有差别。如果结果大于1.00,说明第一组(这里指男性)被逮捕的概率更大。如果结果在0.00~1.00之间,则说明第二组(这里指女性)被逮捕的概率更大。

16.3.8 地理信息系统(GIS)

我们看一个非常不同的分析技术:**地理信息系统**[②](Geographic Information Systems,GIS)。社会研究的很多累积性数据都有地理信息,如:国家,州,市,县,人口普查区等。这些数据常常出现在统计表格中,也可以用图更直观地展示出来。美国人口普查数据,越来越多地使用地图形式。

近年来,美国总统大选分析常用红色州(共和党)和蓝色州(民主党)表示。一些研究者注意到,没有任何一个州是全红或全蓝的,他们给那些各有半数人支持两个政党的州涂上了紫色。

另外一些研究者指出,在这种分析中,县是更加合适的单位,能表明一个州的政治多样性。在通常做法中,共和党在农业县比较受支持,民主党在工业县比较受支持。在2012年大选中,范德贝(Robert Vanderbei,2012)使用GIS制作了2012年总统大选的格局图,反映了这种情况。图16-16显示了以县为单位的格局。共和党或民主党的相对格局通过阴影表示,每个县栏的高度反映每平方英里的选民人数:柱子越高,县的选民就越多。

如果你们对这种分析技术有兴趣,就可以在网页浏览器的搜索引擎中输入GIS或"地理信息系统"(Geographic Information Systems)。在你们阅读本节的时候,说不定又出现了新的应用技术,你们也会发现,这种新技术的应用不限于美国。网上有这种技术的在线课程以及数据源和软件,专为地理信息系统分析而设计。

在社会学分析中,应用比较广泛的分析方法讲完了。我只是作了大概的介绍,还有很多方法,我并没有提到。我的目的是,介绍这些技术的大概情况,在今后的研究中,你们或许还想更深入地了解这些技术,我也想让你们进一步了解这些技术,以提高分析问题和解决问题的能力。

这本书不是统计学教科书,所以,我没有教你们更复杂的计算。在统计学课程中,

---

① 概率比:一种统计技术,通过比较出现的比率,用于表述变量间的关系。
② 地理信息系统:一种分析技术,研究者用地理单元展示量化的数据。

图 16-16　2012 年美国总统大选 GIS 图

数据来源：Robert Vanderbei. "Election 2012 Results." http://www.princeton.edu/~rvdb/JAVA/election2012/.

你们会学习复杂的计算，也会学习常用统计软件的运用。如 SPSS、STATA 和 SAS 这三个软件，通常用于社会科学数据分析。本章的目的是教你们一些定量技术背后的逻辑，帮助你们了解什么时候使用何种技术，以及如何解释结果。

本章要点

概述

- 统计学是数学的一支应用学科，常用于各种研究分析。

描述统计

- 描述统计主要用于简化研究数据。有些描述统计概述单变量属性的分布；另一些则概括变量间的相关性。
- 对变量间的关系进行描述统计，被称为相关性测量。
- 许多相关性测量依据的是消减误差比例（PRE）模型。PRE 模型是根据我们试图猜测每个样本的某变量属性时，可能猜错的次数（如果我们只知变量属性的分布），和我们知道变量在总体的联合分布且每次猜测某个变量时都被告知另一变量的属性，在这种情况下，我们猜错的次数。这些测量包括 Lambda（λ），适于测量两个定类变量间的相关性，能清楚地说明 PRE 模型；Gamma（γ），适于测量两个定序变量间的相关性；皮尔森积差相关系数（r），适于测量两个定距或定比变量间的相关性。
- 回归分析用方程来表示变量间的关系，可以根据一个或多个自变量的值，预测因变量的值。
- 回归方程，基于"回归线"计算而来：与点阵图中每一点实际位置的差距最小的直线。
- 回归分析，有线性回归分析、多元回归分析、偏回归分析和曲线回归分析。

推断统计

- 推断统计，用于依据样本发现通过估测来推断相关总体。有些推断统计估测总体单个变量的特征；另一些，通过统计显著性检验，则估测总体的变量关系。
- 对总体特征的推断，必须有"置信区间"和"置信水平"指标。置信水平和置信区间计算的基础，是概率理论，并假设研究的是常态概率抽样。
- 将从样本发现的变量间相关性概化到总体的推断，涉及统计显著性检验。简单地说，如果总体的变量间并无此类相关关系，这些检验在于估计观察到的变量间相关，在多大程度上归因于抽样误差。统计显著性检验以概率理论为基础，并假设研究的是常态概率抽样。
- 对观察到的相关性，用显著水平表达，即相关完全归因于抽样误差的概率。如果说某相关性在 0.05 的水平是显著的，那么，因抽样误差造成相关的可能性为每 100 次不会超过 5 次。
- 社会研究者倾向于使用一套特别的显著水平，以配合统计显著水平检验。即：0.05、0.01、0.001。这些都只是习惯用法。
- 社会科学经常用到的一个统计显著性检验是卡方（χ^2）检验。
- t 检验是用于比较均值的常用统计显著性检验。
- 统计显著性，不应该与实际显著性混淆，后者指观察到的相关性很强、很重要、很有意义。
- 严格说来，社会研究者在检验统计显著性时，几乎从来没有完全满足有关数据及方法的假设。尽管如此，这些检验仍然可以对数据分析及解释有所助益。但在解释检验结果"显著性"时，千万不要只看表面意义。

其他多变量方法
- 路径分析用图形将多个变量之间的因果关系网络表示出来，说明变量的主要"路径"，通过路径，自变量导致了因变量。路径系数是标准化的回归系数，表示变量间的净关系。
- 时间序列分析，是对随时间变化的过程（如：犯罪率）进行分析的方法。
- 因子分析，只适用计算机进行操作，用于发现一组实际变量的一般维度。这些维度或因子来自于对假设的、虽然在经验变量中不存在、却与经验变量密切关联的维度。因子载荷，指的就是经验变量和假设变量之间的相关度。
- 方差分析，是比较组间和组内的变异，确定组间差别是否来自简单随机抽样，以及变量间的关系是否真实。
- 判别分析，通过建立能区分因变量类型的、假设的、混合维度，以解释因变量的各种变异。结果是一个方程式，依假设维度计算得分，以预测因变量的值。
- 对数线性模型用于分析多个定类变量，且变量属性多于两种的复杂关系。
- 概率比分析，用于表示具有不同出现比率变量之间的关系。
- 地理信息系统，用于描述地理单位上的定量数据，并用地图形式展现。

关键术语

以下术语是根据章节的内容来界定的，在出现该术语的页末也有相应的介绍，和本书末尾的总术语表是一致的。

方差分析　曲线回归分析　描述统计　判别分析　因子分析　地理信息系统　推断统计　显著水平　线性回归分析　对数线性模型　多元回归分析　非抽样误差　概率比　偏回归分析　路径分析　消减误差比例　回归分析　统计显著性　统计显著性检验　时间序列分析

准备社会研究：定量数据分析

第 14 章、第 15 章、第 16 章都讨论了定量数据分析的不同方面。在这个练习里，你们应该说明自己的分析计划了。

在较早的练习中，你们确定了要分析的变量，以及准确的测量方法。现在，需要展示你们分析的结果了。在这里需要说明的是，是否要采用列联表分析、多元回归、因子分析，或其他的分析方法。用什么统计软件（例如 SPSS，SAS）关系不大，除非需要专用软件，或不常用的软件。

如果你们有准确的假设，则还需要说明有意义结果的统计显著性水平，不过，这不是必须的。

复习和练习

1. 用自己的话来解释测量相关的"消减误差比例"（PRE）逻辑。
2. 用自己的话解释回归分析的目的。
3. 用自己的话来区分"相关性测量"和"统计显著性检验"。
4. 找一个有统计显著性的研究，评判其报告内容的清晰性。
5. 寻找报告了统计显著性的研究，对其进行批判性分析。

第 17 章
社会研究论文的阅读与写作

章节概述

除非能和其他人进行有效交流,否则,社会研究就一文不值。在阅读他人的研究成果和撰写自己的研究论文时,需要一些特殊技巧。

导　言

有意义的科学研究不可避免地要和交流相联系。不过,这种联系并不总是轻松或让人感到舒适。科学家,包括社会科学和其他领域的,不一定擅长和他人交流自己的方法和发现。因此,你会经常发现,很难阅读和理解他人的研究成果。为了交流,自己在写作研究文章时,也会感到困难重重。最后一章,准备处理这两个问题。

我们先来看如何阅读社会研究论文,然后再探讨如何写作。在这两方面,我都会提供一些指导,不过你们还是会发现,最好的方法,是实践!读得越多,读起来越轻松;写得越多,写得越好。阅读和写作社会研究涉及的伦理问题,也将在实践过程中逐渐明晰。伦理规范,正是本章最后一节讨论的议题。

17.1　阅读社会研究论文

在你们开始阅读社会研究论文之前,需要确定要读的书目。正如第 4 章曾讨论过的那样,除某些扎根理论方法家之外,大多数社会研究者,在研究设计时,都是从文献回顾开始的。大多数研究都可视为对某具体主题前人研究成果的拓展。通过文献回顾,我们可以了解哪些是已知的,哪些是未知的。

17.1.1　组织一篇文献回顾

多数情况下,你们可以围绕自己希望研究的关键词来组织文献,或者你们想研究某个主体,如伊拉克战争老兵、电脑黑客、天主教牧师、同性恋运动员等。任何情况下,都可以有某些术语来呈现自己的核心关注点。

学校的图书馆也许会提供一些检索服务,在图书馆或在线应该都可以使用。假设你们正在进行涉及死刑态度的研究设计,如果在学校图书馆可以进入 InforTrac College Edition 或类似系统,就可以像我一样,获得涉及死刑的 8 735 份报纸参考文献和 5 489 期刊参考文献。InforTrac College Edition 索引,允许缩小搜索范围,于是我找到了涉及死刑"公众态度"的 249 个条目。部分条目是文献引文,部分是我可以在线阅读的全文。

当阅读或获取网上的文献时,应该注意是否能以 PDF 格式下载。PDF 格式在复制文件时会保留原有的页码,当你们想引用文献的部分段落时,会十分有用。有时,你可以免费阅读摘要或全文,有时,则需要购买。

另一来源是国会图书馆,每个人都可以在线查看。点击"基础检索"或"向导式检索",就可以获得很多文献。当我界定关键词"死刑"且把搜索限定为 2000 年到 2005 年间出现的英文书后,网站列出了 3 674 个条目。例如:

- Abolition of the death penalty: SAHRDC's submission to the National Comission

for the Review of the Working of the Constitution.
- America's experiment with capital punishment: reflections on the past, present, and future of the ultimate penal sanction/ [edited by] James R. Acker.
- Beyond repair: America's death penalty/ edited by Stephen P. Garvey.
- Capital Punishment: a bibliography/ C. Cliff, editor.
- Death penalty: influences and outcomes/ edited by Austin Sarat.

有时，简单的网络搜索，是开始研究的有效方式。使用搜索引擎，如 Google，HotBot 或 Yahoo 来获取关于"死刑"的网络资源。一定要使用引号来查找固定短语，而不是两个独立的单词。你们也可以在搜索请求中增加"公众言论"来过滤搜索结果。通常，网络搜索会提供大量的条目，大多数条目对你们可能没什么帮助，需要从中挑选。后文中，我还会给你们讲一些具体的网络搜索原则。

不管你们如何着手做文献回顾，都要考虑一个类似滚雪球抽样的技巧。这个技巧我们在第 7 章讨论过。一旦发现某本书或文章对你们有帮助，就记下其作者引用了哪些出版物。很可能从中找到对你们有用的东西。事实上，你们可能发现有些内容被反复引用，这意味着是你们研究领域的核心参考文献。因为文献回顾的目的，并不是通过引用某些内容来美化自己的文章。相反，是深入挖掘前人研究的成果，并用这些成果来设计自己的研究。

一旦发现某些文献具有潜在的使用价值，就赶快拿过来读读，看是否能找到对自己研究有用的东西。以下是一些读研究文献的方法。

17.1.2 阅读期刊还是阅读书籍

你们或许已经知道，不可能像看小说那样从头到尾按顺序阅读社会研究论文。当然，你们可以这样做，显然，这不是最有效的方式。期刊文章和书籍的布局安排，多少有所不同，所以，在两者的阅读指导方面，也会有所不同。

1. 阅读期刊文章

绝大多数期刊文章的开头，都有摘要。那就先读摘要吧。摘要会告诉你们文章的研究目的、使用的方法和主要发现。

在一本好的侦探小说或间谍小说里，悬念贯穿全书，通常会以出人意料的结局收场。这可不是大多数学术作者要追求的。社会研究要有意识地反对这种做法。社会研究者不会吊读者的口味，不会把 X 是否导致 Y 这样的结果当作悬念而留到最后；他们宁愿在摘要中放弃这些无谓的悬念。

摘要[①]（abstract）有两个功能。第一，让你们决定是否要继续读下去。如果你们为了写文章在搜寻相关文献，那么，摘要就可以告诉你们这篇文章是否与你写的文章相关。第二，建构文章剩余部分的框架。摘要可能会激发你们涉及方法或结论的疑问，从而为你们进一步的阅读，提供一个"工作表"。（最好是记下这些问题，然后确定是否找到了答案。）

读完摘要后，就直接看文章末尾的小结和/或结论。这会给你们涉及文章内容的更详细图景。（在阅读侦探小说或间谍小说时，也可以这样；这样会读得更快，但乐趣似乎也少了。）记下自己注意到的新问题或观察。

下一步是要浏览文章。留意每一节的标题和图表。在浏览过程中，无须研究这些东西；不过还是可以多注意那些自己感兴趣的内容。浏览完之后，就应该比较熟悉了。自己应该清楚研究者的结论，并对获得结论所使用的方法有全面印象。

现在，已经仔细阅读完整篇文章了，应该知道每节的标题和内容如何与整篇文章相

[①] 摘要：研究论文的概要。摘要通常出现在文章的开头，陈述研究目的、研究方法和主要发现。

匹配。继续做点记录,有必要在觉得以后要引用的地方做些标记。

仔细阅读完全文之后,最好再快速浏览一遍,以便对全篇结构有个整体回顾。

如果想要迅速理解阅读的内容,可以找个人来解释给他听。如果在做与课程有关的阅读,应该不愁找不到人来听。如果能向一个之前没有接触过这篇文章的人讲清楚其中的内容和逻辑,就可以说,你们已经理解了这篇文章。

2. 阅读书籍

阅读期刊文章的方法,也适用于阅读书籍长文,有时也称为**研究专论**①(research monograph)。这种长篇研究报告的要素和大体结构,与期刊文章差不多。不过,没有摘要,而是前言和第一章(包括研究目的、方法和研究的主要发现)。一般来说,前言都没那么正式,且比摘要更容易理解。

跟阅读期刊文章一样,阅读这些书籍时,也可以先浏览。这样,能大概了解其组织架构和表格、图的运用等等。在这个过程中,会对内容有一定程度的了解。与阅读期刊文章中的建议一样,也应该做些记录,写下自己阅读中发现的问题。

如果准备更仔细地阅读,那么,每一章都应该这样。先阅读第一章,以对后面将要讨论什么有个大概了解,然后,跳到结论部分。再浏览章节,以便更熟悉,然后更仔细地阅读,并做记录。

跟阅读、赏析文献不一样的是,有时候,还可以跳过学术著作的某些内容。这完全取决于阅读目的。或许书中只有部分内容和你的阅读目的有关。不过,如果对研究者的发现很感兴趣,就要留意作者使用的方法。比如,研究对象是谁?如何研究的?什么时候研究的?只有这样,才能正确评判作者所得出的结论质量。

真实生活的研究

黑帮头目的一天

对青少年帮派的生活,每个人都有自己的想象。大多数人想的,都是电视或电影描述的。不过文卡塔斯(Sudhir Venkatesh)更有兴趣自己去发现一些事情。在文卡塔斯还是研究生的时候,他的教授建议他到芝加哥的南区(South Side),访问住在那里的人。不妨回顾第5章讨论过的安德森(Elijah Anderson)的著作。不久,年轻的社会学家受到了帮派小组成员的挑战,问他属于哪个帮派。当挑战者知道他是社会学家后,便没兴趣了。不过帮派头目倒是来了兴趣,并试着回答访谈问题。最后,帮派头目告诉文卡塔斯,理解帮派成员生活的唯一方法,就是跟着他。如此,这项研究耗费了6年时间。

当我们想象着城市的帮派对社会秩序构成威胁时,文卡塔斯发现,在改善社区的许多方面,帮派是维持社会秩序的资源。帮派头目有能力管理帮派成员,并能应对妓女、皮条客、小偷、坏警察等。

---

① 研究专论:跟书本一样长的研究报告——出版的或者没有出版的。它跟教科书、散文书、小说作品等都不同。

17.1.3 研究报告评估

在这一部分，我提供了多组你们在阅读和评估研究报告中可以留意的问题。这些问题也是对先前章节的补充，并有助于更详细、深入地掌握相关主题。虽然很难穷尽，但我仍然希望这几组问题能够帮助你们理解自己所读的研究报告，并提醒你们其中的潜在问题。

1. 理论取向
- 研究文献是否有理论关照，还是根本就不涉及理论？
- 研究者采用的主要范式或理论取向是什么？可以从作者的文献回顾或其他地方找到提示。
- 另一方面，作者试图否认某些范式或者理论吗？
- 是否检验了某些理论或者假设？
- 理论取向以何种方式建构研究方法？比如数据搜集技术，以及对未搜集数据的判断。
- 用的方法是否适于涉及的理论主题？

2. 研究设计
- 研究目的何在？探索、描述、解释，还是有综合目的？
- 谁执行这项研究？谁提供经费？研究动机如何？如果研究结论正好符合赞助者或研究者的利益，那么，就要特别留意，尽管不会就此抹杀这些结论。
- 分析单位是什么？是否合乎研究目的？研究结论是否适用于分析单位？举例来说，研究者是否研究整个城市，最后却针对个人发表评论？
- 是截面研究，还是历时研究？特别注意不要以截面观察为基础，却提出历时的主张。
- 如果搜集的数据是历时性的，就要确定每个时间点的测量方法具有可比性。例如，如果涉及问卷数据，是否每次都问同样的问题？如果比较犯罪率或贫穷现象，就要确定每次都用相同的方式进行定义（例如"贫穷"的定义，就经常有改变）。
- 如果是追踪研究，就要检查在研究期间退出的人数（样本流失）。

3. 测量
- 研究用到的概念是什么？
- 研究者是否描述变量的不同维度？分析和报告的维度是否都一致？
- 采用何种指标测量这些维度和变量？每种指标是否达到了测量的目的？每种指标能不能测量出其他内容？是不是信度高的测量？有没有测试过信度？
- 每种变量的测量层次是什么：定类、定序、定距还是定比？层次适当不适当？
- 有没有使用复合测量方法：指标、量表，还是分类法？如果有，是否适合研究目的？运用是否正确？

4. 抽样
- 研究样本还是研究总体比较适当？记住：选择随机样本并不总是合适的。
- 如果采用样本，概率抽样是否可行？目标抽样、滚雪球法或配额抽样，哪种适用？是否已使用了合适的抽样方法？
- 研究结论适用的总体是什么？
- 研究者的目的是什么？如果是统计描述，应该用严谨的随机抽样。
- 如果采用随机抽样，抽样框是什么？是否足以代表研究总体？在抽样框中，研究总体的哪些要素要被剔除？哪些要被列入？
- 使用哪些具体抽样方法：简单随机抽样、系统随机抽样或整群抽样？研究者是否在抽样前先对抽样框进行了分层？分层变量是否选择良好，即是不是和研究变量相关？
- 样本量多大？完成率如何，即样本回收率如何？回收的与回收的样本之间是否有差异？
- 即使假设受访者具有代表性，用这个样本量将产生多大的样本误差？
- 研究者是否测试过样本的代表性，例如，是否比较研究总体和受访者的性别分布，或年龄、种族、教育程度、收入分布？
- 被研究的个体（或其他分析单位）能否代表被抽样的总体？即由样本获得的结论能否对总体或一般生活提供有意义的概括？
- 如果概率抽样和统计代表性对某研究不适合（如定性研究），那么，是否采用适当的方式选择研究对象和进行观察，以为所研究的现象提供更广泛的视角？研究者是否特别关注到异常和不确定的情况？

5. 实验
- 实验的主要因变量是什么？例如，实验者想要达到什么效果？
- 实验刺激是什么？
- 与实验相关的其他变量是什么？是否已经过测量？
- 针对每个变量，是如何定义和测量的？应用给定的定义和测量有什么潜在的效度及信度问题？
- 是否使用适当的对照组？受试者是否随机分配到实验组和对照组，或采用配对方法？分配是否适当？研究者是否能说明实验组与对照组的原始差异？
- 是否进行过因变量的前测与后测？
- 实验中出现"霍桑效应"的概率为多少？是否曾注意这个问题？例如，是否采用双盲设计？
- 内在效度是否因下列原因而发生问题：历史事件、受试者成熟度、测验、测量工具、统计回归、选择偏好、实验死亡率、因果时序不明、传播或模仿、补偿效应、补偿性竞争或自暴自弃。
- 外在效度有问题吗？实验者如何确保实验结果能推论到现实生活？

6. 问卷调查
- 研究是否能经受住所有与抽样有关问题的考验？
- 询问受访者哪些问题？访题的措辞是否准确？要注意研究者可能只是将问题意思概述出来。
- 如果采用封闭式访题，提供的答案类别是否适当、完备并互斥？
- 如果采用开放式访题，答案如何分类？研究者在为答案编码时是否采取措施以避免自身成见的影响？
- 所有访题是否清晰、不模棱两可？会不会被受访者误解？如果会，获得的答案会不会超出研究者原有的预期？
- 受访者是否有能力回答问题？即使不能，他们可能仍会回答，答案可能仍有意义。
- 是否有访题包含两个以上的问题？访题中是否有"和"与"或"之类的连词？是否要求受访者对两种意见表示同意或不同意，而事实上，他们也许只同意问题的一部分，而不同意另一部分？
- 访题中是否包含否定用语？如果是，受访者可能会误解，而回答不当。
- 访题中是否有潜在的社会期望？有没有任何过于明显的答案偏向或对错判断，让受访者基于别人的看法作答？
- 你们自己会如何回答访题？一般的做法是，您应该自问，自己会如何作答，以测试所有的访题。在作答时碰上的任何困难，都可能发生在别人身上。接下来，试着采取不同的假设立场（例如：自由派和保守派，有或没有宗教信仰），然后自问，看持某种观念的人会如何看待这些问题。

- 如果研究者对既有数据进行二次分析，就必须确定最先搜集数据的研究人员素质。另外，这些可拿来分析的数据，是否适合目前的研究目的？当时的访题能同样反映目前分析的变量吗？

7. 实地研究
- 什么理论范式影响了研究者的研究方法？
- 是否要检验假设或从观察中抽象出理论？还是没有任何理论关照？
- 研究的主要变量是什么？如何定义和测量？效度是否有任何问题？
- 信度如何？换成另一个研究者观察同样的事件，是否会有同样的分类？
- 影响研究发现或研究假设的分类是否会影响对观察的分类？
- 如果研究得出描述性的结论，如"这个团体的标准相当保守"，其中标准的隐含意义是什么？
- 把研究发现推及更大社会的可能性如何？研究者在这方面提出了什么主张？这些主张的根据是什么？
- 如果有访谈调查，如何挑选受访者？他们是否有足够的代表性？
- 研究者参与研究事件的程度如何？参与在多大程度上可能影响到事件本身？
- 研究者是否表明自己的研究身份？如果是，可能对被观察者的行为造成什么影响？
- 研究是否对观察对象表现出个人感情（不论正面或负面）？如果是，对观察结果及获得的结论可能会造成什么影响？
- 研究者的文化认同或背景是否影响对观察的解释？

8. 内容分析
- 分析的关键变量是什么？适合研究问题吗？
- 数据的来源和形式怎样？适合研究问题吗？
- 数据的时间范围适合研究问题吗？
- 分析单位是什么？
- 如果做定量分析，样本选取合适吗？统计技术合适吗？
- 如果做定性分析，数据范围合适吗？研究结论与数据吻合吗？

9. 分析既有的统计数据
- 重新分析的数据最早由何人搜集？数据搜集方法有无缺失？原本搜集数据的目的是什么？是否会影响所搜集到的数据？
- 数据分析的单位是什么？是否适用于目前的研究和获得的结论？有无区位谬误的风险？
- 数据是何时搜集的？是否仍适用于目前的情形？
- 目前的研究变量是什么？原研究者的定义是否适用目前的情形？

10. 比较与历史研究
- 是描述性研究还是解释性研究？涉及截面比较或历时变化吗？
- 研究的分析单位是什么（譬如是国家还是社会运动）？
- 研究的关键变量是什么？如果是解释性研究，要考察的因果关系是什么？
- 研究涉及其他研究技术吗？如既有统计数据分析、内容分析、问卷调查或实地调查。使用讲过的指导原则对研究各方面进行评估。
- 数据范围，譬如比较的单位或观察的序号，适合分析吗？
- 数据来自历史数据和其他数据吗？谁做的记录？目的是什么？有倾向性吗？如贵族成员做的笔记不可能反映当时、当地农民的生活。

11. 评估研究
- 接受分析的社会干预是什么？如何测量？是否有效度或信度的问题？
- 观察的对象（或其他分析单位）是否适合？
- 如何定义"成功"？指向个人、组织还是犯罪率？测量是否恰当？

- 研究者是否将干预判定为成功或失败？判断有无充分根据？
- 谁提供研究经费？实际研究的是谁？你们是否相信研究者的客观性？资助人有没有以任何方式干预评估研究？

12. 数据分析
- 研究设计和研究目的需要进行定性或定量的分析吗？
- 如何对非标准化的资料进行编码？这个问题同时适用于定量分析和定性分析。在何种程度上编码？是基于先前的理论，还是来自资料？
- 研究者是否进行所有的相关分析？是否已检验所有适用的变量？两个变量之间的相关程度是否因为第三个变量而改变，从而导致观察所得的关系不实？
- 一项特定的研究发现真能够有所不同吗？这很重要吗？例如，次级团体之间的差异很重要或意义重大吗？能提供任何未来行动的指导吗？
- 在得出结论和结论引申时，是否已经超出实际发现？
- 分析和解释资料时有无逻辑错误？
- 研究中的经验观察是否揭露了新的关系模式，并为社会生活的基本理论提供了基础？研究者是否探讨了足以挑战新理论的反面案例？
- 资料分析使用何种统计技术？是否适用于变量的测量等级？
- 如果检验了统计显著性，是否对其提出了正确的解释？统计显著性与实际显著性是否混淆？

13. 研究报告
- 研究者是否将研究放在原有相关研究的背景下？研究是否增补、修正、复证或反驳原有研究？
- 整体而言，研究者是否完整地报告了研究设计和执行的细节？在细节报告中是否出现了特别模糊或偏颇的情形？
- 研究者是否指出了任何研究设计或执行的缺失与错误？对此议题的未来研究有无进一步建议？

我希望这部分内容能帮助你们相信阅读和理解社会研究的确有用。本章末尾的练习，也会引导你们阅读两篇期刊文章：一篇是定性的，一篇是定量的。我在前面已经说过，在阅读方面的熟练程度取决于你们在这方面的实践。

在讨论怎样撰写社会学研究报告供别人阅读前，我们来看看怎样阅读和评价从网络获取的文献。

17.2 合理利用互联网络

在 20 世纪即将结束之时，互联网已发展成社会研究非常有价值的工具。显然，作为一种强大的力量，互联网将继续发展。像火药和电视一样，没人能保证互联网一定能为人类合理的使用。我鼓励你们利用网络资源，但是，我会提醒一些给我同事带来麻烦的问题。

这一节，我会提出一些使用网络时的潜在问题，并给出一些避免的方式。

17.2.1 一些有用的网站

随着互联网络的不断进化，社会研究（还有其他的）可用的在线资源增长迅速。此外，假设你们已经会上网搜索自己有兴趣的内容，聚焦于你现在的兴趣，我先给出几个有用的网站，你们可以自己试试看。

（1）综合社会调查（GSS）
（2）美国人口普查局

(3) 美国统计摘要
(4) 网络统计资源，密歇根大学
(5) 社会科学虚拟图书馆
(6) 雅虎社会科学
(7) QUALPAGE：定性研究资源
(8) 计算机辅助定性数据分析软件

现在，假设需要的信息就在网络上的某个地方，但你们不知道具体在哪里。下面的内容会告诉你们如何成为一个网络"侦探"。

17.2.2 搜寻万维网

网上有数以亿计的网页信息。我们不可能估计网络上的"事实"或数据到底有多少，但是，你们需要的大多数事实，可以通过搜索网络获得回答。然而，寻找答案需要技能。

这里有个例子。假设你们想比较世界各国婴儿死亡率之间的差异。你们或许已经掌握了有关网站的信息，但我假定你们还不知道。

选择一个你使用的搜索引擎，搜索"婴儿死亡率"（infantmortality rate）。如果你们像我一样，加上了引号，搜索引擎会准确地搜寻这个短语，而不是恰好包括了这几个单词的网站。图17-1 给出了我所得到的最初结果。

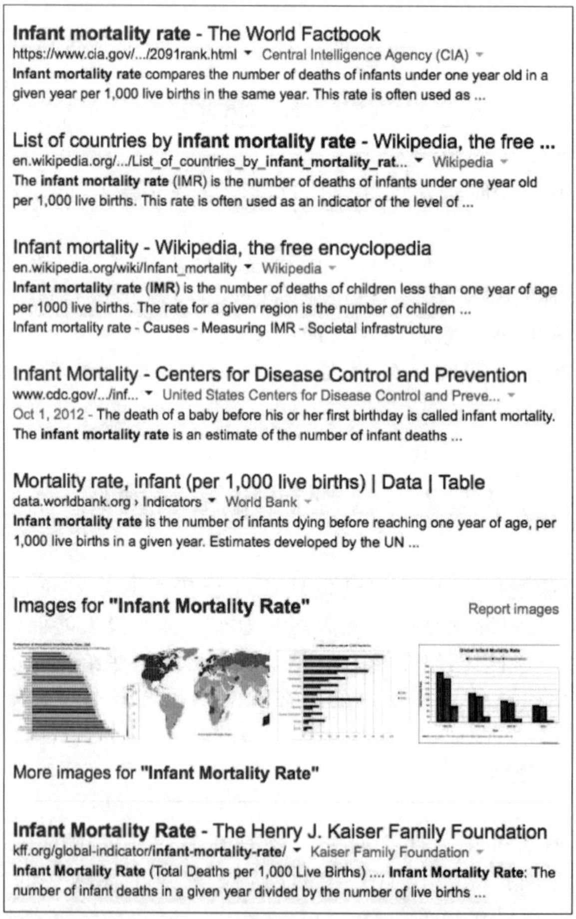

图 17-1　搜寻"婴儿死亡率"

©2014 Google. Downloaded May 9, 2014, 1：00 p. m. CST

正如你们看到的，我们的搜索产生了超过 50 万个可能与我们的查询相关的网站。图中显示的一些网站侧重于婴儿死亡率的定义；其他人提供与世界或特定国家有关的数据。有些人会让我们比较不同的国家；其他人显示 IMR 随着时间的推移的变化。比方说，我们非常关注非洲的婴儿死亡率。为此，我在请求中增加了"非洲"一词：非洲"婴儿死亡率"。

图 17-2 给出了搜索结果，其中有部分是一般信息，我们假定其中包含有非洲婴儿死亡率的信息。有部分则专门讨论非洲婴儿死亡率。

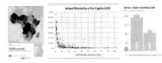

图 17-2　搜寻"非洲'婴儿死亡率'"

© 2014 Google. Downloaded May 9，2014，1：05 p.m. CST

第一个网页链接是维基百科，一个在线社群维持的免费百科全书。维基百科的迅速发展，成为学术界探讨和关心的议题。没有人怀疑维基百科的广度和用户友好度，但有些人担心它的词条并不总是可靠，有些错误可能很难被人发现。不法行为也常常出现，例如对立的政治候选人会恶意更改对手的维基词条。

作为对上述担忧的回应，美国顶级的文理学院明德学院历史系要求学生不能在课程论文和考试中引用维基百科（Middlebury College，2007）。虽然这一举措被当做对维基百科的否定，但明德学院澄清说：

虽然历史系确实投票限制了在课程论文中引用在线百科内容的行为，但它并不像某些报道所说的那样，要求学生不能使用维基百科或不能将它作为研究工具。事实上，历史系将维基百科誉为"极其方便且对一些普通任务来说极其有用的"工具。

图 17-2 只是提供了几个从谷歌上找到的网址。实际上，谷歌反馈的搜索称找到了 1 630 000 条相关网页信息。

在你们自己的机器上，练习这些操作，并访问那些网页链接，会对你们有所帮助（参见技巧与工具文本框《运用谷歌学者》，学习进一步的搜索）。你们会发现有些网页是对相关主题的讨论，而不是数据表格。有些网页提供的数据则极其有限（"有限的国家"）。因此，弄一个网页链接列表只是寻找相关数据的一个步骤，绝不是最后一步！

运用谷歌学者

在互联网上搜索研究素材，你们可以将焦点对准谷歌学者（Google Scholar）。假设你们对研究同性婚姻有兴趣，并希望了解在这个议题上已经有了哪些研究。可以在搜索框中输入"同性婚姻"，点击"搜索"按钮。用"同性婚姻"进行普通的谷歌搜索，可能反馈回许多网站，对研究而言，有用的可能不多。如果用谷歌学者进行搜索，尽管依然需要对反馈结果的质量进行评估，但可用性会丰富得多。

你们也可以用"高级搜索"去搜索一组词，并说明搜到的反馈中需要出现所有检索词或部分检索词。也可以搜索某个作者或期刊，并说明自己感兴趣的学术领域，将搜索反馈限制在自己有兴趣的领域。

17.2.3 评估网络资源的质量

尽管进行有效的网上搜索还有其他一些窍门，但现在你们已经足以在实践中摸索、学习了。你们很快就会发现，在网上搜索数据是相对轻松的一件事情。如果要对获得的数据进行质量评估，就相对难一些了。我在前面已经间接地提到过数据质量问题，这里还是有必要进行更详细的说明。实际上，很多人对此已有论述。你们该相信谁？如果回答说"网络"，那么恭喜你：你答对了。

打开一个搜索引擎，并搜寻与"网站评估"（evaluating Web sites）相关的网站。图 17-3 给出了相应的结果。

你们会发现，大多数网址中都有".edu"，这是很多大专院校关注的主题。针对这个主题，虽然每个网址有不同取向，其中还是有一些共同要素。你们可以深入研究其中的一个或多个网站。下面是对大部分普通问题的归纳，以及对网站数据进行评估的一些建议。

1. 网站的编辑是谁？从网站上获取信息最大的两个风险是：①倾向性；②庞杂。网络的开放性使得很多人都可以登录，但又缺乏审查制度。这也导致一定的风险性，因为每个人都可以在网上留下点什么东西。所以，首先应该注意的是，谁是网站的编辑：一个组织或个体。

2. 网站是否支持某个特定立场？万维网上很多网站都有特定政治、宗教、国家的、社会的或者其他立场的支持。这种现实并不必然意味着其中的数据就是错的，虽然有时候可能是这样。不过，除了露骨的谎言之外，网站有时候还会只给出支持其立场的数据。因此，需要注意网站内容是否客观或是否有倾向性，还要特别注意那些竭力希望说服他

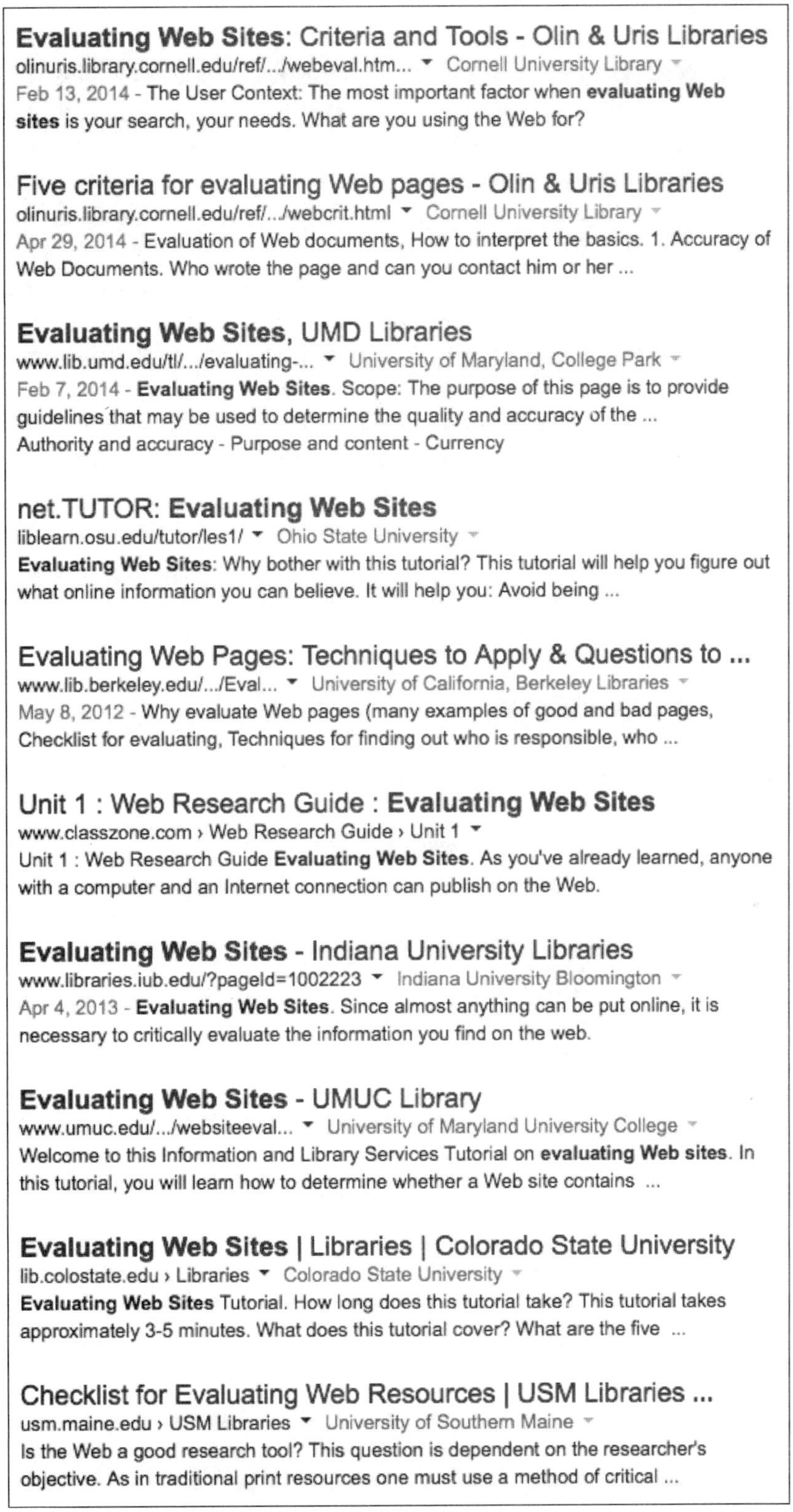

Evaluating Web Sites: Criteria and Tools - Olin & Uris Libraries
olinuris.library.cornell.edu/ref/.../webeval.htm... ▼ Cornell University Library ▼
Feb 13, 2014 - The User Context: The most important factor when **evaluating Web sites** is your search, your needs. What are you using the Web for?

Five criteria for evaluating Web pages - Olin & Uris Libraries
olinuris.library.cornell.edu/ref/.../webcrit.html ▼ Cornell University Library ▼
Apr 29, 2014 - Evaluation of Web documents, How to interpret the basics. 1. Accuracy of Web Documents. Who wrote the page and can you contact him or her ...

Evaluating Web Sites, UMD Libraries
www.lib.umd.edu/tl/.../evaluating-... ▼ University of Maryland, College Park ▼
Feb 7, 2014 - **Evaluating Web Sites**. Scope: The purpose of this page is to provide guidelines that may be used to determine the quality and accuracy of the ...
Authority and accuracy - Purpose and content - Currency

net.TUTOR: Evaluating Web Sites
liblearn.osu.edu/tutor/les1/ ▼ Ohio State University ▼
Evaluating Web Sites: Why bother with this tutorial? This tutorial will help you figure out what online information you can believe. It will help you: Avoid being ...

Evaluating Web Pages: Techniques to Apply & Questions to ...
www.lib.berkeley.edu/.../Eval... ▼ University of California, Berkeley Libraries ▼
May 8, 2012 - Why evaluate Web pages (many examples of good and bad pages, Checklist for evaluating, Techniques for finding out who is responsible, who ...

Unit 1 : Web Research Guide : Evaluating Web Sites
www.classzone.com › Web Research Guide › Unit 1 ▼
Unit 1 : Web Research Guide **Evaluating Web Sites**. As you've already learned, anyone with a computer and an Internet connection can publish on the Web.

Evaluating Web Sites - Indiana University Libraries
www.libraries.iub.edu/?pageId=1002223 ▼ Indiana University Bloomington ▼
Apr 4, 2013 - **Evaluating Web Sites**. Since almost anything can be put online, it is necessary to critically evaluate the information you find on the web.

Evaluating Web Sites - UMUC Library
www.umuc.edu/.../websiteeval... ▼ University of Maryland University College ▼
Welcome to this Information and Library Services Tutorial on **evaluating Web sites**. In this tutorial, you will learn how to determine whether a Web site contains ...

Evaluating Web Sites | Libraries | Colorado State University
lib.colostate.edu › Libraries ▼ Colorado State University ▼
Evaluating Web Sites Tutorial. How long does this tutorial take? This tutorial takes approximately 3-5 minutes. What does this tutorial cover? What are the five ...

Checklist for Evaluating Web Resources | USM Libraries ...
usm.maine.edu › USM Libraries ▼ University of Southern Maine ▼
Is the Web a good research tool? This question is dependent on the researcher's objective. As in traditional print resources one must use a method of critical ...

图 17-3 搜索"评估网站"

人接受某观点的人。

3. 网站是否给出了准确、完整的参考文献？当看到数据的时候，你们能说出其来源吗？如何得来的？如果网站上的数据是由其他人搜集的，是否告知你们如何和原研究者取得联系？如果数据是网站编辑汇编的，那么网站是否对其研究方法给出了充分的详细的描述？如果数据来源并不清楚，那么就跳过去找下一个链接吧。

4. 数据是最新的吗？还有一个问题是，网站上的数据可能已经被编辑遗忘了。所以，你们发现的犯罪率、和平协商年鉴等的数据完全可能是过时的。要保证获得的数据对于你们的目的来说是适时的。

5. 数据是官方的吗？在政府研究网站上搜索数据通常是一个好办法。譬如人口普查局、劳工统计局、联邦健康统计中心等等。要在大约100家联邦研究机构中搜索数据，那么联邦统计是一个很好的起点。我们在第11章已经看到，官方机构给出的数据并不必然"真实"，不过，起码会保证客观性，况且还有专门的审查机构和制度来保证其客观性。

6. 是大学研究网站吗？与政府研究机构一样，大专院校的研究中心，通常都是比较安全的数据源泉：都有保证研究专业性的使命，还有相应的检查、审核制度（譬如同事审阅）。我在本书通篇都提到的，芝加哥大学全国民意研究中心主持的GSS就是一例。你们完全可以相信它的数据：不仅数据有合法性，而且你们的老师也不会质疑数据来源。

7. 是否和其他网站数据一致？只要有可能，就要核实（截面检查）数据。我们已经看到，网站搜索得到的结果，往往都不止一个。花点时间去比较一下各网站上的数据。如果几个网站上提供的数据是一样的，就可以有信心地使用其中的任何一个了。

有了上面的一些建议，再加上实践，你们利用网络的能力肯定会不断提高。在你们利用网络的同时，网络也在不断更新。

17.2.4 引用网络资源

如果你们要运用网络资源，就必须在参考文献中注明资料来源。这样，读者才能够找到原始资料，即在相同环境中了解资料。这也可以让你们免除剽窃之嫌（本章后面还会讨论这个问题）。

文献引用有很多标准格式，后面的技巧与工具文本框给出了一些例子。不幸的是，任何现存的标准都不适用于网络资料。

许多组织已经在应对网络资料引用的挑战。如果你们不相信我，可以到自己最喜欢的搜索引擎上搜索"互联网引用"，就会看到应对的指南。

你们的老师也许有自己钟爱的互联网引用格式。不过，这些格式应该包括这些通用的要素。

- **URL**[①] 或者网站地址。例如 www.fedstats.gov/qf/states/50000.Html，提供了佛蒙特州与全美人口比较的统计数据。如果我告诉你们佛蒙特州的人口在20世纪90年代增长了8.2%，就可以直接找到数据的来源。
- 访问网站的时间和日期。很多网站没有变更，就像上面提到的那个；也有很多网站时时在变动，所以，要给出访问网站的时间。
- 如果引用文本内容，就要附上作者和标题，还有出版信息。这与引用打印内容一样：譬如，John Doe, 2014. "How I Learned to Love the Web". *Journal of Web Worship* 5 (3): 22-45.
- 有时候，你们会利用网络来阅读一篇挂在网上的、已经出版的期刊文章。这些内容的引用，应该根据出版格式，并且标明页码。如果做不到这一点，也应该标明相关

---

① URL：网页地址，一般以"http://"开头，表示的是"统一资源地址"或"通用资源地址"。

的章节。这样做的目的，就是为了保证读者能够找到你们使用的原始网络资源。虽然，有时候无法就网站上的文章给出详细网址，但绝大多数浏览器，都能够帮助使用者通过特定词语或短语来搜寻这些地址，进而找到被引用的资料。

17.3　撰写社会研究论文

除非你们能适当地和他人交流自己的研究，否则，前面步骤上做的各种努力，都等于零。这意味着，好的社会研究报告需要好的语言（英语、西班牙语或其他你们所使用的语言）应用能力。每当我们希望用"图表说话"时，图表常常保持沉默。当我们过度使用复杂的术语或文句时，交流的效果就会大打折扣。

我的第一个建议是反复阅读（应该每隔 3 个月）斯特伦克（William Strunk, Jr.）和怀特（E. B. White）合著的一本经典小册子：《写作的要素》（*The Elements of Style*, 2000）。倘若你们能切实这么做，即使有 10% 的研究内容不那么清楚，你们的研究内容被理解的概率仍然很高。你们的研究报告说不定还会受到赞赏。

此外，科学报告有几个功能，你们最好能铭记在心。

- 首先，报告要向读者传达一组特定的事实数据（data）和观点（ideas），因此，必须把这些数据和观点说清楚，同时提供足够的细节，以利于他人审稿。
- 其次，科学报告应该被视为对整体科学知识的贡献。在保持适当谦虚的同时，应该不断把自己的研究成果视为社会科学的新知识。
- 最后，研究报告应该具有启发和引导进一步探讨的功能。

17.3.1　基本考量

暂且不论上述的一般要领，因为不同的研究报告，有不同的目的。适于某一目的的报告，如果用在其他目的上，也许完全不恰当。本节将讨论有关这部分的一些基本因素。

1. 报告对象

在写报告草稿之前，你们必须先自问：读者是谁？通常，要把同行读者和一般读者区分开来。如果是写给前者看的，可以对他们现有的知识做一定程度的假设。或许可以简单地叙述几个论点，不必详细解释。依此类推，也可以适当地使用对一般读者而言较为深奥的术语。

与此同时，仍然要时时谨记，任何科学都有派系之分。你们的同行能接受的术语和假设，其他科学家却可能感到困惑。不论是针对内容或研究方法而言，这种情况都有可能发生。举例来说，一位宗教学家在为一般社会学家写报告时，就应该把前人的研究结果解释得比写给其他宗教学家的更为详尽。

2. 报告的形式和长度

我先说明：以下论述适用于书面文章和口头报告。不过，这两种形式，仍然会对报告的特征有影响。

一项研究计划能够产生哪些有用的报告？一开始，你们可能想准备一篇短短的研究记录，以便在学术或专业期刊上发表。这类报告，大致应该有 1～5 页（打印，双倍行距），言简意赅。在有限的空间里，无法长篇大论，就连对研究方法的说明也要简单明了。一般地，你们应该告诉读者为什么这样简短的说明能够表达自己的研究结果，并说明研究结果是什么。

通常，研究者必须为研究资助者准备报告。当然，这类报告的长度，可能有很大差异。尽管如此，在准备这类报告时，应该考虑读者属性，是科学家还是普通人；此外，还要考虑当初资助这些项计划的原因。如果给资助者提供一篇毫无价值的报告，就会让他们觉得无趣。这样，不但策略失败，而且相当失礼。除此之外，概述研究结果如何提升了基本科学知识，也是一个不错的做法。

工作论文是另一种形式的报告。特别是在进行一项庞大而复杂的研究时，针对当时数据进行分析和解释并获得他人的评论，将对研究很有帮助。工作论文的内容应该包括初步的成果，以及请求批评指教的用语，有的则只发表其中的一部分成果。由于工作论文并不会影响你们的专业声誉，因此，尽可以畅谈未经证实的探索性解释，然后在报告中注明，并且请求评论。

很多研究计划的结果都会用书面报告的形式提交给专业会议。通常，这些书面报告和工作论文的功能相同。因此，你们也可以向有兴趣的同仁报告自己的研究结果和想法，并请他们提供意见。虽然专业报告的长度因会议性质不同而有所不同，但我宁愿鼓励你们写得简短，而不鼓励冗长。尽管工作论文允许你们漫谈各种探索性结论，但是与会者却没有义务在你们进行口头报告时被迫忍耐长篇大论。有兴趣的人，总可以在会后询问进一步的细节；至于没有兴趣的人，也可以愉快地脱身。

也许最普遍的研究报告就是发表在学术期刊上的论文。同样，期刊论文的长度也不一致。你们应该先查阅想要投稿的期刊，看看上面文章的长度。不过，25页的报告，可以作一个粗略的参考。报告的篇章结构，要符合期刊对文章结构的要求。这点，我不再多说。我只想指出，学生的课程论文，应该以此为模式。作为一般规则，课程论文如果符合期刊论文的要求，也将是很好的课程论文。

至于一本著作，当然是研究报告的最高形式。书稿具有工作论文的所有优点，篇幅足够且详尽。然而，书也应该是精炼的作品。把研究成果出版成书，就让结果有了更大的权威和价值感。当然，也要对读者负责。有些同事可能会给一些建议，并促使你们修正观点；但你们必须了解，有些读者会毫不怀疑地全盘接受。

3. 报告目标

本书曾经讨论过社会研究的几种不同目的。在准备报告时，要将这些目的放在心上。

有些报告着重于专题探索，其特性就是结论的探索性和不完整性。你们应该向读者清楚地说明研究探索的目标，然后指出这项研究的缺失。探索性的报告有一个重要功能，就是指出一个方向，以便针对同一个议题进行更深入的研究。

大部分研究都有描述目的。这类研究报告的内容，都含有描述成分，你们要认真地为读者分辨，哪些是对少量样本的描述，哪些是推断到总体的描述。当出现推断性描述时，就应该向读者说明描述的误差范围。

此外，许多研究还具有解释目的，研究者希望指出各个变量之间的因果关系。根据读者的类型，你们应该把研究数据和结论背后的解释逻辑详细地进行说明。同时就像描述性报告一样，对研究结论的相对准确性，也要进行注解。

最后，某些研究报告可能着重于行动建议。譬如，研究偏见的学者，也许有意根据研究结果提出减少偏见的建议。然而，这种研究目的经常引起复杂的问题。因为研究者本身的价值观和倾向可能影响其提出的建议。虽然根据个人判断提供建议是完全正常的作法，但你们必须确定，在建议的背后应有充分的研究基础。因此，你们更要仔细地说明从经验数据到行动建议之间的逻辑。

17.3.2 报告内容的组织

报告目的的不同，内容的组织也有不同，不过，我还是提供表达研究报告的一般形式。下面的论述最适合期刊文章，但只要稍加变化，几乎可以应用在各种形式的研究报告上。

1. 目的和概论

如果能用一小段话，开宗明义地道出研究的目的和主要结果，对读者来说总是有帮助的。在期刊文章中，这种概论有时候可以用摘要和大纲的方式表达。

有些研究者觉得，这一小段很难写。譬如说，分析也许涉及大量探索性工作，但是，重要的研究结果，只有在抽象演绎和数据佐证下才能出现。因此你们也许想带着读者一起经历同样刺激的研究旅程，用悬念和惊喜的方式，按时间顺序展现自己的发现。这种报告形式，准确地呈现了研究的过程，具有教学上的价值。但是，许多读者也许对你们的流水账没有兴趣，开始时，也摸不清研究目的和结论，自然就很难了解研究的重要性。

一句法庭上的老生常谈："先告诉人们你要说什么；然后说你要说的；最后再说你刚刚说过的。"遵循这句话，你们的研究报告，准会做得很好。

2. 文献回顾

要说明你们的研究报告是科学知识的一部分。在陈述研究目的之后，应该让读者了解这个领域目前的研究成果，并且指出这些研究的共同点和相抵触的地方。对文献的回顾奠定了研究基础，展示了你们的研究在一个更大框架下的价值。

有时候你们要质疑已为众人接受的观点，为此，就应该详细地介绍导出这些结论的研究，然后指出，已有的研究未曾考虑的因素或这些研究的逻辑错误。

如果要着重解决过去研究中有争议的观点，研究文献就应该以两种相反的论调为主要框架。先概述支持其中一种观点的所有研究，再概述支持另一种观点的研究。最后对两种观点的差异提出解释。

对读者而言，研究文献或多或少，还有参考书目的功能。因此，要把同一议题的相关研究做出索引。不过，这项工作也可能做过了头。要避免洋洋洒洒的三大页开场白，事无巨细地陈述领域内的所有研究。详细的书目最好放在报告后面的参考书目中。至于研究文献，则应该把重点放在和目前研究有直接关系的前人研究上。参见技巧与工具文本框《引用参考资源》，学习做好这一点。

3. 避免抄袭

每当引用别人的作品时，一定要清楚地注明是谁的作品。一定要避免**抄袭**①（plagiarism），不论是蓄意或无意窃用了别人的话（words）或观点（ideas），并让别人以为是你们自己的话或观点。对大学生而言，这是常见的且容易混淆的问题，让我们花一点时间深入考察这个问题。

引用参考资源

在做文献回顾和为写文章而阅读时，引用参考资源非常重要，甚至与适当引用一样重要。好在，适当引用并不难。难在通用的格式有多种。这里，我将列举最常用的集中格式，不过，你们应该问自己的老师，应该采用何种格式。这里列举的有图书和文章引用格式的相关信息。

图书信息
作者：C. Wright Mills
书名：*The Power Elite*
出版地：New York
出版商：Oxford University Press
出版年：1956
论文信息
作者：Sharon Sassler and Anna Cunningham
文章名：How Cohabitors View Childbearing

---

① 抄袭：将他人的思想、方法、经验或者把别人的文章、作品私自照抄，当作是自己的去发表，是一种智力剽窃。

期刊名：*Sociological Perspectives*
出版年：2008
出版月/季：Spring
卷号：51
期号：1
页码：3~28

对手中的"原始数据"，你们可以采用系列任何一种文献引用格式。

ASA 格式指南（American Sociological Association）
Mills, C. Wright. 1956. *The Power Elite*. New York: Oxford University Press.
Sassler, Sharon and Anna Cunningham, 2008. "How Cohabitors View Childbearing." *Sociological Perspectives* 51: 3-28.

MLA 格式指南（Modern Language Association）
Mills, C. Wright. *The Power Elite*. New York: Oxford University Press, 1956.
Sassler, Sharon, and Anna Cunningham. "How Cohabitors View Childbearing." *Sociological Perspectives* 51. 1 (2008): 3-28.

APSA 格式指南（American Political Science Association）
Mills, C. Wright. 1956. *The Power Elite*. New York: Oxford University Press.
Sassler, Sharon, and Anna Cunningham. 2008. "How Cohabitors View Childbearing." *Sociological Perspectives* 51 (Spring): 3-28.

APA 格式指南（American Psychological Association）
Mills, C. Wright. (1956). *The power elite*. New York: Oxford University Press.

下面是有关避免抄袭的基本法则：

- 不能在不使用引号及给出完整出处的情况下，一字不漏地使用别人的文字。完整地给出出处，可以指示引号中文字的来源，读者可以由此找得到引号文字的原始出处。原则上，使用别人作品一个段落的8个字或超过8个字却没有注明出处时，就违反了联邦著作权法。
- 至于重新编辑或重新叙述别人著作中的文字，并将修改过的文字以自己的作品方式呈现，也是抄袭。
- 把别人的观点当成是自己的观点来呈现，也是令人无法接受的，即使你们使用了跟原作者完全不一样的文字来描述这个观点。

以下是一些在使用别人作品时，可接受和不可接受的例子：

原作品

增长的定律

　　系统就如婴儿：一旦有了它，就永远拥有它。它们不会消失。相反，它们最显著的特征就是持续性。而且，它们不只是持续存在，它们还会增长。在它们增长的同时，还会侵蚀。帕金森（Parkinson）用粗略的方法描述了系统的生长潜力。例如，一般行政系统的年平均增长率为5%~6%，且与完成工作的多寡无关。时至今日，帕金森的观点仍是对的。我们必需尊重的，是他严肃地开辟了这个重要的研究领域。但是帕金森并没有认知到一般性系统定律，即"帕金森定律"。

　　系统本身倾向于以每年5%~6%的比例增长。

　　同样，上述定律不过是一般性的宇宙起源式的系统理论基础而已。

　　系统倾向于扩张，以至于充满已知的宇宙空间（Gall, 1975: 12-14）。

　　现在，让我们看看哪些引用盖尔（Gall）作品的方式是可以接受的。

- 可接受：盖尔（John Gall）在他作品中有趣地将系统比喻为婴儿："系统就如婴儿：

一旦你有了它，就永远拥有它。它们不会消失。相反，它们最显著的特征就是持续性。而且，它们不只是持续地存在，它们还会增长。"①

- 可接受：盖尔（John Gall）提醒我们，系统就像婴儿，一经创造，就始终存在。他还提醒我们，系统会持续地扩张、越来越大。②
- 可接受：学者同时建议，系统会自然地倾向于持续存在、增长与侵蚀（Gall，1975：12）

注意：上述例子，都必须注明完整的出处，脚注和尾注都可以。参见诸如 APA 或者 ASA 的出版指南和《芝加哥文体指南》（*Chicago Manual of Style*）中适当地引用格式。

现在，再看看资料被不当引用时的常见错误。

- 不能被接受：在本文中，将要探讨组织中的社会系统的一些特征。第一，系统就如婴儿：一旦有了它，就永远拥有它。它们不会消失。相反，它们最显著的特征就是持续性。而且，它们不只是持续地存在，它们还会增长。（直接引用别人作品，而不使用引号或提供出处，是不能被接受的。）
- 不能被接受：在本文中，我要探讨组织中创造的社会系统的一些特征。第一，系统十分像婴儿：一旦有它，它就属于你了。它们不会消失。相反，它们会持续存在。它们不仅持续存在，实际上，它们还会增长。（重新编辑别人著作中的文字，并将编辑过的文字以自己的作品方式呈现，是不能被接受的。）
- 不能被接受：在本文中，我要探讨组织中创造的社会系统的一些特征。我注意到，一旦你创造了一个系统，它似乎就不会消失。恰恰相反，事实上，它们倾向于增长。从这个观点出发，我们可以说系统非常像儿童。（重新叙述别人的观点，并以自己的观点呈现，是不能被接受的。）

以上每一个不能被接受的，都是抄袭的例子，是严重的侵权行为。要承认的是，对抄袭的判断，有一些灰色地带，例如有一些观点或多或少处于公共领域，并不属于任何人。有时，也许的确是你们自己的观点，但却已经有人曾将之付诸文字了。如果你们对任何具体状况有疑问，可以事先与指导老师讨论。

我仔细地讨论了抄袭问题，是因为你们必须将自己的研究置于别人曾做过或说过的作品背景下，然而，不适当地使用别人的作品，就是严重的侵权。能够灵活而正确地运用别人的作品，是让你们成为真正学者的重要部分。

4. 研究设计与执行

如果一份有趣发现与结论的研究报告，因为研究设计和执行方式而不能被读者了解，那是十分令人沮丧的。因为，所有科学研究结果的价值，都取决于数据的搜集和分析方式。

举例来说，在报告问卷调查的设计与执行时，必需包括以下的内容：总体、抽样框、抽样方法、样本大小、数据搜集方式、问卷回收率以及处理数据和分析数据的方法。当使用两种以上的研究方法时，还应该比较各种方法的细节。一个有经验的研究者，能够用极少的篇幅来报告那些细节，且不会牺牲读者评估这项研究所需的任何信息。

5. 分析与阐释

在完成研究文献的探讨，并描述了研究设计和执行方法以后，就必须报告获得的研究数据。下面将进一步指导你们，如何处理数据。这里，提供一些一般的、有用的建议。

数据介绍、数据应用与数据阐释等三部分，必须逻辑地整合为一个整体。如果数据分析与研究结果彼此不相关，只是在报告最后部分将其串联起来，那么，这样的报告，读起来会令人十分沮丧。因此，每一个分析步骤，都要有意义。你们必须提出研究分析

---

① John Gall. *Systemantics*: *How Systems Work and Especially How They Fail*. (New York: Quadrangle, 1975), 12.
② John Gall. *Systemantics*: *How Systems Work and Especially How They Fail*. (New York: Quadrangle, 1975), 12.

的基本理论，提出相关的数据，阐释研究的结果，然后指明研究结果建议的未来研究方向。

6. 总结与结论

根据前面的讨论，研究报告要有一个总结。在总结中，不要重复每一项研究结果，而要回顾主要发现，并再一次指出这些发现的重要性。

研究报告必须根据研究中的发现归纳结论，并提出未来的研究方向。很多期刊文章结尾的陈述都是"我们需要更多相关的研究"。这样的结尾并没有错，只是要对未来的研究方向提出建议，不然就没有意义。此外，还应该回顾研究的不足，并给未来从事相关研究的人一些建议，以免再次出现同样的不足。

17.3.3 报告分析结果指南

尽管数据分析部分应当尽可能地提供细节，但也要避免混乱。你们可以根据下列目标来不断地考察自己的报告，以达到上述目标。

如果你们使用的是定量资料，必须用一种能让读者复算的方式来表达。例如，根据图表中的百分比例，读者应该也可以重新计算。也就是说，读者应该有足够的信息，可以将图表中的比例用另一种方式重新计算。

还必须就定量分析的所有方面，提供足够的细节，以让后续分析者用同样的数据获得相同的分析结果，即其他研究者可以根据前述报告，建立相同的指标与量表、同样的图表、一样的回归分析、因素分析等等。当然，很少有人真的这么做，但如果你们的报告能够提供这样的信息，并让上述重复工作成为可能的话，那么，读者就有了充分的依据来评估你们的研究。

提供细节。如果你们做的是定性分析，就必须提供足够的细节，以让读者觉得好像跟你们一起做过实地观察一样。只报告支持你们解释的数据远远不够，还必须同时将与你们解释相冲突的数据也拿出来。最后，你们提供的信息，还要足以让读者获得也许不同的结论，尽管你们希望自己的解释是最合理的。事实上，读者必须能够独立地完全复制你们的整个研究，不管是否涉及对严重精神病患者的参与观察、司法商议的实验还是其他类型的研究。复制乃是科学的必要规范。单一的研究不能证明任何论点，只有一系列的研究才能够做到。然而，除非这一系列的研究都能被重复，不然就没意义。

整合支持性数据。前面我曾提到整合与阐释数据的重要性。以下提出一些相关的准则。如果有图表和数字的话，必须将它们放在相关的内文附近。曾有学生在报告中描述分析结果，却把所有图表放在报告的附录中。这样会妨碍读者阅读报告。一般的规则是：①描述图表的目的；②展示图表本身；③回顾并阐释图表本身。

结论明确。虽然研究的目的是要获得结论，但要指明获得结论的具体基础。否则，就可能诱使读者接受没有根据的结论。

指出结论依据的所有条件或限制。通常你们最清楚自己研究的缺失，你们也必须给读者提供这些数据。反之，可能会误导未来的研究，造成研究经费的浪费。

研究报告应该用尽可能清楚的语句来书写。一些人总比另一些人写的报告更让人觉得清晰易懂。但要写得清晰易懂，并不是一件容易的事。我建议你们反复阅读斯特伦克和怀特（Strunk and White）的著作。写作是艰难的、耗时的，不过，那是科学。在我自己的作品中，我受爱因斯坦（Albert Einstein）广泛归因的话语引导，且让我感到不自在："如果你不能简单地解释它，你就不能很好地理解它。"不止一次，这句话让我去提高对一些我认为已经理解东西的理解。

如果自己的研究成果得不到读者认可，一份设计完美、执行仔细、分析卓越的研究，也会变得毫无价值。这一节试图提供一些一般性的准则来达到上述目标。然而，最好的准则是，报告本身要逻辑清晰，思维缜密，有理有据，令人信服。

17.3.4 公开发表

我在写本章的时候，非常关注你们要做的研究项目，你们应该认识到，研究生和本科生越来越多地将自己的研究成果作为专业论文发表或印刷出版。

如果你们想更进一步探讨这些可能性，就会发现，许多学生向美国社会学协会投稿，其实，州立和地方协会，要比国家协会对学生更为开放。一些学会有面向学生的特别讲座和项目。你们可以登录这些协会的网站，了解有哪些即将举办的会议，有哪些论题正在征稿。

一般来说，你们可以将论文提交给举办研讨会、讨论三五篇某项论题的负责人。这个负责人会挑选能在会议上讨论的论文。学术会议上的口头陈述，一般在15~20分钟，包括听众提问题的时间。陈述时可以参照打印出来的论文，也可以提前准备一些提示条。现在，越来越多的人使用幻灯。

要想在学术期刊上发表文章，就得找到一家和你们的研究领域相关的期刊。同样，对学生来说，州立的和地方协会的期刊，相对容易发表文章。每种期刊都有提交论文的说明，包括对论文格式的说明。论文一般由大约3位匿名审稿人审阅，他们会将评论和建议提交给期刊编辑。这个过程被称为"同行评审"。有时，也可以接受手写稿。有些稿件，会返回修改并重新提交；有些，则会被拒绝刊载。从提交论文到决定刊登论文的过程，可能会持续几个月，在正式出版之前，还会耽搁一段时间。

匿名评审是学术期刊最重要的审稿特征。目的是保证专著或论文在其讨论的主题领域具有价值。匿名评审一般会倾向于支持既有的观点，而通常不支持新的、有争议的观点。不过，随着期刊用稿量的增加，创新的观点总会找到发表的机会。就审稿而言，匿名评审是学术质量的保证。随着在线期刊的增加，有些文章使用匿名评审，有些则由编辑评判。

为了支付出版的费用，有时，期刊可能需要作者支付一小笔费用。作者会收到一些样刊，用来留存或赠送给朋友、家人和同事。

17.4 阅读与撰写社会研究的伦理

我已经讨论过一些研究写作的伦理了。不过，阅读文献也涉及一些伦理问题。在文献回顾中，你们可能为某篇文献支持某个观点而吸引。此外，鉴于互联网快速和广泛的搜索能力，在大多数情况下，都能找到支持自己倾向于某些观点的文献。如此，在陈述某个领域的历史发现时，对考量研究者的专业良心带来了更大的负担。

研究伦理是社会科学最基础的组成部分，而不仅仅是在缺少的时候才需要考虑的美好之物。人们并不总是会认识到研究伦理。在我第一次写教科书的时候，甚至有人反对把伦理的内容纳入其中，不是关涉研究者如何对待研究对象，而是认为在这样的书中，伦理问题不是一个恰当的议题。随后的日子里，人们的态度变了，我希望对伦理的讨论，会在社会研究实践中对大家有所助益。

我希望，本章，确切说是本书将为你们从事和社会研究打下良好的基础。下一步，你们在思考歧视的原因、观察政治集会或对最近电视上的潮流比较感兴趣时，就会具有社会研究的眼光，并用相关工具探索更广阔的世界。

本章要点

导言

- 有意义的科学研究离不开交流。掌握如何读写，需要练习。

阅读社会研究
- 社会研究者可以利用很多资源来做文献回顾，如：图书馆和互联网。
- 阅读学术文献和其他著作（如小说）不一样。
- 阅读学术文献时，应该先阅读摘要、浏览各个部分，然后阅读结论部分，以更好地理解文献。
- 阅读社会科学文献时，应该做记录，并记下自己的问题。
- 阅读社会研究报告时，要记录的要素包括理论取向、研究设计、测量方法、抽样（如果有的话）以及数据收集方法中特别需要考虑的问题。

合理利用互联网络
- 网络是一种强有力的工具，不过也有一定的风险。
- 在网络上看到的东西，不一定都是真实的。
- 数据的原始来源，比其他各种变体更好。
- 在评估网络数据来源时，你应该问下列问题：
  网站的作者是谁？
  网站是否支持某立场？
  网站是否给出了正确、完整的参考资源？
  数据是最新的吗？
- 官方数据通常是一个好来源，不过也会有错误。
- 只要可能，就要核实数据。
- 网络引用，跟其他参考资源引用一样，都要完整，以保证读者能查找和评论引用的内容。

撰写社会研究
- 好的社会研究写作，始于好的写作。它意味着，在众多目的中，写作的目的不是刻意给人留下印象，而是交流。
- 留意读者的反应和自己的写作目的，对于研究报告的写作来说，相当重要。
- 一定要避免抄袭，避免把人家的话当作自己的话。不管什么时候，只要引用别人的话，就要记得用引号或其他标记。在解释他人的术语或观点时，必须对其来源做全面的介绍。
- 研究报告应该对研究设计和实施作出说明。
- 报告中的分析，每一步都应该清楚，结论也应该明确，不过，也不必过度详细。
- 要想写出好的报告，就需要提供细节、整合支持观点的数据，并得出明确的结论。
- 越来越多的学生在学术会议上陈述自己的论文，在学术期刊上发表自己的文章。

阅读与撰写社会研究的伦理
- 文献回顾不应有偏向性，以免导致支持某一特定观点。
- 研究伦理是社会科学的重要组成部分，而非锦上添花。

关键术语

以下术语是根据章节的内容来界定的，在出现该术语的页末也有相应的介绍，和本书末尾的总术语表是一致的。

摘要　抄袭　研究专论　URL

准备社会研究：整合研究计划书

如果你们跟随本书的要求，一直在做"准备社会研究"的练习，就应该有了一份研究计划书需要的所有内容，现在就可以完成了。这一章，提供了一些额外的指导，包括文献（印刷的和在线的）回顾和研究写作，你们可以把自己已经写好的拿出来再看看，并"串"起来。附录A还会提供展示参考文献的指导。

现在，你们可以把各部分"串"起来了。这是我们在第1章讨论过的大纲。

导论（第1章）

文献回归（第2、17章，附录A）

具体研究问题、议题、主题（第5、6、12章）

研究设计（第4章）

  数据搜集方法（第4、8、9、10、11章）

  研究对象选择（第7章）

  伦理议题（第3章）

数据分析（第13、14、15、16章）

参考文献（第17章，附录A）

也许，你们可以将这份研究计划作为证据，说明你们掌握了本教材的内容。或者，用类似的东西去准备自己毕业论文或学位论文。如果你们继续社会研究领域的活动，也许可以拿这样的研究计划书去申请研究资助。如果真的去申请资助，还需要包括研究预算，即完成研究需要多少钱。

不管你们如何运用这类文件，我希望你们都能成功。

附 录

附录A 如何使用图书馆
附录B 随机数表
附录C 卡方分布
附录D 正态分布
附录E 估计抽样误差

附录 A
如何使用图书馆

导　言

我们生活在一个充满了社会科学研究报告的世界中。每天的报纸、杂志、专业期刊、校刊、俱乐部简讯等等，几乎所有我们阅读的东西都包含着处理具体议题的报告。对某一主题的正式探讨，通常来讲，获取资料的最佳途径，是学院或大学图书馆。

寻　求　协　助

当你们想在图书馆查找资料的时候，最好的朋友就是图书馆的咨询服务人员，因为他们接受过专门的训练。有些图书馆有分科的咨询服务人员，如社会科学、人文学科、政府出版物等等。找到你们需要咨询的人，约定好时间，并把你们的兴趣告诉他或她，服务人员很可能就会带你们接触一些可供参考的资源。

参　考　资　源

也许你们已经听过"信息爆炸"这样的描述，图书馆就是其中的一个主要战场。幸运的是，有许多参考书为你们获取信息提供了指引。

图书出版目录

《图书出版目录》（books in print）列出了美国所有新近出版的书籍，分别按作者和标题排列。即便是绝版书，也应该能够在旧版的图书出版目录中找到。

期刊文献指南

《期刊文献指南》（Reader's Guide to Periodical Literature）以年刊的方式记载每月最新发表在各期刊杂志上的文章。《期刊文献指南》按文章的主题加以编录，因此，是针对具体主题寻找资源的绝佳渠道。图 A-1 就是一个范例。

除了这些一般性的参考书之外，还有许多特别的参考资源。在此列举数例：
- Sociological Abstracts（社会学摘要）
- Psychological Abstracts（心理学摘要）
- Social Science Index（社会科学索引）
- Social Science Citation Index（社会科学引文索引）
- Popular Guide to Government Publications（政府出版物大众指南）
- New York Times Index（《纽约时报》索引）
- Facts on File（实录档案）
- Editorial Research Reports（编辑研究报告）
- Business Periodicals Index（商业期刊索引）

- *Monthly Catalog of Government Publications*（政府出版物每月目录）
- *Public Affairs Information Service Bulletin*（公共事务信息服务公告）
- *Education Index*（教育索引）
- *Applied Science and Technology Index*（应用科学及技术索引）
- *A Guide to Geographic Periodicals*（地理期刊指南）
- *General Science Index*（普通科学索引）
- *Biological and Agricultural Index*（生物及农业索引）
- *Nursing and Applied Health Index*（护理及卫生索引）
- *Nursing Studies Index*（护理研究索引）
- *Index to Little Magazines*（小型杂志索引）
- *Popular Periodical Index*（流行期刊索引）
- *Biography Index*（传记索引）
- *Congressional Quarterly Weekly Report*（国会季刊周报）
- *Library Literature*（图书馆文献）
- *Bibliographic Index*（参考书目索引）

使 用 书 库

为了严谨地从事研究，你们应该学会使用书库，那是图书馆大部分的藏书所在。我会告诉你们一些在图书馆找书的方法。

电子目录

图书馆的馆藏，通常有电子目录。可以使用计算机检索方法来使用这些目录，用图书馆的或自己的计算机，应该都行。在线目录系统之间是有差别的。下面举例使用的是查普曼大学李特比（Leatherby）图书馆，你们学校图书馆的情况也许类似。

让我们看看我写的书，《社会学的精神》（*The Sociological Spirit*）。图书馆的主页，如图 A-1 所示。点击"查找书……"（Find Books…）开始检索。

这里，如图 A-2 所示，有几种检索选择。我们选择校园的李特比图书馆。

图 A-1 图书馆首页

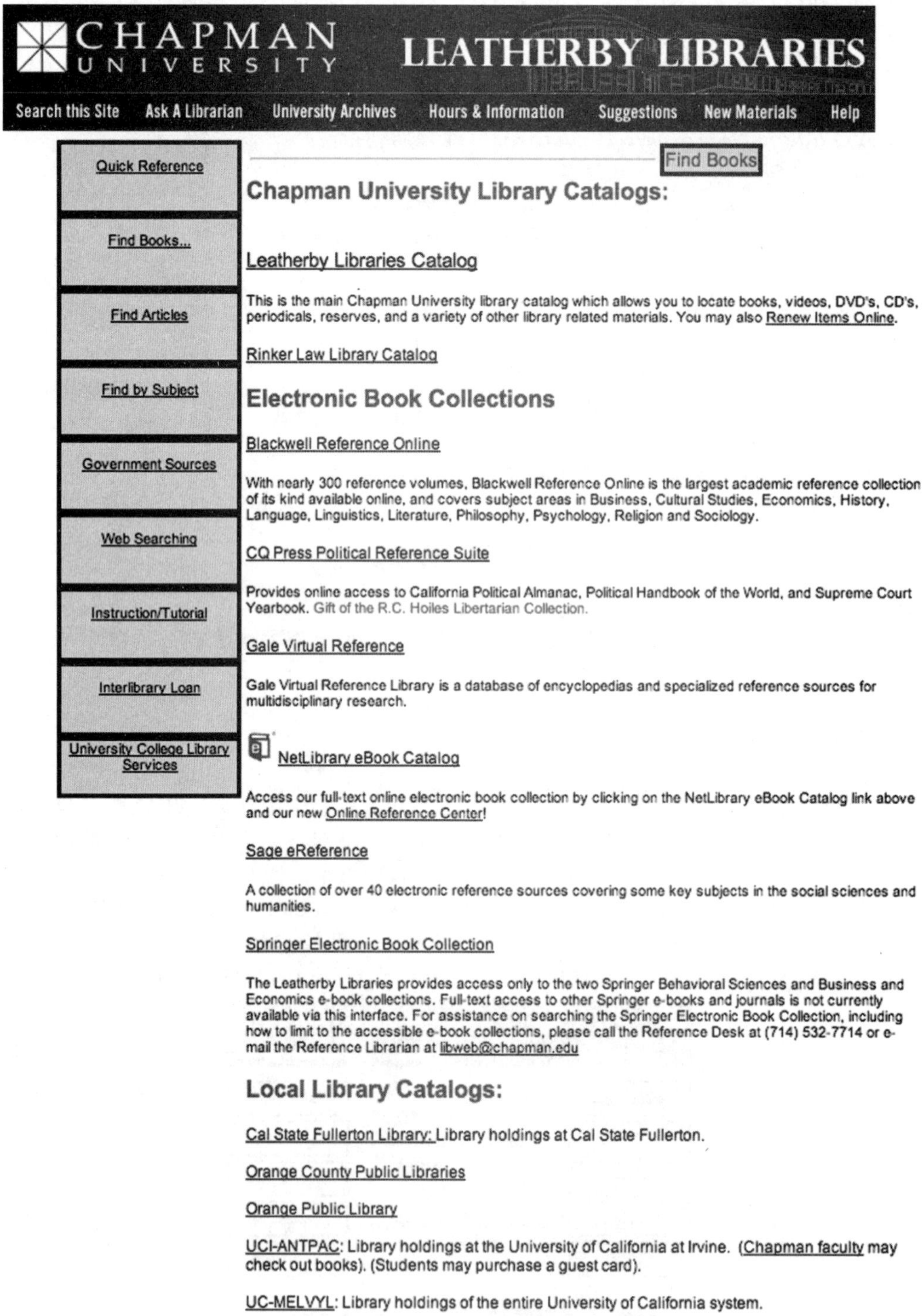
CHAPMAN UNIVERSITY LEATHERBY LIBRARIES

Search this Site | Ask A Librarian | University Archives | Hours & Information | Suggestions | New Materials | Help

Quick Reference
Find Books...
Find Articles
Find by Subject
Government Sources
Web Searching
Instruction/Tutorial
Interlibrary Loan
University College Library Services

Find Books

Chapman University Library Catalogs:

Leatherby Libraries Catalog

This is the main Chapman University library catalog which allows you to locate books, videos, DVD's, CD's, periodicals, reserves, and a variety of other library related materials. You may also Renew Items Online.

Rinker Law Library Catalog

Electronic Book Collections

Blackwell Reference Online

With nearly 300 reference volumes, Blackwell Reference Online is the largest academic reference collection of its kind available online, and covers subject areas in Business, Cultural Studies, Economics, History, Language, Linguistics, Literature, Philosophy, Psychology, Religion and Sociology.

CQ Press Political Reference Suite

Provides online access to California Political Almanac, Political Handbook of the World, and Supreme Court Yearbook. Gift of the R.C. Hoiles Libertarian Collection.

Gale Virtual Reference

Gale Virtual Reference Library is a database of encyclopedias and specialized reference sources for multidisciplinary research.

NetLibrary eBook Catalog

Access our full-text online electronic book collection by clicking on the NetLibrary eBook Catalog link above and our new Online Reference Center!

Sage eReference

A collection of over 40 electronic reference sources covering some key subjects in the social sciences and humanities.

Springer Electronic Book Collection

The Leatherby Libraries provides access only to the two Springer Behavioral Sciences and Business and Economics e-book collections. Full-text access to other Springer e-books and journals is not currently available via this interface. For assistance on searching the Springer Electronic Book Collection, including how to limit to the accessible e-book collections, please call the Reference Desk at (714) 532-7714 or e-mail the Reference Librarian at libweb@chapman.edu

Local Library Catalogs:

Cal State Fullerton Library: Library holdings at Cal State Fullerton.

Orange County Public Libraries

Orange Public Library

UCI-ANTPAC: Library holdings at the University of California at Irvine. (Chapman faculty may check out books). (Students may purchase a guest card).

UC-MELVYL: Library holdings of the entire University of California system.

图 A-2 检索选择

选择李特比图书目录（Leatherby Libraries Catalog），结果如图 A-3 所示，提供了多个检索方式：作者，书名，主题，等等。

点击作者（AUTHOR），就会出现一个屏幕（未截屏）询问作者姓名。搜索巴比（Babbie），就会反馈一个由巴比写作的图书列表，如图 A-4 所示，包括了我们要找的书。

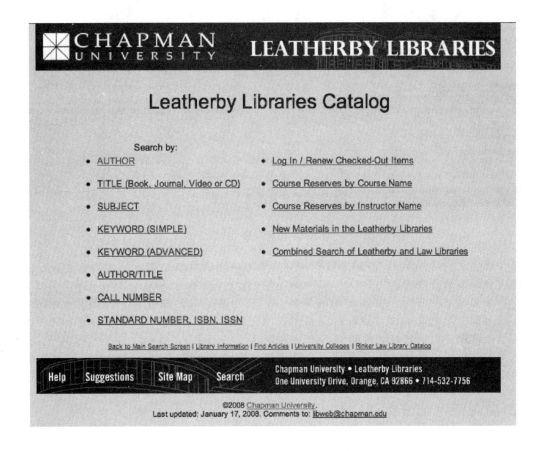

图 A-3 检索选项

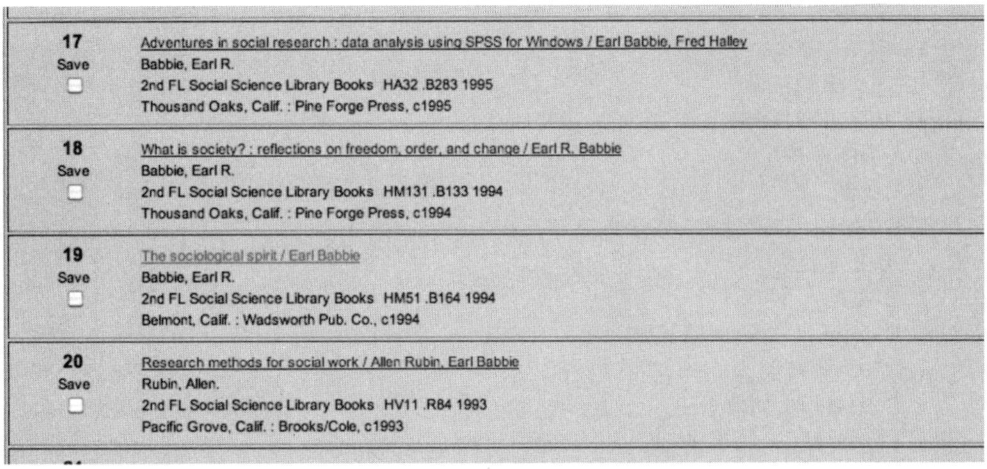

图 A-4 巴比的书列表

屏幕显示,这本书有 2 条记录。这表示,同一本书,有两个版本。让我们点击最新的,即 1994 年的版本。图 A-5 就是这本书的电子数目信息。

请注意字段位置(LOCATION)、索书号(CALL#)和状态(STATUS)。从显示的信息可以看出,书在二层的社会科学书籍类。更具体的是索书号(又称国辉图书馆索

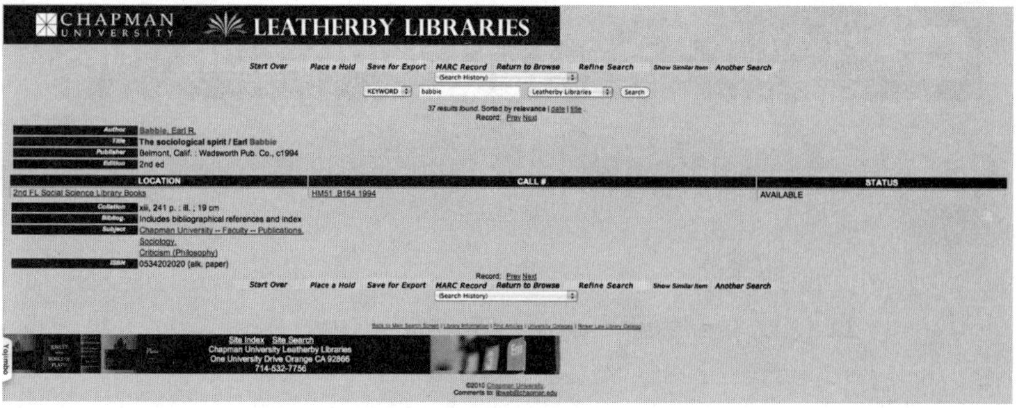

图 A-5　电子目录"卡"

书号）HM51.B164 1994，会帮助我们找到这本书所在的书架。同时，我们也看到，这本书可以借，即未被借出。

如果要做某项研究，这是有用的策略。一旦知道了你们研究领域某本书的索书号，就去图书馆，找到这本书，并看看同架上该书周围的书，因为图书是按主题上架的，如此，就会帮助你们找到自己目前尚不知道的书。

当然，也可以直接到找到主题所在的书架。在大多数图书馆，用的都是国会图书馆分类法（有些是杜威分类法）。下面简要介绍国会图书馆分类法。

美国国会图书馆分类法（部分）

A. 总类
B. 哲学、心理学、宗教
　　B-BD 哲学
　　BF 心理学
　　BL-BX 宗教
C. 历史及相关科学
D. 历史（美洲以外）
　　DA-DR 欧洲
　　DS 亚洲
　　DT 非洲
E-F. 历史（美洲）
　　E 美国
　　E51-99 北美印地安民族
　　E185 非裔美人
　　F101-1140 加拿大
　　F1201-3799 拉丁美洲
G. 地理—人类学
　　G-GF 地理学
　　GC 海洋学
　　GN 人类学
　　GV 运动、娱乐、游戏
H. 社会科学
　　H62B2 社会科学研究方法

  HB-HJ 经济与商业
  HM-HX 社会学
J. 政治
  JK 美国
  JN 欧洲
  JQ 亚洲及非洲
  JX 国际关系
K. 法律
L. 教育
M. 音乐
N. 工美
  NA 建筑
  NB 雕塑
  NC 平面艺术
  ND 绘画
  NE 版画
  NK 陶艺、纺织
P. 语言与文学
  PE 英语系
  PG 斯拉夫语系
  PJ-PM 东方语系
  PN 戏剧、演说、新闻学
  PQ 浪漫文学
  PR 英国文学
  PS 美国文学
  PT 日耳曼文学
Q. 科学
  QA 数学
  QB 天文学
  QC 物理学
  QD 化学
  QE 地质学
  QH-QR 生物学
R. 医学
  RK 牙科医学
  RT 护理
S. 农业—动植物工业
T. 技术
  TA-TL 工程学
  TR 摄影
U. 军事科学
V. 海军科学
Z. 参考书目及图书馆学

检索期刊文献

有时候，人们需要检索期刊文献。电子图书馆的检索功能非常强大。

许多大学图书馆都可以接入教育资源信息中心（Education Resources Information Center，ERIC），参见 www.cengagebrain.com 的"社会学课程伴侣"上的链接。这个基于计算机的系统，可以让你们在几百种主流期刊中检索自己感兴趣的主题。作为一般规则，图书馆应该有一个可检索数据库的列表，也是按学科排列的。如此，可以帮你们收集关键词检索反馈的数量。在收集过程中，可以使用例如语言等检索条件。一旦找到了自己有兴趣的文章，计算机就会显示文章的摘要。

对社会科学研究者而言，《社会学摘要》和《心理学摘要》对图书和期刊文章的归纳特别有用。通常，摘要都是由原作者提供的，因此可以简单、有效地找到相关的参考文献。一旦找到相关的文献，就可以追踪到初始的内容，并阅读完整的资料。两份摘要都有纸质版和电子版。

图 A-6 就是一份用《社会学摘要》进行计算机检索的文章摘要。我最初检索社会学教科书，看过列表之后，进一步检索每篇文章的摘要。图中是我第二次检索得到的一个例子：社会学家金洛克（Graham C. Kinloch）发表在《现代社会学国际评论》上的文章。

```
AU  Kinloch-Graham-C.
TI  The Changing Definition and Content of Sociology in Introductory Textbooks, 1894–1981.
SO  International Review of Modern Sociology. 1984, 14, 1, spring, 89–103.
DE  Sociology-Education; (D810300). Textbooks; (D863400).
AB  An analysis of 105 introductory sociology textbooks published between 1894 & 1981 reveals historical changes in
    definitions of the discipline & major topics in relation to professional factors & changing societal contexts. Predominant
    views of sociology in each decade are discussed, with the prevailing view being that of a "scientific study of social struc-
    ture in order to decrease conflict & deviance, thereby increasing social control." Consistencies in this orientation over time,
    coupled with the textbooks' generally low sensitivity to social issues, are explored in terms of their authors' relative homo-
    geneity in age & educational backgrounds. 1 Table, 23 References. Modified HA.
```

图 A-6　从《社会学摘要》检索到的研究简介

注意，图 A-6 中的一些缩写的意义，并非一目了然。这里我做简要的说明。AU 指作者，TI 指标题，SO 是文章出处，DE 是依摘要作的分类，AB 指摘要。类似于《社会学摘要》这类计算机化的资源，为现代社会科学家提供了强有力的研究工具。任何用图书馆资源检索到的文献，都可以选择下载或打印，可以选择要摘要或不要摘要。

如果不能在某个图书馆或图书馆网络中找到自己需要的文献，还可以通过馆际互借来弥补其不足，这种服务通常是免费的。单个图书馆自身不可能拥有读者需要的每条文献或多媒体资料（DVD，胶片），但图书馆之间往往有资料共享协议，以满足用户多元需要。不过，提出这种服务需求和获得相应的书籍或文章有一段时间间隔。如果需要的书籍在附近的另一家图书馆，也许，直接去借是最快捷的方式。要用好图书馆的检索工具，最关键的是要知道怎么用。如果是生手，在图书管理员、教师和同伴的指导下，是首要的选择。

辅助读物

Bart，Pauline，and Linda Frankel，1986.*The Student Sociologist's Handbook*. New York：Random House. 这是进行社会学研究的保命工具，包括撰写研究报告的每一步骤：查询期刊、摘要和索引的服务，参考书目的使用及其他的二手资料，并包括官方或非官方资源的完整指南。还附有特别讨论性别角色及女性研究的段落。

Li，Tze-chung，2000.*Social Science Reference Sources：A Practical Guide*. Westport，CT：Greenwood Press. 列举并描述了所有形态的参考资料，包括计算机文件

搜索及其他出版来源。本书由两个部分构成：社会科学总论、社会科学分论。

Richlin-Klonsky, Judith, and Ellen Strenski, eds, 1998. *A Guide to Writing Sociology Papers*. New York: St. Martin's Press. 这是一本能给你们的研究一些好的建议的册子，对那些刚刚接触社会学或其他社会科学学科的人，以及必须了解社会研究最基本方面的人来讲，这本书尤其有用。

附录 B
随 机 数 表

51426	00609	13501	16557	13914	33401	84598	16256	51886	31407	94431	10793	10437	65142
50202	20368	36181	05719	11720	47252	68129	97583	78197	64506	96094	15565	54451	10894
68568	00811	38612	96130	76686	98080	22397	65709	66476	29072	47294	95575	92207	31912
43803	59549	54997	72125	73689	20448	09636	54932	10780	46568	93704	35864	19104	72771
99389	22930	38246	01741	85862	35913	68450	51989	87203	22966	39965	23689	94496	90819
40012	09599	48287	56312	98800	21764	69339	39265	38708	24879	89908	65194	11479	38897
46202	33334	78502	63224	55138	65208	52970	75762	52422	01538	12774	62448	83373	48356
92106	13420	52252	75044	17710	30572	64791	02170	58265	23490	39625	51822	13088	79273
55478	36951	81131	16564	75192	83624	19837	64199	17127	04287	89202	12485	27127	54445
95888	44841	62382	80884	41749	80051	89305	29619	46255	19437	42118	56365	19354	21687
63752	70740	30727	98221	04142	43663	93794	20051	29352	38160	07908	65877	90653	28600
39706	31586	36108	21662	71438	12980	39471	95774	86372	03985	78977	26533	16177	19726
70394	94351	22457	26801	66505	05939	35468	29290	83141	69893	35443	64588	98379	40997
24328	66613	72883	35679	11468	49960	10713	06650	94072	47238	49989	40700	04282	37164
19300	45923	02358	27187	53193	40040	94551	16006	44819	04925	36322	81318	07767	09898
75264	17274	99313	09819	74081	47019	83766	11652	61463	20523	17156	15633	56306	65756
61801	25803	99036	74158	25691	61586	22711	80610	53411	84833	38944	31905	05475	69018
51217	44878	35559	55558	54991	12802	24869	45978	50192	21129	97197	15798	16251	68202
80240	54443	82312	97509	57848	83730	69741	43918	99146	09401	55696	17022	23857	14574
52058	89814	64024	29716	72872	59060	68771	66883	08409	85650	85535	85659	93365	43147
28459	18054	31177	77817	73215	55952	59266	30908	26528	81941	94064	52738	85015	99236
61246	56005	30027	95365	51401	72313	43067	14424	25467	47268	63945	27477	15643	73537
64100	53865	24106	70497	98741	91230	49381	16109	15636	16555	99646	78224	43983	48557
86649	17968	99209	86506	51521	34845	47716	61783	72090	15828	93790	29199	85979	59513
25994	32188	15125	28244	35374	82169	98415	27443	10709	21036	77242	12126	15384	10038
91142	68443	71595	87285	77954	46246	43484	93725	57598	33343	37333	37216	86209	29308
85900	89177	35463	37290	65502	75996	60430	40129	97891	48432	96420	61864	34334	06783
80799	23668	67958	69297	12726	35953	57968	43241	47098	03344	84356	86620	93556	51283
96429	41318	94091	36041	27081	80307	38085	84416	35484	07293	45607	36954	91408	51122
47970	10032	89346	10458	18396	93085	25303	83518	68633	32246	82215	28022	67577	97594
72469	59185	78412	11529	26258	21622	18997	52703	26386	56264	80550	46328	47601	89508
67758	71528	75788	42499	19816	16366	01923	29047	00929	72309	21973	59609	53886	34762
98899	22430	75503	56128	21692	97528	24181	20498	78282	66143	54062	79651	73197	30479
12783	48846	49102	17462	24321	78119	98103	68108	13053	91442	04370	84795	34596	15559
46012	45951	87514	80718	57246	91049	95869	90799	78772	46759	29270	28549	11024	77259
03802	82683	41036	11652	53416	61231	51368	23180	62110	23975	32641	67415	34552	87859
15233	04412	14981	76133	77223	44150	22899	49528	36601	97438	29735	27053	12035	81149
29038	70437	05264	30181	36015	94583	16736	28591	20148	53382	09045	50572	99809	63712
02961	30256	34194	34334	11052	23123	88313	51754	07802	41996	03053	38116	24801	64168
35986	08834	25394	26990	57065	63223	13989	33035	84740	44562	13701	25133	55081	40397
71900	93567	50485	95879	67273	87232	94444	09030	08914	04127	36022	54394	80624	60780
71636	79416	04009	04816	81154	31183	30180	19287	18649	76657	81725	94613	62678	32329
28010	26202	02931	81693	11016	37412	18796	20687	28658	13534	44323	16054	76065	48823
03870	02084	34849	43767	18860	01671	06733	05498	10132	04989	39545	72690	81462	75170
31477	68171	64406	09515	29907	72703	75049	61420	90245	41068	12575	93035	18373	73411
25614	54466	03882	67569	13505	02072	52211	58587	81052	77367	91151	75498	52612	77712
74941	42963	28344	64694	97337	34082	88194	13248	23073	83715	70668	43871	03296	32279
08517	09792	30412	82657	38555	79673	27647	18285	78424	42930	61875	25523	84968	65998
90480	10239	61101	84024	52762	99826	31814	59060	02842	76857	99268	73679	15476	92050
87847	84094	41958	29071	08573	15421	62826	33761	65766	17441	77041	30304	41012	21646
24391	94530	09143	27232	36091	34644	94255	13645	37154	30047	47498	55516	38359	79844
55283	62245	40637	76395	50206	98347	69760	95167	58415	19706	60279	21390	48122	87803
72589	45685	38527	12482	28532	14584	00017	71969	72628	46885	88039	29798	87566	42624
74982	12483	10512	26011	41648	52838	87777	39674	39136	25753	19433	84394	91015	56247
11886	35640	93381	21030	90738	44326	01786	81989	17993	03289	82912	96744	68234	98726

03777	40789	53138	84902	65517	67119	43016	45594	99378	26264	86455	41026	59843	91783
77434	88814	80202	35045	23861	66976	34547	62509	17306	39141	95877	56427	51271	21327
24031	79905	97125	99910	02012	98644	44131	90151	37559	85274	85888	83933	00595	05395
61411	26229	47339	39764	06203	89006	52147	66580	97816	46291	64695	19294	48456	65158
67605	28722	84993	40213	74203	17588	67884	65144	46757	76731	91814	82825	14921	09640
08399	54673	57424	52049	10022	80280	31618	30265	07223	01091	16857	12886	52200	25183
24661	01155	82608	14475	34709	18864	24666	80520	83407	31450	76563	13025	29970	71077
99946	90982	42196	89827	77686	97350	53420	85961	58836	63948	45483	41791	61909	92707
20479	03337	72012	68631	05734	66688	47879	27971	81284	71171	11497	16424	05229	33760
05878	82649	94108	04121	11154	97428	28550	50033	58366	16488	91552	31099	07497	37391
26765	43188	54789	34860	18404	87493	45808	69413	63670	65165	56961	36021	59176	45006
15069	48616	94053	66582	03240	19418	03006	92491	49077	15557	01484	40976	06847	95247
68642	49316	36286	17395	96578	75722	19864	04578	84155	99469	51186	12091	83697	21341
55787	36896	06645	76602	81478	47159	93149	92944	83403	35955	27043	82757	10447	95157
06646	80150	16643	42758	51005	50512	14497	88500	99547	95014	19788	52496	45661	82747
66780	49368	50975	19424	95851	61634	25554	87257	85018	02944	12394	02527	88003	77793
88208	75978	21467	13547	96535	86968	67281	08110	53381	54810	43583	96063	95300	86188
30356	70518	23955	20891	79713	56715	83046	79108	04521	41114	57484	31624	78945	25332
36986	65744	62601	56588	87171	27663	30679	25292	79814	97617	53606	77353	73868	87559
06312	95954	66193	09065	21998	34974	45725	00429	27951	58058	53538	71743	52870	53884
22033	94983	28160	08825	24088	23067	37465	08067	87338	13078	89357	05941	05270	82129
30452	89567	71981	33583	28892	18855	58394	39515	86250	42349	00832	41061	99545	26312
87612	59785	04514	02606	69365	28933	42218	91714	27058	40027	09691	54653	57232	56866
51590	24073	86172	55704	96959	73360	17055	66148	08078	20372	36932	71432	62588	72328
57163	99264	22454	55588	78458	91353	27547	27991	19627	63115	63099	59856	74653	69930
48780	80362	32025	83247	38147	91095	96062	50857	55831	62380	29003	80076	22990	60988
98912	00813	03183	15462	72115	02817	32788	30368	34305	07644	56157	65898	18561	37797
39402	14014	30652	27732	93899	78595	31964	36084	97566	34682	72458	98496	77969	14661
03842	24891	56006	26115	48801	26504	77741	82048	19748	83084	35668	23498	83585	31927
75596	26192	94550	45662	62572	34149	13402	85687	24250	65416	45033	48814	17003	76631
03591	98982	17722	51727	71369	62706	32211	09130	80850	19401	70052	37468	63436	82305
90888	86243	39999	02703	47268	00308	85152	09997	19070	04917	24351	48171	78505	66626
08573	24734	09760	51974	95354	16357	15969	12817	61896	31250	80066	38064	24088	98685
70629	30816	81429	71243	93048	43257	81387	95825	93165	20492	55200	56831	91286	79550
97402	96506	80817	15478	27808	04941	37273	69213	36638	85812	47422	16816	61468	53373
27250	03388	28225	96621	44165	59379	29178	87172	79478	58092	17710	63104	60684	97932
65971	48407	61392	11205	21776	03233	27068	46038	92918	25029	31686	15337	82092	17198
94424	24776	37573	52605	58251	42114	51162	20341	21658	79477	41030	33130	89819	35592
67035	34237	80576	98987	86458	05605	65635	39528	30420	75826	89077	50686	49972	97172
26583	89285	05050	72244	74086	97706	65120	16301	67917	21787	51785	59042	87324	30893
43684	96716	85263	40147	12867	00177	74088	19076	22915	72550	04976	52557	22961	71430
58977	02675	44573	43331	58957	22473	30080	35672	41973	70946	13049	35109	15024	45136
09507	92785	19629	14846	08127	93307	95036	78313	52446	01067	51465	62061	36698	04085
01738	05229	77024	21950	74783	42771	76450	63057	61615	34045	30701	18141	04768	00347
13403	24248	37469	17695	29452	29346	96446	72124	08531	06716	03668	98751	47708	03926
47813	95237	28518	84809	79497	25096	62922	86883	98553	32668	23650	12537	73446	80052
32411	26508	55034	61179	95124	83411	36322	87567	78589	69819	54656	09644	02350	65753
90886	05927	51880	67581	39310	01761	37345	36425	12883	77970	06829	65588	31084	04563
19712	56193	05978	74167	03347	36293	18145	39273	41897	64083	35547	67152	06188	94961
38191	90572	51923	10301	36802	90114	81194	55254	80329	49383	44090	15160	34222	23886
82520	77570	64671	06575	01907	54598	75591	12631	16676	49430	24133	66462	41574	16974
35050	44842	31469	43533	39343	79219	21618	89864	47156	13642	10654	88072	01650	18002
41269	69507	96835	61976	91903	54412	56618	65650	22130	25349	54952	08277	24992	53833
63840	22761	16566	18174	17073	15678	06395	72369	23714	69974	12838	71230	73589	55864
48616	17356	68349	30107	18604	60016	36241	30883	10979	28281	92015	73791	68528	54736

附录 C
卡 方 分 布

	Probability					
	0.995	0.99	0.975	0.95	0.90	0.75
df	0.005	0.01	0.025	0.05	0.10	0.25
1	0.0000393	0.000157	0.000982	0.00393	0.0158	0.101
2	0.0100	0.0201	0.0506	0.103	0.211	0.575
3	0.0717	0.115	0.216	0.352	0.584	1.21
4	0.207	0.297	0.484	0.711	1.06	1.92
5	0.412	0.554	0.831	1.15	1.61	2.67
6	0.676	0.872	1.24	1.64	2.20	3.45
7	0.990	1.24	1.69	2.17	2.83	4.25
8	1.34	1.65	2.18	2.73	3.49	5.07
9	1.73	2.09	2.70	3.33	4.17	5.90
10	2.16	2.56	3.25	3.94	4.87	6.74
11	2.60	3.05	3.82	4.57	5.58	7.58
12	3.07	3.57	4.40	5.23	6.30	8.44
13	3.57	4.11	5.01	5.89	7.04	9.30
14	4.07	4.66	5.63	6.57	7.79	10.2
15	4.60	5.23	6.26	7.26	8.55	11.0
16	5.14	5.81	6.91	7.96	9.31	11.9
17	5.70	6.41	7.56	8.67	10.1	12.8
18	6.26	7.01	8.23	9.39	10.9	13.7
19	6.84	7.63	8.91	10.1	11.7	14.6
20	7.43	8.26	9.59	10.9	12.4	15.5
21	8.03	8.90	10.3	11.6	13.2	16.3
22	8.64	9.54	11.0	12.3	14.0	17.2
23	9.26	10.2	11.7	13.1	14.8	18.1
24	9.89	10.9	12.4	13.8	15.7	19.0
25	10.5	11.5	13.1	14.6	16.5	19.9
26	11.2	12.2	13.8	15.4	17.3	20.8
27	11.8	12.9	14.6	16.2	18.1	21.7
28	12.5	13.6	15.3	16.9	18.9	22.7
29	13.1	14.3	16.0	17.7	19.8	23.6
30	13.8	15.0	16.8	18.5	20.6	24.5
40	20.7	22.2	24.4	26.5	29.1	33.7
50	28.0	29.7	32.4	34.8	37.7	42.9
60	35.5	37.5	40.5	43.2	46.5	52.3
70	43.3	45.4	48.8	51.7	55.3	61.7
80	51.2	53.5	57.2	60.4	64.3	71.1
90	59.2	61.8	65.6	69.1	73.3	80.6
100	67.3	70.1	74.2	77.9	82.4	90.1

continued

df	Probability						
	0.50	0.25	0.10	0.05	0.025	0.01	0.005
1	0.455	1.32	2.71	3.84	5.02	6.63	7.88
2	1.39	2.77	4.61	5.99	7.38	9.21	10.6
3	2.37	4.11	6.25	7.82	9.35	11.3	12.8
4	3.36	5.39	7.78	9.49	11.1	13.3	14.9
5	4.35	6.63	9.24	11.1	12.8	15.1	16.8
6	5.35	7.84	10.6	12.6	14.5	16.8	18.6
7	6.35	9.04	12.0	14.1	16.0	18.5	20.3
8	7.34	10.2	13.4	15.5	17.5	20.1	22.0
9	8.34	11.4	14.7	16.9	19.0	21.7	23.6
10	9.34	12.5	16.0	18.3	20.5	23.2	25.2
11	10.34	13.7	17.3	19.7	21.9	24.7	26.8
12	11.34	14.8	18.5	21.0	23.3	26.2	28.3
13	12.34	16.0	19.8	22.4	24.7	27.7	29.8
14	13.34	17.1	21.1	23.7	26.1	29.1	31.3
15	14.34	18.2	22.3	25.0	27.5	30.6	32.8
16	15.34	19.4	23.5	26.3	28.8	32.0	34.3
17	16.34	20.5	24.8	27.6	30.2	33.4	35.7
18	17.34	21.6	26.0	28.9	31.5	34.8	37.2
19	18.34	22.7	27.2	30.1	32.9	36.2	38.6
20	19.34	23.8	28.4	31.4	34.2	37.6	40.0
21	20.34	24.9	29.6	32.7	35.5	38.9	41.4
22	21.34	26.0	30.8	33.9	36.8	40.3	42.8
23	22.34	27.1	32.0	35.2	38.1	41.6	44.2
24	23.34	28.2	33.2	36.4	39.4	43.0	45.6
25	24.34	29.3	34.4	37.7	40.6	44.3	46.9
26	25.34	30.4	35.6	38.9	41.9	45.6	48.3
27	26.34	31.5	36.7	40.1	43.2	47.0	49.6
28	27.34	32.6	37.9	41.3	44.5	48.3	51.0
29	28.34	33.7	39.1	42.6	45.7	49.6	52.3
30	29.34	34.8	40.3	43.8	47.0	50.9	53.7
40	39.34	45.6	51.8	55.8	59.3	63.7	66.8
50	49.33	56.3	63.2	67.5	71.4	76.2	79.5
60	59.33	67.0	74.4	79.1	83.3	88.4	92.0
70	69.33	77.6	85.5	90.5	95.0	100.0	104.0
80	79.33	88.1	96.6	102.0	107.0	112.0	116.0
90	89.33	98.6	108.0	113.0	118.0	124.0	128.0
100	99.33	109.0	118.0	124.0	130.0	136.0	140.0

附录 D
正态分布

z	.00	.01	.02	.03	.04	.05	.06	.07	.08	.09
0.0	.0000	.0040	.0080	.0120	.0160	.0199	.0239	.0279	.0319	.0359
0.1	.0398	.0438	.0478	.0517	.0557	.0596	.0636	.0675	.0714	.0753
0.2	.0793	.0832	.0871	.0910	.0948	.0987	.1026	.1064	.1103	.1141
0.3	.1179	.1217	.1255	.1293	.1331	.1368	.1406	.1443	.1480	.1517
0.4	.1554	.1591	.1628	.1664	.1700	.1736	.1772	.1808	.1844	.1879
0.5	.1915	.1950	.1985	.2019	.2054	.2088	.2123	.2157	.2190	.2224
0.6	.2257	.2291	.2324	.2357	.2389	.2422	.2454	.2486	.2517	.2549
0.7	.2580	.2611	.2642	.2673	.2704	.2734	.2764	.2794	.2823	.2852
0.8	.2881	.2910	.2939	.2967	.2995	.3023	.3051	.3078	.3106	.3133
0.9	.3159	.3186	.3212	.3238	.3264	.3289	.3315	.3340	.3365	.3389
1.0	.3413	.3438	.3461	.3485	.3508	.3531	.3554	.3577	.3599	.3621
1.1	.3643	.3665	.3686	.3708	.3729	.3749	.3770	.3790	.3810	.3830
1.2	.3849	.3869	.3888	.3907	.3925	.3944	.3962	.3980	.3997	.4015
1.3	.4032	.4049	.4066	.4082	.4099	.4115	.4131	.4147	.4162	.4177
1.4	.4192	.4207	.4222	.4236	.4251	.4265	.4279	.4292	.4306	.4319
1.5	.4332	.4345	.4357	.4370	.4382	.4394	.4406	.4418	.4429	.4441
1.6	.4452	.4463	.4474	.4484	.4495	.4505	.4515	.4525	.4535	.4545
1.7	.4554	.4564	.4573	.4582	.4591	.4599	.4608	.4616	.4625	.4633
1.8	.4641	.4649	.4656	.4664	.4671	.4678	.4686	.4693	.4699	.4706
1.9	.4713	.4719	.4726	.4732	.4738	.4744	.4750	.4756	.4761	.4767
2.0	.4772	.4778	.4783	.4788	.4793	.4798	.4803	.4808	.4812	.4817
2.1	.4821	.4826	.4830	.4834	.4838	.4842	.4846	.4850	.4854	.4857
2.2	.4861	.4864	.4868	.4871	.4875	.4878	.4881	.4884	.4887	.4890
2.3	.4893	.4896	.4898	.4901	.4904	.4906	.4909	.4911	.4913	.4916
2.4	.4918	.4920	.4922	.4925	.4927	.4929	.4931	.4932	.4934	.4936
2.5	.4938	.4940	.4941	.4943	.4945	.4946	.4948	.4949	.4951	.4952
2.6	.4953	.4955	.4956	.4957	.4959	.4960	.4961	.4962	.4963	.4964
2.7	.4965	.4966	.4967	.4968	.4969	.4970	.4971	.4972	.4973	.4974
2.8	.4974	.4975	.4976	.4977	.4977	.4978	.4979	.4979	.4980	.4981
2.9	.4981	.4982	.4982	.4983	.4984	.4984	.4985	.4985	.4986	.4986
3.0	.4987	.4987	.4987	.4988	.4988	.4989	.4989	.4989	.4990	.4990

附录 E
估计抽样误差

如何使用本表：请找出样本量和样本二项式估计百分数分布值的交叉点，出现的数字，代表当置信度在95%时，以百分点（正负）显示的抽样估计误差。

例如：400名受访者样本中，60%回答"是"，40%回答"否"，抽样误差估计为正负4.9个百分点，则我们可以预测，当置信度为95%时，总体中回答"是"的比例就落在55.1%～64.9%的区间。

Sample Size	Binomial Percentage Distribution				
	50/50	60/40	70/30	80/20	90/10
100	10	9.8	9.2	8	6
200	7.1	6.9	6.5	5.7	4.2
300	5.8	5.7	5.3	4.6	3.5
400	5	4.9	4.6	4	3
500	4.5	4.4	4.1	3.6	2.7
600	4.1	4	3.7	3.3	2.4
700	3.8	3.7	3.5	3	2.3
800	3.5	3.5	3.2	2.8	2.1
900	3.3	3.3	3.1	2.7	2
1000	3.2	3.1	2.9	2.5	1.9
1100	3	3	2.8	2.4	1.8
1200	2.9	2.8	2.6	2.3	1.7
1300	2.8	2.7	2.5	2.2	1.7
1400	2.7	2.6	2.4	2.1	1.6
1500	2.6	2.5	2.4	2.1	1.5
1600	2.5	2.4	2.3	2	1.5
1700	2.4	2.4	2.2	1.9	1.5
1800	2.4	2.3	2.2	1.9	1.4
1900	2.3	2.2	2.1	1.8	1.4
2000	2.2	2.2	2	1.8	1.3

术 语 表

摘要（abstract）：（1）研究论文的概要。摘要通常出现在文章的开头，陈述研究目的、研究方法和主要发现。参见第 17 章。（2）如果你想要在艺术博物馆里给人们留下深刻印象，却又无法理解名贵绘画，那就必须学会欣赏。

共识的真实（agreement reality）：我们知道的事物，是我们身在其中的和分享的，以及文化蕴含的一部分。参见第 1 章。

方差分析（analysis of variance，ANOVA）：一种统计分析方法，把研究对象合并为组，并将其看作自变量，用因变量来分析组间的差距。然后把分析获得的差距与随机分布下的标准进行比较。参见第 16 章。

匿名（anonymity）：当研究者和读者都不可能将回答和回答者对应起来时，这个研究就可以说达到了匿名的要求。参见第 3 章。

属性（attribute）：人或物的特征。参见变量和第 1 章。

平均数（average）：代表集中趋势（典型性或常规性）的一个含糊术语。算术平均数、中位数和众数，都是数学平均数的具体例子。参见第 14 章。

轴心式编码（axial coding）：在扎根理论方法中，对开放编码结果的再编吗，目的是识别重要的、具有一般意义的概念。参见选择式编码第 13 章。

倾向性（bias）：（1）倾向于将被测量事物引向某特定方向的测量工具特性。比如，访题"难道你不认为总统做得正确吗？"就有倾向性，因为，它鼓励赞成的应答。参见第 9 章。（2）内在于自己，但又使得他人显得比其实际更好或者更差的那些东西。（3）钉子被你钉歪的样子。（酒后不要开车。）

大数据（big data）：通过自动监测而不断产生的大规模数据集，如亚马逊监测购买行为、国家安全局（NSA）监测电话和互联网络通信等。参见第 2 章和第 11 章。

双变量分析（bivariate analysis）：为确定两个变量之间的经验关系，同时对两个变量进行分析。一个简单的百分比表格或简单的相关系数计算，都是双变量分析的例子。参见第 14 章。

鲍嘎德社会距离量表（Bogardus social distance scale）：（1）用于判断人们进入其他类型社会关系（处于不同亲密程度）意愿的一种测量技术。其优势在于，能在不丢失原始信息的同时汇总多个不连续的应答。参见第 6 章。（2）为了看一部黑白片汉弗莱（Humphrey），你准备去旅行的距离。

个案研究（case studies）：对某社会现象进行深度检验，比如一个村庄、一个家庭或者一个青少年帮派。参见第 10 章。

个案导向分析（case-oriented analysis）：（1）通过探讨每个细节来理解某个或几个个案的分析方法。参见第 13 章。（2）私家侦探付款系统。

封闭式访题（closed-ended questions）：要求受访者在研究者提供的选项中选应答。封闭式访题能保证应答具有更高的一致性，且比开放式访题更容易操作，因而在调查研究中相当流行。参见第 9 章。

整群抽样（cluster sampling）：（1）只要某群（丛）被选中，则群里的所有要素都将进入随后的子样本集。譬如，可以先从目录中选择美国的大专院校，然后从被选中大学的学生名单中，抽选学生样本。参见第 7 章。（2）从一箱坚果中挑选出所有大个的果子。

编码簿（codebook）：（1）数据处理和分析所需的文档，告诉我们不同数据在数据文档中的位置。编码簿一般用以识别数据的位置和用来标示不同变量属性编码的意义。参见第 14 章。（2）一种花费九牛二虎之力以保证真实的文档。（3）一种让中央情报局的人说真话的文档。

编码（coding）：（1）将原始数据转变成标准化数据的过程，以使数据适于机器处理和分析。参见第11章。（2）如果遇到一段坏代码，你会抓狂。

同期群研究（cohort study）：研究者历时性地研究特定子总体。尽管在每次观察中，可能是从群体中的不同成员搜集数据。1970年开始职业生涯的历史研究就是一个例子，其问卷每隔5年就发出一次。参见第4章。也见历时研究、追踪研究和趋势研究。

比较和历史研究（comparative and historical research）：考察社会（或者其他社会单位）的历时变化，并对不同的社会进行比较。参见第11章。

完成率（completion rate）：参见回收率。

计算机辅助电话调查（computer-assisted telephone interviewing, CATI）：一种数据搜集技术，即把电话调查问卷存储在计算机，让访员从计算机屏幕上读出访题，用计算机键盘输入应答。参见第9章。

概念图（concept mapping）：（1）概念及概念之间关系的图示。概念图在理论形成过程中很有帮助。参见第13章。（2）在不问方向的情况下，根据逻辑和意愿来判断方位的技术。

概念化（conceptualization）：（1）将模糊的据以将模糊的、不精确的术语（概念）具体化、精确化的思考过程。如，你们想研究偏见。"偏见"是什么意思？有不同类型的偏见吗？如果有，到底是什么？参见第5章。（2）知识分子的性别再生产。

置信区间（confident interval）：估测总体参数值的范围。比如，某个调查可能显示40%的样本支持候选人A（可怜鬼）。尽管我们预计所有投票者将有40%的人支持A，但不会正好是40%。因此，我们要计算一个置信区间（比如35%~45%之间），即可能的总体支持率。注意：每个置信区间都需要指定一个置信水平。参见第7章和第16章。（2）你敢多接近鳄鱼的程度。

置信水平（confident level）：（1）总体参数落在既定置信区间的估测概率。比如，我们可以有95%的信心说35%~45%的投票者会支持候选人A。参见第7章和第16章。（2）你到底有多大的把握确信你花10美元在街头小店买的戒指真的有3卡拉。

保密（confidentiality）：当研究者能够识别特定研究对象的应答且承诺不会将其公开时，该研究就达到了保密的要求。参见第3章。

冲突范式（conflict paradigm）：一种将人类行为视为努力去控制他人，同时避免被他人所控制的范式。参见第2章。

持续比较法（constant comparative method）：（1）扎根理论的一个构成部分，指观察之间相互比较，并将观察和建构中的归纳理论进行比较。参见第13章。（2）一种盲测技术。

建构效度（construct validity）：在某理论体系内，某测量与其他变量相关的程度。参见第5章。

内容分析法（content analysis）：对记载下来的人类传播媒介的研究，如书籍、网站、绘画和法律。参见第11章。

内容效度（content validity）：测量涵盖了某概念所包含的意义范畴的程度。参见第5章。

关联问题（contingency question）：只针对部分受访者的访题。是否需要回答，取决于受访者对前置访题的应答。譬如，所有受访者都被问及是否是"科萨·诺斯特拉"（Cosa Nostra）成员，只有那些回答"是"的受访者，才会被问及参加集会、夜餐的频率。后者是关联访题。参见第9章。

列联表（contingency table）：（1）用百分比分布来表示变量关系的格式。参见第14章。（2）保留牌桌以备客人某天带着七个小孩来参加晚宴。

连续变量（continuous variable）：其属性逐步、稳定增加的变量。如年龄和收入。一群人的年龄可以包括 21、22、23、24 等等，可以分解为每年甚至更细。与此形成对比的离散变量如性别或宗教归属，其属性，都是不连续的。参见第 14 章。

对照组（control group）：（1）在实验中没有被施以刺激的被试小组，但在其他方面，和实验组一样。比较对照组和实验组，是要发现实验刺激的效果。参见第 8 章。（2）美国经理人协会。

控制变量（control variable）：见检验变量。

谈话分析（conversation analysis，CA）：对谈话细节的仔细分析，这种方法建立在详尽记录（包括休止符、感叹词、支吾声等）的基础上。参见第 13 章。

相关（correlation）：（1）两个变量之间的经验关系，如（1）一个变量的改变影响到另一个变量的改变，或者（2）一变量的特定属性跟另一变量的特定属性相关。相关不意味着两变量之间有因果关系，却是因果关系成立的一个标准。参见第 4 章。（2）跟你和你的朋友都有关系的那个人。

成本—收益研究（cost-benefit studies）：确定项目的结果与成本的关系（财务性的和其他的）。参见第 12 章。

标准关联效度（criterion-related validity）：某测量与外在标准相关的程度。譬如大学委员会的效度在于其预测学生在校学业成就的能力。也被称为预测效度。参见第 5 章。

批判种族理论（critical race theory）：一种基于种族意识和试图实现种族平等的范式。参见第 2 章。

批判现实主义（critical realism）：一种认为只要事物产生影响，就是真实的范式。参见第 2 章。

跨个案分析（cross-case analysis）：对多于一个的个案进行分析，可以是变量导向的分析也可以是个案导向的分析。参见第 13 章。

截面研究（cross-sectional study）：以代表了某个时间点的观察为基础的研究。参见第 4 章。

曲线回归分析（curvilinear regression analysis）：一种回归分析方法，让变量之间的关系表现为曲线，而不是直线。参见第 16 章。

任务报告（debriefing）：（1）和对象交流，以让他们了解其在研究中的经历。当可能伤害参与者时，这种报告尤为重要的。参见第 3 章。（2）贬低他人的缺点。不要这样做。这不好。

演绎（deduction）：在这种逻辑模型中，特定的命题来自于普遍性的原理。如果普遍性原理认为所有的院长都是小气鬼，那么你就可能会想到这个家伙不会让你改变你的课程。这种期望就来自于演绎的结果。参见第 1 章和第 2 章的归纳法。（2）国税局说你那寄生的姐夫在技术上并非如此。（3）你这家伙。

因变量（dependent variable）：（1）变量被假定为依赖于或由其他变量（即自变量）引起。如果你们发现收入是正式教育的函数，那么，收入是被当作因变量看待的。参见第 1 章。（2）无用的变量。

描述统计（descriptive statistics）：运用统计计算方法描述样本或样本变量间关系的特征。描述性统计仅用于归纳对样本的观察，而推断性统计统计还要用样本推断总体特征。参见第 16 章。

维度（dimension）：概念的一个可指明的方面。参见第 5 章。

离散变量（discrete variable）：其属性彼此隔离或不连续的变量。譬如性别或宗教归属，一个属性与下一个属性并不连贯。年龄（连续变量）的属性可以从 21、22 稳定连续地增到 23 等等；而性别的男性和女性之间，则没有什么连续性。参见第 14 章。

判别分析（discriminant analysis）：类似于多元回归的分析方法，不过因变量可以是定类的。参见第 16 章。

离散趋势（dispersion）：围绕中心值（如平均数）的数值分布，极差是简单的例子。

譬如我们可以说平均年龄是 37.9，范围从 12 岁到 89 岁。参见第 14 章。

曲解变量（distorter variable）：在详析模式中，逆转零阶关系方向的检验变量。参见第 15 章。

双盲实验（double-blind experiment）：被试和实验者都不知道哪些是实验组哪些是对照组的一种实验设计。参见第 8 章。

区位谬误（ecological fallacy）：在只对群体进行观察的基础上，错误地得出个体层次的结论。参见第 4 章。

详析模式（the elaboration model）：通过控制第三个变量来理解两个变量之间关系的推理模式。由拉扎斯菲尔德（Paul Lazarsfeld）创立。详析分析的不同产出包括复证、辨明、阐明、和标明。参见第 15 章。

要素（element）：（1）构成总体的单位，也是样本包含的内容。注意与数据分析中的分析单位做区别。参见第 7 章。（2）只要大象还有呼吸，大象就会吃东西。

解放性研究（emancipatory research）：一种以使不利群体受益的调查。参见第 10 章。

等概率抽样：（equal probability of selection method，EPSEM）：总体的每个成员都有相等的被选进样本的机会。参见第 7 章。

民族志（ethnography）：是对社会生活的详细和准确的描述，而非解释。参见第 10 章。

常人方法学（ethnomethodology）：着力于发现社会生活隐含的、没有说出来的假设和共识的一种方法。这种方法，常常使用刻意打破常规的方式来解释常规的存在。参见第 10 章。

评估研究（evaluation research）：旨在确定问题的存在和程度，尤其是部分人口如老年人口中存在的问题。参见第 12 章。

事后假设（ex post facto hypothesizing）：在证实性数据已经搜集起来之后才提出的假设。由于不存在证伪的可能性，所以这种假设是没有意义的。参见第 15 章。

实验组（experimental group）：在实验中被施以刺激的被试小组。参见第 8 章。

辨明（explanation）：（1）两变量之间的初始关系被证实是虚假的详析模式结果，因为引入控制变量后，原关系消失了。参见第 15 章。（2）"我的小妹吃了我的作业"。

扩展的个案方法（extended case method）：布洛维发展出来的一种个案研究方法，用来发现现有社会理论的缺陷并发展现有理论的。参见第 10 章。

外在无效度（external invalidity）：实验结果或不能概化到"现实"世界。参见第 8 章和内在无效度。

外在鉴定（external validation）：通过检验某测量（如指标或者量表）和测量同一变量的其他指标之间的关系，来判断测量的效度。参见第 6 章。

表面效度（face validity）：（1）衡量测量质量的一个指标，即看起来是否对某变量进行了合理测量。譬如进教堂的频数，是一个人虔诚度的指标，无需过多解释就能让人觉得是合理的，即具有表面效度。参见第 5 章。（2）你显得和你驾照上的照片看起来一模一样（极少见，而且可能还是不幸的）。

因子分析（factor analysis）：一种复杂的代数方法，用于确定具体观测值的一般维度或因子。参见第 16 章。

因素设计（factorial design）：多于一个实验变量对实验设计。参见第 8 章。

女性主义范式（feminist paradigms）：一种（1）通过女性经验看待和理解社会并（2）研究女性普遍被剥夺的社会地位的范式。参见第 2 章。

专题小组（focus group）：同时访谈一群人并鼓励讨论。这种技术经常在市场调研中使用，比如请一群消费者评估产品或讨论某种商品。参见第 10 章。

频次分布（frequency distribution）：（1）样本中，变量各属性的数量描述。样本中有 53% 是男性，有 47% 是女性，就是一种简单的频次分布例子。参见第 14 章。（2）收音机的调频。

地理信息系统（Geographic Information Systems，GIS）一种分析技术，研究者用地理单元展示量化的数据。参见第 16 章。

扎根理论（grounded theory）：（1）一种研究社会生活的归纳方法。试图通过比较观察，归纳理论。这跟假设检验很不一样，后者，假设来自于理论，并接受观察的检验。参见第 10 章。（2）无法飞行的理论。

扎根理论方法（grounded theory method；GTM）：格拉索和斯特劳斯创立的一种归纳方法。在这种方法中，理论只来自于数据而不是演绎。参见第 13 章。

哥特曼量表（Guttman scale）：（1）用于总结多个不连续的观察的一种复合测量，它代表了一些更加概括的变量。参见第 6 章。（2）哥特曼进行自我评估的工具。

比较和历史分析法（comparative and historical research）：研究社会（或者其他社会单位）的历时变化，并对不同的社会进行比较。见第 11 章。

假设（hypotheses）：对经验事实的、可检验的特定期望，遵从更为一般的命题。换句话说，是来自理论的、涉及事物本质的期望，是涉及在现实世界中应该可观察到什么的期望，假定理论是正确的话。参见第 2 章。

个案式解释（idiographic）：一种解释方式。在这种解释方式中，我们试图穷尽某个特定情形或事件的所有原因。试着列出你选择某所大学的所有原因。给定所有这些原因，要作出你的选择还是很困难的。参见第 1 章。

自变量（independent variable）：（1）变量的值在分析中是确定的，被当作给定的。自变量被看作是原因或是决定因变量的因素。如果我们性别部分地影响宗教虔诚度（女性比男性更虔诚），则性别是自变量，宗教虔诚度是因变量。注意，任何变量都可以在某个分析中充当自变量，而在另一个分析中充当因变量。宗教虔诚度就可以看作是解释犯罪的自变量。参见因变量和第 1 章。（2）不接受建议的变量。

指标（index）：一种复合测量，包含多个具体观察，并代表一些更一般的维度。参见第 6 章。

指标（indicators）：我们所选择的观察，反映我们所要研究的变量。比如，进教堂就可以是宗教虔诚度的一个指标。参见第 5 章。

归纳（induction）：（1）在这一逻辑模型中，普遍性的原理是从特定的观察中发展起来的。如果被告知犹太人和天主教徒比新教徒更倾向于投民主党的票，你可能会得出美国社会中的宗教少数群体更亲近于民主党这个结论，并解释为什么。这就是一个归纳的例子。参见演绎，第 1 章和第 2 章。（2）填鸭艺术。

推断统计（inferential statistics）：把从观察样本获得的发现推断到样本所在总体的统计方法。参见描述统计和第 16 章（注意不要和恶魔般的统计相混淆——恐惧统计的学生们描绘的一个特征）。

知情人（informants）：对你们渴望研究的社会现象相当精通的人，而且他还愿意告诉你他所知道的。如果你们要对某宗教团体进行参与观察，最好与那些熟悉该宗教团体的人——可以是该团体的成员——搞好关系，以获得有关该团体的一些背景资料。注意不要和受访者混为一谈。参见第 7 章。

知情同意（informed consent）：一种规范，基于自愿参与原则而进入研究的对象，必须完全了解他们可能受到的危害。参见第 3 章。

制度民族志（institutional ethnography）：一种利用个人经历来揭示个人所处权力关系和其他制度特性的方法。参见第 10 章。

利益收敛（interest convergence）：认为群体多数成员只有在行动有利于自己的利益时才会选择支持少数群体利益的论点。参见第 2 章。

内在无效度（internal invalidity）：（1）指从实验结论看没有准确反映实验本身。参见第 8 章和外在无效度。（2）我爷爷有什么，为什么他穿特别的"尿布"。

阐明（interpretation）：与详析模式相关的术语，表示控制变量是原初相关关系的中间变量，也就是说，自变量通过影响控制变量来影响因变量。参见第 15 章。

定距测量（interval measures）：测量层次描述的变量属性可以排序，而且相邻属性之间的距离是相等的。华氏温度量表就是一个例子，因为 17 度和 18 度之间的距离等于 89 度和 90 度之间的距离。参见第 5 章和定性测量、定序测量和定比测量。

访谈（interview）：访员直接向受访者提问的数据搜集方式。访谈可以通过面对面的方式进行，也可以通过电话进行。参见第 9 章。

维度分析（item analysis）：评估复合测量的每维度容具有独立贡献还是只复制了其他维度的贡献。参见第 6 章。

隐性内容（latent content）：(1) 与内容分析法相关的、传播媒介隐含的意义，区别于显性内容。参见第 11 章。(2) 你们要隐藏的。

显著水平（level of significance）：(1) 在统计显著性检验中，观察到的经验关系可以完全归因于抽样误差的可能性。在一个在 0.05 水平上显著的关系，指完全因抽样导致的误差不会大于 5/100。参见第 16 章。(2) 户外广告的高度限制。

李克特量表（Likert scale）：李克特构建出来的复合测量，试图通过在问卷调查中使用标准化应答分类来提高社会研究的测量水平，并以此来决定不同维度的相对强度。李克特的应答选项是利用诸如非常同意、同意、不同意、非常不同意之类的分类。这些选项可以用在李克特量表的建构中，也可以用在其他类型的复合测量中。参见第 6 章。

线性回归分析（linear regression analysis）：一种统计分析模型，寻求用直线作为最佳方式描述两个定比变量之间的关系。参见第 16 章。

对数线性模型（log-linear models）：基于特定模型的数据分析技术，用于描述变量间的关系，并比较单元格的观察频次与期望频次。参见第 16 章。

历时研究（longitudinal study）：研究设计需要搜集不同时间点的数据。参见第 4 章和同期群研究、追踪研究、趋势研究。

宏观理论（macrotheory）：一种试图理解制度、整个社会和社会之间互动等"大图景"的理论。马克思的阶级斗争分析，就是宏观理论的一个例子。参见第 2 章和微观理论进行对比。

显性内容（manifest content）：(1) 与内容分析法相关的、传播媒介包含的有形的词语，区别于隐性内容。参见第 11 章。(2) 狂怒之后你们得到的。

配对（matching）：在实验中，考察初选被试的一个或多个特征，将一对相似的被试，随机地分到实验组和对照组。参见第 8 章。

算术平均数（mean）：(1) 加总多个观察值，除以观察单位总数，得到一个平均值。如果原来 10 门课的平均得分是 4.0，这门课的得分是 F，那么加上这门课后的平均得分（平均值）就是 3.6。参见第 14 章。(2) 如果你们的老师给了你这个分数，那就是你们的思想质量。

中位数（median）：(1) 在观察属性排列中，位于"中间"的个案值。如果 5 个人的年龄分别是 16、17、20、54 和 88，那么，中位数就是 20（平均数是 39）。参见第 14 章。(2) 安全驾驶和飙车之间的分界线。

备忘录（memoing）：在定性研究（如扎根理论）中作的记录，是分析数据的一部分。备忘录既可以描述和界定概念，涉及方法问题，也可以提供初始理论陈述。参见第 13 章。

方法论（methodology）：发现的科学，科学探索的过程。参见第 1 章。

微观理论（microtheory）：一种试图通过理解个体及其相互之间互动来理解社会生活的理论。对男女之间的游戏行为如何不同的研究，就是一个微观理论的例子。参见第 2 章和宏观理论进行对照。

众数（mode）：(1) 最常出现的观察值或属性。如果样本中有 1 000 个新教徒、275 个基督教徒和 33 个犹太教徒，那么，新教徒就是众数类别。参见第 14 章对集中趋势的更多讨论。(2) 比中位数好点。

监测研究（monitoring studies）：提供重要议题（如犯罪率或流行病暴发）稳定的信息流。参见第 12 章。

多元回归分析（multiple regression analysis）：一种统计分析方法，寻求两个或更多自变量对一个因变量影响的等式。参见第 16 章。

多元时间序列设计（multiple time-series designs）：运用多套时间序列数据进行比较分析的方法。参见第 12 章。

多变量分析（multivariate analysis）：分析多个变量之间同时存在关系。同时考察年龄、性别、社会阶级三者同时对宗教信仰的影响就是多变量分析。参见第 15 章和第 16 章。

自然主义（naturalism）：一种实地研究方法，假设存在客观的社会现实，而且这些现实能够被正确地观察和报告。参见第 10 章。

需求评估研究（needs assessment studies）：旨在确定问题的存在和程度，尤其是部分人口如老年人口中存在的问题。参见第 12 章。

定类测量（nominal measures）：变量的属性只有完备性和排他性特征。也就是说，测量层次只是描述了属性之间的差异——这也是它与定序、定距和定比测量的区别。性别就是定性测量的一个例子。参见第 5 章。

通则式解释（nomothetic）：一种解释方式。在这种解释方式中，我们试图寻找一般性地影响某些情形或事件的原因。想像两个或三个决定学生选择哪所学校的关键因素，如地缘接近、声誉等等。参见第 1 章，和个案式解释对照。

非同等对照组（nonequivalent control group）：与实验组相似的对照组，但不是随机产生的。这种对照组在因变量或与因变量相关的变量上与实验组有明显不同。参见第 12 章。

非概率抽样（nonprobability sampling）：抽取样本的方式并非依据概率理论。譬如就近抽样、目标式（判断式）抽样、配额抽样和滚雪球抽样。参见第 7 章。

非抽样误差（nonsampling error）：(1) 即来自抽样误差之外的资料质量的瑕疵。其中包括受访者对问题的误解、访谈者的错误记录、编码和打孔错误。见第 16 章。(2) 因为决定访问所有的对象所造成的误差；而不是抽样误差。

零假设（null hypothesis）：(1) 与假设检验和统计显著性检验相关的假设。零假设认为，正被研究的变量之间不存在相关关系。在统计上否定零假设，就意味着你们可以得出结论，认为变量之间是相关的。参见第 2 章。(2) 对没有关系的期待。

概率比（odds ratio）：一种统计技术，通过比较出现的比率，用于表述变量间的关系。参见第 16 章。

开放编码（open coding）：在定性数据分析中，对概念的初始分类和标注。在开放编码中，编码是由研究者对数据的检验和质问决定的。参见第 13 章。

开放式问题（open-ended questions）：要求受访者对访题提供自己的应答。深度访谈和定性访谈，基本依赖于开放式访题。参见第 9 章和第 10 章。

操作定义（operational definition）：通过对观察进行分类而作出的具体的、特定的定义。"在课程中得 A"的操作定义，可以是"至少正确回答了 90% 的期末测试问题"。参见第 2 章。

操作化（operationalization）：(1) 概念化之后的一步。操作化是发展操作定义的过程，或对变量进行测量的操作说明。参见第 2 章。(2) 对知识的解剖。

定序测量（ordinal measure）：刻画变量属性沿着某个维度的排序。如社会经济地位由高、中、低三种属性组成。参见第 5 章和定类测量、定距测量、定比测量。

追踪样本流失（panel mortality）：追踪研究的一些样本不在参加调查。参见第 4 章。

追踪研究（panel study）：也是一种历时研究，其中的数据是从不同时间点的同一批对象搜集起来的。[曾译为"小样本多次访问"研究,为简洁计,改译为"追踪"研究。——译者注] 参见第4章和同期群研究、历时研究、趋势研究。

范式(paradigms):(1)用以指导观察和理解的模型或框架。见第2章。(2)0.20美元。

参数(parameter):对总体某变量的概括性描述。参见第7章。

净(partial):参见净关系。

偏回归分析(partial regression analysis):(1)一种回归分析方法,即控制一个和多个变量的效果后,再分析两个变量之间的关系,与详析模式相似。参见第16章。(2)你没有时间完成的一种回归分析。

净关系(partial relationships):(1 在详析模式中,在控制第三个变量的情况下,两个变量在子群的相关关系。比如,政治党派和对堕胎态度之间没有关系。但我们可以看在男性和女性(也就是控制性别)中,这种关系是否也是真实的。在男性和女性中发现的各自相关关系,就是净关系,有时也称为偏相关。参见第15章。(2)你会带某人去听歌剧,但不会带他去看泥塘摔跤。

参与行动研究(participatory action research,PAR):在社会研究中,研究对象对研究目的和程序具有一定的控制权;它反对认为研究者优于研究对象的假定。参见第10章。

路径分析(path analysis):(1)一种多变量分析形式,变量间的因果关系以路径图形展示。参见第16章。(2)沿着马迹行走。

抄袭(plagiarism):将他人的话或思想当作是自己的,是一种智力剽窃。参见第17章。

总体(population):理论研究要素的特定集合体。参见第7章。

实证主义(positivism):由孔德(Auguste Comte)引入,这个哲学体系基于理性证实/证伪的科学信念;假定了一个可知的、客观的真实世界。参见第2章。

后现代主义(postmodernism):一种质疑实证主义的假设和描述"客观"现实理论的范式。

后测(posttesting):在接受自变量刺激后,对被试进行因变量的再测量。参见第8章。

概率比率抽样(probability proportionate to size,PPS):(1)一种多级整群抽样,其中群的被选概率并不相等(见EPSEM),而是与其规模大小(根据包含的子样本数量来衡量)成比例。参见第7章。(2)先行者的机会:你或者275磅的后卫。

预测效度(predictive validity):见标准关联效度。

概率抽样(probability sampling):根据概率理论来选择样本的方法总称。一些随机选择机制。概率抽样的具体类型包括EPSEM抽样、PPS抽样、简单随机抽样和系统抽样。参见第7章。

追问(probe):一种访谈的技巧,目的是获得更详尽的答案。通常在间接词语或问题下,可以鼓励受访者提供更详细地回答。比如"还有什么"和"是什么样的呢"。参见第9章。

项目评估或结果评估(program evaluation/outcome assessment):确定一项社会干预是否产生了预期的结果。参见第12章。

消减误差比例(proportionate reduction of error,PRE):评估关系强度的一个逻辑模型。原理是,知道一个变量的值之后,再去猜测另一个变量的值所能减少的误差。譬如我们知道了受教育水平,就能提高估测其收入的准确度,也说明两个变量之间有关系。参见第16章。

目标式或判断式抽样(purposive or judgmental sampling):一种非概率抽样。其选择观察对象的方式,以个人的判断(对象是否最有效或者最有代表性)为基础。参见第7章。

定性分析(qualitative analysis):(1)对观察进行非数字化考察和解释的过程,目的是发现内在的意义和关系模式,尤其在实地研究和历史研究中。参见第 13 章。(2)一种上等分析。

定性访谈(qualitative interview):跟调问卷查访谈相比,定性访谈的基础是一组进行深度访谈的主题,而不是标准化访题。参见第 10 章。

定量分析(quantitative analysis):(1)为了描述和解释观察所反映的现象而使用的数值表示和处理方法。参见第 14 章,尤其是第 4 篇的其余部分。(2)大规模分析。

准实验设计(quasi-experiments):一种类似于实验设计却又不很严格的方法,即缺少实验设计的一些关键性要素,如前测、后测和/或对照组。参见第 12 章。

问卷(questionnaire):一种文件形态,包括访题和其他内容,用来专门搜集适于分析的信息。问卷主要用在调查研究中,也可用于实验、实地研究和其他观测方法。参见第 9 章。

配额抽样(quota sampling):一种非概率抽样方法。一种根据预先了解的总体特征来选择样本的方法,这样就能够保证样本的特征分布和所要研究的总体一样。参见第 7 章。

随机抽样(random selection):一种抽样方法。用这种抽样方法,任何要素都具有同等的、独立于任何其他事件的被抽中概率。参见第 7 章。

随机数字拨号(random-digit dialing, RDD):以在用电话号为抽样框,进行随机电话号码拨号的抽样技术。参见第 9 章。(原书第 9 章没有这个概念,在第 7 章提到了 RDD,却没有作为概念凸显。——译者注)

随机化(randomization):随机地将被试分配实验组和对照组的方法。参见第 8 章。

密切关系(rapport):在研究者和研究对象之间开放互信的关系,对定性研究尤其重要。参见第 10 章。

定比测量(ratio measures):不仅刻画定性、定序和定距测量的属性,而且以"真实零值"为基础。年龄是定比测量的一个例子。参见第 5 章和定类测量、定序测量、定距测量。

反应性(reactivity):不仅刻画定性、定序和定距测量的属性,而且以"真实零值"为基础。年龄是定比测量的一个例子。参见第 10 章。

简化论(reductionism):(1)局限于只将某些类型的概念应用于被研究的现象。参见第 4 章。(2)克隆鸭子。

回归分析(regression analysis):(1)用等式或回归方程式表示变量之间关系的数据分析方法。参见第 16 章的不同回归分析。(2)你们掌握社会研究方法知识的可能形式。

信度(reliability):(1)指测量方法的质量。对同一现象进行重复观察得到相同数据的程度。如果是问卷调查,我们会期待访题"上周,您是否参加了宗教服务?"比"您这一辈子参加了多少次宗教服务"更有信度。这就不会与效度混淆了。参见第 5 章。(2)假话的可重复性性质。

复证(replication):(1)重复某个研究,以检验或者证实或者质疑早前的研究发现。参见第 1 章。(2)与详析模式相关的一个技术术语,指引入控制变量之后,原有双变量关系并没有改变。意味着进一步加强了原有关系为真的信心。参见第 15 章。

代表性(representativeness):(1)样本具有与总体相同的特征。通过对样本分析得出的描述和解释,也同样适用于总体。代表性给概化和推论统计提供了可能性。参见第 7 章。(2)美国某些参议员的代表自身的品质。

研究专论(research monograph):一个跟书本一样长的研究报告——出版的或者没有出版的。它跟教科书、散文书、小说等都不同。参见第 17 章。

受访者(respondents):通过回答调查问卷来提供分析数据的个体。参见第 9 章。

应答率(response rate):参与调查的样本数与样本总数之比(百分比的形式),也称为完成率。在自填式问卷调查中,也称返还率,即返还问卷占所发出问卷的比例。参见

第 9 章。

回收率（return rate）：见应答率。（应答率和回收率是两个不同的概念，前者指回收问卷中受访者应答了问卷的占比，后者指回收问卷占发出问卷的占比。实践上，回收问卷的数量往往小于发出问卷的数量，应答问卷的数量往往小于回收问卷的数量。——译者注）

抽样误差（sampling error）：概率抽样中，期望的误差程度。影响抽样误差的，在公式中包含三个因素，即参数、样本规模和标准误。参见第 7 章。

抽样框（sampling frame）：是总体要素的列表或准列表。要想保证样本对总体的代表性，抽样框就要包含所有的（或者接近所有的）总体成员。参见第 7 章。

抽样间距（sampling interval）：从总体中选取样本的标准距离。参见第 7 章。

抽样比率（sampling ratio）：抽选要素数量与总体要素数量的比率。参见第 7 章。

抽样单位（sampling unit）：在一些抽样阶段要考虑到的要素或某组要素。参见第 7 章。

量表（scale）：（1）一种复合测量，由多个具有逻辑结构或经验结构的访题组成。量表的例子，如鲍嘎德社会距离量表、瑟斯东量表、李克特量表、哥特曼量表。参见第 6 章。（2）鱼并不那么可口的部分。

搜索引擎（search engines）：一种专门设计来在万维网上查找出现特定名词的网页的电脑程序。参见第 17 章。（第 17 章讨论了搜索引擎，却没有将其作为概念列出。——译者注）

二手分析（secondary analysis）：（1）某人搜集和加工的数据被另一人所用（经常是出于不同的研究目的）。尤其适合于调查数据。数据档案是储存和分发二手分析的数据的仓库。参见第 9 章。（2）估测对方后卫球员的体重和速度。

选择式编码（selective coding）：在扎根理论方法中，依据开放编码和轴心式编码的结果，识别能够把基于文本识别的其他概念组织起来的中心概念。参见第 13 章。

语意差别（semantic differential）：让受访者表述其对人或事在两个相反意义形容词（如，用"枯燥"或者"有趣"来评价教科书）之间感受的一种问卷格式。其中会用到一些限定词来连接这两个形容词，比如"十分""有些""都不""有些"和"十分"，用来表述两者之间的距离。参见第 6 章。

符号学（semiotics）：对符号以及与符号相关意义的研究，通常应用在内容分析中。参见第 13 章。

简单随机抽样（simple random sampling）：（1）在概率抽样中，代表着总体的单元用一个数字来代替。这样就有了一个随机数字表。在挑选样本时直接选取这些数字即可。参见第 7 章。（2）低智商的随机抽样。

滚雪球抽样（snowball sampling）：（1）一种经常用于实地研究的非概率抽样方法：每个被访问的人都可能被要求介绍其他的人来参与访谈。参见第 7 章。（2）朝你的方法指导老师扔冰球。

社会人为事实（social artifacts）：人或其行为的产物，也可以是一种分析单位。参见第 4 章。

社会指标（social indicators）：反映社会生活状态或质量的测量，如犯罪率、婴儿死亡率、每 10 万人的医生数量等。社会指标通常用来判断某一社会变革的特征。参见第 12 章。

社会生物学（sociobiology）：一个认为社会行为可以被基因特性解释的研究范式。参见第 4 章。

标明（specification）：（1）使得概念更为明确的过程。参见第 5 章。（其实，是另一个含义，第 5 章的概念为具体化。——译者注）（2）详析模式用到的一个术语，表示入控制变量之后，两变量之间的初始关系在某些子群中继续存在，而在另外一些子群中则不复存在。这时候,需要标明初始关系存在的条件:比如,存在于男性中间,而不存在女性中间。参见第 15 章。

虚假关系(spurious relationship):(1)两变量之间巧合性的统计相关,其实是由第三个变量引起的。比如,出现在火灾现场的救火车数量和受灾程度存在正比关系:救火车越多,损失就越大。第三个变量就是火灾的规模。火灾规模越大,派出的救火车就越多;同时,火灾规模越大,造成的损失也就越大。如果是小火灾,可能就只派出几辆救火车,损失也不会很大。派出的车辆越多并不会造成更多的损失。事实上,给定火灾规模,派出的车辆越多只会减少损失。参见第 4 章。(2)你觉得你们的关系已经很稳固了,但是@#&@#*可能只当你是"朋友而已"。

标准差(standard deviation):(1)对围绕平均值的离散趋势的测量。譬如说 68% 的个案位于离平均值加减一个标准差的范围内;95% 的个案位于加减两个标准差的范围内;99.9% 的个案位于加减三个标准差的范围内。再譬如,如果说某群体的平均年龄是 30 岁,标准差为 10。那么,68% 的年龄在 20 岁和 40 岁之间。标准差越小,值就越围绕平均值而聚集;标准差越大,值就越分散。参见第 14 章。(2)习惯性地打破规则。

统计量(statistic):对样本变量的概括描述,并被用来估测总体参数。参见第 7 章。

统计显著性(statistical significance):(1)指从样本观察到的变量间关系完全归因于抽样误差的可能性。见统计显著性检验和第 16 章。(2)你统计考试不及格所意味着的重要性程度。我是说,你可以做一个诗人。

分层抽样(stratification):在抽样前将总体分为同质性的不同群(或层)。分层能提高样本的代表性(起码对分层变量如此),还可以和简单随机抽样、系统抽样或整群抽样结合起来使用。参见第 7 章。

结构功能主义(structural functionalism):一种将社会现象分解,研究每一部分在整体运作中具有的功能的范式。参见第 2 章。

研究总体(study population):从中选抽出样本的要素总和。参见第 7 章。

抑制变量(suppressor variable):在详析模式中,使初始关系不能显现的检验变量。参见第 15 章。

符号互动论(symbolic ineractionism):一种将人类行为视为通过社会互动行为创造意义,并根据这些意义调整随后互动行为的范式。参见第 2 章。

系统抽样(systematic sampling):(1)选择完整名单中的每第 K 个要素组成样本的概率抽样方法。譬如,抽取大学生名单里每 25 人的第 1 个学生。用总体数量除以 K 就是样本规模。K 是抽样间距。在某些情况下,系统抽样方法与简单随机抽样方法几乎是一致的,比较简单易行。第 1 个要素通常采用随机发放抽选。参见第 7 章。(2)不管是不是冰球都每三个抽一个。见滚雪球抽样(2)。

检验变量(test variable):在进一步澄清其他两变量之间的关系时保持不变的变量。譬如,发现了教育和偏见之间存在相关关系,我们可以将性别看作是常量,进而分别检验男性和女性各自的教育和偏见之间的关系。在这个例子中,性别就是检验变量。参见第 15 章,了解在分析中使用检验变量的重要性。

统计显著性检验(tests of statistical significance):(1)指从样本观察到的变量间关系完全归因于抽样误差的统计计算。参见第 16 章。(2)统计在改善人类生活质量中的决定性。(3)在很大程度上影响你的课程得分和 GPA 的测验。

理论(theory):对与某特定生活方面相关观察的系统解释,如青少年不良行为、社会分层、政治革命等。参见第 1 章。

瑟斯东量表(Thurstone scale):一种复合测量,根据对变量许多不同指标的"裁判"权重来建构。参见第 6 章。

时间序列分析(time-series analysis):对一个变量(如犯罪率)随时间变化而变化的分析。参见第 16 章。

时间序列设计（time-series design）：研究随时间而变动的过程设计，如对降低限速标准前后的交通事故的研究。参见第 12 章。

趋势研究（trend study）：是历时研究的一种，其中，总体的某些特征一直被研究。一个例子是，盖洛普的系列民意调查，显示了在大选期间，选民对政治候选人的偏好，即使每一时点采访不同的样本。参见第 4 章和同期群研究、历时研究、追踪研究。

三角（triangulation）：选择三角形，由加拿大卡尔加里皇家山学院奥格登（Wendy Ogden 提交。（对这个概念，有点不明就理。——译者注）

分类（typology）：（1）根据两个或多个变量属性，对观察进行分类（典型地体现在定性研究中）。譬如将新闻分为自由主义—城市、自由主义—农村、保守主义—城市、保守主义—农村。参见第 6 章。（2）为你的围巾道歉。

分析单位（units of analysis）：研究什么和研究谁。在社会科学研究中，最典型的分析单位是个体。参见第 4 章。

单变量分析（univariate analysis）：出于描述目的，对单个变量进行分析。频次分布、平均值和离散趋势测量，都是单变量分析。与双变量分析和多变量分析形成对照。它跟双变量分析和多变量分析形成对照。见第 14 章。

非介入性研究（unobtrusive research）：一种在不影响研究对象的情况下研究社会行为的方法，可以是定性的，也可以是定量的。参见第 11 章。

URL：（1）网页地址，一般都是以"http：//"开头；表示的是"统一的资源地址"或者"通用的资源地址"。参见第 17 章。（2）"Earl"的语音拼写。（3）我母亲曾对我说，如果我发出这样的声音就意味着我感冒了。

效度（validity）：指测量准确地反映了需要测量的概念。譬如 IQ 就比在图书馆呆了多少小时能更有效地衡量人的智力水平。尽管最有效的测量可能永远找不到；但在人们都同意，可以基于表面效度、标准关联效度、建构效度、内容效度、内在有效度和外在有效度，认同其相对效度。请不要与信度相混淆。参见第 5 章和第 6 章。

变量导向分析（variable-oriented analysis）：描述和/或解释特定变量的分析方法。参见第 13 章。

变量（variable）：属性的逻辑归类。"性别"变量由男性和女性两个属性组成。参见第 1 章。

加权（weighting）：赋予不同概率入选样本要素以不同的权重。最简单的，每个样本要素的权重为其备选概率的倒数。当所有要素入选样本的概率相同时，也就无须加权。参见第 7 章。

零阶关系（zero-order relationship）：（1）在详析模式中，在不引入控制变量的情况下，两个变量之间的初始关系。参见第 15 章。（2）一个无法计算的日期。那就先不用管它。你可以求助于社会研究方法。

译校后记

　　一晃，距离我翻译的《社会研究方法》第一个简体中文版本正好 20 年了。20 年里，中国社会经济发生了翻天覆地的变化，中美关系也在发生微妙却根本的改变，中国学术的某些方面也大大缩短了与美国的距离，尽管中国学人的成长还需要一段时间。

　　20 世纪 90 年代至 21 世纪初，北京大学东门外是一片平房区。出北京大学东侧门，有一条百年老街成府街。在成府街的深巷有一家 20 世纪 90 年代初年创立的书店叫万圣书园，是那个年代社科的象征，外地读书人进京，无论如何都会到万圣书园走一趟，借此观察北京文科学术圈的前沿议题，买一本自己心仪的图书。走过万圣书园有一家叫雕刻时光的咖啡馆，是那个时代艺术文化的象征，买一杯咖啡，享受深巷的静谧，如果运气好，看一场在其他地方看不到的先锋电影，那便是一件可以回味许久的艺术享受。《社会研究方法》第 8 版的翻译基本是在雕刻时光完成。

　　20 年后，平房区早已不再。《社会研究方法》英文版从第 9 版更新到了第 15 版，差不多每 2~3 年一个新版本；中文翻译版也从第 8 版更新到了第 14 版。更新一版近 600 页的教材，对作者并不是一件轻松的事儿，需要作者对读者的反馈和知识的更新两个方面都有充分的了解和信心。对译者，也不是一件容易的事情。因版权等多种原因，中文翻译版没有完全跟随英文版的节奏，其间，有两个版本没有译本，即第 9 版和第 12 版。

　　一本教科书，能够绵延 40 多年，从 1975 年到现在，不断再版，也被翻译为其他语言的版本，除了出版公司营销策略的成功之外，更加重要的恐怕还是教材自身的魅力。既有教材初始框架的经典，经得住时间的检验与磨练，也有作者跟踪学术发展，不断补充的新知识，让教材常变常新。

　　为了追随社会研究方法的发展，中国学术界也不断跟进翻译这部经典教材。在第 8 版之前，便有李银河老师编译第 4 版中文版，那是《走向未来丛书》的一本，1987 年由四川人民出版社出版。在第 8 版之后，还有我编译的《社会研究方法基础》第 2 版至第 4 版。在恢复重建社会学的 40 多年里，中文出版的社会研究方法相关教材层出不穷。遗憾的是，在阅读感染力上都难以望其项背。

　　我相信，这本教材的美丽，不是因为社会研究方法理论的完整性，也不完全是依仗具体研究操作的技术细节，而是在于其深入浅出地将理论逻辑转化为日常生活的实践逻辑，在理论与实践之间构造了一条无缝的理解纽带。能够做到这一点，除了作者对研究方法原理有独到的、透彻的理解之外，还有作者对调查实践的深刻体验，更需要作者对教学活动中教师与学生的反馈有极高的敏感度。

　　让一本给本科生的教科书身兼阳春白雪的优雅与下里巴人的踏实的确需要极高的理解力与表达力，这并不是每一位作者都可做到的。曾有一位美国院士对这本教材非常不屑，问道："是吗？我怎么没有听说？"显然，他的观点是教材对知识积累没有贡献。我倒认为，知识积累的确重要，不过，知识的传播也同样重要。无论怎样的知识积累，如果没有知识的传播，知识也就无所谓知识。

从1986年开始我在大学讲台上讲授社会调查与研究方法课程。从社会调查到社会研究，再到社会调查与研究结合的课程，30多年的讲台和实地调查时间让我深知，要做到在课堂上不误人子弟、在实地中能科学地把握事实该需要有怎样的能力与智慧，又需要有怎样的耐力与毅力。

对社会研究方法这样一门既有理论与思维训练，又有操作与实践能力培养的本科生入门课程而言，如果照本宣科，像开中药铺式地罗列和讲授各种调查方法原理，极有可能将一门实践性极强的课程变成讲经课程，除了让学生被概念与原理的云雾笼罩，坏了学生的学习兴趣，扭曲学生的思维以外，不会有其他的结果。相反，如果在课堂上一个案例接着一个案例讲授自己的调查实践，虽然可以让学生对调查研究有身临其境之感，让课堂活泼、活跃，却又常常会失去知识的系统性，无法达成建立理论与训练思维的目的，也无法让学生举一反三、培养自己的科学思维与研究实践能力！因此，拿捏其中的分寸，非常考验教师的智慧。对教材作者而言，更是困难重重。

除了在本科生课堂讲授课程，30多年的调查与研究实践还让我深深地体会到，一本好的教材如何可以引导研究者有效地展开研究实践。1986—1991年期间，在讲授调查与研究课程同时，我也带学生实习和从事调查与研究。那时，真切地感受到学以致用的学与用关系并不简单。如果能透彻地理解理论与思维即掌握社会调查与研究的知识，对调查实践的确有指导有支持，做一个小规模的调查与研究完全不会有问题。可，如果只是"照猫画虎"却不能画出一只真正的老虎来。

我对调查与研究进一步的真正理解，还来自两段非常幸运与难得的学习与实践机会。第一段是1991—1996年期间跟随费孝通先生进行实地调查与研究（定性研究）。这期间，既有先生的言传身教，也有自己的实践体悟。在差不多6年时间里，至少有三分之一的时间，我是在与调查对象的互动中度过的。那是一段难忘的记忆，更是自己深刻理解和体会调查与研究作为一门科学、作为一门技术，也作为一门艺术的过程。第二段是2006—2011年期间创立"中国家庭跟踪调查"（CFPS）项目。2006年，我接受北京大学委托，在北京大学9个社会科学院系的支持下，创办了"中国社会科学调查中心"。创办机构的主要目的之一是主持中国第一个大规模追踪问卷调查与研究项目——中国家庭跟踪调查。对CFPS，我们团队筹备了整整4年，涉及巨额经费、人力资源和行政资源的投入。

这两段看起来性质完全不同的实践让我理解了，尽管一本教科书无法覆盖现实生活某个研究项目的所有知识，事实上，没有任何一本教材能够做得到；可是，一本好的教科书却应该覆盖任何一个研究项目的基础理论、思维与基础实践能力。一本好教材应该是一片肥沃的土壤，可以让任何生于其上的动植物茁壮成长。当然，还需要有好的园丁，这就是教师。

请不要误解，这并不是说这本教材完美无瑕。恰恰相反，教材每一版内容的变化体现的正是作者试图让教材完美的纠结。譬如定性与定量、社会科学与自然科学、理论与实践、旧方法与新探索等。在这些张力显著的议题上，作者的犹豫与摇摆显而易见。我相信作者并不是没有自己的主张，只是，作为一本教材，需要尽量照顾多方的需求，包括出版公司对市场的判断。

正因为如此，教材的部分内容可能会给学生和教师造成一些由摇摆带来的模糊性的理解困难。教师在教学中需要根据自己的理解，查询其他关联文献，澄清一些问题。譬如，我就不主张定性与定量之分。最直接的理由是，一项研究的目的不同，对测量的策略和精度要求自然不同，研究者面对的是最适宜的测量与分析策略，而不是定性与定量的分野。

此外，教材的内容也有缺失，例如社会科学研究可用的数据科学方法前沿。数据科学源自大数据，是最近几年随数字社会发展产生的新兴领域。如果说调查研究方法是数据缺乏时代的产物，那么，在数字数据（digital data）充分时代，调查研究方法扮演怎样的角色，就是一个很大的议题。我们不苛求一本产生于数据缺乏时代的研究方法教材覆盖数据科学的哪怕是主要内容，不过，我还是期待至少应该对前沿的探索做必要的交待。作者其实观察到了时代的变化，试图把大数据概念引入教科书，不过，读者需要警惕的是，社会研究对调查数据和大数据的应用显然有两个非常不同的科学逻辑。

从人类学家如马林诺斯基（Bronislaw Malinowski）的实地研究方法、基什（Leslie Kish）体系化的抽样调查，到各类大规模抽样调查，社会研究方法在社会科学的发展中扮演了钥匙扣的角色，让人类把认识社会的各种钥匙串联到了一起，形成了一个方法体系。在面对各类传感器直接记录人类行为并形成大规模数据的环境下，这串钥匙扣还有多少可以发挥的作用，显然是一个并不轻松，也不可能马上就有答案的问题。近些年对"大数据"与"小数据"的争论是寻找答案的一些尝试。不过，在找到有意义的答案之前，社会研究方法依然是我们认识人类社会最重要的有效工具，在学生获得认识社会的基础工具领域，社会研究方法依然是一门不可或缺的课程，这本教材也依然是一本特别值得尝试的教材。

从这本教材第 8 版的翻译开始，简体中文版的翻译与出版经历了许多。出版社也从华夏出版社迁移至圣智学习出版集团，现在又转移到清华大学出版社。无论时移势易，教材还能继续出版，除了出版社的支持以外，还凝聚了太多人的努力与贡献，如进行第 8 版校读的郑丹丹、周玲、杨晋涛、张百庆、包胜勇、刘玉照、田凯、朱冬亮、李霞、杨刚，进行第 10 版校读的张茂元、任敏，进行第 11 版校读的周陈，进行第 13 版校读的白旭、卜凡、陈逸群、董家成、何明帅、姜舒文、刘青、毛天白、施阮正浩、王默儒、王天白、王唯楚、王煜珍、王子宇、谢天森、姚洁，进行第 14 版与第 13 版英文版对照检视与标注的魏玉槐，进行第 14 版清样校读的李由君、谢子龙、徐燕婷，等等。在此，我对他们的细致与严谨，表示诚挚的谢意！

我还要感谢简体中文第 8 版的编辑蔡翔、杨贵凤，第 10 版的编辑王昆，第 11 版的编辑王凤梅，第 13 版的编辑吴颖洁、Lian Siew Han，第 14 版的编辑刘志彬、严曼一，还有我历届研究生的试读，以及广大读者给我的反馈。一些读者给我写邮件指出了翻译中存在的差误。是他们的努力让简体中文版更加可读和信达雅。

在每一译版的后记中我都会说，尽管我希望将最好的译本呈现给读者，但差错总是难免。谨此，我真诚地邀请读者，如果你们在使用中有任何涉及译文的疑问，请直接与我联系，我们共同商榷或改正。

邱泽奇
2021 年 9 月 10 日

Supplements Request Form (教辅材料申请表)

Lecturer's Details (教师信息)			
Name: (姓名)		Title: (职务)	
Department: (系科)		School/University: (学院/大学)	
Official E-mail: (学校邮箱)		Lecturer's Address / Post Code: (教师通讯地址/邮编)	
Tel: (电话)			
Mobile: (手机)			

Adoption Details (教材信息)　　原版☐　　翻译版☐　　影印版☐

Title: (英文书名) Edition: (版次) Author: (作者)	
Local Publisher: (中国出版社)	
Enrolment: (学生人数)	Semester: (学期起止日期时间)

Contact Person & Phone/E-Mail/Subject:
(系科/学院教学负责人电话/邮件/研究方向)
（我公司要求在此处标明系科/学院教学负责人电话/传真及电话和传真号码并在此加盖公章.）

教材购买由 我☐　我作为委员会的一部份☐　其他人☐[姓名：　　　] 决定。

Please fax or post the complete form to

You can also scan the QR code,
您也可以扫描二维码,
Apply for teaching materials online through our public account
通过我们的公众号线上申请教辅资料

（请将此表格传真至）：

CENGAGE LEARNING BEIJING
ATTN : Higher Education Division
TEL: (86) 10-83435000
FAX : (86) 10 82862089
EMAIL: asia.infochina@cengage.com
www.cengageasia.com
ADD: 北京市海淀区科学院南路 2 号
融科资讯中心 C 座南楼 707 室　100190

Note: Thomson Learning has changed its name to CENGAGE Learning

VERIFICATION FORM / CENGAGE LEARNING